Extremismus und Demokratie

Herausgegeben von
Prof. Dr. Uwe Backes
Prof. Dr. Eckhard Jesse

Band 14

Ralf Grünke

Geheiligte Mittel?

Der Umgang von CDU/CSU und SPD mit den
Republikanern

 Nomos

Die Deutsche Bibliothek verzeichnet diese Publikation in
der Deutschen Nationalbibliografie; detaillierte bibliografische
Daten sind im Internet über http://dnb.ddb.de abrufbar.

Zugl.: Chemnitz, Techn. Univ., Diss., 2005

ISBN 3-8329-2045-5

Danksagung

Mein Dank gilt an erster Stelle meinem Doktorvater Prof. Dr. Eckhard Jesse für die engagierte Betreuung dieser Arbeit und seine kontinuierliche Ermutigung, die weit über den „Dienst nach Vorschrift" hinausgingen.

Dankbar vermerke ich, dass diese Arbeit durch ein Begabtenstipendium der Hanns-Seidel-Stiftung aus Mitteln des Bundesministeriums für Bildung und Forschung gefördert wurde. Dank schulde ich außerdem den Teilnehmern des Promotionskollegs „Politischer Extremismus und Parteien", die während verschiedener Entwicklungsstufen dieses Projekts durch Anregungen und Hinweise zur Klärung inhaltlich-konzeptioneller Fragen beigetragen haben. Für die Assistenz bei der Recherchearbeit in den Archiven der Hanns-Seidel-Stiftung, der Konrad-Adenauer-Stiftung sowie der Friedrich-Ebert-Stiftung danke ich dem fachkundigen Personal. Mein Dank für die Beantwortung kurzer Rückfragen per E-Post und Telefon geht an Funktionsträger und Mitarbeiter der Republikaner, u.a. Rolf Schlierer, Ursula Winkelsett und Michael Paulwitz. Auch die beiden inzwischen verstorbenen ehemaligen REP-Parteifunktionäre Franz Schönhuber und Kerstin Lorenz waren dankenswerterweise auskunftsbereit.

Dank für die ermüdende Arbeit des Korrekturlesens sowie die Bereinigung sperriger Satzkonstruktionen spreche ich Dr. Andreas Morgenstern, Dr. Florian Hartleb, Janine Hornuff, Oliver Meissner sowie meiner Mutter Ulrike Grünke aus.

Gewidmet ist diese Arbeit in Dankbarkeit meinen Eltern Leonhard und Ulrike Grünke, die mich hinsichtlich meines Forschungsvorhabens vorbehaltlos unterstützten, obwohl ich ihnen jahrelang eine eindeutige Antwort auf die Frage schuldig blieb, was ich mit einem Studium der Politikwissenschaft denn einmal beruflich anfangen wolle. Für seinen Zuspruch und seine konstruktiven Hinweise bringe ich meinem Bruder Prof. Dr. Matthias Grünke meinen Dank zum Ausdruck.

Der größte Dank gebührt meiner lieben Frau Emily, die mich nachsichtig darin gewähren ließ, während der Arbeit an dieser Untersuchung unser beengtes eheliches Schlafzimmer zu einem nur mit akrobatischem Geschick zugänglichen Lagerraum voller nahezu mannshoher Stapel aus losen Blättern und Büchern umzufunktionieren. In Schicksalsgemeinschaft mit unseren drei Kindern, für deren Fürsorge sie dankenswerterweise meist allein die Verantwortung übernahm, ertrug sie mich während vieler Phasen geistiger Abwesenheit. Für Lukas und Emma wird ihr Papa wieder mehr Zeit haben, denn das „ganz dicke Buch" ist endlich fertig geworden. Philip kam gegen Ende meines Promotionsstudiums zur Welt und wird sich vermutlich fragen, wer der nette Onkel ist, der jetzt so oft zu Besuch kommt.

Vorbemerkung

Diese Arbeit richtet sich nach den neuen amtlichen Regeln der Rechtschreibung. Wörtliche Zitate wurden – soweit nötig – zwecks orthografischer Vereinheitlichung des Textes an die neuen amtlichen Regeln der Rechtschreibung angepasst. Inhaltlich begründete Ausnahmen werden gesondert hervorgehoben.

Zugunsten einer vereinfachten Lesbarkeit kommt in dieser Arbeit im Falle von Begriffen, welche sinngemäß beide Geschlechter umfassen, in der Regel nur die männliche Schreibweise zum Einsatz, z. B. „die Wähler" statt „die Wählerinnen und Wähler" oder „Extremist" statt „Extremistin bzw. Extremist".

Inhaltsverzeichnis

1. Einleitung

1.1. Problemstellung

Das erfolgreiche Abschneiden der *Nationaldemokratischen Partei Deutschlands* (NPD) bei der sächsischen Landtagswahl am 19. September 2004 löste eine kontrovers geführte gesellschaftliche Debatte über den zweckmäßigen Umgang mit extremistischen Parteien aus. 9,2 Prozent der Wähler hatten der rechtsextremistischen Gruppierung ihre Stimme beschert und ihr nicht nur den erstmaligen Einzug in ein Landesparlament seit 1968 ermöglicht, sondern sie auch auf Augenhöhe mit der Volkspartei SPD gehievt. Aufgeregte Forderungen nach konsequenter Ächtung, Schelte der sächsischen Wähler, Aufrufe zur Besonnenheit sowie fundierte Vorschläge zur sachlichen inhaltlichen Auseinandersetzung mit der NPD wechselten sich als Diskussionsbeiträge in den Medien mehrere Wochen miteinander ab.[1]

Extremistischen Parteien gilt grundsätzlich aufgrund ihrer provokanten verbalen, ideologischen sowie handlungspraktischen Nonkonformität im Parteienwettbewerb und den sich daraus ergebenden Konsequenzen für den gesellschaftlichen Diskurs die besondere Aufmerksamkeit von Wissenschaft und Medien – teilweise intensiviert durch tagesaktuelle Ereignisse wie den Sensationserfolg der NPD in Sachsen.

---

1   Vgl. u.a. Detlev Lücke, Kein neuer Antrag auf NPD-Verbot. Aktuelle Stunde im Bundestag zur Gefahr rechtsextremer Parteien, in: Das Parlament, 27. September 2004; Marcus Jauer, Links der Elbe, rechts, in: Süddeutsche Zeitung, 24. September 2004; Thomas Schade, Sachsens Demokratie hat einen braunen Flecken bekommen, in: Sächsische Zeitung, 20. September 2004; n. n., Im Plenum mit den Braunen, in: Freie Presse Chemnitz, 20. September 2004; n. n., Aufregung über NPD und DVU, in: Thüringer Allgemeine, 20. September 2004; n. n., Köhler sieht in Erfolg von NPD und DVU keinen Anlass zur Panik, in: Thüringer Allgemeine, 20. September 2004; Cai Philippsen, Die Bühne der Rechten, in: FAZ.NET, www.faz.net, 20. September 2004; Guido Heinen, Zwölf Sekunden NPD, in: Die WELT, 21. September 2004; Frank Kässner, Braune Nester, in: Die WELT, 21. September 2004; Susanne Gaschke, Nazis! Im Fernsehen? Als ARD und ZDF kritischen Journalismus simulierten, in: Die ZEIT, 23. September 2004; Bernhard Honnigfort, Biedermann und die Lüsterklemme, in: Frankfurter Rundschau Online, www.fr-aktuell, 22. September 2004; n. n., Platzek: Neue Regierung bis Oktober, in: Kölnische Rundschau, 20. September 2004; Stefan Uhlmann, „Demokratiefeindlichkeit der NPD herausstellen", in: Netzzeitung, www.netzzeitung.de, 20. September 2004; n. n., Warnung vor Erstarken rechter Parteien: „Ein Grund, an der Vernunft zu zweifeln", in: www.tagesschau.de [zuletzt abgerufen am 20. September 2004], 20. September 2004; Eberhard Seidel, Debakel am Abend: ARD und ZDF reagierten vollkommen unvorbereitet auf den Wahlerfolg der NPD – und boten ein desaströses Bild, in: Die Tageszeitung, 21. September 2004; Nick Reimer/Heike Kleffner, Nazis im Landtag: Cool bleiben?, in: Die Tageszeitung, 21. September 2004; Eckhard Jesse, Wie sollen Medien mit Neonazis umgehen?, in: SUPERillu, 30. September 2004.

Als Forschungsobjekt zahlreicher Studien der Extremismusforschung spielen extremistische Parteien eine gewichtige Rolle, weil sie als Träger extremistischen Gedankenguts im demokratischen Willens- und Entscheidungsbildungsprozess sowie als beliebtes Betätigungsfeld extremistischer Personenkreise sichtbar hervortreten.[2]

Im Mittelpunkt solcher parteienbezogener Arbeiten stehen mehrheitlich Entstehungsgeschichte und -ursachen, Mitglieder- und Wählerstruktur, Ideologie sowie politische Strategien der betrachteten extremistischen Parteien.[3] Gegenstand dieser Untersuchung hingegen ist das Verhalten der Volksparteien als im bundesdeutschen Parteienwettbewerb etablierte, demokratisch gefestigte Kräfte gegenüber einer Gruppierung, die häufig im Verdacht steht, extremistische Programmatik und Strukturen aufzuweisen, nämlich der Partei *Die Republikaner* (REP).[4] Es wird der Um-

---

2   *Jürgen R. Winkler* erklärt im Hinblick auf die Rechtsextremismusforschung als Teilbereich der Extremismusforschung die Bevorzugung von Parteien als Forschungsobjekte damit, dass diese zu „den wichtigsten intermediären Institutionen in parlamentarischen Regierungssystemen" (Jürgen R. Winkler, Rechtsextremismus. Gegenstand – Erklärungsansätze – Grundprobleme., in: Wilfried Schubarth/Richard Stöss, Rechtsextremismus in der Bundesrepublik Deutschland. Eine Bilanz., Schriftenreihe Bd. 368, Bonn 2000, S. 40) zählten.

3   Das Auftreten der Republikaner bedingte in der ersten Hälfte der neunziger Jahre eine wahre Flut wissenschaftlicher Arbeiten, darunter zahlreiche Untersuchungen mit nahezu identischer Fragestellung, z.B. Michaela Jahnke, Rolle und Funktion rechtsextremer Parteien im Parteiensystem der Bundesrepublik unter besonderer Berücksichtigung der NPD und der Republikaner, Friedrich-Alexander-Universität Erlangen-Nürnberg, Magisterarbeit 1992; Eckhard Fascher, Modernisierter Rechtsextremismus: Ein Vergleich der Parteigründungen der NPD und der Republikaner in den sechziger und achtziger Jahren, Berlin 1994; Holger Jänisch, Der Aufstieg der NPD in den sechziger Jahren und der „Republikaner" unter besonderer Berücksichtigung der jeweiligen Rahmenbedingungen, Friedrich-Alexander-Universität Erlangen-Nürnberg, freie wissenschaftliche Arbeit zur Erlangung des akademischen Grades „Diplom-Handelslehrer" 1996. Jahnke kommt es darauf an, „zu zeigen, welche Bedingungen den Aufstieg rechtsextremer Parteien begünstigen" (S. 5). Fascher erklärt, welche „Bedingungen [...] sich günstig für rechtsextremistische Parteien" (S. 97) auswirkten. Jänisch beschreibt „besonders günstige Vorbedingungen" (S. 64) für den Erfolg der REP. Nur mit Mühe lassen sich Unterschiede der drei Ansätze nuancieren.

4   Die vorbehaltlose Anwendung des Begriffs *Republikaner* auf die Partei „Die Republikaner" ist in der Literatur umstritten. Manche Autoren setzen den Parteinamen grundsätzlich in Anführungszeichen, bevorzugen eine besondere Schreibweise („REPublikaner") oder qualifizieren die Bezeichnung der Partei näher durch Adjektive (z.B. „sogenannte ‚Republikaner'"), um dadurch ihre Überzeugung zum Ausdruck zu bringen, die REP stünden keineswegs für Grundsätze einer demokratischen Republik [vgl. z.B. Thomas Jahn/Peter Wehling, Ökologie von rechts: Nationalismus und Umweltschutz bei der Neuen Rechten und den „Republikanern", Frankfurt am Main/New York 1991; Christoph Butterwegge, Rechtsextremismus, Rassismus und Gewalt – Erklärungsmodelle in der Diskussion, Darmstadt 1996; Uwe Danker, Rechtsextreme im Schleswig-Holsteinischen Landesparlament – Erfahrungen, Gefahren und Perspektiven, in: Landeszentrale für Politische Bildung Schleswig-Holstein (Hrsg.), Dem Rechtsextremismus begegnen, Reihe Gegenwartsfragen 77, Kiel 1995, S. 103-124]. Diese Arbeit verzichtet zugunsten einer vereinfachten Lesbarkeit auf derartige Distanzierungen mittels der Schreibweise. Wenn von *Republikanern* oder der offiziellen Abkürzung *REP* die Rede ist, handelt es sich grundsätzlich um einen Bezug auf die Partei *Die Republikaner*

gang etablierter Parteien mit den REP auf seine wertrationale Zweckmäßigkeit untersucht.

Der Extremismusbegriff ist perspektivischer Natur und beinhaltet im Falle einer entsprechenden Etikettierung von Gruppen oder Personen grundsätzlich eine negative Wertung, meist im Sinne von am Rande oder außerhalb des gesellschaftlichen Konsensus stehend.[5] So sieht die Wissenschaft das Auftreten extremistischer Parteien vielfach als Gefahr, zumindest aber als Herausforderung für das demokratische Staatswesen der Bundesrepublik Deutschland.[6] In der Regel dienen zweierlei Annahmen als Begründung für diese Sichtweise: Zum einen lassen sich zwar neue soziale Bewegungen häufig durch Rückbindung an etablierte Strukturen in den politischen Prozess integrieren[7], meist gelingt dies aber nicht bei extremistischen Gruppierungen. Letztere werden daher oftmals als die etablierte politische Ordnung destabilisierende Faktoren betrachtet. Zum anderen schafft insbesondere der Rechtsextremismus vor dem Hintergrund der nationalsozialistischen Vergangenheit Deutschlands ein Imageproblem der Bundesrepublik im Ausland.[8] Leicht verdunkeln die „Schatten der Vergangenheit" die externe Wahrnehmung der deutschen Nachkriegsdemokratie.

Daher mag die Tatsache überraschen, dass sich die politikwissenschaftliche Forschung bisher nicht eingehender mit Handlungsoptionen der etablierten[9] Volksparteien (den unmittelbaren Konkurrenten im Wettstreit um Wählerstimmen) bezüglich des Umgangs mit extremistischen Parteien befasst hat.[10] Die Frage nach der Zweck-

---

oder deren Mitglieder. Ausnahmen, bei denen der systempolitische Begriff gemeint ist, werden hervorgehoben.

5   Eine ausführlichere Diskussion über die den politischen Extremismus bestimmende Kriterien findet sich im Kapitel 3.1.

6   Vgl. z.B. Wilfried Schubarth/Richard Stöss, Rechtsextremismus in der Bundesrepublik Deutschland. Eine Bilanz, Bonn 2000, S. 7.

7   Vgl. Klaus von Beyme, Die politische Klasse im Parteienstaat, Frankfurt am Main 1993, S. 160.

8   Vgl. Kai Arzheimer/Harald Schoen/Jürgen W. Falter, Rechtsextreme Orientierungen und Wahlverhalten, in: Wilfried Schubarth/Richard Stöss, Rechtsextremismus in der Bundesrepublik Deutschland – Eine Bilanz, Bonn 2000, S. 220.

9   Der Begriff *etabliert* soll hier nicht nur als Größenkriterium, sondern auch im Sinne von *nicht extremistisch* verstanden werden, also von *nicht gegen das etablierte politische System gerichtet* bzw. von *staatstragend*.

10   Roland Roth bestätigt, dass die Dynamik und Wirkung von Strategien des Umgangs von Positionseliten mit Protestbewegungen in der Bundesrepublik Deutschland kaum untersucht worden seien [vgl. Roland Roth, Eliten und Gegeneliten. Neue Soziale Bewegungen als Herausforderung „demokratischer Elitenherrschaft", in: Thomas Leif/Hans-Josef Legrand/Ansgar Klein (Hrsg.), Die politische Klasse in Deutschland. Eliten auf dem Prüfstand, Bonn 1992, S. 381]. Gleiches gilt für Protestbewegungen mit Parteienstatus und extremistischer Motivation. Auch Hans-Gerd Jaschke stellt 1993 fest, der Umgang mit dem Rechtsextremismus sei als Thema seitens der Politik und der Wissenschaft arg vernachlässigt worden (vgl. Hans-Gerd Jaschke, Die „Republikaner" – Profile einer Rechtsaußen-Partei, 2. Auflage, Bonn 1993, S. 137).

mäßigkeit von Mitteln dieses Umgangs ist laut Hans-Gerd Jaschke – zumindest im Hinblick auf den Rechtsextremismus – eine entscheidende:

> „Erfolg und Misserfolg des organisierten Rechtsextremismus hängen nicht zuletzt davon ab, wie die Gesellschaft und ihre Institutionen mit ihm umgehen, welche Aufmerksamkeit sie ihm zuteil werden lassen, welche wirkungsvollen Gegenstrategien sie entwickeln, ob und in welcher Weise sie aus gescheiterten Bemühungen lernen."[11]

Trotzdem ist der Forschungsertrag bisher eher spärlich. Dieser Sachverhalt mag teilweise damit erklärbar sein, dass sich die Frage nach der messbaren Wirksamkeit der Gegenmaßnahmen kaum mit wissenschaftlicher Verlässlichkeit, sondern eher intuitiv oder bestenfalls anhand anektodischen Datenmaterials beantworten ließe. Angesichts nahezu unzähliger unabhängiger und noch mehr intervenierender Variablen ist die Beziehung zwischen den gewählten Optionen des Umgangs mit extremistischen Parteien und der sich gegebenenfalls jeweils daraus ergebenden Schwächung oder Begünstigung solcher Kräfte mit den Methoden der empirischen Sozialforschung kaum fassbar.[12] Dies trifft insbesondere auf kausale, aber ebenso auf korrelative Zusammenhänge zu.

Selbiger Umstand befreit etablierte Volksparteien nicht von der Pflicht, ihren Umgang mit extremistischen Parteien hinsichtlich seiner Zweckmäßigkeit zu überdenken und der Gesellschaft gegenüber zu verantworten. Die Frage nach der Zweckmäßigkeit von Mitteln muss sich nicht notwendigerweise auf eine mathematisch nachvollziehbare Wirksamkeitsmessung beschränken. Auch ein wertrationaler Bezug ermöglicht einen relevanten Erkenntnisgewinn und schafft eine Hilfe zur Handlungsorientierung. Dieser Untersuchung bietet einen qualifizierten Vergleich der Werte, die sich aus der verfassungsgemäßen Rolle von Parteien ergeben, mit den normativen Annahmen, welche dem tatsächlichen Handeln der Parteien zugrunde liegen.[13]

Eine wertrational so ausgerichtete Fragestellung ließe sich ohne exemplarischen Bezug auf den Umgang mit einer bestimmten, dem Extremismusverdacht ausgesetzten Partei kaum in einem dieser Arbeit angemessenen Umfang zu Ende führen. Die systematische Analyse eines Falles verhindert zudem das Abdriften in spekulative Gedankenkonstrukte ohne Berührungspunkte zur politischen Wirklichkeit. Allerdings kann eine Falluntersuchung aufgrund der Unterschiedlichkeit als extremistisch

---

11   Hans-Gerd Jaschke, Rechtsstaat und Rechtsextremismus, in: Wilfried Schubarth/Richard Stöss, Rechtsextremismus in der Bundesrepublik Deutschland – Eine Bilanz, Bonn 2000, S. 314.

12   Gleiches gilt für die Analyse der Wirksamkeit staatlicher Repressions- und Integrationsmaßnahmen sowie präventiver Jugendarbeit [vgl. Uwe Danker, Rechtsextreme im Schleswig-Holsteinischen Landesparlament – Erfahrungen, Gefahren und Perspektiven, in: Landeszentrale für Politische Bildung Schleswig-Holstein (Hrsg.), Dem Rechtsextremismus begegnen, Kiel 1995, S. 112].

13   Methodologische Details zur wertrationalen Zweck-Mittel-Analyse dieser Untersuchung sind in Kapitel 2.1. aufgeschlüsselt.

betrachteter Gruppierungen nur bedingt allgemeine Hinweise für den zweckmäßigen Umgang mit extremistischen Parteien geben. Als Fallbeispiel kommt eine Partei in Frage, welcher aufgrund von Organisationsstärke und Wahlerfolge über einen mehrjährigen Erfassungszeitraum hinweg eine relevante Rolle im bundesdeutschen Parteienwettbewerb zugeschrieben wurde. Nur wenn eine gewisse Relevanzschwelle überschritten ist, kann eine bewusste Wahrnehmung seitens etablierter Volksparteien und eine ergiebige Dokumentation seitens der Wissenschaft erwartet werden. Extremistische Splitterparteien ohne erkennbare Einflussnahme auf den politischen Prozess bieten sich aus diesem Grund als Fallbeispiele nicht an. Neben den REP mögen – je nach Einschätzung – die NPD, die PDS sowie die DVU genannte Kriterien erfüllen. Eine nennenswerte Auseinandersetzung der Volksparteien mit der NPD war innerhalb der letzten Jahrzehnte nicht zu beobachten. Erst das gescheiterte Parteiverbotsverfahren[14] sowie beachtliche Stimmengewinne der NPD bei den Landtagswahlen im Jahr 2004[15] gewährten der Partei Momente im Rampenlicht. Inwieweit die rechtsextremistische Gruppierung ihren Höhenflug fortzusetzen in der Lage ist, ist ungewiss.[16] Daher scheidet die NPD als mögliches Fallbeispiel aus. Das Verhältnis der Volksparteien zur PDS wird von vielfältigen Faktoren, beispielsweise dem Auftreten der PDS als Regionalvertretung der neuen Bundesländer[17], geprägt und kann daher kaum ausschließlich unter dem Aspekt des Umgangs mit einer extremistischen Partei gedeutet werden.[18] Die Volksparteien reagierten auf das Wirken der REP wesentlich umfassender als auf die meist nur punktuellen Auftritte der

---

14   Das Bundesverfassungsgericht stellte das Verbotsverfahren gegen die NPD am 18. März 2003 ein. Bundesregierung, Bundestag und Bundesrat hatten Anfang 2001 jeweils eigene Verbotsanträge eingereicht [vgl. Eckhard Jesse, Der gescheiterte Verbotsantrag gegen die NPD. Die streitbare Demokratie ist beschädigt worden, in: Politische Vierteljahreszeitschrift 44 (2003), Heft 3, S. 292-301].

15   Am 13. Juni errang die NPD in Thüringen 1,6 Prozent, am 5. September im Saarland immerhin 4,0 Prozent und am 19. September in Sachsen 9,2 Prozent der Stimmen.

16   Gerhard Hirscher prognostiziert: „Auch wenn die außenpolitische und psychologische Wirkung schlecht sein mag, machtpolitisch werden DVU und NPD kein Faktor werden." (Gerhard Hirscher, Zum Zustand des deutschen Parteiensystems – eine Bilanz des Jahres 2004, Aktuelle Analysen, Bd. 36, München 2005, S. 19). Eckhard Jesse warnt vor „Alarmismus" und mahnt zu Gelassenheit im Umgang mit der Partei. (vgl. Eckhard Jesse, Die NPD – eine rechtsextreme Partei nach dem gescheiterten Verbotsverfahren im Höhenflug?, in: Politische Studien, Heft 400, 56. Jahrgang, März/April 2005, S. 69-81).

17   Zum Charakter der PDS als Ostpartei äußern sich u.a. Viola Neu (vgl. Viola Neu, Das Janusgesicht der PDS: Wähler und Partei zwischen Demokratie und Extremismus, Baden-Baden 2004), Michael Gerth (vgl. Michael Gerth, Die PDS und die ostdeutsche Gesellschaft im Transformationsprozess: Wahlerfolge und politisch-kulturelle Kontinuitäten, Hamburg 2003) Gero Neugebauer und Richard Stöss (vgl. Gero Neugebauer/Richard Stöss, Die PDS. Geschichte Organisation Wähler Konkurrenten, Opladen 1996).

18   Nicht behindern dürfte die vermeintliche Rolle der PDS als Regionalpartei die Untersuchung ihrer Nähe zum politischen Extremismus. Jürgen P. Lang geht in seiner Dissertation dieser Frage nach (vgl. Jürgen P. Lang, Ist die PDS eine demokratische Partei? Eine extremismustheoretische Untersuchung, Baden-Baden 2003).

DVU, was an der mangelnden „sozialen Verankerung"[19] des Parteiprojekts des Publizisten Gerhard Frey liegen mag.[20] Daher finden die REP Vorzug vor der DVU als Fallbeispiel für diese Untersuchung.

Zwar stellt sich die Frage, ob die aktuell mindere Relevanz der REP im Parteienspektrum eine Forschungsarbeit zu besagter Thematik ausschließe.[21] Dies ist jedoch aus dreierlei Gründen zu verneinen. Erstens ist das Ende der REP als handlungsfähige Gruppierung (noch) nicht besiegelt, auch wenn diverse Journalisten und Wissenschaftler bereits Totengesänge auf die Partei anstimmen. Die kommunalpolitische Verankerung der REP – schwerpunktmäßig in Süddeutschland[22], die relativ kurz zurückliegende parlamentarische Vertretung der REP im Landtag von Baden-Württemberg von 1992 bis 2001 sowie eine Mitgliederbasis von etwa 7.500 Personen[23] erinnern an die im Volksmund verankerte Warnung „Totgeglaubte leben länger".[24] Zweitens ist es methodisch keinesfalls notwendig, dass der Erfassungszeit-

19 Uwe Backes, Organisationen 2002, in: Uwe Backes/Eckhard Jesse (Hrsg.), Jahrbuch Extremismus & Demokratie, Bd. 15, Baden-Baden 2003, S. 133. Nicht nur Backes nennt die DVU eine „Phantompartei" (ebd.). Steffen Kailitz stimmt zu: „Die Landtagswahlkämpfe plant die Münchner Parteizentrale, nicht der jeweilige Landesverband. Das fehlende Reservoir an attraktiven Kandidaten und an Organisationskraft zur Durchführung lokaler Veranstaltungen gleicht Frey durch Materialschlachten mittels Postwurfsendungen und flächendeckender Plakatierung aus." (Steffen Kailitz, Politischer Extremismus in der Bundesrepublik Deutschland. Eine Einführung, Wiesbaden 2004, S. 46)

20 Eckhard Jesse stellt im Jahr 1997 fest, die DVU habe im Gegensatz zu den REP trotz Wahlerfolge in den Ländern nie auf Bundesebene von sich reden machen können (vgl. Eckhard Jesse, Die Demokratie der Bundesrepublik Deutschland, 8. Aufl., Baden-Baden 1997, S. 268).

21 Hirscher ist der Meinung, die REP dürften nach ihrem Ausscheiden aus dem Landtag von Baden-Württemberg im Jahr 2001 machtpolitisch keine Rolle mehr spielen (vgl. Gerhard Hirscher, Zum Zustand des deutschen Parteiensystems – eine Bilanz des Jahres 2004, Aktuelle Analysen, Bd. 36, München 2005, S. 19). Stephan Thomczyk wertet bereits das Ende von Schönhubers Parteivorsitz 1994 als „politische Endstation der Republikaner" (Stephan Thomczyk, Der dritte politische Etablierungsversuch der Republikaner nach 1994, Konstanz 2001, S. 29).

22 Bei der bayerischen Kommunalwahl 2002 erreichten REP-Bürgermeisterkandidaten in Taufkirchen, Philippsreut und Schöfweg über 20 Prozent der Stimmen. Der REP-Landesvorsitzende Johann Gärtner sieht darin einen Erfolg (Die Republikaner/Landesverband Bayern, Republikaner behaupten sich in der Kommunalpolitik. Taufkirchen weiterhin Republikaner-Bastion in OBB, Pressemitteilung vom 11. März 2002, www.repbayern.de/politik/pm0202.html, abgerufen am 2. November 2002).

23 Verfassungsschutzbericht 2004, Berlin 2005, S. 86.

24 Thomas Weimann beispielsweise sagt Ende 1990 den unmittelbar bevorstehenden Niedergang der REP schon nach dem Scheitern der Partei an der Fünfprozentklausel bei der bayerischen Landtagswahl vorher – vor dem zweimaligen Einzug in den baden-württembergischen Landtag 1992 und 1996 (vgl. Thomas Weimann, Die politisch-ideologische Prägung einiger Mitglieder der „Republikaner" im Spannungsfeld zwischen Konservatismus und Rechtsextremismus, unveröffentlichte Magisterarbeit an der Philosophischen Fakultät I der Friedrich-Alexander-Universität Erlangen-Nürnberg, 6. November 1990, S. 1). Ein Jahr später behar-

raum bis in die Gegenwart reicht. Das schlechte Abschneiden der REP bei der Europawahl 2004[25] stellte einen neuen Tiefpunkt der Partei dar. Daher bietet sich die Begrenzung des Untersuchungszeitraumes von der Gründung der Partei bis Juni 2004 an.[26] Drittens erlaubt gerade die derzeitige Absenz der REP in Landes- und Bundesparlamenten sowie im Europaparlament eine historische Perspektive dieser Arbeit. Dies erleichtert die Entkoppelung von tagesaktuellen Ereignissen und somit eine sachliche Aufnahme der Forschungsergebnisse seitens der wissenschaftlichen und politischen Öffentlichkeit zusätzlich.

Da sich die REP im Hinblick auf die für diese Fragestellung relevanten Voraussetzungen gegenüber anderen Parteien, die ebenfalls mit dem Vorwurf des Extremismus konfrontiert werden, auszeichnen, dienen die REP dieser Arbeit als Fallbeispiel.

Als Volksparteien werden in dieser Arbeit CDU, CSU und SPD in ihrem Verhalten untersucht. Sie besitzen aufgrund ihrer organisatorischen Größe und starken parlamentarischen Vertretung die größte Deutungsmacht aller etablierten Parteien. Keine Landesregierung in Deutschland wird ohne Beteiligung einer Unionspartei oder der SPD als führende Kraft gebildet. CDU, CSU und SPD stellen den engsten Kern der *politischen Klasse* dar, wie sie von Klaus von Beyme wertneutral als wissenschaftlicher Terminus für Funktionseliten im Parteienstaat gebraucht wird.[27] Ihr Umgang mit den REP hat den vergleichsweise stärksten Einfluss auf den politischen

ren Eike Hennig, Manfred Kieserling und Rolf Kirchner darauf, der „Niedergang der REPs" (Eike Hennig/Manfred Kieserling/Rolf Kirchner, Die Republikaner im Schatten Deutschlands. Zur Organisation der mentalen Provinz, Frankfurt am Main 1991, S. 18) zeichne sich bereits ab. Totgesagt waren die REP allerdings schon unmittelbar nach der Parteigründung. Der Bonner *General-Anzeiger* kommentierte, in der Bundesrepublik sei noch nie etwas aus Parteien geworden, „die von einem oder wenigen Politikern aus nicht viel mehr als einer Protesthaltung heraus gegründet wurden" (N.n., Die neue Partei, in: General-Anzeiger, 28. November 1983).

25   Die REP erhielten nur 1,9 Prozent der Stimmen. Bei der Europawahl 1989 hatten sich noch über zwei Millionen (damals nur westdeutsche) Wähler für die REP entschieden (7,1 Prozent der Stimmen), 1994 blieb die Partei mit einem Stimmenanteil von 3,9 Prozent bereits unter der Fünfprozenthürde. Zwar konnten die REP im Vergleich zum Europawahlergebnis von 1999 einen Stimmenzuwachs von 24.624 (0,2 Prozentpunkte) verbuchen, angesichts der höheren Zugewinne diverser Kleinparteien gelang es ihnen aber nicht, sich medienwirksam hervorzuheben. Ebenfalls auf mindestens ein Prozent der Stimmen kamen die *Tierschutzpartei* (1,3 Prozent, ein Plus von 0,6 Prozent), die *Grauen* (1,2 Prozent, plus 0,4 Prozent) sowie die *Familienpartei* (1,0 Prozent). Letztere sprang gar von 0,0 Prozent bei der letzten Europawahl (ganze 4117 Stimmen) auf das erste Bundesergebnis mit einer „1" vor dem Komma. Insofern fielen die REP im Verhältnis zu anderen Kleinparteien zurück.

26   Für diese Arbeit berücksichtigt werden Äußerungen auch nach dem Monat Juni des Jahres 2004, sofern sie im direkten Zusammenhang mit der Europawahl und deren Auswertung stehen.

27   Vgl. Klaus von Beyme, Die politische Klasse im Parteienstaat, Frankfurt am Main 1993, S. 7.

Diskurs und auf die weitere Entwicklung der Republikaner.[28] Zwar waren auch FDP, Bündnis '90/Die Grünen und PDS durch die Wahlerfolge der REP gezwungen, ihren Umgang mit der neuen Gruppierung zu definieren und zu gestalten, diese kleineren Parteien verfügen aber nicht in gleichem Maße über Deutungsmacht. Die PDS war zudem nicht während des gesamten Untersuchungszeitraums im Parteienwettbewerb der Bundesrepublik Deutschland präsent, sondern fungierte vor ihrer Umbenennung (vormals SED) als Einheitspartei in der DDR. Die Annahme mangelnder Deutungsmacht trifft verstärkt für demokratische Kleinparteien zu, welche ungeachtet einer teilweise aktiven und bewussten Gestaltung des Umgangs mit den REP[29] unberücksichtigt bleiben. Die Analyse des Umgangs etablierter Volksparteien mit den REP wird sich nicht auf die Unionsparteien beschränken, von deren Vertretern sowohl entschiedene Warnungen als auch gelegentlich freundliche Signale hinsichtlich der REP ausgegangen sind.[30] Obgleich sich die REP als rechtskonservative Partei darstellen und eher das Wählerspektrum der Unionsparteien ansprechen wollen, ist auch die SPD gefordert, ihren Umgang mit den REP zu bestimmen und umzusetzen.

Der Umgang etablierter Parteien mit den REP findet auf verschiedenen Ebenen statt, zum Teil im Rahmen der parlamentarischen Arbeit. Der Einzug in Landesparlamente gelang den REP lediglich 1989 in Westberlin sowie 1992 und 1996 in Ba-

---

28 Vergleichbare Studien über den Umgang etablierter Parteien mit extremistischen Phänomenen beschränken sich ebenfalls auf die Unionsparteien und die SPD [vgl. Heinz Lynen von Berg, Politische Mitte und Rechtsextremismus, Diskurse zu fremdenfeindlicher Gewalt im 12. Deutschen Bundestag (1990-1994), Opladen 2000].

29 Laut Hans Eberle, Landesgeschäftsführer der *Bayernpartei* (BP), verabschiedete die BP auf ihren Parteitagen eine Reihe von Abgrenzungsbeschlüssen den REP und anderen rechten Parteien gegenüber (vgl. Hans Eberle, Telefonat mit dem Autor vom 24. Mai 2005). Insbesondere die *Ökologisch-Demokratische Partei* (ödp) fühlte sich jedoch durch Vorwürfe seitens diverser „Antifa"-Gruppen und pronociert linker Autoren, sie mache sich faschistoide Denkmuster zu eigen und vertrete die Ideologie des „rechten ökologischen Lagers" [vgl. u.a. Antifa-Gruppe Freiburg/Volksfront gegen Reaktion, Faschismus und Krieg Freiburg (Hrsg.), Ideologie und Programmatik der ÖDP: Menschenverachtend, frauenfeindlich, gegen Arbeiterinteressen, Köln 1989], zu einer aktiven Abgrenzung gegenüber den REP und anderen rechten Gruppierungen gedrängt. Auf ihrem Bundesparteitag am 18. Februar 1989 in Saarbrücken stimmt ca. 90 Prozent der Delegierten einem Rechtsabgrenzungsbeschluss zu [vgl. Peter Schröder, Der Saarbrücker Parteitag von 1989: Herbert Gruhl ein Opfer von Intrigen?, in: Raphael Mankau, 20 Jahre ödp – Anfänge, Gegenwart und Perspektiven ökologisch-demokratischer Politik, Rimpar 1999, S. 91-102], in dem es u.a. heißt: „Ein Parteimitglied, das die Themen Nationalbewusstsein, Patriotismus oder Deutschtum zu politischen Schwerpunkten macht, handelt nicht nach dem Grundsatzprogramm der ÖDP [...] Wer im Bereich der Republikaner oder gar der NPD oder DVU für uns werben wollte, müsste Positionen vertreten, die unserem Grundsatzprogramm fremd sind." (Ökologisch-Demokratische Partei, Grundsatzbeschluss zur Abgrenzung der ÖDP von den Rechtsparteien)

30 Uwe Backes und Eckhard Jesse beobachten im Allgemeinen, dass die Union dazu neige, entschiedener vor dem politischen Extremismus zu warnen, als beispielsweise die SPD oder die FDP (vgl. Uwe Backes/Eckhard Jesse, Politischer Extremismus in der Bundesrepublik Deutschland, Bonn 1993, S. 381).

den-Württemberg. Im Europäischen Parlament waren sie eine Legislaturperiode vertreten. Der Mandatsgewinn bei Bundestagswahlen blieb den REP stets versagt.[31] Daneben konnten die REP phasenweise mit vergleichsweise breiter Streuung vor allem in süddeutschen Kommunalparlamenten eine Mandatspräsenz aufbauen. Aufgrund der gering ausgeprägten Parteipolitisierung der Kommunalpolitik[32] mag dort der Kontakt mit den REP vereinzelt vorbehaltlos vor sich gehen. Von einer flächendeckenden parlamentarischen Vertretung kann man im Falle der REP nicht sprechen, so dass die parlamentarische Auseinandersetzung mit der Rechtspartei nur einen vergleichsweise kleinen Bruchteil der Mittel des Umgangs ausmachen dürfte. Diese Untersuchung verzichtet auf eine Analyse parlamentarischer Sitzungsprotokolle und widmet sich schwerpunktmäßig der außerparlamentarischen Auseinandersetzung mit den REP.[33]

Folgender Leitfrage geht diese Arbeit nach: Inwieweit werden Unionsparteien und SPD hinsichtlich ihrer Wahl von Mitteln des Umgangs mit den Republikanern als einer dem Extremismusverdacht ausgesetzten Partei ihrer verfassungsgegebenen, wertebehafteten Zweck- und Rollenzuteilung gerecht? Besonderes Augenmerk gilt einer retrospektiven Analyse der Wertekohärenz zwischen dem Zweck politischer Parteien und deren Mitteln in dieser besonderen Situation.

Hieraus ergibt sich eine Reihe abgeleiteter Unterfragen:

Welche Werte sind von Parteien für ihr Handeln im demokratischen Staatswesen der Bundesrepublik Deutschland laut Grund- und Parteiengesetz anzustreben? Welcher Zweck ist im politischen System der Bundesrepublik Deutschland für die Parteien vorgesehen?

Welche möglichen Mittel des Umgangs mit einer dem Extremismusverdacht ausgesetzten Partei bestehen? Welche Werte liegen diesen zugrunde?

Wie manifestiert sich die tatsächliche Nähe einer politischen Partei zum Extremismus, im Falle der REP zum Rechtsextremismus? Inwieweit ist der Extremismusvorwurf an die REP gerechtfertigt?

---

31 Die einzigen REP-Mandate im Bundestag waren keine Folge von Wahlen, sondern von Übertritten, nämlich denen von Franz Handlos, Ekkehard Voigt und Rudolf Krause.

32 Vgl. Everhard Holtmann, Parteien in der lokalen Politik, in: Hellmuth Wollmann/Roland Roth (Hrsg.), Kommunalpolitik. Politisches Handeln in den Gemeinden, Opladen 1999, S. 209f.

33 Einige wenige wissenschaftliche Arbeiten nehmen die Arbeit der REP in den Parlamenten (vgl. u.a. Bernd Neubacher, Die Republikaner im baden-württembergischen Landtag – von einer rechtsextremen zu einer rechtsradikalen, etablierten Partei?, Dissertation an der Universität Stuttgart, Publikationsdatum: 11. September 2002, einsehbar im Internet unter: http://elib.uni-stuttgart.de/opus/volltexte/2002/1139/pdf/ Dissertation_Bernd_Neubacher.pdf, abgerufen am 26. April 2005) unter die Lupe oder geben Aufschluss über den parlamentarischen Umgang mit dem Rechtsextremismus [vgl. Heinz Lynen von Berg, Politische Mitte und Rechtsextremismus, Diskurse zu fremdenfeindlicher Gewalt im 12. Deutschen Bundestag (1990-1994), Opladen 2000].

Welche Mittel des Umgangs mit den REP haben CDU, CSU und SPD bisher zur Anwendung gebracht? Inwiefern waren die diesen Mitteln zugrundeliegenden Werte mit dem verfassungsgemäß vorgegebenen Zweck politischer Parteien und dessen Werten vereinbar?

Welche Unterschiede zwischen den eingesetzten Mitteln des Umgangs der CDU, CSU und SPD mit den REP traten auf, welche Gemeinsamkeiten waren zu beobachten? Wie ist es um die wertrationale Zweckmäßigkeit der Mittel seitens der etablierten Volksparteien im Vergleich bestellt?

1.2. Forschungsstand

Da seit den Wahlniederlagen der REP im Laufe der letzten Jahre keine andere Partei in vergleichbarem Maße die Aufmerksamkeit der Forschung auf das Thema *Rechtsextremismus* zu lenken im Stande war, ist die Anzahl wissenschaftlicher Arbeiten zu diesem übergeordneten Bereich in den letzten Jahren überschaubar geworden. Inwieweit das Verbotsverfahren gegen die NPD sowie der aufsehenerregende Einzug der Partei in den sächsischen Landtag im September 2004 das wissenschaftliche Interesse wieder dem Rechtsextremismus als Forschungsobjekt zuzuwenden vermag, ist schwer vorauszusagen.[34] Noch stammen neben der oft zitierten Studie Armin Pfahl-Traughbers aus dem Jahr 1993[35] andere wesentliche Beiträge zur Rechtsextremismusforschung mehrheitlich aus den Jahren vor der negativen Trendwende der REP.[36] Neuere Untersuchungen existieren vereinzelt und beschäftigen sich – wenn

---

34 Vgl. Lars Flemming, Das NPD-Verbotsverfahren. Vom „Aufstand der Anständigen" zum „Aufstand der Unfähigen", Baden-Baden 2005; ders., Das gescheiterte NPD-Verbotsverfahren, in: Uwe Backes/Eckhard Jesse (Hrsg.), Jahrbuch Extremismus & Demokratie, Bd. 15, Baden-Baden 2003, S. 159-176; ders., Die NPD nach dem gescheiterten Verbotsverfahren, in: Uwe Backes/Eckhard Jesse (Hrsg.), Jahrbuch Extremismus und Demokratie, Bd. 16, Baden-Baden 2004, S. 144-154. Weitere Neuerscheinungen zur NPD sind u.a.: Heinz Lynen von Berg/Hans-Jochen Tschiche (Hrsg.), NPD – Herausforderung für die Demokratie, Berlin 2002; Claus Leggewie/Horst Meier (Hrsg.), Verbot der NPD oder mit Rechtsradikalen leben?, Frankfurt a. M. 2002; Robert Chr. van Ooyen/Martin H.W. Möllers (Hrsg.), Die Öffentliche Sicherheit auf dem Prüfstand. 11. September und NPD-Verbot, Frankfurt a. M. 2002.

35 Vgl. Armin Pfahl-Traughber, Rechtsextremismus, Eine kritische Bestandsaufnahme nach der Wiedervereinigung, Bonn 1993.

36 Als Beispiele u.a. sind zu nennen: Richard Stöss, Die Extreme Rechte in der Bundesrepublik. Entwicklungen – Ursachen – Gegenmaßnahmen, Opladen 1989, Kurt Bodewig/Rainer Hesels/Dieter Mahlberg (Hrsg.), Die schleichende Gefahr. Rechtsextremismus heute, Essen 1990, Christoph Butterwegge/Horst Isola (Hrsg.), Rechtsextremismus im vereinten Deutschland. Randerscheinung oder Gefahr für die Demokratie?, Bremen/Berlin 1991 und Thomas Assheuer/Hans Sarkowicz, Rechtsradikale in Deutschland, München 1992. Christoph Butterwegge verspricht mit einer Publikation aus dem Jahr 1996 einen kritischen Überblick über die wesentlichen Konzeptionen der wissenschaftlichen Rechtsextremismusdiskussion, liefert

überhaupt – am Rande mit dem Verhältnis etablierter Parteien zu den REP.[37] Klaus Schroeders Studie von 2004 behandelt Rechtsextremismus und Jugendgewalt.[38] Sie ist eine der wenigen aktuellen Bestandsaufnahmen zum Problemfeld und bietet neben der eigentlichen Fragestellung in einem hinführenden Kapitel eine fundierte Auseinandersetzung mit dem Werdegang des Rechtsextremismus im geteilten und vereinten Deutschland. Schroeder erwähnt die REP jedoch nur beiläufig. Der im Jahr 2001 herausgegebene Sammelband von Wilfried Schubarth und Richard Stöss beleuchtet verschiedene Aspekte des Rechtsextremismus, ohne den parteipolitischen Umgang mit den REP nachzuvollziehen oder zu erörtern.[39] Armin Pfahl-Traughber veröffentlicht im Jahr 2000 eine zweite, aktualisierte Auflage einer Übersicht des Rechtsextremismus in Deutschland, die als gut fundierte Einführung zu Thema und Stand der Rechtsextremismusforschung taugt.[40]

Ausführlich diskutiert werden – auch in der neueren Literatur – pädagogische Leitlinien zur Vorbeugung und Entgegenwirkung des Rechtsextremismus.[41] Es ste-

aber einen oberflächlichen Schnelldurchlauf unsystematisch gesammelter Namen und Begriffe samt eigener grob einseitiger Randbemerkungen (vgl. Christoph Butterwegge, Rechtsextremismus, Rassismus und Gewalt. Erklärungsmodelle in der Diskussion, Darmstadt 1996).

37 Zu den neueren Arbeiten zum Themenkomplex *Rechtsextremismus* gehören u.a. Uwe Backes (Hrsg.), Rechtsextreme Ideologien in Geschichte und Gegenwart, Köln 2003; Thomas Pfeiffer, Für Volk und Vaterland. Das Mediennetzwerk der Rechten – Presse, Musik, Internet, Berlin 2002; Christoph Butterwegge, Themen der Rechten – Themen der Mitte. Zuwanderung, demographischer Wandel und Nationalbewußtsein, Opladen 2002; Lee McGowan, The Radical Right in Germany. 1870 to the Present, London u.a. 2002; Jutta Menschik-Bendele/Klaus Ottomeyer, Sozialpsychologie des Rechtsextremismus. Entstehung und Veränderung eines Syndroms, 2. Aufl., Opladen 2002; Helga Amesberger/Brigitte Halbmayr (Hrsg.), Rechtsextreme Parteien – eine mögliche Heimat für Frauen?, Opladen 2002; Thomas Grumke/Bernd Wagner (Hrsg.), Handbuch des Rechtsradikalismus. Personen – Organisationen – Netzwerke vom Neonazismus bis in die Mitte der Gesellschaft, Opladen 2002; Hans-Gerd Jaschke/Birgit Rätsch/Yury Winterberg, Nach Hitler. Radikale Rechte rüsten auf, München 2001.

38 Vgl. Klaus Schroeder, Rechtsextremismus und Jugendgewalt in Deutschland: Ein Ost-West-Vergleich, Paderborn 2004.

39 Vgl. Wilfried Schubarth/Richard Stöss (Hrsg.), Rechtsextremismus in der Bundesrepublik Deutschland. Eine Bilanz, Opladen 2001.

40 Armin Pfahl-Traughber, Rechtsextremismus in der Bundesrepublik Deutschland, 2. Aufl., München 2000.

41 Vgl. z. B. Klaus Ahlheim (Hrsg.), Intervenieren, nicht resignieren. Rechtsextremismus als Herausforderung für Bildung und Erziehung, Schwalbach i. Ts. 2003; Eberhard Jung (Hrsg.), Rechtsextremismus als gesellschaftliches Problem. Arbeits- und Wirkungsfelder für die politische Bildung, Schwalbach i. Ts. 2003; Miteinander e.V./Zentrum für Antisemitismusforschung (Hrsg.), Rechtsextreme Jugendkultur und Gewalt. Eine Herausforderung für die pädagogische Praxis, Berlin 2002; Carsten Wippermann/Astrid Zarcos-Lamolda/Franz Josef Krafeld, Auf der Suche nach Thrill und Geborgenheit. Lebenswelten rechtsradikaler Jugendlicher und neue pädagogische Perspektiven, Opladen 2002; Wilfried Schubarth, Pädagogische Strategien gegen Rechtsextremismus und fremdenfeindliche Gewalt – Möglichkeiten und Grenzen schulischer und außerschulischer Prävention, in: Wilfried Schubarth/Richard

hen hier aber als Akteure nicht etablierte Volksparteien im Mittelpunkt. Eine Reihe von Arbeiten, die den Umgang mit dem Rechtsextremismus thematisieren, geht stattdessen auf Schulen, Verfassungsschutz, Justiz und Polizei ein und übersieht etablierte Volksparteien. Als Beispiel sei auf Hans-Gerd Jaschkes Aufsatz aus dem Jahr 2000 hingewiesen.[42] Bei den meisten pädagogisch motivierten und präskriptiv ausgerichteten Beiträgen fehlt der unmittelbare Bezug auf die REP.

Weitere Arbeiten neueren Datums, die sich im Überblick mit nicht etablierten Parteien oder mit dem deutschen Parteiensystem im Allgemeinen beschäftigen, schenken den REP keine besondere Aufmerksamkeit. So legt Dirk van den Boom 1999 zwar einen Gesamtüberblick über kleine, (noch) nicht dauerhaft etablierte Parteien vor[43], lehnt es aber grundsätzlich ab, sich im Rahmen der Arbeit (seiner Habilitationsschrift) mit extremistischen Parteigruppierungen zu befassen, da diese anlässlich entsprechender Wahlerfolge bereits „recht intensiv untersucht" worden seien.[44] Auch Andreas Schulzes Arbeit über Kleinparteien nimmt sich nicht-extremistischer Fallbeispiele an.[45] In seiner Analyse des Parteiensystems in der Bundesrepublik Deutschland aus dem Jahr 2000[46] widmet Ulrich von Alemann den REP gerade einmal drei kurze Absätze und verweist in Bezug auf die programmatische Einordnung der REP schlicht auf ein knapp dreizeiliges Zitat aus dem Verfassungsschutz-

Stöss (Hrsg.), Rechtsextremismus in der Bundesrepublik Deutschland – Eine Bilanz, Bonn 2000, S. 249-270; Franz Josef Krafeld, Zur Praxis der pädagogischen Arbeit mit rechtsorientierten Jugendlichen, in: Wilfried Schubarth/Richard Stöss (Hrsg.), Rechtsextremismus in der Bundesrepublik Deutschland – Eine Bilanz, Bonn 2000, S. 271-291, Wilfried Schubarth, Pädagogische Konzepte als Teil der Stategien gegen Rechtsextremismus, in: Aus Politik und Zeitgeschichte, 39/2000, 22. September 2000, S. 40-48, Bernd Wagner, Zur Auseinandersetzung mit Rechtsextremismus und Rassismus in den neuen Bundesländern, in: Aus Politik und Zeitgeschichte, 39/2000, 22. September 2000, S. 30-39; Dietmar Sturzbecher/Detlef Landua, Rechtsextremismus und Ausländerfeindlichkeit unter ostdeutschen Jugendlichen, in: Aus Politik und Zeitgeschichte, B 46/2001, 9. November 2001, S. 6-15.

42 Vgl. Hans-Gerd Jaschke, Rechtsstaat und Rechtsextremismus, in: Wilfried Schubarth / Richard Stöss, Rechtsextremismus in der Bundesrepublik Deutschland – Eine Bilanz, Bonn 2000. Siehe auch Hans-Gerd Jaschke, Sehnsucht nach dem starken Staat – was bewirkt Repression gegen rechts?, Aus Politik und Zeitgeschichte, B 39/2000, 22. September 2000, S. 22-29.

43 Vgl. Dirk van den Boom, Politik diesseits der Macht? Zu Einfluß, Funktion und Stellung von Kleinparteien im politischen System der Bundesrepublik Deutschland, Opladen 1999.

44 Ebd., S. 53. Als Beispiele extremistischer Gruppierungen nennt van den Boom neben den REP die DVU, die NPD, die MLPD und die DKP (vgl. ebd., S. 53-54).

45 *Schulzes* Urteil nach sind seine drei Untersuchungsobjekte, die Ökologisch-Demokratische Partei (ödp), die Deutsche Soziale Union (DSU) sowie der Bund freier Bürger (BFB), „im konservativen Spektrum angesiedelt, dabei eindeutig als demokratische Kräfte einzuschätzen", Andreas Schulze, Kleinparteien in Deutschland. Aufstieg und Fall nicht-etablierter politischer Vereinigungen, Wiesbaden 2004, S. 5.

46 Vgl. Ulrich von Alemann, Das Parteiensystem der Bundesrepublik Deutschland, Bonn 2000.

20

bericht des Jahres 1995.[47] Weitere Überblicksbände zeichnen sich zwar durch ihre breite theoretische Grundlage aus, nicht aber durch ihre Aktualität.[48]

Zwar steht zu den Republikanern umfangreiche Literatur zur Verfügung, u. a. von Claus Leggewie[49] und Hans-Gerd Jaschke.[50] Auffällig ist allerdings die mäßig engagierte Fortsetzung der Forschung zu den REP in den letzten Jahren[51] sowie der mangelnde direkte Bezug auf die Frage des Umgangs mit der Partei. Mit Vorsicht zu genießen ist grundsätzlich die wissenschaftliche Aussagekraft der Arbeiten Leggewies. Mit publizistischem Fleiß produziert Leggewie nahezu tagesaktuell bücherfüllende Statements zu kontroversen Brennpunktthemen[52], lässt dabei aber die als Wissenschaftler gebotene analytische Distanz zu seinen Forschungsobjekten oft vermissen und gibt überspitzten, teilweise vorschnell und unvorsichtig formulierten Hypothesen den Vorzug vor inhaltlicher Tiefe.

Eine Mehrzahl der Studien zu den REP stammt nicht aus den unmittelbar zurückliegenden Jahren, wohl deshalb, weil der Wahlerfolg der Partei seit Mitte der 90er Jahre kontinuierlich abnimmt und sich die REP als Modethema der wissenschaftlichen Forschung überholt zu haben scheinen.[53] Leggewies und Jaschkes Profilanaly-

47 Vgl. ebd., S. 65-66.
48 Vgl. z. B. Richard Stöss (Hrsg.), Parteienhandbuch. Die Parteien der Bundesrepublik Deutschland 1945-1980, Band 1: AUD-DSU, Opladen 1983 sowie ders. (Hrsg.), Parteienhandbuch. Die Parteien der Bundesrepublik Deutschland, Band 2: EAP-WAV, Opladen 1984. Hier finden die REP als zu diesem Zeitpunkt junge Parteigründung keinerlei Erwähnung.
49 Vgl. Claus Leggewie, Die Republikaner. Phantombild der Neuen Rechten, Berlin 1989; ders., Die Republikaner. Ein Phantom nimmt Gestalt an, Berlin 1990.
50 Vgl. Hans-Gerd Jaschke, Die Republikaner. Profile einer Rechtsaußen-Partei, 3. Aufl., Bonn 1994; ders., Rechtsextremismus und Fremdenfeindlichkeit. Begriffe, Positionen, Praxisfelder, Opladen 1994; ders., Fundamentalismus in Deutschland, Hamburg 1998.
51 Stephan Thomczyk beobachtet einen deutlichen Rückgang der Anzahl von Publikationen über die REP seit 1994, was er auf das Ende von Schönhubers Amtszeit als Bundesvorsitzender der Partei zurückführt (vgl. Stephan Thomczyk, Der dritte politisch Etablierungsversuch der Republikaner nach 1994, Konstanz 2001, S. 29).
52 Zur Diskussion um das Holocaust-Mahnmal in Berlin (Claus Leggewie/Erik Mayer, Ein Ort, an den man gerne geht: das Holocaust-Mahnmal und die deutsche Geschichtspolitik nach 1989, München 2005), zur Beziehung Europas zur Türkei [ders. (Hrsg.), Die Türkei und Europa: die Positionen, Frankfurt a.M. 2004], zur Amerikanisierung (ders., Amerikas Welt: Die USA in unseren Köpfen, Hamburg 2000), zur Globalisierung (ders., Die Globalisierung und ihre Gegner, München 2003), zum NPD-Verbot [ders./Horst Meier (Hrsg.), Verbot der NPD oder mit Rechtsradikalen leben?, Frankfurt a. M. 2002] zur E-Democracy [ders./Christa Maar (Hrsg.), Internet und Politik: Von der Zuschauerdemokratie zur Beteiligungsdemokratie?, Köln 1998], u.v.m.
53 Auch im Jahr 2002 mussten die REP vermutlich in Folge mangelnder Wahlerfolge sinkende Mitgliederzahlen verbuchen (vgl. Susanne Höll, Rechtsextremisten verüben die meisten Gewalttaten, Süddeutsche Zeitung 14. Mai 2003).

sen der REP beispielsweise wurden in den Jahren 1990 und 1994 veröffentlicht.[54] Eine zufriedenstellende, für die qualifizierte Bewertung des Umgangs mit den Republikanern unverzichtbare Einordnung der Partei auf dem politischen Spektrum – dem Verlauf ideologischer Strömungen und Strategieentscheidungen von der Gründung bis zur Gegenwart nach – existiert nicht.

Eine der wenigen in den letzten Jahren veröffentlichten Arbeiten über die REP ist die Dissertation Stephan Thomczyks von 2001.[55] Diese befasst sich – wie die meisten Arbeiten über rechtsextremistische Parteien – mit Programmatik, Strategie und Geschichte der REP.[56] Der Umgang etablierter Parteien mit den REP gehört nicht zur Fragestellung Thomczyks, der lediglich in seiner Schlussbetrachtung auf punktuelle Kooperationen bürgerlicher Parteien mit den REP auf kommunaler Ebene hinweist, ohne diese in einem sinnvollen Deutungskontext bewerten zu wollen.[57] Da Thomczyks Analyse zudem die Orientierung an methodischen Standards vermissen lässt, sondern sich eher um ästhetisch-stilistische Aspekte bemüht, kann sie keinen wesentlichen Beitrag zur Beantwortung der Fragestellung dieser Arbeit liefern.

Als Analysebeispiel neben der PDS dienen die REP in Carmen Everts extremismustheoretischer Studie, die als Lektüre zum Ziele eines fundierten Zugangs zum Extremismusbegriff durchaus empfehlenswert ist, sich zur Fragestellung dieser Arbeit aber nicht äußert.[58] Die 2002 online publizierte Dissertation Bernd Neubachers gibt Aufschluss über die parlamentarische Arbeit der REP im baden-württembergischen Landtag.[59] Neubacher geht (wenn auch nur sehr begrenzt) dabei ebenfalls auf den Umgang der anderen Landtagsparteien mit den REP ein und bietet so Informationen, die für diese Arbeit ergänzend von Nutzen sein könnten.

Ebenfalls neueren Datums ist Britta Obszerninks' Untersuchung der REP sowie der *Freiheitlichen Partei Österreichs* (FPÖ) von 1999.[60] Ziel der Arbeit ist es, vom

54 Vgl. Claus Leggewie, Die Republikaner. Ein Phantom nimmt Gestalt an, Berlin 1990 und Hans-Gerd Jaschke, Die Republikaner. Profile einer Rechtsaußen-Partei, 3. Aufl., Bonn 1994. Jaschkes Studie erschien 1994 in der dritten Auflage. Die erste und zweite Auflage stammen aus den Jahren 1990 bzw. 1993. Alle drei Auflagen erschienen in der Reihe Praktische Demokratie der Friedrich-Ebert-Stiftung und werden im Rahmen dieser Analyse gemäß Kap. 2.3. als Mittel des Umgangs mit den REP gewertet.

55 Vgl. Stephan Thomczyk, Der dritte Etablierungsversuch der Republikaner nach 1994, Konstanz 2001.

56 Vgl. ebd., S. 10.

57 Vgl. ebd., S. 187-188.

58 Vgl. Carmen Everts, Politischer Extremismus: Theorie und Analyse am Beispiel der Parteien REP und PDS; Berlin 2000.

59 Vgl. Bernd Neubacher, Die Republikaner im baden-württembergischen Landtag – von einer rechtsextremen zu einer rechtsradikalen, etablierten Partei?, Dissertation an der Universität Stuttgart, Publikationsdatum: 11. September 2002, einsehbar im Internet unter: http://elib. uni-stuttgart.de/opus/volltexte/2002/1139/pdf/Dissertation_Bernd_Neubacher.pdf, abgerufen am 26. April 2005.

60 Vgl. Britta Obszerninks, Nachbarn am rechten Rand: Republikaner und Freiheitliche Partei Österreichs im Vergleich; eine handlungsorientierte Analyse, München 1999.

besonderen Fall auf die allgemeinere Interpretationsebene hin auswertend „politisch-praktische Handlungsempfehlungen für die Auseinandersetzung mit dem Rechtsextremismus aufzuzeigen"[61]. Dies lässt zumindest eine hinführende Auseinandersetzung mit dem Umgang seitens etablierter Kräfte vermuten. Zwei Drittel von Obszerninks' Arbeit sind aber einer Analyse von Entstehung, Programmatik, Organisationsstruktur, Führungsrollen der Parteivorsitzenden sowie Beziehung der beiden Parteien zur rechtsextremen Gewalt gewidmet. Weitere zehn Prozent ihrer Arbeit bildet ein Überblick über staatliche Repressionsmechanismen gegenüber dem Rechtsextremismus in Deutschland, Österreich und der Europäischen Union. Die Beschreibung und Bewertung des Umgangs etablierter Parteien mit REP und FPÖ nimmt in Obszerninks' Text wenige Absätze ein. Die Autorin beschränkt sich auf die Forderung, etablierte Parteien sollten „ihre Glaubwürdigkeit in der Öffentlichkeit verbessern"[62], „ihre Politik auch für Jugendliche attraktiv"[63] gestalten, ihr politisches Profil schärfen[64], „alternativen Politikkonzepten"[65] mehr Raum geben, keine Skandale produzieren[66] und sich europaweit von rechtsextremen Parteien distanzieren.[67] Worin denn genau bisherige Versäumnisse gelegen hätten oder wie konkrete Handlungsalternativen aussehen mögen, darüber schweigt Obszerninks' Analyse.

In einem Beitrag über das Wirken der DVU im schleswig-holsteinischen Landtag skizziert Uwe Danker präzise die Reaktionen der anderen Parlamentsparteien auf das Auftreten der Rechtsextremisten nach. Dabei kommt er zu dem Schluss, der DVU sei eine Aufmerksamkeit zuteil geworden, „die sich brach an der Qualität ihrer Arbeit"[68]. Ausdrücklich schließt Danker für seine Untersuchung jeden Bezug zu den REP „mit ihrer besonderen Geschichte und Rolle"[69] aus.

Auch in früheren Arbeiten wird der Umgang etablierter Volksparteien mit den REP kaum behandelt. Zwar dokumentieren manche Publikationen Verbindungen der Volksparteien – insbesondere der Unionsparteien – und Rechtsparteien.[70] Diese Be-

---

61 Ebd., S. 11.
62 Ebd., S. 220.
63 Ebd., S. 220.
64 Vgl. ebd., S. 220.
65 Ebd., S. 220.
66 Vgl. ebd., S. 220.
67 Vgl. ebd., S. 220-221.
68 Uwe Danker, Rechtsextreme im Schleswig-Holsteinischen Landesparlament – Erfahrungen, Gefahren und Perspektiven, in: Rüdiger Wenzel, Dem Rechtsextremismus begegnen, Kiel 1995, S 105.
69 Ebd., S.111.
70 Vgl. u. a. Gode Japs, Helfer aus dem rechten Sumpf. Im Wahlkampf gibt es für die Union keine Abgrenzung zu Rechtsradikalen, in: Vorwärts vom 4. September 1980; Reinhard Opitz, Faschismus und Neofaschismus, Frankfurt am Main 1984; Margret Feit, Die „Neue Rechte" in der Bundesrepublik. Organisation - Ideologie - Strategie, Frankfurt am Main 1987; Arno Klönne, Zurück zur Nation? Kontroversen zu deutschen Fragen, Köln 1984; Michael Schomers, Deutschland ganz rechts. Sieben Monate als Republikaner in BRD & DDR, Köln 1990.

ziehungen werden laut Uwe Backes und Eckhard Jesse jedoch häufig von prononciert linken Autoren, die „einer Art Verschwörungsideologie"[71] anhängen, überbewertet. Derartige Verschwörungstheorien begannen bereits in den Jahren vor Gründung der REP, als vereinzelte Autoren eine Verharmlosung rechtsextremer Bewegungen durch die Unionsparteien zu beobachten geglaubt hatten.[72] Jürgen Böddrich behauptet beispielsweise schon 1980, es seien „Unionspolitiker unermüdlich bestrebt, die Gefahr des Neonazismus systematisch zu bagatellisieren"[73].

Der augenscheinliche, bei der Untersuchung der Beziehung zwischen etablierten Volksparteien und extremistischen Gruppierungen häufig zu beobachtende Mangel an ideologischer Unvoreingenommenheit bedingt insgesamt eine erhebliche Forschungslücke.[74] Vergleichsweise wenige Studien bemühen sich, unter Wahrung der notwendigen wissenschaftlichen Distanz den Gegenstand des Umgangs mit den REP zu kritisch zu analysieren. Die folgenden zumeist löblichen Beispiele sind dennoch nicht geeignet, die Fragestellung dieser Arbeit vollständig zu beantworten:

Der Titel einer Arbeit von Richard Stöss aus dem Jahr 1990 – „Die ‚Republikaner‘: woher sie kommen; was sie wollen; wer sie wählt; was zu tun ist" – lässt einen präskriptiven Ansatz in Bezug auf den Umgang mit den REP vermuten.[75] Tatsächlich widmet Stöss lediglich ein zehnseitiges Kapitel[76] seines populärwissenschaftlichen Werkes dem Umgang der Bundestagsparteien mit den REP, wobei ihm keine ausreichend umfassende Behandlung des Themas gelingt. Zumal unterliegt Stöss' Anspruch auf Wissenschaftlichkeit zum einen seinem gleichzeitigen Wunsch, Leser „ohne besondere Vorkenntnisse"[77] zu bedienen sowie zum anderem seinem subjektiven, politisch engagierten Motivationshintergrund.

Eine Studie von Eike Hennig in Zusammenarbeit mit Manfred Kieserling und Rolf Kirchner von 1991 bietet ein Kapitel über Stellungnahmen etablierter Parteien zu den Republikanern, fasst aber eine ganze Reihe parteipublizierter Dokumentatio-

---

71   Uwe Backes/Eckhard Jesse: Politischer Extremismus in der Bundesrepublik Deutschland, Bonn 1993, S. 389.

72   Die 1980 in München erschienene Analyse des Pressedienstes der Demokratischen Initiative, „Die Union und der Neonazismus. Verharmlosung als Methode", beispielsweise ist von subjektiven, häufig eindeutig links orientierten Meinungsbekundungen gekennzeichnet. So stellt der nicht namentlich genannte Autor fest: „Es ist zutiefst beschämend, dass erst der mörderische Anschlag auf dem Oktoberfest der CSU die Gefährlichkeit des Rechtsradikalismus demonstrieren muss. Es ist jedoch die Tradition des Rechtskonservatismus, auf dem linken Auge weitsichtig, aber dem rechten Auge kurzsichtig, häufig sogar blind zu sein. Diese Haltung hat vor allem in Bayern tiefe historische Wurzeln." (S. 5)

73   Ebd., S. 8.

74   Zur Frage normativer Vorbedingungen in der wissenschaftlichen Forschung siehe Kapitel 2.1.

75   Vgl. Richard Stöss, Die „Republikaner": woher sie kommen; was sie wollen; wer sie wählt; was zu tun ist, 2. Aufl., Köln 1990.

76   Vgl. ebd., S. 113-123.

77   Ebd., S. 13.

nen auf insgesamt zehn kleinformatigen Seiten zusammen. Der geringe Umfang dieser Ausführungen ermöglicht keine fundierte Einschätzung der Gesamtsituation.[78]

In seiner Analyse der REP aus dem Jahr 1993 widmet Hans-Gerd Jaschke ein Kapitel der Frage des gesellschaftlichen Umgangs mit den REP.[79] Neben den etablierten Parteien behandelt Jaschke die organisierte Linke (Antifa, Aktion Sühnezeichen, DKP, VVN, etc.), die Gewerkschaften, die Medien sowie diverse staatliche Behörden als den Umgang mit den REP gestaltende Akteure. Die Rolle der Parteien behandelt Jaschke nicht umfangreich genug.

Andreas Albes' Studie aus dem Jahr 1999 befasst sich nicht mit etablierten Volksparteien als den REP gegenüber Handelnden, sondern mit den Printmedien.[80] Der Forschungsansatz sowie das methodische Vorgehen von Albes überzeugen, tragen aber des mangelnden Bezugs auf die Parteien wegen nicht wesentlich zur Beantwortung der Leitfrage dieser Arbeit bei.

Christoph Butterwegge beschäftigt sich 2000 in einem Aufsatz auf insgesamt gut vier Seiten mit dem Umgang demokratischer Parteien und Fraktionen mit rechtsextremistischen Parteien und Fraktionen.[81] Er hebt die Konzeptionslosigkeit dieses Umgangs hervor. Butterwegges Beitrag mag als propädeutischer Ansatz interessieren, kann aber aufgrund seines geringen Umfangs der Frage nach der Zweckmäßigkeit des Umgangs etablierter Volksparteien mit den rechtsextremistischen Parteien oder spezifischer mit den REP nicht hinreichend gerecht werden.

Einen strukturierten, aufschlussreichen Ansatz zur Analyse des Umgangs etablierter Parteien mit dem Rechtsextremismus liefert Heinz Lynen von Berg mit seiner im Jahr 2000 veröffentlichten Studie.[82] Die Fragestellung der Arbeit bezieht sich auf Diskurse im Bundestag zum Thema der fremdenfeindlichen Gewalt. Die Schwerpunktlegung auf rechtsextremistisch motivierte Gewalttaten ermöglicht keine umfassende Analyse von Aussagen über die REP, obgleich neben Gewaltereignissen auch sonstige rechtsextreme Erscheinungen berücksichtigt werden.[83] In den Analysezeitraum fällt der erstmalige Einzug der REP in den Landtag von Baden-Württemberg im Jahr 1992. Dies ließe im begrenzten Maße Bezugnahmen auf die Partei erwarten. Daher werden die Ergebnisse der Studie Heinz Lynen von Bergs

---

78 Vgl. Eike Hennig/Manfred Kieserling/Rolf Kirchner, Die Republikaner im Schatten Deutschlands. Zur Organisation der mentalen Provinz, Frankfurt am Main 1991, S. 58-67.

79 Vgl. Hans-Gerd Jaschke, Die „Republikaner" – Profile einer Rechtsaußen-Partei, 2. Auflage, Bonn 1993, S. 137-148.

80 Vgl. Andreas Albes, Die Behandlung der Republikaner in der Presse, Frankfurt am Main u.a. 1999.

81 Vgl. Christoph Butterwegge, Ambivalenzen der politischen Kultur, intermediäre Institutionen und Rechtsextremismus, in: Schubarth, Wilfried/Stöss, Richard, Rechtsextremismus in der Bundesrepublik Deutschland. Eine Bilanz., Schriftenreihe Band 368, Bonn 2000, S. 296-300.

82 Vgl. Heinz Lynen von Berg, Politische Mitte und Rechtsextremismus, Diskurse zu fremdenfeindlicher Gewalt im 12. Deutschen Bundestag (1990-1994), Opladen 2000.

83 Vgl. ebd., Opladen 2000, S. 15.

zwar für diese Arbeit herangezogen, eine ergiebige Antwort auf die Forschungsfrage bietet diese Publikation aber nicht.

Harald Bergsdorf stellt in einer Untersuchung aus dem Jahr 2000 einen Vergleich der REP zur französischen *Front National* an. Reaktionen verfassungskonformer Parteien auf das Auftreten der beiden Rechtsparteien in den jeweiligen Ländern werden dabei nur inzident behandelt, aber in übersichtlicher Form auf 15 Seiten nachgezeichnet.[84]

Mit dem Verhältnis etablierter Volksparteien zu den REP beschäftigen sich zudem tagesaktuelle Medienbeiträge, die freilich einer wissenschaftlichen Methodik entbehren. Der Mangel einer wissenschaftlich fundierten sowie verlässlichen, nicht von politischem Aktivismus oder journalistischen Tagesstimmungen geprägten Analyse des Verhaltens etablierter Parteien gegenüber den REP wird hierdurch offenbar.

Grundsätzlich ist nicht nur bei der Beschreibung einer vermeintlichen Annäherung der Unionsparteien an die Republikaner ein erschreckendes Defizit an wissenschaftlicher Distanz zu erkennen, sondern auch bei der Auseinandersetzung mit den REP im Allgemeinen. Bei vielen Arbeiten vermisst man selbst den Willen eines unvoreingenommenen Zugangs. Zu diesem Ergebnis kommt auch Andreas Albes, der eine beliebig fortsetzbare Liste politisch motivierter Autoren zu erkennen glaubt, welche „die Republikaner argumentativ des Rechtsextremismus überführen wollten"[85]. Als Beispiel einer wissenschaftlich mangelhaften, weil keineswegs objektiven Analyse mag Leo A. Müllers „Republikaner, NPD, DVU, Liste D, ..." dienen.[86] Ein Versuch, die Person Franz Schönhubers als damalig führenden Kopf der REP persönlich zu diskreditieren, ohne eine verlässliche analytische Vorsicht walten zu lassen, unternehmen Kurt Hirsch und Hans Sarkowicz in „Schönhuber: der Politiker und seine Kreise".[87] Formulierungen wie „Nachdem er nun nicht mehr ‚dabei' war, gründete er einen Verein, den er ebenso werbewirksam wie unberechtigterweise ‚Die Republikaner' nannte."[88] oder „Da Schönhuber keine fremden Götter neben sich duldet, kam es schon bald zu Konflikten mit den beiden Bundestagsabgeordneten"[89], zeugen von mangelnder Bereitschaft, sich dem Forschungsgegenstand mit wissenschaftlicher Distanz zu nähern.[90]

---

84 Vgl. Harald Bergsdorf, Ungleiche Geschwister: die deutschen Republikaner (REP) im Vergleich zum französischen Front National (FN), Frankfurt am Main 2000, S. 336-351.

85 Andreas Albes, Die Behandlung der Republikaner in der Presse, Frankfurt am Main u.a. 1999, S. 39.

86 Vgl. Leo A. Müller, Republikaner, NPD, DVU, Liste D, ..., 2. Auflage, Göttingen 1989.

87 Vgl. Kurt Hirsch/Hans Sarkowicz, Schönhuber: der Politiker und seine Kreise, Frankfurt am Main 1989.

88 Ebd., S. 21.

89 Ebd., S. 23.

90 Ein weiteres Beispiel: der analytischen Selbstversuch von Michael Schomers, der sich sieben Monate lang unter falscher Identität bei den REP engagiert. Schomers gesteht unverhohlen seine politisch linke Gesinnung ein und deutet seine Erfahrungen nach entsprechend subjektiven Denkmustern. Eine sachliche, ungefangene Analyse der Beziehung zwischen Unions-

Die bisherigen Forschungsbemühungen zur Frage des Umgangs mit den REP bedürfen nicht nur einer mit methodischem Rahmen fundierten, ausführlicheren Weiterentwicklung, sondern auch einer Aktualisierung, um die in dieser Arbeit gestellte Forschungsfrage in angemessener Form beantworten zu können.

1.3. Aufbau

Die Zweckmäßigkeit der Mittel des Umgangs untersuchter etablierter Parteien mit den REP bewertet diese Arbeit auf der Analyseebene einer Zweck-Mittel-Analyse, deren methodische Ausrichtung in Kapitel 2 im Detail bestimmt wird. Die Einführung komparativer Begriffe zur Analyse verschiedener Handlungsoptionen etablierter Parteien hinsichtlich ihrer Zweckmäßigkeit wird notwendigerweise ebenfalls im zweiten Kapitel vorgenommen. Die dem Zweck und den Mitteln politischer Parteien im System der Bundesrepublik Deutschland zugrundeliegenden Werte werden hier argumentativ erörtert. Notwendig sind in diesem Kapitel also nicht nur schlichte begriffliche Hinführungen, sondern ist die Schaffung von Arbeitsdefinitionen sowie die Diskussion der operationalisierten Begriffe vor dem Wertehintergrund. Dies ermöglicht eine relative Objektivierung der Analyse. Verzichtet werden soll allerdings auf eine hermetische Terminologie, welche die zu untersuchenden Gegenstände und Zusammenhänge verklausuliert statt diese für die wissenschaftliche Diskussion greifbar zu machen. Um eine spätere Analyse der Wertekohärenz von Zweck und Mitteln im Umgang mit einer im Verdacht des Extremismus stehenden Partei zu ermöglichen, ist vorab eine begriffliche Bestimmung des *Extremismus* sowie der tatsächlichen Nähe der REP zum Extremismus vorauszusetzen. Die Begriffsoperationalisierung reiht sich in die anderen Definitionen als Teil von Kapitel 2 ein. Es kann allerdings nicht um eine umfassende Diskussion oder Herleitung des Extremismusbegriffs gehen. Vielmehr soll auf Definitionsansätze aus der wissenschaftlichen Literatur zurückgegriffen werden, deren Verwendung für die Absicht dieser Arbeit sinnvoll erscheint.

Kapitel 3 untersucht als Folgeschritt der Argumentation die Anwendbarkeit des Extremismusbegriffs auf die REP. Berücksichtigt werden hierbei die ideologischen Entwicklungsphasen, verkörpert vom Wirken der drei Bundesvorsitzenden Handlos, Schönhuber und Schlierer. Ohne eine systematische Qualifizierung der Nähe zum Extremismus kann die Zweckmäßigkeit des Umgangs mit den REP nicht festgestellt werden. Obgleich die Behandlung der REP die Verknüpfung mit dem spezifischeren Begriff des *Rechtsextremismus* nahelegt, wird hierzu der höhere Gattungsbegriff des *Extremismus* definiert, um unnötige methodische Vorbedingungen zu vermeiden.

---

parteien und REP kommt so nicht zustande (Michael Schomers, Deutschland ganz rechts. Sieben Monate als Republikaner in BRD & DDR, Köln 1990).

Von dieser grundlegenden Positionierung ausgehend sollen in den Kapiteln 4 und 5 Mittel des parlamentarischen sowie außerparlamentarischen Umgangs etablierter Parteien mit den REP systematisch nachvollzogen und hinsichtlich ihrer Zweckmäßigkeit analytisch bewertet werden. Hier wird die Leitfrage dieser Arbeit im Kern beantwortet, wobei die eingesetzten Mittel des Umgangs etablierter Parteien mit den REP zunächst diachron beschrieben und sodann anhand der Zweck-Mittel-Analyse komparativen Begriffen zugeordnet werden. Diese Zuordnung klärt zudem die Frage nach der Zweckmäßigkeit der Mittel analytisch.

Kapitel 6 vergleicht den Umgang der etablierten Parteien mit den REP entsprechend der komparativen Ordnungsbegriffe aus dem vorhergehenden Kapitel miteinander. Es ergibt sich eine direkte Gegenüberstellung des fragestellungbezogenen Wirkens von Unionsparteien und SPD, gegliedert nach den eingeführten Vergleichsbegriffen. Kapitel 7 beinhaltet eine Zusammenfassung der Ergebnisse dieser Studie sowie eine Diskussion offener Forschungsfragen.

2. Methodisches Vorgehen

2.1. Auswahl der Analyseebene: Zweck-Mittel-Analyse

Diese Arbeit geht einer Frage normativen Inhalts nach, da sie die Zweckmäßigkeit der Mittel des Umgangs etablierter Parteien mit den REP nach ihrer Wertrationalität beurteilen soll. Die Berücksichtigung und Behandlung normativer Aspekte in einer wissenschaftlichen Arbeit stellen stets eine methodische Herausforderung an den Forscher dar. Wolfgang Brezinka gibt zu bedenken:

> „Sofern mit ‚richtig' mehr gemeint ist als die Anwendung zweckmäßiger Mittel in bestimmten Situationen, sobald es also um Ideale, um Werte und ihre Rangordnung, um Glaubensüberzeugungen und ihre Begründung geht, handelt es sich um Entscheidungen, zu denen die Wissenschaft unmittelbar nur wenig beitragen kann."[91]

Die empirische Wissenschaft kann weder die Rolle einer moralischen Letztinstanz annehmen noch besteht darin ihr Streben. Zwar sind die komparativen Ordnungsbegriffe, denen die Analyse dieser Studie folgt, untrennbar mit gesellschaftlichen und systempolitischen Werten verknüpft, dennoch will dieser Forschungsansatz keinen grundlegenden Beitrag zur politischen Moralphilosophie leisten. Vielmehr soll die Zweckmäßigkeit von Mitteln der politischen Auseinandersetzung nach den Maßstäben der Werteannahmen analysiert werden. Die so behandelten Werte selbst stehen in ihrem Wesensinhalt in dieser Arbeit nicht zur Diskussion, werden also weder begründend hergeleitet noch kritisch untersucht.

Zugegebenermaßen ist diese Übernahme von Werteforderungen als Analyseinstrument an sich ein Akt normativen und somit subjektiven Handelns. Dies lässt sich aber – auch in der wissenschaftlichen Analyse – ohnehin nicht gänzlich vermeiden, will man den Handlungsspielraum nicht auf einen minimalen, kaum Erkenntnis bringenden Rahmen reduzieren. Wilhelm Weege widerspricht deutlich der Möglichkeit einer „gänzlich vorurteilsfreien Wirklichkeitserkenntnis"[92], auch im Wissenschaftsbereich. Normative Aussagen und Analyseschritte sind folglich keineswegs grundsätzlich zu verwerfen, sondern „lediglich als solche zu kennzeichnen und auf

---

91 Wolfgang Brezinka, Erziehungsziele, Erziehungsmittel, Erziehungserfolg: Beiträge zu einem System der Erziehungswissenschaft, 2. Auf., München/Basel 1981, S. 34.

92 Wilhelm Weege, Politische Klasse, Elite, Establishment, Führungsgruppen. Ein Überblick über die politik- und sozialwissenschaftliche Diskussion, in: Thomas Leif/Hans-Josef Legrand/Ansgar Klein (Hrsg.), Die politische Klasse in Deutschland. Eliten auf dem Prüfstand, Bonn 1992, S. 37. Des Weiteren erläutert Weege: „Ungeprüfte und vorwissenschaftliche Annahmen und (Wert-)Urteile gehen unvermeidlich in jede wissenschaftliche Erkenntnis ein. Nur gehört es zu den Geboten wissenschaftlicher Redlichkeit, diese Vorannahmen und Urteile so weit als möglich transparent zu machen.", ebd.

ihre verborgenen Voraussetzungen hin zu befragen. Sie müssen begründet versucht werden, statt dass sie einfach unerkannt die Deutung sachlicher Zusammenhänge beeinflussen."[93]

Gerade aufgrund des Umgangs mit Werteannahmen verlangt der empirisch-wissenschaftliche Anspruch dieser Untersuchung ein vorschnelle Urteile vermeidendes, eindeutig festgelegtes methodisches Instrumentarium. Zur Beantwortung der Frage nach der wertrationalen Zweckmäßigkeit von Mitteln bietet sich die von Dieter Nohlen als *Zweck-Mittel-Analyse* (Z.M.A.)[94] bezeichnete Vorgehensweise an. Mit Hilfe der Z.M.A. sollen „Ziel, Mittel und Werte in ihrer Beziehung zueinander untersucht werden"[95]. Dies kann grundsätzlich in zwei Richtungen erfolgen: in Richtung der Ziele zur Rechtfertigung von Handlungen und in Richtung der Mittel, „die mehr oder weniger geeignet sein können, die Ziele zu erfüllen oder zu verändern"[96].

Die Fragestellung dieser Arbeit verlangt eine Orientierung in Richtung der Mittel. Allerdings wird mit dieser Untersuchung keine quantitativ ausgerichtete politische Wirksamkeitsstudie angestrebt, die nach der Effektivität des Einsatzes bestimmter Mittel, der Überzeugungskraft der vorgebrachten Argumente oder einer Auswertung der mit Hilfe der Mittel produzierten Ergebnisse fragt. Es soll keine mathematisch-quantifizierbare Überprüfung der Wirkung politischer Handlungen seitens etablierter Parteien auf Status, Position oder Wahlergebnisse der REP vorgenommen werden.[97] Zwar liegt eine Überprüfung der Tauglichkeit der Mittel im Sinne der tatsächlichen Realisierung intendierter Ziele als Inhalt einer Z.M.A. nahe.[98] Für die mathematische Überprüfung der Zielerreichung als Folge eines eingesetzten Mittels aber wäre das kontrollierte Experiment das ideale Verfahren.[99] Die Voraussetzungen für eine

---

93 Wolfgang Brezinka, Erziehungsziele, Erziehungsmittel, Erziehungserfolg: Beiträge zu einem System der Erziehungswissenschaft, 2. Auf., München/Basel 1981, S. 35.

94 Vgl. Dieter Nohlen, Zweck-Mittel-Analyse, in: Dieter Nohlen (Hrsg.), Lexikon der Politik, Bd. 2, Politikwissenschaftliche Methoden, München 1994, S. 548-550. In der wissenschaftlichen Methodik ist die Z.M.A. alternativ als *Zweck-Mittel-Argumentation, -Relation, -Schema* und *-Verhältnis* bekannt.

95 Ebd., S. 548.

96 Ebd., S. 549.

97 Die Überprüfung der Mittelbrauchbarkeit anhand der intendierten und nicht intendierten Folgen ist eine von mehreren üblichen Fragestellung der Z.M.A., vgl. Dieter Nohlen, Zweck-Mittel-Analyse, in: Dieter Nohlen (Hrsg.), Lexikon der Politik, Bd. 2, Politikwissenschaftliche Methoden, München 1994, S. 549-550.

98 Vgl. Max Klopfer, Der Gegenstand der Ethik: die menschliche Handlung, in: Max Klopfer / Artur Kolbe (Hrsg.), Grundfragen ethischer Verantwortung, 2. Auflage, München 2001, S. 39-42. Beispiele für Tauglichkeitsuntersuchungen sind u.a. Thomas Klein, Zweckmäßigkeit staatlicher Regelungen der Arbeitsvermittlung, Baden-Baden 1993; Christian Storck, Nationale und europäische Beschäftigungssubventionen an Unternehmen: eine Untersuchung des Förderrechtsrahmens in den neuen Bundesländern am Maßstab der Zweck-Mittel-Analyse, Berlin 2001.

99 Vgl. Wolfgang Brezinka, Erziehungsziele, Erziehungsmittel, Erziehungserfolg: Beiträge zu einem System der Erziehungswissenschaft, 2. Aufl., München/Basel 1981, S. 33.

verlässliche quantitative Auswertung oder ein kontrolliertes Experiment sind in diesem Falle jedoch nicht gegeben. Dies ist durch zahlreiche nicht kontrollierbare Variablen bedingt.[100] Zudem lässt sich die Qualität des Umgangs mit den REP kaum in Zahlen erfassen, da es sich überwiegend um relative, deskriptiv besser handhabbare Daten handelt.[101] Die Fragestellung dieser Arbeit setzt ein erklärendes, Hypothesen generierendes Vorgehen voraus, wozu qualitative Forschungsmethoden besser geeignet sind.[102] Die qualitative Forschung will nicht Hypothesen über Kausalbeziehungen prüfen, sondern orientiert sich an Fragen sowie einer Suche nach Verhaltensmustern.[103]

Max Weber untergliedert soziales Handeln in *zweckrational, wertrational, affektuell* und *traditionell* motiviertes Handeln.[104] In dieser Arbeit wird nicht die Webersche *Zweckrationalität* untersucht, welche den ergebnisbezogenen Erfolg des Einsatzes bestimmter Mittel betrachtet, sondern die *Wertrationalität* des Handelns als Vergleich der zugrundeliegenden Werte von Zweck und Mittel. Dabei soll die Forderung an die etablierten Parteien nach einem rein *wertrationalen* Handeln, welches völlig „ohne Rücksicht auf die vorauszusehenden Folgen"[105] geschieht, nicht erhoben werden. Dies wäre eine realitätsferne Erwartung. Parteien orientieren sich in der politischen Praxis sowohl an Werteverpflichtungen als auch – zwecks des eigenen Machterhalts – an strategischen Überlegungen. Während es Aufgabe der professionellen Politikberatung ist, Parteien und deren Politiker im Hinblick auf strategische, den Machterhalt oder -ausbau betreffende Aspekte ihres Handelns anzuleiten, liegt die Zielsetzung dieser Arbeit ausschließlich in der Analyse der Wertrationalität. Die Mittel des Umgangs mit den REP werden also nur im Sinne ihrer wertrationalen Zweckmäßigkeit beurteilt, nicht bezüglich ihrer beobachtbaren Wirkungskraft. Grundsätzlich fällt die normative Unterscheidung von Argumentationsformen als gute oder schlechte Mittel der politischen Auseinandersetzung laut Dagfinn Føllesdal „nicht mit der Unterscheidung zwischen effektiven bzw. überzeugenden Argumentationen einerseits und ineffektiven Argumentationen andererseits zusam-

---

100 Vgl. ebd., S. 31; Thomas Samuel Eberle, Lebensweltanalyse und Handlungstheorie: Beiträge zur Verstehenden Soziologie, Konstanz 2000, S. 39. Thomas Samuel Eberle weist auf dieses sozialwissenschaftliche Messproblem und das daraus entstehende empirische Begründungsdefizit hin, ordnet es aber nicht als methodologisches, sondern als technisches Problem ein (vgl. ebd., S. 40).
101 Vgl. Michael Quinn Patton, How to use qualitative methods in evaluation, Newbury Park 1991, S. 29.
102 Vgl. ebd., S. 15.
103 Vgl. ebd.
104 Vgl. Max Weber, Wirtschaft und Gesellschaft, 1. Halbband, 5. Aufl., Tübingen 1976, S. 12.
105 Ebd.

men"[106]. Es gebe mitunter schlechte, jedoch zugleich überzeugende und gute, wenig überzeugende Argumentationen.[107]

Zur Beurteilung der wertrationalen Zweckmäßigkeit sollen Mittel auf deren Wertekohärenz mit dem übergeordneten Zweck hin überprüft werden. Hierzu ist es notwendig, den Zweck des Handelns politischer Parteien samt seines Wertebezugs zu bestimmen und ihn begrifflich von Mitteln des Handelns abzugrenzen. So entsteht ein Analyserahmen, der auf Seiten des Zweckes wie auf Seiten der Mittel Wertebehaftung berücksichtigt. Nohlen erläutert: „Die Unterscheidung zwischen Zweck und Mittel erfolgte zu analytischen Zwecken und lässt sich keineswegs in der Weise begründen, dass Zwecke wertorientiert seien, Mittel hingegen wertneutral. Zwecke können Mittel sein und umgekehrt."[108] Mittels der Unterscheidung zwischen Zweck und Mitteln werden gesellschaftliche Wirklichkeiten, hier der Umgang etablierter Parteien mit den REP, deskriptiv rekonstruiert und anhand zugrundeliegender Werteannahmen kritisch bewertet. Bei der Bewertung der Mittel wird zur Unterscheidung mit kontextdefinierten komparativen Beobachtungsbegriffen gearbeitet, nicht mit standardisierten Erhebungs- und Auswertungsinstrumenten.

Die theoretische Reichweite der Ergebnisse legt die Möglichkeit einer präskriptiven Interpretation nahe, wenn auch nur begrenzt über den Rahmen des Fallbeispiels der REP hinaus. Während andere Arbeiten, die sich mit den REP befassen, gezielt beabsichtigen, „politisch-praktische Handlungsempfehlungen für die Auseinandersetzung mit dem Rechtsextremismus aufzuzeigen"[109], ist dies in dieser Untersuchung nicht erklärtes Ziel, aber im engen Rahmen der Erkenntnisse eine erlaubte Folgerung.

2.2. Begriffsoperationalisierung

2.2.1. Zweck

Im *Philosophischen Wörterbuch* Walter Bruggers wird der *Zweck* entsprechend dem Lateinischen Begriff *finis* definiert als „alles, um dessentwillen etwas ist oder geschieht"[110]. Der deutsche Begriff *Zweck* bezeichnet ursprünglich einen die Mitte ei-

---

106 Dagfinn Føllesdal, Rationale Argumentation: ein Grundkurs in Argumentations- und Wissenschaftstheorie, Berlin/New York 1988, S. 5.
107 Vgl. ebd.
108 Dieter Nohlen, Zweck-Mittel-Analyse, in: Dieter Nohlen (Hrsg.), Lexikon der Politik, Bd. 2, Politikwissenschaftliche Methoden, München 1994, S. 548.
109 Britta Obszerninks, Nachbarn am rechten Rand: Republikaner und Freiheitliche Partei Österreichs im Vergleich; eine handlungsorientierte Analyse, München 1999, S. 11. Diese Arbeit steht hier nur als Beispiel für zahlreiche so ausgerichtete Publikationen.
110 Walter Brugger, Philosophisches Wörterbuch, 14. Auf., Freiburg u. a. 1976, S. 484.

ner Zielscheibe markierenden, kurzen Nagel – eine Bedeutung die sich in der *Zwecke* des Schusters erhalten hat.[111] Während die Begriffe *Zweck* und *Ziel* sprachgeschichtlich ursprünglich bedeutungsgleich waren, wird heute in der philosophischen Fachsprache die begriffliche Unterscheidung im Allgemeinen darin getroffen, dass ein *Ziel* dem Streben, ein *Zweck* aber den Mitteln zugeordnet ist. Daher ist in der Regel von einer *Zweck-Mittel-Beziehung* die Rede, nicht von einer *Ziel-Mittel-Beziehung*.[112] Bleibt man im Rahmen dieser sprachlichen Unterscheidung, bietet es sich an, im Zusammenhang mit politischen Parteien von *Zwecken* zu sprechen, nicht von *Zielen*. Die deutschen Parteien sind grundsätzlich keinem höheren, transzendenten Streben verpflichtet, sondern fügen sich in das politische System der Bundesrepublik als mit Zweckvorgaben und Mittelrepertoire versehene Institutionen ein. Dabei ist eine bewusste Zwecksetzung für die Verwendung des Begriffs *Zweck* unverzichtbar, wie Brezinka erklärt: „Der Zweck ist durch den Willen gesetzt, denn erst dadurch, dass etwas gewollt, ein ‚Willensziel' wird, charakterisiert es sich als Zweck."[113]

Der den Zweck formulierende Wille geht im Falle der politischen Parteien nicht unmittelbar von den Parteien selbst aus, wenn man den Zweck als übergeordnete Maxime des Handelns betrachtet. Die selbstbezogene Zweckbestimmung ist den Parteien im begrenzten Rahmen ihrer ideologischen Ausrichtung sowie ihrer programmatischen Arbeit möglich, allerdings sind sie an ihre institutionelle Rolle im politischen System der Bundesrepublik Deutschland durch Verfassungsauftrag und begleitendes Gesetzeswerk als übergeordnete Zweckverpflichtung gebunden.[114] Die so festgelegten höheren Zwecke des Handelns politischer Parteien sowie die einhergehenden Werteannahmen sind eindeutig zu benennen. Für den Fall der Fragestellung dieser Arbeit ist es jedoch nicht notwendig, den Inhalt dieser Willenssetzungen zu bewerten.

Im Gegensatz zu früheren deutschen Verfassungsurkunden und den Verfassungstexten anderer westlicher Demokratien nimmt das Grundgesetz der Bundesrepublik Deutschland in Artikel 21 die Existenz von Parteien und deren Mitwirkung bei der „politischen Willensbildung des Volkes"[115] ausdrücklich zur Kenntnis. Die Verankerung der Parteien im Grundgesetz geht über eine schlicht faktische Feststellung hinaus und ist als normative Aussage zu werten, welche die verfassungsrechtliche Zulässigkeit einer solchen Mitwirkung bejaht.[116] Hierdurch zeichnen sich Parteien ge-

---

111 Vgl. Wolfgang Brezinka, Grundbegriffe der Erziehungswissenschaft. Analyse, Kritik, Vorschläge, 5. Aufl., München u. a. 1990, S. 108.
112 Vgl. ebd., S. 108.
113 Ebd., S. 109.
114 Zur Zwecksetzung in politischen Systemen, vgl. Niklas Luhmann, Zweckbegriff und Systemrationalität. Über die Funktion von Zwecken in sozialen Systemen, Tübingen 1968, S. 149f.
115 Art. 21 Abs. 1 GG.
116 Vgl. Roman Herzog, Verfassungsrechtliche Grundlagen des Parteienstaates, Heidelberg 1993, S. 2-3.

genüber Verbänden und anderen mitwirkenden Gruppen als wichtigere Einflussfaktoren auf die politische Willensbildung aus.[117] Zwar sind Parteien selbst keine Staatsorgane, wohl aber verfassungsrechtlich bedeutsam und einer sich daraus ergebenden Verantwortung unterworfen.[118]

Aus Art. 21 GG ergeben sich für die politischen Parteien folgende normative Verpflichtungen als oberste Zwecke, in deren Betrachtung alles Handeln zu befragen ist. Diese Normen gelten gleichfalls als definierende Kriterien des Zweckbegriffs im Kontextbezug dieser Arbeit:

Mediation: Parteien fungieren als wichtige Vermittlungsinstanz zwischen Bürger und Staat.[119] Clemens Hardmann spricht von einem *Doppelcharakter* der Parteien, einerseits als frei gebildete gesellschaftliche Gruppen, andererseits in den Bereich institutionalisierter Staatlichkeit hineinwirkend.[120] Daraus ergibt sich die Verantwortung, im eigenen Handeln eine Mittlerfunktion bewusst wahrzunehmen und Interessen der Bürger sowie des Staates abzuwägen. Parteien sollen weder als von staatlicher Ordnung losgelöste Bürgerinitiativen noch als vom Bürgerwillen unabhängige Staatsvertreter auftreten.

Gemeinwohlorientierung: Aufgrund der verfassungsrechtlichen Stellung der Parteien sind diese verpflichtet, ihr Handeln nicht nur entsprechend des eigenen Nutzens in Form von Einfluss und Macht zu orientieren, sondern auch das Interesse der Gesellschaft sowie der demokratischen Grundordnung insgesamt zu bedenken.[121]

Dauerhaftigkeit: Die Mitwirkung an der politischen Willensbildung seitens der Parteien im Sinne des Grundgesetzes setzt ein dauerhaftes oder zumindest längerfristiges Engagement voraus.[122] Dies wird bestätigt durch PartG § 2 Abs. 1. Die Fol-

---

117 Vgl. Bernd Halbe, Analyse der verfassungsrechtlichen Stellung und Funktion der politischen Parteien in der Bundesrepublik Deutschland – unter besonderer Berücksichtigung des Verhältnisses von Art. 21 GG zu den Grundrechten, Dissertation an der Rechswissenschaftlichen Fakultät der Westfälischen Wilhelm-Universität zu Münster 1991, S. 46f.

118 Vgl. ebd., S. 44.

119 Vgl. Bernd Halbe, Analyse der verfassungsrechtlichen Stellung und Funktion der politischen Parteien in der Bundesrepublik Deutschland – unter besonderer Berücksichtigung des Verhältnisses von Art. 21 GG zu den Grundrechten, Dissertation an der Rechswissenschaftlichen Fakultät der Westfälischen Wilhelms-Universität zu Münster 1991, S. 38; Clemens Hardmann, Die Wahlkampfwerbung von Parteien in der Bundesrepublik Deutschland, Dissertation eingereicht an der Universität zu Köln 1992, S. 14.

120 Vgl. Clemens Hardmann, Die Wahlkampfwerbung von Parteien in der Bundesrepublik Deutschland, Dissertation eingereicht an der Universität zu Köln 1992, S. 14, 18-19.

121 Vgl. Franz Ronneberger, Public Relations der politischen Parteien, Nürnberger Forschungsberichte, Bd. 12, Nürnberg 1978, S. 3; Heidrun Abromeit, Interessenvermittlung zwischen Konkurrenz und Konkordanz, Opladen 1993, S. 35.

122 Vgl. Clemens Hardmann, Die Wahlkampfwerbung von Parteien in der Bundesrepublik Deutschland, Dissertation eingereicht an der Universität zu Köln 1992, S. 4; Bernd Halbe, Analyse der verfassungsrechtlichen Stellung und Funktion der politischen Parteien in der Bundesrepublik Deutschland – unter besonderer Berücksichtigung des Verhältnisses von Art.

gen des eigenen Handelns müssen politische Parteien vor dem Grundsatz der Dauerhaftigkeit oder Längerfristigkeit verantworten, kurzsichtiger Aktionismus ist nicht mit dem verfassungsgegebenen Auftrag in Einklang zu bringen.

Sachlichkeit und Fairness: Der Beitrag der Parteien zum politischen Willensbildungsprozess ist in der Aufnahme gesellschaftlicher Meinungen und Interessen sowie in der daraus folgenden Formulierung konkreter Wahlalternativen und Forderungen zu sehen.[123] Parteien haben dabei sowohl im Kontakt mit dem Wähler als auch im Umgang untereinander mit Bedacht vorzugehen und zu Versachlichung und Rationalität beizutragen.[124] Sie sollen daher eine sachliche, rationale Diskussion fördern und dürfen nicht undifferenziert emotional oder unfair gegenüber politischen Mitbewerbern sowie gesellschaftlichen Interessenträgern kommunizieren.

2.2.2. Mittel

Der Begriff *Mittel* kategorisiert das Handeln von Personen oder Organisationen gemäß einem Zweckbezug. Mittel sind stets einem Zweck untergeordnet und dienen der jeweiligen Zweckerfüllung.[125] Obwohl Mittel nur in Verbindung mit einem Zweck denkbar sind, können sie keinesfalls als wertfreie Instrumente gelten, die nur in unmittelbarer Abhängigkeit vom jeweiligen Zweck zu beurteilen wären.[126] Mitteln liegen Werteannahmen zugrunde, die mit denjenigen Werten, welche einen übergeordneten Zweck begründen, nicht gezwungenermaßen übereinstimmen. Eine Wertekohärenz zwischen Zweck und Mittel kann nicht vorausgesetzt werden. Diese Arbeit befasst sich mit dem Handeln etablierter Parteien. Dieses Handeln wird ana-

---

21 GG zu den Grundrechten, Dissertation an der Rechswissenschaftlichen Fakultät der Westfälischen Wilhelms-Universität zu Münster 1991, S. 5-6, 51-53.

123   Vgl. Clemens Hardmann, Die Wahlkampfwerbung von Parteien in der Bundesrepublik Deutschland, Dissertation eingereicht an der Universität zu Köln 1992, S. 14-15.

124   Vgl. Franz Ronneberger, Public Relations der politischen Parteien, Nürnberger Forschungsberichte, Bd. 12, Nürnberg 1978, S. 5, 35; Bernd Halbe, Analyse der verfassungsrechtlichen Stellung und Funktion der politischen Parteien in der Bundesrepublik Deutschland – unter besonderer Berücksichtigung des Verhältnisses von Art. 21 GG zu den Grundrechten, Dissertation an der Rechswissenschaftlichen Fakultät der Westfälischen Wilhelms-Universität zu Münster 1991, S. 100.

125   Michael Schmid führt aus: „Handeln ist immer *intentional*, es ist in irgendeinem Sinne auf ein Objekt gerichtet, von dem her Handeln erst einen Teil seines Sinnes bezieht." (Michael Schmid, Handlungstheorie, in: Horst Reimann/Bernhard Giesen/Dieter Goetze/Michael Schmid, Basale Soziologie: Theoretische Modelle, 4. Aufl., Opladen 1991, S. 148, Hervorhebung im Originaltext). Siehe auch Wolfgang Brezinka, Grundbegriffe der Erziehungswissenschaft. Analyse, Kritik, Vorschläge, 5. Aufl., München u. a. 1990, S. 109; Georg Klaus/Manfred Buhr (Hrsg.), Philosophisches Wörterbuch, 14. Aufl., Berlin 1987, S. 803; Niklas Luhmann, Zweckbegriff und Systemrationalität. Über die Funktion von Zwecken in sozialen Systemen, Tübingen 1968, S. 7.

126   Vgl. Walter Brugger, Philosophisches Wörterbuch, 14. Auflage, Freiburg u. a. 1976, S. 484.

lytisch in Beziehung zu den für politische Parteien geltenden Zwecken gebracht und somit in seiner Eigenschaft als Mittel betrachtet. Dies setzt nicht voraus, dass etablierte Parteien in jedem Fall der politischen Praxis bewusst zweckgerichtet handeln und kontinuierlich ihre verfassungsgewollte Rolle bedenken.[127] Doch liegt in der Beurteilung des Handelns politischer Parteien als *Mittel* nach den verfassungsdefinierten Zwecken als Messlatte die Fragestellung dieser Arbeit. Um als *Mittel* im Sinne dieser Analyse zu gelten, muss im Handeln etablierter Parteien ein direkter Zusammenhang zum Wirken der REP erkennbar sein. Langfristige Überlegungen und Entwicklungen, beispielsweise eine programmatische Öffnung nach rechts, wie sie u.a. Uwe Danker beobachtet[128], können ohne deutlichen, unmittelbaren Bezug auf die REP nicht als Mittel erfasst und analysiert werden.

Zwecks analytischer Markierung werden die als Mittel verstandenen Handlungen Vergleichsbegriffen zugeordnet. In den gewählten komparativen Beobachtungsbegriffen sollen sich antizipierte Handlungsoptionen etablierter Parteien in ihrem Umgang mit einer provokant auftretenden, mit dem Verdacht des Extremismus behafteten Partei wiederfinden. Dabei kommt es darauf an, dass die Vergleichsbegriffe das gesamte Spektrum der Handlungsoptionen möglichst vollständig umfassen und wirkliches Handeln möglichst genau abbilden, um einen überzeugenden Grad an verlässlicher Messung zu gewährleisten.[129] Soweit möglich, bietet es sich an, auf bewährte Begriffe und Analysekonzepte zurückzugreifen. Bei der Auswahl der Beobachtungsbegriffe werden daher Analysemuster aus vergleichbaren Forschungsarbeiten berücksichtigt. Roland Roth analysiert Interaktionsmuster zwischen Positionseliten und Protestbewegungen und trifft hinsichtlich des Handlungsrepertoires eine strukturierte Unterscheidung mittels eines strategischen Dreiecks von Kooption, Responsivität und Exklusion.[130]

Eine Sondersituation bei der Beziehung zwischen Positionseliten – hier den etablierten Parteien – und Protestbewegungen tritt im Falle dieser Arbeit zutage, weil die Republikaner unter Extremismusverdacht stehen. Gruppierungen, die dem Extre-

127 In Bezug auf den Umgang etablierter Parteien mit als rechtsextrem eingestuften Parteien kritisiert Christoph Butterwegge gar die aus seiner Sicht auffällige Konzeptlosigkeit (vgl. Christoph Butterwegge, Ambivalenzen der politischen Kultur, intermediäre Institutionen und Rechtsextremismus, in: Schubarth, Wilfried/Stöss, Richard, Rechtsextremismus in der Bundesrepublik Deutschland. Eine Bilanz, Schriftenreihe Bd. 368, Bonn 2000, S. 296).

128 Vgl. Uwe Danker, Rechtsextreme im Schleswig-Holsteinischen Landesparlament – Erfahrungen, Gefahren und Perspektiven, in: Landeszentrale für Politische Bildung Schleswig-Holstein (Hrsg.), Dem Rechtsextremismus begegnen, Reihe Gegenwartsfragen Bd. 77, Kiel 1995, S. 113.

129 Zum Thema *measurement validity* vgl. Robert Adcock/David Collier, Measurement Validity: A Shared Standard for Qualitative and Quantitative Research, in: American Political Science Review, Nr. 95, September 2001, S. 530.

130 Vgl. Roland Roth, Eliten und Gegeneliten. Neue Soziale Bewegungen als Herausforderung „demokratischer Elitenherrschaft", in Thomas Leif/Hans-Josef Legrand/Ansgar Klein (Hrsg.), Die politische Klasse in Deutschland. Eliten auf dem Prüfstand, Bonn 1992, S. 380.

mismus nahestehen oder zugeordnet werden können, bergen in sich per Definition zumindest eine Herausforderung, wenn nicht eine Gefahr, nicht nur in Bezug auf den Machterhalt etablierter Parteien, sondern auch auf das Aufrechterhalten der freiheitlichen demokratischen Grundordnung.

Für diese Arbeit bieten sich also Begriffe an, welche die systematische Vorarbeit Roths berücksichtigen, zugleich aber den Anspruch etablierter Kräfte, sich gegenüber einer für die demokratische Ordnung gefährlichen Gruppierung zu gebärden, zum Ausdruck bringen. Solche Begriffe sollen die Bedeutungsdimension des Bezugs auf den Extremismus implizieren. Auf den Kontext des Extremismus (spezifisch des Rechtsextremismus) Bezug nehmend, wählt Butterwegge folgende Formulierungen: „Fast alle Stellungnahmen demokratischer Parteien/Fraktionen zum Rechtsextremismus schwanken zwischen einer *Bagatellisierung* und einer *Dramatisierung* des Problems."[131] Butterwegges realitionsnahe Beobachtung lässt die Option offen, dass auch eine der demokratischen Sache förderliche, sachliche Abgrenzung möglich ist, womit das Strategiemodell wieder parallel zu Roths Muster einem Dreieck entspräche. Auf den bisherigen Forschungsleistungen von Roth und der Ergänzung Butterwegges aufbauend, erscheint die Kategorisierung der Handlungsoptionen etablierter Parteien in drei Begrifflichkeiten sinnvoll, geordnet wie folgt:

Abbildung: Strategisches Dreieck der Handlungsoptionen etablierter Parteien im Umgang mit den Republikanern

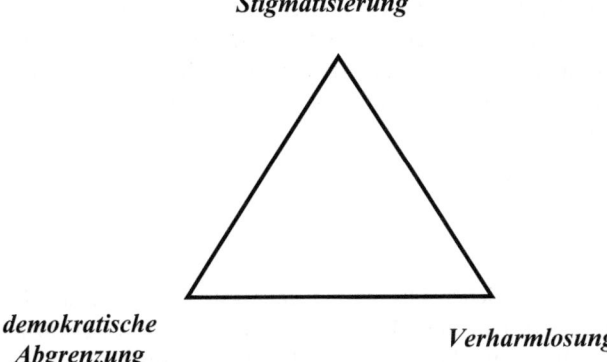

Stigmatisierung

demokratische Abgrenzung

Verharmlosung

Im Begriff *Stigmatisierung* kommt eine verbalisierte Überbewertung einer wahrgenommenen Gefahr und eine sich daraus ergebende ungerechtfertigte, repressive

131 Christoph Butterwegge, Ambivalenzen der politischen Kultur, intermediäre Institutionen und Rechtsextremismus, in: Schubarth, Wilfried/Stöss, Richard, Rechtsextremismus in der Bundesrepublik Deutschland. Eine Bilanz, Schriftenreihe Bd. 368, Bonn 2000, S. 296 (Hervorhebung durch den Autor).

Ausgrenzung des Gefahrenherds zum Ausdruck. Insofern entspricht er – angewandt auf den vorliegenden Forschungskontext – sowohl Roths Terminus der *Exklusion* als auch Butterwegges Beobachtung einer *Dramatisierung*. Der hier gewählte Begriff der *Verharmlosung* und der Terminus Butterwegges (*Bagatellisierung*) stehen sich inhaltlich nahezu deckungsgleich gegenüber. Kommuniziert wird eine verniedlichte oder unsachgerecht als geringfügig dargestellte Bedrohung. Da *Verharmlosung* eher mit einer drohenden Gefahr (wie hier mit dem Extremismus), *Bagatellisierung* hingegen mit einem begangenen Delikt assoziiert wird, bevorzugt der Autor den ersten Begriff und verwendet ihn im Rahmen dieser Studie als Vergleichsbegriff. Im Umgang mit dem Extremismus geht es weniger um die Aufarbeitung von Delikten als um die Wahrnehmung einer Bedrohung. Die *Kooption* (der Begriff Roths) als bereitwillige Einbindung mag als Folge einer Verharmlosung zutage treten. Während Butterwegge nicht konkret auf eine dritte Handlungsoption eingeht, spricht Roth auch von *Responsivität*. Der responsive, antithetische Widerspruch als Teil einer sachlich verantwortlichen Auseinandersetzung entspricht der verfassungsgegebenen Erwartung an das demokratische Handeln etablierter Parteien und spiegelt sich schließlich im für das behandelte Problemfeld spezifischer gefassten Terminus *demokratische Abgrenzung* wider.

Obgleich das Ignorieren des Wirkens der REP eine weitere Handlungsoption darstellt, soll dies im Rahmen dieser Studie nicht als *Mittel* betrachtet werden. Vielmehr versteht der Autor ein *Mittel* als Form aktiven Handelns, während das Ignorieren sich gerade durch den Verzicht auf ein aktives Handeln auszeichnet. Das phasenweise Ignorieren der REP seitens der etablierten Parteien (aufgrund einer wahrgenommenen Unterschreitung einer nicht eindeutig bestimmten Relevanzschwelle oder der passiven Vermittlung einer minderen Bedeutung) soll also der Vollständigkeit der Analyse wegen erfasst werden, rechtfertigt jedoch keinen zusätzlichen komparativen Begriff zur Bestimmung eines Mittels.

2.2.3. Stigmatisierung

Die in der wissenschaftlichen Diskussion gängigste Definition des Begriffs findet sich bei Manfred Brusten und Jürgen Hohmeier, die mit *Stigmatisierung* soziale Prozesse beschreiben, „die durch ‚Zuschreibungen' bestimmter – meist negativ bewerteter – Eigenschaften (‚Stigmata') bedingt sind oder in denen stigmatisierende, d. h. diskreditierende und bloßstellende ‚Etikettierungen' eine wichtige Rolle spielen, und die in der Regel zur sozialen Ausgliederung und Isolierung der stigmatisierten Personengruppen führen."[132]

---

132 Manfred Brusten/Jürgen Hohmeier (Hrsg.), Stigmatisierung I. Zur Produktion gesellschaftlicher Randgruppen, Neuwied/Darmstadt 1975, S.1-2.

Stigmatisierungen knüpfen in der Regel an tatsächlich vorhandene Merkmale an. Von diesen Merkmalen ausgehend werden häufig ungerechtfertigte Verallgemeinerungen und Generalisierungen vorgenommen. Das eigentliche Merkmal definieren Stigmatisierungen zunächst als negativ und koppeln dieses dann mit weiteren negativen Eigenschaften, die dem Stigmatisierten ebenfalls zugeschrieben werden.[133] Diese zugeschriebenen Eigenschaften sind in der Regel inhaltlich komplex, affektiv geladen, klischee- sowie formelhaft formuliert und von einprägsamen Symbolen mit hoher Suggestivwirkung begleitet.[134] Hohmeier erläutert: „Das Stigma wird zu einem ,master status', der wie keine andere Tatsache die Stellung einer Person in der Gesellschaft sowie den Umgang anderer Menschen mit ihr bestimmt."[135] Dies beeinflusst die öffentliche Wahrnehmung des Merkmals als solches und kann die gesamten sozialen Bezüge des Stigmatisierten berühren.[136] Häufig wird der Stigmatisierte diskreditiert und in eine randständige gesellschaftliche Position gedrängt.[137] Als Ausgangspunkt einer Stigmatisierung dienen neben Behinderungen oder körperlichen Merkmalen sowohl religiöse oder politische Grundhaltungen als auch Gruppenzugehörigkeiten.[138]

Weder die Praxis der Stigmatisierung noch deren Motive sind mit den Werteforderungen des Grundgesetzes an die politischen Parteien vereinbar. Als Beweggründe für Stigmatisierung auf gesellschaftlicher Ebene nennt Hohmeier einerseits die angestrebte Systemstabilität, andererseits die Unterdrückung konkurrierender Gruppen zwecks Erhalt der eigenen Machtposition.[139] Zwar mag das Agieren und Reagieren mittels Stigmatisierungen kurz- oder mittelfristig systemstabilisierend wirken, weil sich die Unsicherheit im Umgang mit bestimmten Bevölkerungsgruppen durch Nahelegen von Abwerten und Ausgrenzen als passendste Handlungsoption verringert. Dies geschieht aber durch Schaffung einer selektiven und verzerrten Wahrnehmung des Stigmatisierten, was sowohl einer verantwortlichen *Mediation* als auch den Werten von *Sachlichkeit* und *Fairness* widerspricht.[140] Auch kann nicht von wirklicher *Dauerhaftigkeit* ausgegangen werden, weil sich die Pflege eines verfälschten Wirklichkeitsbildes nicht unbedingt langfristig aufrechterhalten lässt. Die Maxime der eigenen Machterhaltung als vorrangiges Ziel steht im direkten Widerspruch zur von politischen Parteien verlangten *Gemeinwohlorientierung*. So kann die Handlungsop-

---

133 Vgl. Jürgen Hohmeier, Stigmatisierung als sozialer Definitionsprozess, in: Manfred Brusten/Jürgen Hohmeier (Hrsg.), Stigmatisierung I. Zur Produktion gesellschaftlicher Randgruppen, Neuwied/Darmstadt 1975, S. 7-8.
134 Vgl. ebd., S. 8.
135 Ebd.
136 Vgl. ebd., S. 7-8.
137 Vgl. ebd., S. 5.
138 Vgl. ebd., S. 7-9.
139 Vgl. ebd., S. 11-12.
140 Vgl. ebd., S. 10f.

tion der Stigmatisierung nicht als zweckmäßig im Sinne dieser Arbeit gelten, da sie die den Zweck definierenden Werteforderungen nicht erfüllt.

Während Stigmatisierungen vermutlich in jeder Gesellschaft auftreten, unterscheidet sich die Auswahl stigmatisierter Personen oder Gruppen deutlich von einer Gesellschaft zur anderen, abhängig von historischen und kulturellen Faktoren.[141] Beispielsweise ist die Stigmatisierung politisch rechtsorientierter Personen und Gruppierungen samt der Verwendung formelhafter Wendungen und einprägsamer, emotional geladener Symbole vor dem Hintergrund der nationalsozialistischen Vergangenheit in Deutschland eher zu beobachten als in Vergleichsländern. Es liegt bei diesem historischen Bezug nahe, den politischen Ordnungsbegriff *rechts* gegebenenfalls mit Betitelungen wie „rechtsextremistisch", „rechtsradikal" oder gar „nationalsozialistisch" bzw. entsprechenden Assoziationen (z.B. „braun", „ewiggestrig") gleichzustellen. Da die REP gemeinhin als rechts gelten und ihnen der Vorwurf des Rechtsextremismus gemacht wird, ist hierauf im Laufe der Datenerhebung und -auswertung besonders zu achten.

2.2.4. Demokratische Abgrenzung

Im Gegensatz zur *Stigmatisierung* wird mit dem Begriff *demokratische Abgrenzung* zum Zwecke dieser Analyse eine Handlungskategorie geschaffen, die den verfassungsgegebenen Werteforderungen an die politischen Parteien entspricht. Genau dies soll im Adjektiv *demokratisch* zum Ausdruck kommen. Im Sinne dieser Definition ist abgrenzendes Verhalten *demokratisch*, wenn es die demokratische Grundordnung samt deren Werteannahmen fördert, wie sie im Grundgesetz der Bundesrepublik Deutschland konstituiert wird.

Beim Umgang mit einer Partei, von der es heißt, sie sei extremistisch, steht es etablierten Parteien zu, diese auch extremistisch zu nennen und auf die Gefahren extremistischer Tendenzen aufmerksam zu machen. Aus den Leitgedanken der *Gemeinwohlorientierung* und *Mediation* heraus lässt sich dazu sogar eine Verpflichtung herleiten. Wenn allgemein gültige gesellschaftliche Regeln durch Extremisten verletzt werden, sollen etablierte Parteien als tragende Säule des demokratischen Systems dies deutlich als falsch verurteilen, auch wenn es zum Außenseiterstatus der Extremisten beiträgt.[142] Zwar sind mit der Regeldurchsetzung spezifische Gremien oder Institutionen unmittelbar beauftragt – in der Bundesrepublik Deutschland die Ordnungs- und Verfassungsschutzbehörden –, alle gesellschaftlich relevanten Gruppen einschließlich der politischen Parteien trägen hierfür eine Mitverantwortung.[143]

---

141 Vgl. ebd., S. 8.
142 Vgl. Howard S. Becker, Außenseiter – Zur Soziologie abweichenden Verhaltens, Frankfurt am Main 1973, S. 1.
143 Vgl. ebd., S. 2.

Eine *sachliche* und *faire* Abgrenzung, die demokratische Regelübertretungen benennt und negativ bewertet, auf die Zuschreibung nicht vorgangsfremder negativer Klischees sowie eine ungebührliche Emotionalisierung aber verzichtet, ist unter dem Gesichtspunkt der *Dauerhaftigkeit* verantwortbar. Eckhard Jesse erläutert: „Der demokratische Verfassungsstaat steht vor einer Gratwanderung, einem Dilemma. Einerseits muss er sich der Existenz von Feinden bewusst sein; andererseits hat er dafür zu sorgen, dass er bei der Abwehr dieser Feinde seinerseits keinem ideologisch aufgeladenen Feindbild aufsitzt. Damit würde er nicht nur gegen die eigenen Prinzipien verstoßen, sondern Extremisten auch Möglichkeiten zur Stärkung des Zusammenhalts liefern."[144]

Das Verhältnis politischer Parteien untereinander ist in einer repräsentativen Demokratie vom gegenseitigen Wettbewerb geprägt. Die Absicht einer jeden Partei, ihre Interessen den Interessen konkurrierender Parteien gegenüber durchzusetzen, bestimmt und definiert den demokratischen Meinungs- und Entscheidungsfindungsprozess. „Interessen sind stets relational, indem sie eine Verbindung zwischen Subjekt und Objekt herstellen. Zugleich enthalten sie ein Moment der Abgrenzung: Das Eigen- oder Sonderinteresse definiert sich in der Gegnerschaft zum Interesse des anderen."[145] Die Durchsetzung eigener Interessen als Zweck heiligt jedoch nicht jedes beliebige Mittel. Eine sachlich unbegründete Diskreditierung des politischen Gegners zugunsten des eigenen Machterhalts widerspräche dem Grundsatz der *Gemeinwohlorientierung*. Im Falle einer *demokratischen Abgrenzung* gegenüber einer extremistischen Gruppierung tritt das Streben nach Machtmaximierung zur Durchsetzung eigener Interessen in den Hintergrund. Übergeordnetes Ziel ist die Bewahrung der demokratischen Grundordnung, aus dem *Gemeinwohlorientierung* spricht.

Die Rechtfertigung des Grades der Abgrenzung lässt sich nur im Bezug auf eine fundierte Einschätzung der Nähe einer betrachteten Partei zum Extremismus vornehmen. Parteien und andere gesellschaftliche Organisationen kommen bei der Beurteilung von abweichendem oder extremistischem Verhalten häufig zu unterschiedlichen Ergebnissen.[146] Beispielsweise gehen einige politisch linke Gruppierungen von einer willkürlich weit gefassten Definition von Rechtsextremismus und Faschismus aus, so dass deren Faschismusvorwurf an Personen oder Vereinigungen nur subjektiv begründet ist und dem allgemein akzeptierten sprachlichen Begriffsverständnis nicht entspricht. Diese Arbeit überlässt die Analyse der Nähe der REP zum Extremismus nicht den untersuchten Parteien, sondern nimmt in Kapitel 3 eine

---

144 Eckhard Jesse, Funktionen und Strukturen von Feindbildern im politischen Extremismus, in: Bundesamt für Verfassungsschutz (Hrsg.), Feindbilder im politischen Extremismus: Gegensätze, Gemeinsamkeiten und ihre Auswirkungen auf die innere Sicherheit, Symposium des Bundesamtes für Verfassungsschutz am 1. Oktober 2003, Köln 2004, S. 16.

145 Heidrun Abromeit, Interessenvermittlung zwischen Konkurrenz und Konkordanz, Opladen 1993, S. 20.

146 Howard S. Becker, Außenseiter – Zur Soziologie abweichenden Verhaltens, Frankfurt am Main 1973, S. 3.

eigene Einschätzung vor, die als Gradmesser für die erforderliche Intensität der Abgrenzung gilt.

2.2.5. Verharmlosung

Der Begriff *Verharmlosung* setzt eine wahrgenommene Gefahr als Bezugspunkt voraus. Als *verharmlosend* wird das Handeln eines Akteurs bezeichnet, wenn es in seiner Absicht, eine Gefahr zu beschreiben, sie einzudämmen oder zu beseitigen als unangemessen schwach oder gänzlich unzureichend einzustufen ist. Dabei muss die Intensität und der Umfang des Handelns des Akteurs stets in seiner Relation zum Ausmaß der Gefahr gesehen werden. Im Zusammenhang mit dem Extremismus bedeutet *Verharmlosung*, dass die Gefahr, welche vom Extremismus für die Demokratie ausgeht, als solche verniedlicht oder die Nähe einer Partei (hier der REP) zum Extremismus entgegen den zugänglichen Tatsachen verneint oder als nicht relevant dargestellt wird.

Verharmlosendes Verhalten ist nicht zweckmäßig im Sinne dieser Analyse. Sie berücksichtigt weder das berechtigte Interesse des Staates an Systemstabilität noch das Interesse der Bürger an Schutz vor demokratiefeindlichen Einflüssen. Eine sinnvolle *Interessenmediation* zwischen Staat und Bürgern findet nicht statt. Eine Verharmlosung extremistischer Gefahren entspricht auch nicht der Forderung der *Gemeinwohlorientierung* und ist im Hinblick auf den Grundsatz der zu verantwortenden *Dauerhaftigkeit* nicht tragbar. Verharmlosung ist nicht *sachlich*, da die Fakten einer Gefahr ungebührlich zur Kenntnis genommen werden. Ein verharmlosendes Verhalten gegenüber einer extremistischen Gruppierung ist nicht *fair*, sondern unbegründet nachlässig und verbunden.

Zu den Beweggründen für die Verharmlosung des Extremismus oder extremistischer Organisationen gehören die eigene ideologische Nähe zum Geiste des Extremismus, strategische, ausschließlich auf den eigenen Vorteil bedachte Überlegungen bezüglich möglicher nützlicher Kooperationen, Bündnisse und Koalitionen oder Unkenntnis über die tatsächliche Nähe der betroffenen Gruppierung zum Extremismus. Auch diese Handlungsmotivationen stehen im Widerspruch zu den Forderungen des Grundgesetzes an politische Parteien.

In der wissenschaftlichen Fachsprache ist *Verharmlosung* als operativer Begriff nicht etabliert. Von Verharmlosung ist zumindest sinngemäß wiederholt in Werken erklärt linker Autoren die Rede, die überwiegend den Unionsparteien vorwerfen, rechtsextremistische Gruppierungen zu verharmlosen. Im Rahmen dieser Schriften wird aber keine brauchbare Definition des Begriffs *Verharmlosung* entwickelt, so dass in dieser Arbeit auf die eigene Operationalisierung zurückgegriffen wird, die sich auf die Situation der REP anwenden lässt.

2.2.6. Zweckmäßigkeit

Der Begriff der *Zweckmäßigkeit* verknüpft Mittel und Zweck durch eine ausdrückliche Wertung der Mittel. Als *zweckmäßig* wird in der Philosophie ein Mittel erkannt, welches „geeignet ist, den Zweck zu erreichen"[147]. Auch diese Studie geht von einer inhaltlichen Verknüpfung von Mittel und Zweck zur Ermittlung der Zweckmäßigkeit aus, wobei es um die Analyse der Wertekohärenz von Zweck und Mitteln geht, nicht um die einer quantitativ überprüfbaren Kausalbeziehung zwischen Mitteln und objektiv messbarer Zweckerreichung. Daher wird hier der Einsatz eines Mittels begrifflich dann als *zweckmäßig* gewertet, wenn deren vorausgesetzten Werte mit denjenigen Werten, welche den geforderten Zwecken zugrunde liegen, nicht im Widerspruch stehen. Entsprechend wird die *Zweckwidrigkeit*, die *Dysteleologie*, nicht schlicht im herkömmlichen Sinne aufgrund eines fehlerhaften oder ausbleibenden Erreichens eines Zweckes definiert.[148] Vielmehr dient der Wertevergleich von Zweck und Mitteln als Maßstab.

In der Regel überlagern externe Werte und als Sachzwänge wahrgenommene Umstände unmittelbar zweckbezogene Werte, weshalb das Handeln grundsätzlich mehrere Komponenten berücksichtigt.[149] Dies gilt nicht nur für Individuen, sondern insbesondere auch für politische Parteien. Entscheidungsträger der Parteien bedenken nicht nur die verfassungsgegebenen Zwecke ihrer Organisationen im politischen System, sondern streben auch den kontinuierlichen und nach Möglichkeit erweiterten Einfluss ihrer jeweiligen Partei an. Dabei spielen teilweise kurzfristige, anhand von Wahlterminen datierte Zielvorhaben eine wesentliche Rolle. Solche tagespolitisch erklärbare Absichten als unmittelbarer Zweck des Handelns rechtfertigen keineswegs eine Widersprüchlichkeit mit den höher stehenden, in der Verfassung implizierten Zweckvorgaben. „Schlechte" Mittel im Sinne der Verfassung sind nicht haltbar, auch wenn sie durch aktuelle Ereignisse motivierten Zwecken nützen.[150] Handeln Parteien und deren Führungspersonal entgegen ihrem verfassungsgemäßen Auftrag ausschließlich und unmittelbar eigennützig, so ist ein erheblicher, nur schwer revidierbarer Vertrauensverlust der Bürger den Parteien gegenüber zu befürchten.[151] Wenn die Mittel nicht im Einklang mit dem verfassungsdefinierten

---

147 Walter Brugger, Philosophisches Wörterbuch, 14. Aufl., Freiburg u. a. 1976, S. 484.
148 Vgl. ebd., S. 485.
149 Vgl. Niklas Luhmann, Zweckbegriff und Systemrationalität. Über die Funktion von Zwecken in sozialen Systemen, Tübingen 1968, S. 19-20; Heidrun Hesse, Ordnung und Kontingenz: Handlungstheorie versus Systemfunktionalismus, Freiburg i. Br. 1999, S. 21-26.
150 Vgl. Walter Brugger, Philosophisches Wörterbuch, 14. Aufl., Freiburg u. a. 1976, S. 484. Zur Gefahr der Verkürzung der normativen Bewertung von Handlungen auf ihre Nützlichkeit siehe Werner Wolbert, Vom Nutzen der Gerechtigkeit: Zur Diskussion um Utilitarismus und teleologischeTheorie, Freiburg i. Br. 1992, S. 11-17.
151 Vgl. Franz Ronneberger, Public Relations der politischen Parteien, Nürnberger Forschungsberichte, Band 12, Nürnberg 1978, S. 3.

Zweck sind, besteht außerdem die Gefahr, dass die Logik der freiheitlichen Demokratie verlassen wird. Die Werte, die nach den Vorgaben der Verfassung den Parteien als höchste Zwecke vorstehen, lassen sich entsprechend der vorhergegangenen Begriffsoperationalisierung mit den Begriffen *Mediation, Gemeinwohlorientierung, Dauerhaftigkeit* sowie *Sachlichkeit* und *Fairness* zusammenfassen. Mittel also, deren Wertebehaftung diesen normativen Forderungen widerspricht, müssen als *nicht zweckmäßig* gelten, Mittel, deren Wertebehaftung diese normativen Forderungen erfüllt, als *zweckmäßig*. Die auf dem erwähnten strategischen Dreieck geordneten Mittel politischen Handelns wurden in diesem Sinne auf ihre Zweckmäßigkeit hin überprüft. Wie die Begriffsklärungen ergeben haben, können im Sinne dieser Studie *Stigmatisierung* und *Verharmlosung* als nicht zweckmäßig betrachtet werden – im Gegensatz zur *demokratischen Abgrenzung*.

2.2.7. Extremismus

Hinderlich für die Vergleichbarkeit der Ergebnisse dieser Studie mit denen themenverwandter Arbeiten ist das uneinheitliche Verständnis des Begriffs *Extremismus*. Auch in der wissenschaftlichen Auseinandersetzung erfährt dieser teilweise unterschiedliche Definitionen.[152] Grundsätzliche Bedenken jedoch, der Extremismusbegriff sei von vornherein ungeeignet zur Abbildung komplexer gesellschaftlicher Wirklichkeiten und tauge als normativer Terminus nicht zur sozialwissenschaftlichen Forschung, wie u.a. von Gero Neugebauer geäußert[153], erweisen sich angesichts einer ständig wachsenden Anzahl verlässlicher und aufschlussreicher Arbeiten und Beiträge aus dem Bereich der Extremismusforschung[154] als unbegründet.

152 Vgl. Uwe Backes/Eckhard Jesse, Politischer Extremismus in der Bundesrepublik Deutschland, 4. Aufl., Schriftenreihe der Bundeszentrale für politische Bildung, Bd. 272, Bonn 1996, S. 51.
153 Vgl. Gero Neugebauer, Extremismus – Rechtsextremismus – Linksextremismus: Einige Anmerkungen zu Begriffen, Forschungskonzepten, Forschungsfragen und Forschungsergebnissen, in: Schubarth, Wilfried/Stöss, Richard, Rechtsextremismus in der Bundesrepublik Deutschland. Eine Bilanz, Schriftenreihe Bd. 368, Bonn 2000.
154 Vgl. u.a. Uwe Backes/Eckhard Jesse, Vergleichende Extremismusforschung, Baden-Baden 2005; Bundesministerium des Innern (Hrsg.), Extremismus in Deutschland. Erscheinungsformen und aktuelle Bestandsaufnahme, Berlin 2004; Carmen Everts, Politischer Extremismus: Theorie und Analyse am Beispiel der Parteien REP und PDS, Berlin 2000; Uwe Backes, Extremismus und politisch motivierte Gewalt, in: Eckhard Jesse/Roland Sturm (Hrsg.), Demokratien des 21. Jahrhunderts im Vergleich. Historische Zugänge – Gegenwartsprobleme –Reformperspektiven, Opladen 2003, S. 341-367; Uwe Backes, Entwicklung und Elemente des Extremismuskonzepts, Vortrag anlässlich der Konstituierung der Ad-hoc-Gruppe „Politischer Extremismus" auf dem 22. Wissenschaftlichen Kongress der Deutschen Vereinigung für Politische Wissenschaft, 25. September 2003, ders., Politischer Extremismus in

Einigkeit besteht über die Herkunft des Begriffs, der sich aus dem lateinischen Terminus *extremus* herleitet, was auf Deutsch „der Äußerste" bedeutet.[155] Als *extremistisch* lässt sich all das bezeichnen, was am äußersten Rande eines betrachteten Spektrums steht. Der Extremismusbegriff nimmt folglich nur im Zusammenhang mit einem spezifischen Bezugsrahmen eine verwertbare Bedeutung an.[156] Insofern handelt es sich um einen perspektivischen Begriff, der von der Wahl eines Spektrums seitens des Betrachters abhängt. Seymour Martin Lipset und Earl Raab bezeichnen daher den *Extremismus* als „self-serving term": „It may mean going to the limit, which can often be justified; or it may mean going beyond the limits, which by self-definition is never justified."[157] Der jeweilige Kontext bestimmt nicht nur den genauen Inhalt des Extremismusbegriffs, er legt auch nahe, inwiefern normative Fragen berührt werden.

Im Falle der Gesellschaft als Bezug mögen „Institutionen, Inhalte und Prozesse einschließlich ihrer Wirkungen"[158] als *extrem* bzw. *extremistisch* gelten. In der Regel wird das Stehen am äußersten Rande des gesellschaftlichen Spektrums als nicht wünschenswert oder förderlich betrachtet, wodurch der soziale und politische Extremismusbegriff eine normative Dimension annimmt. Dies gilt umso mehr für Gesellschaftssysteme, deren ideologischen Grundpfeiler seitens des Forschers a priori als positiv oder förderungswürdig wahrgenommen werden. Wenn Uwe Backes und Patrick Moreau extremistische Gruppierungen als „Geschwüre im Fleisch der demokratischen Gesellschaft"[159] bezeichnen, verdeutlicht dies die normativen Aspekte

demokratischen Verfassungsstaaten. Elemente einer normativen Rahmentheorie, Opladen 1989; Uwe Backes/Eckhard Jesse, Politischer Extremismus in der Bundesrepublik Deutschland, 4. Aufl., Schriftenreihe der Bundeszentrale für politische Bildung, Bd. 272, Bonn 1996; Uwe Backes/Eckhard Jesse (Hrsg.), Jahrbuch Extremismus & Demokratie, Bonn (1989-1994), Baden-Baden (1995 ff.); Eckhard Jesse (Hrsg.), Politischer Extremismus in Deutschland und Europa, Bayerische Landeszentrale für politische Bildungsarbeit, München 1993, Armin Pfahl-Traughber, Rechtsextremismus: eine kritische Bestandsaufnahme nach der Wiedervereinigung, Bonn 1993; ders., Rechtsextremismus in der Bundesrepublik, 2. Aufl., München 2000.

155 Vgl. Petra Bendel, Extremismus, in: Dieter Nohlen, Lexikon der Politik, Politische Begriffe, Bd. 7, München 1998, S. 172.
156 Vgl. ebd., S. 172.
157 Seymour Martin Lipset/Earl Raab, The politics of unreason: right-wing extremism in America, 1790-1970, London 1970, S. 4. Die hier erwähnten „limits" können sowohl auf ein ideologisches Rahmenwerk als auch auf normativ präferierte politische Prozesse und Vorgehensweisen Bezug nehmen (vgl. ebd. S. 4f).
158 Jürgen Winkler, Rechtsextremismus. Gegenstand – Erklärungsansätze – Grundprobleme, in: Wilfried Schubarth/Richard Stöss, Rechtsextremismus in der Bundesrepublik Deutschland. Eine Bilanz, Schriftenreihe Bd. 368, Bonn 2000, S. 41.
159 Uwe Backes/Patrick Moreau, Die extreme Rechte in Deutschland: Geschichte – gegenwärtige Gefahren – Ursachen – Gegenmaßnahmen, München 1993, S. 251.

des Extremismusbegriffs. Dementsprechend folgert Jürgen Lang, die Extremismustheorie leiste die „wertorientierte Kategorisierung politischer Phänomene"[160].

Die unterschiedliche Struktur verschiedener Gesellschaften und politischer Systeme erschwert die Übertragbarkeit des Terminus *Extremismus* von einem geographischen Kontext auf den anderen. Beispielsweise betonen Lipset und Raab in ihrer für die amerikanische Extremismusforschung grundlegenden Untersuchung, ihre Begriffsdefinition könne nur für die spezifischen Zwecke ihrer eigenen Studie gültig sein und stünde in engem Bezug zur amerikanischen Gesellschaft und Geschichte.[161] Daher können alle definitorischen Festlegungen dieser Arbeit kaum über den Bezugsrahmen des politischen Systems der Bundesrepublik Deutschland mit seinen charakteristischen Spezifika hinausgehen.[162]

Durch die Auswahl eines geographischen Raumes oder politischen Systems allein erklärt sich der Extremismusbegriff allerdings nicht von selbst und entspricht nicht den Anforderungen an eine wissenschaftliche Begriffsoperationalisierung. Erforderlich ist ein weiterführender Rahmenbezug, der die kennzeichnenden Charakteristika der als positiv empfundenen politischen Struktur nachzeichnet. Die wesentliche Abweichung von diesen Kennzeichen muss die Etikettierung als *extremistisch* rechtfertigen. Die Selektion solcher Merkmale für den wissenschaftlichen und gesellschaftlichen Diskurs muss gesamtgesellschaftlich verantwortlich und – soweit möglich – intersubjektiv nachvollziehbar und unter Ausschluss individueller politischer Anliegen gestaltet werden, um die Gefahr eines Missbrauchs der eigenen Deutungsmacht zu umgehen. Jürgen Hohmeier erklärt, „dass Devianz zunächst das Resultat sozialer Festlegungsprozesse ist, in denen Verhaltensweisen oder Eigenschaften als ‚deviant' definiert werden. Diese Definitionen sind ihrerseits in vielfältiger Weise gesellschaftlich determiniert. Devianz ist keine Qualität eines Handelns an sich, sondern das Ergebnis gesellschaftlicher Definitionen, die wie andere soziale Phänomene historischen Veränderungen unterliegen. Ein Merkmal wird erst aufgrund einer Definition, welche Geltung erlangt, ‚deviant'."[163] Howard S. Becker

---

160   Jürgen P. Lang, Die Extremismustheorie zwischen Normativität und Empirie, ohne Datum, www.extremismus.com/texte/extrem.htm, abgerufen am 17. Mai 2003.
161   Seymour Martin Lipset/Earl Raab, The politics of unreason: right-wing extremism in America, 1790-1970, London 1970, S. 4.
162   Uwe Backes zeichnet die unterschiedliche Begriffsentwicklung des *Extremismus* im frankophonen und anglophonen Sprachraum nach und grenzt sie zum deutschen Umgang mit dem Terminus ab [vgl. Uwe Backes, Le syndrome extrémiste, in: Stephane Courtois (Hrsg.), Quand tombe la nuit. Origines et émergence des régimes totalitaires en Europe 1900-1934, Lausanne 2001, S. 315-329]. Deutlich wird hierbei der unterschiedliche Zugang zum selben Begriff sowie die Schwierigkeit der Übertragbarkeit von Schlüssen auf einen fremden geographischen und linguistischen Kontext.
163   Jürgen Hohmeier, Stigmatisierung als sozialer Definitionsprozess, in: Manfred Brusten/Jürgen Hohmeier (Hrsg.), Stigmatisierung I. Zur Produktion gesellschaftlicher Randgruppen, Neuwied/Darmstadt 1975, S. 6.

fasst knapp und verkürzt zusammen: „Ob eine Handlung abweichend ist, hängt also davon ab, wie andere Menschen auf sie reagieren."[164]

In der die Bundesrepublik Deutschland betreffenden Diskussion herrscht trotz unterschiedlicher Bewertung des Begriffs weitgehend Einigkeit darüber, dass der demokratische Verfassungsstaat und die sich durch ihn geschützt wissende freiheitlich-demokratische Grundordnung als „Widerpart des politischen Extremismus"[165] zu gelten haben. Dabei bestehen Bedenken einzelner Autoren, die begriffliche Gegensätzlichkeit des Extremismus zum demokratischen Verfassungsstaat genüge nicht zur Schaffung einer nutzbaren Definition. Neugebauer argumentiert gar, „dass das Extremismuskonzept wegen seiner Eindimensionalität und seiner Fixierung auf den demokratischen Rechtsstaat der Komplexität der gesellschaftlich-politischen Wirklichkeit kaum gerecht wird"[166].

Allerdings sind grundsätzlich wissenschaftliche Modelle und Termini dazu geeignet, den jeweiligen Untersuchungsgegenstand höchstens wirklichkeitsnah abzubilden. Sie erheben nicht den Anspruch, jeden Winkel der Wahrnehmungsrealität vollständig zu erfassen und zu artikulieren. Insofern hängen Neugebauer und andere einem Wissenschaftsideal an, das sich weigert, das Kind beim Namen zu nennen, um nicht die facettenreiche Persönlichkeit von Kindern durch schlichte Namensnennung zu verschleiern. In der Praxis verschließt der Forscher sich so dem wissenschaftlichen Erkenntnisgewinn, welcher um die komparative Kategorisierung gesellschaftlicher Phänomene nicht umhin kommt. Abgesehen davon nimmt Neugebauer nicht zur Kenntnis, dass der normative Extremismusbegriff, der den Extremismus als dem demokratischen Verfassungsstaat feindselig gesinnten Gegenpol definiert, sich in der Literatur nicht mit einer oberflächlichen Floskel als „Definitiönchen" begnügt.

---

164 Howard S. Becker, Außenseiter – Zur Soziologie abweichenden Verhaltens, aus dem englischen Orginal übersetzt von Norbert Schultze, Frankfurt am Main 1973, S. 10.

165 Eckhard Jesse (Hrsg.), Politischer Extremismus in Deutschland und Europa, Bayerische Landeszentrale für politische Bildungsarbeit, München 1993, S. 11; vgl. Eckhard Jesse, Formen des politischen Extremismus, in: Bundesministerium des Innern (Hrsg.), Extremismus in Deutschland. Erscheinungsformen und aktuelle Bestandsaufnahme, Berlin 2004, S. 9; Uwe Backes, Politischer Extremismus in demokratischen Verfassungsstaaten. Elemente einer normativen Rahmentheorie, Opladen 1989, S. 16-18, Gero Neugebauer, Extremismus – Rechtsextremismus – Linksextremismus: Einige Anmerkungen zu Begriffen, Forschungskonzepten, Forschungsfragen und Forschungsergebnissen, in: Wilfried Schubarth/Richard Stöss, Rechtsextremismus in der Bundesrepublik Deutschland. Eine Bilanz., Bonn 2000, S. 14, Jürgen R. Winkler, Rechtsextremismus. Gegenstand – Erklärungsansätze – Grundprobleme, in: Wilfried Schubarth/Richard Stöss, Rechtsextremismus in der Bundesrepublik Deutschland. Eine Bilanz., Schriftenreihe Bd. 368, Bonn 2000, S. 41f, Armin Pfahl-Traughber, Rechtsextremismus: eine kritische Bestandsaufnahme nach der Wiedervereinigung, Bonn 1993, S. 25.

166 Gero Neugebauer, Extremismus – Rechtsextremismus – Linksextremismus: Einige Anmerkungen zu Begriffen, Forschungskonzepten, Forschungsfragen und Forschungsergebnissen, in: Wilfried Schubarth/Richard Stöss, Rechtsextremismus in der Bundesrepublik Deutschland. Eine Bilanz., Schriftenreihe Bd. 368, Bonn 2000, S. 13.

Für Backes und Jesse sind bei der Entscheidung über die Anwendbarkeit des Extremismusbegriffs auf einen Untersuchungsgegenstand in der Regel zwei Merkmalklassen zu berücksichtigen: „1. Die Klasse der Merkmale, die ein politisches Phänomen als ‚extremistisch' ausweisen – sie gelten für ‚rechte' und ‚linke' Ausprägungen gleichermaßen. 2. Die Klasse der Merkmale, die ein extremistisches Phänomen als rechts- oder linksgerichtet definieren."[167] Der Vorwurf des Linksextremismus wird gegenüber den REP nicht erhoben. Insofern erübrigt sich die Entscheidung über die Links- bzw. Rechtsausrichtung der REP, also die Suche nach Merkmalen der zweiten Klasse. Merkmale der ersten, die Zugehörigkeit zum Extremismus bestimmenden Klasse werden in der Literatur rege diskutiert.

Harald Bergsdorf beispielsweise nennt folgende kennzeichnenden Charakteristika:

„Extremismus umfasst üblicherweise mindestens drei Merkmale. Extremisten meinen erstens, in ihrer Doktrin die einzig wahre Weltsicht gefunden zu haben: Der Wahrheitsanspruch von Extremisten ist kategorisch. Deshalb kämpfen Extremisten zweitens vehement gegen andere Interessen, Wertvorstellungen und Lebensformen: Extremisten kennzeichnet ein Rigorismus im Denken und Formulieren. Dabei fixieren sie einen ‚Sündenbock', den sie zum Alleinverursacher von zentralen Missständen stilisieren und damit als Feindbild nutzen, das im Innern der eigenen Formation integrierend wirken soll. Daher mutieren die ‚Sündenböcke' für Extremisten mitunter zum Feind, der das Böse schlechthin, das Böse an und für sich, verkörpert. Fanatismus oder gar Hass sind Hauptantriebskräfte extremistischer Politik. Extremisten haben mithin drittens Schwierigkeiten, demokratischen Pluralismus zu akzeptieren: Sie sind heterophob."[168]

Bergsdorfs Definition erschöpft sich nicht in einer simplen Verneinung des demokratischen Verfassungsstaates, gründet sich auf positiv formulierte Charakteristika des Extremismus und kommt so dem von Backes geforderten Zugang zum Extremismusbegriff entgegen. Backes problematisiert Definitionsansätze des Extremismus, die er als *definitio ex negativo* bezeichnet. Da der Extremismus als Gegenteil des demokratischen Verfassungsstaates verstanden werde, ziehe man bei einer *definitio ex negativo* als Erkennungszeichen für Extremismus jeweils die Negativierung unverzichtbarer Bestandteile der demokratischen Verfassungsordnung heran.

---

167   Uwe Backes/Eckhard Jesse, Politischer Extremismus in der Bundesrepublik Deutschland, 4. Auflage, Schriftenreihe der Bundeszentrale für politische Bildung, Bd. 272, Bonn 1996, S. 58. Richard Stöss lehnt die Gegenüberstellung des links- und rechtsgerichteten Extremismus als zusammenfassender Forschungsansatz ab und meint, die von Backes und Jesse betriebene „Extremismusforschung" verdiene „ihren Namen schon gar nicht" (vgl. Richard Stöss, Forschungs- und Erklärungsansätze – ein Überblick, in: Wolfgang Kowalsky/Wolfgang Schroeder, Rechtsextremismus: Einführung und Forschungsbilanz, Opladen 1994, S. 24), ohne dies schlüssig zu begründen. Stöss selbst macht sich einen rührigen, politisch linken und aufklärerischen Zugang zum Problemfeld Rechtsextremismus zu Eigen.

168   Harald Bergsdorf, Extremismusbegriff im Praxistest: PDS und REP im Vergleich, in: Uwe Backes/Eckhard Jesse (Hrsg.), Jahrbuch Extremismus & Demokratie, Bd. 14, Baden-Baden 2002, S. 62.

So würden aber lediglich die „Konturen einer Silhouette"[169] sichtbar und kein scharfes Bild eines tatsächlichen Phänomens. Stattdessen entwickelt Backes als *definitio ex positivo*[170] einen Indizienkatalog zur Identifizierung des politischen Extremismus. Folgende Elemente fließen in Backes' Definition als Strukturmerkmale extremistischer Doktrinen ein[171]:

Absolutheitsansprüche – offensive und defensive: Den Anspruch, ideologische Grundannahmen auf objektiv wahre und unangreifbare Erkenntnisse über das Wesen der Welt stützen zu können, betrachtet Backes als das „Hauptkennzeichen aller extremistischen Doktrinen"[172]. Er argumentiert: „Da kein allgemein akzeptables Verfahren der Normenbegründung verfügbar ist, müssen ethische Überlegungen realistischerweise von der Subjektivität der Werte und einem daraus resultierenden Wer</br>pluralismus ausgehen."[173] Hierüber setze sich der Extremismus hinweg und reklamiere für sich einen priviligierten Zugang zur Wahrheitserkenntnis, teils in Form einer offensiven dogmatischen Verkündigung, teils defensiv als vorausgesetzte Generalperspektive.

Dogmatismus: Der Dogmatismus verknüpft aus der Sicht von Backes „axiomatische Setzungen"[174] zu einem geschlossenen System, das sich durch Immunität gegenüber empirischer Überprüfbarkeit auszeichnet. Dabei spiele es keine Rolle, inwieweit einzelne ideologische Annahmen verifizierbare Einsichten verkörperten. Entscheidend sei die Haltung der dogmatischen Verhärtung.[175]

Utopismus und kategorischer Utopie-Verzicht: Dieses Merkmal wird von Backes so verstanden, dass der Extremismus an der institutionellen Kanalisierung des Verfassungsstaates vorbei beabsichtigt, „Veränderungen zu blockieren oder aber sie in Richtung auf ein bestimmtes Fernziel zu beschleunigen"[176].

Freund-Feind-Stereotype: Dieses Merkmal leitet Backes vom erstgenannten Kennzeichen, also den Absolutheitsansprüchen ab. Wenn eigene axiomatische Setzungen als absolut und unbedingt wahr gelten, müssen Abweichungen folglich als absolut und unbedingt falsch gelten. Dies führe zu einer Lagerbildung, bei der sich der Extremist von irregeführten, einer falschen Lehre anhängenden Feinden umgeben sehe.[177]

---

169 Uwe Backes, Politischer Extremismus in demokratischen Verfassungsstaaten – Elemente einer normativen Rahmentheorie, Opladen 1989, S. 87.
170 Vgl. ebd., S. 103-105.
171 Backes' Indizienkatalog variiert bezüglich einzelner Punkte in diversen Publikationen (vgl. Uwe Backes/Patrick Moreau, Die extreme Rechte in Deutschland: Geschichte – gegenwärtige Gefahren – Ursachen –Gegenmaßnahmen, München 1993, S. 10).
172 Uwe Backes, Politischer Extremismus in demokratischen Verfassungsstaaten – Elemente einer normativen Rahmentheorie, Opladen 1989, S. 298.
173 Ebd., S. 299.
174 Ebd., S. 301.
175 Vgl. ebd., S. 301f.
176 Ebd., S. 302.
177 Vgl. ebd., S. 305.

Verschwörungstheorien: Unfähig, „die Realität in ihrer Komplexität wahrzunehmen"[178], flüchte sich der Extremismus in Konspirationstheorien, die das eigene Weltbild oft völlig bestimmten. Verschwörungstheorien gehen häufig davon aus, dass eine kleine Gruppe von Machtinhabern oder Medienmachern die Masse der Menschen bewusst für eigene Zwecke manipuliert, missbraucht oder von der Wahrheitsfindung abhält. Da Extremisten sich dieser Manipulation jedoch zu entziehen glaubten, entstünde ein „Gefühl intellektueller Überlegenheit"[179] sowie ein gestärktes Sendungsbewusstsein.

Fanatismus und Aktivismus: Für dieses Merkmal bietet Backes folgende Definition an: „Von Fanatismus ist gemeinhin die Rede, wenn jemand von einer bestimmten Sache ‚besessen' ist, sich leidenschaftlich dafür einsetzt, ihr ein derartiges Gewicht beimisst, dass vieles andere liegenbleibt, der Betreffende alle verfügbare Energie für etwas aufbietet, ‚Kosten und Mühen' nicht scheut, sein Ziel unbeirrbar verfolgt, ohne Kompromisse mit sich selbst oder anderen zu schließen; ein hohes Maß emotionaler Teilhabe investiert und in der Wahl seiner Mittel nicht zimperlich ist."[180] Extremistische Doktrinen zeichneten sich durch Fanatismus aus und führten in der Regel zu einem zügellosen Aktivismus, da aus Sicht des Extremisten die eigenen exklusiven Erkenntnisse in Aktion umgesetzt werden müssten.

Dieser Ansatz Backes' überzeugt durch seine Handhabbarkeit sowie inhaltlich umfassende Ausrichtung und erscheint für den Ansatz dieser Arbeit zweckdienlich. Daher werden die genannten sechs Kriterien als den Extremismus kennzeichnende Begriffsoperationalisierung übernommen. An ihnen richtet sich die spätere Prüfung der Anwendbarkeit des Extremismusbegriffs auf die REP aus.

2.3. Datenerhebung und -auswertung

Die Fragestellung dieser Studie verlangt ein qualitatives Vorgehen. In der qualitativen Forschung sind drei Formen der Datenerhebung gebräuchlich: 1. ausführliche, offene Interviews; 2. Feldbeobachtungen; 3. Dokumenten- und Aktenanalysen.[181]

Offene, narrative Interviews fördern vorrangig individualperspektivische Erfahrungen, Erlebnisse, Sichtweisen und Gefühle derjenigen Befragten zutage, denen es obliegt, die Erzählung im Wesentlichen autonom zu bestimmen.[182] Als Befragte kämen in diesem Fall sowohl Vertreter etablierter Parteien als auch der REP in Frage.

---

178 Ebd., S. 306.
179 Ebd., S. 309.
180 Ebd.
181 Vgl. Michael Quinn Patton, How to use qualitative methods in evaluation, Newbury Park 1991, S. 7.
182 Vgl. ebd.; Christel Hopf, Qualitative Interviews – ein Überblick, in: Uwe Flick/Ernst von Kardoff/Ines Steinke (Hrsg.), Qualitative Forschung. Ein Handbuch, Reinbeck bei Hamburg 2000, S. 356.

Obgleich sich die Erstellung situations- und handlungsbezogener Persönlichkeitsprofile durchaus als aufschlussreich erweisen mag, kann für die Fragestellung dieser Arbeit kein wesentlicher Erkenntnisgewinn durch offene Interviews erwartet werden, weder mit Funktionären noch mit einfachen Parteianhängern. Nicht individuelle psychologische Aspekte interessieren in dieser Untersuchung, sondern der möglichst umfassende, faktenbezogene Blick auf Mittel des Umgangs mit den REP. Feldbeobachtungen bieten sich zwar grundsätzlich für einen längeren Forschungszeitraum wie den hier betrachteten an[183], sind für den angepeilten Zeitraum nachträglich jedoch nicht durchführbar, da Beobachtungen immer nur auf aktuelles Verhalten Bezug nehmen können[184]. Aufgrund der großen Anzahl der Akteure wären Beobachtungen zudem bei einem als Forschungsphase dieser Arbeit betrachteten Zeitraum vermutlich nur mit einer Forschungsgruppe logistisch zu bewältigen.

Zur Dokumenten- und Aktenanalyse erklärt Michael Quinn Patton: „Document analysis yields excerpts, quotations, or entire passages from records, correspondence, official reports, and open-ended surveys."[185] Angesprochen sind hier genau diejenigen (schriftlichen) Formen des Umgangs, die für diese Studie untersucht werden sollen, weshalb als Form der Datenerhebung die Dokumenten- und Aktenanalyse in Frage kommt. Auch bei mündlichen Formen des Umgangs mit den REP ist davon auszugehen, dass diese im Wesentlichen in schriftlicher Form dokumentiert werden. Versuche, mündliche Äußerungen zum Zwecke der Datenerhebung für diese Studie selbst zu erfassen und zu transkribieren, unternimmt der Autor nicht.

Die Datenerhebung in dieser Untersuchung bezieht sich auf zwei Aspekte. Erstens bedarf die Überprüfung der Anwendbarkeit des Extremismusbegriffs auf die REP als vorangestellter Argumentationsschritt einer Datenbasis. Zweitens fordert die Leitfrage eine möglichst umfassende Datensammlung, die Mittel des Umgangs mit den REP betreffend.

Zwecks Qualifizierung der Nähe der Republikaner zum Extremismus während der verschiedenen Phasen ihrer programmatischen und strategischen Entwicklung werden bestehende wissenschaftliche Einschätzungen herangezogen, wobei mögliche politische oder ideologische Voreingenommenheit mancher Autoren zu berücksichtigen ist. Für eine hinführende Argumentation berücksichtigt der Autor aber auch Parteiprogramme und sonstige repräsentative Publikationen und Äußerungen der REP selbst, um deren Inhalte mit den Determinanten des in Kapitel 3 erläuterten Rechtsextremismusprofils zu vergleichen. Ergänzend werden Bezugnahmen auf die

---

183 Vgl. Christian Lüders, Beobachten in Feld und Ethnographie, in: Uwe Flick/Ernst von Kardoff/Ines Steinke (Hrsg.), Qualitative Forschung. Ein Handbuch, Reinbeck bei Hamburg 2000, S. 384f.

184 Jürgen Kriz, Beobachtung, in: Dieter Nohlen, Lexikon der Politik, Politische Begriffe, Bd. 2, München 1998, S. 53.

185 Michael Quinn Patton, How to use qualitative methods in evaluation, Newbury Park 1991, S. 7.

Republikaner in den Berichten der Verfassungsschutzbehörden gesichtet und aufgenommen.

Zur Beantwortung der Leitfrage selbst wird der Umgang von CDU/CSU sowie der SPD mit den Republikanern dokumentiert und ausgewertet. Mit Umgang ist hier nicht der zwischenmenschliche Umgang im Sinne von Umgangsformen gemeint. Ob beispielsweise Abgeordnete etablierter Volksparteien ihre REP-Kollegen in der baden-württembergischen Landtagskantine grüßten oder nicht, soll nicht erörtert werden. Als *Umgang* gelten Äußerungen in Richtung der oder über die REP, die entweder unmittelbar die Rechtspartei ansprechen oder die eigene Anhängerschaft bzw. eine breite Öffentlichkeit als Adressaten verstehen. Nur teilweise erweist sich hierfür Sekundärliteratur als nutzbringend. Mangels umfangreicher Forschungsergebnisse mit angemessener wissenschaftlicher Distanz zum Forschungsgegenstand muss sich diese Untersuchung vorrangig auf die Auswertung primärer Dokumente und Daten verlassen. Diese werden nach dem Grundsatz des *criterion sampling*[186] erfasst, müssen also bestimmte Kriterien erfüllen und so einer der folgenden Kategorien zugeordnet werden können. Es werden fünf Kategorien von Daten, chronologisch geordnet nach den drei Amtsperioden der REP-Vorsitzenden Handlos, Schönhuber und Schlierer, erhoben. Als Datengrundlage dienen die Bestände der Archive parteinaher Stiftungen. Dazu gehören das *Archiv für Christlich-Demokratische Politik* (ACDP) der Konrad-Adenauer-Stiftung, das *Archiv für Christlich-Soziale Politik* (ACSP) der Hanns-Seidel-Stiftung sowie das *Archiv der sozialen Demokratie* (AdsD) der Friedrich-Ebert-Stiftung.[187]

1. Beschlüsse: Eine Möglichkeit etablierter Volksparteien, ihre Haltung gegenüber den REP zu bestimmen, sind formelle Beschlüsse. Dies können inhaltliche Erklärungen sein, die von parteioffiziellen Gremien verabschiedet werden oder auch Satzungsklauseln, die beispielsweise die Aufnahme ehemaliger Mitglieder der REP oder eine offizielle Kooperation mit den REP ausschließen. Die CDU veröffentlichte im Rahmen der Vorstellung einer Kampagne „gegen rechts und links"[188] im Jahr 1994 eine vollständige Auflistung sämtlicher Abgrenzungsbeschlüsse der Bundespartei gegen den politischen Radikalismus für den relevanten Zeitraum. Seit jenem Jahr sind keine weiteren solchen Beschlüsse des CDU-Bundesverbandes gefasst worden.[189] Ein vergleichbarer Band besteht seitens der CSU nicht, weshalb Anfra-

---

186 Vgl. Michael Quinn Patton, How to use qualitative methods in evaluation, Newbury Park 1991, S. 56.

187 Die REP verfügen über kein vergleichbar umfangreiches Partei- oder Stiftungsarchiv (vgl. Gerhard Tempel, E-Post an den Autor vom 26. April 2004), Auskünfte und Material aus ihren privaten Dokumentesammlungen stellten Rolf Schlierer, Ursula Winkelsett und Michael Paulwitz zur Verfügung.

188 Christlich Demokratische Union/Bundesgeschäftsstelle, Auf gegen rechts und links: Gebt Radikalen keine Chance!, September 1994.

189 Das bestätigt der ACDP-Sachbearbeiter Erich Schwarz (vgl. Erich Schwarz, persönliches Gespräch mit dem Autor vom 12. Mai 2005).

gen an das ACSP sowie die CSU-Landesgeschäftsstelle gestellt wurden. Das AdsD gewährte Einsicht in die Jahrbücher der SPD sowie die Bundesparteitagsprotokolle zwecks Suche nach entsprechenden Beschlüssen. Hinweise auf weitere formelle Resolutionen und Beschlüsse sowohl für die verschiedenen Gliederungsebenen der Parteiorganisationen sind in den Pressearchiven der Stiftungen enthalten.

2. *Dokumentationen der Parteien:* Die untersuchten Parteien haben allesamt Dokumentationen über die REP mit wechselndem Adressatenkreis herausgegeben. Diese parteioffiziellen Dokumentationen sind von besonderem Interesse, da sie hinsichtlich ihres Umfangs wesentlich über knappe Statements den Medien gegenüber oder teils stichwortartig formulierte Beschlüsse hinausgehen. Sie lassen annähernd umfassende Aufschlüsse über die öffentlich geäußerte Haltung der Parteien zu den REP zu. Soweit diese Dokumentationen als Handreichungen für Parteifunktionäre und Wahlhelfer gedacht sind, erlauben sie zudem Schlüsse auf ansonsten nirgends erfasstes Verhalten von Parteirepräsentanten im Umgang mit den REP von der Bundes- bis hinunter zur Ortsebene. Für eine Analyse kommen Dokumentationen, deren Herausgeber ein Parteigremium auf Landes- oder Bundesebene ist, in Frage. Kreis- und Ortsverbände haben in der Regel kaum die finanziellen und personellen Ressourcen, um ausführliche Dokumentationen zu verfassen und zu publizieren.[190] Zudem mag eine lokale Parteipublikation in wesentlich höherem Maße die Sichtweisen einzelner Ortsfunktionäre widerspiegeln, die nicht unbedingt als für die Partei repräsentativ gelten können.

Überwiegend sind Parteidokumentationen in den Katalogen der Stiftungsarchive erfasst, teilweise auch im Papierformat in die Pressearchive aufgenommen. In Pressemeldungen werden wiederholt Strategiepapiere, Handreichungen und Dokumentationen erwähnt, die CDU, CSU und SPD lediglich zur innerparteilichen Meinungsbildung, und dort zumeist nur für die Führungsebene gedacht waren. Diese Papiere stehen in der Regel in den Archiven der parteinahen Stiftungen der Öffentlichkeit nicht zur Verfügung. Soweit Medienbeiträge Aufschluss über den Inhalt dieser Dokumente gewähren, wird diese Information unter Hervorhebung der Quelle berücksichtigt.

3. *Sonstige Parteipublikationen:* Äußerungen über und gegenüber den REP werden in den offiziellen Parteiorganen von CDU, CSU und SPD getätigt. Keine der parteinahen Stiftungen hat individuelle Beiträge dieser Organe – *Union in Deutschland* (UiD), *Bayernkurier* und *Vorwärts* – vollständig katalogisiert. Nur vereinzelt haben sie Artikel zusammen mit externen Veröffentlichungen in die stiftungseigenen Pressearchive eingegliedert. Für diese Untersuchung wurden diejenigen Jahrgänge dieser drei Publikationen, die eine Auseinandersetzung mit den REP besonders vermuten lassen, manuell gesichtet, nämlich 1983 (das Gründungsjahr der

---

190 Eine der wenigen Ausnahmen ist die parteiinterne Handreichung „Die Republikaner: eine Partei ‚rechts der Mitte' und ‚diesseits der NPD'?", erstellt vom Arbeitskreis Bildungs- und Kulturpolitik des CSU-Kreisverbands Bad Tölz-Wolfratshausen, publiziert ca. Juni 1989.

REP), 1984 (das Folgejahr), 1986 (erster Achtungserfolg bei der bayerischen Land-tagswahl), 1989 (Einzug in das Berliner Abgeordnetenhaus und das Europaparla-ment), 1992 (erstmaliger Einzug in den Landtag von Baden-Württemberg) und 1996 (wiederholter Einzug in den Landtag von Baden-Württemberg).

Erfasst werden weiterhin Wahlwerbematerialien der betreffenden Parteien, also Plakate, Wandzeitungen, Anzeigen, Flugschriften, etc. In allen besuchten Archiven sind diese Dokumente nur sehr lückenhaft katalogisiert. Eine umfassende Erfassung aller Wahlwerbemittel von CDU, CSU und SPD fehlt. Die Datenmengen der Par-teiwerbemittel haben in einem quantitativen Vergleich untereinander folglich keine sichere Aussagekraft. Dennoch sind die Inhalte der Materialien von analytischem Wert, geben sie doch Auskunft über Form und Absicht der Auseinandersetzung mit den REP.

Unterschiedlich vollständig in die Archivkataloge aufgenommen sind Pressemit-teilungen verschiedener Parteigremien mit spezifischem Themenbezug, hier den REP. Die Pressearchive von ACDP, ACSP und AdsD beinhalten alle vor allem ex-terne Presseveröffentlichungen sowie parteiverantwortlich publizierte Pressemittei-lungen. Das ACDP-Pressearchiv ist in drei Zeitblöcke gegliedert: Einträge bis 1994 sind inhaltlich gegliedert in Aktenordnern gelagert. Digital abrufbar sind Einträge ab 1994 in zwei separaten Thesauren, von denen der erste die Zeitspanne bis 2001, der andere neuere Datensätze erfasst. Neben dem Pressearchiv waren auf Anfrage im ACSP chronologisch geordnete lose Blatt-Sammlungen von Pressemitteilungen der CSU-Landesgruppe im Bundestag der Jahre 1989 und 1990 zugänglich. Das Presse-archiv des AdsD verfügt über einen Sammelbereich „Verhältnis [der SPD] zu Rechtsgruppen", der unter anderem Pressemitteilungen sowie einzelne Ausgaben des *Parlamentarisch-Politischen Pressedienstes* (PPP) der Jahre bis einschließlich 1994 umfasst. Die digitale Bibliothek der Friedrich-Ebert-Stiftung bietet zudem die Volltexte des *Sozialdemokratischen Pressedienstes* von 1946 bis 1995 sowie Presse-mitteilungen der SPD von 1958 bis 1998 an. In allen genannten Katalogen wurde nach relevanten Pressemitteilungen recherchiert.

Weitere Publikationen, Äußerungen und Anträge von CDU, CSU und SPD sowie deren Arbeitsgemeinschaften, die Bezug auf die REP nehmen und in den Pressear-chiven von ACDP, ACSP und AdsD enthalten sind, werden in die Analyse mög-lichst komplett einbezogen. Im AsdD standen außerdem die SPD-Jahrbücher für den gesamten Forschungszeitraum bereit, die nach Eintragungen (die REP betreffend) gesichtet wurden.

Nicht berücksichtigt als Mittel des Umgangs bleiben Medien, die als einer der un-tersuchten Parteien freundlich verbunden gelten, aber nicht unter deren direkten Verantwortung oder der einer parteinahen Stiftung stehen. Die Fülle der Beiträge über die REP im SPD-nahen Informationsdienst „Blick nach Rechts"[191] beispiels-weise bietet eine umfangreiche Herausforderung für eine eigene wissenschaftliche Arbeit.

4. Äußerungen parteirepräsentativer Politiker: Wo Parteien als Akteure und de-ren Handlungen in Bezug auf Zweck und Mittel analysiert werden sollen, ergibt sich die Schwierigkeit, dass Parteien keine im Willen nach durchwegs einheitlich Agie-rende sind. Auch kann nicht jedes Parteimitglied unabhängig vom Grad der über-nommenen Funktion oder Verantwortung für sich in Anspruch nehmen, im Auftrag der oder repräsentativ für die Partei zu handeln. Die Sammlung und Berücksichti-gung zufällig akquirierter Meinungsäußerungen von Parteivertretern und –mit-gliedern beliebiger Ebenen kann keine wissenschaftlich seriöse Datenerhebung dar-stellen. Ein solches Vorgehen wäre anektodisch ausgerichtet, nicht aber systema-tisch oder wiederholbar. Von *repräsentativ* spricht diese Untersuchung nicht im Sin-ne der Artikulation der jeweiligen Mehrheitsmeinung der Parteimitglieder oder -gre-mien, sondern vielmehr im Sinne einer Kraft eines Amtes oder eines Mandats auto-risierten Vertretung der Partei. Berücksichtigt werden Amts- und Mandatsträger der Parteien auf Landes- und Bundesebene, da diesen die Repräsentation ihrer jeweili-gen Partei auf besondere Weise obliegt. Die kommunale Ebene bleibt unberücksich-tigt, da hier häufig die Persönlichkeit beteiligter Personen eine ebenbürtige oder größere Rolle spielt als Parteizugehörigkeit.[192]

Soweit Kommentare repräsentativer Personen in parteieigenen Veröffentlichun-gen erscheinen, werden sie im Zusammenhang mit der jeweiligen Erfassungskatego-rie (Parteiorgan, Wahlwerbemittel, Pressemitteilungen, sonstige Parteipublikation) erfasst und später ausgewertet, nicht als individuelle Äußerungen. Meinungsäuße-rungen in parteiunabhängigen Medien hingegen sind den Pressearchiven von ACDP, ACSP und AdsD entnommen. Das ACSP besitzt außerdem eine umfangreiche Sammlung von Reden Edmund Stoibers, die eine Suche mit dem Stichwort „Repub-likaner" zuließ. Archiviert sind teilweise zitierfähige Redetexte, teilweise stich-punktartige Manuskripte. Fast alle gefundenen Zitate sind in die Wahlkampfphase 1994 sowie in die Zeit nachfolgender Wahlanalysen einzuordnen. Ergiebig war zu-sätzlich eine zweibändige im ACSP-Pressearchiv hinterlegte umfangreiche Materi-alsammlung relevanter Presseartikeln für diejenigen Jahre, für die aufgrund der ers-

---

191 Der „Blick nach Rechts" wird seit 1984 vom Institut für Information und Dokumentation e.V. herausgegeben. Bis Juni 2004 existierte eine Printausgabe, seither besteht „blick nach rechts" als Internetportal (www.bnr.de) mit einem 14-tägig publizierten Newsletter fort. Er erscheint im SPD-eigenen Verlag „Berliner vorwärts Verlagsgesellschaft mbH". Schirmher-rin ist das SPD-Vorstandsmitglied Ute Vogt.

192 Beispiele für die Zusammenarbeit etablierter Volksparteien mit den REP auf kommunaler Ebene gibt es zahlreiche (vgl. u.a. Peter Schmitt, Republikaner gegen SPD: Geplante Umbe-nennung sorgt für Eklat. Treitschle-Straße soll nach Nürnberger Jüdin heißen, in: Süddeut-sche Zeitung, 7. Oktober 1991; N.n., Seltsam, seltsam: Republikaner und SPD gegen Grüne, in: BILD-Zeitung, 13. Juni 1991).

ten Wahlerfolge der REP oberhalb der kommunalen Ebene die höchste Aufmerksamkeit der Medien vermutet werden kann (1989-1990).[193] Hinzu kommen schließlich drei selbstständig erschienene Buchveröffentlichungen einzelner Politiker.[194]

5. *Publikationen parteinaher Stiftungen:* Ohne die Einbeziehung stiftungsverantwortlich publizierter Dokumentationen, Schriftenreihen und Artikel, die auf die Republikaner Bezug nehmen, wäre diese Analyse unvollständig. Die Schriften der Konrad-Adenauer-Stiftung als einer in Sachen REP „die innerparteiliche Diskussion spürbar beeinflussende Stiftung"[195] sind für diese Arbeit erheblich. Dies gilt grundsätzlich auch für vergleichbare Publikationen der Friedrich-Ebert-Stiftung sowie der Hanns-Seidel-Stiftung. Zwar mögen sich vereinzelt Autoren von stiftungsverantwortlich publizierten Schriften dagegen verwehren, ihre wissenschaftlich motivierten und qualifizierten Aussagen als parteirepräsentativ gedeutet zu wissen. Angesichts der die innerparteiliche Meinungsfindung begleitenden Rolle der parteinahen Stiftungen sind diese keine Arbeiten zu veröffentlichen bereit, deren Inhalte der ideologischen Grundhaltung der Partei fundamental widersprechen oder im Wege stehen. Die Existenz solcher Publikationen wurde durch eine Suche in den Katalogen der Stiftungsarchive sowie durch Anfragen bei den Geschäftsstellen ermittelt.

Vorsicht geboten ist bei der Deutung des Umfangs von Datenmaterial sowohl im Vergleich der Entwicklungsphasen der REP zueinander als auch der verantwortlichen Volksparteien. Dies liegt an der unterschiedlichen Verfügbarkeit von Daten in den Archiven der parteinahen Stiftungen. Nicht alle Archive haben dieselben Datenträger in gleichem Maß erfasst, katalogisiert und Benutzern zugänglich gemacht. Keines der Archive bietet eine lückenlose Sammlung der für diese Untersuchung relevanten Daten. Der Umfang der für diese Studie erfassten und analysierten Daten einschließlich des Verhältnisses verschiedener Datengruppen zueinander spiegelt folglich nicht unbedingt detailgetreu die Wirklichkeit wider, sonder unterliegt Schwankungen, die der archivarischen Praxis und Ausstattung der Stiftungsarchive unterliegt.

Davon abgesehen steht zu den Amtsperioden aller drei REP-Vorsitzenden nicht die gleiche Menge von Datenmaterial zur Verfügung. Vor der Amtsübernahme Schönhubers fristete die Partei ein Schattendasein. Voraussichtlich ist die Quellenlage bis 1985 dürftig, der Auswertungstext fällt vermutlich entsprechend kurz aus.

---

193 Vgl. Hanns-Seidel-Stiftung (Hrsg.), „Die ‚Republikaner' – Gefahr für die Demokratie? Zur Entwicklung der Partei unter besonderer Berücksichtigung der Ereignisse seit der Berliner Wahl vom Januar 1989", unveröffentlichte Zeitungsausschnittsammlung, konzipiert von Monica H. Forbes, Bd. I und II, München, 10. April 1990.

194 Vgl. Peter Glotz, Die deutsche Rechte: eine Streitschrift, 2. Aufl., Stuttgart 1989; Rudolf Krause, Ende der Volksparteien. Denkschrift zu nationalen deutschen Fragen, 2. Aufl., Essen 1993; Heiner Geißler, Der Irrweg des Nationalismus, Weinheim 1995.

195 N.n., Adenauer-Stiftung: Widersprüchliches Erscheinungsbild der Republikaner. Studie hält Partei für populistisch, aber nicht extremistisch/„Entwicklung ungewiss", Die Welt, 6. Juli 1989.

Für die Gesamtanalyse ist es dennoch äußerst aufschlussreich, die Phase der Amtsführung von Handlos mit einzubeziehen, weil dieser – so wird angesichts des allgemeinen Kenntnisstandes a priori vermutet – eine sich von Schönhuber deutlich unterscheidbare inhaltliche Linie verfolgte. Der politische Durchbruch gelang den Republikanern unter ihrem Zugpferd Schönhuber. Unter seiner Führung wurden die meisten Mittel der Reaktion seitens etablierter Parteien sichtbar. Der Erfolg der REP ist in den letzten Jahren rückläufig. Mit Ausnahme von Kommunalparlamenten und der Landtagswahl in Baden-Württemberg im Jahr 1996 ist den REP seit dem Ausscheiden Schönhubers kein Einzug in ein Parlament mehr gelungen, weshalb für die Amtsperiode Schlierers weniger Datenmaterial existiert als für die Schönhubers.

Für den vorab eingefügten Argumentationsschritt der Bestimmung der Anwendbarkeit des Extremismusbegriffs auf die REP gelten die Parteiprogramme der REP – soweit Programmbeschlüsse als Aushängeschild tatsächlicher Ideologiebehaftungen dienen – als Datengrundlage. Sieben Programmtexte werden berücksichtigt, nämlich neben den Parteiprogrammen von 1983[196], 1987[197], 1990[198], 1993[199], 1996[200] und 2002[201] das *Siegburger Manifest* mit dem Charakter eines Kurzprogramms aus dem Jahr 1985[202]. Somit wurde ein Entwurf unter der Parteiführung von Handlos verabschiedet, vier Texte stammen aus der Ära Schönhuber, zwei Programme gab sich die Partei unter der Ägide Schlierers. Wegen der häufig gestellten Frage nach dem demokratischen Sein und Schein der REP[203] kann sich eine Überprüfung der Nähe der REP zum Extremismus jedoch nicht auf eine kritische Durchsicht der Programmschriften und den Äußerungen der Partei beschränken. Deshalb werden zusätzlich die relevante Sekundärliteratur sowie die den Forschungsraum dieser Arbeit betreffenden Verfassungsschutzberichte des Bundes herangezogen.

Bei der Datenauswertung treten vor dem Hintergrund der Forschungsfrage einige Herausforderungen auf. Die von der Analyse einbezogene Anzahl der Akteure (der

---

196 Vgl. Die Republikaner/Bundesverband, Parteiprogramm, verabschiedet auf dem Bundeskongress am 26. November 1983 in München.

197 Vgl. Die Republikaner/Bundesverband, Parteiprogramm, verabschiedet auf dem Bundesparteitag im Mai 1987 in Bremerhaven.

198 Vgl. Die Republikaner/Bundesverband, Parteiprogramm, verabschiedet auf dem Bundesparteitag am 13./14. Januar 1990 in Rosenheim.

199 Vgl. Die Republikaner/Bundesverband, Parteiprogramm, verabschiedet auf dem Bundesparteitag am 26./27 Juni 1993 in Augsburg.

200 Vgl. Die Republikaner/Bundesverband, Parteiprogramm, verabschiedet auf dem Bundesparteitag am 6. Oktober 1996 in Hannover.

201 Vgl. Die Republikaner/Bundesverband, Parteiprogramm, verabschiedet auf dem Bundesparteitag am 12. Mai 2002 in Künzell.

202 Vgl. Die Republikaner/Bundesverband, Siegburger Manifest, verabschiedet auf dem Bundesparteitag am 16. Juni 1985 in Siegburg.

203 Armin Pfahl-Traughber erklärt, die REP seien bemüht, „ihre rechtsextremistischen Positionen [...] hinter einem seriös-konservativ wirken sollenden Erscheinungsbild zu verbergen" (Armin Pfahl-Traughber, Die Entwicklung des Rechtsextremismus in Ost- und Westdeutschland, in: Aus Politik und Zeitgeschichte, B 39/2000, 22. September 2000, S. 5).

etablierten Parteien) ist zu gering, um eine statistisch valide quantitative Auswertung oder eine Generalisierung der erarbeiteten Thesen zuzulassen.[204] Auch lassen sich die zur Verfügung stehenden, ausschließlich deskriptiven Daten kaum quantitativ auswerten. Vielmehr notwendig sind "qualitative Beschreibungen bestimmter Vorgänge, Institutionen, Situationen oder Individuen, die durch direkte Beobachtung, Interviews, kasuistische Studien oder schriftliche Äußerungen der unmittelbar Beteiligten gewonnen worden sind."[205] Statt einer mathematisch-quantitativen Auswertung großer Datenmengen findet ein interpretatives Vorgehen Anwendung, bei der die „detailgenaue, feinsinnige Interpretation kleinster Ton-, Transkript- oder Bild-Ausschnitte"[206] im Vordergrund steht. Die im Rahmen dieser Arbeit erhobenen Daten werden – gemäß der Erklärung Ulrich von Alemanns und Wolfgang Tönnesmanns – „in der Regel beispielhaft illustrierend und die Argumentation erhärtend"[207] eingesetzt und nicht zur systematischen, mathematischen Bestätigung von Hypothesen. Die Ergebnisse werden folglich „als intersubjektiv überprüfbare Deutungsangebote in den wissenschaftlichen Diskurs eingegeben".[208]

Qualitativ erhobene Daten besitzen in der Regel ein deskriptives Format.[209] Schon daher ist die Datenerhebung und -auswertung in dieser Studie nicht mit einer quantitativen Untersuchung vergleichbar, bei der in einem klar definierten Arbeitsschritt Zahlenmaterial erfasst und in einem weiteren, deutlich unterscheidbaren Schritt nach standardisierten Verfahren die Daten interpretiert werden. Patton erkennt diesen Aspekt qualitativer Forschung: „There is typically not a precise point at which data collection ends and analysis begins. Nor, in practice, are analysis and interpretation neatly separated. In the course of gathering data, ideas about analysis and interpretation will occur. Those ideas constitute the beginning of analysis."[210]

Ein qualitatives Vorgehen ist besser dazu geeignet, anhand von Zitaten und sorgfältiger Deskription eine Fülle von Details über eine kleine Anzahl von Fällen darzustellen und auszuwerten.[211] Zur Auswertung bieten sich in dieser Untersuchung Formen der Inhalts- und Dokumentenanalyse an. Dieses eher offene Vorgehen, wird

204 Vgl. Michael Quinn Patton, How to use qualitative methods in evaluation, Newbury Park 1991, S. 19.
205 Wolfgang Brezinka, Erziehungsziele, Erziehungsmittel, Erziehungserfolg: Beiträge zu einem System der Erziehungswissenschaft, 2. Aufl., München/Basel 1981, S. 31.
206 Thomas Samuel Eberle, Lebensweltanalyse und Handlungstheorie: Beiträge zur Verstehenden Soziologie, Konstanz 2000, S. 39.
207 Ulrich von Alemann/Wolfgang Tönnesmann, Grundriß: Methoden in der Politikwissenschaft, in: Ulrich von Alemann (Hrsg.), Politikwissenschaftliche Methoden: Grundriß für Studium und Forschung, Opladen 1995, S. 25.
208 Thomas Samuel Eberle, Lebensweltanalyse und Handlungstheorie: Beiträge zur Verstehenden Soziologie, Konstanz 2000, S. 40.
209 Vgl. Michael Quinn Patton, How to use qualitative methods in evaluation, Newbury Park 1991, S. 7.
210 Ebd., S. 144.
211 Vgl. ebd., S. 9.

unter anderem von Patten als „Qualitative Description" und „Content Analysis" e-tabliert.[212] Bei den Interpretationsakten wird vorsichtig agiert und so methodologische Reflektiertheit demonstriert.[213] Dieses Vorgehen basiert auf der vorab vorgenommenen Klassifikation von Mitteln des Umgangs – ein methodisch unerlässlicher Schritt.[214] Für die Auswertung qualitativ erhobener Daten besteht kein unabhängig von Forschungslage und -objekt allgemein verpflichtendes Instrumentarium. Patton spricht von der Evaluation als einer Kunst, die sich an die jeweilige Situation anpassen müsse: „In art there is no single, ideal standard."[215] Berücksichtigt werden müssten die zur Verfügung stehenden Ressourcen, praktische Gesichtspunkte sowie die Einschätzung der beteiligten Forscher im Hinblick auf das methodische Vorgehen.[216]

In dieser Studie werden die erfassten Daten über Mittel des Umgangs mit den REP zunächst nach agierender Partei und Amtsperiode des REP-Vorsitzenden geordnet und deskriptiv dargestellt.[217] Die Fälle werden in einem zweiten Schritt jeweils einem der operationalisierten Beobachtungsbegriffe (Stigmatisierung, demokratische Abgrenzung, Verharmlosung) zugeordnet. Die Zuordnung im Auswertungs- und Analysetext begründet sich mittels eines Bezugs auf die Kriterien der Begriffsdefinitionen. Ein angemessenes Gewicht der beiden Schritte der Deskription und Interpretation zueinander ist anzustreben.[218] Häufig werden Quellen im originalen Wortlaut zitiert, um unnötige Deutungen, die Paraphrasierungen mit sich bringen können, zu vermeiden, gerade in einem derart sensiblen Themenbereich wie dem politischen Extremismus.

Zur Überprüfung der Anwendbarkeit des Extremismusbegriffs auf die REP werden die Programmtexte der Partei einem Abgleich mit den sechs Extremismuskriterien von Uwe Backes unterzogen.[219] Da die Parteiprogramme der REP nur teilweise Aufschluss über deren tatsächliche ideologische Gesinnung gewähren, bezieht die Analyse vier weitere Aspekte ein, die in Bezugnahme auf Sekundärliteratur erarbeitet werden. Erstens wird für jede Amtsperiode des jeweiligen Vorsitzenden ein biographisches Profil der Programmanalyse vorangestellt. Die deutlich voneinander abgrenzbaren Phasen der programmatischen und strukturellen Entwicklung der REP –

---

212 Vgl. ebd. Laut Peter John scheinen deskriptiv-analytische Verfahren am ehesten in der Lage zu sein, „verschiedene Konzepte miteinander zu verbinden" (Peter John, Bedingungen und Grenzen politischer Partizipation in der Bundesrepublik Deutschland am Beispiel von Bürgerinitiativen. Eine historisch-deskriptive Analyse, München 1979, S. 5).

213 Thomas Samuel Eberle, Lebensweltanalyse und Handlungstheorie: Beiträge zur Verstehenden Soziologie, Konstanz 2000, S. 40.

214 Vgl. Michael Quinn Patton, How to use qualitative methods in evaluation, Newbury Park 1991, S. 149-150.

215 Ebd., S. 9.

216 Vgl. ebd.

217 Vgl. ebd., S. 146-147.

218 Vgl. ebd., S. 163-164.

219 Vgl. Kap. 2.2.7.

inklusive deren Stellung dem Extremismus gegenüber – wurden entscheidend durch die Persönlichkeit ihrer drei Vorsitzenden geprägt, so dass eine Einschätzung von Handlos, Schönhuber und Schlierer im Hinblick auf deren Neigung zum Extremismus dringend geboten sind. Zweitens lässt die Beziehungsgestaltung der REP mit extremistischen Personenkreisen und Organisationen, insbesondere mit unfraglich rechtsextremistischen Parteien wie der NPD oder DVU, Rückschlüsse auf die Nähe der REP selbst zum Extremismus zu. Daher folgt – der Programmanalyse nachgeordnet – eine kurze Bestandsaufnahme zu diesem Beziehungsgeflecht. Nicht berücksichtigt werden soll *nicht* aktiv rekrutierte Unterstützung zugunsten der REP. Wenn externe Privatpersonen oder Organisationen unaufgefordert zur Wahl der REP aufrufen oder sich wohlwollend den REP gegenüber äußern, kann aus deren Weltbild oder ideologischen Verortung nicht zwingend auf eine ähnliche politische Veranlagung der REP geschlossen werden.[220] Drittens kann die Berücksichtigung der Ergebnisse wissenschaftlicher Arbeiten einen Beitrag zur verlässlichen Einordnung der REP in das politische Spektrum leisten. Methodisch problematisch sind das uneinheitliche Verständnis des Extremismusbegriffs diverser Autoren sowie der variierende Forschungszeitraum der verschiedenen Untersuchungen. Doch gerade deshalb, weil der Terminus *Extremismus* zum wechselseitigen wissenschaftlichen Diskurs beitragen soll, ist ein praktischer Vergleich der begrifflichen Anwendung auf ein Fallbeispiel aufschlussreich. Viertens folgt – zwecks Komplettierung – eine Auswertung der Verfassungsschutzberichte des Bundes der Jahre 1983 bis 2003. So ergibt sich eine systematische Standortbestimmung der REP von der Gründung bis zu aktuellen Entwicklungen hin zum Ende des Untersuchungszeitraums im Juni 2004.[221]

---

220 In den USA engagieren sich (insbesondere seit 1996) partei- und kandidatenunabhängige Initiativen im Wahlkampf, um dabei für oder gegen einzelne Kandidaten Stellung zu beziehen (vgl. Ralf Grünke, Umweltlobby auf Stimmenfang. Grüner Verbandswahlkampf im Vorfeld der US-Kongresswahlen 1998 und 2000, Politica, Bd. 48, Hamburg 2002. Auch in Deutschland ist ein solcher Trend zu beobachten, wenn auch nicht in vergleichbarem Ausmaß.

221 Wie Peter Loos richtig feststellt, gibt eine Verortung der REP-Ideologie in das politische Spektrum nicht unbedingt verlässlich Auskunft über Einstellungen und Denkweisen der Wähler und Anhänger der Partei (vgl. Peter Loos, Mitglieder und Sympathisanten rechtsextremer Parteien: das Selbstverständnis von Anhängern der Partei „Die Republikaner", Wiesbaden 1998, S. 2). Hierzu wären Befragungen notwendig. Da Mittel des Umgangs etablierter Volksparteien mit den REP sich in der Regel an die offizielle Parteiinstitution richten und nicht an individuelle Anhänger, wird im Hinblick auf die Fragestellung dieser Arbeit auf systematische Befragungen verzichtet.

3. Anwendbarkeit des Extremismusbegriffs auf die Republikaner

3.1. Parteivorsitz Franz Handlos (1983-1985)

Schon vor seinem Ausscheiden aus der CSU nach 27-jähriger Mitgliedschaft[222] macht der am 9. Dezember 1939 geborene Franz Handlos von sich reden. Der Verleger, ehemalige Redakteur des *Münchner Merkurs* und Oberleutnant der Reserve verdient sich durch „markige Bierzeltreden, deftige Parteitagssprüche und harte Linie"[223] den Ruf eines „CSU-Politiker[s] von echtem Schrot und Korn"[224]. Sieben Jahre vor Gründung der REP bringt Handlos die Aufkündigung der Kooperation von CSU und CDU ins Gespräch.[225] So nutzt er die allgemeine Aussprache im Rahmen einer Klausurtagung der CSU-Landesgruppe in Wildbad Kreuth nach der Bundestagswahl 1976, um die Frage zu stellen, ob es nicht besser für die CSU sei, „als eigenständige Fraktion im Bundestag aufzutreten"[226]. Dies führt zu einer Diskussion, die sich bis in den nächsten Tag hinein fortsetzt.[227] Während die Bildung einer eigenständigen Fraktion infolgedessen vollzogen wird, steht die Überlegung, „dann eine vierte Partei außerhalb Bayerns zu gründen"[228], noch im Hintergrund. Handlos' Meinung hat in der CSU Gewicht. Seine Vertretung im Rundfunkrat des Bayerischen Rundfunks sowie zeitweise in der Parlamentarischen Versammlung der *Westeuropäischen Union*[229] zeugt von dessen Bedeutung. Vor Ekkehard Voigt leitet Handlos, der bereits mit 17 Jahren der CSU beigetreten ist, den Wehrpolitischen Arbeitskreis der Partei. Von 1966 bis 1970 ist Handlos als Pressesprecher der CSU-Landtagsfraktion tätig, ab 1972 als CSU-Abgeordneter im Bundestag. Zuletzt erringt er den Status des „Erststimmen-Königs" mit einem Ergebnis von 73,6 Prozent in seinem Heimatwahlkreis.

---

222 Britta Obszerninks, Nachbarn am rechten Rand: Republikaner und Freiheitliche Partei Österreichs im Vergleich; eine handlungsorientierte Analyse, München 1999, S. 40.
223 Leo A. Müller, Republikaner, NPD, DVU, Liste D, ..., 2. Aufl., Göttingen 1989, S. 9
224 Ebd.
225 Georg Paul Hefty, Fünfzig Jahre Lufthoheit über den Stammtischen, in: Hanns-Seidel-Stiftung e.V. (Hrsg.), Geschichte einer Volkspartei. 50 Jahre CSU – 1945-1995, München 1995, S. 405.
226 Interview mit Bundestagspräsident a. D. Dr. h. c. Richard Stücklen, in: Hanns-Seidel-Stiftung e.V. (Hrsg.), Geschichte einer Volkspartei. 50 Jahre CSU – 1945-1995, München 1995, S. 601.
227 N.n., Interview mit Bundestagspräsident a. D. Dr. h. c. Richard Stücklen, in: Hanns-Seidel-Stiftung e.V. (Hrsg.), Geschichte einer Volkspartei. 50 Jahre CSU – 1945-1995, München 1995, S. 601.
228 Ebd.
229 Vgl. Müller, Leo A., Republikaner, NPD, DVU, Liste D, ..., 2. Aufl., Göttingen 1989, S. 9.

Im Juli 1983 tritt Handlos aus der CSU aus und verlässt die CDU/CSU-Bundestagsfraktion.[230] Sogleich kündigt er die Gründung einer neuen Partei „auf christlich-sozialer Grundlage"[231] an. Diese ließe sich „weder rechts noch links von der CSU zuordnen"[232] und werde sich erstmals zur bayerischen Landtagswahl 1986 dem Wählervotum stellen. Bei der Vorstellung der neuen Partei liegt es Handlos stets am Herzen, zu betonen, er sei nicht am „rechtsradikalen Klientel"[233] interessiert, sondern am „nachdenklichen Wähler"[234]. Er wolle sich nicht „in die rechte Ecke"[235] drücken lassen. Mit der neuen Gruppierung wolle er „Tabu-Zonen brechen und Schwerpunkte im Umweltschutz und in der Stärkung der Bürgerrechte gegenüber der Bürokratie setzen"[236]. Ebenso wie sein Mitstreiter Ekkehard Voigt, der trotz entgegengesetzter Aufforderung[237] lediglich aus der CDU/CSU-Bundestagsfraktion ausscheidet, ohne sein Mandat niederzulegen[238], verbleibt auch Handlos bis 1987 als Fraktionsloser im Bundestag.

Nach internen Querelen löst sich Handlos von den REP und versucht mit einer Parteineugründung unter der Firmierung *Freiheitliche Volkspartei* (FVP) sein Glück, die zur bayerischen Landtagswahl 1986 mit der Partei *Die mündigen Bürger* paktiert.[239] Im Mai 1986 wird mit einer Startauflage von 400 als Schülerzeitung der FVP die Publikation *Junge Freiheit* (JF) ins Leben gerufen, wobei sich die JF bereits nach einem halben Jahr von der FVP löst.[240] Handlos wechselt im Dezember 1987 zur FDP, tritt dort genau 13 Jahre später aus[241] und betätigt sich seither nicht mehr parteipolitisch[242], wenn er auch von der *Bayernpartei* intensiv umworben wird[243].

230 Deutscher Bundestag, Plenarprotokoll 10/18, Stenographischer Bericht 18. Sitzung, 7. September 1983.

231 N.n, Handlos kündigt Gründung einer neuen Partei an, in: Kölner Stadt-Anzeiger, 27. Juli 1983.

232 Ebd.

233 Roman Arens, Die Abtrünnigen sehen sich auf dem Weg nach oben, in: Frankfurter Rundschau, 4. November 1983.

234 Ebd.

235 Ebd.

236 Erik Spemann, Handlos: Ich bin kein Einzelkämpfer. Ex-Abgeordneter der CSU will 1986 mit einer eigenen Gruppierung antreten, in: Münchner Merkur, 27. Juli 1983.

237 DPA-Meldung, Waigel: Voigt soll Bundestagsmandat niederlegen, 28. Oktober 1983.

238 Deutscher Bundestag, Plenarprotokoll 10/32, Stenographischer Bericht 32. Sitzung, 9. November 1983.

239 N.n., Handlos schießt sich auf Strauß ein: Freiheitliche Volkspartei wettert gegen „politische Arroganz" des CSU-Chefs, in: Süddeutsche Zeitung, 1. August 1986. Auch Ekkehard Voigt, der zweite initiierende Mitbegründer der REP, verlässt die Partei, tritt jedoch 1989 wieder bei.

240 Matthias Weber, Zeitschriftenporträt: Junge Freiheit, in: Uwe Backes/Eckhard Jesse (Hrsg.), Jahrbuch Extremismus & Demokratie, Bd. 14, Baden-Baden 2002, S. 204-205.

241 Vgl. Emmerich Frößl, E-Post an den Autor vom 24. Juni 2003.

242 Vgl. Helga Handlos, Telefonat mit dem Autor vom 24. Mai 2005. Auch Ekkehard Voigt betätigt sich nicht mehr politisch (vgl. Ekkehard Voigt, Telefonat mit dem Autor vom 24. Mai 2005).

Nach Beendigung seiner Berufspolitikerkarriere versucht sich Handlos als Schriftsteller und veröffentlicht 1988 den Roman „Macht und Melancholie" mit der Absicht, den „Jahrmarkt der Bonner Eitelkeiten"[244] vorzuführen. Resigniert schildert er, wie sich die „Akteure auf dem politischen Parkett, wie immer im Besitz der ‚absoluten' Wahrheit, für unentbehrlich und damit für unersetzbar halten, obwohl sie bereits politische Auslaufmodelle sind"[245]. Wenn die Romanfigur Gina Vallone ihrem geliebten Abgeordneten Andreas Vandenburg in der Schlussszene deren gemeinsames Kredo – gleichzeitig die Essenz des Buches – zuflüstert („Solange die Sehnsucht bleibt, wird der Abschied zur Wiederkehr"[246]), spiegelt sich darin Handlos' unerfüllter Wunsch der Etablierung einer demokratisch gefestigten rechtskonservativen Partei wider. Kein Schritt im politischen Werdegang des Franz Handlos gibt dem Vorwurf Anlass, es sei eine Nähe zum Extremismus belegbar.

Was auf den ersten Vorsitzenden der REP zutrifft, gilt auch für das erste Parteiprogramm. Das „Grundsatzprogramm der Republikaner"[247] wird auf dem ersten Bundeskongress der Partei am 26. November 1983 in München verabschiedet und kommt als synkretistisches Sammelsurium politischer Strömungen und Forderungen daher. Den 50 Textseiten stehen auch seitens der Grünen erhobene Forderungen nach erweiterten direktdemokratischen Verfassungselementen, eine eindeutig konservative Familienpolitik sowie eine betont soziale, wenn nicht gar sozialdemokratische Behinderten- und Seniorenpolitik anderen Programmpunkten voran. Nach dem Programm von 1983 zu urteilen, befinden sich die REP während ihrer Gründungsphase auf der Suche, keinesfalls auf einem extremistischen Weg fort vom demokratischen Verfassungsstaat.

Absolutheitsansprüche sucht man im Gründungsprogramm ebenso vergebens wie *Dogmatismus*. Eindeutige Wertebekenntnisse, beispielsweise im Bereich der Familienförderung[248], lehnen sich sprachlich an Formulierungen des Grundgesetzes an und dringen nie in den Definitionsrahmen des *Dogmatismus* ein. Zwar sehen sich die REP hinsichtlich ihrer restriktiven Abtreibungspolitik „im Gegensatz zu allen anderen Parteien"[249], reklamieren hierbei allerdings keinen priviligierten Zugang zur Wahrheitserkenntnis, sondern lediglich mehr Mut zu politischer Konsequenz. Die programmatische Schwerpunktlegung auf die deutsche Wiedervereinigung ist mit dem Gründungsmoment der REP zu erklären, der als Reaktion auf den Milliardenkredit an die DDR gesehen werden muss. Die Schaffung eines Kerneuropas, „dem

243   Vgl. Hans Eberle, Telefonat mit dem Autor vom 24. Mai 2005.
244   Franz Handlos, Macht und Melancholie, Grafenau 1988, S. 5.
245   Ebd.
246   Ebd., S. 417.
247   Vgl. Die Republikaner/Bundesverband, Parteiprogramm, verabschiedet auf dem Bundeskongress am 26. November 1983 in München.
248   Vgl. ebd., S. 13f.
249   Ebd., S. 14.

sich dann andere Länder angliedern können"[250] sowie die „Wiedervereinigung Deutschlands in Frieden und Freiheit"[251] als in die Europäische Gemeinschaft integrierte Nation mit freiheitlich-demokratischer Verfassung werden als dringende, aber geduldige Zukunftsperspektiven formuliert, nicht als aggressiver, *fanatischer* Kampfruf. Deren Umsetzung sei nur „sehr langfristig"[252] möglich. *Dogmatischer* Nationalismus kann daraus nicht abgeleitet werden – im Gegenteil beklagen die REP den „nationalstaatlichen Egoismus"[253], welcher der europäischen Einigung im Wege stünde.

Die Ziele der neu gegründeten Partei werden so formuliert, dass eine Einschätzung als bestenfalls hehr und schlimmstenfalls realitätsfern gerechtfertigt ist (wie in Grundsatzprogrammen von Parteien nicht selten der Fall). Es heißt, die REP wollten „insbesondere der jungen Generation in einer Zeit der Angst Geborgenheit, Lebenssinn, Mitmenschlichkeit und Solidarität geben"[254]. Auch erhofft sich die Partei eine Direktwahl des Bundespräsidenten ohne Wahlkampf („Ein Wahlkampf findet nicht statt."[255]). Nie deutet das Programm jedoch den Marsch am Verfassungsstaat vorbei zur Umsetzung träumerischer Ideal- und Wunschvorstellungen an, das extremistische Merkmal der *Utopismus und kategorischen Utopie-Verzichts* lässt sich nicht identifizieren.

Die REP gebärden sich in ihrem Münchener Programm derart distanziert und missgünstig gegenüber etablierten Parteien, der Staatsverwaltung, den Medien sowie Ausländern, dass zumindest teilweise von Feindbildern gesprochen werden kann. Die etablierten Parteien teilten „die staatlichen Ämter unter ihren Anhängern"[256] auf und handelten „damit nur gleichsam noch als Stellenvermittler für öffentliche Pfründe"[257]. Die „immer stärker ausufernde Verwaltungsbürokratie"[258] müsse zurückgedrängt werden. Es sei nicht hinnehmbar, dass eine „elitäre Minderheit"[259] aus Medienmachern und Kulturgestaltenden „sich gegenseitig Aufträge und Preise zuspielt und ihre Geschmacksrichtung der Bevölkerung als kulturelle Leitlinie aufoktroyiert"[260]. Die „Ausländerfrage" sei längst zum „Ausländerproblem"[261] geworden – „eines der folgenschwersten Probleme für unsere Gesellschaft"[262]. Die Bundesrepu-

---

250 Ebd., S: 33.
251 Ebd., S. 34.
252 Ebd., S. 33.
253 Ebd.
254 Ebd., S. 8.
255 Ebd., S. 11.
256 Ebd., S. 10.
257 Ebd.
258 Ebd.
259 Ebd., S. 19.
260 Ebd.
261 Ebd., S. 49.
262 Ebd.

blik dürfe nicht „zum Tummelplatz ausländischer Extremisten"[263] werden und müsse daher ein „Verbot politischer Betätigung für Ausländer"[264] aussprechen. Während spätere Programme an die schon 1983 artikulierten Vorbehalte anknüpfen (insbesondere an die xenophoben Ansätze), sind hier noch keine *Freund-Feind-Stereotype* im Sinne einer von axiomatischen Setzungen ausgehenden Lagerbildung erkennbar. *Verschwörungstheorien* tauchen im Programmtext nicht auf. Beides liegt Handlos fern. Insgesamt ergibt sich das Bild eines ideologisch uneinheitlichen Programms mit starker Neigung zu einem rechtskonservativen Profil, aber ohne Extremismusbehaftung.

Eine Nähe zu rechtsextremistischen Organisationen oder Parteien war unter der Führung von Handlos bei den REP nicht zu erkennen. Im Grundsatzprogramm artikulieren die REP eine Stellungnahme gegenüber Extremisten: „Wir werden kämpferisch diese Republik verteidigen und werden es nicht zulassen, dass dieses Land in die Hände von Extremisten fällt."[265] Es gibt nur wenige Anhaltspunkte für Beziehungen der REP unter Handlos zu extremistischen Organisationen. Wenige Autoren vermuten, es seien einige Anhänger der NPD am Gründungskongress der REP anwesend gewesen.[266] Eine aktive Einladung an Vertreter der NPD oder ähnlich extremistischer Gruppierungen wird dem Tagungspräsidium nicht unterstellt. Geworben hatten die Parteigründer vielmehr um die Gunst enttäuschter Anhänger der Unionsparteien (insbesondere des Wehrpolitischen Arbeitskreises der CSU) sowie der *Konservativen Aktion*, der *Bayernpartei* (BP), der *Aktionsgemeinschaft Vierte Partei*, der *Bürgerpartei*, des *Deutschlandrates* und der Vertriebenenverbände.[267]

Mehrheitlich stimmen die Autoren wissenschaftlicher Veröffentlichungen darin überein, dass die REP vor dem ersten Wechsel an der Führungsspitze keine extremistische Partei waren. Armin Pfahl-Traughber stuft sie in besagter Phase weder als „Zusammenschluss von rechtsextremen Kräften"[268] noch als rechtsextreme „Sam-

263   Ebd.
264   Ebd.
265   Ebd., S. 8.
266   Vgl. Richard Stöss, Die „Republikaner": woher sie kommen; was sie wollen; wer sie wählt; was zu tun ist, 2. Aufl., Köln 1990, S. 20; Eckhard Fascher, Modernisierter Rechtsextremismus: Ein Vergleich der Parteigründungsprozesse der NPD und der Republikaner in den sechziger und achtziger Jahren, Berlin 1994, S. 104.
267   Vgl. Richard Stöss, Die „Republikaner": woher sie kommen; was sie wollen; wer sie wählt; was zu tun ist, 2. Aufl., Köln 1990, S. 20; Eckhard Fascher, Modernisierter Rechtsextremismus: Ein Vergleich der Parteigründungsprozesse der NPD und der Republikaner in den sechziger und achtziger Jahren, Berlin 1994, S. 104. Die stärkste der erwähnten Kleinparteien, die separatistische Bayernpartei, lehnte laut ihrem heutigen Landesgeschäftsführer Hans Eberle jegliche Zusammenarbeit mit den REP (vgl. Hans Eberle, Telefonat mit dem Autor vom 24. Mai 2005).
268   Armin Pfahl-Traughber, Rechtsextremismus: eine kritische Bestandsaufnahme nach der Wiedervereinigung, Bonn 1993, S. 33.

melpartei im engeren Sinne"[269] ein.[270] Übereinstimmend erläutert Steffen Kailitz, bei den REP handele es sich „nicht um eine genuin rechtsextremistische Partei"[271]. Handlos habe „eine bundesweit organisierte Partei [...], die sich programmatisch kaum von der CSU unterscheiden sollte"[272], angestrebt. Georg Paul Hefty sieht in den RP unter Handlos „lediglich eine klein-bürgerliche Partei rechts der CSU und CDU"[273], Katharina Behrend eine „Anti-Strauß-Partei mit dem Bestreben, unzufriedene Konservativ-Nationale auch über die CSU hinaus anzusprechen"[274]. Eckhard Jesse bescheinigt den REP vor der durch Schönhuber betriebenen Radikalisierung eine „konservative Linie"[275].

Aus dem Rahmen fällt die Einschätzung Eckhard Faschers. Zwar sieht er übereinstimmend mit einer Reihe anderer Autoren die REP unter Handlos vorrangig als „Anti-CSU-Partei"[276], meint aber als einer von wenigen Forschern im Hinblick auf den Gründungskongress im November 1983, der „ideologische Kern des beschlossenen Parteiprogrammes und der Parteitagsreden unterschied sich *nicht* von dem anderer rechtsextremer Parteien"[277]. Somit weicht die Lesart Faschers in Bezug auf eine mögliche Extremismusnähe der REP unter Handlos erheblich von der seiner meisten Kollegen ab. Richard Stöss will im Muster des Wechsels von Handlos und REP-Mitbegründer Ekkehard Voigt von der CSU zu den REP („weil sie ihre politischen Anliegen in den Herkunftsparteien nicht hinreichend verwirklichen konn-

---

269   Ebd.
270   Zu ähnlichen Ergebnissen kommen Bernd Neubacher (vgl. Bernd Neubacher, NPD, DVU-Liste D, Die Republikaner: ein Vergleich ihrer Ziele, Organisationen und Wirkungsfelder, Köln 1996, S. 61), Britta Obszernings (vgl. Britta Obszernings, Nachbarn am rechten Rand: Republikaner und Freiheitliche Partei Österreichs im Vergleich; eine handlungsorientierte Analyse, München 1999, S. 40), Stephan Thomczyk (vgl. Stephan Thomczyk, Der dritte Etablierungsversuch der Republikaner nach 1994, Konstanz 2001, S. 184) und Carmen Everts (vgl. Carmen Everts, Politischer Extremismus: Theorie und Analyse am Beispiel der Parteien REP und PDS, Berlin 2000, S. 204f).
271   Steffen Kailitz, Politischer Extremismus in der Bundesrepublik Deutschland. Eine Einführung, Wiesbaden 2004, S. 48.
272   Ebd.
273   Georg Paul Hefty, Fünfzig Jahre Lufthoheit über den Stammtischen, in: Hanns-Seidel-Stiftung e.V. (Hrsg.), Geschichte einer Volkspartei. 50 Jahre CSU – 1945-1995, München 1995, S. 405. Vgl. Armin Pfahl-Traughber, Rechtsextremismus: eine kritische Bestandsaufnahme nach der Wiedervereinigung, Bonn 1993, S. 33; vgl. ders., Rechtsextremismus in der Bundesrepublik Deutschland, 2. Aufl., München 2000, S. 31.
274   Katharina Behrend, NPD – REP: Die Rolle nationalistischer Bewegungen im politischen System der Bundesrepublik Deutschland am Beispiel von NPD und Republikanern im historischen Vergleich, Regensburg 1996, S. 119.
275   Eckhard Jesse, Die Demokratie der Bundesrepublik Deutschland, 8. Aufl., Baden-Baden 1997, S. 182.
276   Eckhard Fascher, Modernisierter Rechtsextremismus: Ein Vergleich der Parteigründungsprozesse der NPD und der Republikaner in den sechziger und achtziger Jahren, Berlin 1994, S. 106.
277   Ebd., S. 105 (Hervorhebung durch den Autor).

66

ten"[278]) eine gewisse Parallelität zur Konvertierung zu rechtsextremen Parteien beobachten. Andreas Albes meint, die REP hätten „an der Grenze der freiheitlich-demokratischen Grundordnung"[279] operiert.

Die Verfassungsschutzbehörden sahen sich unter der Parteiführung von Handlos nicht veranlasst, sich mit den REP zu beschäftigen. Im Verfassungsschutzbericht des Bundesministers des Innern für das Gründungsjahr der REP 1983 wird als einzige an Wahlen teilnehmende Partei mit rechtsextremistischer Ausrichtung die NPD erwähnt.[280] Gleiches gilt für die Folgejahre der Vorstandsschaft von Handlos.[281]

Die REP unter Handlos sind als rechtskonservative Kraft mit nicht zuordenbaren programmatischen Farbtupfern zu betrachten. Einen Bezug zum rechtsextremistischen Milieu und Gedankengut herzustellen, würde unangemessen phantasiebeflügelte Bemühungen oder dem allgemeinen Sprachverständnis politischer Ordnungsbegriffe fremde ideologische Maßstäbe voraussetzen.

3.2. Parteivorsitz Franz Schönhuber (1985-1994)

Franz Schönhuber wird am 10. Januar 1923 als Sohn des Metzgermeisters und Viehhändlers Xaver Schönhuber im oberbayerischen Trostberg geboren. Seine langjährige Karriere als Journalist endet abrupt, als er in seinem autobiographischen Buch *Ich war dabei*[282] sprachmalerisch NS-Nostalgie ausbreitet. Gerade Kinder hätten oftmals „eine schöne Zeit"[283] erlebt, geprägt durch Fahrten, Geländespiele und Zeltlager – die kindliche Abenteuerlust befriedigend. Mit Begeisterung sei Schönhuber in Kindheitstagen durch die heimatliche Kleinstadt gezogen und habe vor den Häusern bekannter Gegner der Nationalsozialisten provozierend NS-Lieder gejohlt.[284] Ein „neuer und revolutionärer Geist"[285] habe in der Waffen-SS geherrscht, was Aufstiegsmöglichkeiten ohne Berücksichtigung der sozialen Herkunft anginge, lobt Schönhuber. Mit großer Freude habe Schönhuber den Einberufungsbefehl in die *Leibstandarte SS Adolf Hitler* empfangen: „Ich konnte es kaum fassen. Das war für mich die Elite der Elite."[286] Seine ehemaligen Kameraden betrachte er heute als

---

278 Richard Stöss, Ideologie und Strategie des Rechtsextremismus, in: Wilfried Schubarth / Richard Stöss, Rechtsextremismus in der Bundesrepublik Deutschland. Eine Bilanz, Schriftenreihe Bd. 368, Bonn 2000, S. 111; vgl. ebd., S. 121.

279 Andreas Albes, Die Behandlung der Republikaner in der Presse, Frankfurt am Main u.a. 1999, S. 10.

280 Vgl. Verfassungsschutzbericht 1983, Bonn 1984.

281 Vgl. Verfassungsschutzbericht 1984, Bonn 1985; Verfassungsschutzbericht 1985, Bonn 1986.

282 Franz Schönhuber, Ich war dabei, München/Wien 1981.

283 Ebd., S. 33f.

284 Vgl. ebd., S. 34.

285 Ebd., S. 41.

286 Ebd., S. 44.

„gläubige, tapfere und anständige Menschen"[287], man habe sie nur „politisch miss-braucht und militärisch verheizt"[288]. Mit der „ideologischen Zielsetzung"[289] der Waffen-SS könne er sich hingegen nicht mehr identifizieren. Sein Buch *Freunde in der Not*[290], in dem er auf über 400 Seiten Stellung zur Diskussion über sein früheres Werk *Ich war dabei* bezieht, erscheint acht Monate vor der Parteigründung und of-fenbart die Motivation sowie die als Triebfeder wirkenden Überlegungen Schönhu-bers. Hier kommt er zur Einsicht, er passe schon lange nicht mehr in das christliche Konzept der CSU.[291] Immer wieder äußert er sich apologetisch gegenüber NS-Größen und deren Herrschaft. Offenbar mag es Schönhuber nicht gelingen, seinen Patriotismus ohne Verniedlichung des NS-Unrechtsregimes herzuleiten. Rudolf Hess beispielsweise bezeichnet er als „den Typ des Idealisten"[292] und „Gewissen der Partei"[293].

Schönhubers Bekenntnisse sowie seine nachfolgenden Schriften prägen spätes-tens seit dessen Amtsübernahme als Bundesvorsitzender Programm und Selbstver-ständnis der REP. Sie sind Träger der Identität der Gesamtpartei. Schönhuber wird zur Galionsfigur und gleichzeitig zum ideologischen wie organisatorischen Dreh- und Angelpunkt der REP. Gerade unter der Ägide Schönhubers gilt die Binsenweis-heit, dass das Original interessanter und aufschlussreicher ist als seine Jünger. Von außen sind die REP fast nur als „Schönhuber-Partei" bekannt. Nachdem Schönhuber im Juni 1985 zum neuen Vorsitzenden gewählt wird, schlägt er – und mit ihm mehr-heitlich die Partei – einen Kurs ein, der sich von dem seines Amtsvorgängers erheb-lich unterscheidet. Seine politische Rhetorik wird aggressiver, nimmt häufig Anlei-hen aus dem militärischen Wortschatz und ist vom Bild eines Kampfes gegen das Bestehende geprägt. Zwar sei die Bundesrepublik an sich kein Unrechtsstaat, räumt Schönhuber in seinem 1987 erschienenen Buch *Trotz allem Deutschland*[294] ein, als „lupenreiner Rechtsstaat"[295] könne sie aber auch nicht durchgehen. Lächerlich und absurd wie die Watschen-Szenen eines Kasperltheaters seien die Bemühungen deut-scher Politiker mit rechtsextremistischen Parteien wie der NPD.[296] Deutsche Univer-sitäten seien nicht selten „Kaderschmieden ultralinker Pseydo-Revolutionäre"[297]. Eltern vergäßen gegenwärtig „vor lauter Jagd auf den Mammon [...] ihre Kinder zu erziehen"[298] und seien nichts als „Pfeffersäcke"[299]. Gegendemonstranten bei REP-

---

287 Ebd., S. 351.
288 Ebd.
289 Ebd.
290 Franz Schönhuber, Freunde in der Not, 2. Auflage, München/Wien 1983.
291 Vgl. ebd., S. 60.
292 Ebd., S. 207.
293 Ebd.
294 Vgl. Franz Schönhuber, Trotz allem Deutschland, München/Wien 1987.
295 Ebd., S. 14.
296 Vgl. ebd., S. 9.
297 Ebd., S. 18.
298 Ebd., S. 20.

Veranstaltungen sieht Schönhuber als die „verkommenen Produkte einer bedenkenlosen Großbourgeoisie"[300], welche die fast liebenswerte Betitelung „Chaoten" kaum mehr verdient hätten.[301] Zum Dritten Reich meint der REP-Vorsitzende, so schlimm sei es wohl nicht gewesen: „Und es kann nicht sein, dass über Nacht aus unserem Volk der Dichter und Denker ein Volk aus lauter Gelichter und Henker geworden ist!"[302]

Im Gegensatz zu anderen extremistischen Ideologen und Denkern ist Schönhuber allerdings kein geschlossenes, konsistentes Weltbild zu Eigen. Der wahrscheinlich charismatischste der drei REP-Vorsitzenden ist erfahrener Journalist und Medienexperte. Er versteht es, Medienauftritte zu inszenieren und je nach Anlass gezielt bestimmte Wirkungen auf sein Publikum auszuüben. Viele der Äußerungen Schönhubers, vor allem die während Wahlkampf- und Medienauftritten, können getrost als bewusst präsentierte Provokationen gedeutet werden. So äußert sich Schönhuber zwar wiederholt abfällig über Juden oder Angehörige anderer Nationen, an einem ideologischen Fundament für eine in sich schlüssige antisemitische oder rassistische Weltsicht mangelt es ihm aber. Schönhubers Juden- und Ausländerfeindlichkeit ist ein plump populistischer Mantel eines Menschen mit einem stark ausgeprägten Geltungsbedürfnis ohne denkerische Tiefe. Teils um Protestwähler anzusprechen, teils um die Aufmerksamkeit der Medien zu erhaschen und teils aufgrund seiner sprunghaften, verworren-radikalen politischen Gesinnung verlässt Schönhuber nicht nur wiederholt die Logik des demokratischen Verfassungsstaates, er rebelliert offen gegen sie. Widerspruch duldet er nicht, verlangt (wie die frühere politische Weggefährtin Johanna Grund bezeugt) buchstäblich, die REP müssten „so straff geführt werden wie das Zentralkomitee der KPdSU unter Breschnew"[303] – unter seiner Führung, versteht sich. An Machtrangeleien mit anderen Vorstandsmitgliedern und einem Richtungsstreit scheitert schließlich auch Schönhubers Amtsführung und politische Karriere bei den REP.[304]

Schönhubers Parteivorsitz beeinflusst die programmatische Meinungsfindung der REP gravierend. Am 16. Juni 1985 wird nicht nur Schönhuber im Rahmen eines Bundesparteitages in Siegburg unangefochten zum Bundesvorsitzenden gewählt, die Delegierten verabschieden auch das *Siegburger Manifest*, welches auf wenigen Seiten die Standpunkte der Partei als eine Art Kurzprogramm formuliert.[305] *Absolutheitsansprüche* erscheinen darin nicht, wenn auch die REP hervorheben, sie ließen

299 Ebd.
300 Ebd., S. 19-20.
301 Ebd., S. 19.
302 Ebd., S. 57.
303 Johanna Christina Grund, Ich war Europa-Abgeordnete. Sieben Jahre Tanz auf dem Vulkan, München 1995., S. 116.
304 Vgl. DPA-Meldung, Schönhuber verlässt die Republikaner, 16. November 1995.
305 Vgl. Die Republikaner/Bundesverband, Siegburger Manifest, verabschiedet auf dem Bundesparteitag am 16. Juni 1985 in Siegburg.

sich – wohl im Gegensatz zu anderen Parteien – „nicht in eine ideologische Zwangsjacke stecken"[306]. Das Manifest bedient sich gängiger Formulierungen rechtsextremistischer Propaganda, spricht bereits in der Präambel von „Überfremdung", „nationaler Interessenwahrung" und dem „Ausverkauf deutscher Interessen"[307]. Sprachlich unterscheiden sich die Programmäußerungen der REP im Manifest kaum von denen verschiedener Programmversionen der NPD.[308] Bestimmte axiomatische Annahmen wollten die REP „weder aus opportunistischen noch populistischen Erwägungen in Frage"[309] stellen. Eine Neigung zum *Dogmatismus* wird deutlich sichtbar. Die Programmautoren betonen, dass auch Fernziele wie die Wiedervereinigung „im Einklang mit Grundgesetz und höchster Rechtsprechung"[310] anzustreben seien, von *Utopismus und kategorischem Utopie-Verzicht* kann folglich keine Rede sein. Inwieweit die REP das Grundgesetz tatsächlich als beständigen Handlungsrahmen betrachten, ist angesichts der Aussage, Deutschland sei derzeit keine „normale Nation"[311] und befände sich innen- wie außenpolitisch „dauernd in einem Ausnahmezustand"[312], fraglich. Die Vorbehalte gegenüber Staatsverwaltung und Ausländern werden aus dem Gründungsprogramm übernommen, ohne sie zu *Freund-Feind-Stereotypen* zu verhärten. Das beschriebene Drohszenario, in dem die Vereinten Nationen und Siegermächte die deutsche „Fremdbestimmung" verwalten, mit Waffengewalt die deutsche Souveränität verhindern und die deutsche Geschichte kriminalisieren, berechtigt zum Vorwurf von *Verschwörungstheorien*. Die Leidenschaft, mit der die REP die Forderung nach der deutschen Wiedervereinigung mit zunehmendem zeitlichen Abstand zum Anstoß der Parteigründung (dem Milliardenkredit an die DDR) erheben, grenzt an *Fanatismus*, taucht aber nicht gänzlich darin ein. Die

---

306 Ebd. [keine Seitenangaben]
307 Die Republikaner, Das Siegburger Manifest, verabschiedet durch den Bundesparteitag am 16. Juni 1985 in Siegburg/Bonn.
308 So heißt es im REP-Manifest, das „Lebensrecht" der Deutschen und deren Zukunft als „deutsches Volk" seien in Gefahr, während man in NPD-Programm von 1973 „die natürliche Lebenskraft unseres Volkes gefährlich bedroht" (Nationaldemokratische Partei Deutschlands/Bundesverband, Parteiprogramm verabschiedet auf dem Bundesparteitag am 12.-14. Oktober 1973, S. 2) sieht und sich um „die Erhaltung des deutschen Volkes" (Ebd., S. 3) sorgt. Die Autoren des REP-Manifests bedauern die „Verfälschung bewährter Wertbegriffe" und wünschen die Vermittlung von „Idealen und Wertvorstellungen auf abendländischer Grundlage" an die Jugend. Die „sittlichen und moralischen Werte unseres Volkes werden fortdauernd zersetzt"(Ebd., S. 2), lamentiert die NPD und fordert, die deutsche Jugend müsse „mit den Idealen und Werten unserer nationalen und europäischen Kultur vertraut gemacht werden" (Ebd., S. 19). Beispiele sprachlicher Parallelen ließen sich fortsetzen. Verantwortlich für die gedruckte Fassung des Manifests zeichnet sich Harald Neubauer, selbst ehemaliger NPD-Funktionär.
309 Die Republikaner, Das Siegburger Manifest, verabschiedet durch den Bundesparteitag am 16. Juni 1985 in Siegburg/Bonn.
310 Ebd.
311 Ebd.
312 Ebd.

Verabschiedung des Manifests muss als wesentlicher Schritt der Partei hin zum Extremismus verstanden werden. Sprachliche Anleihen aus und Bezugnahmen zu rechtsextremistischer Rhetorik sind vermutlich bewusst gewählt, um so neben ideologisch eher ungebundenen Protestwählern auch das rechtsextremistische Potential anzusprechen.

Wie schon das *Siegburger Manifest* führt das Bremerhavener Programm aus dem Jahr 1987[313] weg von der programmatischen Gründungsintention von Handlos. Die *Absolutheitsansprüche* der REP treten immer offener zutage. Der mehrheitlichen Geschichtsschreibung sprechen sie die Objektivität ab, nehmen aber selbst exklusiv Anspruch auf die wahren Umstände geschichtlicher Ereignisse.[314] Zeitgeschichtliche und historische Berichte in den Massenmedien sollten sich „an den Fakten orientieren und nicht an nachträglichen Interpretationen aus heutiger Sicht"[315], also Deutungen, die denen der REP widersprechen. Insgesamt herrsche eine Verwahrlosung der geistigen und politischen Kultur, von der sich die REP ausnehmen.[316] Die *dogmatische* Verteidigung der deutschen Volksgemeinschaft und deren Lebensraum erscheint mehrfach im Programm.[317] Als *Dogmatismus* mag ebenfalls die spezifische Rollenzuteilung der Frau gewertet werden. Aufgabe der Frau sei es, „durch Wärme und Hingabe ein Klima der Geborgenheit zu schaffen, in welchem Familie und Kinder gedeihen können"[318]. Berufstätige Mütter litten „oft an dieser Mehrfachbelastung und Selbstüberforderung"[319].

Das Hauptanliegen ihres Programms sehen die REP in einer „nationalen Selbstbesinnung und geistig-moralischen Erneuerung"[320], was durch eine „Versachlichung von *Erziehung, Bildung und Information*"[321] erreicht werden soll. Ein gesetzlich geregelter Weg zur Umsetzung ist kaum angegeben, artikuliert werden Appelle und *Utopismus*. Die xenophobe Grundhaltung der Vorgängertexte setzt sich im Bremerhavener Programm fort, wobei nicht mehr von „Überfremdung" die Rede ist, sondern davon, dass Deutschland „das Land der Deutschen bleiben"[322] müsse. Die REP setzten sich „für das Lebensrecht und die Menschenrechte aller Deutschen im Sinne des Grundgesetzes"[323] ein, als unterschiede die deutsche Verfassung in Fragen von Lebensrecht und Menschenrechten nach Deutschen und Ausländern. *Freund-Feind-Stereotypen* werden wie in der Vergangenheit dabei angedeutet. Zum stereotypen

---

313 Vgl. Die Republikaner/Bundesverband, Parteiprogramm, verabschiedet auf dem Bundesparteitag im Mai 1987 in Bremerhaven.
314 Vgl. ebd., S. 1.
315 Ebd., S. 12.
316 Vgl. ebd., S. 1.
317 Vgl. ebd. S. 4, 13.
318 Ebd., S. 9.
319 Ebd.
320 Ebd., S. 1.
321 Ebd. [Hervorhebung im Orginal]
322 Ebd., S. 9.
323 Ebd., S. 1.

Feindbild sind die Siegermächte geworden. Detailfreudiger ausgebreitet sind die bereits im *Siegburger Manifest* angeklungenen *Verschwörungstheorien.* Die Deutschen in der Bundesrepublik wie in der DDR würden systematisch einer „gegenläufige[n] Umerziehung"[324] unterzogen. Böswillige Manipulationen junger Deutscher unterstellen die REP den Alliierten: „Die Kriegspropaganda der Siegermächte ist in unsere Geschichtsbücher eingegangen, und ihre Übertreibungen und Fälschungen müssen von der Jugend weitgehend geglaubt werden, da eine objektive Geschichtsschreibung immer noch nicht in vollem Umfang ermöglicht wird."[325] Während die europäische Einigung sowie die deutsche Wiedervereinigung im Gründungsprogramm als langfristige Ziele definiert werden, kommen aus dem Drängen der REP im Jahr 1987, die Umsetzung des Wiedervereinigungsprozesses „ohne Aufschub in Angriff nehmen",[326] *Fanatismus und Aktivismus* zum Ausdruck.

Mit dem Bremerhavener Text sind die REP schließlich programmatisch mit beiden Beinen im Extremismus angekommen. Die Programmautoren beteuern einerseits ihre Grundgesetztreue, machen andererseits aber an vielen Stellen keinen Hehl aus ihrer extremistischen Gesinnung. Die Kriterien extremistischer Ideologien sind (wenn auch mehr oder minder stark ausgeprägt) ohne Ausnahme erkennbar.

Das Rosenheimer Programm von 1990[327] spielt für die weitere programmatische Entwicklung der REP eine wichtige Rolle. Zum einen stellt sie das Ende der bisherig zu beobachtenden sprachlichen Radikalisierung dar, zum anderen das Gerüst für die nächsten beiden Programmentwürfe – aus den Jahren 1993 und 1996, welche beide lediglich einzelne Kapitel des Textes von 1990 novellieren.

Während das gesamte Land mittels Infiltration und Medienmanipulation von der „feindlichen Kriegspropaganda"[328] getäuscht werde, beanspruchen die REP („Wir *Republikaner...*"[329]) für sich die Fähigkeit, verlässliche Wahrheit zu erkennen und zu fördern. Das Extremismuskriterium der *Absolutheitsansprüche* ist unfraglich erfüllt. Auch fordern die REP eine „ideologiefreie und leistungsfähige Schule und Hochschule"[330], behalten sich aber anscheinend das Recht vor, Ideologiefreiheit zu definieren. Schüler müssten zur „geschichtlichen Wahrheitsfindung"[331] geführt werden, wozu nicht die Idee „der Kollektivschuld des deutschen Volkes"[332] gehöre. Die *dogmatischen* Glaubenssätze der REP „Unser Programm heißt Deutschland."[333] und

---

324 Ebd.
325 Ebd.
326 Ebd., S. 3.
327 Vgl. Die Republikaner/Bundesverband, Parteiprogramm, verabschiedet auf dem Bundesparteitag am 13./14. Januar 1990 in Rosenheim.
328 Ebd., S. 2.
329 Ebd. [Hervorhebung im Original]
330 Ebd., S. 25
331 Ebd., S. 26.
332 Ebd.
333 Ebd., S. 2.

„Wir bekennen uns zu Deutschland."[334] suggerieren eine willenseinheitliche Volks- und Schicksalsgemeinschaft, deren Existenz   im Kern bedroht sei. Es gälte, „Deutschland wiederherzustellen"[335]. Zerstört sei allerdings nur die „äußere Gestalt Deutschlands"[336], denn der mystische Volkeswille, Deutschland selbst eben, sei „nicht zu vernichten"[337]. Wiederholt erscheint im Programm der Begriff *Bekenntnis* oder *bekennen*[338] – axiomatische Voraussetzungen bestimmen den *Dogmatismus* des Rosenheimer Programms. Die REP sehen sich befähigt, Ereignisse und Umstände zu deuten sowie allgemeingültig zu interpretieren: „Wir *Republikaner* deklarieren das Ende der Nachkriegszeit."[339] Den „beiden Hegemonialmächten USA und UdSSR"[340] stellten sie sich entgegen und fordern ein neutralistisches Großdeutschland. *Utopische* Fernziele formulieren die REP als unmittelbar nächste Handlungsschritte, nur teilweise auf eine gesicherte verfassungsrechtliche Gangart achtend.

Als vorrangiges *Feind-Stereotyp* treten erneut die Alliierten in den Vordergrund, welche „hinter dem Schild freundschaftlicher Patenschaft ein teils offenes, teils verdecktes Besatzungsrecht"[341] ausübten. Den „Altparteien"[342] wird der „Missbrauch staatlicher Einrichtungen"[343] vorgeworfen, dem man sich im „Kampf"[344] stellen werde. Sie betrieben eine „Politik zur Verhinderung der Wiederherstellung"[345] und seien darin behilflich, „der feindlichen Kriegspropaganda mit den Mitteln der Umerziehung und Erziehung, Infiltration und Medien"[346] Vorschub zu leisten. Kirchenleitungen sollten „Konfrontation und Polemik"[347] gegenüber den REP unterlassen und „die Freiheit des Gewissens auch bei der politischen Wahlentscheidung ihrer Mitglieder respektieren"[348]. *Verschwörungstheorien* werden klar sichtbar. In die still vereinbarte Riege der Verschwörung reiht sich aus Sicht der REP neben den Kriegsfeinden, Altparteien und Kirchen auch der Verfassungsschutz ein, der „zu parteipolitischen Zwecken missbraucht"[349] werde. Schließlich förderten die Medien die *Verschwörung* gegen die nationale Sache im Allgemeinen und die REP im Besonderen

334 Ebd.
335 Ebd., S. 3.
336 Ebd., S. 4.
337 Ebd.
338 Vgl. ebd., S. 2, 5.
339 Ebd., S. 7 [Hervorhebung im Original]
340 Ebd.
341 Ebd., S. 2.
342 Ebd., S. 2, 4.
343 Ebd., S. 6.
344 Ebd.
345 Ebd., S. 4.
346 Ebd., S. 2.
347 Ebd., S. 30f.
348 Ebd., S. 31.
349 Ebd., S. 14.

durch „eine politisch einseitige Berichterstattung"[350] zum Zwecke „einseitiger, ideologischer Beeinflussung"[351]. Zu unterbleiben hätten insbesondere Nachmoderationen „bei Interviews, wenn dadurch die Aussagen des Interviewpartners in Frage gestellt werden"[352]. Nicht Teil der *Verschwörung* seien Ausländer, die aber weiterhin als *Feindbild* dienen. Im Zusammenhang mit Ausländern wird fast ausschließlich von ausländischen Straftätern und Möglichkeiten von Ausweisung und Rückführung gesprochen.[353] Im Vergleich zum Gründungsprogramm der REP von 1983 ist die starke Betonung der Nation zu einem *fanatischen* Nationalismus verkommen. Hatten die REP unter Handlos den Gedanken der europäischen Einigung noch umarmt und begrüßt, ist im Rosenheimer Programm nur mehr von „Abschöpfung der Ergebnisse deutscher Produktivität durch einseitige und hohe Nettozahlungen der Bundesrepublik Deutschland"[354] die Rede. Die Wiedervereinigung und der nationale Gedanke überschatten nahezu alle anderen Programmpunkte. Im Anhang findet sich eine Deutschlandkarte in den Grenzen von 1937 samt dem Hinweis „Die Deutsche Frage bleibt bis zu einem Friedensvertrag offen!" – welche Gebietsansprüche die REP dabei tatsächlich anmelden, bleibt unklar. Trotz weniger sprachlicher Glättungen, die als Schutz vor Maßnahmen der Verfassungsschutzbehörden dienen sollen, kann das REP-Programm von 1990 eindeutig als eines *extremistischen* Inhalts gewertet werden.

Das 1993 in Augsburg verabschiedete Programm[355] basiert auf dem Programmtext von 1990 und bietet lediglich Ergänzungen sowie wenige Korrekturen. Selbst das Schönhuber-Bekenntnis auf dem Umschlag („Andere Völker achten wir, unser Vaterland Deutschland aber lieben wir."[356]) und das patriotische Zitat Johann Gottlieb Fichtes im Anhang[357] werden aus der Rosenheimer Vorlage übernommen. Es fehlt allerdings die 1990 noch im Anhang vorhandene Deutschlandkarte in den Grenzen von 1937. Vorangestellt ist dem neuen Programm ein Vorwort des Historikers Hellmut Diwald. Diwald nimmt Bezug auf Johann Gottfried Herder, der einmal gesagt habe: „Völker sind Gedanken Gottes!"[358] und ergänzt: „Wir sollten Gott weder leugnen noch missachten."[359] So bleibt der *Dogmatismus* der REP hinsichtlich der Nation im Programm erhalten, das „Lebensrecht des deutschen Volkes"[360] sei weiterhin bedroht. Auch wenn das erste Kapitel die Beteuerung der Loyalität der

---

350 Ebd., S. 28.
351 Ebd., S. 29.
352 Ebd.
353 Vgl. ebd., S. 18f.
354 Ebd., S. 45.
355 Vgl. Die Republikaner/Bundesverband, Parteiprogramm, verabschiedet auf dem Bundesparteitag am 26./27 Juni 1993 in Augsburg.
356 Ebd. [Ohne Seitenangabe]
357 Vgl. ebd., S. 101.
358 Ebd., S. 3.
359 Ebd.
360 Ebd.

„freiheitlich-demokratischen Grundordnung"[361] gegenüber ausführlicher begründet, alle Kennzeichen des Extremismus finden sich auch im neuen Programmtext.

Zunehmend zum *Feindbild* wird die *Europäische Gemeinschaft*. Die REP kritisieren den „bürgerfernen EG-Absolutismus"[362], die Maastrichter Verträge werden als „Staatsstreich von oben"[363] ebenso abgelehnt wie ein „von Brüsseler Bürokraten gesteuerter europäischer Bundesstaat ohne Grenzen"[364]. Schärfer wird der Ton in Bezug auf Ausländer. Die REP beobachten eine „Masseneinwanderung nach Deutschland"[365] mit dem „Ausmaß einer Völkerwanderung"[366]. Dies habe eine „Aushöhlung und schleichende Änderung unserer Verfassung"[367] zur Folge. Die „Aufnahmefähigkeit für Ausländer aus fremden Kulturkreisen"[368] sei längst „erschöpft und lokal bereits überschritten"[369]. Straffrei in Deutschland lebende Ausländer müssten fortan „störende national-religiöse Verhaltensweisen"[370] unterlassen und die „hier geltenden Normen und Verhaltensmuster"[371] übernehmen. Belastend sei zudem der „ungebremste Asylmissbrauch"[372]. Der „Asylbewerberzustrom"[373] gefährde existenziell den inneren Frieden, die Aufnahmekapazitäten seien „restlos erschöpft"[374]. Als Umweltschutzmaßnahme im Programmteil „Umwelt und Energie" wird das Ende der „Zuwanderung von Ausländern nach Deutschland"[375] gefordert. Im Programmabschnitt „Wissenschaft und Kultur" wenden sich die REP gegen „die Überfremdung der deutschen Sprache und Kultur"[376]. Die REP bedauern die „geistige babylonische Gefangenschaft der Deutschen"[377] sowie die „Stigmatisierung und Kriminalisierung der gesamten deutschen Geschichte"[378]. Deutschland sei zwar nun „ein souveräner Staat, der keinerlei internationalen Beschränkungen oder Diskriminierungen mehr unterworfen werden"[379] dürfe, aufgrund der Anerkennung der Oder-Neiße-Grenze sei die deutsche Einheit aber noch nicht vollendet, da „Ostdeutschland bei

---

361 Ebd., S. 5.
362 Ebd., S. 13.
363 Ebd., S. 14.
364 Ebd.
365 Ebd., S. 22.
366 Ebd.
367 Ebd.
368 Ebd.
369 Ebd.
370 Ebd., S. 23.
371 Ebd.
372 Ebd., S. 24.
373 Ebd.
374 Ebd.
375 Ebd., S. 36.
376 Ebd., S. 72.
377 Ebd., S. 3.
378 Ebd.
379 Ebd., S. 8.

der Wiedervereinigung ausgeklammert"[380] worden sei. Auch müssten fremde Truppen aus Deutschland komplett abgezogen werden.[381] Siegermächte und internationale Organisationen hätten nicht aufgehört, Deutschland zu instrumentalisieren und zu diskriminieren. Die REP richten sich gegen Pläne, deutsche Soldaten als „Hilfstruppen im Dienste fremder außenpolitischer Interessen"[382] oder „Welt-Hilfspolizisten"[383] einzusetzen, insbesondere weil sie „fünfzig Jahre lang [...] als Kriegsverbrecher und Gefahr für den Weltfrieden diffamiert"[384] worden seien. Die REP halten an ihren *Verschwörungstheorien* fest, und haben unverändert eine gegnerische Feindesfront vor Augen. Die Kanzel werde „zur politischen Propaganda und einseitigen Wahlbeeinflussung der Gläubigen missbraucht"[385], die „marxistisch indoktrinierte kulturelle Revolution seit 1968" führe zu „Bildungsschwund"[386] und ideologischer Festlegung.

Unverändert bewegen sich die REP mit ihrem Augsburger Programm im Bereich des *Extremismus*. Eine glaubwürdige Abgrenzung gegenüber extremistischen Parteien wie NPD und DVU mochte den REP unter Schönhuber ebenfalls nicht gelingen. Anlass für die Streitereien zwischen Handlos und seinem Amtsnachfolger als Parteivorsitzender waren die Bemühungen Schönhubers, die REP nach rechts zu lenken und frühere Aktivisten von NPD und anderen rechtsextremistischen Organisationen einzubinden. Besonders strittig war die Rolle des ehemaligen NPD-Mitglieds und Mitarbeiter Gerhard Freys Harald Neubauer. Dieser steigt bei den REP 1985 zum Generalsekretär und 1988 zum bayerischen Landesvorsitzenden auf. Selbst parteiintern herrscht Uneinigkeit und Verwirrung bezüglich der Nähe einzelner Funktionäre und Verbände der REP zur NPD und zu anderen extremistischen Einheiten. Johanna Grund führt aus, Schönhuber habe im Jahr 1990 wenige Monate vor der Landtagswahl in Bayern den bayerischen REP-Landesverband der „‚extremistischen' und ‚rassistischen' Unterwanderung bezichtigt und deshalb seine Kandidatur als bayerischer Landesvorsitzender angekündigt"[387]. Dabei sei Schönhubers „Vergangenheit in den Diktaturen dieses Jahrhunderts viel angreifbarer [...] als die von über 90 Prozent der Parteimitglieder in Bayern"[388], argumentiert Grund. Mehrheitlich seien die bayerischen REP-Mitglieder nicht mit der NPD verbunden gewesen und würden oh-

---

380 Ebd., S. 9.
381 Vgl. ebd.
382 Ebd., S. 11.
383 Ebd.
384 Ebd.
385 Ebd., S. 94.
386 Ebd., S. 68.
387 Johanna Christina Grund, Ich war Europa-Abgeordnete. Sieben Jahre Tanz auf dem Vulkan, München 1995, S. 117.
388 Ebd.

ne eigenes Verschulden von Schönhuber „dem Verfassungsschutz zum Fraß"[389] vorgeworfen. Durch das Bekanntwerden der NPD-Vergangenheit einiger REP-Funktionäre gerät die Partei zunehmend unter Handlungsdruck. Um sich nicht länger Vorwürfen der Extremismusbehaftung ausgesetzt zu wissen, verabschiedet der REP-Bundesparteitag am 8. Juli 1990 den „Ruhstorfer Beschluss", welcher ehemaligen Mitgliedern von NPD, DVU und anderen extremistischen Gruppierungen den Zugang zu Funktionärspositionen bei den REP versperrt.[390] Diese Beschlusslage bleibt während der gesamten Dauer der Amtsführung Schönhubers gültig und wird erst durch einen erneuten Abgrenzungsbeschluss im November 2004 abgelöst.[391] Der Beschluss gilt allerdings nicht rückwirkend, so dass ehemalige NPD- und DVU-Mitglieder weiterhin ihre Mandate behalten und Funktionen ausüben können.

Der Perspektive einer Vertretung der REP im Landtag von Schleswig-Holstein zum Trotz lehnte die Partei es im Jahr 1993 ab, drei der DVU abtrünnigen Abgeordneten aufzunehmen. Der ehemalige DVU-Fraktions- und Landesvorsitzende Ingo Stawitz hatte zunächst angestrebt, nach Anschluss an die REP eine neue rechtsorientierte Fraktion im Landtag zu bilden, fand aber dann Unterschlupf bei der „Deutschen Liga für Volk und Heimat" (DLVH).[392] Inwieweit diese Entscheidung der REP-Parteiführung im Sinne einer ernsthaft verstandenen Abgrenzung gegenüber rechtsextremen Personen und Gruppen zu werten ist oder eher als Versuch, das Ver-

---

389 Ebd.
390 Der Ruhstorfer Beschluss im Wortlaut: „Um zukünftigen extremistischen Unterwanderungsversuchen wirksam begegnen zu können, möge der Bundesparteitag beschließen: Niemand, der in extremistischen und verfassungsfeindlichen Organisationen (z.B. NPD, DVU, EAP, ANF, Wiking-Jugend etc.) eine aktive Rolle gespielt hat, darf in Zukunft eine Funktion in unserer Partei übernehmen. Zur Einhaltung dieses Beschlusses bedarf es keiner Ersatz-Spruchkammer, zuständig ist dafür der Bundesvorstand. Begründung: Kein Parteimitglied soll diskriminiert werden, das als junger Mensch der NPD angehört hat, auch kein einstiges NPD-Mitglied, das damals seine Ideen in dieser Partei vertreten sah, später sich aber glaubwürdig abgewendet und als Republikaner programmkonform verhalten hat. Das Recht auf politischen Irrtum darf nicht allein der linken Seite des politischen Spektrums vorbehalten sein. Es besteht aber Grund zur Annahme, dass ein kleiner Kreis von jetzigen Republikaner-Funktionären die NPD oder DVU nur wegen ihrer Erfolglosigkeit verlassen hat, um dann bei uns, gut getarnt, die alte Ideologie in neuem Gewand zu verkaufen. Diese Funktionäre haben sich erst in den letzten Wochen voll zu erkennen gegeben. Wir Republikaner lehnen jegliche Zusammenarbeit mit NPD und DVU kategorisch ab." (Die Republikaner, Resolution des Bundesparteitages in Ruhstorf am 8. Juli 1990)
391 Vgl. Die Republikaner, Die Republikaner bekennen sich zur freiheitlich demokratischen Grundordnung und zur Demokratie, Resolution des Bundesparteitages in Veitshöchheim am 27./28. November 2004.
392 Uwe Danker, Rechtsextreme im Schleswig-Holsteinischen Landesparlament – Erfahrungen, Gefahren und Perspektiven, in: Landeszentrale für Politische Bildung Schleswig-Holstein (Hrsg.), Dem Rechtsextremismus begegnen, Reihe Gegenwartsfragen 77, Kiel 1995, S. 110.

hältnis zu politisch Verbündeten nicht zu gefährden, ist im Nachhinein schwer nachzuvollziehen.

Am 26. August 1994 erscheint eine gemeinsame Presseerklärung von Schönhuber und dem DVU-Vorsitzenden Gerhard Frey, in welcher beide Übereinstimmungen bei der Ausländerpolitik formulieren und ankündigen, bei Wahlen zukünftig nicht mehr miteinander konkurrieren zu wollen. Ziel sei es, einer „linken Volksfront"[393] entgegen zu wirken. Dass diese Begegnung in einer Phase schwindender Wahlerfolge geschah, hält Pfahl-Traughber nicht für Zufall. Politisch habe Schönhuber schon vor dem Treffen Frey durchaus nahe gestanden.[394] An diesem Treffen mit Frey scheitert schließlich Schönhubers Karriere bei den REP, da die Parteiführung mehrheitlich nicht bereit ist, die Annäherung an die DVU nachzuvollziehen und mitzutragen.

Das Urteil der Wissenschaft über die REP unter Schönhuber ist nahezu einhellig. Eckhard Jesse erläutert, Schönhuber habe nach der Amtsübernahme Reizthemen aufgegriffen, sei akzentuiert populistisch aufgetreten und habe so eine Radikalisierung der Partei zu verantworten.[395] Insbesondere nach den Wahlerfolgen der REP im Jahr 1989 unter dem Parteivorsitz Schönhubers sei eine Radikalisierung der Partei zu beobachten gewesen.[396] Schönhuber sei ein „radikalerer Rechtskurs"[397] vorgeschwebt als Handlos, erklärt Kailitz. Sowohl personell als auch programmatisch habe eindeutig Schönhuber die REP dem rechtsextremistischen Einfluss geöffnet, bestätigt Carmen Everts.[398] Katharina Behrend meint, die REP hätten sich unter Schönhuber allmählich auf den Weg der geistigen Nachfolge der NPD gemacht.[399]

---

393 Landtag von Baden-Württemberg, Zusammenarbeit der Republikaner mit anderen rechtsextremen Parteien, insbesondere mit der NPD, Drucksache 12/5476, 22. August 2000, S. 5.

394 Armin Pfahl-Traughber, Der organisierte Rechtsextremismus in Deutschland nach 1945: Zur Entwicklung auf den Handlungsfeldern „Aktion" – „Gewalt" – „Kultur" – Politik", in: Wilfried Schubarth/Richard Stöss, Rechtsextremismus in der Bundesrepublik Deutschland. Eine Bilanz, Schriftenreihe Band 368, Bonn 2000, S. 90.

395 Vgl. Eckhard Jesse, Die Demokratie der Bundesrepublik Deutschland, 8. Aufl., Baden-Baden 1997, S. 182.

396 Vgl. ebd.; Geoffrey K. Roberts hingegen erkennt eine Radikalisierung der REP bereits von der Amtsübernahme Schönhubers an [vgl. Geoffrey K. Roberts, Rechts- und Linksextremismus in der Bundesrepublik Deutschland nach der Wiedervereinigung, in: Eckhard Jesse (Hrsg.), Politischer Extremismus in Deutschland und Europa, München 1993, S. 104].

397 Steffen Kailitz, Politischer Extremismus in der Bundesrepublik Deutschland. Eine Einführung, Wiesbaden 2004, S. 48; vgl. Stephan Thomczyk, Der dritte Etablierungsversuch der Republikaner nach 1994, Konstanz 2001, S. 184.

398 Carmen Everts, Politischer Extremismus: Theorie und Analyse am Beispiel der Parteien REP und PDS; Berlin 2000, S. 204f.

399 Vgl. Katharina Behrend, NPD – REP: Die Rolle nationalistischer Bewegungen im politischen System der Bundesrepublik Deutschland am Beispiel von NPD und Republikanern im historischen Vergleich, Regensburg 1996, S. 119.

Unter dem Einfluss Schönhubers habe sich die Partei von einer rechtskonservativen zu einer „rechtsradikalen, populistischen Partei"[400] gewandelt, attestiert Bernd Neubacher. Den Vorwurf an die REP, sie seien rechtsextrem, sieht Neubacher als gerechtfertigt an.[401] Armin Pfahl-Traughber kommt im Jahr 1993 zu dem Ergebnis, alle Ideologieelemente des Rechtsextremismus fänden sich „im Parteiprogramm, den Äußerungen der wichtigsten Parteifunktionäre und der Parteipresse"[402] wieder, wenn auch in „zugegeben verbal entschärfter Form"[403]. Die REP schätzt er ein als „rechtsextrem im Sinne eines anti-demokratischen Konservatismus mit (national-) populistischen Zügen"[404]. Damit solle „nicht notwendigerweise behauptet werden, die Partei habe das Ziel, die demokratischen Strukturen in der Bundesrepublik Deutschland direkt zu beseitigen"[405]. Sieben Jahre später stellt Pfahl-Traughber übereinstimmend mit seinem früheren Urteil rückblickend fest, Schönhuber habe nach seiner Wahl als Bundesvorsitzender die REP nach dem Vorbild der französischen „Front National" als „modernisierte rechtsextremistische Partei mit populistischem Charakter" [406] geformt und aus anderen rechtsextremistischen Organisationen stammende Personen in führende REP-Parteiämter eingeführt. Die moderateren Formulierungen in den Parteiprogrammen von 1990 und 1993 im Vergleich zum Programmtext von 1987 hält Pfahl-Traughber für eine rein „verbale Revision"[407], nicht für einen Richtungswechsel der Partei. Kailitz bestätigt, trotz „moderatem Ton"[408] und „Kreide im Mund"[409] seien rechtsextremistische Argumentationsgänge unter Schönhuber eindeutig identifizierbar, was auch für das Programm aus dem Jahr 1993 gelte. Klar stellt sich die Lage nach Meinung von Richard Stöss dar. Er betrachtet die REP als „eine rechtsextreme Partei, die eindeutig verfassungswidrige Ziele verfolgt"[410]. Solange DVU und NPD gemeinhin als rechtsextrem eingestuft

400 Bernd Neubacher, NPD, DVU-Liste D, Die Republikaner: ein Vergleich ihrer Ziele, Organisationen und Wirkungsfelder, Köln 1996, S. 61.
401 Vgl. ebd., S. 77.
402 Armin Pfahl-Traughber, Rechtsextremismus: eine kritische Bestandsaufnahme nach der Wiedervereinigung, Bonn 1993, S. 53f.
403 Ebd., S. 53.
404 Ebd., S. 56.
405 Ebd., S. 54.
406 Armin Pfahl-Traughber, Der organisierte Rechtsextremismus in Deutschland nach 1945: Zur Entwicklung auf den Handlungsfeldern „Aktion" – „Gewalt" – „Kultur" – Politik, in: Wilfried Schubarth/Richard Stöss, Rechtsextremismus in der Bundesrepublik Deutschland. Eine Bilanz., Schriftenreihe Bd. 368, Bonn 2000, S. 89.
407 Armin Pfahl-Traughber, Rechtsextremismus in der Bundesrepublik Deutschland, 2. Aufl., München 2000, S. 32.
408 Steffen Kailitz, Politischer Extremismus in der Bundesrepublik Deutschland. Eine Einführung, Wiesbaden 2004, S. 48.
409 Ebd., S. 49.
410 Richard Stöss, Die „Republikaner": woher sie kommen; was sie wollen; wer sie wählt; was zu tun ist, 2. Aufl., Köln 1990, S. 85.

würden, sehe er keinen Anlass, die REP nicht ebenso zu etikettieren, „die sich nach Programmatik und Ziel schließlich kaum von DVU und NPD unterscheiden"[411]. Der mehrheitlichen Einstufung der REP als *extremistisch* entziehen sich wenige Autoren. Zu keiner eindeutigen sprachlichen Festlegung hinsichtlich der REP wollen sich Eike Hennig, Manfred Kieserling und Rolf Kirchner verpflichten lassen. Ihnen zufolge verweise der Aufstieg der Partei „auf Gebiete der politischen Landkarte, die ideologisch und sozial-räumlich nicht gefestigt demokratisch sind"[412]. Andererseits will Eckhard Fascher die REP nicht einfach nur als *extremistisch* etikettiert wissen, sondern rückt die Partei in die Nähe des Nationalsozialismus. Zwar wiesen die REP im Gegensatz zur NPD keine „aus dem Nationalsozialismus abgeleitete Ideologie"[413] auf, zeigten aber u.a. bei der Wirtschaftspolitik und dem Familienbild „deutliche Parallelen zu den Nationalsozialisten"[414]. Fascher bringt die REP nicht nur in engsten Zusammenhang mit der NPD, sondern auch mit nationalsozialistischem Gedankengut und nimmt so in der wissenschaftlichen Diskussion zweifellos eine Minderheitsposition ein.

Die *Frankfurter Allgemeine Zeitung* berichtet über einen Beschluss der Verfassungsschutzbehörden von Bund und Ländern aus dem Jahr 1989, eine Vorprüfung der Programme und Reden der REP auf „rechtsextremistische, verfassungsfeindliche Äußerungen"[415] hin vorzunehmen. Einer Beobachtung kommt dieser Vorgang nicht gleich. Bis einschließlich 1992 fand sich im Verfassungsschutzbericht des Bundesministers des Innern keine Erwähnung der REP als Objekt der Beobachtung.[416] Lediglich im Zusammenhang mit anderen Parteien wird auf die REP hingewiesen. So habe Gerhard Frey als Bundesvorsitzender der *Deutschen Volksunion – Liste D* (DVU-Liste D) beklagt, das enttäuschende Abschneiden seiner Partei bei der Europawahl 1989 sei darauf zurückzuführen, dass die Medien im Vorfeld der Wahl die REP „hochgejubelt und die DVU-Liste D totgeschwiegen"[417] hätten. Über das Jahr 1989 wird zudem berichtet, die NPD sei „vorrangig mit ihrer Selbstbehauptung gegenüber den ‚Republikanern' beschäftigt"[418] gewesen. Im Hinblick auf die Bundestagswahl 1990 hätten die Bundesvorsitzenden von NPD und DVU-Liste D Martin Mussgnug und Gerhard Frey ihre Mitglieder aufgefordert, sich dafür einzusetzen, die Wähler der REP bei der Europawahl 1989 für ein Wahlbündnis der „authenti-

411 Ebd.
412 Eike Hennig/Manfred Kieserling/Rolf Kirchner, Die Republikaner im Schatten Deutschlands. Zur Organisation der mentalen Provinz, Frankfurt am Main 1991, S. 10.
413 Eckhard Fascher, Modernisierter Rechtsextremismus: Ein Vergleich der Parteigründungsprozesse der NPD und der Republikaner in den sechziger und achtziger Jahren, Berlin 1994, S. 182.
414 Ebd., S: 183.
415 N.n., Radikale Parteien: Die Befugnisse des Verfassungsschutzes, in: Frankfurter Allgemeine Zeitung, 10. Juni 1989.
416 Vgl. Verfassungsschutzberichte der Jahre 1985-1992, publiziert in Bonn.
417 Verfassungsschutzbericht 1989, Bonn 1990, S. 127.
418 Ebd., S. 128.

schen Rechten"[419] zu gewinnen. Die NPD habe den REP Zusammenarbeit angeboten, was Schönhuber aber abgelehnt habe. Im Verfassungsschutzbericht des Jahres 1991 tauchten die REP im Zusammenhang mit der Parteigründung der *Deutschen Liga für Volk und Heimat* (Deutsche Liga) am 3. Oktober 1991 auf. Dem Vorstand der neuen Partei seien „ehemals führende Repräsentanten von NPD und REP"[420] zugehörig, zwei der drei gleichberechtigten Bundesvorsitzenden (Harald Neubauer und Rudolf Kendzia) seien Mitglieder der REP gewesen. Während die REP die Deutsche Liga als Parteisplitter betrachteten, verstehe sich letztere als „Partei der nationalen Sammlung"[421] und lasse eine Doppelmitgliedschaft von Deutscher Liga und den Rechtsparteien DVU, NPD und REP ausdrücklich zu. Aufgrund des ausbleibenden Mandatsverzichts ehemaliger REP beim Wechsel zur Deutschen Liga seien der neuen Partei Sitze im Europaparlament und in diversen Kommunalparlamenten in die Wiege gelegt worden. Im Jahr darauf habe Frey erklärt, eine Allianz mit den REP lehne er ab. Die DVU wolle „mit niemandem zusammenarbeiten"[422] und kündige auch die Kooperation mit der NPD auf. Für die sinkende Mitgliederzahl der NPD machen die Verfasser des Berichts u.a. die Wahlerfolge der REP verantwortlich.[423] Zu „massenhaften Übertritten"[424] von den REP zur Deutschen Liga, welchen sich letztere erhofft hatte, sei es nicht gekommen.

Erstmals beinhaltet der Verfassungsschutzbericht 1993 ein Kapitel über die REP. Dabei fällt die sprachliche Differenziertheit bei der Beschreibung der im Kapitel „Rechtsextremistische Bestrebungen" auf. Die *Freiheitliche Deutsche Arbeiterpartei* (FAP) sei eine „dem Nationalsozialismus verhaftete"[425] Partei. Trotz ihrer Selbstbezeichnung als *Partei* findet sich die Auseinandersetzung mit der FAP nicht im Kapitel „V. Rechtsextremistische Parteien", sondern im Kapitel „IV. Neonazismus". Im Kapitel V. erscheinen die *Deutsche Volksunion* (DVU), die NPD sowie die *Deutsche Liga für Volk und Heimat* (DLVH). Für die Analyse der REP wurde ein zusätzliches Kapitel VI. mit dem Titel „Anhaltspunkte für rechtsextremistische Bestrebungen der Partei ‚Die Republikaner' (REP)" geschaffen. Während die Autoren des Berichts feststellen, „NPD, DVU und DLVH verfolgen verfassungsfeindliche Ziele"[426], erklären sie über die REP: „Äußerungen maßgeblicher Vertreter der REP und programmatische Stellungnahmen der Partei wiesen Anhaltspunkte für rechtsextremistische Bestrebungen gegen die freiheitliche demokratische Grundordnung auf"[427]. Der politische Wortschatz der REP umfasse „Begriffe, die für rechtsextremistische

---

419 Ebd., S. 129.
420 Verfassungsschutzbericht 1991, Bonn 1992, S: 114.
421 Ebd., S. 114.
422 Verfassungsschutzbericht 1992, Bonn 1993, S. 109.
423 Vgl. ebd., S. 117.
424 Ebd., S. 118.
425 Verfassungsschutzbericht 1993, S. 106.
426 Ebd., S. 119.
427 Ebd., S: 137.

Agitation typisch sind"[428]. Der Bericht gibt keinen Aufschluss darüber, welcher Anlass oder welche neue Entwicklung dafür sorgte, dass gerade ab dem Jahr 1993 die REP mit einem eigenen Kapitel bedacht werden sollten. Im Verfassungsschutzbericht des Folgejahres sind die REP erstmals neben DVU, NPD und DLVH in das Kapitel „V. Parteien" im Abschnitt „Rechtsextremistische Bestrebungen" eingegliedert. Die „Anhaltspunkte für rechtsextremistische Bestrebungen"[429] in der Partei hätten sich im Jahr 1994 verdichtet. „Schmähende bis rassistische Äußerungen"[430] selbst seitens verantwortlicher Parteifunktionäre hatten rechtsextremistische Haltungen bei den REP manifestiert, auch wenn die Partei ihr Programm „zumindest im Wortlaut demokratischen Gepflogenheiten angepasst"[431] habe. Die Verfasser erwähnen das Treffen zwischen Schönhuber und Frey am 21. August und schildern die darauf folgenden Vorgänge in der Partei: zwei Amtsenthebungen des Parteivorsitzenden, Rechtsstreitigkeiten darüber, den Verzicht Schönhubers auf eine erneute Kandidatur zum Vorsitz beim Bundesparteitag am 17./18. Dezember 1994 in Sindelfingen sowie die Wahl eines neuen Vorsitzenden in Person von Rolf Schlierer.

Die Entscheidung der Innenminister der Länder im Dezember 1992, die REP vom Verfassungsschutz beobachten zu lassen, wirft Fragen auf. Die Radikalisierung der REP war lange vor 1992 erkennbar, das Jahr 1992 stellt keinen offensichtlichen Wendepunkt für die programmatische oder strategische Ausrichtung der REP dar. Glaubhafter ist es, den Beschluss der Innenminister als Reaktion auf den Wahlerfolg der Partei in Baden-Württemberg oder als Versuch des Staates, im Zusammenhang mit der Gewalt aus der rechten Subkultur seine Entschlusskraft gegen Extremisten empathisch hervorzuheben, zu werten.[432] Die Welle rechter Gewalttaten gegen Ausländer löst eine aufgeregte öffentliche Diskussion über ein mögliches Verbot der REP aus. Bei einer Umfrage unmittelbar nach dem Solinger Brandanschlag im Mai 1993 befürworten 70 Prozent der Befragten ein REP-Verbot.[433] Der Handlungsdruck auf politische Entscheidungsträger nimmt zu.

Schönhuber führt die REP heraus aus dem konservativen Spektrum und stattdessen dem Rechtsextremismus zu. Zwar wäre es unangebracht, den REP für den erwähnten Zeitraum eine ähnlich stark ausgeprägte Extremismusbehaftung zuzuschreiben wie der NPD oder der DVU. Die hier angeführten Beobachtungen rechtfertigen aber die Klassifizierung der REP als extremistisch unter der Führung

---

428   Ebd.
429   Verfassungsschutzbericht 1994, Bonn 1995, S. 136.
430   Ebd., S. 137.
431   Ebd., S. 136.
432   Vgl. Eckhard Jesse, Einleitung, in: Eckhard Jesse (Hrsg.), Politischer Extremismus in Deutschland und Europa, München 1993, S. 13. In den frühen neunziger Jahren häuften sich gewalttätige Übergriffe auf Ausländer, was zu einer breiten gesellschaftlichen Diskussion führte (vgl. n.n., Eine Welle rechter Gewalt, Stern Online, 10. Januar 2003, www.stern.de/ politik/deutschland/index.html?id=502532& eid=502536, abgerufen am 10. Januar 2003).
433   N.n., Republikaner verbieten?, in: Die Woche, 9. Juni 1994.

Schönhubers. Dies lässt ausdrücklich nicht den Schluss zu, dass individuelle REP-Mitglieder in dieser Phase ausnahmslos als Extremisten anzusehen seien. Vielmehr geht es um eine Bewertung der Partei in ihrer Gesamtheit.

3.3. Parteivorsitz Rolf Schlierer (seit 1994)

Rolf Schlierer wird am 21. Februar 1955 in Stuttgart geboren, ist evangelisch, verheiratet und Vater zweier Kinder. Beruflich hat Schlierer zwei Standbeine, eines als approbierter Arzt, eines als niedergelassener Rechtsanwalt mit einer Sozietät in Stuttgart. 1987 tritt Schlierer den Republikanern bei. Vor seinem Engagement bei den REP betätigt sich Schlierer politisch zwischen 1976 und 1979 im RCDS und von 1982 bis 1985 als Pressereferent der Deutschen Burschenschaft. Seit Juli 1990 ist er stellvertretender Bundesvorsitzender, am 17. Dezember 1994 wird er zum Bundesvorsitzenden gewählt. Während der Vertretung der REP im baden-württembergischen Landtag von 1992 bis 2001 hat Schlierer ein Landtagsmandat inne und wirkt als Fraktionsvorsitzender.

Vermutlich, um extremistischen Gegenkräften in seiner Partei Einhalt zu gebieten, führt Schlierer die Partei zunehmend autark. Publikationen einzelner Parteigliederungen werden nicht häufig im Umkreis Schlierers formuliert. Beispielsweise trägt der Landesverband Baden-Württemberg die Verantwortung im Sinne des Presserechts für eine Imagebroschüre des Landesverbands Niedersachsen.[434] Die Partei versucht, ein vertrauenswürdiges Image ihres Bundesvorsitzenden zu etablieren und dieses auf die Gesamtpartei zu übertragen. Teils großformatige Farbfotos Schlierers schmücken zahlreiche Werbepublikationen der REP, oft mit dem Hinweis auf seine akademische Ausbildung als Arzt und Rechtsanwalt.[435]

Im Vergleich zu seinen beiden Amtsvorgängern wirkt Schlierer blass und steht in deren Schatten. Weder kann Schlierer auf eine erfolgreiche politische Karriere und das Redetalent eines Franz Handlos zurückgreifen, noch ist er ein markanter Agitator oder vielsagender Publizist aus dem Holze Franz Schönhubers. Schlierer ist inhaltlich weniger greifbar als Handlos und Schönhuber; umso schwieriger ist es, seine politische Gesinnung und Zielrichtung verlässlich einzustufen. Näheren Aufschluss mag daher eine Analyse der beiden unter seiner Ägide verabschiedeten Parteiprogramme geben.

---

434 Vgl. Die Republikaner/Landesverband Niedersachsen, Wofür wir stehen., Imagebroschüre, ohne Datum.
435 Vgl. Die Republikaner/Landesverband Niedersachsen, Wofür wir stehen., Imagebroschüre, ohne Datum; Die Republikaner, Anti-Gewaltpolitik. Nein zur Gewalt egal von wem sie ausgeht!, Flyer-Serie „Eckdaten", ohne Datum; Die Republikaner, Verkehrspolitik. Sicher fahren auf Deutschlands Straßen!, Flyer-Serie „Eckdaten", ohne Datum

Wie schon das Augsburger Programm aus dem Jahr 1993 stellt das 1996 in Hannover verabschiedete Programm[436] lediglich eine Ergänzung und Überarbeitung des Vorgängertextes dar, diesmal sind die Änderungen noch geringfügiger. Das Vorwort Hellmut Diwalds, das eine „geistige babylonische Gefangenschaft der Deutschen"[437] unterstellt und so an alte *Verschwörungstheorien* anknüpft, bleibt erhalten. Auch die anderen Thesen und Formulierungen, die das Vorgängerprogramm als *extremistisch* kennzeichnen, beispielsweise die xenophoben Ausfälle[438], sind weitestgehend unverändert 1996 im REP-Programm nachzulesen. Neu ist ein Abschnitt zur Geld- und Währungspolitik, dessen Inhalt vor allem darin besteht, Vorbehalte gegen eine europäische Währungsunion zu begründen. Die REP lehnen die „Einführung der europäischen Einheitswährung [...] kategorisch ab"[439] – eine Haltung, die sich in die feindselige Haltung der Partei der Europäischen Union gegenüber folgerichtig einfügt. Auch 1996 behalten die REP ein Parteiprogramm *extremistischen* Inhalts.

Von Grund auf neu formuliert ist das im Mai 2002 in Künzell beschlossene Parteiprogramm.[440] Das noch immer gültige Programm ist ein Ausdruck der Bemühungen Schlierers, seine Partei als seriöse, rechtskonservative Partei zu positionieren. Seit dem Gründungsprogramm von 1983 handelt es sich um den Programmtext mit den wenigsten als *extremistisch* angreifbaren Forderungen und Formulierungen. Das Künzeller Programm ist wesentlich kürzer als die Beschlüsse von Augsburg und Hannover, aber auch weniger aussagekräftig.

Weiterhin fühlen sich die REP dem Gedanken der Volksgemeinschaft (wenn auch nicht so begrifflich besetzt) verpflichtet, nämlich dem „Organismus, den das Volk als politische Gemeinschaft bildet, nachdem es sich als Nation seiner Zusammengehörigkeit [sic] bewusst geworden ist"[441]. Im Gegensatz zu früheren Programmen überschattet und durchdringt das Schicksalsgewächs *Nation* jedoch nicht jeden Programmteil. Die Vorzüge des Nationalstaates werden auf gerade einmal einer Textseite zusammengefasst.[442] Die Ansprüche auf Gebiete Osteuropas sowie des östlichen Mitteleuropas zur Eingliederung in ein vereintes Deutschland werden fallen gelassen, wenn die ostdeutschen Bundesländer auch konsequent als „Mitteldeutschland"[443] bezeichnet werden. Die REP verlassen bezüglich der Themenfelder *Volk* und *Nation* – wie auch in anderen Programmbereichen den *Dogmatismus*. Auch *Ab-*

---

436 Vgl. Die Republikaner/Bundesverband, Parteiprogramm, verabschiedet auf dem Bundesparteitag am 6. Oktober 1996 in Hannover.
437 Ebd., S. 3.
438 Vgl. ebd., S. 24-27.
439 Ebd., S. 63.
440 Vgl. Die Republikaner/Bundesverband, Parteiprogramm, verabschiedet auf dem Bundesparteitag am 12. Mai 2002 in Künzell.
441 Ebd., S. 6.
442 Vgl. ebd., S. 11f.
443 Ebd., S. 13.

solutheitsansprüche sucht man vergebens, ebenso wie *Utopismus und kategorischen Utopismus-Verzicht.*

Forderungen an die *Europäische Union* deuten eine gewisse Distanz an, sind aber sachlich formuliert und zeichnen kein *Feindbild.* Eindeutig bestehen bleiben xenophobe Vorbehalte gegenüber Ausländern und Fremdkulturen. Ganz im Jargon rechtsextremistischer Parteien beklagen die REP „Überfremdung und Masseneinwanderung von Ausländern"[444]. Die „Grenze der Belastbarkeit"[445] in Deutschland sei überschritten – Ausländer werden folglich grundsätzlich als Belastung gesehen. Dies gilt besonders für „Ausländer aus fremden Kulturkreisen"[446], die „Aufnahmefähigkeit"[447] für diese Personengruppe sei „erschöpft"[448]. Gegen die drohende „multikulturelle Gesellschaft"[449] bieten die REP eine „Wiederbelebung des deutschen Liedgutes einschließlich desjenigen der Vertreibungsgebiete"[450] auf. Ziel müsse es zudem sein, die „Zuwanderung von Ausländern zu begrenzen und bestimmte Ausländergruppen in ihre Heimat zurückzuführen"[451]. Die REP prangern den „massenhaften Missbrauch"[452] des Asylrechts an. Im Hinblick auf Ausländer erhalten sich die REP ihre *Freund-Feind-Stereotype.* Von der Fortsetzung von *Verschwörungstheorien* kann keine Rede sein. Auf die Alliierten wird nicht mehr verbal scharf geschossen, angesucht wird lediglich um die „Respektierung der vollen Souveränität Deutschlands"[453] und gemeinsame „Manöver auf deutschem Boden nur im Falle der Gegenseitigkeit"[454]. Nach dem Künzeller Programm zu urteilen, lauert der Feind nicht mehr hinter jeder Ecke. Von den Medien wird verlangt, die „Manipulation historischer Tatbestände zu ‚volkspädagogischen Zwecken'"[455] zu unterlassen. *Fanatismus und Aktivismus* sind im aktuellen Programm der REP nicht erkennbar.

Das Künzeller Programm der REP liest sich wie eine Sammlung rechtskonservativer Essays. Bezugspunkte zum *Extremismus* wurden ausgemerzt. Eine Ausnahme bilden die nach wie vor stark ausgeprägten fremdenfeindlichen Neigungen rund um das *Feindbild Ausländer.* Schlierer ist darauf bedacht, dem Verfassungsschutz sowie politischen Gegner keine Angriffspunkte zu bieten ohne sein teilweise extremistisches Wähler- und Mitgliederklientel vor den Kopf zu stoßen. Dies erweist sich immer wieder als schwieriger Spagat.

---

444 Ebd., S. 22.
445 Ebd., S. 23.
446 Ebd.
447 Ebd.
448 Ebd.
449 Ebd., S. 22.
450 Ebd., S. 23.
451 Ebd.
452 Ebd., S. 25.
453 Ebd., S. 19.
454 Ebd.
455 Ebd., S. 41.

Die Partei übernimmt unter der Führung Schlierers die bisherige Beschlusslage bezüglich der Abgrenzung gegenüber extremistischen Organisationen. Der *Ruhstorfer Beschluss* aus dem Jahr 1990 war nie aufgehoben worden – im Gegenteil: Zwei Mal bestätigt der Bundesvorstand unter der Leitung Schlierers den Abgrenzungsbeschluss und lehnt jegliche Form der Zusammenarbeit mit der NPD und sonstigen extremistischen Gruppierungen strikt ab. Ein Vorstandsbeschluss kam am 18. Juni 1995[456] als Reaktion auf das „Eisenacher Signal" zustande, der andere am 25. März 1996[457] als Stellungnahme zur Fortsetzung der „Runden Tische" des extrem rechten Lagers. Abgelöst wurde der *Ruhstorfer Beschluss* erst durch eine Resolution des REP-Bundesparteitages am 27./28. November 2004 in Veitshöchheim.[458] Der Auf-

---

456 Der Beschluss im Wortlaut: „Der Bundesvorstand der Partei ‚Die Republikaner' hat auf seiner Sitzung am 18.6.1995 in Berlin beschlossen: Die Partei *Die Republikaner* lehnt weiterhin jede Annäherung, jede Absprache oder jede andere Form der Zusammenarbeit mit Parteien, Gruppierungen, die der sog. ‚Alten Rechten' zugerechnet werden (NPD, DVU, DLVH, FAP etc.) ab. *Die Republikaner* werden sich weder an sog. ‚Runden Tischen' noch an irgendwelchen rechten Sammlungsbewegungen beteiligen. Mit Spaltern gibt es keine Vereinigung. Der Bundesvorstand stellt ausdrücklich fest, dass jede weitere Beteiligung an ‚Runden Tischen' im Sinne des sog. ‚Eisenacher Signals' und die weitere Verbreitung des sog. ‚Eisenacher Signals' als parteischädigendes Verhalten anzusehen und entsprechend mit Parteiordnungsmaßnahmen zu ahnden ist. Parteimitglieder, die in Wort und/oder Schrift die Vereinigung mit der ‚Alten Rechten' propagieren, müssen ihren Weg außerhalb der Partei fortsetzen." (Die Republikaner, Beschluss des Bundesvorstandes vom 18. Juni 1995, Hervorhebungen im Originaltext)

457 Der Beschluss im Wortlaut: „Der Bundesvorstand bestätigt den Beschluss vom 18.6.1995 und stellt nochmals klar, dass es keinerlei Kooperation oder Beteiligung der Republikaner mit oder an sogenannten ‚Runden Tischen' oder sonstigen Neugründungen gibt. Das Wahlergebnis vom 24. März 1996 macht überdies deutlich, dass die Republikaner die einzige rechte demokratische Partei mit parlamentarischer Verankerung sind. Eine rechtskonservative, sozialpatriotische Politik lässt sich daher nur mit den Republikanern verwirklichen. Die Beschlusslage der Partei betreffend das Verhältnis zur NPD ist also eindeutig. Die Republikaner haben ihre Haltung auch wiederholt öffentlich dargelegt, und zwar nicht nur – wie erwähnt – in ihrem Internet-Angebot, sondern auch in ihrem offiziellen Organ „*Der Republikaner*" (zuletzt in einem ausführlichen Beitrag in der Ausgabe 6/2000)." (Die Republikaner, Beschluss des Bundesvorstandes vom 25. März 1996, Hervorhebungen im Originaltext)

458 Der Beschluss im Wortlaut: „Die Republikaner bekennen sich zur freiheitlich demokratischen Grundordnung und zur Demokratie. In Sorge um die Zukunft unseres Volkes und unseres Gemeinwesens sehen wir Republikaner unsere Aufgabe darin, durch aktiven [sic] parlamentarisches Engagement auf kommunaler, lanes- [sic] und bundespolitischer Ebene die Fehlentwicklungen in unserem Land zu beenden und zu korrigieren. Die Republikaner gehen davon aus, dass eine seriöse Alternative rechts der Unionsparteien notwendiger denn je ist. Auf dieser Grundlage suchgen [sic] die Republikaner die Zusammenarbeit mit den Parteien, Gruppierungen und Personen, die sich den gleichen Zielen verpflichtet sehen und sich uneingeschränkt zum Grundgesetz bekennen. Zugleich lehnen die Republikaner eine Beteiligung an einer ‚rechten Volksfront' ebenso wie eine Zusammenarbeit oder einen Zusammenschluss mit solchen Parteien kategorisch ab, die unseren Staat oder die freiheitlich demokratische Grundordnung beseitigen wollen. Daher kommen insbesondere gemeinsame Aktivitäten und Kandidaturen mit der NPD bei deren derzeitigen Zielen oder gar mit neonationalsozialistsi-

---

nahmeantrag der REP in der Dokumentversion des Jahres 2002 enthält eine Anti-Extremismusklausel, die der Antragsteller unterzeichnen muss.[459]

So eindeutig die Beschlusslage sein mag, so unklar ist deren Anwendung und Gültigkeit in der Praxis. So traf sich Schlierer am 17. November 1998 selbst mit dem DVU-Vorsitzenden Gerhard Frey. Laut Schlierer habe es sich um eine kurze Begegnung gehandelt, deren Bedeutung von geringer Relevanz sei.[460] Allerdings kann dem in einer Pressemitteilung verkündeten Ergebnis kaum eine geringfügige Bedeutung zugemessen werden. Dort heißt es: „Es bestand Einigkeit darüber, dass die politischen Kräfteverhältnisse in Bund und Ländern eine ernste Bedrohung für den Bestand der deutschen Nation darstellen. Um nationalen Interessen in der deutschen Politik zu einem größeren Einfluss zu verhelfen, verständigten sich beide Parteivorsitzende darauf, sich bei künftigen Wahlen darum zu bemühen, eine unnötige Konkurrenz zwischen Republikanern und DVU zu vermeiden."[461]

In einer Stellungnahme des Innenministeriums von Baden-Württemberg heißt es richtig, „dass sich eine nennenswerte Zahl von REP-Mitgliedern und -Funktionären offenbar nicht an den so genannten ,Abgrenzungsbeschluss' des ,Ruhstorfer Parteitags' aus dem Jahr 1990 gebunden fühlt."[462] Auch wenn Schlierer die Bedeutung seines Treffens mit Frey herunterspielt, diesen Akt deutet der Parteiflügel, der eine Kooperation mit NPD und DVU begrüßt, als Bestätigung. Bis gegen Ende des Forschungszeitraums dieser Untersuchung finden sich Beispiele der Zusammenarbeit

---

chen [sic] Organisationen und deren Umfeld für uns Republikaner nicht in Betracht. Dieser Beschluss tritt an die Stelle des Bundesparteitagsbeschlusses vom 08.07.1990 (Ruhstorfer Beschluss)." (Die Republikaner, Resolution des Bundesparteitages vom 27./28. November 2004 in Veitshöchheim, www.rep.de/index.aspx?ArticleID=6eaf282f-7e0b-45dc-a461-69e99b9adbcd, abgerufen am 6. Mai 2005)

459   Im Wortlaut: „Ich sehe in der Verteidigung des freiheitlich demokratischen Rechtsstaates gegen innere und äußere Feinde eine der wichtigsten politischen Aufgaben. Das unterstreiche ich durch folgende Erklärung: Ich werde mich stets für folgende Verfassungsgrundsätze besonders einsetzen und sie verteidigen. 1. Das Recht des Volkes, die Staatsgewalt in Wahlen und Abstimmungen durch besondere Organe der Gesetzgebung, der vollziehenden Gewalt und der Rechtsprechung auszuüben und die Volksvertretung in allgemeiner, unmittelbarer, freier und geheimer Wahl zu wählen, 2. Die Bindung der Gesetzgebung an die verfassungsgemäße Ordnung und die Bindung der vollziehenden Gewalt und der Rechtsprechung an Gesetz und Recht, 3. Das Recht auf Bildung und Ausübung einer parlamentarischen Opposition, 4. Die Ablösbarkeit der Regierung und ihrer Verantwortung gegenüber der Volksvertretung, 5. Die Unabhängigkeit der Gerichte, 6. Der Ausschluss jeder Gewalt- und Willkürherrschaft und 7. Die im Grundgesetz konkretisierten Menschenrechte." (Die Republikaner, Aufnahmeantrag, Dokumentversion 2002)

460   Vgl. Rolf Schlierer, Telefonat mit dem Autor vom 24. Mai 2005.

461   Rolf Schlierer, „Vermeidung unnötiger Konkurrenz", in: Der Neue Republikaner 12/1998, zitiert nach: Stephan Thomczyk, Der dritte Etablierungsversuch der Republikaner nach 1994, Konstanz 2001, S. 55.

462   Landtag von Baden-Württemberg, Zusammenarbeit der Republikaner mit anderen rechtsextremen Parteien, insbesondere mit der NPD, Drucksache 12/5476, 22. August 2000, S. 2.

von REP-Funktionären mit eindeutig rechtsextremistischen Parteien – wenn auch ohne Billigung Schlierers.

Als Beispiel hierfür mag der Verein *Nationales Bündnis Dresden* (NBD) dienen, der „die überparteiliche und unabhängige Wirksamkeit in den Kommunalparlamenten der Stadt Dresden"[463] anstrebt. Gemäß einer Selbstdarstellung im Internet hätten sich Mitglieder von REP, NPD, DVU aus Dresden „zusammengefunden, um die Möglichkeit einer Bündelung nationaler Kräfte zu erörtern"[464]. Zugunsten des Vereins verzichten alle drei Parteien auf eine eigenständige Kandidatur zu Kommunalwahlen in der Stadt Dresden im Jahr 2004.[465] Laut Frithjof Richter, zum Zeitpunkt der Gründung des Vereins REP-Kreisvorsitzender in Dresden und Beisitzer im sächsischen Landesverband der REP[466], handelt es sich hierbei keineswegs schlicht um ein ausschließlich kommunales Unterfangen, sondern um „ein Projekt der sächsischen Landesverbände"[467] genannter Parteien. Die damalige sächsische REP-Landesvorsitzende Kerstin Lorenz will im Nationalen Bündnis Dresden keine Kooperation zwischen REP, NPD und DVU erkennen, schließlich gehe es nicht um Parteipolitik sondern „darum, in Dresden das Leben der Bürger zu verbessern"[468]. Lorenz teilt am 18. September 2004 mit, sie sei von den REP zur NPD gewechselt.[469] Der ehemalige stellvertretende REP-Bundesvorsitzende Frank Rohleder aus Sachsen hatte diesen Schritt bereits im Dezember 2003 vollzogen. Rohleder meint, alles was er bei den REP durchsetzen habe wollen, „hat die NPD Punkt für Punkt realisiert bzw. in Angriff genommen"[470]. Der ursprüngliche Plan der REP, zur säch-

463 Nationales Bündnis für Dresden, Satzung vom 24. April 2003, § 2.

464 Nationales Bündnis für Dresden, Gemeinsam sind wir stark – Nationales Bündnis Dresden!, www.nationales-buendnis-dresden.de, abgerufen am 8. Oktober 2003.

465 In der Präambel des NBD-Kommunalwahlprogramms heißt es schlagwortartig: „Schluss mit dem Gegeneinander! Gemeinsamkeit im Nationalen Bündnis für Dresden! Ein Signal für Deutschland!" (vgl. Nationales Bündnis Dresden, Programm für die Kommunalwahl 2004)

466 Vgl. Frithjof Richter, E-Post an den Autor vom 17. Mai 2003 (11.40 Uhr); Die Republikaner/Landesverband Sachsen, Wir treten zur Bundestagswahl an!, www.repsachsen.de/lvsachsen/ btwahl.html, abgerufen am 19. Mai 2003.

467 Frithjof Richter, E-Post an den Autor vom 17. Mai 2003 (9.46 Uhr).

468 Kerstin Lorenz, E-Mail an den Autor vom 19. Mai 2003.

469 Jörg Schubert, Kerstin Lorenz, ehem. Landeschefin der Republikaner in Sachsen, tritt in die NPD ein!, www.nationales-forum.de, abgerufen am 18. September 2004. Lorenz hatte den Landesverband von März 2000 bis Juli 2004 als Vorsitzende geführt und beim Landesparteitag am 24. Juli 2004 darauf verzichtet, erneut für den Vorstand zu kandidieren. Später warb sie zusammen mit den beiden anderen ehemaligen REP-Landesvorstandsmitgliedern Andrea Hagen und Harry Baar im Landtagswahlkampf für die NPD (vgl. Nationaldemokratische Partei Deutschlands/Landesverband Sachsen, Ehemalige Landesführung der Republikaner ruft zur Unterstützung der NPD am 19. September auf!, ohne Datum, www.sachsen.npd.de/npd_sa_info/aktuelle/2004/ liebe_sachsen.html, abgerufen am 14. September 2004).

470 Frank Rohleder, Bei den Kommunalwahlen am 13. Juni wurde ich als Kandidat der Nationaldemokraten in den Kreistag von Meißen-Radebeul gewählt, www.nationales-forum.de, abgerufen am 18. September 2004.

sischen Landtagswahl am 19. September 2004 mit einer eigenen Liste anzutreten[471], wird aufgegeben, die bereits eingereichte Liste zurückgezogen.

Der Bundesvorstand wehrt sich vehement gegen das Zusammengehen seiner Parteimitglieder in Dresden mit Anhängern der NPD und DVU zwecks eines kommunalen Wahlbündnisses. Er schaltet eine Anzeige in der Lokalpresse, um sich vom NBD zu distanzieren[472], und fasst am 28./29. Juni 2003 einen Beschluss, welcher besagt, dass die am NBD beteiligten REP-Mitglieder nicht im Namen und Auftrag der REP handelten, eine Unvereinbarkeit zwischen einer Mitgliedschaft im NDB und bei den REP bestünde und die Fortsetzung einer Zusammenarbeit mit dem NBD als parteischädigendes, zum Parteiausschluss führendes Verhalten zu werten sei.[473] Kooperationsbemühungen mit NPD, DVU und anderen unfraglich extremistischen Gruppierungen gingen in den letzten Jahren nicht vom Bundesvorstand aus, sondern von einzelnen, von der offiziellen Parteilinie abweichenden Gliederungen und Funktionären unterhalb der Bundesebene. Angestrebt wird hingegen eine engere Zusammenarbeit mit konservativen und gemäßigt rechten Kleinstparteien wie der *Deutschen Sozialen Union* (DSU), der *Demokratischen Erneuerung* (DE) und der *Deutschen Partei* (DP).[474] Zur Landtagswahl 1998 in Sachsen-Anhalt treten die REP zusammen mit DSU und DE auf einer gemeinsamen Listenverbindung mit der Bezeichnung „Arbeit für Sachsen-Anhalt (DSU – Die Republikaner – DE)" an.[475] Nach dem Einzug der NPD in den sächsischen Landtag im September 2004 schreibt Schlierer im Parteiorgan *Zeit für Protest!*: „Wir Republikaner haben nur eine Chance, wenn wir uns klar und unmissverständlich von der NPD fernhalten. Ein bisschen

---

471 Stefan Rössel, Rechte Parteien treten gegeneinander an, in: Sächsische Zeitung, 14. Juli 2004.

472 Der genaue Anzeigentext lautete: „Die Republikaner informieren zur Kommunalwahl: Wir distanzieren uns von den [sic] sog. Nationalen Bündnis Dresden. Diese Gruppierung wird von uns nicht unterstützt und ist für verantwortungsbewusste Patrioten nicht wählbar. Das NBD ist eine Tarnveranstaltung der NPD, mit der wir nichts gemein haben. Wer Deutschland etwas Gutes tun will, sollte *Die Republikaner* wählen.", zitiert aus einem Faksimile der Zeitungsanzeige, abgedruckt in Nation & Europa, Nr. 7-8/2004, S. 50 [Hervorhebung im Originaltext].

473 Vgl. Der Republikaner, Nr. 7-8 3003, S. Intern 1, zitiert nach Verfassungsschutzbericht 2003, Berlin 2004, S. 81.

474 Vgl. Eckhard Jesse, Die NPD – eine rechtsextreme Partei nach dem gescheiterten Verbotsantrag im Höhenflug?, in: Politische Studien, März/April 2005, S. 75. Ein Beispiel ist der Versuch, zur Landtagswahl in Sachsen-Anhalt 1998 eine Listenverbindung mit DSU und DE anzumelden (vgl. N.n., REP und DSU verbünden sich: rechte Parteien treten in Sachsen-Anhalt zur Wahl an, Berliner Zeitung Online, 17. Februar 1998, www.berlinonline.de/berlinerzeitung/archiv/.bin/ dump.fcgi/1998/0217/politik/0118, abgerufen am 6. Mai 2005; Die Republikaner, Republikaner kündigen Rechtsmittel gegen die Entscheidung des Landeswahlleiters in Sachsen-Anhalt an, Pressemitteilung vom 25. März 1998, www.rep.de/presse/ 1pr02298.htm, abgerufen am 20. Januar 2005).

475 Vgl. Deutscher Bundestag, Drucksache 13/10801, Das politische Bündnis der „Deutschen Sozialen Union", der „Demokratischen Erneuerung" und der „Republikaner", 26. Mai 1998.

Annäherung an den rechten Narrensaum kann und darf es nicht geben. Wer aufgrund des einmaligen Erfolgs der NPD in Sachsen glaubt, er müsse jetzt dieser Partei hinterlaufen [sic], soll zur NPD gehen. Für Konjunkturritter und NS-Nostalgiker haben wir so oder so keinen Platz und keine Verwendung in unserer Partei."[476]

War die Haltung Schlierers zu den extremistischen Parteien NPD und DVU während der ersten Jahre seiner Amtszeit ambivalent, ringt er sich zunehmend zu einer konsequenten Abgrenzung auch auf Kosten von Verlusten an Anhängern durch. Ein nicht zu vernachlässigender Anteil von Mitgliedern und Wählern der REP wünscht sich ein extremistisches Profil der REP oder zumindest das Aufgeben von Vorbehalten extremistischen Gruppierungen gegenüber. Das der Bundesvorstand unter Schlierer seine parteiinternen Gegner abstraft und aus der Partei drängt, hat bislang eine fortschreitende Marginalisierung der REP zur Folge. Die Gewinnung neuer Mitglieder und Wähler aus dem gemäßigten konservativen Spektrum will dem REP-Vorsitzenden nicht gelingen, weil die Abwendung seiner Partei vom Extremismus mehrheitlich noch nicht als glaubwürdig empfunden wird.

Auch die Mehrheit wissenschaftlicher Autoren nimmt Schlierer die Wandlung seiner Partei zu einer rechtskonservativen, demokratisch gefestigten Kraft nicht ab. Die verstärkten Bemühungen einer Distanzierung vom Rechtsextremismus seien vergeblich, meint Pfahl-Traughber.[477] Zu den politischen Positionen der DVU bestünden „kaum Unterschiede, allenfalls in der Art und Weise der inhaltlich gemäßigteren und seriöser klingenden öffentlichen Präsentation."[478] Die Partei verberge lediglich „ihre rechtsextremistischen Positionen häufig hinter einem seriös-konservativ wirken sollenden Erscheinungsbild"[479]. Steffen Kailitz erkennt keinen nennenswerten Wandel nach der Amtsübernahme Schlierers: „Der Abgrenzungskurs Schlierers gegenüber der rechtsextremistischen Konkurrenz erwies sich als ebenso wenig konsequent wie der seines Vorgängers."[480] Weiter erläutert Kailitz, der vom Schlierer „seit langem angekündigte programmatische Neuanfang als konservative, demokratische Partei ist ausgeblieben. Das am 11./12. Mai 2002 auf dem Bundes-

476 Rolf Schlierer, Klare Absage an die „braune Volksfront". Warum Republikaner und NPD nichts gemeinsam haben, in: Zeit für Protest!, Nr. 9-10/2004, S. 11.
477 Armin Pfahl-Traughber, Der organisierte Rechtsextremismus in Deutschland nach 1945: Zur Entwicklung auf den Handlungsfeldern „Aktion" – „Gewalt" – „Kultur" – Politik", in: Wilfried Schubarth/Richard Stöss, Rechtsextremismus in der Bundesrepublik Deutschland. Eine Bilanz., Schriftenreihe Bd. 368, Bonn 2000, S. 90.
478 Armin Pfahl-Traughber, Der organisierte Rechtsextremismus in Deutschland nach 1945: Zur Entwicklung auf den Handlungsfeldern „Aktion" – „Gewalt" – „Kultur" – Politik", in: Wilfried Schubarth/Richard Stöss, Rechtsextremismus in der Bundesrepublik Deutschland. Eine Bilanz., Schriftenreihe Bd. 368, Bonn 2000, S. 90; vgl. Armin Pfahl-Traughber, Rechtsextremismus in der Bundesrepublik Deutschland, 2. Aufl., München 2000, S. 32.
479 Armin Pfahl-Traughber, Die Entwicklung des Rechtsextremismus in Ost- und Westdeutschland, in: Aus Politik und Zeitgeschichte, B 39/2000, 22. September 2000, S. 5.
480 Steffen Kailitz, Politischer Extremismus in der Bundesrepublik Deutschland. Eine Einführung, Wiesbaden 2004, S. 51.

parteitag der REP in Fulda beschlossene neue Grundsatzprogramm unterscheidet sich inhaltlich wenig von den Vorgängern."[481] Britta Obszerninks betrachtet den Versuch der REP, sich mittels ihrer moderateren Programmformulierungen als demokratische Partei zu legitimieren, als gescheitert.[482] Auf das Treffen zwischen Frey und Schlierer verweisend[483], mahnt Carmen Everts zur Skepsis bei der Bewertung der sprachlichen Bereinigungen der REP-Programmtexte.[484]

Anders bewertet Stephan Thomczyk den „Schlierer-Kurs". Einen deutlichen Richtungswechsel der REP führt Thomczyk auf die Parteiführung Schlierers zurück.[485] Dieser habe gegen parteiinterne Kritiker den Ruhstorfer Beschluss verteidigt und langfristig Koalitionen mit den Unionsparteien angestrebt.[486] Thomczyk gemäß lege Schlierer Wert darauf, „potentiellen Wählern die Grundgesetztreue der Republikaner zu beweisen"[487]. Auch Eckhard Jesse beobachtet, die Partei versuche unter der Führung Schlierers „einen betont national-konservativen Kurs zu steuern, damit sie das Etikett ‚extremistisch' verliert"[488]. Von der aggressiv-kämpferischen NPD unterscheide sie sich grundlegend.[489] Schlierer wende sich deutlich gegen die Kooperation mit rechtsextremistischen Organisationen, lehne „‚runde Tische' im Rechtsaußenmilieu"[490] ab und wolle im „bürgerlich-konservativen Spektrum salonfähig"[491] werden. Harald Bergsdorf beobachtet: „Stärker als Schönhuber, der die REP inzwischen verlassen hat, versucht Schlierer, seine Partei – gerade im Kontrast zu DVU und NPD – als wohlanständig und gemäßigt zu präsentieren."[492]

Die Einstufung der REP während der Amtsführung Schlierers ist schwierig. Auch das Bundesamt für Verfassungsschutz formuliert in Bezug auf die REP unter Schlierer zunehmend vorsichtig. Der Verfassungsschutzbericht 1994 gibt Auskunft über den Führungswechsel an der Parteispitze. Als auslösender Faktor wird ein Flügel-

---

481 Ebd., S. 52.
482 Vgl. Britta Obszerninks, Nachbarn am rechten Rand: Republikaner und Freiheitliche Partei Österreichs im Vergleich; eine handlungsorientierte Analyse, Münster 1999, S. 78.
483 Vgl. Carmen Everts, Politischer Extremismus: Theorie und Analyse am Beispiel der Parteien REP und PDS; Berlin 2000, S. 215.
484 Ebd., S. 246f.
485 Vgl. Stephan Thomczyk, Der dritte Etablierungsversuch der Republikaner nach 1994, Konstanz 2001, S. 124-129.
486 Vgl. ebd., S. 127.
487 Ebd., S. 184.
488 Eckhard Jesse, Politischer Extremismus heute: Islamistischer Fundamentalismus, Rechts- und Linksextremismus, in: Aus Politik und Zeitgeschichte, B 46/2001, 9. November 2001, S. 4.
489 Vgl. ebd.
490 Eckhard Jesse, Die Demokratie der Bundesrepublik Deutschland, 8. Aufl., Baden-Baden 1997, S. 182.
491 Ebd.
492 Harald Bergsdorf, Extremismusbegriff im Praxistest: PDS und REP im Vergleich, in: Uwe Backes / Eckhard Jesse (Hrsg.), Jahrbuch Extremismus & Demokratie, Bd. 14, Baden-Baden 2002, S. 63.

kampf innerhalb der REP angeführt. Über das strategische Vorgehen der Partei habe kein Konsens geherrscht. Schlierer habe Schönhubers Plan, die REP im eindeutig rechten Lager zu etablieren, entschieden widersprochen und gebe vor, die Partei als „eine konservative, nicht mehr stigmatisierende Kraft im demokratischen Spektrum rechts von der CDU/CSU"[493] einführen zu wollen. Ob hierbei Schlierers ehrliche Absichten zur Sprache kommen oder es sich um eine Fassade handelt, darüber besteht seitens der Verfasser keine Sicherheit. Im Jahr 1994 jedenfalls hätten sich „Anhaltspunkte für rechtsextremistische Bestrebungen in der Partei"[494] verdichtet. Eine deutliche Unterscheidung zwischen den verschiedenen Parteien des rechten Spektrums kommt im Verfassungsschutzbericht 1995 zur Sprache: „Während etwa die Partei ‚Die Republikaner' (REP) darum bemüht ist, sich nach außen ein gemäßigtes und seriöses Image zu geben, radikalisiert sich die ‚Nationaldemokratische Partei Deutschlands' (NPD) durch die ‚Revisionismus'-Propaganda und die teilweise Zusammenarbeit mit Neonazis."[495] Nachweisbare Anhaltspunkte für gegen die freiheitliche demokratische Grundordnung gerichtete Bestrebungen lägen weiterhin vor, seien im Jahr 1995 jedoch „quantitativ rückläufig"[496]. Dies hinge mit einer reduzierten Publikationstätigkeit zusammen, v.a. aber damit, dass Schlierer im Vergleich zu Schönhuber stärker darauf bedacht sei, „nicht nur dem Staat keine Angriffsflächen zu bieten, sondern die REP auch gegenüber potentiellen Wählern und Sympathisanten als demokratische Partei darzustellen"[497]. Als besonders sichtbaren Gegenspieler Schlierers nennen die Verfasser den baden-württembergischen REP-Landesvorsitzenden Christian Käs, der eine eindeutige Identifikation der Partei mit dem zweifellos rechten Lager anzustreben scheint.

Alle folgenden Verfassungsschutzberichte bis einschließlich 2003 sprechen von „Anhaltspunkten" für „rechtsextremistische Bestrebungen" bzw. „Bestrebungen gegen die freiheitliche demokratische Grundordnung". Nie werden die REP als zweifelsfrei „rechtsextremistisch" etikettiert. Im Bericht über das Jahr 1996 wird erklärt, derartige Bestrebungen „erscheinen jedoch rückläufig"[498]. Dies wird auf Schlierers fortlaufende Bemühungen zurückgeführt, „die REP auch gegenüber potenziellen konservativen und nationalliberalen Wählern und Sympathisanten als seriöse Partei und demokratische Alternative darzustellen"[499]. In den Berichten mehrerer Jahre erwecken die Verfasser wiederholt den Eindruck, vor allem Käs stelle sich diesen Anstrengungen blockierend in den Weg.[500] Im Laufe der Jahre wird die Zuordnung der

493 Verfassungsschutzbericht 1994, Bonn 1995, S. 143.
494 Ebd., 136.
495 Verfassungsschutzbericht 1995, Bonn 1996, S. 196.
496 Ebd., S. 139.
497 Ebd., S. 140.
498 Verfassungsschutzbericht 1996, Bonn 1997, S. 118.
499 Ebd.
500 Vgl. z.B. Verfassungsschutzbericht 1997, Bonn 1998, S. 97; Verfassungsschutzbericht 1998, Berlin/Bonn 1999, S. 39.

REP in das rechtsextremistische Lager sprachlich immer stärker relativiert. So heißt es im Bericht für das Jahr 1997, trotz der Bemühungen Schlierers, die REP als „seriöse rechtskonservative Partei darzustellen"[501], zeigten „wesentliche *Teile* der Partei *teilweise* offen ihre Ablehnung *wesentlicher Prinzipien* der freiheitlichen demokratischen Grundordnung"[502]. Im Verfassungsschutzbericht 1999 erscheint erstmals der Zusatz nach der einführenden Bemerkung über entsprechende „Anhaltspunkte", dass „nicht jedes einzelne Mitglied verfassungsfeindliche Ziele verfolgen mag"[503]. Wenn die Verfasser zu dem Schluss kommen, Schlierer würde mittels vereinzelter Wahlabsprachen mit der DVU „seinen innerparteilichen Kritikern entgegenkommen [...], um sie in der Partei zu halten"[504], verurteilen sie somit zwar Schlierers Inkonsequenz, halten seine Abgrenzungsstrategie aber anscheinend grundsätzlich für ernsthaft intendiert. Der Verfassungsschutzbericht 2000 will nur mehr darauf hinweisen, dass „einflussreiche Gruppen und Funktionäre der REP keinen Hehl aus ihrer Gegnerschaft zur freiheitlichen demokratischen Grundordnung"[505] machten, zu denen er als Beispiel die sächsische Landesvorsitzende Kerstin Lorenz zählt. Der profilierteste Gegner Schlierers, Christian Käs, gehöre seit dem Jahr 2000 nicht mehr dem Bundesvorstand an. Für das Jahr 2001 wird bemerkt, „wesentliche Teile der Partei"[506] gingen mit Schlierers gemäßigtem Kurs nicht konform, sondern stünden „*fundamentalen Prinzipien* der freiheitlichen demokratischen Grundordnung"[507] (eine weitere sprachliche Einschränkung, vor 1997 war von der freiheitlichen demokratischen Grundordnung insgesamt die Rede) ablehnend gegenüber. Die Verfasser heben hervor, dass Käs beim Landesparteitag der REP in Baden-Württemberg am 7. Juli 2001 überraschend (Käs widersetzte sich unverändert dem Kurs Schlierers) in seinem Amt als Landesvorsitzender wieder gewählt wurde.

Für das Jahr 2002 drücken sich die Verfasser des Berichts noch vorsichtiger aus. Zwar sei Schlierer „um ein seriöses, konservatives Erscheinungsbild seiner Partei bemüht, gleichwohl machen *Teile der Partei* ihre Ablehnung gegenüber der freiheitlichen demokratischen Grundordnung deutlich"[508]. Prominente Vertreter der parteiinternen Opposition gegenüber der strategischen Führung Schlierers seien aus der Partei ausgetreten, darunter Käs, Lothar König (ehemaliger Landtagsabgeordneter Baden-Württemberg) und Gottfried Burischek (ehemaliger hessischer Generalsekretär). Diese Parteiaustritte sowie Schlierers eindeutige Bestätigung im Amt als Parteivorsitzender beim Bundesparteitag am 2./3. November 2002 in Deggendorf[509] lie-

---

501 Verfassungsschutzbericht 1997, Bonn 1998, S. 97.
502 Ebd. (Hervorhebungen durch den Autor)
503 Verfassungsschutzbericht 1999, Berlin/Bonn 2000, S. 38.
504 Ebd., S. 44.
505 Verfassungsschutzbericht 2000, Berlin/Bonn 2001, S. 87.
506 Verfassungsschutzbericht 2001, Berlin 2002, S. 103.
507 Ebd. (Hervorhebung durch den Autor).
508 Verfassungsschutzbericht 2002, Berlin 2003, S. 86 (Hervorhebung durch den Autor).
509 Schlierer erhielt 72 Prozent der Delegiertenstimmen.

ßen vermuten, dass „der jahrelange Machtkampf *Schlierers* mit seinen innerparteilichen Gegnern entschieden"[510] sei. Auch der Verfassungsschutzbericht 2003 erklärt, das „Bemühen der gegenwärtigen Parteiführung um den Parteivorsitzenden Dr. Rolf *Schlierer*, die REP als eine rein demokratische Partei erscheinen zu lassen"[511], könne nicht darüber hinwegtäuschen, dass „insbesondere unterhalb der Ebene des Parteivorstandes – einflussreiche Kräfte keinen Hehl aus ihrer Gegnerschaft zur freiheitlichen demokratischen Grundordnung"[512] machten. Der Abgrenzungskurs Schlierers habe im Jahr 2003 zu einem „personellen Aderlass"[513] geführt. Während einige Parteimitglieder, unter ihnen der Berliner Landesvorsitzende Bernd Bernhard, aufgrund von Schlierers mangelnder Bereitschaft zur Zusammenarbeit mit der DVU der Partei den Rücken kehrten, beschäftigten sich die sächsischen REP-Funktionäre Kerstin Lorenz und Fritjof Richter alternativ mit dem *Nationalen Bündnis Dresden* (NBD). Der Bundesvorstand mochte die Beteiligung von REP-Mitgliedern am NBD nicht tolerieren und verabschiedete einen entsprechenden Abgrenzungsbeschluss.[514] Der Verfassungsschutzbericht 2004 bringt keine Wende in der Beurteilung der REP und zählt zu den Gegenspielern Schlierers bei dessen rechtskonservativen Kurs „einflussreiche Gruppen und Funktionäre"[515].

3.4. Vergleich

Bei der Bestimmung der Anwendbarkeit des Extremismusbegriffs auf eine Partei oder sonstige Gruppierung ist ein Grad an Deutungswillkür des Forschers nicht gänzlich auszuschließen. Die Frage, wie viele Kennzeichen des Extremismus eine Gruppe erfüllen müsse, um als extremistisch zu gelten, lässt sich nicht eindeutig beantworten. Eckhard Jesse erklärt hierzu:

> „Während feststeht, dass Frankfurt am Main auf dem 50. nördlichen Breitengrad liegt (und auf dem neunten östlichen Längengrad), sind solch exakte Koordinatenangaben im Bereich des politischen Extremismus aus verschiedenen Gründen nicht möglich (unterschiedliche Strömungen

---

510 Ebd., S. 90 (Hervorhebung im Orginal).
511 Verfassungsschutzbericht 2003, Berlin 2004 (Hervorhebung im Orginal).
512 Ebd.
513 Ebd., S. 80.
514 Zitat aus dem Verfassungsschutzbericht: „Am 28./29. Juni fasste der REP-Bundesvorstand den Beschluss, dass REP-Mitglieder im NBD nicht im Namen und Auftrag der Partei handeln, eine NBD-Mitgliedschaft mit einer REP-Mitgliedschaft unvereinbar ist und eine weitere Zusammenarbeit mit dem NBD als parteischädigendes Verhalten, das zum Parteiausschluss führt, gewertet wird." (ebd., S. 81)
515 Verfassungsschutzbericht 2004, Berlin 2005.

innerhalb einer Gruppierung; in einer „Grauzone" liegende Grundpositionen). Es handelt sich um ein schwieriges Geltungs- und Abgrenzungsproblem."[516]
Die genaue Einstufung gerade der REP und die Bestimmung deren Nähe zum Extremismus bereitet manchen Autoren Kopfzerbrechen. Andreas Albes fragt beispielsweise:

„Sind die Republikaner nun rechtsextremistisch, rechtsradikal oder nur ultrakonservativ und populistisch? Wo fängt die Demokratiefeindlichkeit an? Wo hört sie auf? Und was soll man eigentlich schreiben, wenn man das alles nicht so genau weiß?"[517]

Uwe Danker spricht von einer „besonderen Geschichte und Rolle"[518] der REP und mag deswegen die Partei nicht ohne weiteres in eine Darstellung rechtsextremer Gruppierungen einbeziehen. Eine Schwierigkeit besteht in der Diskrepanz zwischen programmatischer Festlegung und vermuteten politischen Überzeugungen. Selbst politisch motivierte, den REP gegenüber negativ eingestellte Autoren bescheinigen im Hinblick auf deren Publikationen einen moderaten Stil, „der sich in vielen Fällen kaum von thematisch ähnlichen Erklärungen der Union bzw. der CSU unterscheidet"[519]. Ein zweites Problem, das sich bei einer generellen Einschätzung der REP stellt, ist die wechselhafte ideologische Entwicklung der Partei. Relativ unbestritten ist die Situation für die Zeit der Amtsführung von Handlos. Der ehemalige CSU-Bundestagsabgeordnete hat bei der Gründung der REP eine kleinbürgerliche, konservative Partei mit bundesweiter Ausdehnung im Sinn. Das Gründungsprogramm macht Anleihen aus verschiedenen politischen Lagern[520], ist aber in ein rechtskonservatives Gedankengut ohne extremistische Ausflüge eingebettet. Eine Kontaktpflege zu extremistischen Vereinigungen und Parteien betreibt Handlos nicht. Mehrheitlich sehen wissenschaftliche Autoren die REP unter Handlos als konservative, nicht als extremistische Partei. Das Bundesamt für Verfassungsschutz befasst sich während dieser Phase nicht mit den REP. Solange Handlos im Amt ist, behalten die REP ihren konservativen Charakter und verdienen die Bezeichnung *extremistisch* nicht. Doch Handlos' Vorhaben scheitert, „weil er keine anderen Leute bekam, als

516   Eckhard Jesse, Formen des politischen Extremismus, in: Bundesministerium des Inneren (Hrsg.), Extremismus in Deutschland.Erscheinungsformen und aktuelle Bestandsaufnahme, Berlin 2004, S. 18f.

517   Andreas Albes, Die Behandlung der Republikaner in der Presse, Frankfurt am Main u.a. 1999, S. 10.

518   Uwe Danker, Rechtsextreme im Schleswig-Holsteinischen Landesparlament – Erfahrungen, Gefahren und Perspektiven, in: Landeszentrale für Politische Bildung Schleswig-Holstein (Hrsg.), Dem Rechtsextremismus begegnen, Reihe Gegenwartsfragen 77, Kiel 1995, S. 111.

519   Kurt Hirsch/Hans Sarkowicz, Schönhuber: der Politiker und seine Kreise, Frankfurt am Main 1989, S. 24.

520   Michael Langer bemerkt, selbst Grüne und linke SPD-Anhänger hätten mit manchen Forderungen der REP unter Handlos etwas anfangen können. Das Gründungsprogramm bediene sich des Prinzips „für jeden etwas" (Michael Langer, „Das Kapitel CSU ist für mich abgeschlossen", DPA-Meldung vom 27. November 1983).

jene Art von Parteipionieren, die schneller noch als Treibsand zur Stelle sind, sobald der rechte Wind weht"[521].

Schönhuber will die REP zwischen CSU und NPD positionieren[522] und führt die Partei dem Extremismus zu. Zeitgleich mit seiner Wahl als Parteivorsitzender verschreiben sich die REP das *Siegburger Manifest*, eine Erklärung mit extremistischen Inhalten. Alle weiteren Programmbeschlüsse unter Schönhuber entsprechen den Extremismuskriterien von Uwe Backes[523], können also *extremistisch* genannt werden. Schönhuber schleust frühere Aktivisten und Mitglieder der NPD in die Partei und pflegt Kontakte mit externen Extremisten. Wissenschaftliche Deutungen sind sich weitgehend einig in ihrer Einstufung der REP unter Schönhuber als extremistisch. Nach 1992 werden die REP auch vom Bundesamt für Verfassungsschutz beobachtet. Wenn auch qualifizierte Unterschiede zu NPD und DVU weiterhin erkennbar sind und eine Gleichsetzung mit der NSDAP (wie von manchen politisch motivierten Autoren angestellt) fehlerhaft ist, so gelten die REP unter Schönhuber dennoch als *extremistische* Partei.

Kompliziert ist eine Bewertung der REP für die Amtszeit Schlierers. Es sollte wiederum zwischen zumindest zwei voneinander abgrenzbaren Phasen unterschieden werden. Schlierer wird mit einer denkbar knappen Mehrheit zum Vorsitzenden gewählt, was zugleich ein knappes Votum für seinen strikten von Anfang an erklärten Abgrenzungskurs darstellt. Jahrelang sieht er sich einer starken internen Opposition gegenüber, die auf eine Zusammenarbeit oder gar einen Zusammenschluss mit Kräften der „Alten Rechten" drängt. Auf sein annähernd unbeirrbares Beharren auf dem Ruhstorfer Beschluss ist der Ausschluss oder Austritt zahlreicher Gegenspieler zurückzuführen. Das im Jahr 2002 beschlossene Künzeller Programm, welches sich mit Ausnahme einer rabiaten Fremdenfeindlichkeit von allen Kennzeichen des Extremismus befreit, muss den Schlierer-Gegnern als Kampferklärung gelten. Dies ist auch ein Wendepunkt auf einem langen und beschwerlichen Weg weg vom Extremismus. Rechtsextremistische Wähler und Aktivisten sehen sich durch die REP kaum mehr repräsentiert. Der bemerkenswerte Mitgliederschwund der REP und eine nicht enden wollende Serie von Wahlniederlagen sind Folgen dieser Entwicklung.

---

521 Georg Paul Hefty, Fünfzig Jahre Lufthoheit über den Stammtischen, in: Hanns-Seidel-Stiftung e.V. (Hrsg.), Geschichte einer Volkspartei. 50 Jahre CSU – 1945-1995, München 1995, S. 405.

522 In einem Interview meint Schönhuber: „Da habe ich gegen gesagt: so ein Schmarren, in der Mitte treten sich die Leut' gegenseitig auf die Füße und wir sind nicht erkennbar." (Claus Leggewie, Die Republikaner. Phantombild der Neuen Rechten, Berlin 1989, S. 116). Thomas Assheuer und Hans Sarkowicz kommen zu dem Schluss, Schönhuber habe all diejenigen Wähler, „denen die CSU zu links und die NPD zu rechts oder zu wirkungslos war" (Thomas Assheuer / Hans Sarkowicz, Rechtsradikale in Deutschland, München 1992, S. 42) als Zielgruppe anvisiert. Retrospektiv beurteilt Franz Schönhuber selbst den gemäßigten Kurs Handlos' als zum Scheitern verurteilt (vgl. Franz Schönhuber, Welche Chance hat die Rechte?, Coburg 2002, S. 24).

523 Siehe Kap. 2.2.7.

Doch so oft Befürworter einer Annäherung an NPD und DVU parteiintern rebellieren, scheitern sie an Schlierers bedingungsloser Zielorientierung. Dass Schlierer sich nach einem möglichen Ausscheiden der REP aus dem baden-württembergischen Landtag 2001 als Parteivorsitzender halten konnte, war allgemein nicht erwartet worden.[524] Zu naheliegend war die Vermutung, der Unmut der REP-Parteibasis könnte sich gegen ihren Vorsitzenden richten, dessen erklärter Abgrenzungskurs die Partei vermeintlich ins politische Abseits befördert hatte. Unter den Kontrahenten Schlierers macht sich zunehmend Resignation breit. Die einflussreichsten Gegner des Schlierer-Kurses haben die Partei inzwischen verlassen. Christian Käs tritt 2002 nach dem Tod seiner Mutter aus der Partei aus und ist politisch nach eigener Aussage nicht mehr aktiv.[525] Kerstin Lorenz ist inzwischen zur NPD gewechselt, Richter aus der Partei ausgeschlossen. Der Abgrenzungskurs Schlierers wird zunehmend glaubwürdig. Auf innerparteiliche Kritiker und Abweichler reagiert der Parteivorsitzende seit Jahren konsequent mit dem ihm zur Verfügung stehenden Sanktionsarsenal. Ein anschauliches Beispiel ist das Verhalten des Bundesvorstandes im Zusammenhang mit dem *Nationalen Bündnis Dresden* (NBD).

Schlierer betont in Bezug auf den Verfassungsschutz: „Für eine Beobachtung der Republikaner gibt es definitiv keinen Anlass *mehr*."[526] Wenn es keinen Anlass *mehr* gäbe, so nimmt Schlierer anscheinend an, es hätten Gründe für eine Beobachtung durch die Verfassungsschutzbehörden in der Vergangenheit bestehen können, vermutlich unter der Führung Schönhubers. In Bezug auf die REP unter der Parteiführung Schlierers kann es keine einfache Antwort geben. Sie muss differenziert ausfallen: Die Partei führt zunächst ihr Dasein als *extremistische* Partei fort, ihr zunehmend gemäßigter Vorsitzender setzt jedoch Schritt für Schritt einen Kurs weg vom Extremismus durch und führt seit etwa 2002 eine rechtskonservative Partei mit einem aktiven, aber schwindenden extremistischen Flügel.

Das ideologische Pendeln der REP zwischen extremistischen und gemäßigten, konservativen Positionen verkompliziert seit deren Gründung einen inhaltlich kontinuierlichen Umgang mit der Partei seitens etablierter politischer Kräfte.[527] Allerdings kann ein hohes Maß an Informiertheit und eine flexible Anpassung der eige-

---

524 Eckhard Jesse, Mit links gegen rechts?, in: Frankfurter Allgemeine Zeitung, 26. Oktober 2000.

525 Christian Käs, E-Post an den Autor vom 14. September 2004; vgl. Gabriele Renz, „Republikaner" streiten über ihren Kurs: Bundesvorstand enthebt baden-württembergischen Landeschef Käs seiner Parteiämter, in: Frankfurter Rundschau, 12. Februar 2002.

526 Rolf Schlierer, Antworten im Forum Herausforderungen und Zukunft der „streitbaren Demokratie", in: Uwe Backes/Eckhard Jesse (Hrsg.), Jahrbuch Extremismus & Demokratie, Bd. 15, Baden-Baden 2003, S. 107 [Hervorhebung der Verfassers].

527 *Andreas Albes* weist darauf hin, dass eine eindeutige Zuordnung der REP zum politischen Extremismus sowohl für die Medien als auch für die wissenschaftliche Forschung nicht leicht fällt, siehe Andreas Albes, Die Behandlung der Republikaner in der Presse, Frankfurt am Main u. a. 1999, S. 10.

nen Verhaltensmuster an politische Anforderungen seitens der politischen Akteure der etablierten Volksparteien verlangt werden.

4. Umgang der CDU und CSU mit den Republikanern

4.1. Diachrone Deskription der Mittel

4.1.1. Parteivorsitz Franz Handlos

Die CDU befleißigt sich kaum, sich mit dem Spaltpilz ihrer bayerischen Schwesterpartei vor der Amtsübernahme Schönhubers auseinanderzusetzen. Dazu gedrängt sind die Christdemokraten in Bremen, wo die REP bemüht sind, sich neben ihrem Stammland Bayern ein zweites Standbein zu schaffen. Der kommissarische Bremer Generalsekretär der REP, Harry Maier, wirbt aktiv CDU-Mitglieder ab. Maiers Hoffnungen, auch CDU-Abgeordnete aus der Bremer Bürgerschaft zum Übertritt bewegen zu können, erweisen sich etwa ein Jahr später als begründet.[528] Die Ankündigung des Bremer REP-Aktivisten, bereits 1984 zur Europawahl antreten zu wollen, ist hingegen offenbar verfrüht. Bernd Neumann, CDU-Landesvorsitzender in Bremen, reagiert gelassen auf die Konkurrenz: „Für uns sind die Republikaner kein Thema – wir nehmen den Verein nicht ernst."[529] Ohne die REP im politischen Parteienspektrum verorten zu wollen, meint Neumann, dass „kein ernst zu nehmendes CDU-Mitglied mit denen zusammenarbeiten"[530] werde.

Der Übertritt von sieben der insgesamt 18 Bremerhavener CDU-Stadtverordneten zu den REP im Jahr 1985 sorgt für Diskussionen in der Bremer CDU. Da unter den Abtrünnigen der Fraktionsvorsitzende und Abgeordnete im Landesparlament Rudolf Polley ist und der ausgeschlossene Bürgerschaftsabgeordnete Thorolf Oeing schon vorher den REP beigetreten war, verliert die CDU auch zwei Sitze in der Bremer Bürgerschaft an die REP. Neumann erklärt, seine Partei vergieße „keine Tränen darüber, dass wir diese Personen los sind"[531]. Er appelliere an alle CDU-Mandatsträger, die mit den „Querulanten"[532] sympathisierten, möglichst schnell die Union zu verlassen, damit der Selbstreinigungsprozess beschleunigt werden könne. Eine politische Bewertung der REP liefert Neumann nicht, bekräftigt aber, dass er der neuen Partei in Bremen keine Chance einräume.[533]

---

528 Vgl. DPA-Meldung, CDU über Parteiwechsel ihrer „Ehemaligen" gelassen, 18. März 1985.
529 N.n., Neumann: Nehmen Republikaner nicht ernst, in: Weser-Kurier, 19. Januar 1984.
530 Ebd.
531 DPA-Meldung, CDU über Parteiwechsel ihrer „Ehemaligen" gelassen, 18. März 1985.
532 Ebd.
533 Tatsächlich kamen die REP bei der Bremer Bürgerschaftswahl am 13. September 1987 auf nur 1,2 Prozent der Wählerstimmen und verloren so ihre Mandate.

Die Abspaltung der REP von der CSU beschäftigte die bayerische „Mutterpartei" schon vor der tatsächlich vollzogenen Neugründung. Für deutliche Reaktionen sorgten die Parteiaustritte von Handlos eine Woche vor dem CSU-Parteitag im Juli 1983 und von Ekkehard Voigt im Oktober desselben Jahres. Da die Verkündung des Austritts von Handlos zeitlich fast einherging mit seiner Ankündigung der Gründung einer neuen Partei, sind die Stellungnahmen von Unionspolitikern zu Handlos als Person und der zu erwartenden parteipolitischen Konkurrenz kaum voneinander zu trennen.

Unmittelbar nach dem Bekanntwerden des Ausscheidens von Handlos aus der CSU, meldete sich der seinerzeit als Vorsitzende der CSU-Landesgruppe, Theo Waigel, bedauernd zu Wort: „Wegen eines einzelnen Mannes tritt man nicht in eine Partei ein oder aus."[534] Handlos werde bald erkennen, „dass es in Bayern keine politische Kraft gibt, die ihre politischen Ziele konsequenter durchsetzt als die CSU unter ihrem Vorsitzenden Franz Josef Strauß"[535]. Den Austritt führt Waigel auf persönliche Verärgerung zurück, die Handlos zu einer falschen Entscheidung veranlasst habe. Er vermisse die Kompromissbereitschaft des langjährigen, erfahrenen Parlamentariers Handlos.[536] Der CSU-Vorstand befasste sich in einer Sitzung vorrangig mit der Entscheidung von Handlos. Der damalige bayerische Finanzminister Max Streibl nennt den Schritt „unüberlegt und übereilt"[537]. Innenminister Karl Hillermeier empfindet den Austritt als „falsch und nicht verständlich"[538].

Nach dem Austritt von Handlos aus der CSU stellt sich der stellvertretende Vorsitzende der CDU/CSU-Bundestagsfraktion, Walter Althammer, schützend vor ihn. Die Kommentare maßgeblicher CSU-Politiker widersprächen dem „Gebot der Fairness in parteiinternen Auseinandersetzungen"[539]. Althammer ergänzt: „Man sollte einen solchen Mann bis zum Beweis des Gegenteils ehrenhafte Motive für seinen Schritt unterstellen und nicht versuchen, ihn niederzuknüppeln"[540]. Der Milliardenkredit an die DDR – für Handlos der entscheidende Beweggrund für den Parteiaustritt – sei auch für Althammer überraschend gekommen. Von Helmut Kohl und Franz Josef Strauß erwarte er beim bevorstehenden CSU-Parteitag eine Aufklärung über die „politischen Gegenleistungen seitens der DDR"[541].

---

534 DPA-Meldung, Waigel bedauert Austritt von Handlos, 9. Juli 1983.
535 Ebd.
536 Christlich-Soziale Union/Landesgruppe im Deutschen Bundestag, Pressemitteilung zum Austritt des Bundestagsabgeordneten Franz Handlos aus der CSU, 9. Juli 1983.
537 DPA-Meldung, CSU-Vorstand berät über DDR-Kredit – Reaktionen auf Handlos, 11. Juli 1983.
538 Ebd.
539 DPA-Meldung, CSU/DDR-Kredit: Althammer rügt harte Kritik der CSU-Führung an Handlos, 13. Juli 1983.
540 Ebd.
541 Ebd.

Auf die Ankündigung von Handlos, er wolle 1986 zur Landtagswahl in Bayern mit einer eigenen Partei auf „christlich-sozialer Grundlage"[542] antreten, reagiert der CSU-Pressesprecher Godel Rosenberg mit der Deutung, Handlos spüre wohl „den eisigen Wind der politischen Einsamkeit"[543]. Die angekündigten inhaltlichen Schwerpunkte der neuen Partei bezeichnet Rosenberg als „abstruses Programm"[544] sowie als „Fleckerlteppich teilweise widersprüchlicher Forderungen"[545].

Auch die Kritik der CSU an Ekkehard Voigt beginnt vor der offiziellen Gründung der REP, aber vermutlich mit der Erwartung einer Abspaltung im Sinn. Bereits im Juli 1983 erntet Voigt eine Rüge für seine deutliche Kritik am Milliardenkredit an die DDR von Josef Nachmann, Mitglied des Landesausschusses der Jungen Union Bayern.[546] Voigts Widerspruch rede alles kaputt und sei polemisch, hässlich, scharf, „grob parteischädigend"[547] sowie gegenüber Strauß „ehrverletzend"[548]. Der CSU-Abgeordnete solle seine Kritik mäßigen und sich darauf besinnen, dass er seinen sicheren Listenplatz zur letzten Bundestagswahl auch dem persönlichen Engagement von Strauß zu verdanken habe. Der Ton der Reaktion auf den sich anbahnenden Parteiaustritt Voigts ist merklich schärfer als im Falle von Handlos. Auf dem CSU-Parteitag im Juli 1983 ruft ihm der CSU-Generalsekretär Otto Wiesheu zu: „Du Hund, du verlogener, du Sauhund."[549]

Nach dem Austritt Voigts im Oktober findet sich auf der Titelseite des Bayernkuriers vom 5. November 1983 ein Kommentar Theo Waigels.[550] Hierin wird der Vorsitzende der CSU-Landesgruppe folgendermaßen zitiert: „Dieser Schritt kommt für mich nicht überraschend. Ekkehard Voigt hat sich nicht an Vereinbarungen und Zusagen gehalten."[551] In einer Meldung an die Presse bezeichnet Waigel den Austritt Voigts als „die beste Lösung für die CSU"[552]. Voigts Verhalten in Bezug auf seine Kritik am Milliardenkredit sowie seine Stellung innerhalb der CSU-Landesgruppe

---

542 N.n., Handlos kündigt Gründung einer neuen Partei an, in: Kölner Stadt-Anzeiger, 27. Juli 1983.

543 Erik Spemann, Handlos: Ich bin kein Einzelkämpfer. Ex-Abgeordneter der CSU will 1986 mit einer eigenen Gruppierung antreten, in: Münchner Merkur, 27. Juli 1983.

544 Ebd.

545 Ebd.

546 Vgl. n.n., Schwere Vorwürfe aus der Jungen Union gegen Voigt, in: Süddeutsche Zeitung, 27. Juli 1983.

547 Ebd.

548 Ebd.

549 DPA-Meldung, CSU-Bundestagsabgeordneter Voigt verließ die Partei, 28. Oktober 1983; vgl. N.n., Im Wortlaut: Du Lump, du verlogener, in: Frankfurter Rundschau, 29. Oktober 1983.

550 Vgl. Bayernkurier, Partei-Austritt: Voigts Beweislast, Jahrgang 34, Nr. 44, 5. November 1983, S. 1.

551 Ebd.

552 DPA-Meldung, CSU-Bundestagsabgeordneter Voigt verließ die Partei, 28. Oktober 1983.

sei unzuverlässig und unglaubwürdig gewesen. Der Abtrünnige solle sein Bundestagsmandat zurückgeben, fordert Waigel zwei Tage nach dem Austritt Voigts.[553]

Der CSU-Vorsitzende Franz Josef Strauß hält sich mit Kommentaren über die Gründung der REP zurück. Laut dem Bonner *General-Anzeiger* habe Strauß Handlos und Voigt persönlich verspottet und zu „politisch nicht sonderlich erhabenen Größen"[554] erklärt.

Die offiziellen Parteiorgane von CDU (*Union in Deutschland*) und CSU (*Bayernkurier*) schweigen zur Gründung der REP. Auch in der ACSP-Sammlung von Pressemitteilungen der CSU-Landesgruppe im Bundestag sowie im *Deutschland-Union-Dienst* der CDU findet sich für das Jahr 1983 keine Äußerung zur neuen Partei.

4.1.2. Parteivorsitz Franz Schönhuber

Völlig anders stellt sich die Situation nach der Amtsübernahme Schönhubers, besonders aber nach den spektakulären Wahlerfolgen der REP im Jahr 1989 dar. Die überwiegende Masse an Reaktionen von Unionspolitikern auf das Auftreten und Wirken der REP stammt aus den Jahren der Parteiführung Schönhubers.

Von allen drei untersuchten Parteien hat die CDU am häufigsten auf das Instrument *formeller Beschlüsse* zurückgegriffen, um ihre Haltung gegenüber den REP zu klären und dem weiteren Umgang mit der Rechtspartei eindeutige Grenzen zu setzen.[555]

Während einer Klausurtagung am 16./17. April 1989 in Königswinter beschloss der CDU-Bundesvorstand Empfehlungen an die Bundesregierung und die CDU/CSU-Bundestagsfraktion in Form einer Entschließung. Hierin heißt es: „Die CDU ist die Partei, die seit ihrer Gründung den politischen Radikalismus von rechts und links bekämpft. Deshalb lehnt die CDU Koalitionen mit den sogenannten Republikanern und den Grünen ab."[556] Die SPD sei zu einer klaren Distanzierung radikalen Gruppierungen gegenüber nicht in der Lage und sei bereit, mit den Grünen zu koalieren. Daher warnt der Parteivorstand: „Jeder, der die sogenannten Republikaner

553 Vgl. ebd; DPA-Meldung, Waigel: Voigt soll Bundestagsmandat niederlegen, 28. Oktober 1983.

554 N.n., Die neue Partei, in: General-Anzeiger, 28. November 1983.

555 Schon in den sechziger Jahren griff die CDU zum Mittel der Beschlüsse, um sich damals von der in zahlreichen Landtagen vertretenen NPD abzugrenzen (vgl. n.n., CDU: Pfeifen im Walde, in: Der Spiegel, Nr. 34/1989, 21. August 1989).

556 Bundesvorstand der Christlich-Demokratischen Union, Empfehlungen an die Bundesregierung und die CDU/CSU-Bundestagsfraktion, beschlossen während der Klausurtagung am 16./17. April 1989 in Königswinter, zitiert nach: n.n., CDU begrüßt Kabinettsumbildung: Eine gute Grundlage für einen neuen Aufbruch, in: Union in Deutschland, Nr. 13, 20. April 1989, S. 3.

wählt, muss wissen, dass er dadurch einer rot-grünen Koalition den Weg ebnet, die eine andere Republik zum Ziel hat."[557]

Eine weitere Initiative aus dem Jahr 1989 bezieht eine Reihe als radikal gesehene Parteien ein, kommt aber spezifisch als Reaktion auf das Auftreten der REP zustande. Bei einer Sitzung am 3. Juli 1989 verabschiedet das Präsidium der CDU einen Abgrenzungsbeschluss, der einen im November 1968 gefassten Beschluss der Bundespartei[558] um die Erwähnung der REP sowie die Einbeziehung der kommunalen Ebene erweitert. Der neue Beschluss hat folgenden Wortlaut:

„1. Die CDU lehnt jede Vereinbarung über eine politische Zusammenarbeit und jede Koalition mit links- und rechtsradikalen Parteien wie z.B. den Kommunisten, den Grünen/Alternative Liste, den Republikanern, den Nationaldemokraten und der Deutschen Volksunion ab. 2. Dies gilt für die Bundes-, Landes- und Kommunalebene. 3. Die Landesverbände der CDU werden aufgefordert, die Einhaltung dieses Beschlusses sicherzustellen."[559]

Der Landesvorstand der niedersächsischen CDU entscheidet sich wenige Tage später, den Beschluss des Bundespräsidiums zu übernehmen.[560]

Als „bundesweit erste Parteigliederung der CDU"[561] beschließt die Junge Union Baden-Württemberg auf ihrem Landestag im Juli 1989 in St. Leon-Rot mit großer Mehrheit (sieben Gegenstimmen bei 200 Delegierten), alle Mitglieder auszuschließen, „die mit den ,Republikanern' zusammenarbeiten oder Absprachen treffen"[562]. Der Beschluss beziehe sich auf alle Ebenen. Im Beschluss heißt es, die REP stellten eine „Gefahr für unsere freiheitliche Grundordnung"[563] dar und besäßen ein „gering ausgeprägtes Demokratieverständnis"[564]. Kritisiert werden außerdem die Verharmlosung nationalsozialistischer Verbrechen sowie die Gefährdung des sozialen Friedens.

Neben der Bundespartei grenzt sich auch die nordrhein-westfälische Landespartei konkret von den REP ab. In der ersten Sitzung nach der Sommerpause 1989 beschließt der CDU-Landesvorstand von Nordrhein-Westfalen unter dem Vorsitz von Norbert Blüm, jegliche „politische Zusammenarbeit und jede Koalition mit links- und rechtsradikalen Parteien"[565] abzulehnen. Der Beschluss gelte sowohl für die Landes- als auch für die kommunale Ebene, daher würden auch Gliederungen der

557 Ebd.

558 Vgl. n.n., CDU: Pfeifen im Walde, in: Der Spiegel, Nr. 34/1989, 21. August 1989.

559 Christlich Demokratische Union/Parteipräsidium, Beschluss über Abgrenzung gegenüber radikalen Parteien, 3. Juli 1989, zitiert nach Christlich Demokratische Union/Bundesgeschäftsstelle, Pressemitteilung vom 4. Juli 1989.

560 N.n., CDU Niedersachsen gegen Zusammengehen mit Reps, in: Süddeutsche Zeitung, 11. Juli 1989.

561 N.n., Junge Union droht Mitgliedern mit Ausschluss, in: Stuttgarter Zeitung, 10. Juli 1989.

562 Ebd.

563 Ebd.

564 Ebd.

565 N.n., CDU in Düsseldorf gegen Koalition mit Republikanern, in: Süddeutsche Zeitung, 16. August 1989.

nordrhein-westfälischen CDU aufgefordert, „die Einhaltung des Beschlusses sicherzustellen"[566]. Zur näheren Bestimmung werden folgende Gruppierungen spezifisch als *radikal* etikettiert und somit eine Kooperation mit diesen Organisationen gänzlich ausgeschlossen: „Kommunisten, Grün-Alternative, Republikaner, Nationaldemokraten (NPD) und die Deutsche Volksunion (DVU)"[567].

Im September 1989 verabschiedet die CDU auf ihrem Bundesparteitag in Bremen einen Beschluss zur Modernisierung der Parteiarbeit in den 90er Jahren[568], in dem die Abgrenzungsverlautbarung des Parteipräsidiums[569] im Wortlaut übernommen wird. Die Einbindung in den Text eines umfassenderen Beschlusses statt der Formulierung einer eigenständigen Resolution gegen Radikalismus kommt als Kompromiss den Streitparteien entgegen, von denen die eine die Notwendigkeit eines Abgrenzungsbeschlusses in Frage stellt, die andere einen solchen aber vehement fordert. Der Parteivorsitzende Kohl erläutert die Haltung der Partei, die im Beschluss zum Ausdruck kommt, in seiner Parteitagsrede:

> „Grüne und Kommunisten, sogenannte Republikaner und NPD – solche Gruppierungen stehen in Tat und Wahrheit für eine andere Republik. [...] Für uns als CDU steht fest: Demokraten dürfen niemals mit Radikalen zusammenarbeiten. Deshalb lehnen wir jede Vereinbarung über eine politische Zusammenarbeit und jede Koalition mit links- und rechtsradikalen Parteien – und ich nenne sie bewusst zusammen: mit den Kommunisten, den Grün-Alternativen, den Republikanern, der NPD und der DVU – entschieden ab. Die hat der Bundesvorstand beschlossen, und dabei bleibt es."[570]

Kohl betont, Grüne und REP wiesen besonders in der Außenpolitik parallele Forderungen auf. Er ergänzt: „Dieser Gleichschritt von links und rechts weckt ungute Erinnerungen."[571]

Drei Jahre später befasst sich erneut ein CDU-Bundesparteitag mit den REP und anderen radikalen Parteien. Der im Oktober 1992 in Düsseldorf verabschiedete Beschluss liest sich wie folgt:

> „Die CDU lehnt jede Vereinbarung über eine politische Zusammenarbeit und jede Koalition mit links- oder rechtsradikalen Parteien ab, wie z.B. mit der PDS, DVU, den Republikanern oder ähnlichen Gruppierungen. Ein Verstoß gegen diesen Grundsatz ist mit den Zielen und der Mitgliedschaft in der CDU unvereinbar."[572]

---

566 Ebd.
567 Ebd.
568 Vgl. Christlich Demokratische Union, Moderne Parteiarbeit in den 90er Jahren, Parteitagsbeschluss, Niederschrift des 37. Bundesparteitages am 11.-13. September 1989 in Bremen.
569 Vgl. Christlich Demokratische Union/Parteipräsidium, Beschluss über Abgrenzung gegenüber radikalen Parteien, 3. Juli 1989, zitiert nach Christlich Demokratische Union/Bundesgeschäftstelle, Pressemitteilung vom 4. Juli 1989.
570 Christlich Demokratische Union, Moderne Parteiarbeit in den 90er Jahren, Parteitagsbeschluss, Niederschrift des 37. Bundesparteitages am 11.-13. September 1989 in Bremen.
571 Ebd.
572 Christlich Demokratische Union, Beschluss Nr. H81, Niederschrift des 3. Parteitages am 26.-28. Oktober 1992 in Düsseldorf.

Bemerkenswerterweise werden die Grünen nicht mehr namentlich in Zusammenhang mit radikalen Parteien gebracht wie noch in den Beschlüssen des Jahres 1989 und der Wahlkampfrhetorik im selben Jahr.

Eine erneute Abgrenzung gegenüber radikalen Kräften, darunter den REP, nimmt die CDU auf ihrem Bundesparteitag im September 1993 in Berlin vor. In einem mit dem Aufruf „Den Radikalen keine Chance!" überschriebenen Beschluss heißt es:

> „Die Christlich Demokratische Union Deutschlands lehnt auch weiterhin jede politische Zusammenarbeit mit radikalen und extremistischen Parteien wie DVU, REP oder PDS entschieden ab. Jeder Verstoß gegen diesen Grundsatz ist mit den Zielen und der Mitgliedschaft in der CDU unvereinbar."[573]

Jede Form des politischen Radikalismus sei „eine Herausforderung für unsere freiheitliche Demokratie"[574].

Die CSU verzichtet fast ausnahmslos auf *formelle Beschlüsse* zwecks Abgrenzung zu den REP. Teile der Partei halten eine Abgrenzung aufgrund des Kredos des christsozialen Übervaters Franz Josef Strauß, es dürfe rechts von der Union keine demokratisch legitimierte Partei geben, wohl für überflüssig. Andere wollen den unangenehmen Spaltpilz nicht unnötig aufwerten. Eine Minderheit mag sich für den Fall eines in Frage gestellten Machterhalts eine Tür offen halten wollen. Lediglich der CSU-Bezirksparteitag im Juli 1989 in Augsburg schließt jegliche Zusammenarbeit auf der Parteiebene sowie in der Kommunalpolitik zwischen CSU und REP „ohne Wenn und Aber"[575] per Beschluss aus. In der Begründung heißt es: „Umarmungen, wachsweichen Gymnastiübungen, Flic-Flac-Sprüngen oder anderen vordergründigen taktischen Turnübungen mit einer ‚ultrarechten Parteiorganisation' müssten von vornherein mit aller Deutlichkeit die Matten entzogen werden"[576]. Die Augsburger CSU wolle die REP „genauso offensiv und engagiert bekämpfen wie linksextreme Gruppierungen"[577].

Beide Unionsparteien bieten sowohl den eigenen Anhängern und Wahlhelfern als auch der Öffentlichkeit Hintergrundinformationen, Handlungsempfehlungen und Argumentationshilfen in Bezug auf die REP in Form von *Dokumentationen und Handreichungen* an. Die Erscheinungsdaten der CDU-Papiere lassen drei Anlässe für die publizistischen Bemühungen der Partei vermuten: erstens den Einzug der REP in das Berliner Abgeordnetenhaus sowie das Europaparlament im Jahr 1989, zweitens den Einzug der Rechtspartei in den Landtag von Baden-Württemberg 1992

---

573 Christlich Demokratische Union, Den Radikalen keine Chance!, Beschluss D40, Niederschrift des 4. Parteitages am 13.-14. September 1993 in Berlin.
574 Ebd.
575 Vgl. Andreas Roß, CSU-Bezirksparteitag in Augsburg: Kein Flic-Flac mit Republikanern, Klare Abgrenzung zur Schönhuber-Partei/Kränzl neuer Chef, Süddeutsche Zeitung, 17. Juli 1989.
576 Ebd.
577 Ebd.

und drittens befürchtete rechte Erfolge bei den Wahlen zum Europaparlament, zum Bundestag sowie zum bayerischen Landtag.

Bereits vor Veröffentlichung des ersten CDU-Strategiepapiers von 1989 werden dessen Inhalte in den Medien diskutiert.[578] Am 18. Mai 1989 publiziert die CDU-Bundesgeschäftsstelle dann die mit 52 Seiten sehr umfangreiche Dokumentation über die REP mit dem Titel „Die REP: Analyse und politische Bewertung einer rechtsradikalen Partei" samt einer „Dokumentation ausgewählter Zitate aus Programmen und Flugblättern", bestehend aus zusätzlichen 13 Seiten.[579] Der CDU-Bundesverband äußert sich in seinem Papier zu drei Themenkomplexen die REP betreffend: Erstens, zu Entstehungsgeschichte, Organisation und Führungspersonen. Zweitens, zu Wahlergebnissen und Wählerstruktur. Drittens, zur politischen Strategie.

Einer überblickartigen, sachlich stimmigen Einführung folgen Kurzporträts von insgesamt 15 REP-Politikern[580], wobei Schönhuber als „Galionsfigur und herausragende Persönlichkeit der Partei"[581] bezeichnet wird, Neubauer als „der zweitwichtigste Politiker der REP"[582]. Im Hinblick auf beide weisen die CDU-Autoren auf kontrastreiche politische Werdegänge hin – Schönhuber und Neubauer hätten sich beide mal dem linken Lager und mal dem rechten zugehörig gefühlt. Schwerpunkte bei den Personenvorstellungen bilden die Erwähnung früherer Parteimitgliedschaften (überwiegend CDU, aber auch DP und NPD) sowie die Auflistung verschuldeter Disziplinar- und Strafverfahren. Eine „offene Zusammenarbeit"[583] der REP mit NPD und DVU gäbe es aufgrund der Ablehnung solcher Kooperationen seitens der REP grundsätzlich nicht, eine Ausnahme sei ein geplantes kommunales Listenbündnis in Essen. Die Wähler der Partei seien „vorwiegend protestorientiert und nicht ideologisch rechtsorientiert"[584]. Soweit von der CDU abgewandert, handele es sich bei den REP-Wählern mehrheitlich nicht um Stammwähler der Union, sondern um ein wechselfreudiges Potenzial.

Auf der Erfahrung mit den Wahlerfolgen der NPD in den sechziger Jahren aufbauend, vertreten die Autoren des CDU-Papiers die These, es bestünde unter einer Unionsregierung immer die Gefahr, „dass ein Teil ihrer Wähler aus Protest oder Unzufriedenheit gegenüber der Regierungspolitik entweder nicht wählt oder – wenn er

---

578 Vgl. u.a. Hans Krump, „CDU-Politiker sollten besser von REP, nicht von Republikanern reden", in: Die Welt, 6. Mai 1989; n.n., „Den Republikanern nicht die Stichworte liefern", in: Die Welt, 6. Mai 1989.

579 Vgl. Christlich Demokratische Union/Bundesgeschäftsstelle, Die REP: Analyse und politische Bewertung einer rechtsradikalen Partei, Bonn, 18. Mai 1989.

580 Vgl. ebd., S. 5-10.

581 Ebd., S. 6.

582 Ebd., S. 7.

583 Ebd., S. 10.

584 Ebd., S. 12.

die Möglichkeit dazu hat – einer Partei rechts von der Union seine Stimme gibt"[585]. Dies sei „nicht ungewöhnlich"[586], überrasche aber im Falle der REP durch den Umfang der Stimmenverluste an eine Rechtspartei. In erster Linie müsse man die REP als „rechtspopulistische Protestpartei"[587] begreifen, die „Angst- und Bedrohungsgefühle ihrer Anhänger vor gesellschaftlichen Veränderungen der modernen Welt"[588] instrumentalisiere. Wie die Grünen artikulierten sich die REP als antimoderne, radikale Partei. Während die Grünen „linksradikalen Protest"[589] gegenüber der „modernen Wissenschaft, Technik und Industrie"[590] formulierten, mobilisierten die REP „rechtsradikalen Protest"[591] gegen die „moderne Gesellschaft"[592]. Die REP bauten auf „die totale Vereinfachung, die Mobilisierung von Gefühlen, die Anprangerung von angeblichen oder wirklichen Missständen und Fehlentwicklungen"[593], versuchten jedoch, sich „eindeutig von rechtsextremen und verfassungswidrigen Positionen abzugrenzen"[594]. Sie böten nicht den „Angriffspunkt, dass sie die NS-Verbrechen bestreiten"[595], relativierten diese aber durch „Hinweise auf vergleichbare Verbrechen anderer Völker und Staaten"[596]. Die Forderungen der REP seien darauf ausgerichtet, „unterschwellig vorhandene Ausländer- und Fremdenfeindlichkeit bzw. Angst sowie nationalistische Gefühle aufzuputschen"[597]. Gegen die etablierten Parteien, Kirchen, Gewerkschaften und Medien richteten sich „scharfe Angriffe"[598]. Gerne präsentierten sich die REP als „Partei des kleinen Mannes"[599] und vermieden es ängstlich, den Eindruck einer „Kapitalistenpartei"[600] zu vermitteln. Alle Beobachtungen in der Dokumentation bezüglich Strategie und Programmatik der REP sind ausführlich, treffend und korrekt belegt.

Eine gleichnamige, aber deutlich veränderte Dokumentation erscheint erst am 26. Mai 1989 als Beilage der *Union in Deutschland*,[601] dann im Juli 1989 als separate

---

585 Ebd., S. 25.
586 Ebd.
587 Ebd.
588 Ebd., S. 26.
589 Ebd.
590 Ebd.
591 Ebd.
592 Ebd.
593 Ebd., S. 26f.
594 Ebd., S. 27.
595 Ebd.
596 Ebd.
597 Ebd., S: 34.
598 Ebd., S. 38.
599 Ebd., S. 50.
600 Ebd.
601 Christlich Demokratische Union/Bundesgeschäftsstelle, Die REP: Analyse und politische Bewertung einer rechtsradikalen Partei, in: Union in Deutschland, Nr. 17, 26. Mai 1989.

Handreichung.[602] Auf 63 Seiten beleuchtet das Papier die Gefahren des politischen Radikalismus im Allgemeinen, Politik und Strategie der REP im Besonderen sowie die Funktion der REP als „Sammelbecken für politische Sektierer und Querulanten"[603]. Im Anhang werden Geschichte, Organisations-, Mitglieder-, Finanz- und Wählerstruktur analysiert.

Obgleich die Dokumentation den REP gewidmet ist, warnen die CDU-Autoren ausdrücklich gegen Radikalismus von links *und* rechts. Links- und rechtsradikale Parteien schaukelten sich gegenseitig hoch.[604] Im Gegensatz zu extremistischen Parteien, deren Ziel es sei, „die Demokratie und den Rechtsstaat zu beseitigen"[605], verfolgten radikale Parteien die Absicht, mittels diffamierender, dramatisierender Demagogie „die Idee und die Spielregeln der pluralistischen Gesellschaft, der Demokratie und des Rechtsstaats in Misskredit"[606] zu bringen. Wie in vielen anderen Unionspublikationen werden als Beispiele radikaler Parteien die REP und die Grünen genannt und einander hinsichtlich ihrer Radikalisierung gleichgestellt. Die CDU werde die „Fehler der SPD gegenüber den linksradiklaen [sic] Grünen nicht wiederholen und daher die REP mit derselben Entschiedenheit bekämpfen wie sie dies Ende der 60er Jahre erfolgreich mit der NPD getan hat"[607]. Koalitionen mit den REP oder den Grünen lehne die CDU ab. Die Handreichung stuft die REP als eine „rechtsradikale Partei am Rande zum Extremismus"[608] ein und bezweifelt die Ernsthaftigkeit und Glaubwürdigkeit der Abgrenzungserklärungen seitens der REP gegenüber DVU und NPD. Die Sprache der REP könne aus dem „Wörterbuch der Unmenschen"[609] stammen. Das erste Kapitel mündet in der Ankündigung der Unionspartei, die Öffentlichkeit „über die wahren Ziele der REP aufklären"[610] zu wollen. In diesem Zusammenhang erscheint der refrainartig im Europawahlkampf 1989 wiederholte Slogan: „Wer rechtsradikal wählt, wird links regiert."[611]

Den Kern des Papiers bildet das Kapitel über Politik und Strategie der REP, welches illustrieren soll, dass die Partei Schönhubers „an der Schwelle zum Rechtsextremismus"[612] stehe. Als Textbausteine wechseln sich hierbei (stets einwandfrei belegte) Zitate und die Deutungen der Autoren. Dies führt die CDU zum Ergebnis, es bestünden „vielfältige personelle Querverbindungen und politische Übereinstim-

---

602 Christlich Demokratische Union/Bundesgeschäftsstelle, Die REP: Analyse und politische Bewertung einer rechtsradikalen Partei, Bonn, Juli 1989.
603 Christlich Demokratische Union/Bundesgeschäftsstelle, Die REP: Analyse und politische Bewertung einer rechtsradikalen Partei, Bonn, Juli 1989 [ohne Seitenangabe].
604 Vgl. ebd., S. 1.
605 Ebd.
606 Ebd.
607 Ebd., S. 3.
608 Ebd., S. 4.
609 Ebd.
610 Ebd., S. 5.
611 Ebd., S. 6.
612 Ebd.

mungen zwischen Rechtsradikalen [gemeint sind die REP] und Rechtsextremisten [gemeint sind NPD und DVU][613]. Nur aus der Befürchtung heraus, eine „nachgewiesene Verbindung zu rechtsextremen Parteien"[614] könne ihnen schaden, und aufgrund von „persönlichen Antipathien zwischen dem REP-Chef und dem DVU-Chef"[615] grenzten sich die REP von NPD und DVU ab, nicht aus politischer Überzeugung. REP-Funktionäre, „die sich früher offen zum Rechtsextremismus bekannt haben"[616], müssten keine Konsequenzen befürchten. Die REP verharmlosten „nationalsozialistische Verbrechen"[617], dies sei der offensichtlichste „Bestandteil des Anbiederungskurses der REP gegenüber Rechtsextremisten"[618]. Schönhuber wolle „die Nazis entschuldigen"[619], „für die von Hitler angeordneten Verbrechen Verständnis [...] wecken"[620], dem „von den Nationalsozialisten angezettelten Krieg positive Seiten"[621] abgewinnen und „die Verbrechen der Nazis durch ständiges Verweisen auf tatsächliche oder vermeintliche Verbrechen anderer Völker und Regierungen"[622] relativieren. Auf sich aufmerksam machten die REP besonders durch den „dumpfen Nationalismus und [...] chauvinistische Überheblichkeit"[623], durch „Ausländerfeindlichkeit und Fremdenhass"[624], durch die Mobilisierung von „Angst und Aggressionen gegen eine vermeintliche Türken-Bedrohung"[625] und durch die Forderung der Abschiebung abgelehnter Asylbewerber „ohne Rücksicht auf die jeweilige Situation in den Herkunftsländern"[626]. Gegenüber etablierten Parteien, Kirchen, Gewerkschaften und Medien äußerten die REP „billige Polemik"[627]. Besonders böswillig äußere sich Schönhuber über den CDU-Generalsekretär Heiner Geißler und bezeichne ihn als „den unseligsten Mann der Republik"[628]. Laut dem REP-Vorsitzenden hätte Geißler „bei Goebbels gelernt haben können"[629]. Im Analysetext finden sich wiederholt Querverweise zu den Grünen, so der Vermerk, die REP bekannten sich „wie die Grünen"[630] zum Antiamerikanismus oder forderten „wie die Grünen"[631] die „politi-

613 Ebd.
614 Ebd.
615 Ebd., S. 9.
616 Ebd., S. 10.
617 Ebd., S. 13.
618 Ebd.
619 Ebd.
620 Ebd.
621 Ebd., S. 14.
622 Ebd., S. 16.
623 Ebd., S. 18.
624 Ebd.
625 Ebd., S. 20.
626 Ebd., S. 22.
627 Ebd., S. 23.
628 Ebd., S. 26.
629 Ebd.
630 Ebd., S. 31.
631 Ebd., S. 32.

sche Neutralisierung Deutschlands"[632]. Das Programm der REP sei „ausgesprochen unausgewogen"[633], beinhalte kein „schlüssiges politisches Konzept für die Lösung zentraler Fragen"[634] und präsentiere sich als „Gebräu aus Gemeinplätzen, populistischen Maximalforderungen und simplen Rezepten"[635].

Das „eigentliche Markenzeichen der REP-Partei"[636] spreche allerdings nicht aus dem Parteiprogramm, sonder seien „politisches Querulantentum, innerparteiliche Abspaltungen, Rechtsverstöße von Amts- und Mandatsträgern sowie gerichtliche Auseinandersetzungen zwischen Parteimitgliedern"[637]. Schönhuber wird als „REP-Hauptdarsteller"[638] betitelt, gleiche opportunistisch seine politische Gesinnung an gewitterte Vorteile an und stelle „Machtstreben vor politische Inhalte"[639]. Die Auseinandersetzung mit anderen REP-Führungspersonen wird ausführlicher vorgenommen als in der gleichnamigen CDU-Dokumentation vom 18. Mai 1989, bringt aber kaum neue Erkenntnisse.[640] Bemerkenswert in der stichpunktartigen Übersicht im Anhang ist die Auflistung „anderer rechter bzw. rechtsextremistischer Gruppierungen", zu denen die CDU-Autoren nicht nur NPD, DVU und FAP rechnen, sondern unter anderen auch FVP, BP, ödp, Patrioten und Christliche Liga.

Für viele politische Beobachter völlig überraschend gewinnen die schon totgeglaubten REP am 5. April 1992 bei der baden-württembergischen Landtagswahl 10,9 Prozent der Stimmen und ziehen als drittstärkste Partei in das Landesparlament ein. Bald äußert sich die CDU in Baden-Württemberg. Für die baden-württembergische Landtagsfraktion legt Günter Oettinger am 11. Mai 1992 eine Dokumentation über die REP vor.[641] Das schmucklose, schlichte Format lässt auf eine interne Handreichung schließen. Auf 11 Seiten soll illustriert werden, warum die Funktionäre der REP tatsächlich „Wölfe im Schafspelz"[642] seien. Kernelemente der REP-Politik seien „Nationalismus, Neutralismus, Ausländer- und Fremdenfeindlichkeit, Intoleranz, Vergötzung des Obrigkeitsstaates und ausgeprägtes Freund-Feind-Denken"[643]. Schrittweise kritisiert die Landtagsfraktion die Haltungen und Forderungen der REP zu einzelnen Politikfeldern und hebt hierbei hervor, die Kritik gelte

632 Ebd.
633 Ebd., S. 33.
634 Ebd.
635 Ebd., S. 34.
636 Ebd., S. 35.
637 Ebd.
638 Ebd., S. 36.
639 Ebd., S. 39.
640 Vgl. Christlich Demokratische Union/Bundesgeschäftsstelle, Die REP: Analyse und politische Bewertung einer rechtsradikalen Partei, Bonn, 18. Mai 1989.
641 Christlich Demokratische Union/Fraktion im Landtag von Baden-Württemberg, Die Funktionsträger der Republikaner oder: Wölfe im Schafspelz, 11. Mai 1992.
642 Ebd., S. 1.
643 Ebd.

nicht den Wählern der Partei, sondern deren Funktions- und Meinungsträgern.[644] Die REP werden als *radikal, rechtsextrem* und als *Protestpartei* eingestuft.[645]

Als Grundlage der Auseinandersetzung dienen den Autoren des Papiers das REP-Programm von 1987 (obwohl 1990 ein neues Programm verabschiedet wurde), Aussagen Schönhubers sowie der Funktionäre bzw. Mandatsträger Michael Krämer (Bezirksvorstandsmitglied Oberbayern), Bernhard Andres (Landesvorsitzender Berlin), Richard Eckert, Rolf Schlierer (beide Gemeinderat Stuttgart), Horst Trageiser (Stadtrat Stuttgart) und eine namenlose, den REP zugesprochene Quelle. Dabei erscheint das Papier schlampig recherchiert, wofür eine Reihe von Ungenauigkeiten und inhaltlichen Fehlern sprechen. Die Zitate Eckerts, Schlierers und Trageisers sind nicht belegt. Ein Beleg fehlt auch für eine individuelle Meinungsbekundung „im Rahmen einer Mitgliederversammlung der REP in Köln 1990"[646], die „als allgemeiner *Parteikonsens*"[647] artikuliert gewesen sei, ohne dass der Name des Betreffenden angegeben ist. Auch spricht die Dokumentation von einer „Aussage des damaligen REP-Bezirksvorstandsmitglieds aus Oberbayern, Kramer, der sich 1986 wie folgt äußerte"[648]. Tatsächlich heißt die zitierte Person Michael *Krämer*, nicht Kramer. Die Aussage stammt aus dem Jahr 1985, nicht 1986.[649] Als Krämer sich im Sinne des Zitats äußert, war er noch nicht Mitglied der REP und trat erst nach einer kurzen Phase der Mitgliedschaft bei der ödp der Partei Schönhubers bei. Im Mai 1992, dem Zeitpunkt der Publikation des CDU-Papiers, gehört Krämer bereits fast drei Jahren lang nicht mehr den REP an.[650]

Im Juni 1989 legt die Bundesgeschäftsstelle der *Jungen Union* das Papier der baden-württembergischen Landtagsfraktion erneut auf, wobei die JU-Version zusätzlich Kommentare zur Entstehungsgeschichte der REP, zum Extremismusbegriff, zum Parteiprogramm, zur Wählerstruktur und zum Umgang mit den REP sowie eine Zusammenfassung enthält und es so auf 14 Seiten mit kleiner Schriftgröße bringt.[651] Da sich die JU-Publikation detailgetreu an die Vorlage hält und selbst die genannten Mängel übernimmt, handelt es sich bei den zusätzlichen Inhalten kaum um klammheimliche Ergänzungen. Vielmehr wurden vermutlich auch Teile des Fraktionspa-

---

644 Vgl. ebd., S. 2.
645 Vgl. ebd., S. 1.
646 Ebd., S. 3.
647 Ebd. (Hervorhebung im Original)
648 Ebd., S. 5.
649 Vgl. Hans Holzhaider, Die Entstehungsgeschichte einer „Ungeheuerlichkeit", in: Süddeutsche Zeitung, 10. Juni 1989; vgl. Michael Krämer, Telefonat mit dem Autor vom 24. Mai 2005.
650 Krämer erklärt, er sei unmittelbar nach der Europawahl 1989 auf den ausdrücklichen Wunsch des damaligen Generalsekretärs Harald Neubauer aus der Partei ausgetreten (vgl. Michael Krämer, Telefonat mit dem Autor vom 24. Mai 2005). 2003 kandidierte Krämer für die *Bayernpartei* (BP) zum bayerischen Landtag und oberbayerischen Bezirkstag, trat aber im April 2005 auch aus der BP aus (vgl. Hans Eberle, Telefonat mit dem Autor vom 24. Mai 2005).
651 Junge Union/Bundesgeschäftsstelle, Die Republikaner, Juni 1992.

piers in Umlauf gebracht, wobei das Kernkapitel „Wölfe im Schafspelz" als eigenständiges Dokument im ACDP hinterlegt und katalogisiert wurde.

Relevante Thesen finden sich auch im Zusatztext. Beispielsweise werden die REP „hinsichtlich der ideologischen Grundlagen"[652] dem *Rechtsextremismus* zugeordnet. Dies bedeute, die REP stünden für einen „Gegenentwurf zum demokratischen Verfassungsstaat"[653]. Der Öffentlichkeit werde „bewusst das Bild des demokratischen REP-Politikers vorgespielt"[654], tatsächlich seien „weder in den Schwerpunktsetzungen noch in den dortigen Inhalten gravierende Unterschiede gegenüber den Programmen von NPD und DVU zu erkennen"[655]. Die CDU müsse zukünftig „über die wahren Ziele der REP aufklären"[656] und sich „intensiv um die Menschen bemühen, die sich von den REP angezogen fühlen"[657]. Dies könne nur durch eine politische Bekämpfung der REP geschehen. Die Union sei „*kein Partner* für eine Politik der Isolation, der Intoleranz und des Rückschritts"[658] und müsse „eine Zusammenarbeit mit den REP zutiefst *ablehnen*"[659].

Eine weitere Handreichung aus Baden-Württemberg, diesmal des CDU-Landesverbandes, erscheint etwa im selben Monat.[660] Das Papier umfasst lediglich vier Seiten und dient vermutlich als Stichwortgeber für Wahlhelfer der Union. Die REP werden darin als „rechtsradikale Partei am Rande zum Extremismus"[661] eingestuft. Sie höben dieselben Themen hervor wie die NPD und beide Parteien nutzten „eine ähnlich extreme Sprache"[662]. Auffällig seien die „Mobilisierung nationalistischer Gefühle und Parolen"[663], die „Verharmlosung des Nationalsozialismus"[664] sowie das „Schüren von Ausländerfeindlichkeit und Fremdenhass"[665]. Das Parteiprogramm zeichne sich durch „Lückenhaftigkeit und Widersprüchlichkeit"[666] aus und weise keinerlei problemlösenden Konzepte auf, sondern bediene sich „Mitteln der totalen Vereinfachung und Demagogie"[667]. Schönhuber sei „ein politischer Wandervogel

---

652   Ebd., S. 1.
653   Ebd.
654   Ebd., S. 3.
655   Ebd.
656   Ebd., S. 7.
657   Ebd.
658   Ebd. [Hervorhebung im Original]
659   Ebd. [Hervorhebung im Original]
660   Vgl. Christlich Demokratische Union/Landesverband Baden-Württemberg, CDU: Keine Basis für eine Zusammenarbeit mit den REP, CDU-Baden-Württemberg Extra, [ca. Mai/Juni 1992, keine Seitenangaben].
661   Ebd.
662   Ebd.
663   Ebd.
664   Ebd.
665   Ebd.
666   Ebd.
667   Ebd.

mit wechselnder Flugrichtung, von ganz links bis ganz rechts"[668]. Die Autoren der baden-württembergischen Dokumentation differenzieren zwischen den Funktionären der REP, die schonungslose Kritik verdienten, und den Wählern der Partei, die überwiegend ohne rechtsradikale Gesinnung die REP als Ventil für ihren Protest gebrauchen. Es könne nicht Aufgabe der Union sein, „durch Gespräche oder gar Koalitionsverhandlungen die Republikaner politisch aufzuwerten und ihnen zu helfen, einen festen Platz im deutschen Parteiensystem zu finden"[669]. Die Ablehnung von Bündnissen mit den REP wird jedoch nicht ausschließlich mit strategischen Überlegungen begründet, sondern auch damit, dass es „mit einer rechtsradikalen, nationalistischen, europa- und ausländerfeindlichen Partei wie den Republikanern [...] keine politischen Gemeinsamkeiten in Grundsatzfragen"[670] gebe.

Die Bemühungen, durch Dokumentationen und Handreichungen den Umgang der CDU mit den REP nach deren Einzug in den Landtag in Stuttgart im Jahr 1992 zu bestimmen, gehen über die Landesgrenzen Baden-Württembergs hinaus. 54 Seiten umfasst die CDU-Dokumentation „Die REP: Gefahr von rechts", die aus dem Jahr 1992 stammt und im Pressearchiv der Konrad-Adenauer-Stiftung hinterlegt ist.[671] Ein Autor ist ebenso wenig angegeben wie eine verantwortliche Parteigliederung, der Dokumentationstext deutet auf die Bundes-CDU als Herausgeber hin. Vermutlich handelt es sich um eine interne Handreichung. Gegliedert ist das Papier in vier Abschnitte. Nach einer umfangreichen Einleitung wird die „Nähe der REP zu rechtsextremistischen Parteien"[672] dokumentiert, der Kontrast zwischen Anspruch und Wirklichkeit der Partei illustriert und schließlich die REP-Wählerstruktur analysiert. Alle Inhalte und Zitate sind sauber belegt.

Der Wahlerfolg in Baden-Württemberg der vorher „fast völlig von der politischen Bühne"[673] verschwundenen REP bereite Sorge. Die CDU müsse sich dieser „gefährlichen Entwicklung"[674] stellen, da die Vertretung der REP in den Parlamenten mit „negativen Folgen für die Stabilität der Demokratie und der wirtschaftlichen Zukunft"[675] einherginge. Die REP seien eine „rechtsradikale Partei"[676] und nicht etwa „national-konservativ"[677]. Sie betrieben nicht nur eine „Mobilisierung von niederen Instinkten"[678] und polemisierten „undifferenziert und pauschal"[679], sie demonstrierten auch ihre „Ablehnung des demokratischen Systems der Bundesrepublik

---

668 Ebd.
669 Ebd.
670 Ebd.
671 Christlich Demokratische Union, Die REP: Gefahr von rechts, 19. Oktober 1992.
672 Ebd. [ohne Seitenangabe]
673 Ebd., S. 1.
674 Ebd.
675 Ebd.
676 Ebd., S. 2.
677 Ebd.
678 Ebd.
679 Ebd., S. 16.

Deutschland"[680], schürten „antisemitische Stimmungen"[681] und lehnten sich „an die Ideologie der Nationalsozialisten an"[682]. Insbesondere die Verwendung des Begriffs „Überfremdung" sei „verräterisch"[683], tauche er doch „im Gedankengut aller rechtsradikalen und rechtsextremistischen Gruppierungen"[684] auf. Zum Umgang mit den REP weist das Papier deutliche Worte der Abgrenzung auf: „Rechtsradikale Politik und christlich demokratische Politik sind wie Feuer und Wasser. Es gibt einen fundamentalen und unüberbrückbaren Unterschied zwischen demokratischen und rechts- wie linksradikalen Parteien wie den REP und der PDS, der eine Zusammenarbeit mit der CDU unmöglich macht."[685] Die CDU werde „die REP in aller Entschiedenheit bekämpfen, wie sie dies bereits in den 60er Jahren mit der NPD getan"[686] habe.

Deutlich zeige sich „eine Nähe der REP zu rechtsextremen Parteien wie der DVU, der NPD, der Deutschen Liga für Volk und Heimat, der Freiheitlichen Arbeiterpartei (FAP) und anderen"[687]. Die REP gingen „konturenlos in diesen ‚rechten Narrensaum'"[688] über. Die „Palette der Agitationsthemen"[689] von REP, NPD und DVU sei „nahezu identisch"[690]. Alle drei Parteien verfolgten „die gleiche Strategie"[691]. Auffällig sei, dass nicht selten REP-Parlamentarier „zu eindeutig rechtsextremen Parteien überlaufen, ohne ihr Mandat zurückzugeben"[692].

Die Autoren des CDU-Papiers zitieren den *Münchner Merkur* mit der Aussage, Schönhuber habe früher einmal geäußert: „Ich bin der neue Hitler."[693] Mit innerparteilicher Demokratie täten sich die REP schwer, das „autokratische Verhalten"[694] Schönhubers sei unübersehbar. „Innerparteiliche Querelen, Intrigen und Abspaltungen"[695] seien an der Tagesordnung. Zudem seien „führende REP-Funktionäre"[696] wegen „Vergewaltigung, Unterschriftenfälschung, Betrug und Untreue, Körperverletzung und Kindesmissbrauch"[697] angeklagt und zum Teil rechtskräftig verurteilt worden. Nicht nur dem sorgfältig gepflegten Image der konservativen Saubermänner

---

680 Ebd., S. 2.
681 Ebd., S. 21.
682 Ebd., S. 3.
683 Ebd., S. 12.
684 Ebd.
685 Ebd., S. 2.
686 Ebd., S. 4.
687 Ebd., S. 23.
688 Ebd.
689 Ebd., S. 27.
690 Ebd.
691 Ebd.
692 Ebd., S. 31.
693 Ebd., S. 32.
694 Ebd., S. 37.
695 Ebd.
696 Ebd., S. 38.
697 Ebd.

soll die Grundlage entzogen werden, auch die mangelnde „konzeptionelle und personelle Kompetenz"[698] der Partei wird kritisiert.

Die Wähler der REP seien „von einer tiefsitzenden Unzufriedenheit geprägt"[699] und neigten zur Politik- und Staatsverdrossenheit. Die Dokumentation hebt ebenfalls die „Bindungs- und Orientierungslosigkeit der REP-Wähler"[700] hervor. Diese Wähler gelte es wiederum an die demokratischen Parteien zu binden, indem man „die Themen aufgreift und politisch löst, die von den rechtsradikalen Parteien für ihre Demagogie missbraucht"[701] würden.

Mit der *Christlich-Demokratischen Arbeitnehmerschaft* (CDA) tritt auch eine Arbeitsgemeinschaft der CDU als Herausgeber einer Dokumentation in Erscheinung. Sie veröffentlicht am 8. Juli 1992 ein Papier mit dem Titel „Die Republikaner – Brandstifter gegen Deutschland"[702]. Im Urteil der CDA sind die REP eine „antidemokratische und autoritäre"[703], „extreme nationalistische Partei"[704]. Parallelen zur NSDAP werden unterstellt. So seien sie „auf den *Führer* Schönhuber"[705] zugeschnitten, der „nach Belieben seinen Willen"[706] diktiere, und verhöhnten wie einst seitens der „extremen Rechten in Weimar"[707] geschehen, Demokratie und Parlament. Die REP schürten „ausländerfeindliche Hetze und Fremdenhass"[708] und hätten „im Dritten Reich auch gegen Juden gehetzt"[709]. Vor allem wollte die Partei Schönhubers „die Naziverbrechen verharmlosen"[710]. Wer die REP wähle, schaufele „der zweiten deutschen Demokratie das Grab"[711] und verhelfe einer Partei zu mehr Einfluss, die „Deutschland ins Unglück stürzen"[712] werde.

Die Bekämpfung der REP könne nicht darin bestehen, sich Ansichten und Thesen der REP anzueignen und so hoffähig zu machen: „Die CDU kann Wahlen nicht am rechten Rand sondern nur in der Mitte gewinnen."[713] Koalitionsüberlegungen beförderten die Union „in eine politische Randexistenz"[714]. Der vom CDU-Parteitag 1989 gefasste Abgrenzungsbeschluss müsse eingehalten werden. Außerdem empfiehlt die

---

698 Ebd., S. 41.
699 Ebd., S. 50.
700 Ebd., S. 51.
701 Ebd., S. 54.
702 Christlich-Demokratische Arbeitnehmerschaft/Bundesverband, Die Republikaner – Brandstifter gegen Deutschland, 8. Juli 1992.
703 Ebd., S. 3.
704 Ebd.
705 Ebd. (Hervorhebung durch den Autor)
706 Ebd.
707 Ebd.
708 Ebd.
709 Ebd.
710 Ebd.
711 Ebd., S. 4.
712 Ebd.
713 Ebd.
714 Ebd.

CDA der Gesamtpartei eine Sozialpolitik an, die sie wieder zum „Anwalt der Schwachen"[715] mache.

Der lose organisierte konservative Diskussionszirkel *Petersberger Kreis* innerhalb der hessischen CDU fordert in einem anonym verfassten, internen Positionspapier eine Annäherung an die REP. Von dieser Forderung distanziert sich der hessische Landes- und Landtagsfraktionsvorsitzende der CDU, Manfred Kanther, und stellt klar, dass eine Zusammenarbeit mit den REP für die Union nicht in Frage kommt.[716]

Ebenfalls aus Hessen kommt eine von drei CDU-Dokumentationen über die REP im Jahr 1994. Die CDU-Fraktion im Landtag von Hessen stellt am 9. Mai 1994 eine 12-seitige Dokumentation über die Arbeit von REP-Mandatsträgern in hessischen Kommunalparlamenten vor und kommt zu einem vernichtenden Ergebnis.[717] Mit den REP sei „kein Staat zu machen", heißt es schon im Titel. Ein Jahr nach der Kommunalwahl, bei der die REP flächendeckend in hessische Kreistage und Stadtverordnetenversammlungen mit teilweise sensationellen Ergebnissen[718] eingezogen waren, resümiert die CDU, die REP präsentierten sich in „keinem Kreis und keiner Stadt"[719] als „ernst zu nehmende politische Alternative zu den etablierten Parteien"[720]. Es fehle der Partei an „geschlossenen kommunalpolitischen Konzepten"[721], deren Mandatsträger besäßen keine „kommunalpolitische Kompetenz"[722] und drückten sich oft vor der „mühsamen Ausschussarbeit"[723]. In den Kommunalparlamenten pflegten die REP lediglich „die permanente Propagierung allgemeiner populistischer Parolen"[724] und blieben vielerorts eine „Ein-Thema-Partei"[725] zur Betonung der „Ausländer- und Asylproblematik"[726]. Streitigkeiten, Machtrangeleien und Austritte prägten die Arbeit der REP-Fraktionen, daher seien viele Abspaltungen entstanden.[727]

---

715 Ebd., S. 5.
716 Vgl. n.n., Manfred Kanther: Keine Zusammenarbeit mit „Republikanern", in: Frankfurter Rundschau, 3. Juli 1992. Das Papier im Orginal steht im ACDP leider nicht zur Verfügung.
717 Vgl. Christlich Demokratische Union/Fraktion im Landtag von Hessen, Mit den Republikanern ist kein Staat zu machen, 9. Mai 1994.
718 Stadt Offenbach: 15,1 Prozent; Rheingau-Taunus-Kreis: 13,2 Prozent; Stadt Wiesbaden: 13,1 Prozent, Main-Kinzig-Kreis:12,4 Prozent.
719 Ebd., S. 2.
720 Ebd.
721 Ebd.
722 Ebd.
723 Ebd., S. 4.
724 Ebd., S. 3.
725 Ebd.
726 Ebd.
727 Vgl. ebd.

Eine siebenseitige Dokumentation über die Arbeit der REP im Europäischen Parlament erscheint am 11. Mai 1994 als Beilage von *Union in Deutschland*.[728] Entgegen ihrem Wahlversprechen, deutsche Interessen im Europaparlament durchzusetzen, waren die REP-Abgeordneten „bei vielen entscheidenden Sitzungen nicht einmal anwesend, zerstritten sich untereinander vollständig, kassierten aber öffentliche Gelder"[729], resümiert das CDU-Papier. Nach Kurzbiographien der sechs für die REP 1989 gewählten Europaparlamentarier[730] schildert die Dokumentation die Zerstrittenheit der Gruppe, die zum Ausscheiden der REP aus der „Technischen Fraktion der Rechten" sowie zu Ausschlüssen bzw. Austritten aller REP-Vertreter außer Schönhuber führten. Einzeln aufgeführt werden Anwesenheitsstatistiken der REP-Mandatsträgern in den Parlamentsgremien, die „einen mangelnden persönlichen Einsatz für die parlamentarische Arbeit"[731] belegen sollen. Schriftliche und mündliche Anfragen hätten die REP gar nicht gestellt, sondern sich mittels Redebeiträgen im Plenum zu profilieren versucht. Zu Schönhubers Wortbeiträgen kommentieren die Autoren: „Selten redet er konkret und sachbezogen, sondern kommt immer wieder auf seine eigene Person und Vergangenheit als Soldat der Waffen-SS zurück."[732]

Den inhaltlichen Kern der Dokumentation bilden vier Thesen, die aufzeigen sollen, wie die REP deutschen Interessen schaden: Erstens gefährde ihre „Europa-Verhinderungspolitik"[733] deutsche Arbeitsplätze. Ignorant seien die REP gegenüber der Tatsache, dass ca. 70 Prozent der Arbeitsplätze in Deutschland direkt vom Export abhängen. Zweitens habe Schönhuber bei Debatte und Abstimmung über die Harmonisierung des Asylrechts in Europa gefehlt und so nicht dazu beigetragen, die „Sonderrolle Deutschlands als bevorzugtes Fluchtland"[734] zu beenden. Dies gefährde die innere Sicherheit in der Bundesrepublik. Drittens stellten die REP die europäische Friedensordnung in Frage und sähen die Zukunft des Landes in einem „militärischen Großdeutschland"[735]. Und viertens hätten die REP Verrat an ostdeutschen Interessen begangen als sie bei einer Abstimmung über die Zuteilung zusätzlicher deutscher Mandate für die neuen Bundesländer keine einzige Ja-Stimme abgeben wollten. In einem Schlusswort stellen die CDU-Autoren einen Vergleich zwischen den Folgen des Wirkens der REP und der Erfahrung mit den beiden Diktaturen auf deutschem Boden an: „Zwei extremistische Diktaturen und Weltkriege haben uns Deutsche genug an Schlimmem in diesem Jahrhundert erleben lassen. An Weimarer

---

728 Vgl. n.n., Außer Spesen nichts gewesen: 5 Jahre Republikaner im Europäischen Parlament, in: Union in Deutschland, 11. Mai 1994.
729 Ebd.
730 Im Einzelnen sind dies Johanna Christine Grund, Klaus-Peter Köhler, Harald Neubauer, Emil Schlee, Hans-Günther Schodruch und Franz Schönhuber.
731 Ebd.
732 Ebd.
733 Ebd.
734 Ebd.
735 Ebd.

Verhältnissen kann kein Deutscher, der sein Vaterland liebt, interessiert sein. Jede Stimme für die Republikaner kommt uns teuer zu stehen."[736]

Nahezu zeitgleich mit der CDU-Dokumentation zur Europawahl 1994 und dem Versagen der REP im Europaparlament erscheint eine Studie der hessischen CDU über die Arbeit der REP in hessischen Kommunalparlamenten. Der CDU-Fraktionsvorsitzende im hessischen Landtag Roland Koch fasst die Ergebnisse wie folgt zusammen: „Auf kommunaler Ebene haben die Republikaner in Hessen bisher keinerlei sachpolitische Kompetenz gezeigt. Ihre Wähler können nicht einmal auf ein notwendiges Minimum an personeller Kontinuität, organisatorischer Stabilität und programmatischer Seriosität rechnen. Stimmen für die Republikaner sind Stimmen für den Papierkorb, sie bewirken nichts."[737]

Zufrieden zeigt sich CDU-Generalsekretär Peter Hintze mit dem Scheitern der Republikaner an der Fünfprozentklausel bei den Landtagswahlen in Sachsen und Brandenburg sowie bei der Europawahl im Jahr 1994.[738] Zu diesem Umstand beigetragen hätten auch zahlreiche CDU-Beschlüsse, „mit deren Hilfe sich die Union rasch und klar gegenüber der Partei Schönhubers abgegrenzt"[739] habe. Dies verlautbart Hintze, als er eine neue Kampagne seiner Partei unter dem Motto „Auf gegen rechts und links: Gebt Radikalen keine Chance!" der Öffentlichkeit vorstellt, die den Erfolg von PDS und REP bei der bevorstehenden Bundestagswahl 1994 zu verhindern helfen soll. Hintze präsentiert neben den wissenschaftlichen Stellungnahmen der beiden Politologen Patrick Moreau und Eckhard Jesse eine Dokumentation zur Haltung der CDU radikalen Parteien gegenüber.[740] Auf 16 Seiten werden darin ein Vorwort, zehn Thesen zum Radikalismus von rechts *und* links sowie Kritikpunkte an REP und PDS vorgestellt, dazu kommen Parteitagsbeschlüsse und Erklärungen der CDU zum Radikalismus, wissenschaftliche Statements von Moreau und Jesse sowie eine Zitatensammlung. Die Union wolle über die „Gefahren [informieren], die von der rechten und linken Ideologie ausgehen"[741]. Immer wieder betont die CDU, der Kampf gelte „dem Radikalismus von rechts *und* links gleichermaßen"[742].

Zwar unterschieden sich die politischen Inhalte links- und rechtsradikaler Parteien, ihre „Strukturen und Methoden"[743] glichen hingegen einander. Darum seien Radikale von links *und* rechts „eine Gefahr für unser Land"[744]. Die Union habe sich bei

---

736 Ebd.
737 Roland Koch, Mit Republikanern ist kein Staat zu machen, Pressemitteilung der CDU/CSU-Fraktion im Deutschen Bundestag, 11. Mai 1994.
738 Vgl. n.n., „Auf gegen rechts und links". CDU-Kampage/Hintze: SPD auf gefährlicher Rutschbahn, in: Frankfurter Allgemeine Zeitung, 15. September 1994.
739 Ebd.
740 Christlich Demokratische Union/Bundesgeschäftsstelle, Auf gegen rechts und links: Gebt Radikalen keine Chance!, September 1994.
741 Ebd., S. 2.
742 Ebd. [Hervorhebung im Original]
743 Ebd., S. 3
744 Ebd.

ihrem Kampf gegen die REP bewährt, die SPD „dagegen bei der Bekämpfung der linksradikalen PDS versagt"[745]. Die CDU sieht die REP als „eine rechtsradikale Partei"[746], die „Nationalismus, Ausländer- und Fremdenfeindlichkeit, Intoleranz und simples Freund-Feind-Denken"[747] transportiere. Im Kern seien die REP „demokratiefeindlich"[748] und „ausländerfeindlich"[749], der „bevormundete Obrigkeitsstaat"[750] diene als Leitbild. Sie beschönigten „die Verbrechen der Nationalsozialisten"[751], könnten kein „fundiertes politisches Sachprogramm"[752] vorweisen und seien „politisch handlungsunfähig"[753]. Die Abgrenzung der REP gegenüber der rechtsextremistischen Konkurrenz gelänge nicht glaubwürdig, denn es ließe sich „ein gemeinsames rechtsextremes Gedankengut und gemeinsame Agitationsmethoden von DVU, NPD und REP feststellen"[754]. Es folgen zunächst im Wortlaut alle Abgrenzungsbeschlüsse der CDU gegenüber dem Radikalismus zwischen 1989 und 1993.[755] In seinem wissenschaftlichen Statement weist Eckhard Jesse auf die Analogie der beiden „Flügelparteien"[756] PDS und REP hin. Entscheidend sei nicht „der Unterschied zwischen rechts und links [...], sondern der zwischen demokratisch und extremistisch"[757]. Die REP stuft Jesse als „demagogisch-rechtspopulistische Partei mit starken rechtsextremen Tendenzen"[758] ein. Ebenso wie zur PDS gehöre zu den REP ihr „Populismus, ihr Eintreten für eine ‚andere Republik', ihre antiwestliche Ausrichtung"[759].

Im ACSP finden sich insgesamt vier *Dokumentationen und Handreichungen* der CSU-Landesleitung, die allesamt in die Amtsperiode Schönhubers fallen. Eine nicht datierte Publikation nimmt Bezug auf die Europawahl 1989[760], eine aus dem Juni 1989 dokumentiert die vermeintliche Radikalisierung der Partei[761], eine weitere aus dem Oktober 1989 stellt den politischen Werdegang Schönhubers dar[762]. Die vierte Handreichung soll dazu dienen, das anscheinende Versagen der REP in der Politik

---

745   Ebd.
746   Ebd., S. 5.
747   Ebd.
748   Ebd.
749   Ebd., S. 6.
750   Ebd., S. 5.
751   Ebd., S. 6.
752   Ebd.
753   Ebd., S. 7.
754   Ebd.
755   Eine Besprechung dieser Beschlüsse wird in Kapitel 4.1.2.1. vorgenommen.
756   Ebd., S. 30.
757   Ebd.
758   Ebd., S. 31.
759   Ebd.
760   Vgl. Christlich-Soziale Union, Landesleitung, Die Republikaner und Europa, ohne Datum.
761   Christlich-Soziale Union, Landesleitung, Republikaner auf Radikalkurs, 1. Juni 1989.
762   Christlich-Soziale Union, Landesleitung, Die Wandlungen des Franz Schönhuber, 10. Oktober 1989.

zu illustrieren[763] und wurde als Teil einer umfassenderen Publikationsunternehmung im Jahr 1994 veröffentlicht, bei der Wahlhelfer und Parteigremien Argumentationshilfen im Hinblick auf politische Gegner geliefert bekamen.[764]

Das Papier „Die Republikaner und Europa" lässt Angaben zu Datum oder Verfasser vermissen. Der Hinweis „Handreichung"[765] auf dem Titelblatt deutet an, was der Inhalt sicher bestätigt: Wahlkämpfern der CSU sollen offenkundig knappe Thesen und faktische Häppchen für die Begegnung mit den Republikanern und deren Wählern an die Hand gegeben werden. Ein genauer Empfängerkreis wird in dem Dokument allerdings nicht genannt. Im Mittelpunkt stehen europapolitische Themen, was angesichts der Ausrichtung der Dokumentation auf die Europawahl 1989 sinnvoll erscheint. Das Papier umfasst drei Kapitel sowie als Anhang die zweiseitige Dinkelsbühler Erklärung der REP zur Europawahl als Originalkopie. Im ersten Kapitel werden Grundhaltungen der REP hinsichtlich die Europawahl betreffende Fragen allgemein zusammengefasst und gedeutet. Im Wesentlichen stellten die REP die Behauptung auf, die Bundesrepublik Deutschland werde „als Zahlmeister Westeuropas missbraucht"[766] und „in Mitsprache und Entscheidungsrecht krass benachteiligt"[767]. Angegriffen wird die Argumentationsweise Schönhubers als „unschlüssig und unlogisch"[768]. Die pessimistische Einschätzung der wirtschaftlichen Lage stünde im Widerspruch zu Schönhubers Lobpreis deutscher Tugenden, meinen die Autoren des Papiers: „Wenn Schönhuber auf der einen Seite behauptet, ‚am deutschen Wesen solle die Welt genesen', so unterstellt er andererseits im Bezug auf Europa Schwäche und Unfähigkeit."[769] Im Kapitel 2 folgt die Auseinandersetzung mit den Thesen der REP. Deutlich wird hierbei die unmittelbare Bezugnahme auf die Dinkelsbühler Erklärung. Auf jede These folgt eine sachlich begründete Antwort der Autoren, welche die jeweilige Aussage der REP widerlegen soll. Der Abschnitt schließt mit folgendem Motivationsspruch an die CSU-Wahlkämpfer: „Ziel der Republikaner ist es, mit ihrem Marsch durch die Instanzen einzig und allein gegen die EG von innen heraus zu wirken. Dies sollten wir verhindern."[770] Auf dreieinhalb Seiten präsentieren die Autoren im dritten Kapitel des Dossiers „einige Argumente zum Umgang mit den Republikanern allgemein"[771]. Der Tenor ist ein Aufruf zur sachlichen, inhaltlich fundierten Begegnung mit der Rechtspartei und deren Wählern. Der rhetori-

---

763 Christlich-Soziale Union, Landesleitung, Republikaner-Politik: Schaden für Deutschland. Chronologie des Versagens, Mai 1994.

764 Im selben Jahr erschien beispielsweise auch die 21-seitige Dokumentation der CSU-Landesleitung mit dem Titel „ÖDP – Irreale Vorstellungen gefährden Aufschwung, Wohlstand und soziale Sicherheit", September 1994.

765 Christlich-Soziale Union, Landesleitung, Die Republikaner und Europa, ohne Datum.

766 Ebd., S. 1.

767 Ebd.

768 Ebd.

769 Ebd., S. 2.

770 Ebd., S. 20.

771 Ebd., S. 21.

sche Keulenschwung solle vermieden werden. So heißt es gleich zu Anfang des Kapitels „Die Wähler der Republikaner sollten nicht als neonazistisch, faschistisch oder rechtsradikal beschimpft werden."[772] Schönhuber selbst weise eine „populistische Vielfalt"[773] auf, die Etikettierung „nur als unverbesserlichen ewig Gestrigen"[774] greife daher zu kurz. Inhaltlich isoliert und fehlplatziert wirkt der Abschlussabschnitt des Papiers: „Es gibt bei der CSU keinen Anlass, sich am Koalitionsgerede zu beteiligen. Wir schauen bei der Landtagswahl klar auf die *Regierungsmehrheit*. Über Koalitionen diskutieren wir daher *grundsätzlich nicht*."[775] Somit lehnt die CSU die Diskussion über eine mögliche Koalition mit den REP nicht aufgrund sachpolitischer Inhalte oder politischer Lagerfragen ab, sondern weil aus Sicht der Unionspartei Koalitionsoptionen prinzipiell vor der Wahl keineswegs zur Spekulation taugen.

Für die Dokumentation mit dem Titel „Republikaner auf Radikalkurs" zeichnet sich die CSU-Landesleitung, namentlich der Generalsekretär und Landtagsabgeordnete Erwin Huber, verantwortlich. Inwiefern sich Huber jedoch selbst als Autor einbrachte, ist aus dem Papier nicht ersichtlich. Insgesamt vermittelt die Publikation den Eindruck von eiliger Schlampigkeit in der Zusammenstellung. Auffällig sind insbesondere anscheinend unfreiwillig unvollständig formulierte Sätze, fehlende Namensnennung der zitierten REP-Politiker sowie Satzzeichenfehler. Vermutlich handelt es sich um eine interne Handreichung, ein spezifischer Adressatenkreis ist nicht angegeben. Der Dokumentation geht eine eindeutig formulierte Grundthese voraus: Bei den REP trete „zunehmend eine Radikalisierung zutage."[776] Es sei „eine Spirale des Fanatismus in Gang gekommen"[777]. Ergänzend wird festgestellt: „Die Parteispitze beteiligt sich selbst an der Radikalisierung, nimmt sie billigend in Kauf oder wird die Geister nicht mehr los. In zahlreichen Veranstaltungen gibt es keine Lösungsvorschläge zu Sachthemen."[778] Die als Belege gedachten Zitate sind inhaltlich geordnet nach Themenfeldern. In jedem Kapitel werden die angeführten Zitate mit einer abschließenden Bemerkung kommentiert. Deutlich kritisiert das Papier die Sprache der REP. Diese sei „in höchstem Maße menschenverachtend und aggressiv"[779]. Minderheiten würden diskriminiert, Gegner bedroht. Der oberbayerische REP-Bezirksvorsitzende Franz Glasauer wird aus der *Mittelbayerischen Zeitung* zitiert, der Bauzaun der ursprünglich geplanten atomaren Wiederaufarbeitungsanlage in Wackersdorf solle bleiben, um ein „Arbeitslager ... für das Gesindel und den Abschaum"[780] einzurichten. Bei einer öffentlichen Wahlveranstaltung habe Glasauer

---

772 Ebd.
773 Ebd., S. 23.
774 Ebd.
775 Ebd., S. 24 (Hervorhebungen im Original).
776 Christlich-Soziale Union, Landesleitung, Republikaner auf Radikalkurs, 1. Juni 1989, S. 1.
777 Ebd.
778 Ebd.
779 Ebd., S. 1.
780 Ebd.

laut einem Leserbrief im *Münchner Merkur* einem politischen Gegner gedroht: „Halt's Maul, oder ich stopf dir's, ob du hier reden darfst oder nicht bestimme ich allein."[781] Ebenfalls Glausauer zugeschrieben ist ein Zitat aus der *Mittelbayerischen Zeitung* mit Bezug auf die Polen: „Wir sollen jedes Weihnachten die Feldpostpackerl zu denen schicken, die zu dumm und zu faul zum Arbeiten sind, die die ehemalige deutsche Kornkammer haben verrotten lassen."[782] Nicht namentlich genannte Redner der REP hätten sich folgendermaßen geäußert: „Die (Rita Süssmuth) kann kein Aids bekommen, so wie die aussieht." Das Fazit der CSU: „Wer so spricht, ist in einer pluralistischen Gesellschaft zu Toleranz, Respektierung des Andersdenkenden nicht in der Lage."[783] Anlass für Kritik bietet außerdem das Verhältnis der REP zur Gewalt. Im Wahlwerbespot der REP zur Berliner Abgeordnetenhauswahl 1989 erkennen die Autoren eine indirekte Hetze gegen Türken in Berlin-Kreuzberg.[784] Zudem werden die REP anonymer Drohungen, des Verfassens von Schmähbriefen sowie diverses Sachbeschädigungen verdächtigt, ohne das dies nachvollziehbar belegt würde.[785] Die *Dinkelsbühler Erklärung* sowie ein *Themenflugblatt Europa* der REP werden kritisiert – die REP produzierten nur Phrasen. Allerdings unterziehen die Autoren die *Dinkelsbühler Erklärung* keiner umfassenden Analyse, sondern zitieren lediglich deren Titel „Ja zu Europa – Nein zu dieser EG". Glasauer wird als Autor des Europa-Flugblattes mit dem politischen Ziel der REP zitiert, „dass deutsche Bauern nicht länger die Prügelknaben einer verfehlten EG-Politik sind und die Bundesrepublik Deutschland nicht länger der Zahlmeister Europas ist."[786] Die Verfasser der CSU-Dokumentation begegnen diesen Wortfetzen mit ökonomischen Argumenten. Zwei von vier Belegen bezüglich der vorgeworfenen „neonazistischen und rechtsradikalen Unterwanderung und Parolen" sind einem einzigen Bericht aus *Panorama* entnommen, was gegen eine umfangreiche Recherche spricht. Das Fernsehmagazin gilt als Quelle für den Hinweis, zehn von 19 REP-Vorstandsmitgliedern in Nordrhein-Westfalen hätten „Gruppierungen wie NPD und DVU"[787] angehört. Ob hier ausschließlich Mitglieder des Landesvorstandes oder auch Vorstandsmitglieder aus Untergliederungen betrachtet werden, bleibt ebenso schleierhaft wie die Antwort auf die Frage, welche Gruppierungen denn genau als der NPD und der DVU ähnlich eingestuft werden. Das zusammenfassende Urteil der Autoren lautet: „Republikaner missachten die Menschenwürde, sie diffamieren Andersdenkende auf übelste Weise. Die freiheitlich-demokratische Grundordnung wird dazu missbraucht, Aggressionen zu schüren. Die demokratischen Spielregeln sind Form und nicht mehr Inhalt."[788]

781   Ebd.
782   Ebd., S. 4.
783   Ebd., S. 1.
784   Ebd., S. 2.
785   Ebd., S. 4.
786   Ebd., S. 6.
787   Ebd., S. 7.
788   Ebd.

Verantwortlich für die am 10. Oktober 1989 erschienene Dokumentation mit dem Titel „Die Wandlungen des Franz Schönhuber" zeichnet sich der nicht namentlich genannte Referent für politische Grundsatzfragen im Generalsekretariat der CSU-Landesleitung.[789] Es gibt weder Vorwort noch Untertitel, die Aufschluss über die Zielgruppe des Papiers geben könnten. Die Absicht der Dokumentation ist unfraglich, den REP-Vorsitzenden mitsamt seiner Partei durch Hinweise auf inkonsistente Facetten seiner privaten wie politischen Persönlichkeit zu diskreditieren. Im Gegensatz zu den anderen drei CSU-Dokumentationen während der Amtsführung Schönhubers handelt es sich bei diesem Papier nicht schlicht um eine kommentierte Sammlung von Zeitungsartikeln und REP-Publikationen. Neben den Schriften Schönhubers selbst fließen Werke der Sekundärliteratur in die Analyse ein. Kaum als verlässliche Quelle muss dabei das Buch „Die Republikaner. Phantombild der neuen Rechten" von *Claus Leggewie* gelten. *Leggewie* zieht stigmatisierende Ordnungsbegriffe schneller als der Cowboy seinen Colt und bietet eine bestenfalls populärwissenschaftliche Auseinandersetzung mit dem Thema. Aufschlussreicher sind die treffend ausgewählten wörtlichen Zitate aus Schönhubers eigenen Schreibergüssen. Diese illustrieren überzeugend zunächst Schönhubers mangelnde Distanz NS-Strukturen gegenüber, dann sein dünkelhaftes Elitedenken sowie eine unübersehbare Neigung zur fehlerhaften Geschichtsdeutung.[790] An keiner Stelle der CSU-Dokumentation wird Schönhuber selbst als dem Nationalsozialismus zugehörig eingestuft. Vorgeworfen werden ihm und seiner Partei „Geschichtsklitterung"[791], ein zunehmender „Rechtsruck"[792] sowie „gewisse Probleme"[793] mit der „Abgrenzung gegen Rechtsradikale oder den Rechtsextremismus"[794]. Dabei ist nicht jeder Gedankenschritt einwandfrei fair und logisch nachvollziehbar. Einen Strick dreht man Schönhuber z.B. aus der Tatsache, dass sein Werk „Ich war dabei" von der *Deutschen Nationalzeitung* 1981 zum „Buch des Jahres" gekürt wurde. Es ist kaum davon auszugehen, dass Schönhuber Einfluss auf diese Wahl hatte. Ausführlich wird die Biografie Schönhubers beleuchtet und vor allem dessen Sinneswandel vom Freund der SPD-Jungorganisation Jungsozialisten zum rechtskonservativen Aktivisten mittels entsprechend gegensätzlicher Zitate dokumentiert, u.a. in Bezug zu den Themen Ausländer, Vertriebene, Gewerkschaften und Konservatismus.[795] Die Schilderung der Gründung der REP, des Ausschlusses Schönhubers aus der neu gegründeten Partei, die Rücknahme des Ausschlusses, dessen Wahl zum Bundesvorsitzenden und die unter seiner Führung vermeintlich vollzogene Annäherung der

---

789 Christlich-Soziale Union/Landesleitung, Die Wandlungen des Franz Schönhuber, 10. Oktober 1989.
790 Vgl. ebd., S. 1-4.
791 Ebd., S. 5f.
792 Ebd., S. 20.
793 Ebd., S. 21.
794 Ebd.
795 Vgl. ebd., S. 8-15.

REP an das rechte Ende des Parteienspektrums vermittelt einen abenteuerlichen Eindruck.[796] Von einem „Aufstand von Parteirebellen"[797], „Verschwörer-Treffen"[798] sowie „Vetternwirtschaft und Ausbeutung der Partei durch Bundesgeschäftsstelle und den parteieigenen Verlag"[799] ist die Rede. Das eigentliche Fazit ist der Handreichung als vorangestelltes Zitat Theo Waigels aus dem *Bayernkurier* vorweggenommen: „Die Republikaner sind eine Stimmungspartei ohne Programm und ohne Profil. Und ihr Bundesvorsitzender war zwar überall dabei, aber er hat nichts dazu gelernt."[800] Am Ende des CSU-Papiers findet sich jedoch zusätzlich eine knappe Zusammenfassung mit der Überschrift „Fazit". Als schillernd und unglaubwürdig erscheint Schönhuber in dem hier präsentierten Schnelldurchlauf seiner Lebensstationen: „Mitglied der Waffen-SS, Schauspieler, Reporter bei einer kommunistisch finanzierten Zeitung, Freund und Förderer der Jungsozialisten, Annäherung an die CSU, scharfe Wendung nach rechts mit ‚Ich war dabei', Gründung der Republikaner, auf dem Weg zum rechten Rand"[801].

Mit 26 Seiten fällt die Dokumentation vom Mai 1994 als vergleichsweise umfangreich auf.[802] Verantwortlich zeichnet sich die CSU-Landesleitung, namentlich Landtagsabgeordneter Erwin Huber als Generalsekretär der Partei. Das Papier ist gut recherchiert und bietet zahlreiche Zitate, Auflistungen, Fakten sowie interpretativen Text der Autoren. Einige Merkmale der Dokumentation sind besonders auffällig: Die zahlreichen Hervorhebungen durch Fettdruck in der Dokumentation sollen anscheinend eine einfache Handhabung durch die Adressaten, vermutlich die Funktionäre der CSU, ermöglichen. Schnell lässt sich der vergleichsweise umfangreiche Text so überfliegen, wichtige Stichwörter lassen sich einfacher einprägen. Mangelhaft ist hingegen die inhaltliche Trennschärfe der Kapitel, fragwürdig teilweise außerdem das zitierte Quellenmaterial (*Playboy*, *Bild*, etc.). Gegliedert ist das Papier in ein Vorwort, neun inhaltliche Kapitel und ein Fazit. Bereits das Vorwort fasst die Vorwürfe der Autoren an die REP zusammen: Diese missachteten die innerparteiliche Demokratie, seien hoffnungslos zerstritten, das Parteileben sei von Intrigen und Führungskämpfen geprägt. Daher konzentriere man sich krampfhaft auf externe Gegner und betreibe „Miesmacherei und permanente Nestbeschmutzung"[803]. Besonders letzteres wird den REP verübelt und der Partei wahrhafter Patriotismus in Abrede gestellt: „Unser Land wird bewusst schlecht gemacht. Wer stolz darauf ist,

---

796 Vgl. ebd., S. 19ff.
797 Ebd., S. 20.
798 Ebd.
799 Ebd.
800 Ebd., S. 1.
801 Ebd., S. 24.
802 Christlich-Soziale Union, Landesleitung, Republikaner-Politik: Schaden für Deutschland. Chronologie des Versagens, Mai 1994.
803 Ebd., S. 1.

Deutscher zu sein und sein Vaterland wirklich liebt, tut dies nicht."[804] Insgesamt seien die REP sowie deren Vorsitzender Franz Schönhuber aufgrund ihres Auftretens politisch unfähig und unglaubwürdig. Ebenso „gefährlich für unser Land"[805] sei die programmatische Ausrichtung der REP. Die außenpolitischen Forderungen der REP, insbesondere die Ablehnung der EG und der NATO sowie die damit einhergehende Neutralität Deutschlands, stellten eine Gefahr für „Frieden, Freiheit, Stabilität und Wohlstand der Deutschen"[806] dar. Mittels einer „dumpfen ausländerfeindlichen Propaganda" förderten die REP „das Anwachsen rechtsextremistischer Gewalt"[807]. Durch Auflistung von insgesamt 23 inzwischen ausgetretenen oder ausgeschlossenen REP-Führungsgestalten erhoffen die Autoren, die Politikunfähigkeit der Partei illustrieren zu können.[808] Kritik ernten die REP für ihre Schwarz-Weiß-Malerei sowie die Schaffung von Feindbildern. Insbesondere die Äußerungen führender REP-Funktionäre über Juden seien bezeichnend „für die geistige Herkunft der REP"[809]. Die REP redeten „unser Vaterland schlecht"[810]. Bei einem REP-Parteitag 1992 in Deggendorf – so wird als Beleg angeführt – spreche Schönhuber „geistige Umweltverschmutzung" und eine „Verluderung der Sitten" an, „nationaler Selbsthass" sei in Deutschland ebenfalls zu beobachten.[811] Anlässlich eines Parteitages in Augsburg ein Jahr später zeichnet Schönhuber das Bild einer „Pornowelle ungeahnten Ausmaßes"[812], die Deutschland überschwemme. Die Gewaltdarstellung im Fernsehen senke die Hemmschwelle, meine Schönhuber, Deutschland stehe „am Rande eines Bürgerkrieges"[813]. Deutlich macht Schönhuber die aus seiner Sicht vorhandene starke Abhängigkeit Deutschlands von den USA: „Die verbrecherische SED-Republik wird in zunehmendem Maße abgelöst von einer Coca-Cola Republik."[814] und „Im Übrigen ist die damalige DDR weit weniger russifiziert worden als wir im Westen amerikanisiert worden sind."[815] Schönhuber spricht gar von einer „babylonischen Gefangenschaft"[816]. Gegen die REP spreche auch das Versagen ihrer Mandatsträger in den Parlamenten, dass in den Fällen des Europäischen Parlaments, des Landtages von Baden-Württemberg sowie bayerischer Kommunalparlamente besonders deutlich werde.[817] Der Parteivorsitzende Schönhuber sei nicht verlässlicher als seine

804   Ebd.
805   Ebd., S. 2.
806   Ebd.
807   Ebd.
808   Ebd., S. 3.
809   Ebd., S. 6.
810   Ebd., S. 8.
811   Ebd.
812   Ebd.
813   Ebd.
814   Ebd.
815   Ebd.
816   Ebd.
817   Ebd., S. 9-12.

Mandatsträger, er sei persönlich und politisch unglaubwürdig und führe die Partei autoritär. Schönhuber halte seine Ankündigungen nicht ein, seine „Prophezeiungen" träfen nicht ein und er formuliere Drohungen und Beleidigungen. Er wird in der Dokumentation wie folgt zitiert: „Wenn wir an der Macht sind, wird es *Kennzeichen D* nicht mehr geben." (zitiert aus den *Nürnberger Nachrichten*), „Wenn nur ein Republikaner zu Schaden kommt, dann wird sein Blut über ihn fließen" (über Heiner Geißler, zitiert aus der *Stuttgarter Zeitung*) sowie „Gnade Gott solchen Typen da draußen" (über Störer des sächsischen Landesparteitages, zitiert aus der *Leipziger Volkszeitung*).[818] Ungewöhnlicherweise zitieren die Autoren auch aus dem *Playboy* – hier habe sich der REP-Landesgeschäftsführer in Nordrhein-Westfalen wie folgt geäußert: *„Der Gedanke, das ganze Volk über das allgemeine Wahlrecht am politischen System zu beteiligen, wird wahrscheinlich nicht aufrechterhalten."*[819] Unklar bleibt, ob dieser Satz als besorgte Beobachtung, politische Forderung oder Ankündigung eines zu verwirklichenden Regierungsprogrammes des REP-Funktionärs zu verstehen ist. Hier wäre ein entsprechender Kontextbezug hilfreich gewesen, um potentielle Missdeutungen zu verhindern. Es hagelt weiterhin Vorwürfe seitens der CSU-Landsleitung: Die REP seien kirchenfeindlich – Schönhuber habe geäußert, die evangelische Kirche verwechsle „die Bergpredigt mit dem kommunistischen Manifest"[820]. Die Partei sei ein „Nährboden für extremistische Gewalt"[821] (Der baden-württembergische Landtagsabgeordnete Horst Trageiser habe sich im Landesparlament wie folgt geäußert: „Es wird doch völlig überbewertet, wenn ein paar harmlose Jugendliche Steine und Brandsätze werfen. In der Regel passiert auch nichts."[822]). Schönhuber biedere sich ehemaligen SED- und NVA-Funktionären an und öffne die Partei sowohl für links- als auch für rechtsextremistische Personenkreise.[823] In Bezug auf das Datenmaterial, das die Tätigkeit von Rechtsextremisten bei den REP belegen soll, fällt es vereinzelt schwer, einen Zusammenhang zwischen den geschilderten Umständen und dem Rechtsextremismus herzuleiten. Aufgelistet werden zunächst Fälle von Delikten des Betrugs, der Prostitution, der Tötung und der Brandstiftung. Diese zählen keineswegs zu den Kennzeichen des Rechtsextremismus, mögen aber im Zusammenhang mit politischen Funktionen Rückschlüsse auf das Milieu zulassen, in dem die REP Anhänger finden. Andere Straftaten, welche REP-Funktionären in der Dokumentation ebenfalls vorgeworfen werden, sind als Beleg für den Rechtsextremismus sehr wohl schlüssig deutbar.[824]

Vor der 1990 stattfindenden bayerischen Landtagswahl wird in der CSU-Landtagsfraktion ein internes Positionspapier verteilt, indem propagiert wird, eine

---

818   Ebd., S. 16.
819   Ebd. [Hervorhebung im Original]
820   Ebd., S. 18.
821   Ebd., S. 19.
822   Ebd., S. 20.
823   Ebd., S. 20-22.
824   Ebd., S. 22-24.

Koalition mit den REP dürfe nicht einmal in Erwägung gezogen werden.[825] Dies wird strategisch begründet, denn nach Ansicht des Fraktionsvorsitzenden Alois Glück würden öffentlich geäußerte Koalitionsspekulationen „die Republikaner im Bewusstsein der Bevölkerung"[826] aufwerten. Dies könne die angestrebte absolute Mehrheit gefährden: „Dann bräuchten wir die 50-Prozent-Marke nicht mehr ins Visier zu nehmen"[827]. Auch hätte dies „unabsehbare Folgen für die anschließende Bundestagswahl"[828]. Als Motive für die Wahl der REP erkennt Glück „neben allgemeiner Parteienverdrossenheit Angst vor raschen Veränderungen und unkalkulierbarem Fortschritt, verletztes Gerechtigkeitsgefühl zum Beispiel durch Leistungen für Aussiedler und Asylanten, das Bedürfnis nach nationalem Selbstwertgefühl und die Sehnsucht nach einfachen Antworten auf komplizierte Sachverhalte."[829] Gegenüber den REP solle sich seine Partei zwar deutlich abgrenzen, wolle aber dennoch unterscheiden „zwischen rechtsradikalen Funktionären und wohlmeinenden und redlichen Mitgliedern und Funktionären auf lokaler Ebene"[830].

Nicht nur mittels Handreichungen und Dokumentationen äußern sich CDU und CSU zu den REP. Die Partei Schönhubers beschäftigt die Unionsparteien auch in vielen *sonstigen Parteipublikationen*, einschließlich den offiziellen Parteiorganen, Wahlwerbemitteln, Pressemitteilungen und Veröffentlichungen der parteiinternen Arbeitsgemeinschaften.

Erst nach dem Erfolg der REP bei und erstmals im Zusammenhang mit der Wahl zum Berliner Abgeordnetenhaus am 29. Januar 1989 erwähnt der CDU-Informationsdienst *Union in Deutschland* (UiD) – das offizielle CDU-Parteiorgan – die Rechtspartei. In einer ersten Wahlanalyse bezeichnet Helmut Kohl Eberhard Diepgens Aussage, es werde keine Zusammenarbeit der CDU mit den REP geben als „verbindliche Position der CDU Deutschlands"[831]. Aufgrund der vorgestellten, fettgedruckten Teilüberschrift „Keine Zusammenarbeit mit den Republikanern" sticht dieser Kommentar besonders hervor. Die REP hätten „ihr politisches Geschäft mit

825 Vgl. Hans Holzhaider, Fraktionschef bezieht Position: CSU hält Distanz zu den Republikanern, Koalitionsgedanken würden nach Meinung von Glück 50-Prozent-Marke gefährden, Süddeutsche Zeitung, 3. August 1989.
826 Ebd.
827 Ebd., vgl. n.n., Republikaner: „Allmacht der CSU brechen", Süddeutsche Zeitung, 4. August 1989, und Hans Holzhaider, Problemlösungen statt Stimmungsspekulation? In der CSU regt sich Nachdenklichkeit über die Strategie gegenüber den Republikanern, Süddeutsche Zeitung, 4. August 1989.
828 Hans Holzhaider, Fraktionschef bezieht Position: CSU hält Distanz zu den Republikanern, Koalitionsgedanken würden nach Meinung von Glück 50-Prozent-Marke gefährden, Süddeutsche Zeitung, 3. August 1989.
829 Ebd.
830 Ebd.
831 Helmut Kohl, Wir müssen die notwendige Überzeugungsarbeit leisten, in: Union in Deutschland, 2. Februar 1989.

der Angst der Menschen gemacht"[832]. Die Vergabe der Stimme an die REP wertet Kohl als eine Bewegung der Wähler in „eine extreme Richtung"[833]. Aufgabe der demokratischen Parteien sei es, abgewanderte Wähler wieder dem demokratischen Spektrum zuzuführen. Als Zeitraum für die notwendige Überzeugungsarbeit peilt Kohl optimistischerweise die Jahre 1989 und 1990 an. Solange bleibe das Ringen um REP-Wählerstimmen „ein großes Thema"[834].

Von einer baden-württembergischen Europawahl-Regionalkonferenz am 11. März 1989 berichtet UiD in seiner Ausgabe vom 16. März.[835] Mit Wortwitz geht Geißler als Sprecher der Konferenz die REP an und etikettiert diese als „Malzkaffeepartei": „Braun, billig und von vorgestern"[836]. Weniger witzig ist die Kampfansage an die REP: „Mit solchen Leuten reden wir nicht einmal. Die bekämpfen wir"[837], bekundet der Generalsekretär. Bezug nehmend auf den Berliner Fernsehwahlwerbespot der REP, in dem Szenen ausländischer Kinder mit dem „Lied vom Tod" unterlegt sind, schlussfolgert Geißler, die REP besäßen „ein völlig gestörtes Verhältnis zur Würde des Menschen"[838]. Es folgt eine Schelte der REP-Wähler, die es der SPD ermöglicht hätte, „linksradikalen Chaoten Regierungsposten in Berlin"[839] zu verleihen: „Die Polizisten in Berlin werden demnächst die vermummten Demonstranten grüßen müssen – es könnten ja Vorgesetzte dabei sein"[840].

Die zentrale Wahlkampfargumentation der CDU zur Europawahl 1989, die Wahl der REP stärke die SPD und fördere rot-grüne Koalitionen, bildet sich kontinuierlich im UiD ab. In großen Lettern auf der Titelseite der UiD-Ausgabe vom 2. Mai 1989 steht: „Wer rechtsradikal wählt – wird links regiert: Radikale und SPD, Zukunft und Wohlstand ade."[841] Heiner Geißler führt aus: „Linksradikale Grüne und rechtsradikale ‚Republikaner' (REP) sind gegen die europäische Gemeinschaft und gegen den Europäischen Binnenmarkt, die lehnen das westliche Bündnis ab und sind für politischen Neutralismus. Links- und Rechtsradikale schaukeln sich gegenseitig hoch und verursachen Krawalle, Straßen- und Saalschlachten; sie sind eine Gefahr für den inneren Frieden und die politische Stabilität. Sie lösen keine Probleme, sondern schaffen neue."[842] Die Gleichstellung von Grünen und REP hinsichtlich der Radikalität betont Geißler ausdrücklich. Die Grünen stellten „eine ebenso große Gefahr für den

---

832   Ebd.
833   Ebd.
834   Ebd.
835   Vgl. n.n., Lothar Späth und Heiner Geißler in Ludwigsburg: Im Europawahlkampf geht es um mehr als den Binnenmarkt, in: Union in Deutschland, 16. März 1989.
836   Ebd.
837   Ebd.
838   Ebd.
839   Ebd.
840   Ebd.
841   Heiner Geißler, Wer rechtsradikal wählt – wird links regiert: Radikale und SPD, Zukunft und Wohlstand ade, in: Union in Deutschland, 2. Mai 1989.
842   Ebd.

Rechtsstaat"[843] dar wie die REP. Das Verhältnis der CDU zu den REP beschreibt der CDU-Generalsekretär wie folgt: „Die CDU bekämpft die REP und lehnt jede Zusammenarbeit oder Koalition mit ihnen ab."[844] Sie habe sich nicht Linksradikalen entgegen gestellt, „um jetzt den Rechtsradikalen nachzulaufen"[845]. Abschließend äußert Geißler sechs Kritikpunkte an den REP: sie schürten Ängste und Vorurteile, beschwören Untergangsszenarien, propagierten Nationalismus und Fremdenfeindlichkeit, verharmlosten den Nationalsozialismus, gefährdeten den inneren Frieden und versammelten Querulanten sowie politische Versager.

Geißler befleißigt sich erneut als UiD-Autor in Sachen Republikaner und äußert sich auf der Titelseite der Ausgabe vom 26. Mai.[846] Unter der Schlagzeile „Keine Koalition mit den Republikanern" schreibt er, die CDU lehne Koalitionen mit den REP „auf allen Ebenen"[847] ab. Sie werde nicht „um einiger Wählerprozente willen ihre Seele verkaufen"[848]. Den Fehler der SPD, die mit den „linksradikalen Grünen"[849] paktiere, wolle die CDU nicht nachahmen und werde die REP ebenso entschieden bekämpfen wie die NPD in den sechziger Jahren. Die CDU-Dokumentation 17/1989 mit dem Titel „Die REP. Analyse und politische Bewertung einer rechtsradikalen Partei" dient der UiD-Ausgabe als Beilage.[850]

Ein letztes Mal vor der Europawahl 1989 nutzt Geißler den UiD als Plenum. Ein Brief an alle CDU-Mitglieder erscheint in der Ausgabe vom 11. Mai.[851] Als Argumentationshilfe legt der Generalsekretär den CDU-Wahlhelfern in den Mund: „Berlin und Frankfurt haben gezeigt, dass, wer die Reps oder die NPD wählt, in Wahrheit den Rot-Grünen zur Macht verhilft."[852] und „Radikale können auch bei der Europawahl mit dem Stimmzettel gestoppt werden. Deshalb sagen wir: ‚Mit seiner Stimme spielt man nicht'"[853].

Nachdem mehr als sieben Prozent der Wähler den REP bei der Europawahl 1989 ihre Stimme geben, meldet sich in der UiD-Ausgabe vom 22. Juni 1989 mit einem ausführlichen Kommentar zum Wahlausgang der Bundeskanzler zu Wort.[854] In einem Leitartikel mit der Überschrift: „Bundeskanzler Helmut Kohl: Keine Gemein-

---

843 Ebd.
844 Ebd.
845 Ebd.
846 Heiner Geißler, Keine Koalition mit den Republikanern, in: Union in Deutschland, 26. Mai 1989.
847 Ebd.
848 Ebd.
849 Ebd.
850 Zur Beschreibung der Inhalte der Dokumentation, siehe Kapitel 4.1.2.
851 Heiner Geißler, Heiner Geißler: Informieren, motivieren und mobilisieren, in: Union in Deutschland, 11. Mai 1989.
852 Ebd.
853 Ebd.
854 Vgl. Helmut Kohl, Bundeskanzler Helmut Kohl: Keine Gemeinsamkeiten mit den Radikalen, in: Union in Deutschland, 22. Juni 1989.

samkeiten mit den Radikalen" heißt es, es gebe für die CDU weder mit den Grünen noch mit den REP Gemeinsamkeiten: „Sie sind keine Koalitionspartner für uns – und zwar auf keiner Ebene, damit hier überhaupt kein Zweifel aufkommt! Wir sehen unsere Aufgabe darin, diese Parteien zu bekämpfen und den Wählern deutlich zu machen, wohin die Reise mit deren Politik und mit deren führenden Persönlichkeiten ginge."[855] Die Stimmengewinne der REP wertet Kohl als Ausdruck des Protests. Teil der Bekämpfung der Rechtspartei sei es, abgewanderte Wähler zurückzugewinnen. Den REP sei es zumindest teilweise gelungen, Kapital aus den Ängsten von Bauern, Mittelständlern und Arbeitern vor der europäischen Integration zu schlagen. Besonders junge und männliche Wähler hätten sich den REP zugewendet. Kohl schlägt vor, die Protestthemen, die viele Wähler den REP in die Arme getrieben hätten, aufzugreifen. Man müsse „offensiv auf die Wähler zugehen"[856]. Besonders dringlich sei die engagiertere Thematisierung der „Asylantenfrage"[857], der „Wohnungsversorgung in bestimmten Ballungszentren"[858] sowie die „Einheit der Nation"[859]. Hier habe die CDU „sicher noch manches aufzuarbeiten", meint der Bundeskanzler und hält es für „eine wichtige Aufgabe in den nächsten Monaten [...], den Wählern das Risiko von Wahlentscheidungen für bestimmte radikale Gruppierungen noch deutlicher zu machen"[860]

Die *Junge Union* stellt in der UiD-Ausgabe vom 27. Juli 1989 ihre Kampagne „Radikalen keine Chance" vor, mit der die Unionsjugend auf die Wahlerfolge „radikaler Parteien" bei der Europawahl reagiert.[861] Mit Podiumsdiskussionen, Infoständen, Flugblättern und Plakaten in den bevorstehenden Wahlkämpfen wolle man „den Nährboden für die Radikalen"[862] trockenlegen.

Nach dem Einzug der REP in den baden-württembergischen Landtag 1992 und 1996 klingt aus den Wahlanalysen im UiD Besorgnis heraus. „Wir nehmen das Ergebnis dieser Wahlen sehr ernst" ist der Leitartikel in der UiD-Ausgabe vom 9. April 1992, in dem Helmut Kohl indirekt zitiert wird, betitelt.[863] Kohl bezieht seine Sorge auch auf die Landtagswahl in Schleswig-Holstein, wo der DVU der Einzug ins Landesparlament gelingt. REP und DVU seien für die CDU „keine Gesprächs- oder Koalitionspartner. Mit „einer solchen Denkart" habe die CDU nichts gemein. Zu unterscheiden wisse die Union allerdings zwischen Funktionären und Wählern

---

855   Ebd.
856   Ebd.
857   Ebd.
858   Ebd.
859   Ebd.
860   Ebd.
861   N.n., Radikalen keine Chance, in: Union in Deutschland, 27. Juli 1989.
862   Ebd.
863   Vgl. n.n., Bundeskanzler Kohl, Wir nehmen das Ergebnis dieser Wahlen sehr ernst, in: Union in Deutschland, 9. April 1992.

der Partei. Der Protest der REP- und DVU-Wähler sei „unüberhörbar"[864], Kohl sei jedoch zuversichtlich, dass es den demokratischen Parteien gelingen werde, die betroffenen Wähler zurückzugewinnen.

Diese Zuversicht teilt Erwin Teufel, der in derselben Ausgabe des UiD seine eigene Wahlanalyse abliefert.[865] Insbesondere diejenigen Wähler, die nicht „von ihrer Weltanschauung her Rechtsradikale" seien, sondern ihren Protest im Zusammenhang mit dem Thema Asyl artikuliert hätten, seien für das demokratische Spektrum rückholbar, wenn das „Problem"[866] gelöst sei. Mit Stolz berichtet Teufel über die gewahrte Form des CDU-Wahlkampfes. Zwar sei man in der Schlussphase des Wahlkampfes „von einem Protestverhalten überrollt"[867] worden, sei aber nie der Versuchung unterlegen, „das Asylthema emotional oder verschärfend hochzureden"[868]. Die CDU habe dieses Problemfeld „in einer sehr verantwortlichen Art und Weise"[869] angesprochen und sich beispielsweise der Ursachenanalyse einschließlich einer Diskussion über die Armutswanderung von Süd nach Nord gewidmet. Zwar habe diese Gangart die Protestwelle kurzfristig nicht aufhalten können, habe aber viele Wähler davon überzeugt, „dass dieses Problem bei uns [der CDU] in der richtigen Hand ist"[870]. Teufel verspricht: „Ich verhandele mit allen Parteien im Landtag, ausgenommen den Republikanern."[871]

In den *Wahlwerbemitteln* der CDU finden die REP vor 1989 keine Erwähnung. Nach dem Westberliner Wahlerfolg und der Aussicht der REP auf den Einzug in das Europäische Parlament rücken die REP neben wenigen Sachthemen in den Mittelpunkt des Interesses – auch in der CDU-Wahlwerbung. Die Warnung vor „Radikalen" bildet einen Schwerpunkt des Wahlkampfes der CDU zur Europawahl 1989. Auch wenn die REP nicht namentlich erwähnt werden, lässt der Kontext der medialen Diskussion keine Frage darüber offen, wer mit dem Etikett „Radikale" neben linksextremistischen Krawallmachern gemeint ist. Zwei Slogans beherrschen den CDU-Europawahlkampf: „Wer rechtsradikal wählt, wird links regiert!" und „Radikale und SPD, Zukunft und Wohlstand ade." Beide Wahlwerbesprüche finden sich auf einer Wandzeitung, die für den Aushang in Schaukästen gedacht ist. Darauf ist zu lesen, was nahezu Wort für Wort aus Heiner Geißlers Kommentar eines UiD-Beitrags vom 2. Mai[872] entnommen ist: „Linksradikale Grüne und rechtsradikale

864   Ebd.
865   Erwin Teufel, Jetzt muss das Wohl unseres Landes im Vordergrund stehen, in: Union in Deutschland, 9. April 1992.
866   Ebd.
867   Ebd.
868   Ebd.
869   Ebd.
870   Ebd.
871   Ebd.
872   Vgl. Heiner Geißler, Wer rechtsradikal wählt – wird links regiert: Radikale und SPD, Zukunft und Wohlstand ade, in: Union in Deutschland, 2. Mai 1989.

‚Republikaner' sind gegen die Europäische Gemeinschaft und gegen den Europäischen Binnenmarkt; sie lehnen das westliche Bündnis ab und befürworten einen neutralistischen Kurs der Bundesrepublik Deutschland; sie sind eine Gefahr für den inneren Frieden, die politische Stabilität und das Ansehen unseres Landes."[873] Der Leser wird aufgefordert, radikale Parteien (Grüne und REP) „mit dem Stimmzettel"[874] zu stoppen und die politische Mitte zu stärken.

In einer *Wahlanzeige* zur Europawahl 1989 nennt die CDU die REP zwar nicht namentlich, die aufgeregte öffentliche Diskussion über den Erfolg der Rechtspartei jedoch macht den Bezug offensichtlich. Im Anzeigentext steht: „Wir wollen Sicherheit statt Radikalismus. Wo Radikale auftreten, ist die Sicherheit in Gefahr. Deshalb bekämpfen wir alle Radikalen. Denken Sie an die Krawalle in Berlin! Gerade Berlin hat gezeigt: Wer rechtsradikal wählt, wird links regiert. Stoppen Sie deshalb die Radikalen mit dem Stimmzettel!"[875] Der Slogan „Wer rechtsradikal wählt, wird links regiert" schmückt nahezu alle Werbeanzeigen.[876]

Er zieht sich wie ein roter Faden durch alle Werbemittel der CDU zur Europawahl 1989 und findet sich auch auf einem Flugblatt der CDU-Bundesgeschäftsstelle, dem der Werbespruch als Titelschlagzeile dient.[877] Der Bezug zu den REP wird durch die Nennung der Auswirkungen der Wahl zum Berliner Abgeordnetenhaus eindeutig hergestellt. Im Flugblatttext heißt es: „Nur die CDU gewährleistet inneren Frieden, Schutz vor Rechtsbrechern und Chaoten."[878] Die Gewalttaten linksextremistischer Krawallmacher und das Wirken der REP in Berlin werden in einem Zusammenhang genannt, was ein gleichwertiges Maß an Gefahr andeutet. Ein Flugblatt mit dem Titel „Uns Deutschen ging's noch nie so gut" ergänzt: „Wer nicht wählen geht, macht Rechte und Linke stark."[879]

Die Strategie der CDU, die REP im eigenen Wahlwerbemittel zwar zu thematisieren, sie aber nicht namentlich zu nennen, setzt sich auch nach der Europawahl fort. Im Flugblattarchiv der Friedrich-Ebert-Stiftung findet sich ein nicht datierter Wahlwerbe-Flyer der CDU, für den im Archivkatalog als Erscheinungsdatum das Jahr

873 Christlich Demokratische Union/Bundesverband, Wandzeitung „Radikale und SPD, Zukunft und Wohlstand ade.", abgedruckt in: Union in Deutschland, 18. Mai 1989.
874 Ebd.
875 Wahlanzeige der CDU zur Europawahl 1989, zitiert aus: Eike Hennig/Manfred Kieserling/Rolf Kirchner, Die Republikaner im Schatten Deutschlands. Zur Organisation der mentalen Provinz, Frankfurt am Main 1991, S. 239.
876 Vgl. u.a. Christlich Demokratische Union/Bundesgeschäftsstelle, Radikale und SPD, Zukunft und Wohlstand ade., Werbeanzeige zur Europawahl 1989 in: Union in Deutschland, Nr. 16., 18. Mai 1989; Christlich Demokratische Union/Bundesgeschäftsstelle, Keine Experimente! Wählen gehen!, Werbeanzeige zur Europawahl 1989 in: Die Welt, 7. Juni 1989.
877 Vgl. Christlich Demokratische Union/Bundesgeschäftsstelle, Krawalle in Berlin zeigen: Wer rechtsradikal wählt, wird links regiert, Flugblatt zur Europawahl 1989, [ca. Mai 1989].
878 Ebd.
879 Christlich Demokratische Union/Bundesgeschäftsstelle, Uns Deutschen ging's noch nie so gut, Flugblatt zur Europawahl 1989, Juni 1989.

1990 geschätzt wird. Der Inhalt lässt auf eine Publikation vor der Volkskammerwahl am 18. März 1990 schließen. Ohne parteinamentliche Nennung der REP lehnt sich die Argumentation des Flugblattes an die CDU-Europawahlkampagne an und spricht sich gegen „Extremismus von rechts *und* links"[880] aus.

Verschiedene CDU-Gremien und -Gliederungsebenen beziehen Stellung zu den REP in *Pressemitteilungen*.

Das Ergebnis einer Sitzung des Innenausschusses im Deutschen Bundestag fasst eine Pressemitteilung der CDU/CSU-Fraktion vom 15. Februar 1989 zusammen.[881] Nach dem Einzug der REP in das Westberliner Abgeordnetenhaus hatte die SPD eine Beobachtung der Partei Schönhubers durch den Verfassungsschutz im Ausschuss diskutieren lassen wollen und bereits in Aussicht gestellt. Nun seien die vorschnellen Ankündigungen und Verlautbarungen der SPD im Sande verlaufen. Parteien könnten nur dann Beobachtungsobjekt nachrichtendienstlicher Tätigkeit werden, wenn sie *extremistisch* seien. Dies treffe auf die REP jedoch nicht eindeutig zu. Sie seien „rechtsradikal, aber nach heutigem Kenntnisstand nicht von vornherein rechtsextremistisch."[882] Die vermeintliche Forderung der SPD, der Verfassungsschutz solle gesetzwidrig gegen die REP tätig werden, lehne die CDU/CSU-Bundestagsfraktion ab.

An die niedersächsischen Wähler wendet sich der Inhalt einer Pressemitteilung des CDU-Landesverbandes vom 23. März 1989.[883] Der Landesvorsitzende Wilfried Hasselmann erklärt, seine Partei biete „menschliche und gerechte Lösungen"[884] im „Umwelt- und Ausländerbereich"[885]. Wer „etwas an der Union auszusetzen"[886] habe, solle mit der CDU den Dialog suchen. Seine Stimme den Grünen oder den REP zu geben sei unverantwortlich, zudem die Wahl der REP rot-grüne Bündnisse begünstigten, wie in Berlin und Frankfurt zu sehen sei. Hasselmann spricht sich nicht grundsätzlich gegen eine Koalition mit den REP aus und erwähnt lediglich, dass „derartige Überlegungen völlig unnötig seien"[887]. Die CDU sei mit ihrem derzeitigen Koalitionspartner zufrieden und wolle nach den nächsten Wahlen das bestehende Bündnis fortsetzen.

Am 17. April 1989 verschickt die CDU-Bundesgeschäftsstelle eine Pressemitteilung, in der zu insgesamt sieben tagesaktuellen Themen Stellung bezogen wird.[888] In

---

880   Ebd. (Hervorhebung im Original)
881   CDU/CSU-Bundestagsfraktion, Pressemitteilung zur Sitzung des Innenausschusses am 15. Februar 1989 vom 15. Februar 1989.
882   Ebd.
883   Vgl. Christlich Demokratische Union/Landesverband Niedersachsen, CDU-Hasselmann: Radikale Lösungen sind nicht verantwortbar, Pressemitteilung vom 23. März 1989.
884   Ebd.
885   Ebd.
886   Ebd.
887   Ebd.
888   Vgl. Christlich Demokratische Union/Bundesgeschäftsstelle, Pressemitteilung vom 17. April 1989.

Punkt sechs heißt es: „Die CDU ist die Partei, die seit ihrer Gründung den politischen Radikalismus von rechts und links bekämpft. Deshalb lehnt die CDU Koalitionen mit den so genannten Republikanern und den Grünen ab."[889] Weiter warnt die CDU die Wähler, die sich bewusst sein müssten, dass die Wahl der REP „einer rot-grünen Koalition den Weg ebnet, die eine andere Republik zum Ziel hat"[890].

In einer eigenen Pressemitteilung vom 27. September 1989 verweist die Arbeitsgemeinschaft der in der *Deutschen Angestellten-Gewerkschaft* (DAG) organisierten Mitglieder der *Christlich-Demokratischen Arbeitnehmerschaft Deutschlands* (CDA) auf die „Notwendigkeit, sich aktiv mit Radikalen und Extremisten von links und rechts auseinanderzusetzen"[891]. Die Arbeitsgemeinschaft „lehnt die Zusammenarbeit von CDU und Gewerkschaften mit den sog. Republikanern, wie mit linksextremen Kräften in jeder Form ab"[892]. Auch die „Erhaltung von politischen Mandaten und Positionen durch die Tolerierung solcher Kräfte"[893] sei inakzeptabel.

Am 24. Oktober 1989 lässt die Bundes-CDU mittels ihres neuen Generalsekretärs Volker Rühe per Pressemitteilung bekannt geben, die REP dürften „nicht hoffähig gemacht werden"[894]. Für den Erfolg der REP sei vor allem die SPD verantwortlich, die mit ihrem „verantwortungslosen und falschen Gerede von der ‚Verhätschelung‘ der Übersiedler und Flüchtlinge genau den Neid"[895] schüre, der den REP die Wähler zutreibe. Gleichzeitig könne die SPD für die in der Bundesrepublik lebenden Ausländer „nicht genug tun"[896] und fordere gar die Einführung eines kommunalen Ausländerwahlrechts, da sie auf zusätzliche Stimmen schiele.

Der Sprecher der CDU, Andreas Fritzenkötter, wird in einer Pressemitteilung vom 27. November 1989 mit einer Stellungnahme zum neuen Programmentwurf der REP zitiert.[897] Dieser präsentiere lediglich „einige kosmetische Korrekturen"[898] und „sprachliche Schönfärberei"[899], könne aber nicht darüber hinwegtäuschen, dass es sich bei den REP um eine „rechtsradikale, nationalistische und europafeindliche Partei"[900] handele, die „mit einfachen Parolen versucht, Stimmung zu machen"[901]. Als

---

889   Ebd.
890   Ebd.
891   Christlich-Demokratische   Arbeitnehmerschaft/Arbeitsgemeinschaft   der   DAG-Gewerkschaftler, Gewerkschaft gegen Radikale, Pressemitteilung vom 27. September 1989.
892   Ebd.
893   Ebd.
894   Christlich Demokratische Union/Bundesverband, Pressemitteilung zur „Republikaner-Studie" der SPD vom 24. Oktober 1989.
895   Ebd.
896   Ebd.
897   Christlich Demokratische Union/Bundesverband, Pressemitteilung zum neuen Programmentwurf der REP vom 27. November 1989.
898   Ebd.
899   Ebd.
900   Ebd.
901   Ebd.

„außenpolitisches Abenteurertum"[902] bezeichnet Fritzenkötter die Forderung der REP nach einem blockfreien, wiedervereinigten Deutschland.

Zur 1994 erschienen Studie der hessischen CDU über die Arbeit der REP in hessischen Kommunalparlamenten zitiert die CDU/CSU-Bundestagsfraktion in einer Pressemitteilung vom 11. Mai Roland Koch.[903] Der Vorsitzende der hessischen CDU-Landtagsfraktion erklärt, in „keinem Kreis und in keiner Stadt präsentieren sie [die Republikaner] sich als ernst zu nehmende politische Alternative zu den etablierten Parteien"[904]. Die REP setzten sich nicht intensiv mit kommunalpolitischen Fragen auseinander und hätten keine kommunalpolitische Kompetenz vorzuweisen. Stattdessen verfielen sie in eine „permanente Propagierung allgemeiner populistischer Parolen, insbesondere zur Ausländer- und Asylproblematik"[905] und agierten vielerorts als „Ein-Thema-Partei"[906].

Über den *Deutschland-Union-Dienst* (DUD) lässt die CDU kurz nach der Europawahl 1989 Alfred Dreggers „Strategie zur Auseinandersetzung mit Republikanern"[907] verbreiten. Der Vorsitzende der CDU/CSU-Bundestagsfraktion verdeutlicht, nicht die REP seien die Hauptgegner der Union, sondern „diejenigen, die uns ablösen würden, wenn wir die Macht verlören, das heißt unsere Hauptgegner sind Rot-Grün"[908]. Dregger verortet die REP nicht im politischen Spektrum, sondern betrachtet sie lediglich als unliebsamen Konkurrenten im Parteienwettbewerb. Sie seien ein „gefährliches Störpotential"[909] für die Union, die man nicht dadurch stark machen dürfe, „dass wir ständig über sie reden"[910]. Sein Beitrag zur Strategiediskussion sei daher ausdrücklich eine Ausnahme. Koalitionsüberlegungen gegenüber den REP lehnt Dregger entschieden ab, diese könnten die REP als Wahlalternative legitimieren. Es sei aber auch „falsch, die Republikaner oder die Partei nur zu diskriminieren"[911], denn dies könnten deren Wähler, an denen die Union nach wie vor Interesse habe, „sehr leicht auf sich beziehen"[912]. Dregger spekuliert, der Erfolg der REP bei der Europawahl mag mit der Suggestibilität der modernen Konsumgesellschaft gegenüber dem Reiz des Neuen zusammenhängen – die REP seien eine neue Partei: „Das ist das Spielerische in der Wohlstandsgesellschaft."[913] Wichtig sei zukünftig,

---

902 Ebd.
903 Vgl. CDU/CSU-Fraktion im Deutschen Bundestag, Mit Republikanern ist kein Staat zu machen, Pressemitteilung vom 11. Mai 1994.
904 Ebd.
905 Ebd.
906 Ebd.
907 Alfred Dregger, „Unsere Hauptgegner sind Rot-Grün": Strategie zur Auseinandersetzung mit Republikanern, in: Deutschland-Union-Dienst, 21. Juni 1989.
908 Ebd.
909 Ebd.
910 Ebd.
911 Ebd.
912 Ebd.
913 Ebd.

dass die Union „energisch den Kampf gegen Rot-Grün führe"[914] und sich auf die Vermittlung von „einigen fundamentalen Botschaften"[915] einigt. Dazu gehöre, dass ein vereintes Europa immer eine „Union von Nationalstaaten" bleibe, dass zur NATO keine Alternative bestünde, dass das Recht stets zu respektieren sei und dass das Gemeinwohl höher zu bewerten sei als Gruppenegoismen. Auf diese Weise, so ist sich Dregger sicher, ließen sich die sieben Prozent der Wähler, die sich bei der Europawahl für die REP entschieden, an die Union binden.

Zwei Seiten der *Stichworte der Woche* der CDU/CSU-Bundestagsfraktion vom 28. April 1989 informieren über Programm und Funktionäre der REP.[916] Das REP-Programm wird als „Sammlung rechtsradikaler Positionen"[917] bezeichnet, die „in sich widersprüchlich und zukunftsfeindlich"[918] seien. Kritik ernten die Forderung nach einem Austritt aus der NATO, der auch gegen Aussiedler gerichtete „Fremdenhass"[919], die Ablehnung der EG sowie der Vorschlag der „Aufhebung der Abgeordnetenimmunität"[920]. Letztere Forderung sei Ausdruck des Wunsches der REP „in Wahrheit unsere parlamentarische Demokratie beseitigen"[921] zu wollen. Als „dubiose Figuren"[922] werden neben Schönhuber Bernhard Andres, Carsten Pagel, Rudolf Kendzia, Michael Häusler und Harald Neubauer beschrieben. Stichpunktartig beschreiben die Autoren der Handreichung die politisch extremistische Herkunft Schönhubers, Pagels, Kendzias und Neubauers. Häusler sei verantwortlich für den „ausländerfeindlichen Werbespot mit der eindringlichen Melodie ‚Spiel mir das Lied vom Tod'"[923], gegen Andres sei schon vor Jahren ein Disziplinarverfahren wegen „fortgesetzten Herstellens und Gebrauchs falscher Urkunden im Zusammenhang mit der Ausübung einer Nebentätigkeit"[924] eingeleitet worden.

Neben der CDU ergreift auch die Jungorganisation *Junge Union* (JU) das Wort in Bezug auf die REP. Der JU-Bundesverband, namentlich dessen Vorsitzender Christoph Böhr, nimmt am 3. April in einer Pressemitteilung zum Erfolg der REP und den infolgedessen von sozialdemokratischen Politikern geäußerten Vermutungen über mögliche Koalitionen von Unionsparteien und REP Stellung.[925] Darin werden auch

914 Ebd.
915 Ebd.
916 Vgl. CDU/CSU-Bundestagsfraktion, Die Republikaner: Widersprüchliches Programm und dubiose Figuren, in: Stichworte der Woche, 28. April 1989.
917 Ebd.
918 Ebd.
919 Ebd.
920 Ebd.
921 Ebd.
922 Ebd.
923 Ebd. Der Werbespot wurde zur Wahl zum Berliner Abgeordnetenhaus 1989 gesendet.
924 Ebd.
925 Vgl. Junge Union Deutschlands, Chaos und Zerstrittenheit kennzeichnen die SPD – Aussiedlerfeindlichkeit eint Lafontaine und Schönhuber, Pressemitteilung 24/89, Bonn, 3. April 1989.

Kontakte der SPD zu den als gleichermaßen als Extremisten betrachteten Grünen kritisiert: „Aber auch die Juso-Opposition um die stellv. Vorsitzende Doris Ahnen setzt voll auf eine rot-grüne Zukunft und beweist damit, dass Sozialdemokraten ohne Ausnahme bereit sind, Radikalen und Extremisten den Zugang zu den Schaltstellen unseres Staates zu öffnen." Eine „infame Verleumdung"[926] seien die Behauptung des SPD-Vorsitzenden Oskar Lafontaine, es bahnten sich Koalitionen zwischen Union und REP an. Lafontaine habe sich selbst „mit seinen dummdreisten Sprüchen von der Deutschtümelei zum Vordenker der Aussiedlerfeinde gemacht"[927] Zwischen Lafontaine und Schönhuber herrsche „im Punkt Aussiedlerfeindlichkeit Einigkeit"[928], beide versuchten, „die Lufthoheit über den deutschen Stammtischen zu erringen"[929], indem sie sich „gegenseitig im Grad ihrer aussiedlerfeindlichen Hetze"[930] steigerten.

Mit einer Reihe von Materialien, die sich mit dem Thema *Extremismus* auseinandersetzen, tritt der Bundesverband der Jungen Union in Erscheinung, darunter Flugblätter, Plakate und Aufkleber.[931] Besonders auffällig ist ein Themenplakat, das nicht datiert ist und keine genaue Zuordnung zu einer Wahl oder einem bestimmten Ereignis zulässt.[932] Auf schwarzem Hintergrund steht der in hellen gelben Lettern gedruckte Slogan „Radikalen keine Chance". Abgebildet ist außerdem ein weißer Adler mit ausgebreiteten Flügeln, der sechs Symbole in seinen Fängen greift: das eingekreiste „A" der Anarchisten, die Abkürzung „AL" der Alternativen Liste, Hammer und Sichel, das Logo der NPD, ein Hakenkreuz sowie das Parteilogo der REP. Gleichsetzen wolle die JU die hier dargestellten Gruppierungen nicht, erläutert deren Vorsitzender Christoph Böhr, Parallelen seien jedoch unverkennbar.[933] Die *Kommunalpolitischen Blätter* berichten über die JU-Aktion: „Anlass für die Kampagne der Jungen Union gegen politischem Radikalismus, also dafür, sich in den nächsten Monaten offensiv und kompromisslos mit den Radikalen auseinanderzusetzen, sind die Ergebnisse der letzten Wahlen, die Ergebnisse der Berliner Senatswahl, genauso wie die Ergebnisse der Europawahl. Besonders erschreckend hierbei ist der Wahlerfolg der Republikaner – und deswegen setzt sich die JU vorrangig mit diesen auseinander – in der Gruppe der 18 bis 25jährigen."[934] Die REP betrachteten einzelne politische Themen isoliert und bereiteten diese demagogisch auf – als Beispiel wird das Thema *Ausländer* genannt. Die Reden Schönhubers seien dabei nicht

926 Ebd.
927 Ebd.
928 Ebd.
929 Ebd.
930 Ebd.
931 Vgl. N.n., JU macht gegen Extremisten mobil, in: Die WELT, 22. Juli 1989.
932 Junge Union Deutschlands, Themenplakat „Radikalen keine Chance" [ohne Datum].
933 Vgl. N.n., JU macht gegen Extremisten mobil, in: Die WELT, 22. Juli 1989.
934 Monika Becker, Junge Union Deutschlands: Auf keinen Fall Verhandlungen mit den Republikanern, in: Kommunalpolitische Blätter, Nr. 8/1989.

ungeschickt.[935] Zum Kampagnenstart rät Böhr den Kommunalpolitikern, „auf keinen Fall Gespräche und schon gar keine Verhandlungen mit den Republikanern zu führen"[936].

Der Vorsitzende der Jungen Union in Nordrhein-Westfalen, Ronald Pofalla, stimmt mit Böhr grundsätzlich darin überein, dass Absprachen und Kooperation mit den Republikanern abzulehnen seien.[937] Pofalla wisse aber von Fällen, „in denen CDU und Republikaner auf kommunaler Ebene bereits zusammengearbeitet haben und ist überzeugt, dass noch weitere Beispiele folgen werden"[938]. Kein Landesvorsitzender der CDU könne nach Meinung Pofallas verhindern, „wenn auf kommunaler Ebene punktuelle Kooperationen zwischen CDU und Republikanern, etwa bei der Wahl eines CDU-Bürgermeisters, erfolgen"[939].

Neben der JU tritt auch die *CDA* gegen die REP auf. Während der Diskussionsphase über einen möglichen Abgrenzungsbeschluss der Bundes-CDU kündigt CDA-Vorsitzender Ulf Fink an, einen eigenen Antrag für den Bremer Bundesparteitag 1989 formulieren zu wollen, zieht sein Ansinnen aber zurück, als sich der Eindruck durchsetze, eine Mehrheit für einen Abgrenzungsbeschluss sei vorhanden.[940]

Äußerst zurückhaltend und spärlich kommentiert die CSU in Parteipublikationen jeglicher Art die REP. Im offiziellen Parteiorgan, dem *Bayernkurier*, sind der CSU die REP nur wenige Notizen wert. Die Befürchtung, die Rechtspartei durch Erwähnung aufzuwerten und zusätzlich in das Bewusstsein der Wähler zu bringen, ist für den Fall der CSU greifbar. In der Berichterstattung über die Landtagswahl 1986 schweigt der Bayernkurier zum Achtungserfolg der Republikaner.

Am 16. September 1989 erscheint im *Bayernkurier* ohne Verfasserangabe ein Kommentar mit dem Titel „Die Republikaner: Unrecht und Unordnung. Von Recht und Ordnung wird nur geredet".[941] Es wird auf parteiinterne Machtkämpfe und Streitereien hingewiesen. Schönhuber, der einst behauptet habe, „kaum einer habe seine Partei so im Griff wie er"[942], versuche verzweifelt und zunehmend erfolglos, seine Rolle als alleiniger Entscheider gegenüber aufmüpfigen Kritikern zu verteidigen. Eine „selbstzerstörerische Auseinandersetzung eigener Art"[943] sei seit Wochen in Gang, der Schluss liege auf der Hand: „Die meiste Gefahr für die Republikaner geht derzeit von ihnen selbst aus."[944] Erwähnung findet die Auseinandersetzung

935   Vgl. ebd.
936   Ebd.
937   Vgl. Monika Becker, Junge Union Deutschlands: Auf keinen Fall Verhandlungen mit den Republikanern, in: Kommunalpolitische Blätter, Nr. 8/1989.
938   Ebd.
939   Ebd.
940   Vgl. n.n., CDU: Pfeifen im Walde, in: Der SPIEGEL, Nr. 34/1989, 21. August 1989.
941   Vgl. n.n., Die Republikaner: Unrecht und Unordnung. Von Recht und Ordnung wird nur geredet, Bayernkurier, 16. September 1989.
942   Ebd.
943   Ebd.
944   Ebd.

zwischen dem Berliner Landesvorsitzenden Bernhard Andres und Schönhuber sowie die Querelen im niedersächsischen Landesverband. Zu letzterer Situation beobachtet der Autor:

„Chaotische Zustände, Abstimmungen, bei denen massenweise mehr Stimmzettel abgegeben wurden, als Delegierte da sind, ordentlich gewählte Delegierte, die sich nur per einstweiliger gerichtlicher Anordnung den Zutritt verschaffen konnten – und mittendrin Franz Schönhuber zwischen Beifall und Buhrufen, so stellt sich die neue Kraft ,für Sauberkeit in der Politik' dar."[945]

Schönhuber erscheint als herrischer Tyrann, der die Parteisatzung nach Belieben auslegt, Landesvorsitzende mit Redeverbot belegt oder sie entmachtet, Landesverbände abstraft und unliebsamen Kritikern die Annahme von Parteiämtern untersagt. In diesem Zusammenhang wird der Sitz Schönhubers als „Führerzentrale in München"[946] bezeichnet.

In ihren *Wahlwerbeschriften* der Jahre 1986, 1987, 1989 und 1990 vermeidet die CSU jegliche namentliche Erwähnung der REP. Auffällig ist jedoch, dass die Partei in ihren Wahlzeitungen zu den Bezirktags-, Landtags- und Bundestagswahlen die Profilthemen der REP aufgreift und sich insbesondere direkt zum „Asylmissbrauch" äußert. Gefordert wird: „Schluss mit dem Asylmissbrauch!"[947] Die Rede ist auch vom „massenhaften Asylmissbrauch"[948] bzw. dem „massenhaften Missbrauch der Asylanträge"[949]. Eine Wahlanzeige in der *Süddeutschen Zeitung* vom 10. Juni 1989 feiert „Deutschland unser Vaterland"[950] und fordert die Wähler auf, „Radikalen links und rechts" eine Absage zu erteilen. In der Wahlkampfzeitung zur Bundestagswahl 1990 findet sich außerdem die Abbildung einer Straßenschlacht mit nicht klar erkennbaren Teilnehmern und Verursachern, die mit dem Slogan „Nicht mit uns! Die CSU steht für Freiheit" beschriftet ist.[951]

Im Jahr 1989, dem Jahr des politischen Durchbruchs der REP, nahmen eine Reihe von Pressemitteilungen der CSU-Landesgruppe im Bundestag Bezug auf den Rechtsextremismus, einige konkret auf die Republikaner. Der Großteil dieser Stellungnahmen waren Reaktionen auf Vorwürfe anderer Bundestagsparteien, sich gegenüber dem Rechtsextremismus bzw. den REP nicht ausreichend abzugrenzen. Es werden neben den Texten mit unmittelbarem Bezug auf die REP auch einige andere Pressemitteilungen berücksichtigt, deren zeitlicher Kontext den Schluss nahe legt, die REP seien Bezugspunkt. Ein Beispiel hierfür ist die Äußerung des parlamentari-

---

945 Ebd.
946 Ebd.
947 Informationen der CSU zur bayerischen Landtagswahl 1990, S. 7; Informationen der CSU zur Bundestagswahl 1990, S. 6; vgl. Christlich Soziale Union, Asyl ja – Missbrauch nein, Wahlanzeige zur Europawahl 1989, in: Münchner Merkur, 12. Juni 1989.
948 Informationen der CSU zur Bundestagswahl 1990, S. 2.
949 Informationen der CSU zur bayerischen Landtagswahl 1990, S. 7.
950 Christlich Soziale Union, Deutschland unser Vaterland, Wahlanzeige zur Europawahl 1989, in: Süddeutsche Zeitung, 10. Juni 1989.
951 Informationen der CSU zur Bundestagswahl 1990, S. 2.

schen Geschäftsführers der CSU-Landesgruppe Rudolf Kraus zum „Vorwurf der SPD, die Union verhalte sich doppelzüngig gegenüber Rechtsextremisten"[952]. Obgleich die REP im Vorwurf der SPD nicht namentlich erwähnt werden, besteht kein Zweifel, dass hier das Verhältnis der Unionsparteien zu den REP angesprochen wird. So beteuert Kraus nicht nur, die CSU nehme eine „klare, eindeutige abgrenzende Haltung gegenüber allen Radikalen und Extremisten"[953] ein, sondern auch, dass ein „'Hand in Hand'-Marschieren mit den Republikanern"[954] für die CSU nicht in Frage komme.

Die Landesgruppe sah sich veranlasst, in Form von Pressemitteilungen diversen ähnlichen Vorwürfen zu begegnen. So widmet sich Kraus in einer weiteren Pressemitteilung dem Vorwurf „des SPD-Partei- und Fraktionsvorsitzenden Hans-Jochen Vogel, die Union sei zu einer Abgrenzung gegenüber der Republikaner unfähig"[955]. Kraus erklärt, Vogel wolle den Unionsparteien „eine Koalitionsdiskussion im Hinblick auf die Republikaner aufzwingen"[956] und vom angestrebten Bündnis der SPD mit den Grünen und Alternativen ablenken. Im Zusammenhang mit Bündnisfragen geht Kraus auch auf die „Äußerung des stellvertretenden SPD-Fraktionsvorsitzenden Jürgen Ehmke ein, die Republikaner säßen bereits ‚unsichtbar mit am Kabinettstisch in Bonn'"[957] und hält der SPD im Gegenzug deren Kooperationsbereitschaft mit den Grün-Alternativen vor. „Wer im Glashaus sitzt, sollte nicht mit Steinen werfen!" formuliert Kraus und fordert von der SPD, diese solle sich lieber um ihre eigene Abgrenzung „gegenüber den Radikalen von rechts *und* links"[958] kümmern. Kraus ergänzt: „Nicht die Frage einer Zusammenarbeit von Union und sog. Republikanern ist oder wird ein Thema, sondern Thema ist die bereits praktizierte und auch bundesweit angestrebte rot-grüne Bündnispolitik von SPD und Grünen/Alternativen."[959]

Die Äußerungen des prominenten SPD-Abgeordneten Peter Glotz, „der große Block der CSU gehöre in den meisten Fragen zum rechten Flügel der Union, der einen Nationalismus propagiere, den er für gefährlicher als eventuelle Versuche rechtsradikaler Gruppen halte"[960], bezeichnet Kraus als absurd und spricht von „haarsträubenden Unterstellungen, Verdrehungen und Mutmaßungen"[961], mittels

952 Christlich-Soziale Union, Landesgruppe im Deutschen Bundestag, Pressemitteilung Nr. 208/1989, 20. Juli 1989.
953 Ebd.
954 Ebd.
955 Christlich-Soziale Union, Landesgruppe im Deutschen Bundestag, Pressemitteilung Nr. 172/1989, 23. Juni 1989.
956 Ebd.
957 Christlich-Soziale Union, Landesgruppe im Deutschen Bundestag, Pressemitteilung Nr. 250/1989, 17. August 1989.
958 Ebd. [Hervorhebung im Original]
959 Ebd.
960 Christlich-Soziale Union, Landesgruppe im Deutschen Bundestag, Pressemitteilung Nr. 308/1989, 9. Oktober 1989.
961 Ebd.

derer Glotz die „tatsächlichen Rechtsradikalen mit ihren gefährlichen inhaltlichen Vorstellungen und Zielen"[962] verharmlose. Hermann Fellner, innenpolitischer Sprecher der Landesgruppe, wehrt sich zudem gegen Vorwürfe der Grünen, der Entwurf eines neuen Ausländergesetzes enthalte „nationalistische und rassistische Parolen"[963]. Auf den „Vorwurf der Grünen, Bundeskanzler Dr. Helmut Kohl und der CSU-Vorsitzende und Bundesfinanzminister Dr. Theo Waigel betrieben in der Deutschlandpolitik eine ‚unheilige Allianz' mit deutsch-nationalen Kräften"[964], entgegnet Kraus, es handele sich hierbei um „Phrasendrescherei und Diskriminierungen"[965].

Fellner meldet sich mit der einzigen Pressemitteilung zu Wort, die Bezug auf die REP nimmt und keine Verteidigung gegen Angriff der Bundestagsopposition darstellt.[966] Anlässlich der Veröffentlichung des Verfassungsschutzberichts für das Jahr 1988 zeigt er sich besorgt über „die Gewinne der Republikaner bei den letzten Wahlen"[967] und wertet diese als „deutliches Zeichen für die Bereitschaft mancher, sich von den vermeintlich einfachen Lösungen dieser Gruppierung für die Problemstellungen unserer Gesellschaft beeindrucken zu lassen"[968]. Dies sei „unrealistisch, naiv und kurzsichtig!", meint Fellner.

Im Jahr 1990 scheint sich das Thema „Republikaner" bereits zumindest vorläufig erledigt zu haben, was Pressemitteilungen von dieser Seite angeht. Lediglich eine im ACSP vorhandene Pressemitteilung der CSU-Landesgruppe im Deutschen Bundestag erwähnt die REP.[969] Stattdessen sind die deutsche Einheit sowie das Verhältnis der CSU zur DSU beherrschende Inhalte. In der einzigen Stellungnahme mit REP-Bezug verwehrt sich der stellvertretende Vorsitzende der CSU-Landesgruppe, Dionys Jobst, gegen Vorwürfe Schönhubers im Zusammenhang mit der Abtreibungsregelung im Einigungsvertrag mit der DDR, „nur um die Macht zu erhalten, würde die CSU auch ‚Mord unterstützen und dazu Beihilfe leisten'"[970]. Dieser Vorwurf Schönhubers sei ungeheuerlich und diffamiere die CSU böswillig: „Er hat sich mit seinen vor Hass triefenden Diffamierungen als Politiker vollends disqualifiziert. Ein solcher Mann muss von der politischen Bühne abtreten. Die Wähler werden ihm die Quittung geben."

---

962   Ebd.
963   Christlich-Soziale Union, Landesgruppe im Deutschen Bundestag, Pressemitteilung Nr. 343/1989, 25. Oktober 1989.
964   Christlich-Soziale Union, Landesgruppe im Deutschen Bundestag, Pressemitteilung Nr. 414/1989, 12. Dezember 1989.
965   Ebd.
966   Vgl. Christlich-Soziale Union, Landesgruppe im Deutschen Bundestag, Pressemitteilung Nr. 179/1989, 4. Juli 1989.
967   Ebd.
968   Ebd.
969   Vgl. Christlich-Soziale Union, Landesgruppe im Deutschen Bundestag, Pressemitteilung Nr. 343/1990, 19. September 1990.
970   Ebd.

Innerhalb der CDU wird der gebotene Umgang mit den REP seitens *parteiprä-sentativer Politiker* ausgiebig und kontrovers diskutiert. Ausgelöst wird diese Diskussion zunächst durch das Auftreten der REP im Wahlkampf zum Westberliner Abgeordnetenhaus. Infolge eines unverhohlen ausländerfeindlichen Fernseh-Wahlwerbespots stehen die REP in den drei Wochen vor der Wahl zum Berliner Abgeordnetenhaus im Mittelpunkt der öffentlichen Debatte.[971] Der Einzug der REP in das Berliner Landesparlament sowie in das Europaparlament im selben Jahr erweitert den Diskussionsbedarf. Später führen mitunter Gerüchte über mögliche Übertritte von CDU-Politikern zu den REP zu einer angespannten Atmosphäre innerhalb der Partei und heftigen Streitgesprächen.[972] Diese Auseinandersetzung innerhalb der CDU wird auf allen Ebenen kontrovers und teilweise emotional geführt. Unter den CDU-Bundespolitikern plädiert die zahlenmäßig stärkste Gruppe für eine aktive Auseinandersetzung mit den REP sowie eine deutliche Verurteilung und Distanzierung gegenüber der Partei Schönhubers. Diese Meinung vertreten Heiner Geißler, Norbert Blüm, Rita Süssmuth, Klaus Töpfer, Rainer Barzel, Johannes Gerster, Horst Eylmann und Rainer Eppelmann. Der amtierende Bundesvorsitzende Helmut Kohl, dessen im Zuge innerparteilicher Streitigkeiten über den Umgang mit den REP neu berufene Generalsekretär Peter Hintze sowie Jürgen Rüttgers und Rupert Scholz mahnen zur Vorsicht. Nur zurückhaltend wollen sie Abgrenzungserklärungen der CDU vortragen, um die Konkurrenz am rechten Rand nicht unnötig aufzuwerten oder ins Gespräch zu bringen. Für eine betont differenzierte Sicht- und Vorgehensweise treten die beiden Bundesinnenminister Wolfgang Schäuble und Manfred Kanther sowie Friedhelm Ost ein. Auf Bundesebene auf einsamem Posten steht Alfred Dregger, der vor einer Diskriminierung der REP warnt und den politischen Feind anderweitig vermutet.

Am deutlichsten aus der Riege der entschiedenen REP-Gegner erklärt sich Heiner Geißler. Der CDU-Generalsekretär betrachtet die REP-Parteiführung zum Zeitpunkt des Einzugs der REP ins Westberliner Abgeordnetenhaus als „Extremisten, die mit billigen Ressentiments auf Stimmenfang gehen"[973]. Sie setzten auf „Stimmungen

---

971 Richard Stöss, Ideologie und Strategie des Rechtsextremismus, in: Wilfried Schubarth / Richard Stöss, Rechtsextremismus in der Bundesrepublik Deutschland. Eine Bilanz., Schriftenreihe Band 368, Bonn 2000, S.119.

972 Vgl. n.n., CDU-Politiker zu Republikanern?, in: Die WELT, 9. November 1989, Harald Günter, Späths Amts-Vorgänger Filbinger arbeitet mit Republikanern zusammen. Es geht um Schlierer/Liberal-konservative Denkfabrik soll auf Union einwirken, in: Die WELT, 13. Juli 1989, n.n., CDU-Abgeordneter billigt Ziele der Republikaner, in: Süddeutsche Zeitung, 22. August 1989, n.n., Wie die Zeitbombe Vajen plötzlich entschärft war, in: Die WELT, 4. September 1989, n.n., Vajen kommt Ausschluss zuvor, in: Die WELT, 7. September 1989, n.n., Vajen kandidiert als Republikaner, in: Frankfurter Allgemeine, 25. November 1989.

973 DPA-Meldung, Geißler: CDU muss Republikaner bekämpfen – Barzel: „Führen, führen, führen", 31. Januar 1989.

und Vorurteil"[974] und böten keine Lösungen an. Es sei im „nationalen Interesse"[975], die „Deutschen vor dieser Organisation zu warnen"[976].

Geißler widerspricht der Forderung des Berliner Innensenators Heinrich Lummer und anderer Unionspolitiker, die CDU solle die Themen der REP aufgreifen, um deren Wähler an die Union zu binden.[977] Es dürfe keine Annäherung an die Positionen der REP geben, noch könne man deren Inhalte übernehmen. Man müsse Gruppierungen wie die REP vielmehr bekämpfen.[978] Auch solle die CDU den REP-Wählern verdeutlichen, dass sie es in Berlin möglich gemacht hätten, dass „die Chaoten an die Macht kommen"[979].

Geißler fordert vehement deutliche Worte der Abgrenzung seiner Partei den REP gegenüber. Er bedauert, dass die CDU im Kampf gegen die REP schon fast allein sei. Für den kommenden CDU-Bundesparteitag fordert Geißler einen Abgrenzungsbeschluss gegenüber den REP.[980] Geißler selbst ist nicht zimperlich bei der Wortwahl, die er für die REP findet. Eine „Malzkaffeepartei" seien die REP: „Braun, billig und von vorgestern"[981]. Mit „solchen Leuten"[982] rede er nicht einmal und wolle er „nichts zu tun"[983] haben.

Geißler wünscht sich eine inhaltliche Auseinandersetzung mit den REP, warnt aber vor einer unvorsichtigen Annäherung an die REP-Programmatik. So sei es zwar geboten, dem Missbrauch des Asylrechts ein Ende zu bereiten, dies dürfe „aber nicht vermischt werden mit der Haltung gegenüber Ausländern insgesamt"[984]. Die Verpflichtung als Land in Europas Mitte, die wirtschaftliche Ausrichtung als Exportnation sowie das christliche Menschenbild der Union verböten Fremdenfeindlichkeit.[985] Im Rheingau-Taunus-Kreis habe die SPD zusammen mit Grünen und REP einen CDU-Landrat abwählen wollen. Im Gegensatz zu Peter Glotz wolle sich Geißler nicht mit Schönhuber an einen Tisch setzen, da dies den REP-Vorsitzenden nur aufwerte.[986]

---

974 Ebd.
975 Ebd.
976 Ebd.
977 Vgl. DPA-Meldung, Lummer: „Schönhuber bot mir Vorsitz der Republikaner an", 8. Februar 1989.
978 Vgl. DPA-Meldung, Geißler: Statt Annäherung Republikaner bekämpfen, 9. Februar 1989.
979 Ebd.
980 Vgl. N.n., CDU erwägt Kontakt-Verbote: Unvereinbarkeitsbeschluss gegenüber „Republikanern"?, in: Frankfurter Rundschau, 22. Juni 1989.
981 N.n., Lothar Späth und Heiner Geißler in Ludwigsburg: Im Europawahlkampf geht es um mehr als den Binnenmarkt, in: Union in Deutschland, Nr. 9, 16. März 1989, S. 38.
982 Ebd.
983 N.n., Austritt bei Republikanern wegen Neonazi-Unterwanderung, in: Frankfurter Rundschau, 24. April 1989.
984 N.n., Lothar Späth und Heiner Geißler in Ludwigsburg: Im Europawahlkampf geht es um mehr als den Binnenmarkt, in: Union in Deutschland, Nr. 9, 16. März 1989, S. 38.
985 Vgl. ebd.
986 N.n., CDU: Pfeifen im Walde, in: Der SPIEGEL, Nr. 34/1989, 21. August 1989.

Kurz nach dem Wahlerfolg der REP in Westberlin 1989 stellte der stellvertretende CDU-Bundesvorsitzende und Bundesarbeitsminister Norbert Blüm aus seiner Sicht klar, dass eine Zusammenarbeit mit den REP für seine Partei nicht in Betracht komme.[987] Die REP seien „die Gegner der Union" und formulierten politische Inhalte in einer Art, die ihm nicht passe. Deswegen habe er ihnen „als CDU-Spitzenkandidat für die nächste Landtagswahl in Nordrhein-Westfalen auch keine Koalitionsangebote zu machen". Auch in Berlin solle die CDU keine Zusammenarbeit mit den REP erwägen, selbst wenn ihnen dadurch der Weg zu einer Regierungsbildung versperrt würde. Es sei nicht „die größte Seligkeit, in der Regierung zu sein. Opposition ist auch eine anständige Rolle".

Am Rande eines Rombesuchs meldet sich Blüm erneut zu Wort und fordert Kirchen, Gewerkschaften, Arbeitgeberorganisationen und den Bundespräsidenten dazu auf, ihre Stimme gegen die REP zu erheben.[988] Das „moralische Deutschland" müsse sich ergeben, die durch die REP ausgehende Gefahr „zum Thema machen und einer Primitivisierung der Politik entgegentreten"[989]. Blüm erklärt, vor „allem die katholische Kirche dürfe sich nicht aus ihrer Verantwortung stehlen und sich auf die Lehrstühle zurückziehen"[990].

Auch Bundestagspräsidentin Rita Süssmuth mischt sich in die Diskussion ein, unter anderem mit einem Interview in der ZDF-Sendung *Bonn direkt*[991] sowie mit einem Beitrag in der Illustrierten *Quick*.[992] Im Fernsehen verlautbart Süssmuth bezüglich der REP: „Der Parteiführer muss bekämpft werden, Schönhuber muss bekämpft werden."[993] Der REP-Vorsitzende deute historische Quellen falsch und müsse wissen, „dass wir die Quellen lesen. Und jemand, der die Waffen-SS verherrlicht, ist für mich zu bekämpfen"[994]. In Berlin müsse man radikalen Kräften auf der Linken wie auf der Rechten mit dem demokratischen Instrumentarium begegnen: „Versuchen wir es mit Mitteln außerhalb der Demokratie, fürchte ich, dass wir die Gruppierung [die REP] eher stärken, als sie zu schwächen"[995].

Den REP wirft Süssmuth in der *Quick* die Verbreitung vereinfachter Parolen und eine mangelnde programmatische Problemlösungskompetenz vor: „Wir wissen, dass die Wähler der Republikaner überwiegend aus unteren Einkommensschichten mit geringerem Ausbildungswissen kommen. Sie haben Angst um ihre Zukunft, um Wohnung, Arbeit, Lebenschancen. Sie fürchten, dass die zukünftige Entwicklung für sie wenig Gutes bringt. Viele von ihnen fühlen sich orientierungslos und ohne

987 DPA-Meldung, Blüm: Keine Koalition mit den Republikanern, 11. Februar 1989.
988 Vgl. n.n., „Aufstand gegen Republikaner", in: Die WELT, 18. August 1989.
989 Ebd.
990 Ebd.
991 Vgl. N.n., Schönhuber den Kampf angesagt, in: Die Welt, 7. März 1989.
992 Vgl. Rita Süssmuth, Wer Schönhuber wählt, muss mit allem rechnen, Quick, 19. Juli 1989.
993 N.n., Schönhuber den Kampf angesagt, in: Die Welt, 7. März 1989.
994 Ebd.
995 Ebd.

konkrete Hilfe allein gelassen. Was liegt da näher, als sich von einfachen plakativen Formeln der Republikaner angesprochen zu fühlen? Sie suchen nach einfachen Erklärungen, wollen sich mit Differenzierungen und Zusammenhängen nicht auseinandersetzen. Die Wahlwerbung der rechten Parteien trägt diesem Bedürfnis Rechnung. Da heißt es: „Deutschland den Deutschen..." Schön und gut – aber welches Problem ist damit gelöst? Wie soll das vor sich gehen? Was bedeutet das konkret? Eine Wunschvorstellung ist noch kein Programm."[996] Das REP-Programm biete nichts Konkretes, sondern schwammige Formulierungen, die sich beliebig mit Inhalten füllen ließen: „Die Widersprüche und unausgegorenen Forderungen der Republikaner, ihre Stammtischparolen, die an dumpfe Emotionen appellieren und bewusst die Folgen außer acht lassen – all das wirkt auf manche Wähler offenbar anziehend."[997] Zwar habe jeder Mensch Orientierung nötig, Süssmuth gibt aber zu bedenken: „Die Parolen der Rechtsparteien täuschen Orientierung allerdings nur vor. Sie dienen nicht dazu, die komplizierte Wirklichkeit zu verstehen und zu durchschauen, sondern die Augen vor den Tatsachen zu verschließen. Damit ist auf Dauer niemandem geholfen."[998] Das Problem sei die verständliche Vermittlung einer komplexen Wirklichkeit an die Wähler. Dies lässt Süssmuth zu folgendem Schluss kommen: „Es gibt eine große Zahl arbeitsloser Geisteswissenschaftler, die im Umgang mit Sprache geschult sind. Vielleicht sollten wir auch mehr auf deren Kompetenz zurückgreifen, um die komplizierten Sachverhalte in Politik und Gesellschaft in eine verständliche Sprache zu kleiden, ohne dass die Wirklichkeit dabei verfälscht wird."[999]

Zur Fortsetzung einer sachlichen Ausländerpolitik auch nach dem Erfolg der REP bei der Europawahl 1989 mahnt CDU-Bundesumweltminister Klaus Töpfer. Die Gewährung von Asyl sei Teil der Bewahrung der Menschenrechte. Töpfer fragt: „Wo sind wir in dieser Gesellschaft hingekommen, dass die Aufnahme von 400.000 Menschen zur Wahl von den Republikanern führt?"[1000] Fehler der Unionsparteien hätten zu dieser Entwicklung beigetragen. Daher habe er „ein schlechtes Gewissen, weil ich an dieser Politik mitgewirkt habe"[1001].

Der frühere CDU-Vorsitzende und Bundestagsabgeordnete Rainer Barzel fordert: „Wir werden die Republikaner nicht unter fünf Prozent bekommen, indem wir ihnen nachlaufen. Wir müssen sie wie die NPD bekämpfen."[1002] Vom Parteivorsitzenden Helmut Kohl, dem Generalsekretär Heiner Geißler sowie dem CDU/CSU-

996 Rita Süssmuth, Wer Schönhuber wählt, muss mit allem rechnen, Quick, 19. Juli 1989.
997 Ebd.
998 Ebd.
999 Ebd.
1000 DPA-Meldung, Republikaner, 22. Juni 1989
1001 Ebd.
1002 DPA-Meldung, Geißler. CDU muss Republikaner bekämpfen – Barzel: „Führen, führen, führen", 31. Januar 1989.

Fraktionsvorsitzenden im Bundestag Alfred Dregger wünsche sich Barzel „mehr Führung und Kontur"[1003].

Als durch eine Welle rechtsextremistisch motivierter Gewalttaten gegen Ausländer fünf Jahre nach dem Wahlerfolg der REP in Berlin die öffentliche Diskussion um dieses Problemfeld kreist, reiht sich Johannes Gerster in die Gruppe der lautstarken und entschlossenen REP-Gegner ein. Der stellvertretende Vorsitzende der CDU/CSU-Bundestagsfraktion sieht 1994 im Parteiverbot kein Instrument zur Restriktion der REP. Es helfe nur „entschlossener politischer Kampf"[1004].

Gerster regt im April 1994 ein gemeinsames Vorgehen der demokratischen Parteien an, um dem „Treiben der Republikaner"[1005] ein Ende bereiten zu können. Ziel sei es, zügig die Gesetze dahingehend zu ändern, „dass das Krebsgeschwür der Republikaner unsere Gesellschaft nicht weiter bedrohen kann"[1006]. Insbesondere solle das Leugnen des Holocaust entschiedener geahndet und die Straffreiheit durch „juristische Winkelzüge"[1007] ausgeschlossen werden. Wer „aus rassistischen oder antisemitischen Gründen Mitbürger"[1008] verunglimpfe, müsse seitens der Justiz „künftig von Amts wegen verfolgt werden"[1009]. Gerster empfinde es als „unerträglich"[1010], dass Schönhuber „ungestraft Hetze betreiben"[1011] dürfe. Bezug nehme Gerster hierbei auf eine Entscheidung der Landshuter Staatsanwaltschaft, die sich nicht in der Lage sah, ein Verfahren gegen Schönhuber wegen dessen Bemerkung, in Ignatz Bubis (dem damaligen Vorsitzenden des Zentralrates der Juden in Deutschland) sehe er „einen der schlimmsten Volksverhetzer Deutschlands"[1012], einzuleiten.

Horst Eylmann, Vorsitzender des Rechtsausschusses des Bundestages, richtet im Rahmen derselben Diskussion an Bundesinnenminister Manfred Kanther die Bitte, dieser möge eine Neubewertung der REP prüfen.[1013] Sollte sich sein Verdacht, die REP würden Gewalttaten dulden oder aktiv unterstützen, bestätigen, dann sei „die Zeit reif für einen Verbotsantrag"[1014]. Eylmann sieht die REP „auf dem Weg in den

1003 Ebd.
1004 N.n., Republikaner verbieten?, in: Die Woche, 9. Juni 1994.
1005 N.n., Politiker fordern härteres Vorgehen gegen Republikaner: Eylmann bringt Verbot der Partei in die Diskussion, General-Anzeiger, 11. April 1994.
1006 Ebd.
1007 Ebd.
1008 DPA-Meldung, Republikaner unter wachsendem Druck: Verbot erscheint möglich, 10. April 1994.
1009 Ebd.
1010 N.n., Politiker fordern härteres Vorgehen gegen Republikaner: Eylmann bringt Verbot der Partei in die Diskussion, General-Anzeiger, 11. April 1994.
1011 Ebd.
1012 Ebd.
1013 DPA-Meldung, Auch CDU-Experten für Neubewertung der Republikaner – SPD zieht NSDAP-Vergleich – Gewalttaten von Funktionären offiziell belegt, 1. Juni 1994.
1014 Ebd.; vgl. n.n., Politiker fordern härteres Vorgehen gegen Republikaner: Eylmann bringt Verbot der Partei in die Diskussion, General-Anzeiger, 11. April 1994; vgl. DPA-Meldung, Republikaner unter wachsendem Druck: Verbot erscheint möglich, 10. April 1994.

militanten Rechtsextremismus"[1015]. Beigetragen zur Diskussion über einen Verbotsantrag hatten die Parteiaustritte des REP-Bundesorganisationsleiters Udo Bösch sowie der Bundesschriftführerin Martina Rosenberger. Beide hatten auf Verbindungen der REP zur rechtsextremistischen Szene hingewiesen.[1016]

Für persönliche Kontakte zwischen Unionspolitikern und REP-Funktionären bringt Eylmann kein Verständnis auf. Das Treffen des früheren bayerischen Ministerpräsidenten Max Streibl und Schönhuber im Februar 1994 findet Eylmann „saublöd"[1017].

Schließlich wirft der Bundestagsabgeordnete und Vorsitzende der *Christlich-Demokratischen Arbeitnehmerschaft* (CDA) Rainer Eppelmann Schönhuber vor, er profiliere sich durch „Verbalausfälle als geistiger Brandstifter, der seine Partei für Nazis in Nadelstreifen hoffähig macht"[1018] und führe „Vertreter dieser Blut-und-Boden-Ideologie"[1019] an. Die REP sollten „mit allen Instrumenten des Verfassungsschutzes"[1020] observiert werden. Deren Mitglieder müsse der Zugang zum „Kernbereich des öffentlichen Dienstes"[1021] verwehrt sein.

Als Bundesvorsitzender hat Helmut Kohl, prominentester Fürsprecher einer vorsichtigen Abwägung von Maßnahmen gegen die REP, besonders Gewicht. Die Befürchtung, CDU-Kommunalpolitiker könnten sich um Koalitionen mit den REP bemühen ist Thema einer Konferenz der Vorsitzenden und Geschäftsführer von 251 CDU-Kreisorganisationen.[1022] Laut Generalsekretär Heiner Geißler habe Bundeskanzler Helmut Kohl im Rahmen der nicht öffentlichen Veranstaltung „eindeutig Stellung genommen und Koalitionen ausgeschlossen"[1023].

Im Juli 1989 bezweifelt Bundeskanzler Helmut Kohl die Notwendigkeit des seitens einiger CDU-Politiker angestrebten Abgrenzungsbeschlusses gegenüber den REP.[1024] Die Haltung der CDU zu diesem Thema sei ohnehin „völlig eindeutig"[1025], argumentiert Kohl. Beim bevorstehenden Bundesparteitag in Bremen die Frage einer Koalition zu diskutieren und in Form eines Beschlusses zu verneinen, sei überflüs-

1015 N.n., Republikaner verbieten?, in: Die Woche, 9. Juni 1994.
1016 Vgl. DPA-Meldung, Auch CDU-Experten für Neubewertung der Republikaner – SPD zieht NSDAP-Vergleich – Gewalttaten von Funktionären offiziell belegt, 1. Juni 1994.
1017 DPA-Meldung, Kritik am Treffen Streibl-Schönhuber: „Saublöd" und „dämlich", 14. Februar 1994.
1018 DPA-Meldung, Eppelmann (CDU): Verfassungsschutz „mit allen Instrumenten" gegen Republikaner – Beckstein (CSU): Verbot noch nicht sinnvoll, 12. April 1994.
1019 Ebd.
1020 Ebd.
1021 Ebd.
1022 Vgl. N.n., Kohl stellt klar: Keine Koalition mit Republikanern, in: Hannoversche Allgemeine Zeitung, 11. April 1989.
1023 Ebd.
1024 Vgl. n.n., Kohl nicht für Beschluss gegen REP-Koalition, in: Münchner Merkur, 21. Juli 1989.
1025 Ebd.

sig. Es gebe für seine Partei grundsätzlich keine Kooperation mit Links- und Rechts-radikalen. Unmissverständlich missbilligt Kohl die Diskussionsbeiträge des damaligen CDU-Generalsekretärs Heiner Geißler zu diesem Thema. Kohl wisse noch nicht, ob Geißler erneut zu seinem Amt vorgeschlagen werde.[1026] Kohl ist bemüht, das Bild einer in der Haltung den REP gegenüber geschlossenen Partei zu präsentieren: „Es gibt keine Zusammenarbeit, es gibt keine Koalition. Punkt."[1027] 1994 spricht sich Kohl gegen ein Verbot der REP aus. Die REP müsse man „mit den Mitteln der politisch-geistigen Auseinandersetzung bekämpfen"[1028].

Im Gegensatz zu seinem Vorgänger Heiner Geißler richtet Peter Hintze als CDU-Generalsekretär seine Linie gegenüber den REP in Wort und Tat nach dem Partei-vorsitzenden aus. Hintze kündigt 1992 argumentatives Vorgehen, Sondereinheiten der Polizei und Strafverschärfung an, um die REP zu bekämpfen.[1029] Die REP stellten eine „rechtsradikale Partei"[1030] dar, die mit „demagogischen Parolen Ängste"[1031] schüre und „schlimm für unser Land"[1032] sei. Diesen „braunen Ungeist"[1033] müssten demokratische Kräfte verbannen. Gemeinsamen Veranstaltungen der demokratischen Parteien gegen die REP, wie von der SPD gefordert, erteilt Hintze 1994 eine Absage.[1034] Dies verschaffe der Rechtspartei nur unnötig Aufmerksamkeit und käme einer „unfreiwilligen Wahlhilfe für die rechtsradikale Szene"[1035] gleich, woran sich die CDU nicht beteiligen wolle. Die CDU habe sich selbstständig zur Genüge distanziert und verdeutlicht, dass sie in rechtsradikalen Parteien „Schande für Deutschland"[1036] sehe. Hintze vergleicht die PDS mit den REP. „Das Programm der PDS, das auf einen neuen Sozialismusversuch in Deutschland abziele, sei von der gleichen Radikalität wie das mit dumpfen Parolen gespickte Programm der rechtsradikalen Republikaner"[1037]. Die brandenburgische CDU „wies dagegen den Vergleich als ‚ungeeignetes Mittel der Auseinandersetzung' zurück. Die CDU müsse sich mit der PDS argumentativ auseinandersetzen, sagte der Landeschef Peter Wagner in Potsdam."[1038]

1026 Vgl. ebd.
1027 N.n., CDU: Pfeifen im Walde, in: Der SPIEGEL, Nr. 34/1989, 21. August 1989.
1028 DPA-Meldung, Kohl bietet CSU Hilfe an, 14. April 1994.
1029 Vgl. DPA-Meldung, CDU gegen „braunen Ungeist" – Kampfansage an Republikaner, 19. Oktober 1992.
1030 Ebd.
1031 Ebd.
1032 Ebd.
1033 Ebd.
1034 Vgl. DPA-Meldung, CDU will keine gemeinsamen Veranstaltungen gegen Rechtsradikale, 13. Mai 1994.
1035 Ebd.
1036 Ebd.
1037 DPA-Meldung, Hintze vergleicht PDS mit Republikanern – Kritik aus der CDU, 21. August 1996.
1038 Ebd.

Kritisch bewertet Jürgen Rüttgers, parlamentarischer Geschäftsführer der CDU/CSU-Bundestagsfraktion, das Gespräch des ehemaligen bayerischen Ministerpräsidenten Max Streibl mit Schönhuber im Februar 1994 – er nennt es schlicht „dämlich".[1039] Dererlei Treffen führten zu einer „unnötigen Aufwertung"[1040] extremer Parteien.

Im selben Jahr meint Rupert Scholz, es sei „‚politisch klüger', wenn die Öffentlichkeit über das Schicksal der Republikaner entscheidet'". Ein Parteiverbot sei kompliziert. Verglichen mit den REP könne man KPD und SRP als „einfache Fälle"[1041] betrachten.

Es mag an deren Rolle als Bundesinnenminister und deren besondere Verantwortung für den Bereich Verfassungsschutz liegen, dass Wolfgang Schäuble und Manfred Kanther sich bedächtig und abwartend in Bezug auf die REP artikulieren. Als Regierungssprecher obliegt auch Friedhelm Ost ein besonders diplomatisches Vorgehen.

Wolfgang Schäuble verurteilt das Auftreten der REP deutlich und bezeichnet diese als *rechtsradikal*.[1042] Es gebe Erkenntnisse, „nach denen die Republikaner Zulauf aus rechtsextremistischen Organisationen haben. Unklar sei lediglich, ob – angesichts der steigenden Mitgliederzahlen der Partei – auch der Anteil von Rechtsextremisten zunehme"[1043]. Schäuble meint zu den REP: „Mit griffigen Parolen und Scheinbeweisen treiben sie politische Hetze gegen Andersdenkende."[1044] Diese übergingen „bewusst, dass der freiheitliche Rechtsstaat ein kompliziert funktionierendes Gebilde ist, das auch Minderheiten und Andersdenkenden Rechte garantiert"[1045]. Diverse Äußerungen der REP erinnerten an einen Sprachgebrauch, „dessen sich Vertreter des Extremismus bedienen"[1046]. Schäuble sieht fließende Übergänge zwischen „betont nationalen und ausländerabweisenden Äußerungen einerseits und verfassungsfeindlicher Ausländerhetze andererseits"[1047]. Außerdem verwehrt sich Schäuble gegen die Behauptung Schönhubers, bei den REP sammelten sich viele Polizeibeamte und sonstige Staatsdiener.[1048] Der von ihm vorgestellte Verfassungsbericht für das Jahr 1988 gehe nicht auf die REP ein. Schäuble setzte sich aber in

---

1039 DPA-Meldung, Kritik am Treffen Streibl-Schönhuber: „Saublöd" und „dämlich", 14. Februar 1994.
1040 Ebd.
1041 Ulrich Reitz, Republikaner: Angst vor Richtern, in: Focus, 6. Juni 1994.
1042 Vgl. n.n., Innenminister Schäuble nennt die Republikaner rechtsradikal. „Politische Hetze gegen Andersdenkende"/Verfassungsschutzbericht für das Jahr 1988 vorgestellt, in: Frankfurter Allgemeine, 5. Juli 1989.
1043 Ebd.
1044 Ebd.
1045 Ebd.
1046 Ebd.
1047 Ebd.
1048 Vgl. ebd.

seiner Vorstellung und Bewertung des Berichts eingehend mit den REP auseinander. Die *Frankfurter Allgemeine* berichtet:

„Schäuble verwies darauf, dass sich die zuständigen Behördenleiter im Mai darauf verständigt hätten, offenes Material über die Republikaner auf seinen verfassungswidrigen, rechtsextremistischen Gehalt hin zu prüfen. Im September werde der Präsident des Bundesamtes für Verfassungsschutz, Gerhard Boeden, im Einvernehmen mit den Behördenleitern der Länder entscheiden, ob die Republikaner zum Beobachtungsobjekt des Verfassungsschutzes werden."[1049]

Noch vor seiner Berufung als Bundesinnenminister verwirft Manfred Kanther im Juli 1992 in seiner Eigenschaft als Vorsitzender des hessischen Landesverbandes sowie der hessischen Landtagsfraktion Spekulationen über eine mögliche Annäherung seiner Partei an die REP.[1050] Entgegen den Überlegungen eines Positionspapiers des konservativen „Petersberger Kreises" komme für die hessische CDU eine Zusammenarbeit mit den REP nicht in Frage. Kanther wisse weder, welche seiner Landtagskollegen Mitglied des Kreises seien noch wer für den Inhalt des Diskussionspapiers verantwortlich sei.[1051]

Als Bundesinnenminister beobachtet Kanther zwei Jahre später, die REP entwickelten sich zu einer rechtsextremistischen, verfassungsfeindlichen Partei.[1052] Kanther meint: „Hier ist eine Partei, eine Organisation, ganz ersichtlich auf dem Wege zu immer extremeren Positionen, Aussagen und Methoden."[1053] Zur Diskussion über ein mögliches REP-Verbot schweigt Kanther.[1054]

Auch Regierungssprecher Friedhelm Ost äußert sich. Die Kritik Schönhubers an Bundespräsident Richard von Weizsäcker, dieser sei ein „Nutznießer des unseligen NS-Regimes"[1055] und stamme von einem Vater, der „Mitschuldiger der Züge nach dem Osten"[1056] gewesen sei, weist Regierungssprecher Friedhelm Ost zurück. Zwar kommentiere Ost Äußerungen von Parteipolitikern grundsätzlich nicht, doch wolle er herausstellen, dass er „von diesen üblen Vorwürfen nichts halte"[1057].

Gegen eine Diskussion über Bündnisse mit den REP spricht sich Alfred Dregger, Vorsitzender der CDU/CSU-Bundestagsfraktion, im Juni 1989 aus.[1058] Trotzdem

---

1049 Ebd.
1050 N.n., Manfred Kanther: Keine Zusammenarbeit mit „Republikanern", in: Frankfurter Rundschau, 3. Juli 1992.
1051 Vgl. ebd.
1052 DPA-Meldung, Kanther sieht Republikaner auf dem Weg zum Rechtsextremismus – SPD übt scharfe Kritik am Minister, 14. April 1994.
1053 DPA-Meldung, Kanther sieht Republikaner auf dem Weg zum Rechtsextremismus – SPD übt scharfe Kritik am Minister, 14. April 1994.
1054 Ulrich Reitz, Republikaner: Angst vor Richtern, in: Focus, 6. Juni 1994.
1055 DPA-Meldung, Ost spricht von „üblen Vorwürfen" Schönhubers, 7. April 1989.
1056 Ebd.
1057 Ebd.
1058 N.n., CDU erwägt Kontakt-Verbote: Unvereinbarkeitsbeschluss gegenüber „Republikanern"?, in: Frankfurter Rundschau, 22. Juni 1989.

dürften die REP „nicht diskriminiert werden"[1059]. Nicht die REP seien der „Hauptgegner"[1060] der Union, sondern SPD und Grüne. Vehement greift Dregger in einem Beitrag in der *Nordsee-Zeitung* die SPD an, deren hessischer Landesvorsitzender Hans Eichel REP und kommunistische Kleinparteien „nicht auf eine Stufe stellen will"[1061]. In zwei hessischen Kommunalparlamenten kooperiere die SPD bereits mit Kommunisten. Diese „Volksfront-Aktivitäten"[1062] seien empörend und kündigten den „Konsens der Demokraten"[1063] auf. Dregger sieht DKP und REP als gleichermaßen extremistisch und wirft daher der SPD vor: „Eine Partei, die die ‚Republikaner' bekämpft, aber mit Kommunisten praktiziert, kann nicht der deutschen Öffentlichkeit weismachen wollen, dass sie Dämme gegen den politischen Extremismus bauen will."[1064] Während Dregger unter den Bundespolitikern der CDU isoliert dasteht, findet er unter einigen Landespolitikern Gleichgesinnte.

CDU-Landespolitiker im gesamten Bundesgebiet sind erfasst von der Diskussion über die REP. Sichtbar in Erscheinung treten Amts- und Mandatsträger auf der Landesebene aus Niedersachsen, Nordrhein-Westfalen, Hessen, Rheinland-Pfalz, Baden-Württemberg, Berlin, Mecklenburg-Vorpommern, Sachsen-Anhalt und Sachsen.

Besonders kontrovers gestaltet sich die Diskussion in Niedersachsen. Ein Landesvorsitzender, der sich gegen Koalitionsabsagen mit den REP ausspricht sowie ein Landtagsabgeordneter, der offen mit der Partei Schönhubers sympathisiert und ihr schließlich beitritt stehen einem Landtagsfraktionsvorsitzenden gegenüber, der eine schärfere Abgrenzung von den REP fordert.

Der niedersächsische CDU-Landesvorsitzende Wilfried Hasselmann gibt sich als „leidenschaftlicher Streiter"[1065] gegen eine Koalitionsabsage den REP gegenüber zu erkennen. Die CDU solle sich davor hüten, eine Entscheidung zu treffen, „die möglicherweise nicht durchhaltbar ist"[1066] und sich aufgrund der Zufriedenheit mit dem derzeitigen Koalitionspartner ohnehin erübrige[1067]. Sollte beim bevorstehenden Bundesparteitag ein Abgrenzungsbeschluss bezüglich der REP diskutiert werden, werde er persönlich dagegen Stellung beziehen, da ein solcher Beschluss nicht „durchführbar"[1068] sei. Nachdem das Bundespräsidium der Partei jedoch einen Ab-

---

1059 Ebd.
1060 Ebd.
1061 Alfred Dregger, Steht die SPD noch zum Unvereinbarkeitsbeschluss?, in: Nordsee-Zeitung, 12. August 1989.
1062 Ebd.
1063 Ebd.
1064 Ebd.
1065 N.n., CDU: Pfeifen im Walde, in: Der Spiegel, 21. August 1989.
1066 Ebd.
1067 Vgl. Christlich Demokratische Union/Landesverband Niedersachsen, CDU-Hasselmann: Radikale Lösungen sind nicht verantwortbar, Pressemitteilung vom 23. März 1989.
1068 N.n., CDU Niedersachsen gegen Zusammengehen mit Reps, in: Süddeutsche Zeitung, 11. Juli 1989.

grenzungsbeschluss fasst, stimmt Hasselmann wenige Tage später dafür, die Resolution für den Landesverband Niedersachsen zu übernehmen.[1069]

Gänzlich gegen eine Abgrenzung von den REP wendet sich der niedersächsische Landtagsabgeordnete Kurt Vajen. Nach einem Gespräch mit Schönhuber im August 1989 verfasst er gar gemeinsam mit dem REP-Vorsitzenden eine Erklärung, in der es heißt, dass Vajen „weitestgehend die politischen Zielvorstellungen der Republikaner bejahe und die Partei für koalitionsfähig halte"[1070]. Da die Koalition aus CDU und FDP im Landtag von Niedersachsen lediglich um eine Stimme verfüge, wolle Vajen Mitglied der CDU-Fraktion bleiben, um vorgezogene Neuwahlen zu vermeiden. Dies habe er dem niedersächsischen CDU-Generalsekretär Hartwig Fischer versichert.[1071] Von seiner ursprünglichen Erklärung, es gebe keinen Anlass, Maßnahmen gegen Vajen zu ergreifen, rückt Fischer schnell ab. Am 4. September berichtet *Die Welt*, es sei ein Ausschluss Vajens aus der Landtagsfraktion sowie der Partei in Vorbereitung.[1072] Nach der Ankündigung werden die Ausschlussverfahren zügig eingeleitet, Vajen kommt am 6. September durch einen Austritt aus der Landtagsfraktion und der Ankündigung eines Parteiaustritts dem Verfahrensvollzug zuvor.[1073] Sein Landtagsmandat wolle er behalten, äußert sich aber nicht zu einem möglichen Wechsel zu den REP.[1074] Bereits im November ist Vajen nicht nur REP-Mitglied, sondern nominierter Kandidat für die niedersächsische Landtagswahl im Jahr 1990.[1075]

Eine entgegengesetzte Linie verfolgt Jürgen Gansäuer, Fraktionsvorsitzender im niedersächsischen Landtag, kritisiert „unscharfe Konturen"[1076] sowie „Prinziplosigkeit in Grundsatzfragen"[1077] der Bundes-CDU und lehnt jede Zusammenarbeit „mit dieser rechtsgerichteten Gruppierung"[1078] ab. Die REP betrieben eine „Politik der Isolation, der Intoleranz und des Rückwärtsgangs"[1079], die zu einem „Rückfall in die

---

1069 Vgl. ebd.

1070 N.n., CDU-Abgeordneter billigt Ziele der Republikaner, in: Süddeutsche Zeitung, 22. August 1989.

1071 Vgl. ebd.

1072 Vgl. n.n., Wie die Zeitbombe Vajen plötzlich entschärft war, in: Die Welt, 4. September 1989.

1073 Vgl. n.n., Vajen kommt Ausschluss zuvor, in: Die Welt, 7. September 1989.

1074 Vgl. ebd.

1075 Vgl. n.n., Vajen kandidiert als Republikaner, in: Frankfurter Allgemeine Zeitung, 25. November 1989. Weitere Übertritte und Wechselgerüchte beunruhigen die Unionsparteien im Jahr 1989 (vgl. n.n., „Lieber heute als morgen übertreten": In der bayerischen Provinz wächst die Zahl der Grenzgänger zwischen Republikanern und CSU, in: Der Spiegel, 10. Juli 1989; n.n., CDU-Politiker zu Republikanern?, in: Die Welt, 9. November 1989).

1076 N.n., Gansäuer grenzt die CDU ab: Klare Absage an jede Zusammenarbeit mit Republikanern, in: Hannoversche Allgemeine Zeitung, 27. April 1989.

1077 Ebd.

1078 Ebd.

1079 Ebd.

Zeiten engstirniger, nationalstaatlicher Egoismen"[1080] führe. Die Union solle daher ihr politisches Erbe nicht vergessen und „wegen tagespolitischer Problemstellungen verraten"[1081]. Ministerpräsident Ernst Albrecht, Landesvorsitzender Wilfried Hasselmann und Generalsekretär Hartwig Fischer stellen sich auf die Seite Gansäuers. Die Initiative des SPD-Landtagsfraktionsvorsitzenden Gerhard Schröder mit dem Ziel eines Paktes gegen Rechts unter Mitwirkung von CDU, FDP, SPD und Grünen lehnt Gansäuer allerdings ab.[1082] Stattdessen wünscht sich der CDU-Fraktionsvorsitzende eine gemeinsame Anzeigenaktion unter Ausschluss der Grünen, die selbst „in großen Teilen"[1083] linksradikal seien.

Als sich knapp fünf Jahre später Max Streibl mit Schönhuber trifft, erklärt Gansäuer, Streibl sei offensichtlich „von Sinnen gewesen"[1084].

Im Juli 1989 wertet der ehemalige CDU-Fraktionsvorsitzende im nordrhein-westfälischen Landtag Kurt Biedenkopf als Bundestagsabgeordneter das Auftreten der REP als eine „Art von Normalisierung"[1085]. Sie könnten aber „eine vorübergehende politische Erscheinung"[1086] bleiben, wenn sich die Volksparteien den Defiziten stellten, die sie selbst verursacht hätten. SPD und Union hätten so intensiv die politische Mitte umworben, dass Wähler an den Rändern vernachlässigt worden seien. Dies habe zunächst zum Erfolg der Grünen geführt, nun hätten die REP „in primitiver Weise"[1087] von derselben Entwicklung profitiert. „Konfrontations- und Anpassungsstrategien"[1088] dienten nur der Symptombekämpfung. Die Union dürfe sich längerfristig nicht darauf verlassen, dass es „im rechten Teil des politischen Spektrums"[1089] keine Alternative zu ihr gebe und durch Angleichung sozialpolitischer Positionen an die SPD ihre konservativen Wähler verprelle. Biedenkopf verlangt eine „wirkliche politische Auseinandersetzung"[1090] mit den REP, bleibt eine solche aber selbst schuldig.

Der hessische Ministerpräsident Walter Wallmann stellt sich in einem Interview mit der Tageszeitung *Die WELT* Fragen über den Umgang seiner Partei mit den REP. Eine Kooperation mit den REP lehnt er darin grundsätzlich ab:

1080 Ebd.
1081 Ebd.
1082 Vgl. .n.n., CDU: Aktion auch gegen Linksradikale und Grüne, in: Neue Presse (Hannover), 22. Juni 1989.
1083 Ebd.
1084 DPA-Meldung, Kritik am Treffen Streibl-Schönhuber: „Saublöd" und „dämlich", 14. Februar 1994.
1085 N.n., Koalitionsakrobatik im Banne Schönhubers: Bonner Ratlosigkeit über den Vormarsch der Republikaner, Neue Zürcher Zeitung, 15. Juli 1989.
1086 Kurt Biedenkopf, Augen zu und durch? Republikaner: Die Volksparteien reagieren hilflos, in: Die Zeit, 7. Juli 1989.
1087 Ebd.
1088 Ebd.
1089 Ebd.
1090 Ebd.

„Es gibt kein Zusammenwirken mit den Republikanern. Da gibt es ja nun Leute, die sagen, ist das nicht etwas dumm? Könntet ihr nicht eines Tages auf sie angewiesen sein? Dem antworte ich schlicht und einfach: Wenn wir akzeptieren und anerkennen, dass es in einem demokratischen Spektrum – und nur darum kann es ja gehen – eine Partei neben der Union geben könne, die das National-Konservative vertritt, dann geben wir uns doch in unserem Gesamtselbstverständnis auf. Das ist mir alles viel zu kurz gedacht, wie so vieles in der Politik. Man darf nicht nur auf die nächste Wahl schauen."[1091]

Im Gegensatz zu anderen Unionspolitikern, die REP und Grün-Alternative gleichermaßen als radikal oder koalitionsunfähig sehen, differenziert Wallmann genauer, die Erfahrungen mit kommunalen Koalitionen zwischen SPD und Grünen in seinem Bundesland berücksichtigend: „Wenn wir zu Recht sagen, wir gehen weder mit Links noch mit Rechts, also weder mit Republikanern noch mit den Alternativen, dann heißt das natürlich nicht, dass wir vor gleichen Phänomenen, vor spiegelbildlichen Situationen stehen."[1092] Wallmann distanziert sich von der Aussage Holger Börners, der die Grünen in die Nähe des Faschismus gerückt hatte. Die politische Palette der Grünen reiche „vom Marxisten bis zu Wertkonservativen"[1093]. Seiner Einschätzung nach wiesen die REP hin auf Defizite „unserer Politik, tatsächliche oder angebliche"[1094].

Heftige innerparteiliche Auseinandersetzungen folgen Äußerungen des Ministerpräsidenten von Rheinland-Pfalz, Carl-Ludwig Wagner. Dieser stellt sich am 16. März 1989 in der Sendung „Ausgefragt" des Südwest 3-Fernsehens einem knapp halbstündigen Live-Interview.[1095] Während des Interviews äußert sich Wagner auch zu den REP und erklärt, man müsse „sehen, wie sich die Republikaner entwickeln, ob sie verfassungstreu sind. Eines geht jedenfalls nicht: dass die Grünen, deren Verfassungstreue eher zweifelhafter ist als die der Republikaner, eine erstklassige demokratische Partei sind, hoffähig überall, und die Republikaner sind draußen, so kann es nicht sein."[1096] Sollte sich herausstellen, dass die REP verfassungstreu sind, könnten sie „Koalitionspartner von wem auch immer sein"[1097]. Eindeutig sei die Sache bei den Alternativen, in deren Reihen sich „Kommunisten und Verbrecher"[1098] tummelten. Die Koalitionsfähigkeit einer Partei hinge von der Anerkennung des

1091 N.n., Wallmann: Auch die deutsche Frage stellt sich wieder neu. Es gibt kein Zusammenwirken mit den Republikanern, in: Die WELT, 5. September 1989.
1092 Ebd.
1093 Ebd.
1094 Ebd.
1095 Vgl. Südwestrundfunk, Eintragung in der Hörfunk-Datenbank (Standort Mainz), Fernsehbestände, zu „Ausgefragt: Carl-Ludwig Wagner", Erstsendung: 16. März 1989.
1096 Ebd.
1097 Ebd.
1098 Ebd.

Mehrheitsprinzips, der Ablehnung von Gewalt und der Abgrenzung von Terrorismus ab.[1099]

Der kurze Ausschnitt über die REP wurde sogleich in Hörfunkberichten des SWF aufgegriffen.[1100] Zahlreiche Unionspolitiker distanzieren sich schnell von Wagners Äußerungen, darunter Lothar Späth, Erwin Huber und Helmut Kohl.[1101] Zur Verteidigung Wagners eilt der baden-württembergische CDU-Bundestagsabgeordnete Claus Jäger. Zwar seien die REP derzeit nicht koalitionsfähig, doch sei es „ja denkbar, dass sie sich ändern"[1102]. Schon jetzt stünden Grüne und die Alternative Liste „der Verfassungsfeindlichkeit weit näher als die Republikaner"[1103]. Der CDU dürfe nicht „grundsätzlich verwehrt werden, sich einen Koalitionspartner zu suchen"[1104]. Allerdings müssten die REP erst ihre „undifferenzierte Gegnerschaft zu Ausländern, die grobschlächtige Gleichsetzung von Aussiedlern mit Asylbewerbern und ihre antieuropäischen Ressentiments"[1105] fallen lassen, um möglicher Bündnispartner der Union zu werden.

Die Mainzer Staatskanzlei beteuert, Wagners Aussagen seien durch verkürzte Darstellung sinnentstellt worden.[1106] Laut Staatskanzlei habe Wagner erklärt, derzeit stelle sich die Frage nach einer möglichen Koalition mit den REP nicht.[1107] Wagner selbst nimmt zu seinen eigenen Äußerungen in einem Interview mit der Mainzer *Rhein-Zeitung* Stellung.[1108] Seine Aussagen zu den REP bedaure er nicht, schließlich habe er lediglich gleiche Maßstäbe an alle radikalen Parteien angelegt. Wagner wörtlich: „Wer die Republikaner in die Ecke stellt, sollte nicht die Zusammenarbeit mit den Grünen und erst recht den Alternativen zum Glanzstück demokratischer Kultur erklären."[1109] Die REP würden zu Recht als „rechtsradikale Partei" behandelt, Grüne und Alternative müssten aber nach denselben Grundsätzen bewertet werden. Durch diesen Einwurf habe er die REP keineswegs salonfähig gemacht. Als Koalitionspartner für die CDU kämen die REP, „so wie sie nun einmal sind"[1110], nicht in Frage. Zu schlimm seien die „Demagogie ihrer Hauptredner"[1111], die „Hetze gegen-

---

1099 Vgl. ebd.
1100 Annette Jung, E-Post an den Autor vom 24. Juli 2003.
1101 Vgl. Müller, Leo A., Republikaner, NPD, DVU, Liste D, ..., 2. Auflage, Göttingen 1989, S. 44.
1102 Helmut Lölhöffel, Wagner erhält Schützenhilfe, in: Frankfurter Rundschau, 29. März 1989.
1103 Ebd.
1104 Ebd.
1105 Ebd.
1106 Vgl. n.n., Scharfe Angriffe gegen Wagner. „Schwarz-braune Koalition bejaht"/Die Äußerung des Ministerpräsidenten, in: Frankfurter Allgemeine Zeitung, 17. März 1989.
1107 Vgl. ebenda.
1108 Hans Peter Sommer, Ministerpräsident Carl-Ludwig Wagner im Interview mit unserer Zeitung: Protest nach rechts schwächt die Mitte, in: Rhein-Zeitung, 17. April 1989.
1109 Ebd.
1110 Ebd.
1111 Ebd.

über bestimmten Bevölkerungsgruppen"[1112] sowie „die Konzentration auf negative Kritik unserer politischen Ordnung"[1113]. Wagner wolle die REP bekämpfen, indem er die Themen heraushebe, welche die REP-Wähler besonders bewegten: „Selbstbewusstsein als Nation, Liebe zum Vaterland und ein geklärtes Verhältnis zur Geschichte"[1114].

Der rheinland-pfälzische CDU-Vorsitzende Hans-Otto Wilhelm distanziert sich von den Kommentaren Wagners, äußert aber gleichzeitig Sympathie. Wilhelm hebt hervor, sowohl Links-Alternativen als auch Rechtsaußenparteien seien „von den demokratischen Parteien mit aller Kraft politisch zu bekämpfen"[1115]. Die REP seien „für die rheinland-pfälzische CDU *nicht* koalitionsfähig"[1116], da sei die Haltung seiner Partei „eindeutig und zweifelsfrei"[1117]. Die Erklärung Wagners nennt Wilhelm eine „persönliche Meinungsäußerung"[1118] sowie eine „sehr persönliche, sehr theoretische Bemerkung des Ministerpräsidenten"[1119]. Gleichzeitig bricht Wilhelm eine Lanze für Wagner und argumentiert, es müsse „schon erlaubt sein, über die Frage nachzudenken, wie man beispielsweise die Republikaner bewertet"[1120] und inwieweit Teile der Grünen und Alternativen verfassungstreu seien. Der CDU-Vorsitzende macht – das linke Spektrum betreffend – eine Enttabuisierung, hingegen bezüglich des rechten Spektrums eine Dämonisierung aus. Zur Berliner *Alternativen Liste* meint Wilhelm: „Von Hausbesetzern und Chaoten und Leuten, die Mehrheitsmeinungen nicht anzuerkennen bereit sind, die Gefängnisse abschaffen wollen, die Polizei abschaffen wollen, da habe ich erhebliche Zweifel, ob in allen Gliederungen der Partei die Verfassungstreue gegeben ist"[1121]. Auf jeden Fall müsse sich die CDU von Radikalen abgrenzen. Sollten Unionspolitiker mit den REP koalieren wollen, seien „satzungsgemäße Maßnahmen bis hin zum Parteiausschluss"[1122] nötig.

Die zahlreichen Meinungsäußerungen baden-württembergischer Landespolitiker vereinen sich zu einem Stimmengewirr. Der baden-württembergische Ministerprä-

1112 Ebd.
1113 Ebd.
1114 Ebd.
1115 N.n., Scharfe Angriffe gegen Wagner. „Schwarz-braune Koalition bejaht"/Die Äußerung des Ministerpräsidenten, in: Frankfurter Allgemeine Zeitung, 17. März 1989.
1116 Südwestrundfunk, Eintragung in der Hörfunk-Datenbank (Standort Mainz), Fernsehbestände, zu „Landesschau", Erstsendung: 16. März 1989 [Hervorhebung durch den Autor].
1117 Südwestrundfunk, Eintragung in der Hörfunk-Datenbank (Standort Mainz), Fernsehbestände, zu „Blick ins Land aus Studio A", Erstsendung: 16. März 1989.
1118 N.n., Scharfe Angriffe gegen Wagner. „Schwarz-braune Koalition bejaht"/Die Äußerung des Ministerpräsidenten, in: Frankfurter Allgemeine Zeitung, 17. März 1989.
1119 Südwestrundfunk, Eintragung in der Hörfunk-Datenbank (Standort Mainz), Fernsehbestände, zu „Landesschau", Erstsendung: 16. März 1989.
1120 Südwestrundfunk, Eintragung in der Hörfunk-Datenbank (Standort Mainz), Fernsehbestände, zu „Blick ins Land aus Studio A", Erstsendung: 16. März 1989.
1121 Ebd.
1122 N.n., CDU erwägt Kontakt-Verbote: Unvereinbarkeitsbeschluss gegenüber „Republikanern"?, in: Frankfurter Rundschau, 22. Juni 1989.

dent und CDU-Landesvorsitzende Lothar Späth erwähnt als einer der wenigen führenden Unionspolitiker die REP vor ihrem politischen Durchbruch im Jahr 1989. Bereits im September 1987 beschwichtigt Späth die Gefahr eines möglichen Wahlerfolges der REP bei der baden-württembergischen Landtagswahl im März 1988.[1123] Späths Regierungssprecher Matthias Kleinert befürchtet keine Abwanderung von CDU-Mitgliedern zu den REP. Die CDU zeige sich geschlossen gegen die REP. Prognosen, welche die Rechtspartei bei zwei bis drei Prozent ansiedeln, seien nur „vermeintlich wissenschaftlich fundiert"[1124].

Vor der Europawahl hofft Späth, vor allem mit Hilfe von Fördermaßnahmen zugunsten der bäuerlichen Landwirtschaft eine „Beruhigung des Protestpotentials"[1125] zu erwirken. Dank staatlicher Transferzahlungen an Landwirte für Produktionsbeschränkungen – dem „Wasserpfennig" – seien „bei den Bauern die Emotionen raus"[1126]. Für die Landwirte erübrigten sich folglich die REP als „Wahlalternative"[1127]. Späth greift zwei weitere Protestthemen auf, um die Wählerabwanderung zu den REP zu begrenzen. Erstens soll eine über vier Millionen DM teure Werbekampagne unzufriedenen Lebensschützern innerhalb der Unionsanhängerschaft den Eindruck vermitteln, die CDU betone den Schutz des ungeborenen Lebens. Die *Christdemokraten für das Leben* (CDL) seien in Baden-Württemberg besonders stark vertreten. Zweitens kämpfe Späth um eine Änderung des Grundgesetzes, um so die „Asylantenflut"[1128] einzudämmen, sei doch bei den baden-württembergischen CDU-Wahlhelfern Unzufriedenheit „beim Thema Ausländer"[1129] festzustellen. Laut *Handelsblatt* werte das Umfeld Späths die Europawahl in Baden-Württemberg als „Votum über den Kurs in der Ausländerpolitik"[1130]. Schließlich stünden in puncto Ausländerpolitik der Linie Späths andere baden-württembergische CDU-Politiker gegenüber, die wie Erwin Teufel eine liberalere Gangart forderten.[1131]

In einem Beitrag in der *Abendzeitung* kritisiert Späth nicht die ideologische Verortung der REP, sondern deren populistische Vorgehensweise.[1132] Die REP seien „Volksverführer und Bauernfänger"[1133], die „hohles Geschwätz"[1134] von sich gäben

---

1123 Vgl. n.n., Späth: Keine Gefahr von „Republikanern", in: Stuttgarter Zeitung, 2. September 1987.

1124 Ebd. Tatsächlich erhielten die REP bei der Landtagswahl am 20. März 1988 1,0 Prozent der Stimmen und lagen deutlich hinter der NPD, die 2,1 Prozent errang.

1125 Peter Reinhardt, Mit gezielter Unterstützung Protestpotential beruhigen, in: Handelsblatt, 7. Juni 1989.

1126 Ebd.

1127 Ebd.

1128 Ebd.

1129 Ebd.

1130 Ebd.

1131 Vgl. ebd.

1132 Lothar Späth, Die Republikaner sind Volksverführer, in: Abendzeitung, 26. Juni 1989.

1133 Ebd.

1134 Ebd.

und mit „primitiven Parolen"[1135] auf Stimmenfang gingen. Späth grenzt sich deutlich von den REP ab. Die *Süddeutsche Zeitung* schreibt über Äußerungen Späths bei einem Treffen von Orts- und Kreisvorsitzenden nach der Europawahl: „Der Stuttgarter Regierungschef warnte vor einer Strategie der Toleranz. ‚Wer die Republikaner umarmt', sagte Späth, ‚wird einer tödlichen Umarmung erliegen.' Deswegen werde es mit ihm auch kein Geplänkel mit den Rechtsradikalen geben. Lieber gehe er mit seiner Politik unter, so sagte der Landesvorsitzende, als dass er sich zum ‚Steigbügelhalter einer Entwicklung' machen lasse, die alles bisher Erreichte zerstören würde. ‚Ich will nicht, dass das Ausland auf die Deutschen zeigt und sagt: ‚Jetzt geht es schon wieder los!'"[1136]. Späth verlangt: „Wir müssen die Parolen der Republikaner gnadenlos bekämpfen"[1137]. Gleichzeitig müsse man „die kleinen Nöte und Sorgen der Menschen"[1138] ernst nehmen. Den anwesenden CDU-Kommunalpolitikern droht er Konsequenzen an für den Fall einer Zusammenarbeit mit den REP. Späth werde dann die „notwendigen Schritte"[1139] einleiten.

Diese Ankündigung von Sanktionen wiederholt Späth wenig später, allerdings ohne Bezug auf nur eine Gliederungsebene: „Wer in der CDU in Baden-Württemberg mit ‚Republikanern' zusammenarbeitet, muss damit rechnen, dass der Vorsitzende die notwendigen Schritte gegen ihn einleitet."[1140] Die Union müsse sich offensiv mit den REP auseinandersetzen.[1141] Im Vorfeld der Kommunalwahlen in Baden-Württemberg im Oktober 1989 wiederholt Späth seine Stellung bezüglich einer Kooperation mit den REP und warnt, die CDU dürfe „nirgendwo ein Bündnis mit den Republikanern eingehen"[1142].

Das Engagement Späths kann Wahlerfolge der REP bei den Kommunalwahlen nicht verhindern. Späth zeigt sich „rundum unzufrieden" und besorgt über „die Dramatik" der Erfolge der REP.[1143] Die Stimmenzugewinne der REP deutet Späth als „Protestverhalten".[1144] Der CDU-Landesvorsitzende behält seinen strikten Ab-

---

1135 Ebd.
1136 Wulf Reimer, Späth: Republikaner gnadenlos bekämpfen. Der Stuttgarter Regierungschef warnt Kommunalpolitiker vor einer Strategie der Toleranz, Süddeutsche Zeitung, 3. Juli 1989.
1137 Ebd.
1138 Ebd.
1139 Ebd.
1140 Harald Günter, Späths Amts-Vorgänger Filbinger arbeitet mit Republikanern zusammen. Es geht um Schlierer/Liberal-konservative Denkfabrik soll auf Union einwirken, in: Die WELT, 13. Juli 1989
1141 Vgl. n.n., Junge Union droht Mitgliedern mit Ausschluss, in: Stuttgarter Zeitung, 10. Juli 1989.
1142 N.n., Erhebliche Verluste der CDU in Baden-Württemberg, in: Frankfurter Allgemeine, 24. Oktober 1989.
1143 Harald Günter, Späth: Erfolge der Republikaner beunruhigend, in: Die WELT, 25. Oktober 1989.
1144 Vgl. ebd.

grenzungskurs gegenüber den REP bei und wiederholte seine frühere Ankündigung erneut: „Wenn die CDU mit den REP's sichtbar in irgendeinem Bereich paktiert, so hat dies satzungsrechtliche Konsequenzen."[1145]

Späth ist bemüht, den Anschein von Verbindungen zu den REP auch im losen Umfeld der CDU zu vermeiden. Als im Juli 1989 bekannt wird, dass ein Mitglied im Kuratorium und Präsidium des vom Engagement des früheren Ministerpräsidenten Hans Filbinger getragenen Studienzentrums Weikersheim Mitglied der REP ist, wird der Fall in den Medien diskutiert.[1146] Späth meldet sich aus dem Urlaub zu Wort.[1147] Er gehe davon aus, dass Filbinger „die leidige Angelegenheit noch in dieser Woche abschließend"[1148] regele. Filbinger entlässt das umstrittene Präsidiumsmitglied, nämlich Rolf Schlierer, nach einem persönlichen Gespräch und Rücksprache mit den anderen Präsidiumsmitgliedern aus seiner Verantwortung. Schlierer habe einem freiwilligen Rücktritt nicht zugestimmt. Die Enthüllung der REP-Mitgliedschaft Schlierers habe „Überraschung und Bestürzung"[1149] hervorgerufen, erklärt Filbinger, der darauf besteht, nicht auf Weisung von Späth gehandelt zu haben.

Erwin Teufel, CDU-Fraktionsvorsitzender im baden-württembergischen Landtag, lehnt nach dem Erfolg der REP bei der Europawahl 1989 Regierungsbündnisse mit der Rechtspartei ab. Sollte das Ergebnis der nächsten Bundestagswahl dem der Europawahl ähneln, könne eine große Koalition aus Union und SPD zur „einzigen Möglichkeit"[1150] werden.

Die Reaktion Teufels auf den Ausgang der Kommunalwahlen fasst die *Frankfurter Allgemeine* folgendermaßen zusammen: Dieser „sagte am Montag, wenn Bürger sich durch den Zuzug von Aus- und Übersiedlern bedroht fühlten und deshalb Republikaner wählten, dann sei dies für die CDU kein Anlass, ihre Politik zu ändern. Aber es gelte, diese Politik jenen Menschen besser verständlich zu machen, die sich von den Zuwanderern bedroht fühlten, obwohl diese sich noch als Gewinn für unser Land erweisen würden."[1151] Eineinhalb Jahre nach dem erstmaligen Einzug der REP in den Landtag von Baden-Württemberg im Jahre 1992 verlangt Teufel, alle demokratischen Kräfte müssten sich „klar und eindeutig von den Rep abgrenzen"[1152]. Alle rechtlichen Instrumente – ausschließlich des Parteiverbots – seien gegen die REP

1145 Ebd.
1146 Vgl. u.a., Harald Günter, Späths Amts-Vorgänger Filbinger arbeitet mit Republikanern zusammen, in: Die Welt, 13. Juli 1989.
1147 DPA-Meldung, Filbinger trennt sich von Republikaner-Pressesprecher, 19. Juli 1989.
1148 Ebd.
1149 Ebd.
1150 N.n., CDU erwägt Kontakt-Verbote: Unvereinbarkeitsbeschluss gegenüber „Republikanern"?, in: Frankfurter Rundschau, 22. Juni 1989.
1151 N.n., Erhebliche Verluste der CDU in Baden-Württemberg, in: Frankfurter Allgemeine, 24. Oktober 1989.
1152 Klaus Fischer, Offene Kampfansage an die Partei der „Republikaner", in: Stuttgarter Zeitung, 18. August 2000.

anzuwenden, ohne eine „gezielte Benachteiligung"[1153] zu betreiben. Es sei ohnehin zu erwarten, dass die REP nach einer Legislaturperiode nicht mehr im Landesparlament vertreten seien.

Auch tritt der baden-württembergische Kultusminister und Stuttgarter CDU-Vorsitzende Gerhard Mayer-Vorfelder in Erscheinung. Mayer-Vorfelder rügt „einen zu schonenden Umgang der Union mit den Grünen"[1154]. Wörtlich sagt er, die Grünen seien „mindestens ebenso verfassungswidrig und gefährlich wie die Republikaner"[1155]. Den Erfolg der REP, insbesondere im Umfeld der Polizei erklärt Mayer-Vorfelder laut der *Süddeutschen Zeitung* folgendermaßen: „Könne man es Polizisten, die man drei Jahre lang in die ‚Schlacht um Wackersdorf' geschickt habe, denn verübeln, fragte der Minister, wenn sie mit der CDU nichts mehr am Hut hätten, nachdem die Politik ‚zwei oder drei Oberhäuptlingen' der Energieversorgung gefolgt und das WAA-Projekt plötzlich aufgegeben habe?"[1156]

Im September 1992, mittlerweile Finanzminister in Baden-Württemberg, lehnt Mayer-Vorfelder Koalitionen mit den REP ab und ruft seine Partei auf, „rechts von ihr keinen Platz für eine weitere Partei zu lassen"[1157].

Eine Beobachtung der REP durch den Verfassungsschutz kommt für den baden-württembergischen Innenminister Dietmar Schlee nach dem Wahlerfolg der Rechtspartei 1989 in Berlin nicht in Frage. Die REP seien „zwar als rechtsradikal, nicht aber als rechtsextremistisch einzustufen"[1158], woran auch „das unerfreuliche Ergebnis der Berlin-Wahl"[1159] nichts ändere. In Baden-Württemberg gebe es keine „Anhaltspunkte für eine verfassungsfeindliche Zielsetzung der Republikaner"[1160]. Im Juli warnt Schlee vor einer „Gespensterdiskussion über eine Zusammenarbeit mit den ‚Republikanern'"[1161]: „Wir müssen von der Union reden und [...] nicht die Republikaner hochjubeln."[1162]

Der Stuttgarter Oberbürgermeister Manfred Rommel, Mitglied des CDU-Landesvorstands, bringt über den Erfolg der REP bei der Kommunalwahl in Baden-Württemberg im Oktober 1989 seine Enttäuschung zum Ausdruck, meint aber gleichzeitig, die Landeshauptstadt Stuttgart befinde sich wegen der Vertretung der

---

1153 Ebd.
1154 Wulf Reimer, Späth: Republikaner gnadenlos bekämpfen. Der Stuttgarter Regierungschef warnt Kommunalpolitiker vor einer Strategie der Toleranz, Süddeutsche Zeitung, 3. Juli 1989.
1155 Ebd.
1156 Ebd.
1157 N.n., Republikaner verärgert über Mayer-Vorfelder, in: Frankfurter Allgemeine Zeitung, 23. September 1992.
1158 Harald Günter, Schlee: Republikaner sind keine extremistische Partei, in: Die Welt, 15. Februar 1989.
1159 Ebd.
1160 Ebd.
1161 N.n., Junge Union droht Mitgliedern mit Ausschluss, in: Stuttgarter Zeitung, 10. Juli 1989.
1162 Ebd.

REP in kommunalen Gremien „nicht in Gefahr"[1163]. Vorwürfe macht Rommel Vertretern seiner eigenen Partei, die „so manche Schaufel ins Feuer der Republikaner geworfen"[1164] hätten. Beispielsweise habe Ministerpräsident Späth „sehr starre Positionen"[1165] vertreten und beispielsweise gegen eine Arbeitserlaubnis für Asylbewerber plädiert.

Vor seinem altersbedingten Ausscheiden aus der Jungen Union macht sich Günter Oettinger als Vorsitzender der CDU-Jungorganisation für eine deutliche Abgrenzung den REP gegenüber stark. Beim Landestag der JU im Juli 1989 erklärt er: „Lieber verzichten wir auf Amt und Mandat, als die Macht mit den Stimmen der ‚Republikaner' zu erhalten."[1166] Der Landestag beschließt einen Unvereinbarkeitsbeschluss und droht JU-Mitgliedern, die mit den REP zusammenarbeiten oder Absprachen treffen, mit Ausschluss. Oettinger wertet dies zufrieden als „saubere Abgrenzung"[1167].

In Berlin treten die umstrittenen Äußerungen des Innensenators und Bundestagsabgeordneten Heinrich Lummer bezüglich der REP eine Lawine von Protesten los. Gegenüber der Deutschen Presse-Agentur erklärt Lummer, er habe sich noch vor der Wahl zum Abgeordnetenhaus 1989 zwei Mal mit Schönhuber getroffen.[1168] Der Gesprächswunsch sei von Schönhuber ausgegangen. Lummer habe sich auf die Begegnung nur eingelassen, weil er habe klären wollen, „ob es erreichbar sei, dass die Republikaner bei der Wahl zum Abgeordnetenhaus nicht antreten"[1169]. Schönhuber habe ihm im persönlichen Gespräch den Parteivorsitz der REP angeboten, worauf er aber nicht eingegangen sei. Behauptungen Schönhubers, Lummer sei „mehr als ein Sympathisant"[1170] gewesen, seien „reine Wunschvorstellungen"[1171] des REP-Vorsitzenden.

Zwar stufe Lummer die REP als eine „radikale Partei am rechten Rand"[1172] ein, verfassungsfeindlich seien sie aber nicht. Jahrelang hätte die CDU rechte Wähler trotz seiner Warnungen vernachlässigt. Diese sähen nun in den REP die „alte, bessere CDU"[1173]. Die REP hätten „in einigen für das CDU-Wählerpotenzial interessan-

---

1163 N.n., Erheblich Verluste der CDU in Baden-Württemberg, in: Frankfurter Allgemeine Zeitung, 24. Oktober 1989.
1164 N.n., Rommel attackiert Späth wegen Republikanern, in: Die Welt, 30. Oktober 1989.
1165 Ebd.
1166 N.n., Junge Union droht Mitgliedern mit Ausschluss, in: Stuttgarter Zeitung, 10. Juli 1989.
1167 Ebd.
1168 Vgl. DPA-Meldung, Lummer: „Schönhuber bot mir Vorsitz der Republikaner an", 8. Februar 1989, DPA-Meldung, Lummer geht auf Distanz zu den Republikanern, 30. Januar 1989.
1169 Vgl. DPA-Meldung, Lummer: „Schönhuber bot mir Vorsitz der Republikaner an", 8. Februar 1989.
1170 DPA-Meldung, Lummer geht auf Distanz zu den Republikanern, 30. Januar 1989.
1171 Ebd.
1172 DPA-Meldung, Lummer: „Schönhuber bot mir Vorsitz der Republikaner an", 8. Februar 1989.
1173 Ebd.

ten Politikfeldern abgeschrieben"[1174] und „im selben Wählerreservoir gefischt"[1175]. Der CDU-Generalsekretär kümmere sich zu sehr um die Mitte. Die Wähler der REP könne man aber nur dann zurückgewinnen, wenn man die richtigen politischen Themen anpacke.[1176] Zwar bedürfe es keines Rechtsrucks der Union, die CDU solle aber nicht außer Sicht lassen, „dass es Wähler dieses Spektrums"[1177] gebe.

Lummer meint, man müsse sich „damit abfinden, dass es ein neues Parteiensystem gibt. Und damit müssen wir nun politisch fertig werden. Wie wir mit der NPD umgehen, ist völlig klar: Die steht außerhalb der Verfassung, die bekämpfen wir mit allen Mitteln. Aber ich halte nichts davon, die ‚Republikaner' allesamt als Neonazis zu erklären und dann die antifaschistische Front aufzubauen."[1178] Des Weiteren: „Die ‚Republikaner' sind mindestens ebenso koalitionsfähig wie die Alternative Liste."[1179] Der *Spiegel* zitiert Lummer mit der Aussage, die REP seien „prinzipielle Koalitionspartner"[1180].

Mehrfach betont Lummer gegenüber der Presse, dass er die REP für koalitionsfähig hielte: „Jede Partei, die sich im Rahmen der Verfassung bewegt, ist prinzipiell mit einer anderen Partei, die sich im gleichen Rahmen bewegt, koalitionsfähig", zitiert die *Deutsche Presseagentur* den Bundestagsabgeordneten aus einem Interview mit dem *Deutschlandfunk*.[1181] Einen Unvereinbarkeitsbeschluss der Union sei nur sinnvoll, wenn die REP außerhalb der Verfassung stünden, was aus seiner Sicht eindeutig nicht der Fall sei. Allerdings hätten die REP „überhaupt kein prüfungsfähiges Programm"[1182]. Unter Umständen, so gibt Lummer zu bedenken, müsse sich die Union „zwangsläufig die Koalitionsfrage mit den Republikanern stellen"[1183]. Es könne der CDU „unter gewissen Voraussetzungen einmal nichts anderes übrig bleiben, als mit der Schönhuber-Partei zusammenzuarbeiten"[1184].

Die von Heiner Geißler vorgelegte Dokumentation der CDU bezeichnet Lummer als „ebenso wenig seriös wie notwendig"[1185]. In einem eigenen, vertraulichen Papier spricht sich Lummer für die Möglichkeit von Koalitionsbildungen mit den REP aus.

1174 DPA-Meldung, Lummer geht auf Distanz zu den Republikanern, 30. Januar 1989.
1175 Ebd.
1176 Vgl. DPA-Meldung, Lummer: „Schönhuber bot mir Vorsitz der Republikaner an", 8. Februar 1989.
1177 Ebd.
1178 Müller, Leo A., Republikaner, NPD, DVU, Liste D, ..., 2. Auflage, Göttingen 1989, S. 45.
1179 Die Bunte, 16. Juni 1989, zitiert nach: Müller, Leo A., Republikaner, NPD, DVU, Liste D, ..., 2. Auflage, Göttingen 1989, S. 45.
1180 N.n., CDU: Pfeifen im Walde, in: Der SPIEGEL, Nr. 34/1989, 21. August 1989.
1181 DPA-Meldung, Republikaner, 22. Juni 1989.
1182 Ebd.
1183 N.n., Lummer nennt Koalition mit Republikanern „zwangsläufig", in: Neue Ruhr-Zeitung, 20. Juni 1989.
1184 Ebd.
1185 Kai Diekmann, Das Lummer-Papier. Braucht die CDU bald Schönhuber?, in: Die BUNTE, 26/1989, S. 114.

Darin heißt es: „Geißlers Dokumentation verfolgt das Ziel, die Partei und führende Personen der Republikaner madig zu machen [...] Schließlich ist die vorschnelle Behauptung, die Union werde auf keiner Ebene mit den Republikanern zusammenarbeiten, unüberlegt. Keiner weiß heute schon mit Sicherheit, wohin sich die neue Rechtspartei entwickeln wird und welche politische Konstellationen sich ergeben können – etwa in den vielen Gemeinden, bei denen Wahlen noch in diesem Jahr anstehen."[1186] Lummer kritisiert, manche in der CDU beteiligten sich an einer „nicht sachgerechten Beschimpfung"[1187] der REP. Weiter führt er aus: „Für die CDU, vielleicht auch für die CSU, wird sich die Frage nach einem Koalitionspartner in einer Deutlichkeit ergeben, die manche gar nicht wahrhaben wollen. Die Frage lautet: Wird es denn möglich sein, ohne die Republikaner zu regieren? Die Republikaner sind ebenso koalitionsfähig wie die Alternative Liste."[1188]

In einem Interview mit Otto Kallscheuer meldet sich Lummer erneut zu Wort.[1189] Auf die Frage nach einer von führenden Sozialdemokraten ins Spiel gebrachte Ampelkoalition aus SPD, FDP und Grünen antwortet Lummer folgendermaßen: „Ob nun auf der anderen Seite für die CDU/CSU *partout* nur eine Koalitionsbildung mit den Republikanern in Frage kommt, das kann heute noch niemand beantworten. Die Frage der Koalitionsfähigkeit der Republikaner kann man nur prinzipiell beantworten: d. h. solange sie sich innerhalb des Verfassungsrahmens bewegen, sind sie prinzipieller Koalitionspartner. Konkret aber kann man diese Frage deshalb noch nicht beantworten, weil keine ausreichende Programmatik dieser Partei vorliegt. Wenn man alleine an einen für uns sehr wichtigen Punkt denkt: ‚Wie hältst Du's mit Europa?', dann erfährt man dazu im Programm der Republikaner überhaupt nichts. Insofern ist die Koalitionsfrage derzeit noch gar nicht prüfbar. Künftige Entwicklungen sind absolut offen. Es hängt eben davon ab, ob diese Partei sich nach rechts klar genug abgrenzt, ob sie programmatisch umfassend und sauber wird und ob sie auch in ihrem politischen Stil in unsere Demokratie hineinpasst."[1190] Als Voraussetzung für eine Koalition verlangt Lummer vor allem eine Konkretisierung programmatischer Vorstellungen der REP – ein Thema steht aus Sicht Lummers dabei im Vordergrund:

„Das ist für mich die Europafrage, weil hier bei den Republikanern eine absolute Unklarheit vorhanden ist – und eine deutliche Ablehnung der jetzigen EG. Daran anknüpfend ihre fehlende Aussagefähigkeit zu wesentlichen Politikfeldern. Die Republikaner haben sich nur die populisti-

---

1186 Ebd.
1187 Ebd.
1188 Ebd.
1189 Vgl. Otto Kallscheuer, Jetzt hat Schönhuber das Heft in der Hand: Fragen an Heinrich Lummer, in: Claus Leggewie, Die Republikaner: Phantombild der Neuen Rechten, Berlin 1989, S. 138-140.
1190 Ebd.

schen Rosinen rausgesucht, die ihnen bei bestimmten Wählergruppen Stimmen eingebracht haben."[1191]

Lummer bedauert, dass das Auftreten der REP nicht durch eine rechtzeitige bundesweite Ausdehnung der CSU verhindert wurde: „Bezogen auf die Vergangenheit bin ich geneigt zu sagen: Wenn es in Frankfurt und Berlin neben der CDU auch die CSU gegeben hätte, dann hätten die Republikaner und die NPD keine Chance gehabt. D. h. wenn diese Partei dagewesen wäre, wäre eine Neubildung zu verhindern gewesen – aber die CSU wäre dann ja faktisch auch eine vierte oder fünfte Partei gewesen. Ob dies für die Zukunft noch gilt, wage ich zu bezweifeln. Ich war allerdings vor langer Zeit – im Umfelde von Kreuth – der Meinung, die CDU/CSU hätte selbst die Entscheidung über eine Veränderung des Parteiensystems in die Hand nehmen sollen. Aber das ist nun Schnee von gestern [...]".[1192]

Das Strategie-Papier sowie die Medienauftritte Lummers wurden von großen Teilen der Union abgelehnt. Christoph Böhr, Vorsitzender der Jungen Union und CDU-Bundesvorstandsmitglied, war mit seinem Widerspruch besonders deutlich und bezeichnete die Thesen Lummers als parteischädigend und skandalös.[1193]

Der CDU-Oppositionsführer in Berlin, Eberhard Diepgen, erklärte indessen, nicht nur die REP seien populistisch, auch Lummer selbst sei ein Populist.[1194] Würde Lummer zu den REP wechseln, könnten diese in Berlin bis zu fünfzehn Prozent der Stimmen erhalten. Gleichzeitig zeigt sich Diepgen sicher, dass Lummer sich nicht den REP anschließen, sondern stattdessen auch zukünftig in der CDU „einen wichtigen Platz haben"[1195] wird. Koalitionen mit den REP in der Zukunft will Diepgen nicht grundsätzlich ausschließen. Die *WELT* zitiert Diepgen folgendermaßen: „Die Republikaner sind keine faschistische, auch keine rechtsextreme Partei". Und weiter: „Es wäre geradezu hirnrissig, die Republikaner als für alle Zeit koalitionsunfähig hinzustellen."[1196] Insbesondere mangele es den REP derzeit aber an personeller und inhaltlicher Substanz: „außer Schönhuber und ein paar Funktionären ist da nicht"[1197], beobachtet Diepgen. Er sehe die REP als „populistische Partei mit einem viel zu dünnen Unterbau"[1198], berichtet die *WELT*. Tags darauf reagieren die Berliner REP auf die Äußerungen Diepgens mit Zustimmung.[1199] Der Berliner REP-

1191 Ebd.
1192 Ebd.
1193 Kai Diekmann, Das Lummer-Papier. Braucht die CDU bald Schönhuber?, in: Die BUNTE, 26/1989, S. 114.
1194 N.n., „Republikaner sind populistisch", in: Die WELT, 7. August 1989.
1195 Ebd.
1196 Ebd.
1197 Ebd.
1198 Ebd.
1199 Vgl. n.n., Republikaner loben Diepgen, in: Die WELT, 8. August 1989.

Sprecher Pagel freue sich darüber, dass Diepgen mit seiner Erklärung gezeigt habe, dass er die Realitäten kenne.[1200]

Auch Thorsten Thaler, stellvertretender Berliner Landesvorsitzender der Jungen Union, lehnt eine Einstufung der REP als rechtsextremistisch ab, geht aber einen Schritt weiter als Diepgen. Thaler wettert gegen „die derzeit mit breiter Unterstützung der Medien geführte Verleumdungskampagne gegen die Republikaner"[1201]. Die REP seien rechtskonservativ und „schlichtweg seriös"[1202]. Der Jungpolitiker ärgert sich über die „bodenlose Diffamierung"[1203] der REP sowie die „bewusste Inszenierung einer üblen Hetzkampagne"[1204]. Der Berliner CDU-Generalsekretär Klaus Landowsky reagierte auf die Kommentare Thalers mit einer Distanzierung den REP gegenüber. Mit dieser Partei habe die CDU „nichts gemein"[1205]. Sie sei eine „extreme rechte Partei, die die täglichen Sorgen der Menschen um Wohnungen, Arbeitsplätze, die große Anzahl von Ausländern und das Bedürfnis nach Sicherheit und Ordnung für ihre Ziele missbraucht hat"[1206].

Als die stellvertretende Berliner REP-Landesvorsitzende, die 19-jährige Studentin Alexandra Kliche, aufgrund zu vieler „Leute aus der neonazistischen Szene"[1207] bei den REP ihre Partei verlässt, erklärt der REP-Sprecher Carsten Pagel, Kliche sei seitens der CDU eine Medientätigkeit angeboten worden. Dem widerspricht der Berliner CDU-Generalsekretär Klaus Landowsky und unterstreicht so den Eindruck, Kliches Austritt hänge mit einer Unterwanderung der REP mit Neonazis zusammen.[1208]

Die 1994 im Zusammenhang mit Gewalttaten gegenüber Ausländern geführte Diskussion über ein mögliches Verbot der REP erreicht auch Mecklenburg-Vorpommern. Klaus Preschle, Generalsekretär der CDU Mecklenburg-Vorpommern, verlangt, es solle das Verbot der REP erwägt werden.[1209] Bei den REP handele es sich nicht um eine „rechtskonservative"[1210] Partei, sie seien „eindeutig rechtsextremistisch"[1211]. Die Schwerpunkte der Partei Schönhubers bildeten „Führerstaat, Rassimus [sic] und Antisemitismus"[1212].

1200 Vgl. ebd.
1201 N.n., Vizechef der JU sieht Republikaner als Opfer einer „üblen Hetzkampagne", in: Der Tagesspiegel, 2. Februar 1989.
1202 Ebd.
1203 Ebd.
1204 Ebd.
1205 Ebd.
1206 Ebd.
1207 N.n., Austritt bei Republikanern wegen Neonazi-Unterwanderung, in: Frankfurter Rundschau, 24. April 1989.
1208 Vgl. ebd.
1209 Vgl. DPA-Meldung, CDU Mecklenburg-Vorpommern: Verbot der Republikaner erwägen, 18. Mai 1994.
1210 Ebd.
1211 Ebd.
1212 Ebd.

Parteiintern äußerst umstritten sind die Äußerungen des rechtskonservativen sachsen-anhaltinischen Bundestagsabgeordneten Rudolf Krause. In einer „Denkschrift zu nationalen deutschen Fragen" meint der gelernte Landtierarzt: „Der konservative Wähler wird sich zwischen einem wiedererstehenden nationalkonservativen Flügel in CDU/CSU, einer bundesweiten DSU/Deutsche Partei in allen Bundesländern einschließlich Bayern und einer rechtsstaatlichen vereinigten Republikaner-Partei nur dann entscheiden können, wenn es solche programmatischen und personellen Alternativen gibt. Dabei sind vor Ort aber auch konservative Allianzen denkbar."[1213] Bemerkenswert ist, dass Krause hier zum Zwecke der Durchsetzung seiner politischen Ziele drei strategische Optionen anrät, ohne einem Weg innerhalb seiner eigenen Partei einen eindeutigen Vorzug zu geben. Krause ergänzt: „Noch ist es mein Wunsch und meine Hoffnung, dass auf dem Wege von sachlicher Einigung und personellem Zusammenwirken mit Vereinigungen statt Spaltungen ein gemeinsamer Weg gegangen wird. Aber die Zeit der politischen Phrase neigt sich dem Ende – das deutsche Volk will Taten sehen. Deutschland will keine neuen Programme, sondern Persönlichkeiten der Tat." Im Dokument „Deutschlandpolitische Gedanken: Volksparteien – Führung und Ordnung" wiederholt Krause, dem national orientierten Wähler blieben drei Optionen: erstens die Wahl des kleineren Übels, zweitens „seine Stimme einer national-konservativen oder christlich-konservativen neuen Partei zu geben"[1214] und drittens die Verweigerung der Stimmabgabe. Im Folgetext widmen sich Krause DSU und REP genauer: „Auch rechtskonservative Parteien wie z.B. die Republikaner, die DSU in Mitteldeutschland und andere, sind in ihren Programmen im Wesentlichen verfassungskonform. Den Republikanern – als der stärksten Partei rechts von CDU/CSU – ist erst kürzlich vom Verwaltungsgericht Hannover ihre Verfassungskonformität bestätigt worden."[1215] Leidenschaftlich verteidigt er „rechtskonservative Parteien"[1216], die „Verunglimpfung, Verleumdung und Verdächtigung nicht nur durch die Medien"[1217] ausgesetzt seien: „Es wird krampfhaft versucht, rechtsextremes bzw. rechtskriminelles Verhalten einzelner Mitglieder dieser Parteien zu finden oder zu vermuten und dann pauschal auf die jeweilige Gesamtpartei zu übertragen [sic]." Hier deutet sich bereits der bald darauf folgende Übertritt zu den REP an, bei denen er in Sachsen-Anhalt zeitweise den Landesvorsitz übernimmt.

Obgleich Krause zum Zeitpunkt der Veröffentlichung seiner „Denkschrift" als Abgeordneter die CDU im Bundestag vertritt, müssen seine Haltungen unzweifelhaft als Minderheitsposition innerhalb der Unionsparteien angesehen werden. Inwiefern Krause zum Zeitpunkt seiner Äußerungen gegen Ende der CDU-

1213 Rudolf Krause, Ende der Volksparteien. Denkschrift zu nationalen deutschen Fragen, 2. Aufl., Essen 1993, S. 36-37.
1214 Ebd., S. 112.
1215 Ebd., S. 113.
1216 Ebd, S: 114.
1217 Ebd.

Mitgliedschaft bereits damit beschäftigt war, seinen Wechsel zur REP zu begründen und zu rechtfertigen, lässt sich kaum mit Sicherheit erkennen. Mit seinem Übertritt zu den REP Ende Mai 1993 war Krause einem Parteiausschlussverfahren zuvorgekommen. Ein solches Verfahren war aufgrund von Krauses Vorschlag, mit Gruppierungen rechts von der Union zu kooperieren, bereits eingeleitet worden.[1218] Nach seinem REP-Eintritt war Krause jedenfalls schnell bereit, Verantwortung zu übernehmen, ließ sich zum Landesvorsitzenden in Sachsen-Anhalt wählen und kandidierte beim Bundesparteitag am 17./18. Dezember 1994 nach dem Verzicht Schönhubers auf die erneute Kandidatur für das Amt des Bundesvorsitzenden gegen Schlierer sowie den bayerischen Landesvorsitzenden Hüttl für das höchste Amt der Partei. Krause unterlag deutlich gegen Schlierer, konnte aber bei der Stellvertreterwahl das mit Abstand beste Ergebnis unter allen Kandidaten erzielen.[1219]

Der Generalsekretär der sächsischen CDU, Hermann Winkler, schließt eine „Zusammenarbeit mit der in einigen Landkreisen erfolgreichen NPD oder den Republikanern"[1220] kategorisch aus. Allerdings merkt er an: „Wie die Wähler linker Populisten müsse die CDU aber auch die Wähler rechter Populisten erreichen."[1221] Es gehe darum, „mehr mit den Menschen zu reden, ihre Probleme ernster zu nehmen."[1222]

Das erfolgreiche Auftreten der REP führt zu einer breit geführten Diskussion im Stammland der Rechtspartei, in Bayern. Gerüchte über Übertritte von CSU zu den REP und erste vollzogene Parteiwechsel schüren die Auseinandersetzung zusätzlich an.[1223] Zahlreiche CSU-Funktionäre und -Mandatsträger melden sich zu Wort. Die Meinungen gehen dabei weit auseinander. Der Strategie des CDU-Vorsitzenden Helmut Kohl, abwartend und ohne allzu aktives oder gar aggressives Auftreten eine Aufwertung der REP im öffentlichen Bewusstsein zu vermeiden, schließt sich auch der CSU-Vorsitzende Theo Waigel an. Ihm folgen Alois Glück, Friedrich Zimmermann, Michael Glos, Hermann Leeb und Wolfgang Zeitlmann. Eine teils verdeckte, teils offene Annäherung an die REP lassen Max Streibl, Erwin Huber, Ignaz Kiechle und Gerhard Frank erkennen. Eine entschlossene politische Auseinandersetzung und eindeutige Abgrenzung propagieren lediglich Edmund Stoiber und Günter Beckstein.

Waigel spricht Abgrenzungen gegenüber den REP aus, begründet diese jedoch oft pragmatisch und nicht anhand grundsätzlicher Überlegungen. Für die kommunale

---

1218 Vgl. DPA-Meldung, Rudolf Krause Landesvorsitzender der Republikaner in Sachsen-Anhalt, 4. Juli 1993.

1219 Vgl. Verfassungsschutzbericht 1994, Bonn 1995, S. 143-144.

1220 N.n., CDU in Sachsen: „PDS ernst nehmen", in: Frankfurter Allgemeine Zeitung, 18. Juni 2004.

1221 Ebd.

1222 Ebd.

1223 Vgl. n.n., „Lieber heute als morgen übertreten": In der bayrischen Provinz wächst die Zahl der Grenzgänger zwischen Republikanern und CSU, in: Der SPIEGEL, Nr. 28/1989, 10. Juli 1989.

Ebene in Bayern beispielsweise schließt der CSU-Parteivorsitzende Bündnisse mit den REP aus, da formale Koalitionen in den bayerischen Gemeinde- und Kreisverordnungen nicht vorgesehen seien.[1224]

Die schärfsten Worte findet Waigel – passend zum Anlass – in seiner Rede zum politischen Aschermittwoch 1989: „Die Republikaner sind eine Stimmungspartei ohne Programm und ohne Profil. Und ihr Bundesvorsitzender war zwar überall dabei, aber er hat nichts dazugelernt."[1225] Waigel nennt Schönhuber einen „Wanderer auf dem politischen Globus"[1226] und verweist in diesem Zusammenhang auf dessen anscheinend unbeständige politische Überzeugungen. Ohne eine programmatische Detailkritik an den REP legt er strategische Gründe nahe, die gegen die Wahl der REP sprechen: „Jeder Wähler, jeder Bürger muss genau wissen, was eine Stimme für solche Kräfte bedeutet: Er stärkt damit die Grünen und die SPD und verhindert damit genau die Politik, die ein Teil dieser Wähler eigentlich haben möchte. Ich vergleiche keine Partei mit der anderen. Weder die Republikaner mit der NPD, noch die NPD mit der DVU. Nur, ich bin davon überzeugt, jene 4 Prozent, und es waren ein bisschen mehr, NPD-Wähler von 1969 wollten mit Sicherheit nicht, dass Willy Brandt Bundeskanzler wird. Aber mit ihren Stimmen und dadurch, dass diese Stimmen der CDU und der CSU verloren gegangen sind, ist genau das möglich geworden von 1969 bis 1982, was der Großteil dieser Wähler nicht haben wollte."[1227] Somit deutet Waigel zwar historische Parallelen an, verwehrt sich aber ausdrücklich gegen einen Vergleich von REP mit den rechtsextremistischen Parteien NPD und DVU.

Nach der Europawahl 1989 zeigt sich Waigel wenig besorgt in Bezug auf den Wahlausgang. Betont weist er auf das aus seiner Sicht erfolgreiche Abschneiden der eigenen Partei hin und lenkt so vom bundesweiten Durchbruch der REP ab: „Wenn man die CSU-Stimmen von den CDU-Stimmen abziehen würde, dann wäre außerhalb Bayerns die SPD stärker als die CDU."[1228] Und: „Wenn die CSU bundesweit angetreten wäre, hätte sie der Union noch mehr gebracht."[1229] In Hinblick auf eine mögliche Regierungskoalition von CSU und REP in Bayern nach der Landtagswahl im selben Jahr winkt Waigel ab: „Wir kämpfen für die absolute Mehrheit."[1230] Als Reaktion auf das REP-Ergebnis bei der Europawahl solle die CSU verstärkt über

---

1224 N.n., Die CSU unter republikanischem Konkurrenzdruck. Differenzierte Analysen, Neue Zürcher Zeitung, 26. August 1989.

1225 Theo Waigel: Treu der Verantwortung! Der CSU-Vorsitzende beim Politischen Aschermittwoch: Eine große Tradition lebt, Bayernkurier, 18. Februar 1989.

1226 Ebd.

1227 Ebd.

1228 Henkel, R./Petersen, S., Wird jetzt das weiß-blaue Bayern schwarz-braun?, Abendzeitung, 20. Juni 1989.

1229 Ebd.

1230 Ebd.

Wiedervereinigung, nationale Einheit und Identität reden sowie die Ängste des Mittelstandes, von Bauern und von sozial Schwachen thematisieren.[1231]

Wenige Tage später äußert sich Waigel erneut zum Umgang mit den REP und grenzt sich von Bestrebungen innerhalb der CDU ab, kommunale Bündnisse mit den REP mittels Parteiausschlüssen zu sanktionieren. Auf Landes- und Bundesebene schließe er Koalitionen aus, für die kommunale Ebene werde eine „klare Empfehlung des CSU-Vorstands"[1232] folgen. In Bezug auf kommunale Bündnisse wolle er sich noch nicht festlegen: „Wir können niemand verbieten, mal mit jemand zu reden."[1233]

Auch stellt sich Waigel einem Interview mit dem *Spiegel* und beantwortet Fragen zu den REP.[1234] Eine alleinige persönliche Verantwortung für das überdurchschnittlich gute Abschneiden der REP in Bayern lehnt er ab:

„Auch ein Mann wie Strauß hatte 1969, 1972 und 1980 nur begrenzte Einwirkungsmöglichkeiten auf den politischen Prozess in der Bundesrepublik. Nun den CSU-Vorsitzenden dafür verantwortlich zu machen, was sich durch die Republikaner von Berlin über Baden-Württemberg und zwischendurch in Hessen vollzogen hat, das wäre schon eine absurde Unterstellung."[1235]

In Bayern sehe die Lage ohnehin anders aus, beschwichtigt Waigel die Herausforderung durch die REP. Waigel deutet auf die Wahlergebnisse der REP bei der bayerischen Landtagswahl 1986 und der bayerischen Kommunalwahl 1990 hin und erklärt, es sei der CSU gelungen, „die Republikaner in Schach zu halten"[1236]. Er habe auch keine Befürchtungen mit Blick auf einen möglichen Einzug der REP in den bayerischen Landtag: „Ich habe keine Angst. Ich bin auch nicht der Meinung, dass dies ein unabwendbares Schicksal ist."[1237] Den Erfolg der REP sieht Waigel als Ausdruck eines wachsenden Protestpotenzials, die REP selbst als „Radikale".[1238]

Zum Umgang mit den REP seitens der Union meint Waigel: „Ich halte von dem Begriff ‚bekämpfen' nicht viel, ich bin für auseinandersetzen. Hier darf man nicht überziehen. Auch der Kampf gegen Radikale muss so geführt werden, dass er nicht beim Wähler eher Mitleid erzeugt. Man muss zum Beispiel nach deren Programm, nach Lösungskompetenzen fragen und klar herausarbeiten, dass Stimmungsmache noch keine Politik ist."[1239] Denjenigen Bevölkerungsgruppen, die von den REP besonders umworben werden, wolle man im geeigneten Rahmen entgegenkommen:

1231 Vgl. ebd.
1232 N.n., Waigel stiftet Verwirrung, Abendzeitung, 24./25. Juni 1989.
1233 Ebd.
1234 Vgl. Koch, Dirk/Wirtgen, Klaus, „Eine große Koalition ist das Letzte", Spiegel-Gespräch mit dem CSU-Chef Theo Waigel über Wahlschlappe und Koalitionschancen seiner Partei, Der Spiegel, Nr. 26, 26. Juni 1989, S. 21-24.
1235 Ebd.
1236 Ebd.
1237 Ebd.
1238 Vgl. ebd.
1239 Ebd.

„Dort, wo berechtigte Forderungen vorhanden sind, werden wir überlegen, was wir tun können. Aber es wird nicht vor der Wahl das Füllhorn ausgeschüttet, um damit Wählerstimmen zu gewinnen."[1240] Wichtiger sei es jedoch, „übergreifende Ideen" wie die nationale Identität und die nationale Frage stärker hervorzuheben.[1241] Waigel betont, Koalitionen mit den REP werde es nicht geben, gegenteilige Überlegungen Heinrich Lummers halte er für falsch.[1242]

In einem *BILD*-Interview Ende Juli beschreibt Waigel das Auftreten der REP bei der Europawahl als Ausdruck des Protests: „Wir müssen ganz deutlich sehen: Für die Stimmenverluste gibt es keine einfache Erklärung. Es gibt 40 und mehr Gründe. Da wurde ein Protestpotential in einer konkreten Situation ausgenutzt. Unsere Aufgabe ist es, die Wähler der Republikaner zurückzuholen."[1243] Waigel zeigt sich zuversichtlich, dass dieses Vorhaben erfolgreich sein werde: „Ja, wir bekämpfen im Gegensatz zur SPD die Grünen und die Republikaner gleichermaßen. Ich glaube daher, dass wir die Republikaner unter 5 Prozent drücken werden können."[1244]

Im August 1989 erklärt Waigel, er schließe Koalitionen der CSU mit den Republikanern aus, auch auf kommunaler Ebene.[1245] Man müsse aber unterscheiden, „ob man Koalitionen macht oder was ein einzelner in einem Gemeinderat oder in einem Kreistag wählt"[1246]. Eine „politische Zusammenarbeit auf kommunaler Ebene"[1247] sei zulässig. Sie führe auch nicht zu einem Parteiausschlussverfahren.[1248] Eine bundesweite Ausdehnung der CSU als Reaktion auf den Erfolg der REP lehne er ab, die CSU wolle sich aber bemühen, im eigenen Wirkungskreis „national gesinnte Wähler für sich zu gewinnen"[1249].

Zur vertieften Diskussion über die Ergebnisse der Europawahl sowie den weiteren Umgang der CSU mit den REP trifft sich der CSU-Vorstand am 11. September 1989 zu einer Klausurtagung im Kloster Banz.[1250] Bereits im Vorfeld erklärt Waigel, die CSU wolle sich in Sachen Wahrung der nationalen Identität von niemandem ü-

---

1240 Ebd.
1241 Vgl. ebd.
1242 Vgl. ebd.
1243 Peter Brinkmann/Karl-Ulrich Kuhlo/Hans-Hermann Tiedje, Waigel: Wiedervereinigung im Kopf und im Herzen, BILD-Zeitung, 27. Juli 1989.
1244 Ebd.
1245 N.n., Parteivorsitzender Waigel: CSU darf in Gemeinden mit Republikanern kooperieren. Koalitionen jedoch ausgeschlossen, Süddeutsche Zeitung, 14./15. August 1989.
1246 Ebd.; vgl. n.n., CDU: Pfeifen im Walde, in: Der SPIEGEL, Nr. 34/1989, 21. August 1989.
1247 Ebd.
1248 Vgl. n.n., CDU: Pfeifen im Walde, in: Der SPIEGEL, Nr. 34/1989, 21. August 1989.
1249 Ebd.
1250 Vgl. n.n., Die CSU unter republikanischem Konkurrenzdruck. Differenzierte Analysen, Neue Zürcher Zeitung, 26. August 1989, und Tina Bäumlisberger, In Kloster Banz bereitet sich die CSU auf den Wahlmarathon 1990 vor. Generalsekretär Huber zur WELT: Politische Führerschaft gefragt/Zielkonflikte lösen, Die Welt, 12. September 1989.

bertreffen lassen.[1251] Es werde mit den REP „keine Koalition, keine Kooperation, keine Gespräche"[1252] geben. Auch „Kamingespräche" schließe er aus, wie sie die SPD mit den Grünen führe. Die Frage nach Koalitionen auf kommunaler Ebene stelle sich nicht, da in den bayerischen Gemeinde- und Kreisverordnungen formale Koalitionen gar nicht vorgesehen seien.[1253] Waigel meint, es habe keinen Sinn, die Wähler der REP allesamt als „alte Nazis" zu etikettieren, da auch junge Wähler darunter seien.[1254] Eine inhaltliche Auseinandersetzung sei vorzuziehen: Wir müssen sachlich und personell die Alternative herausstellen. Und dabei wird es um die Verlässlichkeit der Politik insgesamt gehen."[1255] Eingeholt von aktuellen Ereignissen äußert sich Waigel bei der Klausurtagung weniger ausführlich zu den REP als zur Massenflucht von DDR-Bürgern.[1256]

Bei den bayerischen Kommunalwahlen im März 1990 verbuchen die REP deutliche Stimmengewinne, die CSU merkliche Verluste. Als Reaktion warnt Waigel davor, nun auf kommunaler Ebene Zweckbündnisse mit den REP einzugehen, um Mandatsverluste auszugleichen und verloren gegangene Mehrheiten wieder zu erlangen.[1257] Waigel meint: „Eine solche Zusammenarbeit zwischen CSU und Republikanern kann es und darf es nicht geben"[1258]. Als Partei der Mitte könne die CSU auch das demokratische Spektrum rechts von der Mitte ohne fremde Hilfe abdecken.[1259]

Als sich der frühere Ministerpräsident Max Streibl im Februar 1994 mit Schönhuber trifft, betont Waigel, es habe sich um ein „rein persönliches Gespräch"[1260] gehandelt. Das Treffen dürfe nicht als Änderung der Beziehungen zwischen CSU und REP gedeutet werden, es bliebe „alles beim alten"[1261]. Zu einer Zusammenarbeit zwischen CSU und REP werde es nicht kommen.

Den SPD-Vorschlag aus dem Jahr 1994, die demokratischen Parteien sollen gemeinsame Veranstaltungen gegen die REP organisieren, lehnt Waigel ab. Er macht

1251 N.n., Die CSU unter republikanischem Konkurrenzdruck. Differenzierte Analysen, Neue Zürcher Zeitung, 26. August 1989.

1252 Ebd.

1253 Vgl. ebd.

1254 Vgl. ebd.

1255 Ebd.

1256 Vgl. Tina Bäumlisberger, In Kloster Banz bereitet sich die CSU auf den Wahlmarathon 1990 vor. Generalsekretär Huber zur WELT: Politische Führerschaft gefragt/Zielkonflikte lösen, Die Welt, 12. September 1989.

1257 Vgl. Andreas Roß, Schwäbische CSU geht in sich: Waigel warnt vor Zweckbündnissen. Koalitionen mit den Republikanern in Kommunen abgelehnt, Süddeutsche Zeitung, 26. März 1990.

1258 Ebd.

1259 Vgl. ebd.

1260 DPA-Meldung, Kritik am Treffen Streibl-Schönhuber: „Saublöd" und „dämlich", 14. Februar 1994.

1261 Ebd.

den Sozialdemokraten den Vorwurf, diese bekämpfe nur Rechtsradikale, nicht jedoch die PDS und Teile der alternativen Szene.[1262]

Der damalige CSU-Fraktionsvorsitzende im Bayerischen Landtag, Alois Glück, äußert sich kurz nach der Wahl in Westberlin in einem Interview der *Süddeutschen Zeitung* auch zu den REP.[1263] Glück warnt davor, den Wahlerfolg der REP und deren Zukunftschancen sowie die von den REP ausgehende Gefahr zu hoch einzuschätzen: „Man muss und braucht den Herrn Schönhuber nicht aufzuwerten, indem man ihn plötzlich zu einem Mittelpunkt der politischen Auseinandersetzung macht."[1264] Zu Schönhuber meint Glück: „Ich persönlich glaube schon, dass er in seiner Grundhaltung Demokrat ist. Er ist sicher genauso ein hemmungsloser Demagoge. Dahinter stecken nicht politische Konzepte, die tragen, dahinter stecken Stimmungen. Die Konsequenz für uns heißt, sich mit der Verärgerung der Leute auseinanderzusetzen."[1265] Glück vergleicht die REP mit den Grünen und etikettiert beide Parteien als Protestbewegungen:

> „Für die Parteienlandschaft in der Bundesrepublik scheint mir von zentraler Bedeutung zu sein, dass wir zwei unterschiedliche Protestströmungen haben. Eine kanalisiert sich links-grün, und die andere im rechten Spektrum, rechtskonservativ bis rechtsnational. Gemeinsamer Nenner ist, dass sie überwiegend gewählt werden als Ausdruck des Protestes gegenüber den Parteien in den Parlamenten. Und in beiden Fällen geht es nicht um ein Sachthema, sondern um eine Verquickung unterschiedlicher Motive."[1266]

Den Einzug in den bayerischen Landtag traut Glück den REP nicht zu, da deren Wahlchancen von Stimmungen abhingen.[1267]

Später kommt Glück zu dem Ergebnis, es seien „nicht nur der Polizist, der Landwirt oder der Mittelständler, die hinter dem Republikaner-Wahlsieg stecken, sondern auch die Sehnsucht junger Leute nach einer Führerfigur und die Unfähigkeit der großen Parteien, das Lebensgefühl der Menschen aufzunehmen'."[1268] Im September 1989 wolle man daher im Rahmen einer Klausurtagung eine fundierte Gegenstrategie für die bevorstehenden Kommunal-, Landtags- und Bundestagswahlen erarbeiten.[1269] Bereits vorab erklärt Glück, die REP seien auf Landes- oder Bundesebene „nicht bündnisfähig und nicht akzeptabel"[1270], für die kommunale Ebene könne die CSU aber keine Empfehlungen erteilen. Auch wenn es vereinzelt zu einer Zusam-

---

1262 Vgl. DPA-Meldung, Verheugen: CSU offen für Zusammenarbeit mit Republikanern, 13. Mai 1994.

1263 Egon Scotland, SZ-Interview mit dem CSU-Fraktionschef: Alois Glück attackiert Geißler und Fink, Süddeutsche Zeitung, 1. Februar 1989.

1264 Ebd.

1265 Ebd.

1266 Ebd.

1267 Vgl. ebd.

1268 N.n., Das Problem mit den Republikanern, Neue Zürcher Zeitung, 1. Juli 1989.

1269 Vgl. ebd.

1270 Ebd; vgl. n.n., Die CSU unter republikanischem Konkurrenzdruck. Differenzierte Analysen, Neue Zürcher Zeitung, 26. August 1989.

menarbeit von Kommunalpolitikern von CSU und REP kommen werde, sei dies keine Hintertür zu einer Koalition auf Landes- oder Bundesebene.[1271]

Seinen bedächtigen Abgrenzungskurs behält Glück auch in den Folgejahren bei, lässt dabei jedoch keinen Spielraum mehr für kommunale Ausnahmen oder Sonderregelungen: „Mir geht es um die strategische Linie der Partei, jede Kooperation auszuschließen und keine Spekulation über eine mögliche Koalition aufkommen zu lassen."[1272] Mit dieser Aussage aus dem Jahr 1992 wolle er aber nicht „den einzelnen Republikaner zum Unmenschen erklären oder eine sinnlose Diffamierungspolitik machen, durch die sie nur zu Märtyrern würden"[1273]. Immer noch Fraktionsvorsitzender im Bayerischen Landtag, erklärt Glück im Rahmen einer Plenardebatte im Maximilianeum, das Verhältnis der CSU zur REP-Partei könne sich nicht danach richten, „ob es darin einzelne sympathische Leute gibt"[1274], denn „sympathische Leute [habe] es schließlich auch in der SED gegeben"[1275]. Glück erkennt an, dass die REP zuletzt „vorsichtiger und seriöser"[1276] aufgetreten seien. Die REP könnten mehr „seriöse Leute"[1277] vorweisen, was es der CSU erschwere, ihren Abgrenzungskurs „glaubwürdig darzustellen"[1278]. Nach wie vor verweigerten sich die REP jedoch konkreter Problemlösungen, sondern nutzten Ängste und Stimmungswellen, um Protestwähler an sich zu binden. Die CSU habe sich ein gänzlich anderes Selbstverständnis zu Eigen gemacht als die REP: „Wir sind keine Protest- und keine Stimmungspartei, sondern eine Gestaltungspartei. Die CSU muss bereit sein, Verantwortung zu übernehmen, auch wenn es wo unpopulär ist – von der Agrarpolitik über die Gesundheitsreform bis zur Finanz- und Europapolitik."[1279]

Der stellvertretende CSU-Vorsitzende und Bundesverkehrsminister, Friedrich Zimmermann, habe laut *Neuer Zürcher Zeitung* bei einer Vorstandssitzung nach den Wahlen 1989 für „eine weniger harte Abgrenzung gegenüber den Republikanern" plädiert"[1280]. Schließlich habe einst auch im Falle der Bayernpartei das „Rezept

1271 Vgl. n.n., CDU: Pfeifen im Walde, in: Der SPIEGEL, Nr. 34/1989, 21. August 1989.
1272 Hannes Burger, CSU auf Abgrenzungskurs gegenüber Republikanern, in: Die Welt, 27. Juli 1992.
1273 Ebd.
1274 Ebd.
1275 Ebd.
1276 Ebd.
1277 Ebd. Gemeint ist vermutlich u.a. der ehemalige CSU-Bundestagsabgeordnete Ekkehard Voigt, der zunächst als Gründungsmitglied der REP aufgetreten, später aber zur FDP übergetreten war. Im Juli 1989 wurde Voigt erneut als Mitglied bei den REP aufgenommen (vgl. n.n., Ekkehard Voigt wieder bei den Republikanern, in: Süddeutsche Zeitung, 19. Juli 1989).
1278 Hannes Burger, CSU auf Abgrenzungskurs gegenüber Republikanern, in: Die Welt, 27. Juli 1992.
1279 Ebd.
1280 N.n., Das Problem mit den Republikanern, Neue Zürcher Zeitung, 1. Juli 1989.

‚umarmen und aufsaugen‘"[1281] zum gewünschten Niedergang einer Konkurrenzpartei geführt.

Michael Glos, Hermann Leeb und Wolfgang Zeitlmann wollen sich im Jahr 1994, als eine Welle rechtsextremistisch motivierter Gewalt auch die REP in das Kreuzfeuer öffentlicher Kritik drängt, ihre besonnene Haltung nicht aufgeben. Michael Glos, Vorsitzender der CSU-Landesgruppe im Bundestag, fordert zunächst die weitere Beobachtung der REP durch die Verfassungsschutzbehörden.[1282] Im April 1994 verteidigt Leeb, der bayerische Justizminister, die Entscheidung der Staatsanwaltschaft, kein Verfahren wegen Volksverhetzung gegen Schönhuber wegen dessen Äußerungen zum Vorsitzenden des Zentralrates der Juden in Deutschland, Ignatz Bubis, anzustrengen.[1283] Leeb widerspricht der öffentlichen Kritik an der Staatsanwaltschaft. Er werde die „Beurteilung eines Sachverhalts nicht nach politischen Forderungen oder Äußerungen richten". Der innenpolitische Sprecher der CSU-Landesgruppe, Wolfgang Zeitlmann, fordert ebenfalls die Fortsetzung der intensiven Beobachtung der REP durch Verfassungsschutz vor der Erwägung weiterführender Schritte.[1284]

Stark in der CSU repräsentiert sind Politiker, die programmatische Parallelen zwischen CSU und REP erkennen wollen oder vor einer deutlichen Distanzierung von der Rechtspartei zurückschrecken.

Nach dem Wahlerfolg der REP in Berlin 1989 äußert sich der bayerische Ministerpräsident Max Streibl in einem Interview der Tageszeitung *Die Welt* zu seiner Einschätzung der Lage.[1285] Negative Konsequenzen für die CSU erwarte er nicht, erläutert Streibl und führt hierzu aus: „Wir in Bayern haben gerade dort gute politische Arbeit geleistet, wo in Berlin besondere Problemfelder zu erkennen waren. Ich denke da an den Wohnungsbau und die Ausländerpolitik. [...] Nein, die CSU wird sich von den CDU-Problemen nicht anstecken lassen."[1286] Ebenso wenig befürchte er vergleichbare Wahlerfolge der REP in Bayern: „Wissen Sie, die Bayern sind sehr realistisch. Die können sehr gut unterscheiden zwischen den Sprücheklopfern und denen, die gute Leistung bringen."[1287] Sowie: „Ich sehe bei uns in Bayern keinen Platz für einen neuen radikalen Nationalismus."[1288] Im Bereich der Asyl- und Ausländerpolitik will Streibl programmatische Parallelen zwischen seiner Partei und den

---

1281 Ebd.
1282 DPA-Meldung, Republikaner unter wachsendem Druck: Verbot erscheint möglich, 10. April 1994.
1283 Vgl. DPA-Meldung, Eichel greift Kanther an – Republikaner nicht hoffähig machen, 8. April 1994.
1284 DPA-Meldung, Kanther sieht Republikaner auf dem Weg zum Rechtsextremismus – SPD übt scharfe Kritik am Minister, 14. April 1994.
1285 N.n., Streibl: Die CSU wird sich von den Problemen der CDU nicht anstecken lassen, Die Welt, 1. Februar 1989.
1286 Ebd.
1287 Ebd.
1288 Ebd.

REP erkennen, wie aus folgenden beiden Zitaten hervorgeht: „Schönhuber vertritt weithin CSU-Positionen, gerade im Bereich der Ausländerpolitik. Der eigentliche Imitator heißt also Schönhuber. Unsere Rechtspositionen bleiben auch dann noch richtig, wenn ein anderer die ihm passend erscheinenden Teile herauspickt."[1289] Als Folge des späteren sehr guten Abschneidens der REP bei der Europawahl empfiehlt Streibl, „die Ziele und Wünsche der National-Kirchlichen stärker zu berücksichtigen"[1290].

Entgegen seiner grundsätzlichen Linie ungewöhnlich scharf grenzt sich Streibl bei einigen wenigen Anlässen von den REP ab, so beim Bezirksparteitag der oberbayerischen CSU im Juli 1989.[1291] Vor der Europawahl sei man sich nicht ganz schlüssig gewesen in Bezug auf den geeigneten Umgang mit den REP, ob man sie womöglich einfach ignorieren solle wie man das mit der FDP mache oder den Weg einer aktiven Auseinandersetzung einschlagen müsse: „Oder soll ma s' angreifen?"[1292] Bei dieser Gelegenheit entschließt sich Streibl zum Angriff und erklärt zu den REP: „Sozialistisch auf der einen Seite, national auf der anderen, jetzt brauchen s' nur noch den Bindestrich zu ziehen – aber das Gebräu ist das gleiche."[1293] Streibl zitiert Aussagen Schönhubers und der REP, um im Anschluss auf Parallelen mit der nationalsozialistischen Rhetorik hinzuweisen. Zum Zitat: „Es kommt der Tag der Abrechnung und der Rache." meint Streibl: „So hat schon ein anderer gesprochen. Viele haben ihn nicht ernst genommen. Ich kann nur sagen, wehret den Anfängen."[1294] Streibl erklärt, Schönhuber wolle die Asylanten abschaffen, müsse hierfür aber das Grundgesetz ändern oder ebenfalls abschaffen.[1295] Um die Wiedervereinigung durchzusetzen, müsse Deutschland das westliche Wertebündnis verlassen, gibt Streibl zu bedenken. Schließlich schlussfolgert Streibl: „Wenn die Deutschen wieder marschieren wollen, bitte [...], aber uns soll keiner vorwerfen können, dass wir nicht aufgezeigt hätten, wohin dieser Weg eines Tages führt."[1296] Des Weiteren wirft Streibl Schönhuber und dessen Partei „Heuchelei von Anfang bis zum Ende" vor und tritt dem „reinen Machtstreben" der extremen Rechten und Linken entgegen.[1297]

1289 Ebd.
1290 Henkel, R./Petersen, S., Wird jetzt das weiß-blaue Bayern schwarz-braun?, Abendzeitung, 20. Juni 1989.
1291 Erik Spemann, Max Streibl: Wenn die Deutschen wieder marschieren wollen – bitte. Beim CSU-Bezirksparteitag die Republikaner vorgeführt – Guter Rat für den Kanzler, Münchner Merkur, 10. Juli 1989, siehe auch Erik Spemann, Verhaltensregeln über Umgang mit Republikanern: Unter Streibl alles klar, Münchner Merkur, 10. Juli 1989.
1292 Erik Spemann, Max Streibl: Wenn die Deutschen wieder marschieren wollen – bitte. Beim CSU-Bezirksparteitag die Republikaner vorgeführt – Guter Rat für den Kanzler, Münchner Merkur, 10. Juli 1989.
1293 Ebd.
1294 Ebd.
1295 Ebd.
1296 Ebd.
1297 Vgl. ebd.

Diese Art der Auseinandersetzung setzt Streibl bei seinem traditionellen sommerlichen Presseempfang fort.[1298] Die Töne der REP seien „national und sozialistisch"[1299]. Im Nachhinein bedauert es Streibl, nicht schon vor der Europawahl offensiv gegen die REP vorgegangen zu sein. Dies werde nicht noch einmal passieren. Streibl warnt: „Die werden sich noch wundern."[1300]

Im Mai 1993 tritt Streibl aufgrund der „Amigo-Affäre" als Ministerpräsident zurück. Im Februar 1994, noch immer im Besitz seines Landtagsmandats, trifft er sich mit Schönhuber zu einem Gespräch, was heftige Reaktionen sowohl innerhalb als auch außerhalb der Union hervorruft.[1301]

Erwin Huber, damals CSU-Generalsekretär, bringt nach der Berliner Wahl 1989 seine Überzeugung zum Ausdruck, die CDU müsse „ihren bisherigen Kurs in der inneren Sicherheit, beim Asyl- und Ausländerrecht überprüfen"[1302]. Nicht nur die CSU, sondern auch die CDU solle sich bemühen, „dass konservativ-bürgerlich eingestellte Wähler in der Union ihre politische Heimat sehen"[1303]. Das bedeute ausdrücklich nicht, wehrt sich Huber gegen entsprechende Vorwürfe Heiner Geißlers, dass die Union Forderungen der REP ungesehen übernehmen werde: „Kein Mensch will Schönhuber imitieren"[1304]. Es gehe lediglich darum, „mehr Problembewusstsein für die Sorgen der Bevölkerung aufzubringen"[1305].

Huber bringt im Zusammenhang mit dem Auftreten der REP die „Einführung des Mehrheitswahlrechts zur Verhinderung von ‚Weimarer Verhältnissen'"[1306] in die Diskussion. Zu einer möglichen Koalition von CSU und REP in Bayern äußert sich Huber negativ: „Ich kann mir nicht vorstellen, dass man mit einer solchen Partei Politik machen kann."[1307] In einem später kontrovers diskutierten Interview in der *Bunten* erläutert Huber: „Wir werden keine Koalitionen mit den Republikanern eingehen. Aber wir wollen ihre Wähler zurückgewinnen. Deshalb bin ich dagegen, dass wir alle verteufeln, die sich von Schönhuber verführen ließen."[1308] Er halte nichts „von politischer Apartheid im Umgang mit den Republikanern und ihren Wäh-

1298 Peter Schmalz, Nur Schönhuber trübt Streibls weiß-blauen Himmel, Die Welt, 22. Juli 1989.
1299 Ebd.
1300 Ebd.
1301 DPA-Meldung, Kritik am Treffen Streibl-Schönhuber: „Saublöd" und „dämlich", 14. Februar 1994.
1302 DPA-Meldung, Geißler: Statt Annäherung Republikaner bekämpfen, 9. Februar 1989.
1303 Ebd.
1304 DPA-Meldung, CSU: „Kein Mensch will Schönhuber imitieren", 31. Januar 1989.
1305 Ebd.
1306 N.n., Koalitionsakrobatik im Banne Schönhubers: Bonner Ratlosigkeit über den Vormarsch der Republikaner, Neue Zürcher Zeitung, 15. Juli 1989.
1307 Henkel, R./Petersen, S., Wird jetzt das weiß-blaue Bayern schwarz-braun?, Abendzeitung, 20. Juni 1989.
1308 Einar Koch, CSU-General Huber denkt laut: Neuer Kinderspielplatz, neuer Radfahrweg. Warum nicht mit den Republikanern?, Die Bunte, 6. Juli 1989.

lern"[1309]. Auch auf kommunaler Ebene könne sich Huber „formale Bündnisse" nicht vorstellen, räumt jedoch ein: „Aber Sachthemen kann man gerade auf Gemeindeebene nicht politisieren. Ein neuer Kindergarten, ein neuer Spielplatz oder ein neuer Radfahrweg ist doch nicht deshalb abzulehnen, weil die Republikaner auch dafür stimmen."[1310] Einen Abgrenzungsbeschluss, der jegliche Kooperation mit den REP auch auf kommunaler Ebene verbiete, so wie von Heiner Geißler vorgeschlagen, betrachtet Huber als „weder nötig noch sinnvoll"[1311]. Neben der erwähnten eventuellen Einführung des Mehrheitswahlrechts erwägt Huber auch andere formale Reformen, um den Erfolg der REP und die weitere Zersplitterung des Parteiensystems zu verhindern: „Es geht nicht an, dass der Staat politische Sektierer auch noch mit Steuermillionen fördert. Die Parteienfinanzierung muss noch einmal auf den Prüfstand. Die Mindestgrenze für die Wahlkampfkostenrückerstattung sollte von 0,5 Prozent Stimmenanteil auf 2,5 Prozent angehoben werden."[1312] Im September 1989 sieht Huber die REP bereits „am absteigenden politischen Ast"[1313]. Die hinge vor allem mit internen Streitereien der REP in Niedersachsen und Berlin zusammen, die verdeutlichten, dass die REP inhaltlich nichts zu bieten hätten und es sich bei ihnen um eine Partei der „rasenden Derwische" handele.[1314]

Im Anschluss an die Kommunalwahlen in Baden-Württemberg im Oktober 1989, bei denen die Schwesterpartei CDU schwere Verluste hinnehmen musste, erklärt sich Huber erneut zum Thema REP.[1315] Er glaube nicht, dass sich die REP auf lange Sicht halten könnten. Bei den Kommunal-, Landtags- und Bundestagswahlen im folgenden Jahr seien sie aber noch eine „harte Konkurrenz"[1316] für die CSU: „Man muss die Kraft haben, das eine Zeit lang durchzustehen"[1317]. Huber gehe davon aus, dass sich die REP bei der Kommunalwahl in Bayern „überall dort schwer tun, wo die CSU im Kommunalwahlkampf den Wählern ‚eine starke Persönlichkeit' präsentieren könne"[1318]. Weiterhin gelte, dass Koalitionen der CSU mit den REP auf Bundes- und Landesebene ausgeschlossen seien, denn der „politische Stil der Republikaner, der Charakter ihrer führenden Persönlichkeiten sowie die Unterwanderung durch Rechtsextremisten machten es der CSU unmöglich, mit der Schönhuber-Partei

1309 Ebd.
1310 Ebd.
1311 Ebd.
1312 Ebd.
1313 Tina Bäumlisberger, In Kloster Banz bereitet sich die CSU auf den Wahlmarathon 1990 vor. Generalsekretär Huber zur WELT: Politische Führerschaft gefragt / Zielkonflikte lösen, Die Welt, 12. September 1989.
1314 Vgl. ebd.
1315 Vgl. n.n., „Keine Zusammenarbeit mit Republikanern": CSU schweigt sich über baden-württembergisches Ergebnis aus, Frankfurter Allgemeine Zeitung, 25. Oktober 1989.
1316 Ebd.
1317 Ebd.
1318 Ebd.

zusammenzuarbeiten."[1319] Mit dem Ausgang der bayerischen Kommunalwahlen zeigte sich Huber trotz deutlicher Zugewinne der REP und schmerzhafter Verluste seiner eigenen Partei „gedämpft zufrieden"[1320].

Der CSU-Politiker und damalige Bundesernährungsminister Ignaz Kiechle äußert im April 1989 in der Presse, er wolle „eine Koalition mit den Republikanern nicht auf alle Zeiten ausschließen."[1321] Die REP stellten sich zwar zum erwähnten Zeitpunkt als „eine Ansammlung programmloser Wähler dar, die als Koalitionspartner indiskutabel seien. Langfristig müsse man einkalkulieren, dass sich in der Bundesrepublik möglicherweise, wie in anderen Ländern auch, radikale Bereiche neben der Mitte etablieren"[1322]. Sollten sich die REP ein Programm geben, „das verhandlungssicher sei, könne man auf lange Sicht nicht sagen: ,alles was neben mir ist, ist in diesem Bereich nicht koalitionsfähig.'"[1323]

Die Diskussion über das Auftreten der REP und eine vernünftige Gestaltung des Umgangs mit der rechten Konkurrenz wurde teilweise innerhalb der Unionsparteien sehr kontrovers geführt. In einem Brief an den bayerischen Ministerpräsidenten Streibl kritisiert der CSU-Landtagsabgeordnete und Präsident des Jägerverbandes Gerhard Frank das novellierte Jagdgesetz und erklärt mit „erheblicher Verärgerung" über diese Maßnahme den Wahlerfolg der REP.[1324] In Erwiderung darauf meint der Landtagspräsident und stellvertretende CSU-Vorsitzende Franz Heubl direkt an Frank gerichtet, die Gemeinsamkeit innerhalb der Partei ginge verloren, wenn Gruppeninteressen zukünftig dadurch vertreten würden, „indem man mit den Republikanern droht"[1325].

Die *Neue Zürcher Zeitung* bescheinigt dem damaligen bayerischen Innenminister Edmund Stoiber, derjenige CSU-Politiker zu sein, der sich am „unmissverständlichsten für eine Abgrenzung"[1326] ausgesprochen habe.

Ein Zitat, das Stoiber in einer Pressekonferenz im Juni 1989 den REP zuschreibt, sorgt für Streit mit dem bayerischen REP-Landesvorsitzenden Harald Neubauer.[1327] Stoiber habe ein Schreiben des Miesbacher Buchhändlers Michael Krämer an den

---

1319 Ebd.

1320 Roswin Finkenzeller, Weiß-blau ist nicht mehr nur CSU: Absolute Mehrheiten sind auch in Bayern kaum noch zu halten, Frankfurter Allgemeine Zeitung, 23. März 1990.

1321 N.n., Kiechle schließt Koalition mit Republikanern nicht aus, Süddeutsche Zeitung, 28. April 1989.

1322 Ebd.

1323 Ebd.

1324 N.n., Jägerpräsident Frank in der CSU unter Beschuss: Heubl warnte vor Drohung mit Republikanern, Münchner Merkur, 6. Juli 1989, siehe auch Bernd Kötting, Wink mit dem Schönhuber-Zaunpfahl: Einmalige Torchance, Münchner Merkur, 8./9. Juli 1989.

1325 N.n., Jägerpräsident Frank in der CSU unter Beschuss: Heubl warnte vor Drohung mit Republikanern, Münchner Merkur, 6. Juli 1989.

1326 Ebd.

1327 Vgl. Hans Holzhaider, Die Entstehungsgeschichte einer „Ungeheuerlichkeit", in: Süddeutsche Zeitung, 10. Juni 1989.

SPD-Pressesprecher für Hessen-Süd, Adolf Salzer, aus dem Jahr 1985 zitiert, wo es heiße: „Für die rund 2000 Ausländer in Herborn (für Sie mögen es Mitbürger sein, für uns niemals!) sind die Zeiten der Ruhe und des Friedens bald vorbei. Der Hessentag 1986 ist für uns alle Signal zum Angriff."[1328] Und weiter: „Der 7. Juni 1986 wird zu einem Fanal für die Befreiung des deutschen Reiches und die Wiedererweckung des germanischen Blutes werden. Deutschland erwache!"[1329] Neubauer empfinde Stoibers Vorgehen als „Ungeheuerlichkeit", sei doch Krämer zum Zeitpunkt des Verfassens des Briefes kein Mitglied der REP gewesen. Gemäß der *Süddeutschen Zeitung* sei Krämer nach einer kurzen Station bei der *Ökologisch-Demokratischen Partei* (ödp) im Herbst 1986 bei den REP aufgenommen und im März 1987 in den oberbayerischen Bezirksvorstand gewählt worden.[1330] Aufgrund einer „inoffiziellen Ämtersperre"[1331] sei Krämer, Neubauer gemäß, seit März 1989 einfaches Mitglied.

Im Wahlkampf 1994 und zur Diskussion der Wahlergebnisse äußert sich Stoiber ausführlich und wiederholt zur Konkurrenz unliebsamer Kleinparteien, vor allem der REP, aber auch der ödp.

Dabei macht Stoiber deutlich, dass er in der Bekämpfung der REP mit Mitteln der streitbaren Demokratie ein besonderes Anliegen sieht: „Der Freistaat hat sich für eine bundesweit koordinierte Überprüfung der ‚Republikaner‘ im Hinblick auf eine mögliche verfassungsfeindliche Zielsetzung stark gemacht."[1332] Zufrieden stellt Stoiber fest: „Unser politischer Kampf gegen PDS und REPs war rechtlich geboten und politisch erfolgreich."[1333]

Im März 1994 äußert sich Stoiber folgendermaßen: „Die REP's sind ‚Wölfe im Schafspelz‘. Nachdem sie gemerkt haben, dass sie mit ihren Parolen von immer mehr Bürgern durchschaut werden, versuchen sie durch ‚angepasste Parteiprogramme‘ die Beobachtung durch den Verfassungsschutz ins Leere laufen zu lassen. Aber ich werde nicht nachlassen, die REP's mit allen demokratischen Mitteln zu bekämpfen."[1334] Weiter: „Offiziell bekennen sich die REP's zwar zu Demokratie und Volkssouveränität, aber ihre Funktionäre sprechen eine andere Sprache."[1335] Stoiber meinte zudem: „Wie Grüne und PDS wollen auch die REP's, dass Deutschland aus der

---

1328 Ebd.
1329 Ebd.
1330 Vgl. ebd.
1331 Ebd.
1332 Edmund Stoiber, Grußwort bei der Eröffnungsfeier für die Woche der Brüderlichkeit am 6. März 1994 im Rathaus München. Manuskript im Archiv für Christlich-Soziale Politik, München.
1333 Edmund Stoiber, Regierungserklärung vor dem Bayerischen Landtag am 8. Januar 1994. Manuskript im Archiv für Christlich-Soziale Politik, München.
1334 Edmund Stoiber, Gemeinsam zum Erfolg!, Rede bei der Wahlkampf-Konferenz/Ortsvorsitzenden-Konferenz am 19. März 1994 in der Reichswaldhalle in Feucht bei Nürnberg, S. 3. Manuskript im Archiv für Christlich-Soziale Politik, München.
1335 Ebd.

NATO austritt. Mit dieser unverantwortlichen Haltung wird die Sicherheit unseres Landes aufs Spiel gesetzt."[1336] Stoiber kritisiert auch die Positionen der REP in Fragen der Geschichtsauslegung: „Auch bei uns gibt es noch Träumer von Groß-Deutschland. Das passt alles zu den Landkarten, die die REP's noch vor einiger Zeit an ihren Infoständen vertrieben haben. Mittlerweile sind sie nur vorsichtiger geworden, weil sie jetzt den Verfassungsschutz im Genick haben. Trotzdem zeigt sich immer wieder, dass die REP's aus der Geschichte nichts, aber auch gar nichts gelernt haben."[1337]

Stoiber kritisiert in diesem Zusammenhang u.a. die mangelhafte parlamentarische Arbeit der REP: „Nehmen wir die Republikaner: In den Reden zu Hause und auf ihren Wahlplakaten spielen sie sich als Vertreter deutscher Interessen auf. Wenn es im Europäischen Parlament um sachliche Arbeit und wichtige Abstimmungen geht, sind sie nicht zu sehen."[1338] Beim Europafest der CSU in Würzburg ergänzte Stoiber: „Zudem häufen sich die Berichte über Verwicklungen von Republikanern in ausländerfeindliche Straftaten. Eine Partei, die in solchem Verdacht steht, hat in keinem Parlament in Europa etwas verloren!"[1339]

Im Rahmen einer Regierungserklärung Mitte Juni 1994 nimmt Stoiber Stellung zu den REP: „Die Beobachtung der Republikaner durch den Verfassungsschutz bleibt richtig. Sie wird auch dadurch bestätigt, dass erst jüngst die Bundesschriftführerin und der Wahlkampfleiter der Republikaner ihre Ämter aus Protest gegen das ‚wachsende rechtsextreme Gedankengut' in dieser Partei niedergelegt haben. Ein Parteivorsitzender, der sich vom Schicksal auserwählt fühlt, und der von einst engen Mitstreitern aufgrund seines autoritären Stils als ‚Diktator' bezeichnet wird, ist kein Demokrat. Solche Leute haben in einem demokratischen Parlament nichts verloren!"[1340]

Im Vorfeld der bayerischen Landtagswahl 1994 warnt Stoiber in einer Rede vor der CSU-Landtagsfraktion vor der außerparlamentarischen Konkurrenz und nennt neben der ödp die REP. In einem stichpunktartigen Redemanuskript heißt es: „*REP* müssen unter 5% gedrückt werden. In der Haltung gegenüber PDS und REP gibt es für uns keine Unterschiede. Extremisten gehören nicht in ein Parlament. Irgendeine Form von offener oder versteckter Zusammenarbeit kommt für uns nicht in Frage. In

1336 Ebd.
1337 Ebd.
1338 Edmund Stoiber, Wir machen das Beste aus Europa: Für Bayern, Rede beim Europafest der CSU am 30. April 1994 in Würzburg, und Edmund Stoiber, Rede des Ministerpräsidenten , 9. Niederbayerntag der CSU, 14. Mai 1994, Pilgramsberg, Gemeinde Rattiszell, Landkreis Straubing-Bogen. Beide Manuskripte im Archiv für Christlich-Soziale Politik, München.
1339 Edmund Stoiber, Wir machen das Beste aus Europa: Für Bayern, Rede beim Europafest der CSU am 30. April 1994 in Würzburg. Manuskript im Archiv für Christlich-Soziale Politik, München.
1340 Edmund Stoiber, Mit Mut zur Veränderung: Bayern an der Spitze des Aufschwungs, Regierungserklärung vor dem Bayerischen Landtag am 14. Juni 1994. Manuskript im Archiv für Christlich-Soziale Politik, München.

Gebieten mit überproportionalem REP-Anteil Sonderaktionen starten (Gespräch mit Generalsekretär Huber suchen)."[1341]

Vor dem CSU-Parteitag am 3. September 1994 in München ermutigt Stoiber erneut zum Kampf gegen die REP. Sein Manuskript in Stichwortformat vermerkt: „Republikaner sind nicht wählbar: a) vollmundige Ankündigungen und Versprechungen, aber keinerlei Leistung für die Bürger, häufige Abwesenheit in Europaparlament, Landtagen, Kreistagen, Stadträten, innerparteiliche Streitereien, Auflösung EP-Fraktion. ‚Das ist die übelste Form des Wählerbetrugs!' b) unberechenbar: Zusammenarbeit Schönhuber-Frey. c) schüren Hass und Neid."[1342]

Das Ergebnis der bayerischen Landtagswahl 1994 wertete Stoiber als Anerkennung seines persönlichen Einsatzes und freute sich: „Republikaner konnten vom Landtag ferngehalten werden."[1343] Bei einer fraktionsinternen Sitzung wollte Stoiber allerdings keine generelle Entwarnung verlautbaren lassen. Auf seinem Redemanuskript stehen die Stichpunkte: „Zur parteipolitischen Landschaft: REP angeschlagen, aber noch nicht tot. Weiter auf dem bisherigen Kurs bleiben. ÖDP beachten!"[1344]

Deutliche Worte in Richtung REP findet Stoiber bei einer Kundgebung im Oktober 1994: „Schönhuber hat durch sein offenes Zusammengehen mit der DVU endgültig die Maske fallen lassen. Es hat sich gezeigt, was wir schon immer wussten: Seine demokratischen Beteuerungen sind ein Mäntelchen, das er sich umhängt, wenn er es für nützlich hält. In Wirklichkeit fühlt er sich den Alt- und Neonazis zugehörig."[1345] Bei mehreren weiteren Gelegenheiten im Oktober 1994 kritisiert Stoiber heftig das Treffen Schönhubers mit dem DVU-Vorsitzenden Frey sowie die Forderung der REP nach einem Austritt der Bundesrepublik Deutschland aus der NATO.[1346]

Nicht nur in Reden, sondern auch in Form eines offenen Briefes, äußert sich Stoiber zu den REP. Der Brief richtet sich direkt an Schönhuber und stellt eine Reaktion auf einen offenen Brief dar, den Schönhuber wiederum an Stoiber verfasst hatte. Hierin kritisiert Stoiber, „dass das Anschlussverbot Österreichs in der Ihrem [d. REP] Grundsatzprogramm beigefügten Landkarte als völkerrechtswidrig bezeichnet

1341 Edmund Stoiber, Rede bei der Sitzung der CSU-Landtagsfraktion am 19. Juli 1994. Manuskript im Archiv für Christlich-Soziale Politik, München (Hervorhebung im Orginal).
1342 Edmund Stoiber, Rede auf dem CSU-Parteitag am 3. September 1994 in München. Manuskript im Archiv für Christlich-Soziale Politik, München.
1343 Edmund Stoiber, Rede an die Bediensteten der Bayerischen Staatskanzlei am 27. September 1994. Manuskript im Archiv für Christlich-Soziale Politik, München.
1344 Edmund Stoiber, Rede vor der CSU-Landtagsfraktion am 29. September 1994. Manuskript im Archiv für Christlich-Soziale Politik, München.
1345 Edmund Stoiber, Rede bei einer Kundgebung am 3. Oktober 1994 in Rott am Inn. Manuskript im Archiv für Christlich-Soziale Politik, München.
1346 Vgl. Edmund Stoiber, Rede bei Kundgebung am 6. Oktober 1994 in Sigmaringen, am 11. Oktober 1994 in der Gemeinde Mindelstetten, am 14. Oktober in Rothenburg ob der Tauber und am 14. Oktober 1994 in der Orangerie in Ansbach. Alle Manuskripte im Archiv für Christlich-Soziale Politik, München.

wird"[1347]. Stoiber weist ferner darauf hin, „dass auf Republikaner-Veranstaltungen augenscheinlich ein Nachdruck einer NS-Deutschlandkarte vertrieben und damit ein Deutschlandbild propagiert wird, zu dem selbstverständlich Österreich gehört, an das farblich die deutsche Schweiz, Liechtenstein und Luxemburg nahe herangerückt sind, in dem die Holländer und Flamen, die Dänen und die Schweden als germanische Nachbarvölker bezeichnet werden und das im Übrigen von ‚nichtgermanischen Volksgebieten' umgeben ist. Diese Deutschlandkarte stammt aus dem seit Jahren als rechtsextremistische [sic] publizierende Einrichtung bekannten Nordland-Verlag."[1348] Außerdem kontert Stoiber, indem er einen Vergleich Schönhubers mit Hitler andeutet: „Es gehört zum Grundrecht auf politische Meinungsäußerung, zu Ihren dubiosen deutschlandpolitischen Forderungen zu erlären [sic], wer dies fordere, wisse nicht, was er tue, man müsse ihn sonst in politische Haftung nehmen. Sollten Sie diese politische Haftung als politische Inhaftnahme missverstanden haben, so kann ich Sie beruhigen, die immer noch gültige freiheitlich-demokratische Rechtsordnung in der Bundesrepublik kennt keine politische Inhaftnahme."[1349] Schließlich greift Stoiber die Form des Briefes Schönhubers auf und leitet daraus mangelnde Toleranz des REP-Vorsitzenden ab: „Im Gegensatz zu Ihnen sind für mich Anreden und Schlussformeln eines Briefs keine konventionellen Floskeln, sondern unverzichtbarer Mindeststandard eines gutbürgerlichen Umgangs zwischen Politikern und Parteien in einer freiheitlich-demokratischen Grundordnung. Wer wie Sie diese Mindesttoleranz im gesellschaftlichen Umgang nicht aufbringt, stellt sich ein autoritäres Selbstzeugnis aus."[1350]

Zuvor hatte sich Stoiber bereits in der Presse gegen die Behauptung des bayerischen REP-Vorsitzenden Harald Neubauer verwehrt, Mitglieder der REP arbeiteten bei der bayerischen Verfassungsschutzbehörde. Die REP versuchten, so Stoiber, „die solide Arbeit des Verfassungsschutzes auf plumpe und durchsichtige Weise zu diskreditieren"[1351].

Als bayerischer Innenminister schaltet sich Günther Beckstein in die REP-Verbotsdiskussion aus dem Jahr 1994 ein. Ein Verbot halte er für „noch nicht sinnvoll"[1352]. Beckstein räumt ein, dass die REP „ganz eindeutig rechtsextremistische Bestrebungen"[1353] aufwiesen. Schönhuber mache sich „faschistoides Gedankengut"[1354] zu Eigen. Allerdings ließe sich noch nicht sicher sagen, inwieweit die REP

1347 Edmund Stoiber, Stoiber kritisiert Schönhuber: Republikaner haben Großdeutschland vor Augen, offener Brief an Franz Schönhuber, 16. Februar 1990.
1348 Ebd.
1349 Ebd.
1350 Ebd.
1351 N.n., Minister Stoiber widerlegt REP, in: Münchner Merkur, 28. Juli 1989.
1352 DPA-Meldung, Eppelmann (CDU): Verfassungsschutz „mit allen Instrumenten" gegen Republikaner – Beckstein (CSU): Verbot noch nicht sinnvoll, 12. April 1994.
1353 Ebd.
1354 Ebd.

182

insgesamt verfassungsfeindlich seien und eine „Umwälzung des demokratischen Systems"[1355] anstrebten.

Bemerkenswerterweise sind es in der CSU die beiden bayerischen Innenminister, Stoiber und Beckstein, die im Hinblick auf die REP die deutlichsten Worte der Abgrenzung finden, während auf Seiten der CDU die Bundesinnenminister Schäuble und Kanther besonders durch ihre differenzierte, vorsichtige Ausdrucksweise auffallen.

Neben den Unionsparteien selbst setzen sich die parteinahen Stiftungen mit der neuen Rechtspartei auseinander. Für die Amtsperiode Schönhubers als Erscheinungszeitraum finden sich drei Publikationen der Konrad-Adenauer-Stiftung im ACDP. Das Forschungsinstitut der Konrad-Adenauer-Stiftung veröffentlicht im Juni 1989 die Studie „Die Republikaner: Ideologie – Programm – Organisation und Wahlergebnisse".[1356] Als Autor der 24-seitigen Untersuchung wird Norbert Lepszy genannt. Vorangestellt ist dem Papier eine Gesamtbeurteilung, dann folgen eine Beschreibung der Selbstdarstellung der REP, eine Programmanalyse sowie eine Untersuchung von Entstehung, Organisations- und Mitgliederstrukturen. Lepszy sieht die REP als „populistisch-rechtsradikale Partei"[1357], ausdrücklich nicht als „rechtsextremistische, d.h. verfassungsfeindliche Partei"[1358]. Die Partei verfolge nicht „das Ziel, die Demokratie, die Gewaltenteilung und den Rechtsstaat zu beseitigen"[1359] – die Verlässlichkeit der Aussagen von Programm und Führungspersonal vorausgesetzt. Der Erfolg der REP sei der „Mobilisierung diffuser, latent vorhandener Protestgefühlen"[1360] zu verdanken, nicht der „Propagierung rechtsextremer, verfassungsfeindlicher Positionen"[1361]. Favorisierte Themen und „Formen der politischen Agitation"[1362] ähnelten jedoch denen von Rechtsextremisten. Auf das frühere Engagement zahlreicher REP-Mitglieder bei der NPD und anderen rechtsextremistischen Organisationen weist Lepszy hin.[1363] Vergleiche zu anderen europäischen Ländern mit Verhältniswahlrecht anstellend betrachtet der Verfasser der REP-Studie die Existenz einer „Rechtspartei"[1364] im Parteienspektrum als „Normalfall"[1365]. Bei ihrer Selbstdarstellung betonten die REP ihre Stellung als „verfassungstreue, demokrati-

1355 Ebd.
1356 Norbert Lepszy, Die Republikaner: Ideologie – Programm – Organisation und Wahlergebnisse, Interne Studien, Nr. 13/1989 des Forschungsinstituts der Konrad-Adenauer-Stiftung, Sankt Augustin 20. Juni 1989.
1357 Ebd., S. 2.
1358 Ebd.
1359 Ebd.
1360 Ebd., S. 3f.
1361 Ebd., S. 4
1362 Ebd., S. 2.
1363 Vgl. ebd., S. 3.
1364 Ebd., S. 4.
1365 Ebd.

sche und antiextremistische Partei"[1366], die weder „ausländerfeindlich noch rassistisch oder gar antisemitisch"[1367] sei. Die REP wehrten sich so gegen Vorwürfe, sie müssten als „‚rechte' oder gar rechtsextreme Partei"[1368] eingestuft werden. In diesem Zusammenhang weist Lepszy darauf hin, dass ein „Protest auf breiter politischer und gesellschaftlicher Grundlage"[1369] die REP unnötig aufwerte. Das Programm der REP (analysiert werden das Parteiprogramm von 1987 sowie die Dinkelsbühler Erklärung) sei derart „eindimensional"[1370], da auf „das nationale Leitmotiv und die nationale Frage"[1371] zugespitzt, dass es womöglich den Mindestanforderungen des Parteiengesetzes nicht genüge. Antidemokratische Tendenzen, insbesondere „eine *beschönigende und verharmlosende Haltung gegenüber der NS-Zeit*"[1372] und „*Sprachmuster*, die der NS-Ideologie zumindest nahe stehen"[1373], fänden sich ebenso im Programmtext wie rückwärtsgewandte, sozialideologische, antipluralistische, nationalistische, neutralistische und ausländerfeindliche Thesen.[1374] Auffällig seien Reizwörter wie *Überfremdung*, die auch „von anderen rechtsradikalen und rechtsextremistischen Gruppen benutzt"[1375] würden. Lepszy verfolgt die Parteigeschichte einschließlich des sprunghaften Anstiegs der Mitgliedszahlen seit Januar 1989. Trotz eines bemerkenswerten Wachstums der Anhängerschaft verfügten die REP „nur über einen mangelhaften organisatorischen Apparat und noch nicht über eine voll ausgebaute Organisationsstruktur auf allen Ebenen"[1376]. Der Tageszeitung *Die Welt* fällt an der Studie auf, dass deren Fazit „deutlich differenzierter ausfällt als in den entsprechenden Papieren der Parteizentrale im Bonner Adenauer-Haus."[1377] Hier würden die REP als „populistisch, aber nicht extremistisch"[1378] eingestuft.

In der Ausgabe 4/89 der im Auftrag der Konrad-Adenauer-Stiftung herausgegebenen *Zeitschrift zur politischen Bildung und Information* findet sich ein Beitrag von Hans-Joachim Veen über Programm und Wähler der REP.[1379] Veen unterscheidet

---

1366 Ebd., S. 5.
1367 Ebd., S. 6.
1368 Ebd., S. 7.
1369 Ebd.
1370 Ebd., S. 9.
1371 Ebd., S. 9f.
1372 Ebd., S. 11 [Hervorhebung im Orginal].
1373 Ebd., S. 12 [Hervorhebung im Orginal].
1374 Ebd., S. 12-18.
1375 Ebd., S. 18.
1376 Ebd., S. 21.
1377 N.n., Adenauer-Stiftung: Widersprüchliches Erscheinungsbild der Republikaner. Studie hält Partei für populistisch, aber nicht extremistisch/„Entwicklung ungewiss", Die Welt, 6. Juli 1989.
1378 Ebd.
1379 Vgl. Hans-Joachim Veen, „Programm" und „Wähler" der Republikaner – Etablierung noch offen, in: Zeitschrift zur politischen Bildung und Information, Eichholzbrief 4/89, Konrad-Adenauer-Stiftung, S. 53-65.

deutlich zwischen der „Programm- und Funktionärspartei"[1380] einerseits und der „Wählerpartei"[1381] andererseits. Erstere sei „populistisch und rechtsradikal mit einigen fließenden Übergängen zu rechtsextremistischen, d. h. verfassungsfeindlichen Theoremen"[1382]. Um „die alte extreme Rechte und das Häuflein ihrer Jünger" an sich zu binden, nutzten die REP eine „politische Semantik, die bewusst Assoziationen zur NS-Phraseologie hervorrufen soll"[1383] und betrieben eine „sublime Relativierung der nationalsozialistischen Verbrechen und der deutschen Kriegsschuld"[1384]. Um das rechtskonservative Wählerpotenzial bemühe man sich programmatisch mit „einer Verschmelzung des legitimen Gebots der Wiedervereinigung mit einem radikalen, völkischen Nationalismus"[1385] an. Die „Ambivalenz zwischen Konservatismus und autoritärer Vulgarität"[1386] spiegele sich in vielen Programmaussagen wider. Programmtexte seien in der „Sprache des Stammtischs"[1387] verfasst. Was die Wählerpartei betrifft, so stuft Veen die REP als „Sammelbecken unterschiedlich motivierten Protests verschiedener gesellschaftlicher Gruppen unterschiedlicher politisch-ideologischer Herkunft"[1388] ein. Die REP-Wählerschaft sei heterogen und instabil, ganz im Gegenteil beispielsweise zu der der Grünen. Ideologisch müsse man „die Republikaner-Wähler gegenwärtig schlicht tiefer hängen"[1389]. Eine Charakterisierung der REP-Wähler als *rechtsradikal* oder „neofaschistisch"[1390] sei daher verfehlt.

Eine Studie der Konrad-Adenauer-Stiftung zum Wirken von REP und DVU in Kommunal- und Landesparlamenten sowie im Europaparlament erscheint im Januar 1994.[1391] Auf 83 Seiten setzen sich Norbert Lepszy und Hans-Joachim Veen in Zusammenarbeit mit Stefan Beil mit den Parlamentariern, der Instabilität der Fraktionsarbeit, den Inhalten der Fraktionsarbeit sowie den „häufigen Skandale[n] und Unregelmäßigkeiten"[1392] der beiden Rechtsparteien auseinander. Über die Eingangsbemerkung, dass mit dem Einzug der REP in das Berliner Abgeordnetenhaus 1989 „erstmals seit den Erfolgen der NPD Ende der 60er Jahre wieder eine rechtsradikale

---

1380 Ebd., S. 53.
1381 Ebd.
1382 Ebd.
1383 Ebd.
1384 Ebd.
1385 Ebd.
1386 Ebd., S. 54.
1387 Ebd.
1388 Ebd., S. 55.
1389 Ebd.
1390 Ebd., S. 63.
1391 Vgl. Norbert Lepszy/Hans-Joachim Veen, „Republikaner" und DVU in kommunalen und Landesparlamenten sowie im Europaparlament, Interne Studien und Berichte Nr. 63/1993-1994, 2. Aufl., St. Augustin, Januar 1994. Das Papier verweist auf eine frühere Version, die im Vormonat erschienen sei und meldet Ergänzungen an.
1392 Ebd., S. 9.

Partei Mandate in einem Landesparlament errang"[1393], kann aus zumindest dreierlei Gründen gestritten werden. Erstens stufen Lepszy und Veen, nachdem sie in einer Fußnote die Begriffe *Rechtsextremismus* und *Rechtsradikalismus* voneinander abgrenzen, die NPD nicht als rechtsextremistische, sondern als rechtsradikale Partei ein. Zweitens vermittelt der Kommentar, REP und NPD seien – da beide rechtsradikal – der Demokratie gegenüber gleichermaßen entfremdet. Drittens wird der Einzug der DVU in das Bremer Landesparlament im Jahr 1987, welcher der Partei durch Überspringen der Fünfprozenthürde in Bremerhaven gelang, außer Acht gelassen. Der Grund für die Fortsetzung der Auseinandersetzung mit den REP auch fünfzehn Jahre nach den Wahlerfolgen des Jahres 1989 dürfte vor allem in einer zukunftsbezogenen Einschätzung liegen: Die Autoren des Papiers trauen den REP zu, die „einzige Rechtspartei [zu] sein, die in naher Zukunft eine Chance hat, sich auf Bundesebene zu etablieren"[1394]. Abgeschrieben sind die REP laut Lepszy und Veen noch nicht. Die „politischen und ideologischen Unterschiede zwischen DVU und Republikanern"[1395] berücksichtigend, vermutet die Dokumentation, beide schöpften „aus demselben Wählerpotenzial"[1396]. Überwiegend profitierten die REP von wechselhaften Protestwählern, fänden aber auch Zuspruch bei rechtskonservativen bis rechtextremistischen Kreisen.[1397] Eine „ideologische und programmatische Gesamtanalyse der Republikaner zwischen Rechtsradikalismus, Rechtsextremismus und Populismus"[1398] ist nicht die erklärte Absicht des Stiftungspapiers, obschon die REP zu den „rechtsextremistisch-rechtsradikalen Parteien"[1399] gezählt werden. Lepszy und Veen analysieren das Auftreten der REP in insgesamt neun Kommunalparlamenten, im baden-württembergischen Landtag sowie im Europaparlament. Führende Funktionäre der REP werden hierbei heftig angegriffen, die ein Schattendasein fristenden sonstigen Parlamentarier wohlwollender betrachtet. Im Falle des Landtages von Baden-Württemberg heißt es, der Fraktionsvorsitzende Rolf Schlierer beherrsche „die Kunst der kühlen Diffamierung"[1400] und ließe sich „in seiner intellektuell verbrämten nationalistischen Orientierung von keinem übertreffen"[1401]. Die anderen Fraktionsmitglieder hätten – soweit bekannt – vor ihrem Beitritt bei den REP keiner rechtsextremistischen Organisation angehört, seien größtenteils erfahren in der Kommunalpolitik und machten aufgrund ihrer „bürgerlichen Biografie"[1402] einen eher soliden Eindruck. Umso kritikwürdiger sei die parlamentarische Arbeit der

1393 Ebd., S. 4.
1394 Ebd., S. 6.
1395 Ebd.
1396 Ebd.
1397 Vgl. ebd., S. 6f.
1398 Ebd., S. 8.
1399 Ebd., S. 9.
1400 Ebd., S. 61.
1401 Ebd.
1402 Ebd., S. 64.

REP in den Parlamenten. In Baden-Württemberg trügen sie zur Landespolitik „kaum etwas bei"[1403]. Im Europaparlament seien die REP durch innere Querelen und Zerstrittenheit aufgefallen, und hätten aufgrund ihres „mangelnden persönlichen Engagement[s]"[1404] nichts bewegt. Sowohl auf kommunaler wie auf Landesebene folge die Rechtspartei dem „primitiven Strickmuster ihrer Redebeiträge und Anträge"[1405]. Von einer „ausgeprägten Fixierung auf das Asylbewerber- und Ausländerproblem"[1406] ist die Rede, die sich etwa in der Kommunalpolitik in Anträgen und Anfragen unter anderem „auf das Müllproblem in Asylbewerberunterkünften, die Anzahl und Herkunft tuberkuloseerkrankter Asylbewerber und auf den Zusammenhang der Rauschgiftkriminalität mit dem Ausländeranteil"[1407] bemerkbar mache. Der Ton der REP-Mandatsträger sei häufig „ausfallend aggressiv und beleidigend"[1408] und verfiele in „Hetzsprache"[1409]. Im Europaparlament diffamiere Schönhuber etablierte Parteien[1410], gehe aber sprachlich subtiler vor als Parteikollegen. Als „große Gabe"[1411] bezeichnen Lepszy und Veen Schönhubers Fähigkeit, „Formulierungen zu finden, die auf den ersten Blick unangreifbar scheinen, die doch jeder in seinem Sinne zu interpretieren vermag"[1412].

Die Hanns-Seidel-Stiftung veröffentlicht während der Parteiführung Schönhubers eine ausführliche Dokumentation über die REP und stellt eine themenbezogene Materialsammlung zusammen.

Ein Akademie-Report der Hanns-Seidel-Stiftung über die Republikaner erscheint im August 1990.[1413] Der Verfasser Gerhard Hirscher analysiert die REP vor dem Hintergrund des Extremismusverdachts , artikuliert aber ebenso Anmerkungen zu deren Anhänger und Wähler. Die Verortung der REP in Geschichte und Parteienspektrum wird als zentrales Problem bei der Einordnung deren Wahlerfolge erkannt.[1414] Als zusätzliche Schwierigkeit werden teils äußerst unterschiedliche wissenschaftstheoretische und politische Standpunkte diverser Autoren betrachtet, die sich mit dem Auftreten extremistischer Parteien befassen.[1415] Insbesondere politisch vermeintlich linken Autoren wie Claus Leggewie und Richard Stöss wird vorgewor-

---

1403 Ebd.
1404 Ebd., S. 79.
1405 Ebd., S. 64.
1406 Ebd.
1407 Ebd., S. 64.
1408 Ebd., S. 71.
1409 Ebd. S. 72.
1410 Vgl. ebd., S. 83.
1411 Ebd., S. 82.
1412 Ebd.
1413 Vgl. Gerhard Hirscher, Die Republikaner: Auseinandersetzung mit einer Protestpartei zwischen Rechtspopulismus und Rechtsextremismus, Akademie für Politik und Zeitgeschehen der Hanns-Seidel-Stiftung e.V., München, August 1990.
1414 Vgl. ebd., S. 2.
1415 Vgl. ebd., S. 2f.

fen, sie stellten ihre Kritik an den REP nicht „auf das Fundament einer überzeugenden antiextremistischen Demokratietheorie"[1416], wie das hingegen beispielhaft Autoren wie Uwe Backes und Eckhard Jesse demonstriert hätten[1417]. Stöss' Vorgehen, nur den Rechtsextremismus als demokratiefeindlich zu behandeln und den Linksextremismus auszuklammern sowie der Versuch, den Eindruck zu vermitteln, es bestünden zwischen REP und Unionsparteien in manchen Themenbereichen kaum mehr Unterschiede, gewaltsame Aktivitäten würden seitens konservativer Kräfte gar mit Freude zur Kenntnis genommen, werden als fragwürdig eingestuft.[1418] Insgesamt stellt sich der Inhalt der Publikation überwiegend als Zusammenfassung der Literaturlage und wissenschaftlichen Diskussion in Bezug auf die REP dar, ergänzende Kommentare sowie die Begriffswahl lassen aber Erkenntnisse über die inhaltlichen Positionen der Autoren zu. Die Gründung der REP wird auf persönliche Konflikte von Voigt, Handlos und Schönhuber zurückgeführt, der durch Franz Josef Strauß initiierte Milliardenkredit an die DDR nicht als alleiniger Grund gedeutet.[1419] Bei den REP hätten sich ehemalige Unionsmitglieder sowie ehemalige Mitstreiter der Aktionsgemeinschaft Vierte Partei, der Bürgerpartei Hermann Fredersdorfs und der NPD vereinigt.[1420] Das auf dem Gründungskongress verabschiedete erste Bundesprogramm wird als „insgesamt sehr gemäßigt und konservativ-liberal"[1421] eingestuft: „Es wurde die Verankerung im Westen, das Bekenntnis zur Sozialen Marktwirtschaft sowie die patriotisch-nationale Grundauffassung der Republikaner betont. Auch ein Drei-Stufen-Plan zur Wiedervereinigung wurde angeführt. Als weitere Forderungen fallen die Stärkung von Mitwirkungsrechten des einzelnen Bürgers sowie nach der Verbesserung des Umweltschutzes, nach Abbau von Bürokratie, Arbeitslosigkeit und Hilfen für den Mittelstand auf."[1422] Auf diese knappe erste Programmanalyse folgt eine sprachlich wie inhaltlich einwandfrei sachliche Schilderung der innerparteilichen Konflikte, des Ausscheidens von Handlos sowie der weiteren Entwicklung der Partei.[1423] Bei einer kurzen Darstellung der Ereignisse im Wahlkampf zum Berliner Abgeordnetenhaus im Jahr 1989 wird die Form der Proteste gegen den kontroversen Wahlwerbespot der REP als kontraproduktiv kritisiert: „Die zwar verständliche, aber hektische und unüberlegte Reaktion auf den Wahlspot der Republikaner, der ansonsten möglicherweise völlig vergessen worden wäre, deutet bereits an, dass bestimmte Formen der Auseinandersetzung mit dieser Partei eher zu einer Popularisierung und zu Solidarisierungseffekten geführt haben. Dabei spiel-

---

1416 Ebd., S. 3.
1417 Vgl. ebd., S. 3f.
1418 Vgl. ebd., S. 4f.
1419 Vgl. ebd., S. 13.
1420 Vgl. ebd., S. 13.
1421 Ebd., S. 13.
1422 Ebd., S. 13f.
1423 Vgl. ebd., S. 14-21.

ten gewalttätige Demonstrationen ebenfalls eine nicht unerhebliche Rolle."[1424] Die Unterschiedlichkeit zwischen REP und radikaleren Parteien wie der DVU wird erwähnt, ebenso aber die Beobachtung, dass anscheinend viele Protestwähler zu einer Unterscheidung nicht in der Lage sind.[1425] Die vereinzelten, aber Aufsehen erregenden Wahlerfolge der REP seien immer dann zustande gekommen, als es der Partei gelungen sei, als „Sammelbecken für Protestwähler"[1426] zu fungieren. Vorschläge zur Interpretation des Auftretens der REP sowie zum geeigneten Umgang mit der Partei seitens „linksliberaler und linker Wissenschaftler"[1427] werden zusammengefasst und kritisiert. Diese Kritik fällt zum Teil sehr deutlich aus. So heißt es in Bezug auf die häufig geäußerte These, Anhänger der REP seien zum großen Teil Modernisierungsverlierer: „Bei manchen Autoren der akademischen oder politischen Linken drängt sich fast der Verdacht auf, dass dieses Drittel der ‚Modernisierungsverlierer' in der ‚Zwei-Drittel-Gesellschaft' als Ersatz für das verschwundene Proletariat herhalten muss: Dieses war für marxistische Theorieansätze zur Erklärung der Entwicklung und des Zusammenbruchs der ‚kapitalistischen' Gesellschaft unentbehrlich. Sollte die Theorie der ‚Zwei-Drittel-Gesellschaft' nur die Fortsetzung marxistischer oder ‚kritischer' Theorie mit (allerdings nur wenig) anderen Mitteln sein, bräuchte man sich nicht mehr wundern, wenn diese auch zur Analyse des Rechtsextremismus und der Republikaner nur sehr bedingt zur Erklärung beitragen könnte."[1428]

Im April 1990 erscheint eine Pressedokumentation der Hanns-Seidel-Stiftung zu den REP, konzipiert und bearbeitet von Monica H. Forbes.[1429] Der Umfang der zusammengestellten Zeitungsausschnitte und relevanter Dokumente ist beträchtlich und macht die Präsentation in zwei Bänden notwendig. Auf einen begleitenden Analysetext wird verzichtet, ergänzt wird die Dokumentesammlung lediglich durch eine sechsseitige Übersicht von „Daten zur Entwicklung der Partei"[1430].

4.1.3. Parteivorsitz Rolf Schlierer

Mit dem Abschied Schönhubers aus der Partei sehen die Unionsparteien die seitens der REP drohende Gefahr anscheinend gebannt. Die aktive Auseinandersetzung kommt zwar nicht gänzlich zum Erliegen, läuft aber auf „Sparflamme".

1424 Ebd., S. 15-16.
1425 Vgl. ebd., S. 17.
1426 Ebd., S. 20.
1427 Ebd., S. 26.
1428 Ebd., S. 29.
1429 Vgl. Hanns-Seidel-Stiftung (Hrsg.), Die „Republikaner" – Gefahr für die Demokratie? Zur Entwicklung der Partei unter besonderer Berücksichtigung der Ereignisse der Berliner Wahl vom Januar 1989, Bd. I und II, München, 10. April 1990.
1430 Ebd. [keine Seitenangaben]

Ohne die REP namentlich zu nennen, schließt die CDU auf ihrem Bremer Parteitag im Mai 1998 erneut „die Bildung von Regierungen durch direkte oder indirekte Mithilfe von links- und rechtsradikalen Parteien"[1431] aus. Die Union fordert gleichzeitig die SPD auf, „einen gleichlautenden Beschluss unverzüglich zu fassen"[1432] und weist darauf hin, dass die PDS „nach wie vor nicht auf dem Boden des Grundgesetzes"[1433] stünde. Die CSU verzichtet auf formelle Beschlüsse zur Distanzierung von den REP.

Keine der beiden Unionsparteien legt seit der Amtsübernahme Schlierers Dokumentationen vor, welche sich mit den REP befassen.

Auch im offiziellen CDU-Parteiorgan *Union in Deutschland* spielen die REP als Thema keine Rolle mehr. Lediglich nach dem erneuten Wahlerfolg der Rechtspartei bei der Landtagswahl 1996 in Baden-Württemberg finden sich zwei kurze Kommentare.

Vier Jahre nach dem erstmaligen Einzug der REP in den Landtag von Baden-Württemberg lamentiert Helmut Kohl des erneuten Wahlerfolgs der REP wegen, den er als „Ärgernis"[1434] empfindet. Kohl erhebt schwere Vorwürfe in Richtung SPD, namentlich Oskar Lafontaine: „Wirkung und Erfolg rechtsextremistischer Parolen sind danach kein Ergebnis der Überzeugungsleistung von Republikanern, sondern das Wahlergebnis einer der schäbigsten SPD-Kampagnen, die die Bundesrepublik in ihrer langen Geschichte erlebt hat."[1435] Lafontaine habe Populismus „übelster Form"[1436] gegen Aussiedler angewandt, Ängste vor den Folgen einer europäischen Wirtschafts- und Währungsunion geschürt und unsichere Renten problematisiert.

Teufel nennt den erneuten Einzug der REP in den Landtag von Baden-Württemberg „außerordentlich unerfreulich"[1437] und „das mit Abstand Unerfreulichste an diesem Landtagswahlergebnis"[1438]. Nach der Änderung des „Asylartikels" im Grundgesetz sei den REP die Grundlage ihres Erfolgs entzogen worden. Es sei jedoch die SPD gewesen, die in den letzten drei Wochen vor der Wahl eine „beispiellose Neidkampagne"[1439] gegenüber Aussiedlern geschürt und alle Probleme des Landes auf Aussiedler zurückgeführt habe. Damit hätten die Sozialdemokraten „den Republikanern die Hasen in die Küche getrieben"[1440]. Wie im Jahr 1992 sei es zu

1431 Christlich Demokratische Union, Beschluss 17, Protokoll des 10. Parteitages am 18.-19. Mai 1998 in Bremen.
1432 Ebd.
1433 Ebd.
1434 Helmut Kohl, Die Bonner Koalition ist ausdrücklich vom Wähler bestätigt worden, in: Union in Deutschland, 28. März 1996.
1435 Ebd.
1436 Ebd.
1437 Erwin Teufel, Ich werde auf die FDP zugehen und ihre Koalitionsgespräche anbieten, in: Union in Deutschland, 28. März 1996.
1438 Ebd.
1439 Ebd.
1440 Ebd.

einer Protestwahl gekommen, nur dass diesmal nicht Vorbehalte gegenüber Asylbewerbern, sondern gegenüber Aussiedlern im Mittelpunkt standen. Für die Mobilisierung des Protestpotentials sei die SPD verantwortlich.

Im August 2000 stellt die CDU im Landtag von Baden-Württemberg den Antrag, die Landesregierung möge ihr bekannte Informationen über die Zusammenarbeit der Republikaner mit rechtsextremistischen Parteien, insbesondere mit der NPD und der DVU, zur Verfügung stellen.[1441] Der Titel des Antrags – „Zusammenarbeit der Republikaner mit anderen rechtsextremen Parteien, insbesondere mit der NPD" – unterstellt explizit eine vergleichbare Extremismusbehaftung von REP und NPD. Der Antrag verlangt einen Bericht darüber, ob und wenn ja, welche Kontakte und Kooperationen der REP zur NPD sowie anderen rechtsextremen Parteien oder anderen Organisationen bestehen der Landesregierung bekannt seien.[1442] Zu berücksichtigen seien hierbei die Bundesebene, die Landesebene sowie die Ebene der Kreis- und Ortsverbände.[1443] Zudem solle erklärt werden, ob der Landesregierung Kenntnisse darüber vorlägen, „dass sich erhebliche Teile der Republikaner nicht mehr an die von deren Bundesvorstand beschlossene Abgrenzung von rechtsextremen Gruppierungen gebunden"[1444] fühlten.

Die CSU hüllt sich fast völlig in Schweigen über die REP, seit Schönhuber den Bundesvorsitz an Schlierer abgegeben hat. Der *Bayernkurier* bemüht lediglich im Juli 2001 den Parteienforscher Harald Bergsdorf, der den Christsozialen Parallelen zwischen PDS und REP attestiert.[1445] Die Zusammenfassung des Beitrags hebt hervor: „Die SPD sieht in der linksextremistischen PDS einen Bündnispartner. Die Union hat Kontakte mit den rechtsextremen Republikanern vermieden."[1446]

Nur noch wenige *parteirepräsentative Politiker* von der CDU äußern sich zu den REP. Auf Bundesebene erwähnen die zwei stellvertretenden Vorsitzenden der CDU/CSU-Bundestagsfraktion, Heiner Geißler und Wolfgang Bosbach, die Partei unter Schlierer. Daneben melden sich die Landespolitiker Christian Wulff (Niedersachsen), Roland Koch (Hessen), Erwin Teufel und Günther Oettinger (beide Baden-Württemberg) zum Thema zu Wort.

Den „Irrweg des Nationalismus"[1447] kritisiert Geißler in einem 1995 erscheinenden Buch. An wenigen Stellen nimmt er auf die REP Bezug. Geißler warnt die de-

1441 Christlich-Demokratische Union im Landtag von Baden-Württemberg, Zusammenarbeit der Republikaner mit anderen rechtsextremen Parteien, insbesondere mit der NPD, Antrag vom 22. August 2000.
1442 Ebd.
1443 Ebd.
1444 Ebd.
1445 Vgl. Harald Bergsdorf, Gegensätzliche Geschwister mit viel Gemeinsamkeit, in: Bayernkurier, 5. Juli 2001.
1446 Ebd.
1447 Heiner Geißler, Der Irrweg des Nationalismus, Weinheim 1995.

mokratischen Parteien vor „Verbeugungen nach rechts"[1448], die „den Republikanern und den Nationalkonservativen nicht das Wasser abgraben"[1449] könnten. „Republikaner im eigentlichen Sinne"[1450] könnten keine „Nationalisten, Militaristen, Autokraten und Monarchen"[1451] sein. Sein Bekenntnis als Christ und als Demokrat nähme für ihn einen höheren Stellenwert ein als seine deutsche Identität, offenbart der CDU-Politiker: „Der polnische Demokrat, der sich zur demokratischen Verfassung und zur Republik bekennt, steht mir innerlich näher als die REPse deutscher Nation."[1452]

Die Forderungen des SPD-Politikers Kurt Beck nach einem Verbot der REP kritisiert Bosbach: „Wenn Herr Beck einen solchen Vorschlag macht, muss er auch konkrete Anhaltspunkte dafür nennen". Verfassungsfeindliche Ziele reichten nicht, man benötige Material, das die aggressiv-kämpferische Haltung dokumentiere. Solches sei ihm im Falle der REP nicht bekannt. „Ich plädiere daher für die umgekehrte Reihenfolge: Erst prüfen, dann öffentlich den Mund aufmachen."[1453] Wulff schließt sich Bosbach an: „Es ist ein Irrglaube, anzunehmen, dass man das Problem Rechtsextremismus durch das Verbot dieser Parteien in den Griff bekommt."[1454] Problem an der Wurzel packen, mehr Wertevermittlung an der Schule. Der hessische Ministerpräsident Koch verlangt im Hinblick auf die Verbotsdiskussion um DVU und REP „ruhige Entschlossenheit"[1455] bei der Bekämpfung des Rechtsextremismus.

Als Ministerpräsident äußert Teufel im Jahr 2000 die Einschätzung, lediglich weniger als ein Drittel der REP-Wähler stünden deren Ideologie nahe.[1456] Daher dürften Mitglieder und Mandatsträger der REP nicht mit deren Wählern gleichgesetzt werden.[1457] Die Wahlerfolge der REP seien durch „aktuelles Protestverhalten"[1458] zustande gekommen. Teufel wolle durch eine überproportionale Beschäftigung mit den REP rechtsextremistische Gruppierungen nicht „unnötig aufwerten"[1459]. Die tatsäch-

---

1448 Ebd., S. 18.
1449 Ebd.
1450 Ebd., S. 34.
1451 Ebd.
1452 Ebd., S. 39.
1453 N.n., Schily mahnt zur Besonnenheit: Clement bringt Verbot von DVU und Republikanern ins Gespräch, in: Frankfurter Allgemeine Zeitung, 11. Dezember 2000.
1454 Roland Nelles, Beck: Auch Republikaner und DVU verbieten, in: Die Welt, 30. Oktober 2000.
1455 N.n., Schily mahnt zur Besonnenheit: Clement bringt Verbot von DVU und Republikanern ins Gespräch, in: Frankfurter Allgemeine Zeitung, 11. Dezember 2000.
1456 Vgl. Klaus Fischer, Oettinger will „Republikaner" entlarven, in: Stuttgarter Zeitung, 24. August 2000.
1457 Vgl. Klaus Fischer, Offene Kampfansage an die Partei der „Republikaner", in: Stuttgarter Zeitung, 18. August 2000.
1458 N.n., SPD: Kampfansage gegen die Rep, in: Stuttgarter Zeitung, 6. September 2000.
1459 Ebd.

lich demokratisch gesinnte Mehrheit der REP-Wähler wolle Teufel für die CDU gewinnen.[1460]

Günther Oettinger, CDU-Landtagsfraktionsvorsitzender in Baden-Württemberg, will die doppelbödige Strategie der REP, „sich nach vorne demokratisch zu zeigen, und nach hinten rechtsradikal bis zur Gewaltbereitschaft zu sein", entlarven.[1461] Die „relativ kleine Zahl der überzeugten Rep-Wähler"[1462] müsste isoliert werden. Wie Teufel schätzt Oettinger weniger als ein Drittel der REP-Wähler stimme der Ideologie der Rechtspartei zu, der Rest sei durch Protest oder Angst angetrieben. Seine Fraktion habe von der Landesregierung Auskunft über Kontakte und Kooperationen der REP mit rechtsextremistischen Gruppierungen verlangt und eine Debatte zum Thema „Eindämmung der Gewalt von rechts – eine gesamtgesellschaftliche Aktion aller Demokraten"[1463] beantragt.

In den Reihen der CSU ergreifen seit dem Amtsantritt Schlierers als REP-Vorsitzender nur mehr Theo Waigel, Edmund Stoiber und Alois Glück das Wort zu den REP.

Waigel preist 1995 seine Partei als positives Beispiel an, weil sie die „Republikaner gnadenlos bekämpft"[1464] habe. Dabei habe die CSU immer zwischen Wählern und Mitgliedern der REP unterschieden. An Lafontaine und anderen SPD-Politikern kritisiert Waigel, diese machten durch ihre Bündnisbereitschaft bezüglich der PDS „die Schlächter der Demokratie hoffähig für Koalitionen"[1465].

In einer Regierungserklärung vor dem bayerischen Landtag am 1. April 1998 erklärt Edmund Stoiber: „Diesen Ewiggestrigen geht es nicht um den Euro. Sie sind gegen Europa."[1466] Spezifisch nennt Stoiber neben NPD und dem Bund freier Bürger auch die REP: „Es gibt im Zeitalter der Globalisierung keinen Weg zurück zu einem antiquierten Wirtschaftsnationalismus. Das gilt für Ultrarechte wie Republikaner bis hin zur NPD. Das gilt aber auch für den Bund von Herrn Brunner."[1467]

Im Jahr 2000 grenzt sich Stoiber erneut ab von politischen Gruppierungen, die er dem extremistischen Bereich zuordnet: „Für Bayern ist die wehrhafte Demokratie keine Floskel, sondern Verpflichtung. Wir kämpfen für die wehrhafte Demokratie mit großer Glaubwürdigkeit, weil wir auch gegen die Republikaner, die DVU und

1460 Vgl. Peter Henkel, SPD will Republikaner abdrängen, in: Frankfurter Rundschau, 15. August 2000.
1461 Josef-Otto Freudenreich, Duzen statt Distanz – die CDU und die Reps, in: Stuttgarter Zeitung, 3. März 2001.
1462 Klaus Fischer, Oettinger will „Republikaner" entlarven, in: Stuttgarter Zeitung, 24. August 2000.
1463 Ebd.
1464 N.n., Vierteilung der SPD: Waigel wünscht sich klare Fronten/"Republikaner bekämpft", in: Frankfurter Allgemeine Zeitung, 21. November 1995.
1465 Ebd.
1466 Edmund Stoiber, Regierungserklärung im Bayerischen Landtag, 1. April 1998. Manuskript im Archiv für Christlich-Soziale Politik, München.
1467 Ebd.

nicht zuletzt gegen die PDS eine klare Abgrenzungspolitik betrieben haben. Wer aber wie die SPD mit der PDS koaliert, hat naturgemäß Schwierigkeiten und ein Problem mit der Glaubwürdigkeit im Kampf gegen Extremismus."[1468]

Im Jahr 1994 wirft Glück, CSU-Fraktionsvorsitzender im bayerischen Landtag, Schönhuber „geistige Komplizenschaft"[1469] mit Brandstiftern vor. Schönhuber habe seit Ende 1993 von der Beteiligung zweier REP-Mitglieder an einem Überfall auf ein Asylbewerberheim in Bergheim bei Köln gewusst, die „kriminellen Elemente"[1470] in seiner Partei jedoch „gedeckt und geschützt"[1471]. Glück meint, Schönhuber solle sich von den Tatbeteiligten distanzieren.

Während das ACSP keine Dokumentationen der Hanns-Seidel-Stiftung für Amtsphase Schlierers aufweist, publiziert die Konrad-Adenauer-Stiftung auch nach dem Führungswechsel bei den REP. Die umfangreichste Veröffentlichung macht allerdings bereits im Titel die Einschätzung der Stiftung bezüglich der Relevanz der REP deutlich. Kurz nach der Absetzung Schönhubers als Parteivorsitzender legte die CDU-nahe Konrad-Adenauer-Stiftung als Band 17 der Reihe „Aktuelle Fragen der Politik" eine Dokumentation Norbert Lepszys mit dem Titel „'Die Republikaner' im Abwind" auf.[1472] Bereits die Inhaltszusammenfassung auf der Rückseite der Broschüre enthält eine klare Einschätzung der REP im Hinblick auf deren Nähe zum Rechtsextremismus: „Mit ihrem Anspruch, sich rechts von der Mitte als neue konservative Kraft zu etablieren, sind sie gescheitert."[1473] Und: „'Die Republikaner' sind eine rechtsradikal-populistische Partei mit fließenden Übergängen zum Rechtsextremismus."[1474] Neben einem einführenden Kapitel über die Entwicklung der Republikaner und einem abschließenden Fazit samt Anhang liefert die Dokumentation vier Kapitel. Zunächst widmet sich Lepszy einer Analyse der REP-Parteiprogramme aus den Jahren 1987, 1990 und 1993.[1475] Die „Agitation und Polemik" im Auftreten der REP werden gesondert betrachtet.[1476] In einem weiteren Kapitel soll das Versagen der Republikaner in der parlamentarischen Praxis verdeutlicht werden.[1477]

1468 Edmund Stoiber, Rede des Ministerpräsidenten zum Entwurf des Doppelhaushaltes 2001/2002 für den Geschäftsbereich des Ministerpräsidenten und der Staatskanzlei (Einzelplan 02) am 9. November 2000. Manuskript im Archiv für Christlich-Soziale Politik, München.

1469 DPA-Meldung, CSU wirft Schönhuber Komplizenschaft mit Brandstiftern vor – Scharping: Rechtsextremismus im Augenblick keine „richtige Gefahr", 26. April 1994.

1470 Ebd.

1471 Ebd.

1472 Vgl. Norbert Lepszy, Die Republikaner im Abwind, Aktuelle Fragen der Politik Nr. 17, Konrad-Adenauer-Stiftung, Sankt Augustin 1994.

1473 Ebd., S. 74.

1474 Ebd.

1475 Vgl. ebd., S. 14-31.

1476 Vgl. ebd., S. 32-42.

1477 Vgl. ebd., S. 43-53.

Schließlich soll die Entwicklung der REP hin zum Rechtsextremismus nachgezeichnet werden.[1478]

Die Broschüre fordert eine sprachliche Differenzierung bei der Beschreibung diverser Gruppierungen der politischen Rechten. Bei den REP sei zusätzlich zwischen Funktionären und Wählern der Partei zu unterscheiden: „Die Republikaner sind, vor allem in ihrer Wähler- und Sympathisantenstruktur, keine im strengen verfassungsrechtlichen Sinne rechtsextremistische oder gar neo-nazistische Partei. Eine Analyse der Republikaner insgesamt muss von der Unterscheidung zwischen der ‚Programm- und Funktionärspartei' einerseits und der ‚Wählerpartei' andererseits ausgehen. Beide klaffen in ihren politisch-ideologischen Profilen auseinander."[1479] Die Wähler der REP seien wesentlich weniger ideologisch gebunden als deren Funktionäre. Der gemeinsame Nenner der gegenwärtigen REP-Wähler sei mehrheitlich „kumulierter genereller Unmut, nicht national-konservative oder rechtsradikale Gesinnung"[1480]. Insgesamt ist bei den REP von einer „rechts-populistischen Protestpartei"[1481] die Rede.

Der Hochschulverband sowie die Jungorganisation der Republikaner seien „kläglich gescheitert"[1482], da die „Intellektualisierung" der Partei nicht gelungen sei. Die Unterrepräsentation von Menschen höherer Bildung bei den REP kommt laut der Dokumentation auch in den Programmen zum Vorschein. So zeichne sich das Programm des Jahres 1987 „schon in seiner unübersichtlichen Gliederung durch inhaltliche und formale Ungleichgewichtigkeit, mangelnde Systematik und erhebliche politische Defizite aus."[1483] Zum Programminhalt stellt Lepszy fest, dass im Vergleich zu späteren Programmen viele Aussagen „'offener' und noch fast ohne Rücksicht auf breite Wählerschichten formuliert"[1484] seien. Die sprachliche Nähe zum Rechtsextremismus fiele auf den ersten Blick auf.[1485] So seien eine „beschönigende und verharmlosende Haltung gegenüber der NS-Zeit"[1486] und „zahlreiche Sprachmuster, die der NS-Ideologie zumindest nahe stehen und entsprechende Assoziationen hervorrufen"[1487] bzw. „mehr und weniger eindeutig der NS-Ideologie"[1488] entlehnte Sprachmuster erkennbar. Das Programm von 1987 wird folgendermaßen zusammengefasst: „In den programmatischen Aussagen der Republikaner verbinden sich die legitime Betonung deutscher, nationaler Interessen und der Forderung nach der

---

1478 Vgl. ebd., S. 54-63.
1479 Ebd., S. 8.
1480 Ebd., S. 9.
1481 Ebd., S. 13.
1482 Ebd., S. 12.
1483 Ebd., S. 14.
1484 Ebd.
1485 Ebd.
1486 Ebd., S. 15.
1487 Ebd.
1488 Ebd.

Wiedervereinigung Deutschlands mit nationalistischen Untertönen und gefährlichen, den Standort der Bundesrepublik Deutschland als Mitglied der westlichen Staatengemeinschaft in Frage stellenden Tendenzen."[1489]

Das Programm von 1990 sei „umfangreicher, thematisch komplexer und vor allem sprachlich und inhaltlich geglättet"[1490]. Sprachliche Anlehnungen an den NS-Wortschatz seien gestrichen worden.[1491] Aus der Dokumentation ist eine kritische Einschätzung des Versuchs der REP ersichtlich, sich mit Hilfe des neuen Programms als demokratische Partei zu präsentieren:

> „Die Partei sieht ihren Platz ausdrücklich nicht in der Mitte des politischen Spektrums, sondern bewusst ‚rechts'. Sie versteht sich – nach außen hin – als ‚Law-and-order'-Partei, die verfassungstreu und demokratisch voll auf dem Boden des Grundgesetzes steht. Trotzdem liegen Zweifel an der Glaubwürdigkeit der vorgenommenen programmatischen ‚Begradigung' nahe. Letztlich handelt es sich um politische Kosmetik."[1492]

Grundlage dieser Annahme sei die Vorbereitung des Programmentwurfs hinter verschlossenen Türen sowie die autoritären Methoden zur Durchsetzung des Entwurfs auf dem Parteitag. Viele Mitglieder hätten zumindest zum Zeitpunkt der Verabschiedung die gewohnte sprachliche Deutlichkeit und Radikalität vermisst.[1493] Auf die programmatischen Inhalte eingehend, fällt Lepszy ein „überzogener, selbstisolationistischer Nationalismus"[1494] auf. Der Programmteil zur für die Republikaner zentralen Ausländerpolitik sei „relativ moderat" formuliert. Davon abgesehen rührten die REP in ihrem öffentlichen Auftreten weiterhin „an tief sitzende Vorurteile und Affekte in der Mitglieder- und Sympathisantenschaft"[1495]. Aus der Analyse wird deutlich, dass den REP eine glaubwürdige demokratische Läuterung mittels des neuen Programms nicht zugetraut wird.

Am ausführlichsten wird das Programm von 1993 unter die Lupe genommen. Das neue Programmprofil fasst Lepszy folgendermaßen zusammen: „Das Programm von 1993 ist daher in erster Linie als eine Fortsetzung des Versuchs von 1990 zu sehen, die ideologischen Grundlagen und verräterischen Programmaussagen, wie sie besonders im 87er Programm deutlich hervortraten, weiter zu verschleiern, sprachlich zu glätten und möglichst durch eine demokratisch unangreifbare intellektualisierte Programmatik nach außen nur geringe Angriffsflächen zu bieten."[1496] Dieser Schritt sei durch den im Jahr 1992 zustande gekommenen Beschluss der Verfassungsschutzbehörden, die REP zu beobachten, notwendig geworden. Das neue Programm

---

1489 Ebd., S. 16.
1490 Ebd.
1491 Ebd.
1492 Ebd., S. 17.
1493 Vgl. ebd.
1494 Ebd., S. 17.
1495 Ebd.
1496 Ebd., S. 19.

habe sich durch eine unzweifelhafte Verfassungskonformität auszeichnen sollen.[1497] Als Grundtenor des Programms wird identifiziert: „Der Vorrang des Kollektivs, d. h. des Volkes bzw. der Nation vor dem menschlichen Individuum, dessen Rechte und Freiheitsräume sogar eher als potentielle Bedrohung für die Gemeinschaft, das Volk oder die Nation gesehen werden."[1498] Insofern werde das Bekenntnis der REP zur Freiheit – zumindest hinsichtlich der Anwendung des Begriffs auf den Einzelnen – deutlich relativiert und reduziert.[1499] Die deutliche Bemühung, sich sprachlich als einwandfrei demokratische Partei zu definieren, bleibt aus Sicht von Lepszy erfolglos: „In den folgenden 17 Sachkapiteln finden sich neben Selbstverständlichkeiten und einigen akzeptablen Programmpunkten, die teilweise von anderen Parteien übernommen worden sind, auch nach wie vor demokratisch höchst bedenkliche und gefährliche Positionen, die den ideologischen Gehalt der REP-Politik in den einzelnen Politikfeldern und ihre programmatischen Schwächen deutlich werden lassen."[1500] So sei trotz vornehmer Umschreibung die Parole „Das Boot ist voll!" als Maxime der REP-Ausländerpolitik weiterhin erkennbar.[1501] Das Programm als Ganzes stelle sich als Sammelsurium dar, in dem „radikal unsinnige Forderungen"[1502] nur „wenig politischen Sachverstand"[1503] unter Beweis stellen.

Der Programmanalyse schließt sich eine Betrachtung von Agitation und Polemik im Auftreten der Republikaner an, insbesondere des ehemaligen Vorsitzenden Schönhuber. Dies sei aufgrund der taktisch begründeten, sprachlichen Entradikalisierung des Programms geboten, um den Gesamtcharakter der Partei richtig einschätzen zu können.[1504] Mittels einer Analyse der Inhalte der Parteizeitung, der Reden Schönhubers sowie von Flugblättern und Pressemitteilungen der REP werde „ihr gefährlicher, ideologischer Gehalt und ihre nach wie vor bestehende Nähe zum Rechtsextremismus deutlich."[1505]

In der parlamentarischen Praxis hätten die REP versagt. In den Kommunalparlamenten seien die REP vor allem durch „interne Querelen, Streitigkeiten und Zerwürfnisse"[1506] aufgefallen, im baden-württembergischen Landtag sei der Arbeitserfolg am „primitiven Strickmuster ihrer Redebeiträge und Anträge"[1507] sowie an der „ausgeprägten Fixierung auf das Asylbewerber- und Ausländerproblem"[1508] gescheitert.

1497 Ebd.
1498 Ebd., S. 20.
1499 Ebd., S. 19-20.
1500 Ebd., S. 20.
1501 Ebd., S. 22.
1502 Ebd., S. 30.
1503 Ebd., S. 25.
1504 Ebd., S. 32.
1505 Ebd., S. 32.
1506 Ebd., S. 43.
1507 Ebd., S. 49.
1508 Ebd.

Abschließend warnt Lepszy vor einer „Einheits-Etikettierung"[1509] von DVU, NPD, FAP, Deutscher Liga und REP. Dies mag „in bester polemischer Absicht erfolgen, weil schwere Säbel angezeigt sind"[1510], sei aber kontraproduktiv. Auffällig ist in der Dokumentation aus der Feder Lepszys, dass auf Vokabeln, welche die REP mit dem Nationalsozialismus direkt in Verbindung bringen, beispielsweise die Etikettierung mit der nationalsozialistischen Symbolfarbe braun, konsequent verzichtet. Die Nähe der Partei zum Rechtsextremismus wird mehrfach betont, eine generelle Einschätzung der REP als durchwegs rechtsextremistische Partei wird aber nicht vorgenommen.[1511]

Ein 12-seitiges Arbeitspapier der Konrad-Adenauer-Stiftung, verfasst von Viola Neu, erscheint im März 1998.[1512] Neu hat nicht den Anspruch einer inhaltlichen Auseinandersetzung mit den REP oder einer Verortung der Partei im politischen Spektrum, sondern bietet eine Bestandsaufnahme der Wählerpotenziale von REP und PDS. Die Potenziale beider Parteien seien durch „eine deutliche Ablehnung der Demokratie und ihrer Politik"[1513] gekennzeichnet. Zwar fänden die REP zum betrachteten Zeitpunkt nur bei etwa zwei Prozent der Wähler Zuspruch[1514], da die Wahlentscheidung zugunsten der REP jedoch häufig „aus kurzfristigen Protesten" heraus getroffen werde, könnten der Partei „bei Wahlen immer wieder Überraschungserfolge gelingen"[1515].

Als Nr. 17 in ihrer Reihe *Zukunftsforum Politik* veröffentlichte die Konrad-Adenauer-Stiftung die Broschüre „Aktuelle Entwicklungen im deutschen Rechtsextremismus".[1516] Darin ist auch eine knapp neunseitige aktuelle Bestandsaufnahme der REP enthalten. Der Politologe Steffen Kailitz unterscheidet zwar zwischen den Republikanern auf der einen und rechtsextremistischen Parteien wie DVU und NPD auf der anderen Seite, rückt die REP jedoch durchaus in die geistige Nähe der beiden Mitbewerber. So spricht Kailitz im Zusammenhang mit den REP vom „Anschein einer nicht rechtsextremistischen konservativen Partei"[1517] und bemerkt: „Ab und an stehen die Parolen der REP jenen der rechtsextremistischen Konkurrenten in nichts nach."[1518] Abschließend wagt Kailitz eine Prognose: Sollte den REP bei den Landtagswahlen 2001 in Baden-Württemberg der Sprung über die Fünfprozenthürde nicht gelingen, könne Schlierer seinen Parteivorsitz kaum weiter beanspruchen und

---

1509 Ebd., S. 54.
1510 Ebd.
1511 Ebd., S. 32.
1512 Vgl. Viola Neu, Die Potenziale der PDS und der REP im Winter 1997/98, Arbeitspapier der Konrad-Adenauer-Stiftung, Sankt Augustin, März 1998.
1513 Ebd., S. 9.
1514 Vgl. ebd., S. 11.
1515 Ebd., S. 1.
1516 Vgl. Steffen Kailitz, Aktuelle Entwicklungen im deutschen Rechtsextremismus, Zukunftsforum Politik Nr. 17, Konrad-Adenauer-Stiftung, Sankt Augustin 2000.
1517 Ebd., S. 24.
1518 Ebd., S. 28.

müsse das Zepter wohl an seinen Stellvertreter Christian Käs weitergeben.[1519] Nach der Landtagswahl 2001 erweist sich dies als Fehleinschätzung.

4.2. Zweck-Mittel-Analyse

4.2.1. Stigmatisierung

Während der Amtsführung von Handlos sind die REP eine demokratisch gefestigte, rechtskonservative Partei. Schönhuber führt sie dem Extremismus zu, die REP verlassen das demokratische Spektrum, stehen insgesamt aber nicht in der ideologischen Nachfolge des Nationalsozialismus. Unter Schlierer gebärden sich die REP zunächst als extremistische, später als rechtskonservative Partei mit nach wie vor stark vertretenem extremistischem Flügel.[1520] Stigmatisierend wäre es, an diese Merkmale anzuknüpfen, sie aber mit ungerechtfertigten Verallgemeinerungen oder Assoziationen zu koppeln oder den REP Negativklischees zuzuschreiben, die affektiv geladen sind.

Vor der Amtsübernahme Schönhubers fristen die REP ein Schattendasein. Ein aktiver Umgang mit den REP unter *Handlos* seitens der Unionsparteien findet kaum statt. In den wenigen Kommentaren von Unionsvertretern ist ein geringer Bezug zu den politischen Inhalten der neuen Partei zu erkennen, die Auseinandersetzung findet auf einer persönlichen Ebene statt. Wenn der Bremer CDU-Landesvorsitzende Bernd Neumann unterstellt, „kein ernst zu nehmendes CDU-Mitglied"[1521] werde mit den REP kooperieren und die Mitglieder der Rechtspartei generell als „Querulanten"[1522] etikettiert, werden klischeehafte Generalisierungen formuliert, welche Anhänger der REP charakterlich diskreditieren sollen. Gleiches gilt für die beleidigenden, öffentlich ausgerufenen Worte des CSU-Generalsekretärs Otto Wiesheu an Ekkehard Voigt: „Du Hund, du verlogener, du Sauhund."[1523] Letzterer Kommentar lässt sich nicht mit der häufig beanspruchten schelmenhaften Liebkosung der altbairischen Sprachtradition entschuldigen. Franz Josef Strauß erklärt Handlos und Voigt zu „politisch nicht sonderlich erhabenen Größen"[1524]. Sowohl Neumann als auch Wiesheu und Strauß geht es darum, die Vertreter der REP mit einprägsamen Negativvokabeln behaftet zu wissen. Eine sachliche, inhaltlich begründete Auseinander-

---

1519 Vgl. ebd., S. 29-30.
1520 Siehe Kapitel 3.
1521 N.n., Neumann: Nehmen Republikaner nicht ernst, in: Weser-Kurier, 19. Januar 1984.
1522 DPA-Meldung, CDU über Parteiwechsel ihrer „Ehemaligen" gelassen, 18. März 1985.
1523 DPA-Meldung, CSU-Bundestagsabgeordneter Voigt verließ die Partei, 28. Oktober 1983; vgl. N.n., Im Wortlaut: Du Lump, du verlogener, in: Frankfurter Rundschau, 29. Oktober 1983.
1524 N.n., Die neue Partei, in: General-Anzeiger, 28. November 1983.

setzung, wie sie von einer etablierten Volkspartei zu erwarten ist, findet auf diese Weise nicht statt.

Die Wahlerfolge der REP unter der Ägide *Schönhubers* bescheren der Partei ein hohes Maß an Aufmerksamkeit. In dem Versuch, das weitere Erstarken der REP zu verhindern, bemühen sich Gremien und Politiker der Union, die Rechtspartei zu stigmatisieren. Am häufigsten ist die Taktik zu beobachten, die extremistisch auftretenden REP gleichzeitig dem Nationalsozialismus verbunden oder gar seine Herrschaft fortsetzen wollend darzustellen. Dass es hierzu nicht unbedingt einer klar verbalen ausgedeuteten Gleichsetzung von REP und NSDAP bedarf, illustriert das Beispiel eines Plakats der *Jungen Union*. Das Plakat zeigt einen Adler mit ausgebreiteten Flügeln, der neben dem Parteilogo der REP auch das eingekreiste „A" der Anarchisten, die Abkürzung „AL" der Alternativen Liste, Hammer und Sichel, ein Hakenkreuz sowie das Logo der NPD in seinen Fängen hält. So stellen die Jungpolitiker der Union die REP hinsichtlich ihres Bedrohungspotenzials für die Demokratie auf dieselbe Ebene mit Anarchisten, Kommunisten und Neonazis.[1525] Hierdurch wird ein Grad der Gefahr und des Extremismus suggeriert, der den REP nicht entspricht. Eine sachliche Aufklärung findet nicht statt, vielmehr wird fahrlässig emotionalisiert.

Nicht nur das Hakenkreuz dient als Symbol zur ungerechtfertigten Kennzeichnung der REP als nationalsozialistische oder dem Nationalsozialismus nahe stehende Partei. Auffällig ist auch die häufige Verwendung des *Führer*-Begriffs im Kontext der Auseinandersetzung mit den REP. Ein Beispiel findet sich im *Bayernkurier* vom 16. September 1989.[1526] Hier ist in Hinblick auf die Geschäftsstelle der REP von der „Führerzentrale in München"[1527] die Rede. Allein der Begriff „Führer" ist im Zusammenhang mit der nationalsozialistischen Vergangenheit Deutschlands politisch vorbelastet. Der Terminus „Führerzentrale", insbesondere bei gleichzeitiger Nennung Münchens – einer Stadt, die sich offiziell den Beinamen „Hauptstadt der Bewegung" (also der nationalsozialistischen Bewegung) erwarb – verdeutlicht die gewünschte gedankliche Verknüpfung mit der NSDAP. In ähnlicher Form äußert sich Rita Süssmuth, die von Schönhuber als dem „Parteiführer"[1528] der REP spricht. Der Generalsekretär der CDU Mecklenburg-Vorpommern, Klaus Preschle, schlägt in dieselbe Kerbe, wenn er 1994 die unfraglich auf den Nationalsozialismus abzielende Formulierung „*Führerstaat*, Rassimus [sic] und Antisemitismus"[1529] als Schwerpunkte der REP bezeichnet. Im Juli 1992 erklärt die CDA, die REP seien

---

1525 Vgl. Junge Union Deutschlands, Themenplakat „Radikalen keine Chance" [ohne Datum].
1526 Vgl. n.n., Die Republikaner: Unrecht und Unordnung. Von Recht und Ordnung wird nur geredet, Bayernkurier, 16. September 1989.
1527 Ebd.
1528 N.n., Schönhuber den Kampf angesagt, in: Die Welt, 7. März 1989.
1529 Vgl. DPA-Meldung, CDU Mecklenburg-Vorpommern: Verbot der Republikaner erwägen, 18. Mai 1994 [Hervorhebung durch den Autor].

„auf den *Führer* Schönhuber"[1530] zugeschnitten, der „nach Belieben seinen Willen"[1531] diktiere.

Die Farbassoziation mit dem Nationalsozialismus („braun") bringt eine Reihe weiterer Unionspolitiker an. Heiner Geißler bezeichnet die REP spöttelnd und wortschöpferisch als „Malzkaffeepartei": *„Braun,* billig und von vorgestern"[1532]. Peter Hintze findet für das politische Wirken der REP den Begriff des *„braunen* Ungeist[es]"[1533].

Vergleiche Schönhubers mit Hitler sowie der REP mit der NSDAP formulieren Unionsvertreter eher subtil und andeutungsweise. Die stigmatisierende Wirkung einer nachhaltig wahrgenommenen Parallelität von REP und dem Nationalsozialismus erzielen sie dennoch erfolgreich. In einem offenen Brief Edmund Stoibers an Schönhuber bringt der bayerische Innenminister den REP-Vorsitzenden in Verbindung mit Adolf Hitler.[1534] Schönhuber drohe ebenso wenig eine politische Inhaftnahme infolge seiner politischen Forderungen wie das einst bei Hitler der Fall gewesen sei.[1535] Nach einem Treffen von Frey und Schönhuber bemerkt Stoiber, Schönhuber fühle sich offenbar „den Alt- und Neonazis zugehörig."[1536] Rainer Eppelmann wirft Schönhuber vor, er profiliere sich durch „Verbalausfälle als geistiger Brandstifter, der seine Partei für Nazis in Nadelstreifen hoffähig macht"[1537]. Die REP seien „Vertreter dieser Blut-und-Boden-Ideologie"[1538]. Der bayerische Innenminister Günther Beckstein erklärt, Schönhuber weise „faschistoides Gedankengut"[1539] auf. Im Hinblick auf das unerfreuliche Erstarken der REP befürchtet der baden-württembergische Ministerpräsident Lothar Späth, dass „das Ausland auf die Deutschen zeigt und sagt: ‚Jetzt geht es schon wieder los!'"[1540].

1530 Christlich-Demokratische Arbeitnehmerschaft/Bundesverband, Die Republikaner – Brandstifter gegen Deutschland, 8. Juli 1992, S. 3 [Hervorhebung durch den Autor].
1531 Ebd.
1532 N.n., Lothar Späth und Heiner Geißler in Ludwigsburg: Im Europawahlkampf geht es um mehr als den Binnenmarkt, in: Union in Deutschland, Nr. 9, 16. März 1989, S. 38 [Hervorhebung durch den Autor].
1533 Vgl. DPA-Meldung, CDU gegen „braunen Ungeist" – Kampfansage an Republikaner, 19. Oktober 1992 [Hervorhebung durch den Autor].
1534 Vgl. Edmund Stoiber, offener Brief an Franz Schönhuber, 16. Februar 1990.
1535 Vgl. ebd.
1536 Edmund Stoiber, Rede bei einer Kundgebung am 3. Oktober 1994 in Rott am Inn. Manuskript im Archiv für Christlich-Soziale Politik, München.
1537 DPA-Meldung, Eppelmann (CDU): Verfassungsschutz „mit allen Instrumenten" gegen Republikaner – Beckstein (CSU): Verbot noch nicht sinnvoll, 12. April 1994.
1538 Ebd.
1539 DPA-Meldung, Eppelmann (CDU): Verfassungsschutz „mit allen Instrumenten" gegen Republikaner – Beckstein (CSU): Verbot noch nicht sinnvoll, 12. April 1994.
1540 Wulf Reimer, Späth: Republikaner gnadenlos bekämpfen. Der Stuttgarter Regierungschef warnt Kommunalpolitiker vor einer Strategie der Toleranz, Süddeutsche Zeitung, 3. Juli 1989.

Der bayerische Ministerpräsident Max Streibl neigt zu inhaltlichen und strategischen Sprüngen im Umgang mit den REP. Dabei bringt er wiederholt Vergleiche von REP und NSDAP an, deutet zum Beispiel: „Sozialistisch auf der einen Seite, national auf der anderen, jetzt brauchen s' nur noch den Bindestrich zu ziehen – aber das Gebräu ist das gleiche." [1541] Zu Schönhuber meint Streibl: „So hat schon ein anderer gesprochen. Viele haben ihn nicht ernst genommen. Ich kann nur sagen, wehret den Anfängen."[1542]

Unverhältnismäßig ist sicher die Deutung, die Bundesrepublik im Jahr 1994 werde ebenso wie einstens die Weimarer Republik zwischen Extremisten unterschiedlicher Richtung zermahlen und die Wahl der REP führe zu Weimarer Verhältnissen, an denen „kein Deutscher, der sein Vaterland liebt, interessiert"[1543] sei. Dies jedoch unterstellt eine CDU-Dokumentation zur Europawahl 1994.

Die intendierte Botschaft ist in jedem Falle klar: Die REP befänden sich in der Nachfolge der NSDAP, seien eine Nazi-Partei. Vor dem Hintergrund der geschichtlichen Erfahrung der Deutschen und der bis heute zu Recht geächteten Herrschaft und Gräueltaten der Nationalsozialisten wirkt die Gleichsetzung einer modernen Partei mit der NSDAP bezüglich ihres Rufes und Ansehens vernichtend. Ob flapsig und unüberlegt dahergesagt oder bewusst und berechnend formuliert, diese Form der Stigmatisierung entspricht keineswegs der Erwartung einer sachlichen Auseinandersetzung mit einer extremistischen Partei, wie sie das deutsche Verfassungskonstrukt an die etablierten Volksparteien stellt.

Auch wenn die REP unter der Parteiführung Schönhubers die Kriterien einer extremistischen Partei erfüllen, sind sie im politischen Spektrum doch weniger randständig als NPD und DVU und deutlich von ihnen unterscheidbar. Dieser Umstand wird seitens einiger Unionspolitiker übergangen, verschleiert oder so artikuliert, dass die Gefahr von Missverständnissen in Kauf genommen wird. Rainer Barzel beispielsweise will die REP „wie die NPD bekämpfen"[1544] und stellt damit beide Parteien auf eine Stufe. In einer Parteidokumentation vom Oktober 1992 heißt es, die CDU werde „die REP in aller Entschiedenheit bekämpfen, wie sie dies bereits in den 60er Jahren mit der NPD getan"[1545] habe. Weiter stellt das Papier fest, die REP lehnten sich „an die Ideologie der Nationalsozialisten an"[1546]. Zu bezweifeln ist, dass der im August 2000 seitens der CDU im Landtag von Baden-Württemberg gestellte An-

1541 Erik Spemann, Max Streibl: Wenn die Deutschen wieder marschieren wollen – bitte. Beim CSU-Bezirksparteitag die Republikaner vorgeführt – Guter Rat für den Kanzler, Münchner Merkur, 10. Juli 1989.

1542 Ebd.

1543 N.n., Außer Spesen nichts gewesen: 5 Jahre Republikaner im Europäischen Parlament, in: Union in Deutschland, 11. Mai 1994.

1544 DPA-Meldung, Geißler. CDU muss Republikaner bekämpfen – Barzel: „Führen, führen, führen", 31. Januar 1989:

1545 Christlich Demokratische Union, Die REP: Gefahr von rechts, 19. Oktober 1992, S. 4.

1546 Ebd., S. 3.

trag, die Landesregierung möge über die Zusammenarbeit der Republikaner mit rechtsextremistischen Parteien, insbesondere mit der NPD und der DVU, berichten[1547], in Erwartung eines hinsichtlich der parlamentarischen Arbeit relevanten Erkenntnisgewinns vorgebracht wird. Vielmehr kann aufgrund der zeitlichen Nähe der antizipierten Antwort der Landesregierung[1548] und dem darauf folgenden Landtagswahlkampf[1549] vermutet werden, dass auf diesem Wege für die Öffentlichkeit die seitens der CDU postulierte Verknüpfung der REP mit NPD und DVU hervorgehoben werden soll. Der Titel des Antrags – „Zusammenarbeit der Republikaner mit *anderen rechtsextremen Parteien*, insbesondere mit der NPD"[1550] – stellt die REP im Hinblick auf die Behaftung mit dem Rechtsextremismus auf eine Stufe mit der NPD sowie vergleichbaren Gruppierungen.

Als eine Welle rechtsextremistisch motivierter Gewalttaten gegen Ausländer Anfang der neunziger Jahre der politischen Öffentlichkeit Sorge bereitet und für aufgeregte Diskussionen sorgt, sind auch Unionspolitiker versucht, schleunigst Schuldige zu finden, zu attackieren und sich dadurch als demokratische Problemlöser zu präsentieren. Doch die Übergriffe in Hoyerswerda (1991), Hünxe (1991), Rostock (1992), Mölln (1992) und Solingen (1993) sind weder zentral geplant noch koordiniert, auch nicht seitens der REP. Die vermeintliche Mitgliedschaft vereinzelter Straftäter bei den REP oder anderen extremistischen Parteien ändert nichts an diesem Sachverhalt. Dem aufmerksamen politischen Beobachter entzieht sich diese Kenntnis nicht. Eine ernsthafte Ursachenbekämpfung, die mittel- und langfristige Auseinandersetzung mit den Gründen der Gewaltbereitschaft Jugendlicher, verspricht jedoch keine schnelle Beseitigung des Problems. Viel leichter ist es, an tatsächliche Merkmale der REP anzuknüpfen – nämlich deren xenophobe Programmatik und extremistische Ausrichtung, um so eine unmittelbare Verantwortlichkeit zu konstruieren. Vorschnelle Forderungen ein Verbot der REP betreffend, wie vom CDU-Bundestagsabgeordneten Horst Eylmann formuliert[1551], suggerieren eine greifbare und einfache Lösung. Im Zusammenhang mit den Gewaltdelikten vermutet Eylmann die REP „auf dem Weg in den militanten Rechtsextremismus"[1552]. Auch

---

1547 Christlich-Demokratische Union im Landtag von Baden-Württemberg, Zusammenarbeit der Republikaner mit anderen rechtsextremen Parteien, insbesondere mit der NPD, Antrag vom 22. August 2000.
1548 Das Antwortschreiben des Landesregierung trägt das Datum 14. September 2000.
1549 Wahltermin war der 25. März 2001.
1550 Christlich-Demokratische Union im Landtag von Baden-Württemberg, Zusammenarbeit der Republikaner mit anderen rechtsextremen Parteien, insbesondere mit der NPD, Antrag vom 22. August 2000 [Hervorhebung durch den Autor].
1551 Vgl. DPA-Meldung, Auch CDU-Experten für Neubewertung der Republikaner – SPD zieht NSDAP-Vergleich – Gewalttaten von Funktionären offiziell belegt, 1. Juni 1994; vgl. n.n., Politiker fordern härteres Vorgehen gegen Republikaner: Eylmann bringt Verbot der Partei in die Diskussion, General-Anzeiger, 11. April 1994; vgl. DPA-Meldung, Republikaner unter wachsendem Druck: Verbot erscheint möglich, 10. April 1994.
1552 N.n., Republikaner verbieten?, in: Die Woche, 9. Juni 1994.

Klaus Preschle, Generalsekretär der CDU Mecklenburg-Vorpommern, erwägt ein Verbot der REP, da diese „eindeutig rechtsextremistisch" [1553] veranlagt seien. Das generelle Verbot extremistischer Parteien ist im deutschen Recht nicht vorgesehen, was Preschle nicht davon abhält, diese direkte Verknüpfung zu wagen. Erwin Huber verlangt zwar kein unmittelbares Parteiverbot, fordert aber grundlegende Reformen des Wahl- und Parteienrechts, die neben den REP auch zahlreichen Kleinparteien die Existenzgrundlage entziehen würden. Er favorisiert das Mehrheitswahlrecht auch für Deutschland und will die Hürde für die Wahlkampfkostenrückerstattung von 0,5 auf 2,5 Prozent erhöhen. [1554]

Wenn Personen und deren verurteilenswerte Handlungen sowie ideologische Aussagen unberechtigt den REP zugeschrieben werden, ungeachtet ob dies aus handwerklichem Missgeschick oder bewusster Irreführung geschieht, erfährt die Rechtspartei Stigmatisierung. Stoiber beruft sich auf den „SPD-Landesdienst Nordrhein-Westfalen", als er in einer Pressekonferenz im Jahr 1989 ein Briefzitat des späteren REP-Mitglieds Michael Krämer der Gesamtpartei verantwortlich zuschreibt. [1555] Das Schreiben Krämers ist eindeutig fremdenfeindlich, kündigt an, die „Zeiten der Ruhe und des Friedens" [1556] seien für Ausländer vorbei, gibt das „Signal zum Angriff" [1557] und lehnt sich sprachlich an nationalsozialistische Wendungen an, spricht von der „Wiedererweckung des germanischen Blutes" [1558] und beinhaltet den Kampfruf „Deutschland erwache!" [1559] Stoiber verschweigt dabei, dass Krämer den Brief an einen SPD-Funktionär vor seinem Eintritt zunächst in die ödp, dann in die REP verfasst und nach Bekanntwerden des Vorfalls seitens der bayerischen Landespartei mit einer Ämtersperre sanktioniert wird. [1560] Die Sprachassoziationen mit dem Nationalsozialismus sind folglich nicht unter der Verantwortung der REP formuliert worden.

Nach der Amtsübernahme *Schlierers* ebbt die Reaktion der Unionsparteien auf die REP spürbar ab. Die Aufregung der Wahlerfolge liegt fast ausnahmslos Jahre zurück – unter Schlierer gelingt den REP lediglich 1996 der erneute Einzug in den baden-württembergischen Landtag. Der Umgang der Union erscheint vor diesem

---

1553 Vgl. DPA-Meldung, CDU Mecklenburg-Vorpommern: Verbot der Republikaner erwägen, 18. Mai 1994.

1554 Vgl. n.n., Koalitionsakrobatik im Banne Schönhubers: Bonner Ratlosigkeit über den Vormarsch der Republikaner, Neue Zürcher Zeitung, 15. Juli 1989; Einar Koch, CSU-General Huber denkt laut: Neuer Kinderspielplatz, neuer Radfahrweg. Warum nicht mit den Republikanern?, Die Bunte, 6. Juli 1989.

1555 Vgl. Hans Holzhaider, Die Entstehungsgeschichte einer „Ungeheuerlichkeit", in: Süddeutsche Zeitung, 10. Juni 1989.

1556 Ebd.

1557 Ebd.

1558 Ebd.

1559 Ebd.

1560 Vgl. ebd.

Hintergrund überlegter und bedächtiger. Stigmatisierende Äußerungen sind in dieser Phase nicht festzustellen.

4.2.2. Demokratische Abgrenzung

Eine *demokratische Abgrenzung* gegenüber den REP muss die ideologische Entwicklung der REP berücksichtigen, folglich in der Phase Handlos programmatische Unterschiede zu einer rechtskonservativen Partei herausstellen und während der Amtsführung Schönhubers die extremistische Ausrichtung der Rechtspartei – unter Schlierer die zuletzt extremistischen Mitglieder- und Ideologieanteile – warnend hervorheben.

Alle Wahlerfolge der REP – einschließlich des Dreiprozent-Ergebnisses in Bayern 1986 – fallen in die Zeit nach dem Ausscheiden von *Handlos* aus der Partei. Keine der beiden Unionsparteien nimmt die REP unter Handlos als bedrohlichen Mitbewerber im Parteienwettbewerb wahr. Der Bremer CDU-Vorsitzende Bernd Neumann umschreibt die Sicht der Union 1984, als REP-Aktivisten in seinem Bundesland einen Antritt zur Europawahl ankündigen: „Für uns sind die Republikaner kein Thema – wir nehmen den Verein nicht ernst."[1561] Da die REP erst unter ihrem Vorsitzenden Schönhuber in das extremistische Spektrum abrutschen, besteht vor 1985 keine Notwendigkeit hinsichtlich der verfassungsgegebenen Erwartungen an etablierte Volksparteien, Warnungen oder Abgrenzungsbeteuerungen auszusprechen. Eine Pflicht zur Beschäftigung mit politisch unbedeutenden Kleinparteien besteht nicht. Die wenigen Äußerungen seitens der Union gelten den Gründern der REP und sollen zu deren charakterlichen Diskreditierung beitragen.

Überwiegend werden die von der Union gewählten Mittel des Umgangs mit den REP den Kriterien einer demokratischen Abgrenzung gerecht. Die Verortung der REP im extremistischen Spektrum, die sachliche Auseinandersetzung mit Ideologie und programmatischen Vorhaben der Rechtspartei, kennzeichnen mehrheitlich die Äußerungen von CDU und CSU.

Dabei gehört die Aufmerksamkeit der Union den REP insbesondere seit Beginn des Wahlkampfes zum Berliner Abgeordnetenhaus 1989. Dem unsäglichen Fernsehspot der REP, bei dem Szenen anscheinend türkischer Personen mit dem „Lied vom Tod" unterlegt sind, gilt die heftige Kritik der CDU.[1562] Sind manche Unionsvertreter anfangs zögerlich bei der Benennung der REP als extremistisch, so mögen zwei Gründe dafür sprechen: Erstens nehmen die meisten Politiker der Union trotz der Gründung im Jahr 1983 die REP erstmals nach deren Berliner Wahlerfolg 1989 wahr und wollen unüberlegte Spontanreaktionen, die stigmatisierend wirken können,

---

1561 N.n., Neumann: Nehmen Republikaner nicht ernst, in: Weser-Kurier, 19. Januar 1984.
1562 Vgl. CDU/CSU-Bundestagsfraktion, Die Republikaner: Widersprüchliches Programm und dubiose Figuren, in: Stichworte der Woche, 28. April 1989.

vermeiden. Zweitens werden die Begriffe *Radikalismus* und *Extremismus* im politischen Sprachgebrauch einiger Amts- und Mandatsträger der Union sowie der Gremien der Partei anscheinend austauschbar gebraucht. Die CDA allerdings rechnet die REP bereits im September 1989 dem Extremismus zu, verlangt eine aktive Auseinandersetzung mit der Partei und lehnt Koalitionen mit sowie Duldungen seitens der REP ab.[1563] Andere Gliederungen der Partei schließen sich mit zeitlichem Abstand dem Urteil der CDA an. Sachlich richtig stuft die ansonsten eher schlampig recherchierte Dokumentation der baden-württembergischen Landtagsfraktion vom Mai 1992 die REP als radikal, extremistisch und als Protestpartei ein.[1564] Eine ergänzte Textversion[1565] ordnet die REP „hinsichtlich der ideologischen Grundlagen"[1566] dem Extremismus zu und erläutert, die Partei stünde für einen „Gegenentwurf zum demokratischen Verfassungsstaat"[1567].

Trotz der Einsichten, es bei den REP mit einer extremistischen Partei zu tun zu haben, geben sich mehrere Unionspolitiker besondere Mühe, sauber zu differenzieren und beispielsweise nicht die REP mit der NPD gleichzusetzen. Theo Waigel erklärt, er wolle weder „die Republikaner mit der NPD, noch die NPD mit der DVU"[1568] vergleichen. Günther Beckstein erkennt, dass die REP „ganz eindeutig rechtsextremistische Bestrebungen"[1569] aufwiesen, will sich aber nicht dahingehend festlegen, ob sie eine „Umwälzung des demokratischen Systems"[1570] anstrebten, was ein großer Unterschied sei.

Eine deutliche Abgrenzung wird insbesondere für die CSU umso notwendiger, da sie den Verlust einiger kommunaler Mandatsträger sowie weiterer prominenter Mitglieder an die REP zu beklagen hat.[1571] Zudem tritt Schönhuber im November 1989 an die Presse und erklärt, Albert Meyer, Staatssekretär im bayerischen Finanzministerium, habe ihm versichert, „die CSU würde bei weitem lieber mit den Republikanern zusammengehen als mit der FDP"[1572]. Meyer sei nicht der einzige, ließ Schön-

---

1563 Christlich-Demokratische Arbeitnehmerschaft/Arbeitsgemeinschaft der DAG-Gewerkschaftler, Gewerkschaft gegen Radikale, Pressemitteilung vom 27. September 1989.

1564 Christlich Demokratische Union/Fraktion im Landtag von Baden-Württemberg, Die Funktionsträger der Republikaner oder: Wölfe im Schafspelz, 11. Mai 1992.

1565 Junge Union/Bundesgeschäftsstelle, Die Republikaner, Juni 1992.

1566 Ebd., S. 1.

1567 Ebd.

1568 Theo Waigel: Treu der Verantwortung! Der CSU-Vorsitzende beim Politischen Aschermittwoch: Eine große Tradition lebt, Bayernkurier, 18. Februar 1989.

1569 DPA-Meldung, Eppelmann (CDU): Verfassungsschutz „mit allen Instrumenten" gegen Republikaner – Beckstein (CSU): Verbot noch nicht sinnvoll, 12. April 1994.

1570 Ebd.

1571 Vgl. n.n., Republikaner rechnen mit CSU-Überläufern, Süddeutsche Zeitung, 31. Oktober / 1. November 1989, und n.n., Von CSU zu Rep, Abendzeitung, 14. März 1990.

1572 N.n., Für Koalition mit Republikanern? Schönhuber nennt Albert Meyers Namen, Süddeutsche Zeitung, 18./19. November 1989.

huber verlautbaren.[1573] Meyer wehrt sich vehement gegen diese Behauptungen und betont, er weise stets darauf hin, „welche Gefahr die Republikaner seien"[1574].

Die Dokumentationen und Handreichungen der CSU fallen insgesamt durch ihre sachliche und inhaltlich ausgerichtete Argumentation auf. Das Ergebnis sei, die REP missbrauchten durch ihre Agitation die „freiheitlich-demokratische Grundordnung [...] dazu [...], Aggressionen zu schüren. Die demokratischen Spielregeln sind Form und nicht mehr Inhalt."[1575] In einem weiteren CSU-Papier kommen die Autoren zu vier Schlüssen: „Die Republikaner fördern Gewalt.", „Die Republikaner versagen in den Parlamenten.", „Die Republikaner sind eine Ein-Mann-Partei." und „Die Republikaner sind eine Gefahr für Deutschland."[1576] Es sind dies verlässliche und auf sachlichen Argumenten basierten Konklusionen, allerdings wagen sich die Christsozialen kaum, in ihren parteioffiziellen Handreichungen die extremistische Struktur der REP zu benennen.

Edmund Stoiber fährt als Innenminister ebenso wie als Ministerpräsident einen harten und gleichermaßen (fast) immer sachlichen Kurs gegen die REP. Er entlarvt sie als „Wölfe im Schafspelz"[1577] und warnt, die REP seien „nur vorsichtiger geworden, weil sie jetzt den Verfassungsschutz im Genick haben. Trotzdem zeigt sich immer wieder, dass die REP's aus der Geschichte nichts, aber auch gar nichts gelernt haben."[1578]

Während einige Unionspolitiker Koalitionen aufgrund aktueller politische Gegebenheiten verneinen, fallen Norbert Blüm, Walter Wallmann und Erwin Teufel durch grundsätzliche Überlegungen auf. Die Aussage von Norbert Blüm aus dem Februar 1989 unterscheidet sich grundsätzlich von den Äußerungen anderer Unionspolitiker. Blüm lehnt Koalitionen mit den REP ab, grundsätzlich weil diese sich in inhaltlicher Gegnerschaft zur CDU befänden, nicht weil sich die Koalitionsfrage derzeit schlicht nicht stelle.[1579] Er wolle auf Bündnisse mit den REP auch dann verzichten, wenn die Konsequenz eines Machtverlusts zu tragen sei. Es sei nicht „die größte Seligkeit, in der Regierung zu sein. Opposition ist auch eine anständige Rolle"[1580]. Den REP jegliche Zusammenarbeit zu verweigern und sich aktiv mit ihnen auseinanderzusetzen, sei eine moralische Frage.[1581] Wie Blüm lehnt der hessische Ministerpräsident Walter Wallmann Koalitionen der Union mit den REP grundsätz-

1573 Vgl. ebd.
1574 Ebd.
1575 Christlich-Soziale Union, Landesleitung, Republikaner auf Radikalkurs, 1. Juni 1989, S. 7.
1576 Christlich-Soziale Union, Landesleitung, Republikaner-Politik: Schaden für Deutschland. Chronologie des Versagens, Mai 1994, S. 25-26.
1577 Edmund Stoiber, Gemeinsam zum Erfolg!, Rede bei der Wahlkampf-Konferenz/Ortsvorsitzenden-Konferenz am 19. März 1994 in der Reichswaldhalle in Feucht bei Nürnberg, S. 3. Manuskript im Archiv für Christlich-Soziale Politik, München.
1578 Ebd.
1579 Vgl. DPA-Meldung, Blüm: Keine Koalition mit den Republikanern, 11. Februar 1989.
1580 Ebd.
1581 Vgl. n.n., „Aufstand gegen Republikaner", in: Die WELT, 18. August 1989.

lich ab, auch wenn sich solche Bündnisse aufgrund entsprechender Mehrheitsverhältnisse anböten. „Man darf nicht nur auf die nächste Wahl schauen."[1582], gibt Wallmann zu bedenken. Im Gegensatz zur offiziellen Parteilinie in den Wahlkämpfen 1989 und 1990 widerspricht er der These, man habe es bei REP und Grünen hinsichtlich der Extremismusbehaftung mit „spiegelbildlichen Situationen"[1583] zu tun. Erwin Teufel, CDU-Fraktionsvorsitzender im baden-württembergischen Landtag, schließt sich mit der Meinung an, Koalitionen mit den REP kämen aus grundsätzlichen Überlegungen nicht in Frage. Dies mag nach der nächsten Bundestagswahl zur Notwendigkeit einer großen Koalition führen, erklärt Teufel im Juni 1989.[1584]

Als schließlich *Schlierer* die Parteiführung übernimmt, ist die Einschätzung der REP als extremistisch innerhalb der Union fast zum gedanklichen Allgemeingut geworden. So kritisiert Helmut Kohl nach dem erneuten Einzug der REP in den Landtag von Baden-Württemberg im Jahr 1996 die Rechtspartei wegen „rechtsextremistischer Parolen"[1585]. Das CSU-Organ *Bayernkurier* wagt im Juli 2001, von den „rechtsextremen Republikanern"[1586] zu sprechen. Gleichzeitig wird der Umfang der Mittel des Umgangs mit den REP geringer. Nur wenige Unionspolitiker wollen sich überhaupt noch zur Partei unter Schlierer äußern oder sehen sich dazu veranlasst.

Bei den vereinzelten Stellungnahmen zu den REP aus Unionskreisen fällt der Wegfall stigmatisierender Bemerkungen zugunsten sachlicher, differenzierter Darstellungen auf. Heiner Geißler beträufelt die REP nicht länger zur Kennzeichnung mit Vokabeln des Nationalsozialismus, behält aber seine deutliche Distanzierung bei. In einem Buchbeitrag aus dem Jahr 1995 warnt er demokratische Parteien vor „Verbeugungen nach rechts"[1587], die „den Republikanern und den Nationalkonservativen nicht das Wasser abgraben"[1588] würden. Wolfgang Bosbach wehrt sich im Dezember 2000 gegen eine neue Verbotsdiskussion im Hinblick auf die REP. Wer einen solchen Vorschlag mache, müsse nicht nur verfassungsfeindliche Ziele nach-

1582 N.n., Wallmann: Auch die deutsche Frage stellt sich wieder neu. Es gibt kein Zusammenwirken mit den Republikanern, in: Die WELT, 5. September 1989.
1583 Ebd.
1584 Vgl. n.n., CDU erwägt Kontakt-Verbote: Unvereinbarkeitsbeschluss gegenüber „Republikanern"?, in: Frankfurter Rundschau, 22. Juni 1989. Auch der Generalsekretär der sächsischen CDU, Hermann Winkler, schließt eine „Zusammenarbeit mit der in einigen Landkreisen erfolgreichen NPD oder den Republikanern"(n.n., CDU in Sachsen: „PDS ernst nehmen", in: Frankfurter Allgemeine Zeitung, 18. Juni 2004) kategorisch aus.
1585 Helmut Kohl, Die Bonner Koalition ist ausdrücklich vom Wähler bestätigt worden, in: Union in Deutschland, 28. März 1996.
1586 Vgl. Harald Bergsdorf, Gegensätzliche Geschwister mit viel Gemeinsamkeit, in: Bayernkurier, 5. Juli 2001.
1587 Heiner Geißler, Der Irrweg des Nationalismus, Weinheim 1995, S. 18.
1588 Ebd.

weisen können, sondern auch eine aggressiv-kämpferische Haltung, die im Falle der REP nicht bekannt sei.[1589]

Edmund Stoiber beklagt die Europafeindlichkeit rechter Gruppierungen, lässt sich aber nicht dazu verleiten, diese allesamt in einen Topf zu werfen. Der bayerische Ministerpräsident erwähnt in seiner Regierungserklärung vom April 1995 „Ultrarechte wie Republikaner *bis hin zur* NPD. Das gilt *aber auch* für den Bund von Herrn Brunner."[1590]

Die langsame Bewegung der REP hin zum rechtskonservativen, demokratischen Spektrum bildet sich schon 1994 in einer Studie der Konrad-Adenauer-Stiftung ab, welche die REP als „eine rechtsradikal-populistische Partei mit fließenden Übergängen zum Rechtsextremismus"[1591] wertet. In einem weiteren wissenschaftlichen Beitrag der Stiftung differenziert Steffen Kailitz zwar zwischen REP einerseits und NPD sowie DVU andererseits, gibt aber zu bedenken: „Ab und an stehen die Parolen der REP jenen der rechtsextremistischen Konkurrenten in nichts nach."[1592]

4.2.3. Verharmlosung

Verharmlosend wäre das Verschweigen extremistischer Konturen der REP unter Schönhuber und Schlierer oder eine unangemessen schwache oder verniedlichende Darstellung der sich daraus ergebenden negativen Bedrohung des demokratischen Verfassungsstaates. Im Zusammenhang mit den REP während der Amtsführung von Handlos ergibt der Begriff der Verharmlosung keinen Sinn, da eine nicht existente Gefahr auch nicht verharmlost werden kann.

Vorwürfe insbesondere linker Autoren, die Unionsparteien verharmlosten rechtsextreme Gruppierungen sind nicht neu und traten nicht erst in den 80er Jahren auf. Dies war bereits vor Gründung der REP der Fall und setzte sich nach dem Auftreten der REP fort.[1593] *Jürgen Böddrich* spricht gar von einer „Tradition der Rechtskonservativen, auf dem linken Auge weitsichtig, aber dem rechten Auge kurzsichtig, häufig sogar blind zu sein"[1594] und stellt diese Aussage in direkten Bezug mit der CSU. Diese Untersuchung kann verallgemeinernde Aussagen wie diese nicht bestä-

---

1589 Vgl. n.n., Schily mahnt zur Besonnenheit: Clement bringt Verbot von DVU und Republikanern ins Gespräch, in: Frankfurter Allgemeine Zeitung, 11. Dezember 2000.

1590 Edmund Stoiber, Regierungserklärung im Bayerischen Landtag, 1. April 1998. Manuskript im Archiv für Christlich-Soziale Politik, München [Hervorhebungen durch den Autor].

1591 Norbert Lepszy, Die Republikaner im Abwind, Aktuelle Fragen der Politik Nr. 17, Konrad-Adenauer-Stiftung, Sankt Augustin 1994.

1592 Steffen Kailitz, Aktuelle Entwicklungen im deutschen Rechtsextremismus, Zukunftsforum Politik Nr. 17, Konrad-Adenauer-Stiftung, Sankt Augustin 2000, S. 28.

1593 Siehe z. B. Jürgen Böddrich, Die Union und der Neonazismus. Verharmlosung als Methode, München 1980.

1594 Ebd., S 5.

tigen. Allerdings haben verharmlosende Stellung- und Bezugnahmen von Unionspolitikern einen erheblichen Anteil am Umgang von CDU und CSU mit den REP.

Für die Amtsphase von Handlos erübrigt sich die Betrachtung von *Verharmlosung*, da keine Gefahr vorhanden war. Bemerkungen jedoch, Schönhuber sowie die REP seien dem demokratischen Spektrum zugehörig, verkennen die extremistische Natur des Vorsitzenden und seiner Partei. Obgleich Alois Glück Schönhuber näher als Demagogen qualifiziert, der nicht Konzepte, sondern Stimmungen kommuniziere, entschließt sich der CSU-Fraktionsvorsitzende im bayerischen Landtag zu folgendem Statement über den REP-Vorsitzenden: „Ich glaube schon, dass er in seiner Grundhaltung ein Demokrat ist."[1595]

Politiker und Sprecher der Union tun sich teilweise schwer dabei, die REP eindeutig dem extremistischen Spektrum zuzuordnen. Den Ausgang der Wahl zum Berliner Abgeordnetenhaus wertet Helmut Kohl im Januar 1989 als Bewegung der Wähler in „eine extreme Richtung"[1596]. Die CDU verkündet in einer Pressemitteilung vom 15. Februar 1989, die REP seien „rechtsradikal, aber nach heutigem Kenntnisstand nicht von vornherein rechtsextremistisch."[1597]Eine CDU-Dokumentation aus dem Juli 1989 sieht die Rechtspartei „an der Schwelle zum Rechtsextremismus"[1598]. Als „populistische Partei mit einem viel zu dünnen Unterbau" [1599] sieht Eberhard Diepgen im August 1989 die REP. Die CSU-Landesleitung beobachtet im Oktober 1989, Schönhuber befinde sich seit Gründung der REP „auf dem Weg zum rechten Rand"[1600].Im Jahr 1992 bezeichnet eine Handreichung der CDU in Baden-Württemberg die REP als „rechtsradikale Partei am Rande zum Extremismus"[1601]. Auch die CDU-nahe Konrad-Adenauer-Stiftung will in einer Studie von Juni 1989 die REP ausdrücklich nicht als *extremistisch* einstufen, sondern als „populistisch-rechtsradikale Partei"[1602]. Die CSU-Landesleitung rät ihren Wahlhelfern nicht nur, die Wähler der REP „nicht als neonazistisch, faschistisch oder rechts-

---

1595 Egon Scotland, SZ-Interview mit dem CSU-Fraktionschef: Alois Glück attackiert Geißler und Fink, Süddeutsche Zeitung, 1. Februar 1989.

1596 Helmut Kohl, Wir müssen die notwendige Überzeugungsarbeit leisten, in: Union in Deutschland, 2. Februar 1989.

1597 CDU/CSU-Bundestagsfraktion, Pressemitteilung zur Sitzung des Innenausschusses am 15. Februar 1989 vom 15. Februar 1989.

1598 Christlich Demokratische Union/Bundesgeschäftsstelle, Die REP: Analyse und politische Bewertung einer rechtsradikalen Partei, Bonn, Juli 1989, S. 6.

1599 N.n., „Republikaner sind populistisch", in: Die WELT, 7. August 1989.

1600 Christlich-Soziale Union/Landesleitung, Die Wandlungen des Franz Schönhuber, 10. Oktober 1989, S. 24.

1601 Christlich Demokratische Union/Landesverband Baden-Württemberg, CDU: Keine Basis für eine Zusammenarbeit mit den REP, CDU-Baden-Württemberg Extra, [ca. Mai/Juni 1992, keine Seitenabgaben].

1602 Norbert Lepszy, Die Republikaner: Ideologie – Programm – Organisation und Wahlergebnisse, Interne Studien, Nr. 13/1989 des Forschungsinstituts der Konrad-Adenauer-Stiftung, Sankt Augustin 20. Juni 1989, S. 2.

radikal"[1603] zu beschimpfen. Auch der Partei selbst will man keine extremistische Ausrichtung zusagen. Im Parteivorsitzenden sei eine „populistische Vielfalt"[1604] sichtbar, die keine eindeutige Festlegung zulasse. Von einer extremistischen Partei wollen viele Vertreter und Gremien der Union auch während der Parteiführung Schönhubers nicht reden.

Dabei steht Helmut Kohl für eine Abgrenzungspolitik der kleinsten und allernotwendigsten Schritte, was die REP betrifft. Die aktive und öffentlichkeitsgewandte Beschäftigung des CDU-Generalsekretärs Heiner Geißler mit der Rechtspartei ist Kohl zuwider. Meinungsdifferenzen über den zweckmäßigen Umgang mit den REP tragen zur Entlassung Geißlers als Generalsekretär bei.[1605]

Ungern beschäftigen sich Kohl und mehrere andere Unionspolitiker mit der Koalitionsfrage, also einer möglichen Zusammenarbeit mit den REP. Darauf angesprochen lehnen sie Bündnisse mit den REP nicht etwa wegen deren extremistischer Ausrichtung ab, sondern weil sich die Frage derzeit nicht stelle. So erklärt der niedersächsische CDU-Vorsitzende Wilfried Hasselmann, dass „derartige Überlegungen völlig unnötig seien"[1606], weil seine Partei mit ihrem jetzigen Koalitionspartner zufrieden sei. Diese Form der Argumentation stellt die Gefahr des Extremismus in den Hintergrund und lässt vermuten, Koalitionen mit den REP seien im Falle entsprechender machtpolitischer Konstellationen denkbar.

In der CSU mehren sich die Stimmen, die zwar auf Bundes- und Landesebene Bündnisse mit den REP nicht in Erwägung ziehen möchten, Kommunalpolitikern aber freie Hand lassen wollen. Der Parteivorsitzende Theo Waigel erklärt im Juni 1989: „Wir können niemand verbieten, mal mit jemand zu reden."[1607] Alois Glück meint, die REP seien für die Landes- und Bundesebene „nicht bündnisfähig und nicht akzeptabel"[1608], für mögliche Kooperationen in der Kommunalpolitik könne die CSU aber keine Empfehlungen erteilen. Erwin Huber stimmt mit ein. Sachthemen könne man „man gerade auf Gemeindeebene nicht politisieren"[1609]. Abgrenzungsbeschlüsse, die auch die kommunale Ebene einschlössen, seien daher „weder nötig noch sinnvoll"[1610].

1603 Christlich-Soziale Union, Landesleitung, Die Republikaner und Europa, ohne Datum, S. 21.
1604 Ebd., S. 23.
1605 Vgl. n.n., Kohl nicht für Beschluss gegen REP-Koalition, in: Münchner Merkur, 21. Juli 1989.
1606 Christlich Demokratische Union/Landesverband Niedersachsen, CDU-Hasselmann: Radikale Lösungen sind nicht verantwortbar, Pressemitteilung vom 23. März 1989; vgl. n.n., CDU: Pfeifen im Walde, in: Der Spiegel, Nr. 34/1989, 21. August 1989.
1607 N.n., Waigel stiftet Verwirrung, Abendzeitung, 24./25. Juni 1989.
1608 Ebd; vgl. n.n., Die CSU unter republikanischem Konkurrenzdruck. Differenzierte Analysen, Neue Zürcher Zeitung, 26. August 1989.
1609 Einar Koch, CSU-General Huber denkt laut: Neuer Kinderspielplatz, neuer Radfahrweg. Warum nicht mit den Republikanern?, Die Bunte, 6. Juli 1989.
1610 Ebd.

Einige Gremien und Politiker der Union fordern gar eine Annäherung an die REP, beispielsweise eher wenig einflussreiche Zirkel wie beispielsweise der *Petersberger Kreis*[1611], aber auch Amts- und Mandatsträger aus der ersten Reihe. Alfred Dregger, Vorsitzender der CDU/CSU-Bundestagsfraktion, gehört zu den Unionspolitikern, welche die Zugehörigkeit der REP zum Extremismus fast völlig außer Acht lassen. Eine aktive Auseinandersetzung mit der Rechtspartei gesteht er nur wenig Raum zu, da der Hauptgegner der Union „Rot-Grün" heiße.[1612] Nicht als Gegner des demokratischen Verfassungsstaates betrachten Dregger die REP, sondern lediglich als unangenehmes „Störpotential"[1613] für die Union. Mit scharfer Kritik den REP gegenüber solle man sparen, denn es sei „falsch, die Republikaner oder die Partei nur zu diskriminieren"[1614].

Unterstützung wird Dregger aus Niedersachsen zuteil. Eine Koalitionsabsage in Richtung der REP hält der dortige Landesvorsitzende Wilfried Hasselmann für „möglicherweise nicht durchhaltbar"[1615]. Ein Abgrenzungsbeschluss sei schlicht nicht durchführbar.[1616] Der Landtagsabgeordnete Kurt Vajen verkündet nach einer Zusammenkunft mit Schönhuber gar, dass er „weitestgehend die politischen Zielvorstellungen der Republikaner bejahe und die Partei für koalitionsfähig halte"[1617]. Kurze Zeit darauf wechselt Vajen zu den REP.[1618]

Vajen ist nicht der einzige Unionsparlamentarier, der zunächst öffentlich Sympathie für die REP bekundet, um später zur Rechtspartei zu wechseln. Mit der Person des sachsen-anhaltinischen CDU-Politikers Rudolf Krause gelingt den REP sogar das Abwerben eines Bundestagsabgeordneten. Krause veröffentlicht eine „Denkschrift zu nationalen deutschen Fragen"[1619], fordert darin die Wahlalternativen für

1611 Vgl. n.n., Manfred Kanther: Keine Zusammenarbeit mit „Republikanern", in: Frankfurter Rundschau, 3. Juli 1992. Das Papier im Orginal steht im ACDP leider nicht zur Verfügung.
1612 Vgl. Alfred Dregger, „Unsere Hauptgegner sind Rot-Grün": Strategie zur Auseinandersetzung mit Republikanern, in: Deutschland-Union-Dienst, 21. Juni 1989; vgl. Alfred Dregger, Steht die SPD noch zum Unvereinbarkeitsbeschluss?, in: Nordsee-Zeitung, 12. August 1989.
1613 Ebd.
1614 Ebd.
1615 N.n., CDU: Pfeifen im Walde, in: Der SPIEGEL, Nr. 34/1989, 21. August 1989.
1616 Vgl. n.n., CDU Niedersachsen gegen Zusammengehen mit Reps, in: Süddeutsche Zeitung, 11. Juli 1989.
1617 N.n., CDU-Abgeordneter billigt Ziele der Republikaner, in: Süddeutsche Zeitung, 22. August 1989.
1618 Vgl. n.n., Vajen kommt Ausschluss zuvor, in: Die Welt, 7. September 1989; n.n., Vajen kandidiert als Republikaner, in: Frankfurter Allgemeine Zeitung, 25. November 1989. Jürgen Gansäuer, CDU-Fraktionsvorsitzender im niedersächsischen Landtag, widerspricht der Haltung von Hasselmann und Vajen (vgl. n.n., Gansäuer grenzt die CDU ab: Klare Absage an jede Zusammenarbeit mit Republikanern, in: Hannoversche Allgemeine Zeitung, 27. April 1989).
1619 Vgl. Rudolf Krause, Ende der Volksparteien. Denkschrift zu nationalen deutschen Fragen, 2. Aufl., Essen 1993.

das rechtskonservative Potenzial[1620] und bestätigt den REP als „der stärksten Partei rechts von CDU/CSU"[1621] ihre Verfassungskonformität. Im Mai 1993 kommt Krause durch einen Übertritt zu den REP einem Parteiausschlussverfahren aus der CDU zuvor.[1622]

Einer deutlichen Abgrenzung gegenüber den REP geht auch der rheinland-pfälzische Ministerpräsident Carl-Ludwig Wagner aus dem Weg. Sollte sich herausstellen, dass die REP verfassungstreu sind, könnten sie „Koalitionspartner von wem auch immer sein"[1623], meint Wagner. Wagners Landesvorsitzender Hans-Otto Wilhelm denkt, es müsse „schon erlaubt sein, über die Frage nachzudenken, wie man beispielsweise die Republikaner bewertet"[1624] und will den Ministerpräsidenten so entschuldigen. Die REP haben sich jedoch bereits 1987 ein extremistisches Parteiprogramm gegeben und fügen sich in extremistische Verhaltensmuster ein. Von einem minoritären Begriffsverständnis des *Extremismus* ausgehend, mag man zu anderen Ergebnissen kommen. Solche Vermutungen aber öffentlich anzustellen, obgleich eine aggressive Grundhaltung der REP gegenüber demokratischen Verfassungsinstitutionen und insbesondere gegenüber Ausländern ein Bedrohungspotenzial ergibt, hat eine verharmlosende Wirkung.

Der Innensenator und Bundestagsabgeordnete Heinrich Lummer gesteht zwei Treffen mit Schönhuber ein[1625] und attestiert danach, die REP seien keine verfassungsfeindliche Partei[1626]. Vielmehr seien sie „mindestens ebenso koalitionsfähig wie die Alternative Liste"[1627] und „prinzipielle Koalitionspartner"[1628]. Lummer erläutert, „jede Partei, die sich im Rahmen der Verfassung bewegt, ist prinzipiell mit einer anderen Partei, die sich im gleichen Rahmen bewegt, koalitionsfähig"[1629]. Einen formellen Abgrenzungsbeschluss der Union den REP gegenüber hält Lummer für nicht sinnvoll. Gegebenenfalls müsse sich die Union „zwangsläufig die Koalitionsfrage mit den Republikanern stellen"[1630]. Es bliebe der CDU „unter gewissen

---

1620 Vgl. ebd., S. 36-37.

1621 Ebd., S. 113.

1622 Vgl. DPA-Meldung, Rudolf Krause Landesvorsitzender der Republikaner in Sachsen-Anhalt, 4. Juli 1993.

1623 Südwestrundfunk, Eintragung in der Hörfunk-Datenbank (Standort Mainz), Fernsehbestände, zu „Ausgefragt: Carl-Ludwig Wagner", Erstsendung: 16. März 1989.

1624 Südwestrundfunk, Eintragung in der Hörfunk-Datenbank (Standort Mainz), Fernsehbestände, zu „Blick ins Land aus Studio A", Erstsendung: 16. März 1989.

1625 Vgl. DPA-Meldung, Lummer: „Schönhuber bot mir Vorsitz der Republikaner an", 8. Februar 1989, DPA-Meldung, Lummer geht auf Distanz zu den Republikanern, 30. Januar 1989.

1626 Vgl. DPA-Meldung, Lummer: „Schönhuber bot mir Vorsitz der Republikaner an", 8. Februar 1989.

1627 Die Bunte, 16. Juni 1989, zitiert nach: Müller, Leo A., Republikaner, NPD, DVU, Liste D, ..., 2. Auflage, Göttingen 1989, S. 45.

1628 N.n., CDU: Pfeifen im Walde, in: Der Spiegel, Nr. 34/1989, 21. August 1989.

1629 DPA-Meldung, Republikaner, 22. Juni 1989.

1630 N.n., Lummer nennt Koalition mit Republikanern „zwangsläufig", in: Neue Ruhr-Zeitung, 20. Juni 1989.

Voraussetzungen einmal nichts anderes [übrig], als mit der Schönhuber-Partei zusammenzuarbeiten"[1631]. Inwieweit eine solche Zusammenarbeit in Frage komme, hinge auch von der programmatischen Entwicklung der REP ab.[1632] Verharmlosend sind die Überlegungen Lummers, weil sie extremistische Tendenzen der REP einfach übersehen und sich ausschließlich auf Vorteile des Machterhalts der Union richten. Wenn Lummer behauptet, die Union müsse sich „zwangsläufig"[1633] und es könne ihr gegebenenfalls „nichts anderes übrig bleiben"[1634] als eine Koalition mit den REP einzugehen, bleibt die Verantwortung der Abgrenzung gegenüber Extremisten völlig unberücksichtigt.

Mit seiner Einschätzung steht Lummer in Berlin nicht allein. Der stellvertretende Landesvorsitzende der Jungen Union, Thorsten Thaler, will in den REP keine extremistische, sondern eine rechtskonservative Partei erkennen, welche „schlichtweg seriös"[1635] sei. Thaler richtet sich gegen „die derzeit mit breiter Unterstützung der Medien geführte Verleumdungskampagne gegen die Republikaner"[1636]. Er beobachte „bodenlose Diffamierung"[1637] sowie die „bewusste Inszenierung einer üblen Hetzkampagne"[1638].

Wie Hasselmann, Wagner, Lummer und andere Unionspolitiker will auch der CSU-Bundesernährungsminister Ignaz Kiechle April 1989 „eine Koalition mit den Republikanern nicht auf alle Zeiten ausschließen."[1639] Sollten die REP ein Programm verabschieden, „das verhandlungssicher sei, könne man auf lange Sicht nicht sagen: ‚alles was neben mir ist, ist in diesem Bereich nicht koalitionsfähig.'"[1640]

Eine merkwürdige Rolle in puncto Umgang mit den REP spielt der bayerische Ministerpräsident Max Streibl. Mal greift er Schönhuber heftig an und rückt die REP in die geistige Nähe des Nationalsozialismus, mal bemerkt er, der REP-Vorsitzende vertrete „weithin CSU-Positionen, gerade im Bereich der Ausländerpolitik. Der eigentliche Imitator heißt also Schönhuber. Unsere Rechtspositionen bleiben auch dann noch richtig, wenn ein anderer die ihm passend erscheinenden Teile

1631 Ebd.; vgl. Kai Diekmann, Das Lummer-Papier. Braucht die CDU bald Schönhuber?, in: Die BUNTE, 26/1989.
1632 Vgl. Otto Kallscheuer, Jetzt hat Schönhuber das Heft in der Hand: Fragen an Heinrich Lummer, in: Claus Leggewie, Die Republikaner: Phantombild der Neuen Rechten, Berlin 1989, S.138-140.
1633 N.n., Lummer nennt Koalition mit Republikanern „zwangsläufig", in: Neue Ruhr-Zeitung, 20. Juni 1989.
1634 Ebd.
1635 N.n., Vizechef der JU sieht Republikaner als Opfer einer „üblen Hetzkampagne", in: Der Tagesspiegel, 2. Februar 1989.
1636 Ebd.
1637 Ebd.
1638 Ebd.
1639 N.n., Kiechle schließt Koalition mit Republikanern nicht aus, Süddeutsche Zeitung, 28. April 1989.
1640 Ebd.

herauspickt."[1641] Nach seinem Rücktritt als Ministerpräsident, aber noch in Besitz seines Landtagsmandats, trifft er sich persönlich mit Schönhuber.[1642]

Selten geben Unionspolitiker ihre Handlungsmotivationen für den Umgang mit den REP zu erkennen. Die *Neue Zürcher Zeitung* will wissen, dass der CSU-Bundesverkehrsminister Friedrich Zimmermann bei einer Vorstandssitzung nach den Wahlen 1989 für „eine weniger harte Abgrenzung gegenüber den Republikanern plädiert"[1643] habe, weil auch im Falle der *Bayernpartei* das „Rezept ‚umarmen und aufsaugen'"[1644] zum Erfolg geführt habe.

Auffällig ist die mit dem Leitmotiv Zimmermanns zusammenhängende Vorgehensweise der CSU, die in Wahlwerbemitteln in den Jahren 1989 und 1990 nicht nur die zentralen Themen der REP übernimmt, sondern auch deren Formulierungen. Gefordert wird: „Schluss mit dem Asylmissbrauch!"[1645] Man beobachte einen „massenhaften Asylmissbrauch"[1646] und einen „massenhaften Missbrauch der Asylanträge"[1647]. Als Slogan einer Wahlanzeige zur Europawahl 1989 dient: „Deutschland unser Vaterland"[1648]. Theo Waigel erläutert, die CSU wolle sich in Sachen Wahrung der nationalen Identität von niemandem übertreffen lassen.[1649] Waigel in einem *Spiegel*-Interview: „Dort, wo berechtigte Forderungen vorhanden sind, werden wir überlegen, was wir tun können. Aber es wird nicht vor der Wahl das Füllhorn ausgeschüttet, um damit Wählerstimmen zu gewinnen."[1650] Doch der CDU-Ministerpräsident Baden-Württembergs, Lothar Späth, übt sich genau darin, das Füllhorn auszuschütten. Er konzentriert sich vor der Europawahl auf die Kernthemen der REP, will die Unzufriedenheit der Landwirte durch kurzfristige Fördermaßnahmen eindämmen und verschreibt sich dem Kampf gegen die „Asylantenflut"[1651]. Streibl empfiehlt, „die Ziele und Wünsche der National-Kirchlichen stärker

1641 N.n., Streibl: Die CSU wird sich von den Problemen der CDU nicht anstecken lassen, Die Welt, 1. Februar 1989.
1642 Vgl. DPA-Meldung, Kritik am Treffen Streibl-Schönhuber: „Saublöd" und „dämlich", 14. Februar 1994.
1643 N.n., Das Problem mit den Republikanern, Neue Zürcher Zeitung, 1. Juli 1989.
1644 Ebd.
1645 Informationen der CSU zur bayerischen Landtagswahl 1990, S. 7; Informationen der CSU zur Bundestagswahl 1990, S. 6; vgl. Christlich Soziale Union, Asyl ja – Missbrauch nein, Wahlanzeige zur Europawahl 1989, in: Münchner Merkur, 12. Juni 1989.
1646 Informationen der CSU zur Bundestagswahl 1990, S. 2.
1647 Informationen der CSU zur bayerischen Landtagswahl 1990, S. 7.
1648 Christlich Soziale Union, Deutschland unser Vaterland, Wahlanzeige zur Europawahl 1989, in: Süddeutsche Zeitung, 10. Juni 1989.
1649 N.n., Die CSU unter republikanischem Konkurrenzdruck. Differenzierte Analysen, Neue Zürcher Zeitung, 26. August 1989.
1650 Vgl. Koch, Dirk/Wirtgen, Klaus, „Eine große Koalition ist das Letzte", Spiegel-Gespräch mit dem CSU-Chef Theo Waigel über Wahlschlappe und Koalitionschancen seiner Partei, Der Spiegel, Nr. 26, 26. Juni 1989.
1651 Peter Reinhardt, Mit gezielter Unterstützung Protestpotential beruhigen, in: Handelsblatt, 7. Juni 1989.

zu berücksichtigen"[1652]. Dabei sind nicht unbedingt die Inhalte an sich zu kritisieren, sondern vielmehr die Tatsache, dass im Zusammenhang mit dem Erstarken der REP wenige Monate vorher und deren nahezu identischer Wortwahl den Wählern nichts anderes übrig bleibt als eine gedankliche Verknüpfung zu den REP-Kampagnen herzustellen. Wenn aber die CSU als etablierte Volkspartei dieselben Problemfelder mit derselben Sprache argumentativ aufgreift, lässt sie für die politische Öffentlichkeit nur zwei Schlüsse zu. Entweder eifert die CSU den REP nach oder sie beansprucht genannte Inhalte und Ausdrucksweisen als deren eigentlicher Urheber für sich. In beiden Fällen bieten die Christsozialen die Gelegenheit, die xenophobe Agitation zu entschuldigen.

Als verharmlosend während der Phase Schönhuber müssen schließlich zwei Argumentationsstränge der Union gelten: Erstens die Gleichsetzung der REP mit den Grünen, die Nähe beider Parteien zum Extremismus bzw. deren Feindseligkeit gegenüber dem demokratischen Verfassungsstaat betreffend. Zweitens die Vernachlässigung der Abgrenzung von der extremistischen Ausrichtung der REP zugunsten einer Warnung vor möglichen sozialdemokratisch geführten Regierungen.

Die seitens der Unionsparteien wiederholt formulierte Parallelität von REP und Grünen als Protestbewegungen oder gar als extremistische Kräfte ist deshalb verharmlosend, weil zum Zeitpunkt des politischen Durchbruchs der REP im Jahr 1989 die Grünen bereits als ernst zu nehmende politische Programmpartei gefestigt sind. Die Beschreibung der Grünen als Protestpartei ohne programmatische Tiefe mag für die anfängliche Findungsphase zutreffend gewesen sein. Wenn also die REP mit einer von Umweltschutzforderungen getriebenen, vereinzelt mit randständig linken Kräften durchsetzten, aber insgesamt demokratischen Partei verglichen werden, kann leicht der Eindruck entstehen, von den REP könne auch keine Gefahr für die Demokratie ausgehen. Auch das Heidelberger Sinus-Institut kommt in einer vom SPD-Parteivorstand in Auftrag gegebenen Studie aus dem Jahr 1989 zum Schluss, die von der Union angeführte Analogie von REP und Grünen habe „eher entlastend gewirkt"[1653], da Wähler sich in ihrem Ansinnen, über die Stimmabgabe an die REP Anstöße zu einer veränderten Ausländerpolitik zu geben legitimiert sahen, war den Grünen doch in puncto Umweltpolitik bereits ähnliches gelungen.

Dennoch stellt der Gedanke einer vergleichbaren Bedrohung der Demokratie durch REP und Grüne eine weit verbreitete These in Unionskreisen dar. Der CDU-Bundesvorstand empfiehlt der Bundesregierung sowie der CDU/CSU-Bundestagsfraktion im April 1989, „Koalitionen mit den so genannten Republika-

1652 Henkel, R./Petersen, S., Wird jetzt das weiß-blaue Bayern schwarz-braun?, Abendzeitung, 20. Juni 1989.
1653 N.n., Reps – keine unbekannten Wesen, in: Vorwärts, Nr. 11, November 1989.

nern und den Grünen "[1654] abzulehnen. Im Juli verabschiedet das CDU-Präsidium einen Beschluss, der die Zusammenarbeit mit „Kommunisten, den Grünen/Alternative Liste, den Republikanern, den Nationaldemokraten und der Deutschen Volksunion"[1655] in einem Atemzug ausschließt. Neben dem niedersächsischen Landesvorstand[1656] übernimmt auch der Bundesparteitag (wenn auch eingebettet in einen allgemeineren Resolutionstext[1657]) im September 1989 den Beschluss im Wortlaut. Inhaltlich vollzieht der CDU-Landesverband Nordrhein-Westfalen den Abgrenzungsbeschluss nach und benennt als auszuschließende Kooperationspartner „Kommunisten, Grün-Alternative, Republikaner, Nationaldemokraten (NPD) und die Deutsche Volksunion (DVU)"[1658]. Auch in einer Dokumentation aus dem Mai 1994 stellt die CDU einen Vergleich zwischen REP und Grünen an. Die REP seien eine „rechtspopulistische Protestpartei"[1659], den Grünen ähnlich – nur dass die Grünen „linksradikalen Protest"[1660] formulierten, die REP hingegen „rechtsradikalen Protest"[1661].

Die CSU fordert in einer Dokumentation vom Juni 1989, der freiheitliche Staat dürfe nicht „politischen Hasardeuren und Radikalen, Grünen und Alternativen sowie Republikanern, der DVU oder der NPD überlassen werden"[1662]. Im Europawahl-

1654 Bundesvorstand der Christlich-Demokratischen Union, Empfehlungen an die Bundesregierung und die CDU/CSU-Bundestagsfraktion, beschlossen während der Klausurtagung am 16./17. April 1989 in Königswinter, zitiert nach: n.n., CDU begrüßt Kabinettsumbildung: Eine gute Grundlage für einen neuen Aufbruch, in: Union in Deutschland, Nr. 13, 20. April 1989, S. 3.

1655 Christlich Demokratische Union/Parteipräsidium, Beschluss über Abgrenzung gegenüber radikalen Parteien, 3. Juli 1989, zitiert nach Christlich Demokratische Union/Bundesgeschäftstelle, Pressemitteilung vom 4. Juli 1989.

1656 N.n., CDU Niedersachsen gegen Zusammengehen mit Reps, in: Süddeutsche Zeitung, 11. Juli 1989.

1657 Vgl. Christlich Demokratische Union, Moderne Parteiarbeit in den 90er Jahren, Parteitagsbeschluss, Niederschrift des 37. Bundesparteitages am 11.-13. September 1989 in Bremen.

1658 N.n., CDU in Düsseldorf gegen Koalition mit Republikanern, in: Süddeutsche Zeitung, 16. August 1989. Ein Beschluss vergleichbaren Inhalts des CDU-Bundesparteitags vom Oktober 1992 erwähnt die Grünen nicht mehr als *radikale* Partei (vgl. Christlich Demokratische Union, Beschluss Nr. H81, Niederschrift des 3. Parteitages am 26.-28. Oktober 1992 in Düsseldorf).

1659 Christlich Demokratische Union/Bundesgeschäftstelle, Die REP: Analyse und politische Bewertung einer rechtsradikalen Partei, Bonn, 18. Mai 1989, S. 25.

1660 Ebd., S. 26.

1661 Ebd. Eine Vergleichbarkeit von REP und Grünen unstellt auch eine weitere CDU-Dokumentation aus dem Jahr 1989 (vgl. Christlich Demokratische Union/Bundesgeschäftsstelle, Die REP: Analyse und politische Bewertung einer rechtsradikalen Partei, Bonn, Juli 1989, S. 3).

1662 Christlich-Soziale Union, Landesleitung, Republikaner auf Radikalkurs, 1. Juni 1989, S. 9.

kampf 1989 kommt die Gleichsetzung von REP und Grünen als radikale Parteien einem immer wiederkehrenden Refrain gleich.[1663]

Deutlich wird diese Form der Verharmlosung im CDU-Europawahlkampfslogan „Radikale und SPD, Zukunft und Wohlstand ade." Hier wird der Eindruck erweckt, die Wahl radikaler Parteien (gemeint sind hier REP und die Grünen) sei in seiner Wirkung auf die Zukunft und den wirtschaftlichen Erfolg der Bundesrepublik ebenso schädlich wie die Wahl der Volkspartei SPD oder der linken Umweltschutzpartei *Die Grünen*. Es fehlt zumindest jede Differenzierung, so dass SPD, Grüne und REP auf dieselbe Stufe der Gemeinschädlichkeit gestellt werden.

Carl-Ludwig Wagner schätzt die Grünen gar so ein, dass „deren Verfassungstreue eher zweifelhafter ist als die der Republikaner"[1664]. Diese Meinung teilt der baden-württembergische CDU-Bundestagsabgeordnete Claus Jäger.[1665]. Gerhard Mayer-Vorfelder, baden-württembergischer Kultusminister, pflichtet Wagner sowie Jäger bei und erklärt, die Grünen seien „mindestens ebenso verfassungswidrig und gefährlich wie die Republikaner"[1666].

Motiviert war der immer wieder angeführte Vergleich zwischen Grünen und REP mit der Befürchtung, eine als extrem rechts wahrgenommene Kraft mag auch den gemäßigt rechten Flügel der Unionsparteien anrüchig erscheinen lassen und so die Partei insgesamt diskreditieren. Der Hinweis auf die Grünen schafft Ausgleich, da ja auch die andere große Volkspartei einen eher nahe stehenden extremistischen Counterpart habe. Diese machtstrategischen, taktischen Überlegungen sind mit den verfassungsgegebenen Erwartungen an eine etablierte Partei nicht vereinbar.

Ähnliches gilt für den zum Sinnspruch erhobenen Slogan „Wer rechtsradikal wählt, wird links regiert!". Die CDU legt den Wählern in dieser Phase eine Argumentation nahe, die als entscheidendes Kriterium für die individuelle Wahlentscheidung nicht die eigene Überzeugung, sondern gesamtstrategische Überlegungen im Hinblick auf den möglichen Wahlausgang zugrunde legt („Jede Stimme für rechts-

1663 Vgl. Heiner Geißler, Wer rechtsradikal wählt – wird links regiert: Radikale und SPD, Zukunft und Wohlstand ade, in: Union in Deutschland, 2. Mai 1989; Heiner Geißler, Keine Koalition mit den Republikanern, in: Union in Deutschland, 26. Mai 1989, Christlich Demokratische Union/Bundesgeschäftsstelle, Pressemitteilung vom 17. April 1989; Junge Union Deutschlands, Chaos und Zerstrittenheit kennzeichnen die SPD – Aussiedlerfeindlichkeit eint Lafontaine und Schönhuber, Pressemitteilung 24/89, Bonn, 3. April 1989.

1664 Südwestrundfunk, Eintragung in der Hörfunk-Datenbank (Standort Mainz), Fernsehbestände, zu „Ausgefragt: Carl-Ludwig Wagner", Erstsendung: 16. März 1989.

1665 Vgl. Helmut Lölhöffel, Wagner erhält Schützenhilfe, in: Frankfurter Rundschau, 29. März 1989.

1666 Wulf Reimer, Späth: Republikaner gnadenlos bekämpfen. Der Stuttgarter Regierungschef warnt Kommunalpolitiker vor einer Strategie der Toleranz, Süddeutsche Zeitung, 3. Juli 1989.

radikale Parteien ist eine Stimme für den rot-grünen Pakt"[1667]). Theo Waigel argumentiert, jeder Wähler der REP stärke „die Grünen und die SPD und verhindert damit genau die Politik, die ein Teil dieser Wähler eigentlich haben möchte"[1668]. Wenn die Unionsparteien aber nicht vorrangig auf die negativen Wirkungen des Auftretens einer extremistischen Partei aufmerksam macht, sondern als zuvorderst zu beachtendes Schreckensszenario eine rot-grüne Koalition oder eine „linke Regierung" suggeriert, schmälert dies unangemessen die Warnung vor den Extremisten.

Alle stillen Hoffnungen rechtskonservativer Unionspolitiker auf einen gemäßigten möglichen Koalitionspartner rechts von der Union werden lange vor der Amtsübernahme *Schlierers* begraben. Innerparteiliche Streitigkeiten und Grabenkämpfe sowie skurrile und kantige Persönlichkeiten in Führungspositionen lassen die REP nicht als verlässlichen und attraktiven Bündnispartner erscheinen. Die extremistische Gesinnung und Struktur der Partei fällt während der Amtsführung Schönhubers auch sehr konservativen, den REP anfangs offener begegnenden Unionsvertretern auf. Die REP stehen gesellschaftlich geächtet am Rande der Gesellschaft. Der sich im Jahr 1989 ankündigende Durchbruch weicht einer ernüchternden Realität. Als Schlierer den Bundesvorsitz übernimmt, ist seine Partei lediglich in einem Landesparlament, nämlich dem seinigen vertreten. Bemühungen, die Option einer Koalition mit den REP für den Fall ungünstiger Mehrheitsverhältnisse durch relativierende oder verharmlosende Kommentare offen zu halten, sind zum Erliegen gekommen. Wenige Politiker aus CDU und CSU, die nicht inzwischen eine deutliche Distanz zu den REP wahren, sind politisch bedeutungslos oder – wie vereinzelt geschehen – zu den REP übergetreten. Tendenzen einer Verharmlosung der REP unter Schlierer sind daher nicht zu beobachten.

1667 Heiner Geißler, Wer rechtsradikal wählt – wird links regiert: Radikale und SPD, Zukunft und Wohlstand ade, in: Union in Deutschland, Nr. 14, 2. Mai 1989, S. 3; vgl. Christlich Demokratische Union/Bundesverband, Wandzeitung „Radikale und SPD, Zukunft und Wohlstand ade.", abgedruckt in: Union in Deutschland, 18. Mai 1989; Wahlanzeige der CDU zur Europawahl 1989, zitiert aus: Eike Hennig/Manfred Kieserling/Rolf Kirchner, Die Republikaner im Schatten Deutschlands. Zur Organisation der mentalen Provinz, Frankfurt am Main 1991, S. 239, Christlich Demokratische Union/Bundesgeschäftsstelle, Radikale und SPD, Zukunft und Wohlstand ade., Werbeanzeige zur Europawahl 1989 in: Union in Deutschland, Nr. 16., 18. Mai 1989; Christlich Demokratische Union/Bundesgeschäftsstelle, Keine Experimente! Wählen gehen!, Werbeanzeige zur Europawahl 1989 in: Die Welt, 7. Juni 1989; Christlich Demokratische Union/Landesverband Niedersachsen, CDU-Hasselmann: Radikale Lösungen sind nicht verantwortbar, Pressemitteilung vom 23. März 1989; Christlich Demokratische Union/Bundesgeschäftsstelle, Pressemitteilung vom 17. April 1989.
1668 Theo Waigel: Treu der Verantwortung! Der CSU-Vorsitzende beim Politischen Aschermittwoch: Eine große Tradition lebt, Bayernkurier, 18. Februar 1989.

4.3. Zusammenfassung

Häufig erheben Autoren Vorwürfe gegenüber konservativen Parteien, sie kämen, im Versuch rechtsextremistische Wähler und Sympathisanten einzubinden, „dabei nicht selten dem Rechtsextremismus programmatisch und rhetorisch sehr nahe"[1669]. Man bewege sich selbst auf den Rechtsextremismus zu, „um diesen zu umarmen und die politische Konkurrenz auszuschalten"[1670]. Als Zusammenfassung dieses Teils dieser Untersuchung wären diese Bemerkungen von Richard Stöss ungeeignet. Die Ergebnisse widersprechen dieser These.

Franz Handlos führt während seiner Vorstandschaft ein Schattengewächs im parteipolitischen Spektrum. Äußern sich Unionsvertreter den REP gegenüber, so gelten deren verächtlichen Kommentare fast ausschließlich Personen, namentlich Handlos und Ekkehard Voigt. Eine ernsthafte inhaltlich-politische Auseinandersetzung der CDU und CSU mit den REP in dieser Phase findet nicht statt.

Während der Parteiführung Schönhubers herrscht insbesondere im Jahr 1989 ein heilloses Durcheinander in der Union beim Umgang mit den REP. Den klar formulierten Abgrenzungsbeschlüssen und Handlungsempfehlungen der Parteiführung zum Trotz scheren selbst führende Vertreter von CDU und CSU aus, um den REP entweder stigmatisierend die geistige Nachfolge der NSDAP nachzusagen oder der Rechtspartei gegenüber verharmlosend aufzutreten und sich als großer Koalitionspartner anzubiedern. Allmählich setzt sich die Linie Helmut Kohls durch: keine Koalitionen und Gespräche mit den REP, keine auffällige Auseinandersetzung mit der Rechtspartei. Der CDU-Generalsekretär Heiner Geißler ist Anhänger einer aktiven Bekämpfung der REP, einschließlich einer gelegentlichen Verwendung klischeehafter NS-Assoziationen, und muss schließlich als Bauernopfer dem Kurs der CDU-Bundesführung weichen. Alfred Dregger, Carl-Ludwig Wagner, Wilfried Hasselmann, Max Streibl und Heinrich Lummer müssen ihre verharmlosenden Äußerungen relativieren oder zurücknehmen, um ihre Machtposition nicht zu gefährden und wie Kurt Vajen und Rudolf Krause die REP als einzig verbleibendes politisches Betätigungsfeld fluchtartig aufzusuchen.

Ein grundlegender Wandel im Umgang der Union mit den REP ist auch während der Parteiführung Schlierers nicht zu beobachten. Es überwiegt ein von demokratischer Abgrenzung geprägtes Verhältnis. Abweichungen hiervon stellen die Ausnahme dar. Im Verhältnis spielen stigmatisierende Mittel des Umgangs eine eher geringe Rolle und tauchen vorrangig als eilige Reaktionen auf tagespolitische Entwicklungen auf. Insbesondere die Dokumentationen und Handreichungen der Unionsparteien, die für den Umgang mit den REP von Bundesebene bis zum Ortsver-

---

1669 Richard Stöss, Ideologie und Strategie des Rechtsextremismus, in: Wilfried Schubarth/Richard Stöss, Rechtsextremismus in der Bundesrepublik Deutschland. Eine Bilanz., Schriftenreihe Bd. 368, Bonn 2000, S.124-125.
1670 Ebd., S.126.

band den Ton vorgeben, beeindrucken – trotz punktuellen Schwächen in Recherche und Präsentation – durch ihre sachliche Auseinandersetzung mit den REP als phasenweise extremistische Partei. Neben den zahlreichen, unmissverständlich formulierten und mehrfach erneuerten Abgrenzungsbeschlüssen tragen diese parteioffiziellen Papiere zur beherrschenden Linie einer demokratischen Abgrenzung wesentlich bei. Bemerkenswert ist sowohl der Umfang verharmlosender Mittel des Umgangs als auch die Tatsache, dass sich unter ihren Urhebern nicht wenige politische Schwergewichte der Union befinden.

Die Mittel des Umgangs seitens der Union bewegen sich deutlich überwiegend im Rahmen einer inhaltlichen, nicht institutionellen Auseinandersetzung. Dies ist nicht selbstverständlich. Maßnahmen wie ein Verbot der REP[1671], Erwin Hubers Ideen der Einführung des Mehrheitswahlrechts und einer höheren Hürde für die Wahlkampfkostenrückerstattung[1672] sowie eine bundesweite Ausdehnung der CSU[1673] werden zunächst ernsthaft diskutiert, setzen sich trotz teils gegenteiliger Erwartungen seitens diverser Medien schließlich jedoch nicht durch. Die Union betrachtet die REP anscheinend als Teil eines übergeordneten, den Extremismus berührenden Phänomens, dem nur eine inhaltliche Analyse und abwehrende Begegnung Herr werden könne.

1671 Vgl. DPA-Meldung, Auch CDU-Experten für Neubewertung der Republikaner – SPD zieht NSDAP-Vergleich – Gewalttaten von Funktionären offiziell belegt, 1. Juni 1994; vgl. n.n., Politiker fordern härteres Vorgehen gegen Republikaner: Eylmann bringt Verbot der Partei in die Diskussion, General-Anzeiger, 11. April 1994; vgl. DPA-Meldung, Republikaner unter wachsendem Druck: Verbot erscheint möglich, 10. April 1994; n .n., Republikaner verbieten?, in: Die Woche, 9. Juni 1994; DPA-Meldung, CDU Mecklenburg-Vorpommern: Verbot der Republikaner erwägen, 18. Mai 1994.

1672 Vgl. n.n., Koalitionsakrobatik im Banne Schönhubers: Bonner Ratlosigkeit über den Vormarsch der Republikaner, Neue Zürcher Zeitung, 15. Juli 1989; Einar Koch, CSU-General Huber denkt laut: Neuer Kinderspielplatz, neuer Radfahrweg. Warum nicht mit den Republikanern?, Die Bunte, 6. Juli 1989.

1673 Vgl. Rolf Henkel, Kreuther Visionen, Abendzeitung, 11. Januar 1990.

5. Umgang der SPD mit den Republikanern

5.1. Diachrone Deskription der Mittel

5.1.1. Parteivorsitz Franz Handlos

Die Bekämpfung des Rechtsextremismus gehört für die SPD bereits lange vor Gründung der REP zum politischen Selbstverständnis. Im weiteren Umfeld der Partei bilden sich Initiativen, die sich ausschließlich der Beobachtung und Eindämmung des Rechtsextremismus widmen. Seit 1984 erscheint beispielsweise der SPD-nahe Informationsdienst „blick nach rechts". Dem Extremismus von links gilt nicht dasselbe Maß an Aufmerksamkeit.

Diese Ausrichtung sowie eine gewisse Häme, mit der die SPD den Zwist der CSU-Bundestagsabgeordneten Franz Handlos und Ekkehard Voigt mit ihrer Partei begleitet, begründen das Interesse des SPD-Organs *Vorwärts* an den Entwicklungen, die zur Entstehung der REP führen. Mit zwei Beiträgen in der Parteizeitung äußert sich die SPD zur Gründung der Republikaner. Weitere Reaktionen der Partei auf die neue Rechtspartei werden erst nach der Amtsübernahme Schönhubers, aber vor dem Einzug in das Berliner Abgeordnetenhaus sichtbar.

Anlässlich des Austritts Ekkehard Voigt aus der CSU weist der *Vorwärts*-Autor Jan-Anton Beckum auf die bevorstehende Parteigründung hin.[1674] Als „zackig-rechten CSU-Wehrpolitiker" und „wackeren Auf-Rechten"[1675] bezeichnet Beckum Voigt. Zusammen mit seinem „schwarzen Bruder im Geiste"[1676] Franz Handlos, der den CSU-Austritt bereits im Juli 1983 vollzogen habe, wolle Voigt eine Interessengemeinschaft im Bundestag formen und „Ende November eine bundesweite ‚Mitte-rechts'-Partei gründen, die auch mit ‚republikanischen Elementen' werben, vor allem aber ein ‚Sammelbecken' unzufriedener CSU-Anhänger werden soll"[1677]. Als Stein des Anstoßes erwähnt *Vorwärts* denn von Franz Josef Strauß initiierten Milliardenkredit an die DDR. Wenige Wochen vor der geplanten Parteineugründung habe sich Voigt schließlich in einem Schreiben an Strauß von „Duckmäusertum, Anpassung und Einschüchterungsaktionen gegenüber Demokraten"[1678] abgewandt. Beckum zieht das Fazit, die bayerische Mehrheitspartei könne „die aus ganz unterschiedlichen Motiven entstandenen innerparteilichen Turbulenzen in der CSU nach

---

1674 Jan-Anton Beckum, In der CSU gärt es weiter, in: Vorwärts, Nr. 45, 3. November 1983.
1675 Ebd.
1676 Ebd.
1677 Ebd.
1678 Ebd.

dem deutschlandpolitischen Kurswechsel des Vorsitzenden" nicht überdecken.[1679] Der Beitrag im *Vorwärts* vermittelt den Eindruck, die Gründung der REP sei sowohl als Ausdruck des Protests gegen den Milliardenkredit zu verstehen als auch als Folge interner persönlicher Konflikte. Die Erkenntnis von der „Aussichtslosigkeit innerparteilicher Demokratie in der CSU"[1680] sei Voigt erst gekommen, als ihm der Wunsch auf einen Sitz im Verteidigungsausschuss nicht gewährt worden sei.

Nach erfolgter Gründung widmet sich ein weiterer Beitrag Beckums im SPD-Parteiorgan den REP, die er als „neue Anti-Strauß-Allerweltspartei"[1681] etikettiert, welche „mit viel Kraftmeierei um Deutschnationale"[1682] buhle. Die neue Partei sei nicht leicht in das politische Spektrum einzuordnen, weil sie „offensichtlich von überall Sympathien auf sich zu ziehen"[1683] versuche. Die REP machten „ein paar linke, hauptsächlich aber rechte und ganz rechte Anleihen"[1684]. Unter dem Strich seien die REP als „ziemlich weit rechts stehende"[1685] Partei zu betrachten. Der *Vorwärts*-Artikel zeichnet sich durch einen belächelnden Tonfall aus, spricht von Handlos als „Erststimmenkönig aus dem Bayerischen Wald"[1686]. Sein „getreuer Ekkehard"[1687] sei der „stramme Offizier a. D."[1688] Voigt, Schönhuber, der als „Späteinsteiger in die Politik [...] Wirtshaussäle füllen"[1689] wolle, sei der „dritte im Bunde"[1690]. Mit „einer Attitüde, als hätten sie die Politik überhaupt erst erfunden"[1691], sei das „Triumvirat der Gründer"[1692] beim Gründungskongress in München aufgetreten und habe ein Programm „so umfangreich wie ein Warenhauskatalog"[1693] vorgelegt. Ein „neuer politischer Zeitabschnitt"[1694] sei beschworen worden, und das mit Forderungen nach der „Abschaffung der Mengenlehre im Mathematikunterricht"[1695] und einer „Roboter-Abgabe für Rationalisierungsopfer"[1696]. Markant sei schließlich der Drei-Stufen-Plan, mit dem die REP die deutsche Wiedervereinigung zu bewerkstelligen gedächten. Beckum kommentiert: „Dass darauf die ,Altparteien' noch nicht gekommen

---

1679 Ebd.
1680 Ebd.
1681 Jan-Anton Beckum, Die neue Anti-Strauß-Allerweltspartei, in: Vorwärts, Nr. 49, 1. Dezember 1983.
1682 Ebd.
1683 Ebd.
1684 Ebd.
1685 Ebd.
1686 Ebd.
1687 Ebd.
1688 Ebd.
1689 Ebd.
1690 Ebd.
1691 Ebd.
1692 Ebd.
1693 Ebd.
1694 Ebd.
1695 Ebd.
1696 Ebd.

sind!"[1697] In Bezug auf die Pläne der Republikaner, sich bei der bayerischen Landtagswahl 1986 erstmals dem Wähler zu stellen, höhnt der *Vorwärts*-Autor: „Ob Handlos und Co. wohl bis dahin durchhalten?"[1698]

Das *Jahrbuch* der SPD berichtet über die Auseinandersetzung der Partei mit dem Rechtsextremismus. Unionspolitikern betrieben „eine Politik der Verharmlosung des Rechtsextremismus"[1699], der *Jungen Union* werden „rechtsradikale Tendenzen"[1700] nachgesagt. Die REP als Partei bleiben während der gesamten Führungsperiode von Handlos unbeachtet.

5.1.2. Parteivorsitz Franz Schönhuber

Eine Abgrenzung im Sinne der Verneinung von Regierungsbündnissen empfindet die SPD als weniger dringend als die konservativen Volksparteien CDU und CSU. Dies hängt mit den Koordinaten der Parteien im politischen Spektrum zusammen. Koalitionen zwischen der linken Volkspartei SPD und den rechtsextremistischen REP auf Bundes- und Landesebene vermuten weder innerparteiliche noch externe Beobachter. Entsprechend greift die SPD hinsichtlich ihres Umgangs mit den REP nur begrenzt auf *formelle Beschlüsse* zurück. Wenn doch, dann häufig als Appell an die Union, sich vehementer von den REP abzusetzen und zu distanzieren.

Ein Beschluss des SPD-Parteivorstandes vom 23. September 1991 ist „Energisch gegen rechtsradikale Gewalt" überschrieben und steht unter dem Eindruck der erschreckenden Geschehnisse in Hoyerswerda. Tagelang (17. bis 22. September 1991) werden Asylsuchende in ihrem Wohnheim angegriffen, schließlich aus ihren Unterkünften getrieben und unter dem Applaus und Gejohle umherstehender Passanten noch beim Abtransport im Bus durch Steinwürfe verletzt. Der SPD-Vorstand schiebt der Union einen Teil der Schuld zu und kommentiert: „Wieder einmal unternimmt die CDU den Versuch, rechtsextremen Parteien Wähler wegzufangen, indem sie deren ausländerfeindlichen Parolen aufgreift – ja mehr noch: ihnen an Deutlichkeit und diskriminierender Wortwahl sogar den Rang abläuft."[1701] Weiter heißt es im SPD-Beschluss: „Das ist ein Spiel mit dumpfen Emotionen – zum Schaden von Menschen! Wir fordern die Union auf, zum Konsens der Demokraten zurückzufin-

1697 Ebd.
1698 Ebd.
1699 Sozialdemokratische Partei Deutschlands/Vorstand, Jahrbuch der Sozialdemokratischen Partei Deutschlands 1982-1983, Bonn 1984, S. 65.
1700 Sozialdemokratische Partei Deutschlands/Vorstand, Jahrbuch der Sozialdemokratischen Partei Deutschlands 1984-1985, Bonn 1986, S. 129.
1701 Sozialdemokratische Partei Deutschlands/Vorstand, Jahrbuch der Sozialdemokratischen Partei Deutschlands 91/92, Bonn 1993, S. 328.

den."[1702] Die Resolution verbleibt in der Grenzen verallgemeinernder Feststellungen, nennt beispielsweise die REP oder andere extremistische Parteien nicht spezifisch.

Etwa ein Jahr später verabschiedet ein außerordentlicher SPD-Parteitag in Bonn eine Resolution mit dem Titel „Gegen Rechtsextremismus, Gewalt und Ausländerfeindlichkeit. Sich einmischen statt wegschauen: Demokratie und Menschenrechte schützen, Gewalt widerstehen."[1703] Die sozialdemokratischen Parteitagsdelegierten verlangen vom Bundeskanzler: „Das Gerede vom Staatsnotstand muss aufhören, damit die demokratischen Parteien sich darüber verständigen können, wie die Zuwanderung in unser Land gesteuert und begrenzt werden kann." Die REP sind im Resolutionstext nicht spezifisch erwähnt, als Anlass des Beschlusses kann jedoch unter Anderem der Einzug der Rechtspartei in das baden-württembergische Landesparlament gelten.

Während sich für die Bundes- und Landesebene Koalitionen zwischen SPD und REP wie selbstverständlich ausschließen, bereiten zumindest in Hessen punktuelle Kooperationen in der Kommunalpolitik der Parteiführung Kopfzerbrechen.

Der hessische SPD-Landesvorstand verfasst im Juli 1989 unter Leitung des Landesvorsitzenden Hans Eichel einen Abgrenzungsbeschluss gegenüber den REP.[1704] Darin heißt es: „Mit den ausländerfeindlichen, antidemokratischen und in der Tradition des Nationalsozialismus stehenden Reps sowie anderen rechtsextremistischen Organisationen verbietet sich jede Form der Zusammenarbeit."[1705] Dies gelte sowohl für die Landesebene als für die Kommunalpolitik. Die Kompetenz des Landesvorstands überschreitend, schließt der Beschluss gar die Bundesebene ein. Stimmen der REP dürften nicht billigend in Kauf genommen werden, auch wenn SPD-Mehrheiten nur durch Unterstützung der Rechtspartei möglich seien. Die REP würden zukünftig „in allen Parlamenten [...] politisch isoliert"[1706]. Anlass für den Beschluss ist eine Personalentscheidung zugunsten der SPD im Kreistag des Rheingau-Taunus-Kreises, die durch Unterstützung der REP-Vertreter zustande gekommen war.[1707] Der zuständige Bezirksvorstand übernimmt den Beschluss des Landesvorstandes.

1702 Ebd.
1703 Sozialdemokratische Partei Deutschlands, Resolutionstext „Gegen Rechtsextremismus, Gewalt und Ausländerfeindlichkeit. Sich einmischen statt wegschauen: Demokratie und Menschenrechte schützen, Gewalt widerstehen.", Protokoll vom Außerordentlichen Parteitag Bonn 16.-17. November 1992, Vorstand der SPD, Bonn, ohne Datum.
1704 Sozialdemokratische Partei Deutschlands/Landesvorstand Hessen, Abgrenzungsbeschluss gegenüber den Republikanern [ca. Juli 1989]; vgl. AP-Meldung, SPD-Vorstand gegen Zusammenarbeit mit Republikanern in Kommunen, 12. Juli 1989.
1705 Sozialdemokratische Partei Deutschlands/Landesvorstand Hessen, Abgrenzungsbeschluss gegenüber den Republikanern [ca. Juli 1989].
1706 Ebd.
1707 Auf Antrag von SPD und Grünen wurde – nur durch Unterstützung der REP ermöglicht – ein Kreisbeigeordneter der FDP abgewählt (vgl. AP-Meldung, SPD-Vorstand gegen Zusammenarbeit mit Republikanern in Kommunen, 12. Juli 1989).

Im April 1993 bestätigt die hessische SPD ihre eindeutige Abgrenzung den REP gegenüber, unterstellt jedoch nicht mehr eine Nachfolge des Nationalsozialismus.[1708] Die REP seien *rechtsextrem*, „im Kern antidemokratisch"[1709] und schürten „Hass auf Minderheiten"[1710]. Für die SPD komme „auf keiner Ebene eine Zusammenarbeit – in welcher Form auch immer – mit den rechtsextremen Republikanern in Frage"[1711]. Von demokratischen Parteien dürften „keine Anträge eingebracht werden, die nur mit Zustimmung der Reps Aussicht auf Erfolg haben"[1712]. Gefordert sei eine sachliche Auseinandersetzung mit den REP, Geschäftsordnungsänderungen mit dem Ziel, der Partei Ausschusssitze vorzuenthalten, seien keine geeignete Maßnahme.

Die Parteiführungsgremien produzieren eine Reihe von Dokumentationen, Handreichungen und Strategiepapieren, die teils als Hintergrundinformation für die eigenen Anhänger und Wahlhelfer, teils als Beitrag zur öffentlichen Debatte über den Rechtsextremismus und teils als interne Diskussionsgrundlage gedacht sind.

Die einzige dieser Publikationen, die vor dem Einzug der REP in das Berliner Abgeordnetenhaus 1989 erscheint, ist die Sonderausgabe des *juso magazins* mit dem Titel „Freiheit, Gleichheit, Solidarität! Den rechten Rattenfängern keine Chance"[1713]. In einer graphischen Darstellung des vermeintlichen rechten Netzwerkes sind – in einem separaten Kästchen von Gruppierungen wie NPD, DVU, NSDAP-AO, Wiking-Jugend und Wehrsportgruppen säuberlich getrennt – Publikationen und Organisationen aus dem Grenzbereich zwischen Rechtsextremismus und Konservatismus, der „extrem konservativen Rechten"[1714], aufgelistet. Hierzu gehören aus Sicht der Juso-Verfasser neben Gerhard Löwenthals *Konservativer Aktion*, Helga Zepp-Larouches *Patrioten für Deutschland*, der *Paneuropaunion*, Teilen der Vertriebenenverbände und Burschenschaften sowie der Zeitschrift *Criticón* auch die REP. Ein Beitrag mit dem Titel „Zwischen Schwarz und Braun..."[1715] will den Schulterschluss des „rechten Lagers und christlich-konservativer Politiker" dokumentieren, wobei Ekkehard Voigt für seine Referententätigkeit beim *Nationaleuropäischen Jugendwerk* (NEJ) kritisiert wird. Die REP führten Absprachen und verzichteten zugunsten der *Unabhängigen Wählergemeinschaft* auf eine Teilnahme an der Landtagswahl in Schleswig-Holstein. Wenige Monate vor dem politischen Durchbruch der Republikaner resümieren die Juso-Autoren, es fehle der deutschen Rechten noch eine Galionsfigur der Statur Le Pens. Martin Stadelmaier legt 26

1708 Vgl. Sozialdemokratische Partei Deutschlands/Landesverband Hessen, SPD: Offensive Auseinandersetzung mit den Republikaner notwendig, Wiesbaden, 5. April 1993.
1709 Ebd.
1710 Ebd.
1711 Ebd.
1712 Ebd.
1713 Bundesvorstand der JungsozialistInnen in der SPD, Freiheit, Gleichheit, Solidarität! Den rechten Rattenfängern keine Chance!, juso magazin extra, 2. Aufl., Bonn [ca. 1988].
1714 Ebd., S. 13.
1715 Vgl. ebd., S. 21f.

„Thesen zur Auseinandersetzung mit dem Rechtsextremismus" vor.[1716] These 2 sagt aus: „Die rechtsextreme Szene bietet ein facettenreiches Bild: alte und neue Nazis, nationaldemokratische, -freiheitliche und neonazistische Kräfte, mitlaufende Jugendliche ohne Bezug zum historischen Nationalsozialismus, terroristische Aktionsgruppen bis hin zu Parteien wie den ‚Republikanern' oder bestimmten Teilen der JU/SU, aber auch der CSU/CDU. Sie pauschal als Neonazis zu charakterisieren ist falsch."[1717] Daher wäre es zwar fehlerhaft, „der CSU/CDU, den Konservativen in ihrer Gesamtheit zu unterstellen, sie seien Wegbereiter eines neuen Faschismus"[1718], allerdings dürfe nicht daran zu zweifeln sein, „dass es sich beim Faschismus um ein in sich geschlossenes, stimmiges Weltbild und damit einem Lebensentwurf handelt, dessen Grundlagen *allen* Rechtsextremen mit gewissen Variationen eigen sind"[1719]. Schließlich finden die REP Erwähnung im Artikel „Rechte blasen zum Sammeln"[1720]. Autorin Franziska Hundseder deutet an, nur vorläufig seien die REP nicht in die zunehmend enge Kooperation zwischen NPD und DVU eingebunden. Trotz des Achtungserfolges bei der bayerischen Landtagswahl 1986[1721] blieben die REP „auf bayerisches Mittelmaß reduziert"[1722]. Allerdings: „Die Europawahlen 1989 sollen den Durchbruch bringen – im modernistischen Gewand, frei vom Stallgeruch der ‚Ewiggestrigen'. Wenn nicht, steht die neue Eintracht wieder zur Debatte."[1723]

Am schnellsten reagierte der bayerische Landesverband der SPD auf den Wahlerfolg der REP in Berlin und brachte im April 1989 ein Papier im auffällig braunen Umschlag über die REP heraus.[1724] Autoren der 87 Seiten starken Dokumentation mit dem Titel „Die Republikaner – die falschen Patrioten" sind der im Nationalsozialismus verfolgte österreichische Sozialdemokrat Kurt Hirsch sowie der politische SPD-Landesgeschäftsführer Wolfgang Metz. Der SPD-Landesvorsitzende Rudolf Schöfberger schreibt in seinem Vorwort, die bayerische SPD sei deshalb in dieser Sache publizistisch tätig, weil „die ‚Republikaner' ebenso bayerischen Ursprungs sind, wie schon die Hitler-Partei eine Missgeburt Münchner Bierkeller war"[1725]. Zwar seien die REP „nicht von lauter unverbesserlichen alten Nazis"[1726] gewählt worden, niemand solle sich aber „über des braunen Pudels Kern" wundern, den der „Führer"[1727] der REP „mit altbayerischer Bonhomie und der Behauptung der Läute-

1716 Vgl. ebd. [eingeheftete Einlage ohne Seitenangabe].
1717 Ebd.
1718 Ebd.
1719 Ebd.
1720 Ebd. [ohne Seitenangabe].
1721 Die REP erhielten drei Prozent der Stimmen.
1722 Ebd.
1723 Ebd.
1724 Sozialdemokratische Partei Deutschlands/Landesverband Bayern, Die Republikaner – die falschen Patrioten, 1. Aufl., Bayreuth, April 1989.
1725 Ebd., S. 6f.
1726 Ebd., S. 5.
1727 Ebd.

rung zu überdecken"[1728] versuche. Die „Wahlverwandtschaft"[1729] mit dem National-sozialismus sei vorhanden. Jeder „geschichtsbewusste Demokrat"[1730] denke beim Wahlerfolg der REP in Berlin an das Brecht-Zitat: „Der Schoß ist fruchtbar noch, aus dem dies kroch!"[1731] Nicht nur im Vorwort werden die REP im Zusammenhang mit dem Nationalsozialismus genannt. Der Wahlerfolg Schönhubers in Berlin habe „über ein halbes Jahrhundert nach der ,Machtergreifung' 1933, die Hitler und seine Gefolgsleute vor allem mit Hilfe der bürgerlichen, konservativen Parteien gelungen war"[1732], stattgefunden. Inhaltlich ist im gesamten Papier ein Argumentationszyklus feststellbar, der die REP in die geistige und strukturelle Nähe des Nationalsozialis-mus rückt, nur um die Partei oder zumindest deren Wähler ergänzend vom Verdacht zu befreien, sie seien einwandfreie Nachfolger der NSDAP. Im Einleitungskapitel heißt es beispielsweise, es sei verfehlt, den „Personenkreis, der sich für die REP ent-schied als unverbesserliche Rechtsradikale in einen braunen Eintopf zu werfen. Doch auch die NSDAP-Wähler in den 30er Jahren waren unterschiedlich moti-viert"[1733]. Schönhuber portraitiert das SPD-Papier vor allem aber als „opportunisti-sches Chamäleon"[1734] und „gewieften Wechsler und Taktiker"[1735]. Die starke Füh-rungsrolle Schönhubers beschreibt das Papier mit der sprachlichen Anlehnung an die zehn Gebote, der Vorsitzende dulde „keine fremden Götter neben sich"[1736]. Schön-huber wird wiederholt als „der ,Führer' der Republikaner"[1737] etikettiert, von mögli-chen Koalitionen zwischen Unionsparteien und REP ist als „schwarzbraunen Bünd-nissen"[1738] die Rede. Verlässlich folgt der Refrain, die REP seien „keine nationalso-zialistische Partei"[1739], auch wenn die Parteispitze „Vorurteile und soziale Unzufrie-denheit"[1740] bediene, „vor deren Hintergrund der Erfolg der ,Nazis' in der Weimarer Republik zu sehen"[1741] sei. Auf 39 Seiten zitieren Hirsch und Metz schließlich Pres-sestimmen, welche die von den REP ausgehende Gefahr illustrieren sollen.[1742] Ei-

---

1728 Ebd.
1729 Ebd.
1730 Ebd.
1731 Ebd.
1732 Ebd., S. 8.
1733 Ebd.
1734 Ebd., S. 14.
1735 Ebd.
1736 Ebd., S. 17. Diese Formulierung übernimmt Hirsch neben vielen anderen später in seiner Buchveröffentlichung über Schönhuber (vgl. Kurt Hirsch/Hans Sarkowicz, Schönhuber: der Politiker und seine Kreise, Frankfurt am Main 1989, S. 23)
1737 Sozialdemokratische Partei Deutschlands/Landesverband Bayern, Die Republikaner – die falschen Patrioten, 1. Aufl., Bayreuth, April 1989, S. 29 (siehe auch S. 5).
1738 Ebd., S. 33.
1739 Ebd., S. 32.
1740 Ebd.
1741 Ebd.
1742 Vgl. ebd., S. 34-72.

nem Beschluss der Jugendverbände im Deutschen Bundesjugendring folgt abschließend eine Berliner Wahlanalyse.

Noch im selben Monat ließ die Landespartei eine zweite Auflage der Broschüre drucken.[1743] Statt der Pressestimmen erscheint in der Zweitauflage ein Beitrag mit dem Titel „Renaissance des Rechtsextremismus in der Bundesrepublik?" von Ernst Wolowicz, wissenschaftlicher Assistent der SPD-Stadtratsfraktion in München und SPD-Ortsvorsitzender in München-Untergiesing.[1744] In seinem ersten Gliederungspunkt „Rechtsextreme im Vormarsch" zeigt sich Wolowicz besorgt über Stimmengewinne einer ganzen Reihe von Parteien „rechts von der CDU/CSU" (REP, NPD, BP, FVP, DVU, ödp), beschäftigt sich aber schwerpunktmäßig mit den REP. Nicht für das politische Orientierungsvermögen des SPD-Funktionärs spricht, dass er bei einem Verweis auf die baden-württembergische Landtagswahl 1988 die ödp als „Öko-Rechte" bezeichnet und vor ihr warnt, im Hinblick auf die bayerische Landtagswahl 1986 dieselbe Partei keines Blickes würdigt und nicht in die Auflistung „rechter" Parteien aufnimmt.[1745]

Der SPD-Informationsdienst *intern* liefert im Mai 1989 ein sechsseitiges Positionspapier des Arbeitskreises Inneres der SPD-Bundestagsfraktion im Format einer Handreichung, in welcher auch zu den REP Stellung bezogen wird.[1746] Fünf Parteien werden hierin als „Parteien am rechten Rand" eingestuft: DVU-Liste D, DVU, NPD, FAP und REP. Zu den REP bemerken die SPD-Autoren, die REP grenzten sich gegenüber NPD und DVU „außerordentlich scharf und persönlich beleidigend"[1747] ab. Die REP selbst setzten auf „Emotionen, auf Unzufriedenheiten und auf die ‚Glaubwürdigkeitskrise' der großen Parteien"[1748]. Eine für FAP und NPD erwägte Anstrengung eines Parteiverbotsverfahrens wird hinsichtlich der REP nicht angesprochen.

Eine sechsseitige Handreichung „Thema: Rechtsextremismus" des SPD-Parteivorstands enthält kein Publikationsdatum.[1749] Da die darin enthaltenen Beiträge aber auf die Ergebnisse der hessischen Kommunalwahlen sowie der Wahl zum Berliner Abgeordnetenhaus Bezug nehmen und mehrfach auf die bevorstehende Europawahl 1989 hinweisen, dient die Broschüre sicher als Argumentationshilfe für SPD-Europawahlhelfer. Der Inhalt besteht aus einem Editorial, einem Interview mit der stellvertretenden Parteivorsitzenden Herta Däubler-Gmelin, vier kurzen Artikeln,

---

1743 Sozialdemokratische Partei Deutschlands/Landesverband Bayern, Die Republikaner – die falschen Patrioten, 2. Aufl., Bayreuth, April 1989.

1744 Ebd., S. 37-61.

1745 Bei der Landtagswahl 1986 in Bayern liegt die ödp mit 0,7 Prozent der Stimmen vor den von Wolowicz genannten Parteien BP (0,6 Prozent), NPD (0,5 Prozent) und FVP (0,4 Prozent).

1746 Sozialdemokratische Partei Deutschlands/Arbeitskreis Inneres der Bundestagsfraktion, Rechtsextremismus in der Bundesrepublik: Droht eine neue Gefahr von rechts?, in: intern, 26. Mai 1989.

1747 Ebd. [keine Seitenangaben]

1748 Ebd.

1749 Sozialdemokratische Partei Deutschlands/Parteivorstand, Thema: Rechtsextremismus, [vermutl. Handreichung zur Europawahl 1989, ca. Mai 1989].

biographischen Angaben zu einigen REP-Funktionären sowie einer Sammlung aus Zitaten und Literaturhinweisen. Im Editorial heißt es, die Union habe den „Erfolg der extremen Rechten"[1750] ermöglicht, indem sie „Brücken nach rechtsaußen"[1751] gebaut und zwischen „schwarz und braun"[1752] gependelt sei. Auftreten und Programminhalte der REP seien denen von NPD und DVU-Liste D zum Verwechseln ähnlich. Die politische Herkunft der REP-Akteure bezeichnen die SPD-Autoren als „braunen Sumpf"[1753]. Den Parteinamen *Die Republikaner* bezeichnet Däubler-Gmelin als „Etikettenschwindel"[1754]. Die REP hätten „mit dem, wofür Republik steht – Freiheit, Gleichheit, Brüder- und Schwesterlichkeit – nichts im Sinn"[1755]. Ein weiterer Beitrag der Handreichung befasst sich mit dem hohen Anteil von Jungwählern an Anhängern von REP, NPD, DVU-Liste D sowie FAP und stellt dabei klar, dass die meisten jungen Wähler von Rechtsparteien nicht „mit dem Hakenkreuz unterm Arm"[1756] herumliefen. Den Werdegang Schönhubers im Nationalsozialismus zeichnet ein Kurzbeitrag nach, der zum Schluss kommt, Schönhuber habe sich nie glaubhaft von seiner Vergangenheit gelöst. Neben einem auffällig unvorteilhaften Foto des REP-Vorsitzenden finden sich Vorwürfe an Schönhuber, er verdränge die Verbrechen der Nationalsozialisten, gebe sich militärischer Schwärmerei hin und folge noch immer den Losungen der Waffen-SS. Neben einer knappen Schilderung der Geschichte der DVU-Liste D bietet die Handreichung einen Programmvergleich von DVU-Liste D, NPD und REP. Der „braune Traum von der heilen Welt"[1757] sei allen drei Parteien gemein, die „ideologischen Vorstellungen [unterschieden] sich oft nur in Kleinigkeiten"[1758]. Zugleich stellt der SPD-Autor fest, im REP-Programm finde sich „wenig, was man nicht schon aus christdemokratischen Munde gehört hätte"[1759]. Unterstützung erhielten diese Parteien von „pseydowissenschaftlichen Hilfstruppen"[1760], die ihre Ideologie in Publikationen wie *MUT, criticón, Nation Europa* und *Elemente* unter das Volk brächten. Die Personenbeschreibungen von REP-Funktionären beinhalten mehrere Sprachassoziationen mit dem Nationalsozialismus: Michael Krämer verdiene seinen Lebensunterhalt mit dem Verkauf „braun gefärbter

---

1750 Ebd. [keine Seitenangaben]
1751 Ebd.
1752 Ebd.
1753 Ebd.
1754 Ebd.
1755 Ebd.
1756 Ebd.
1757 Ebd.
1758 Ebd.
1759 Ebd.
1760 Ebd.

Literatur"[1761], Carsten Pagel und Markus Motschmann stünden einem „Alt-Nazi"[1762] nahe, und aus der Feder von Harald Neubauer sei „braune Soße"[1763] geflossen.

Für eine aufgeregte Diskussion in der Presse und Empörung seitens der Union sorgte ein im Juli 1989 bekannt gewordenes geheimes Strategie-Papier vom 8. Dezember 1988, welches bis heute im AdsD nicht einsehbar ist.[1764] Die Studie mit dem Titel „Überlegungen zur Strategie der SPD im Licht der neueren Entwicklung auf der Rechten zu und bei den Grünen"[1765], empfehle der SPD eine harte Gangart mit den Grünen, berichtet die *Frankfurter Allgemeine Zeitung*. Sie enthalte auch „Überlegungen, die Unionsparteien durch ein Anwachsen der Rechten geschwächt zu sehen"[1766]. Verfasser des Papiers seien Karl-Heinz Klär, Gert Keil und der frühere bayerische Juso-Vorsitzende Bernd Schoppe aus der Abteilung II der SPD-Bundesparteizentrale im Erich-Ollenhauer-Haus. CDU-Generalsekretär Heiner Geißler nenne das Papier einen „massiven Anschlag auf die politische Kultur"[1767] und den Ausdruck einer „verantwortungslosen Sozialdemagogie"[1768]. SPD-Geschäftsführerin Anke Fuchs distanziert sich von der Handreichung und betont, das Parteipräsidium habe sich deren Inhalte nicht zu Eigen gemacht.[1769] Im August 1989 wird ein weiteres geheimes Strategie-Papier aus derselben Abteilung der SPD-Zentrale bekannt, das sich den Medien gemäß spezifisch zu den REP äußere.[1770] Dieser zweite Vermerk an die Parteiführung empfiehlt, den „Linienkampf in der U-nion"[1771] zum Nutzen der SPD „in Gang zu halten"[1772]. Die Unionsparteien und der Bundeskanzler müssten als „Hauptverantwortliche für das Erstarken rechtsextremer Tendenzen"[1773] benannt werden. Für Jürgen Rüttgers, parlamentarischer Geschäfts-

1761 Ebd.
1762 Ebd.
1763 Ebd.
1764 Vgl. n.n., Die SPD-Führung distanziert sich von der Strategie-Studie, in: Frankfurter Allgemeine Zeitung, 15. Juli 1989; Peter Meier-Bergfeld, Sieg durch Demolieren der anderen Volkspartei, in: Rheinischer Merkur/Christ und Welt, 21. Juli 1989; N.n., SPD will „Reps" bekämpfen, in: Frankfurter Allgemeine Zeitung, 22. Juli 1989; Wilhelm Christbaum, Nicht mehr kalkulierbar, in: Münchner Merkur, 25. Juli 1989; n.n., Weiteres SPD-Papier zu Republikanern, in: Die Welt, 21. August 1989.
1765 N.n., Die SPD-Führung distanziert sich von der Strategie-Studie, in: Frankfurter Allgemeine Zeitung, 15. Juli 1989.
1766 Ebd.
1767 Ebd.
1768 Ebd.
1769 Vgl. ebd.
1770 N.n., Weiteres SPD-Papier zu Republikanern, in: Die Welt, 21. August 1989.
1771 Ebd.
1772 Ebd.
1773 Ebd.

führer der CDU/CSU-Bundestagsfraktion ist das zweite Papier ein Zeichen für die mangelnde Glaubwürdigkeit der Distanzierung von Fuchs.[1774]

Nach den Erfolgen der REP im Wahljahr 1989 beruft die SPD-Bundesgeschäftsführerin Anke Fuchs eine Beratungsgruppe mit der Bezeichnung „Projekt R", die sich aus insgesamt 22 Wissenschaftlern und Mitarbeitern des Erich-Ollenhauer-Hauses sowie der SPD-Bundestagsfraktion zusammensetzt. Über den 28-seitigen Abschlussbericht, der im Oktober 1989 im SPD-Informationsdienst *intern* veröffentlicht wird[1775], diskutieren Parteivorstand und Parteirat am 30. und 31. Oktober. Das Papier kommuniziert sozialwissenschaftliche Befunde hinsichtlich des Phänomens der REP, insbesondere bezüglich politischer und gesellschaftlicher Rahmenbedingungen, Wahlergebnisse, Wähler-, Programm, und Parteistruktur. Aus Sicht der SPD-Beratungsgruppe verfügen die Anhänger der REP über eine „rechts-extreme Ideologie"[1776], verharmlosten teilweise nationalsozialistische Verbrechen und wiesen „rassistische und antisemitische Grundeinstellungen"[1777] auf. Bindende Themen seien die Fremdenfeindlichkeit sowie „die Überbetonung von Recht und Ordnung"[1778]. Kennzeichnend sei außerdem ein ausgeprägter „Wohlstands-Chauvinismus"[1779]. Die Erfolge der REP seien möglich, weil die Union ihr Versprechen einer „geistig-moralischen Wende" nicht eingelöst habe, den „rechtsextremen Stimmungen inhaltlich Zugeständnisse"[1780] mache und sich „von den rechtsextremen Parteien nach rechts ziehen"[1781] lasse. CDU und CSU hätten „extreme rechte Positionen enttabuisiert und damit hoffähig gemacht"[1782]. Die REP wird im Rahmen der Wahlanalysen zusammen mit DVU und NPD in die Kategorie „rechtsextremer Parteien"[1783] eingereiht. Die Wählerschaft der REP wird nach Region, Alter, Geschlecht, soziale Zusammensetzung und politischen Einstellungen untersucht. Mit 35 Wechselwählern, die früher SPD und zuletzt REP gewählt hätten, wurden zwei- bis vierstündigen offenen Tonbandinterviews geführt, die ausdrücklich nicht repräsentativen Erkenntnisse schildert das beauftragte Sinus-Institut.[1784] Die Ergebnisse lassen kaum Schlüsse über die Haltung der Autoren den REP gegenüber zu. Die in

---

1774 Vgl. Jürgen Rüttgers, Doppelstrategie der SPD gegenüber Extremisten, in: Deutschland-Union-Dienst, 21. August 1989; ders. DUD zum Tage, in: Deutschland-Union-Dienst, 22. August 1989.

1775 Vgl. Sozialdemokratische Partei Deutschlands/Parteivorstand und Bundestagsfraktion (Hrsg.), Weder verharmlosen, noch dämonisieren, Abschlussbericht der Beratungsgruppe „Projekt R", in: intern [Oktober 1989].

1776 Ebd., S. 3.

1777 Ebd.

1778 Ebd.

1779 Ebd.

1780 Ebd., S. 4.

1781 Ebd.

1782 Ebd.

1783 Ebd., S. 8.

1784 Vgl. ebd., S. 21.

der Diskussion über das Aufkommen der REP wiederholt geäußerte Kontinuitätsthese, die das teilweise Zusammenfallen regionaler Hochburgen von NSDAP, NPD und REP mit der „Dauerhaftigkeit rechtsextremer Ideologeme"[1785] erklärt, verwirft das „Projekt R" als nicht Erkenntnis bringend. Grund für diese Ablehnung ist nicht etwa der Einwand mangelnder Vergleichbarkeit von NSDAP und REP, sondern die aufgrund von gesellschaftlichem Wandel und Bevölkerungswanderung nicht gesicherte Kontinuität regionaler Wählergruppen. In Bezug auf die insgesamte Einstufung der REP beziehen die SPD-Autoren eine eindeutige Position. Die REP seien „rechtsextrem und antidemokratisch"[1786], es deckten sich „die wichtigsten REP-Forderungen weithin mit denen von NPD und DVU"[1787]. Sie betrieben eine „Diffamierung der demokratischen Kultur"[1788], folgten „demokratiefeindlichen Vorstellungen"[1789] und demonstrierten „autoritär-traditionalistisches Streben"[1790].

Weil Fuchs die Ergebnisse der Arbeit von „Projekt R" einer breiten Öffentlichkeit zugänglich machen will, wird der Bericht ebenfalls in der Reihe *Das Mandat* in Zusammenarbeit mit der kommunalpolitischen Zeitschrift *Demokratische Gemeinde* im Vorwärts Verlag publiziert.[1791] Im Anhang dieser Ausgabe ergänzt Fuchs die Dokumentation mit Empfehlungen an SPD-Gliederungen und -Wahlhelfer für den Umgang mit den REP.[1792] So riefen die REP zwar „Bilder aus der Zeit des Faschismus ins Gedächtnis"[1793], man dürfe sich jedoch nicht „von Ähnlichkeiten und nahe liegenden Vergleichen geistig gefangen nehmen"[1794] lassen. Die SPD müsse die REP als die Partei stellen, die sie eben sei: „mehr von heute als von gestern, programmatisch und personell erbärmlich, doch bedrohlich durch ihren antidemokratischen Kern"[1795]. SPD-Aktiven rät Fuchs, vor Ort die argumentative Auseinandersetzung „mit den REP und über die REP zu suchen"[1796], beispielsweise „am Arbeitsplatz, bei Hausbesuchen, in den Vereinen, am Info-Stand, in den lokalen Medien etc."[1797]. Hierbei seien zwei Grundsätze zu beachten: „Sie dürfen durch uns nicht hoffähig

---

1785 Ebd., S. 24.
1786 Ebd.
1787 Ebd.
1788 Ebd.
1789 Ebd., S. 25.
1790 Ebd.
1791 Vgl. Ansgar Burghof (Hrsg.), Weder verharmlosen, noch dämonisieren, Reihe Das Mandat/Demokratische Gemeinde, Bonn 1989.
1792 Dieselben Empfehlungen finden sich am 3. November auch im SPD-Informationsdienst *intern* sowie im SPD-Jahrbuch 1988-1990 (vgl. Anke Fuchs, Offensives SPD-Profil, keine Sonderangebote!, in: Intern, 3. November 1989; Anke Fuchs, Offensives SPD-Profil, keine Sonderangebote!, in: Sozialdemokratische Partei Deutschlands/Bundesverband, Jahrbuch 1988-1990 SPD, Bonn [ohne Datum], S. C247f).
1793 Ebd., S. 65.
1794 Ebd.
1795 Ebd., S. 65f.
1796 Ebd., S. 67.
1797 Ebd.

gemacht werden, aber es darf auch nicht der Eindruck entstehen, als würden wir vor den REP kneifen"[1798]. Nur dort, wo die REP stark vertreten seien, solle die SPD in Diskussionsveranstaltungen über die REP Präsenz zeigen, um den antidemokratischen Thesen der REP zu widersprechen. Zu SPD-Veranstaltungen würden grundsätzliche keine REP-Vertreter eingeladen, ebenso wenig dürften SPD-Aktive REP-Veranstaltungen besuchen. Ein Mindestmaß an rhetorischen Fähigkeiten und inhaltlicher Vorbereitung werden angemahnt: Die Mitglieder der SPD müssen bei solchen Debatten in der Lage sein, die rechtsextremen Parolen der REP auseinander zunehmen."[1799] Die Auseinandersetzung mit den REP müsse vorrangig auf parteieigene Initiativen bauen, könne aber vor Ort die Unterstützung von Kirchen und Gewerkschaften suchen. Protestwählern solle verdeutlicht werden, dass es kein „Kavaliersdelikt"[1800] sei, aus Unzufriedenheit eine antidemokratische Partei zu wählen. Durch Hervorhebung der brutalen Machtkämpfe und kriminellen Machenschaften bei den REP sowie der Verwicklung mit „obskuren rechtsextremen Sekten"[1801] könne den REP der „Schein des ‚Ordentlichen'"[1802] genommen werden. Die SPD müsse offensiv ihre eigenen Positionen vertreten und dürfe sich nicht „auf die antidemokratischen und diskriminierenden Sprüche der Rechtsextremen [...] einlassen, noch gar vor ihnen zurückweichen"[1803]. Dabei lohne sich die Schwerpunktlegung auf Themenfelder, „auf denen sie [die REP] sich vor klaren Aussagen drücken"[1804]. SPD-Gliederungen werden aufgefordert, die eigene Vertretung in Wahlausschüssen sicherzustellen, um die Zulassung rechtsextremistischer Parteien prüfen und gegebenenfalls verhindern zu können. Eine Zusammenarbeit mit den REP verbiete sich für die SPD, Zuwiderhandelnde würden „wegen parteischädigenden Verhaltens ausgeschlossen"[1805].

Am 9. November 1993 legt die SPD-Bundestagsfraktion ein 41-seitiges Strategiepapier mit dem Titel „Vernunft, Entschlossenheit, Toleranz"[1806] vor, welches „Vorschläge zur Bekämpfung von Rechtsextremismus, Fremdenfeindlichkeit [sic], Antisemitismus und Gewalt"[1807] vorträgt. Im Mittelpunkt der Handreichung stehen rechtsextremistische Gewalttaten und die als gesellschaftlich weit verbreitet eingeschätzte Fremdenfeindlichkeit. Die REP finden nur an wenigen Stellen Erwähnung.

1798 Ebd.
1799 Ebd.
1800 Ebd., S. 68.
1801 Ebd., S. 69
1802 Ebd.
1803 Ebd., S. 68.
1804 Ebd., S. 69.
1805 Ebd., S. 70.
1806 Vgl. Sozialdemokratische Partei Deutschlands/Bundestagsfraktion/Projektgruppe „Bekämpfung von Rechtsextremismus und Gewalt", Vernunft, Entschlossenheit, Toleranz. Unsere Vorschläge zur Bekämpfung von Rechtsextremismus, Fremdenfeindlichkeit, Antisemitismus und Gewalt, Bonn, 9. November 1993.
1807 Ebd., S. 1.

So wird angemerkt, dass die Anhängerschaft der REP im Gegensatz zum ostdeutschen Rechtsextremismus „ein ausgeprägter bundesrepublikanischer ‚Wohlstands-Chauvinismus'"[1808] auszeichne. Ein neuer Rechtspopulismus habe den REP zu ihren Wahlerfolgen verholfen. REP und DVU versuchten mit einer „Mischung aus Sozialprotest, Nationalismus, Fremdenfeindlichkeit und gegen das etablierte Parteiensystem gerichteten Affekten [...] Wählerunmut auf die eigenen (rechtsextremen) Mühlen zu lenken"[1809].

Der Parteivorstand der SPD veröffentlicht im Mai 1994 eine 120-seitige Dokumentation mit dem Titel „Die REP: eine rechtsextreme Chaospartei"[1810]. Absicht dieser Broschüre sei es, die Öffentlichkeit zu ermuntern, „Gemeinsinn zu zeigen und sich für die Demokratie und gegen die rechtsextremen ‚Republikaner' zu engagieren"[1811]. Die Dokumentation nimmt mehrfach warnend Bezug auf die 1994 stattfindenden Wahlen sowie den vermuteten Umfang der REP-Kampagnen.[1812] Sie ist in fünf Kapitel gegliedert und erscheint – abgesehen von kleineren Unstimmigkeiten[1813] – verlässlich recherchiert. Die Broschüre erläutert in Kapitel 1 Organisation und Programmatik der Partei. Als Versuch, mit einer Gruppierung rechts von der Mitte explizit auf Defizite der CSU zu reagieren[1814], sei ihr 1989 dank des mittels eines „perfiden, ausländerfeindlichen Werbespot"[1815] erlangten Bekanntheitsgrades als „rechte Protestpartei"[1816] der Einzug in das Berliner Abgeordnetenhaus gelungen. Im Europaparlament seien die sechs REP-Mandatsträger vor allem durch Eigenwerbung und mangelndes Interesse an inhaltlicher Arbeit aufgefallen.[1817] Offensichtliche Absicht des Kapitels ist es, den Eindruck einer chaotischen Gefüges innerhalb der Partei zu vermitteln – entsprechend dem Titel der Dokumentation neben der Festigung des Extremismusverdachts der REP das Hauptanliegen der Publikation. Grabenkämpfe und Spaltungen hätten die REP von Anfang an begleitet, zwischen 1985 und 1994 hätten sich insgesamt elf Splittergruppen von den REP oder wiederum von

---

1808 Ebd., S. 5.
1809 Ebd., S. 38.
1810 Vgl. Sozialdemokratische Partei Deutschlands/Parteivorstand, Die REP: eine rechtsextreme Chaospartei, Bonn 1994.
1811 Ebd., S. 120.
1812 Vgl. ebd., S. 19f. Zudem hätten „Funktionäre verbotener neonazistischer Organisationen" (ebd., S. 20) wie der *Deutschen Alternative* und der *Nationalen Offensive* die Gründung von „Aktionsbündnissen für die REP zum Bundestagswahlkampf angekündigt" (ebd.).
1813 Beispielsweise wird auf derselben Seite einmal 1983 und dann 1985 als Gründungsjahr der REP genannt (ebd., S. 11).
1814 Vgl. ebd.
1815 Ebd.
1816 Ebd.
1817 Ebd.

deren Spaltpilzen getrennt.[1818] Eindeutig ist die Einstufung der REP als extremistische Partei. Die *Republikanische Jugend* (RJ) verbreite „offene rechtsextreme Parolen"[1819], Nichtdeutsche seien von den REP ausgeschlossen („wie könnte es in dieser ausländerfeindlichen Partei anders sein"[1820]). Auftritte Schönhubers gingen mit geplanten Provokationen einher, „gewalttätige Auseinandersetzungen, Beleidigungen, Volksverhetzung, usw."[1821] seien die Regel. Die Wahlkampfkommunikation der Partei wird als „Agitation"[1822] etikettiert, die mit „ausländerfeindlichen Parolen"[1823] werbe und „antisemitische Hetze"[1824] betreibe. Auch von „Hetze gegen die Demokratie und gegen Minderheiten in Deutschland"[1825] sowie „Hetze gegen Menschen"[1826] ist die Rede. So wolle man „Alt-Nazis"[1827] an sich binden und Vorurteile bestärken und reaktivieren. Die Wahlkampfausrichtung wolle den „ideologisch festgelegten, braunen Sumpf"[1828] ansprechen und erfahre wiederum „Unterstützung aus dem braunen Sumpf"[1829]. Sichtbar sei „menschenverachtende REP-Propaganda"[1830]. Im Zusammenhang mit der DVU werden die REP als gleichermaßen rechtsextrem genannt.[1831] Hinsichtlich des Auftretens von REP und DVU sprechen die SPD-Autoren von einer „braunen Gefahr"[1832]. Im REP-Programm fände sich „das braune Gedankengut ohne längere Analysen"[1833], bezüglich der Haltung der REP gegenüber den Kirchen feiere die „NS-Gesinnung fröhliche Urstände"[1834]. Das Parteiprogramm von 1993 sei ein „Kniefall und Kratzfuß vor dem militanten Rechtsextremismus und dem Beifall klatschenden Mob"[1835] und ein „hochexplosiver Molotow-Cocktail aus völkischen Elementen, angereichert durch Hetze gegen Minderheiten, großdeutschen

---

1818 Dies seien im Einzelnen die *Freiheitliche Volkspartei* (FVP), die *Bayerischen Republikaner* (BR), die *Bremische Republikanische Partei* (BRP), die *Unabhängigen Republikaner* (UR), die *Liberalen Republikaner Saar* (LRS), die *Demokratischen Republikaner Deutschlands* (DRD), die *Deutschen Demokraten* (DDD), die *Alldeutschen Republikaner* (AR), die *Deutsche Allianz / Vereinigte Rechte* (DA/VR), später umbenannt in *Deutsche Liga für Volk und Heimat* (DL), die Gruppierung *Aufbruch 94* sowie die *Neue Stattpartei* (Niedersachsen) [vgl. ebd., S. 2].
1819 Ebd., S. 13.
1820 Ebd., S. 14.
1821 Ebd., S. 19.
1822 Ebd., S. 20.
1823 Ebd.
1824 Ebd.
1825 Ebd., S. 22.
1826 Ebd., S. 27.
1827 Ebd., S. 20.
1828 Ebd.
1829 Ebd.
1830 Ebd., S. 27.
1831 Ebd., S. 45.
1832 Ebd., S. 100.
1833 Ebd., S. 38.
1834 Ebd.
1835 Ebd., S. 43.

Chauvinismus, Bedienung von Vorurteilsmustern, der jederzeit durch die unverhohlene Fremdenfeindlichkeit gezündet werden kann"[1836]. Die Betrachtung von Ausländern als Bedrohung für die Gesellschaft sei der „Leim, der das gesamte REP-Programm zusammenhält"[1837]. Das SPD-Papier bemängelt am REP-Programm schließlich inhaltliche Widersprüche und Rechtschreibfehler[1838] sowie widerlegbare Lügen[1839]. Als zweites Kapitel der Dokumentation dient ein zwei Dokumente umfassender Material-„Anhang". Enthalten sind die „REP-Verpflichtungserklärung von Kandidaten in Aufstellungsversammlungen"[1840] und der „Aufruf der neonazistischen Nationalen Liste zur Gründung eines Aktionsbündnis ‚Republikaner in den Bundestag!'"[1841]. Auf insgesamt 34 Seiten werden im dritten Kapitel thematisch geordnet Originalzitate aus Flugblättern, Reden, Broschüren, Parteiprogrammen sowie Büchern von Schönhuber aufgelistet. Viele Zitate erscheinen mit Auslassungen innerhalb des Textes. Die Zitate sind in der Regel nicht mit einer Erklärung des Sinnzusammenhangs versehen. Einzelne thematische Abschnitte weisen Kommentare auf. Die Überschriften der thematischen Abschnitte geben häufig ein Teilzitat wieder, bestehen aber auch in vielen Fällen aus einem Kurzkommentar der Autoren. Die Kommentare und Sinnabschnittüberschriften der SPD-Autoren interpretieren die zitierten REP-Aussagen teilweise sehr frei. Beispielsweise schließen sie aus der Forderung „Einschränkende Vorschriften der EG für Jäger, Schützen und Waffensammler werden abgelehnt."[1842], die REP verlangten „Waffen für alle"[1843]. Mitnichten enthält der Antrag der REP-Fraktion im Stadtrat Stuttgart aus dem Jahr 1990 die Forderung, „Wohnungen nur für Deutsche" zur Verfügung zu stellen, wie dies die Überschrift vorgibt.[1844] Zwar verlangen die Stuttgarter REP-Kommunalparlamentarier eine Bevorzugung deutscher Wohnungssuchender – was durchaus Grund zur Sorge bietet, aber eben nicht eine Wohnungsvermittlung *ausschließlich* an Deutsche.[1845] Das Kapitel 4 der Dokumentation präsentiert Empfehlungen „zur sozialdemokratischen Auseinandersetzung mit Rechtsextremisten in den Wahlkämpfen"[1846]. Die Auseinandersetzung mit Rechtsextremisten müsse offensiv und kontinuierlich, insbesondere auf kommunaler und regionaler Ebene, erfolgen. Hierbei wolle man die REP und die DVU weder verharmlosen noch dämonisieren.[1847] In Bürgergesprächen soll Verständnis für Ängste vor Sozialabbau zum Ausdruck kommen und die

---

1836 Ebd.
1837 Ebd., S. 35.
1838 Vgl. ebd., S. 37.
1839 Vgl. ebd., S. 42.
1840 Vgl. ebd., S. 59.
1841 Ebd.
1842 Ebd., S. 65.
1843 Ebd.
1844 Ebd., S. 68.
1845 Vgl. ebd.
1846 Ebd., S. 97.
1847 Vgl. ebd., S. 99f.

mangelnde Problemlösungskompetenz rechtsextremistischer Parteien sowie die Verpflichtung der SPD gegenüber sozial Schwachen betont werden.[1848] Es biete sich eine politische Auseinandersetzung auf Themenfeldern an, „auf denen sie [REP und DVU] sich vor klaren Aussagen drücken"[1849]. Auch müsse rechtsextremistischen Parteien „der Schein des ‚Ordentlichen' genommen werden."[1850] Dabei sollen Äußerungen gegenüber DVU und REP „bestimmt, aber aggressionslos vorgetragen werden"[1851]. Emotionalen Überreaktionen müssten unterbleiben, die Hilfe von „Genossinnen und Genossen, die Erfahrung in der Auseinandersetzung mit Rechtsextremisten haben"[1852] wird angeboten. SPD-Anhänger werden aufgefordert, sich an Aktionsbündnissen und runden Tischen gegen den Rechtsextremismus zu beteiligen, durch Leserbriefe gegen das Nacheifern rechter Parolen seitens demokratischer Organisationen zu protestieren und Kioskbesitzer in Hinblick auf den Verkauf von Publikationen wie „Deutsche Nationalzeitung" und „Junge Freiheit" zur Rede zur stellen.[1853] Das abschließende Kapitel der Broschüre enthält Literaturhinweise zum Thema *Rechtsextremismus* sowie Kontaktinformationen von Organisationen, die sich mit diesem Themenbereich beschäftigen.

Ebenfalls im Jahr 1994 erschien die zweite Auflage des erstmals 1993 publizierten Handbuchs „Aufsteh'n. Aktionen gegen rechts" im SPD-eigenen Vorwärts Verlag.[1854] Im Vorwort erklärt Bundesgeschäftsführer Günter Verheugen, ein Ziel der SPD in den Wahlkämpfen 1994 laute, Wahlerfolge von Rechtsextremisten zu verhindern.[1855] Zwar werden weder im Titel noch im Vorwort die Republikaner spezifisch erwähnt, da aber nur den REP sowie gegebenenfalls der DVU der Sprung in die Parlamente zugetraut werden konnte, erschließt sich, auf wen sich die nahe gelegten Maßnahmen beziehen sollten. Das Handbuch besteht im Wesentlichen aus einer Sammlung verschiedener Aufsätze, Aktionsvorschläge und Artikel aus dem Bereich der Gewerkschaften, Kirchen sowie anderer Organisationen. In Anlehnung an eine DGB-Publikation schlagen die SPD-Autoren eine sprachliche Differenzierung im Umgang mit dem rechten Lager vor.[1856] Dienlich seien als Unterscheidungsbegriffe „Neonazis", „Neofaschisten" und „Rechtsextremisten". Die wesentliche Trennlinie verliefe zwischen Neonazis und Neofaschisten auf der einen und Demokraten auf der anderen Seite.[1857] Rechtsextremisten gehörten weitgehend zur

---

1848 Vgl. ebd., S. 102.
1849 Ebd., S. 103.
1850 Ebd.
1851 Ebd., S. 104.
1852 Ebd.
1853 Ebd., S. 105f.
1854 Vgl. Anja Weusthoff/Rainer Zeimentz (Hrsg.), Aufsteh'n. Aktionen gegen Rechts: ein Handbuch, Vorwärts Verlag/SPD-Parteivorstand, 2. Auflage, Bonn 1994.
1855 Vgl. ebd., S. 3.
1856 Vgl. ebd., S. 10.
1857 Vgl. ebd., S. 11.

Wählerschaft demokratischer Parteien, stellten aber ein „demokratiebedrohenes [sic] Potenzial"[1858] dar. Martin Stadelmaier, Rainer Zeimentz, Jens Geier und Anja Weusthoff schließen sich in ihren Thesen zur Auseinandersetzung mit dem Rechtsextremismus der Forderung einer begrifflichen Unterscheidung an. Zwar nennen die vier Autoren die REP in einem Atemzug mit Wehrsportgruppen, terroristischen Aktionsgruppen und Skinheads, dennoch warnen sie vor einer verallgemeinernden Etikettierung: „Sie [die REP] pauschal als Neonazis zu charakterisieren wäre falsch. Wichtig ist, sie weder zu verharmlosen, noch zu dämonisieren!"[1859] Die Aktions-, Veranstaltungs- und Organisationsratschläge im Handbuch sind zahlreich und bilden den wesentlichen Inhalt der Publikation. Vorgeschlagen wird beispielsweise die Organisation örtlicher demokratischer Initiativen mit dem Ziel eines gemeinsamen Vorgehens gegen den Rechtsextremismus.[1860] Achtunddreißig weitere Aktionsideen werden stichpunktartig in einem „Aktions-ABC" aufgeführt.[1861] Darüber hinaus werden siebzig Projekte als Vorbild für eigene Aktionen vorgestellt, deren Initiatoren aus allen Feldern der Gesellschaft kommen.[1862] Auch Aktionen, bei denen eine spezifische Ausrichtung auf die REP aus der Projektbeschreibung hervorgeht, finden Erwähnung: ein Film-Vortrag der örtlichen Jusos anlässlich des REP-Bundesparteitages im niederbayerischen Deggendorf[1863], eine Plakataktion der Stadt Köln[1864], eine Aktion zur Sammlung rechtsextremistischen Wahlwerbematerials als „Sondermüll" seitens eines Jugendzentrums[1865] und eine Flugblattaktion der Falken in Deggendorf[1866]. Der Anhang der Broschüre unter dem Titel „... wie man's macht!" beinhaltet Checklisten und Hinweise zur Veranstaltungs- und Projektorganisation ohne spezifischen Bezug zu den REP.

Das SPD-Organ *Vorwärts* zeichnet die Wahrnehmung der REP seitens der SPD nach und gibt Anstöße für die innerparteiliche Diskussion über den zweckmäßigen Umgang mit der Rechtspartei. Noch zwei Wochen vor der Wahl zum Berliner Abgeordnetenhaus 1989 erwähnt der SPD-Spitzenkandidat Walter Momper in einem *Vorwärts*-Interview über die Wahlchancen seiner Partei die REP mit keinem Wort.[1867] Die Ausgabe vom 4. Februar – erschienen fünf Tage nach der Wahl – macht den Einzug der REP in das Landesparlament zum Titelthema. Auf der Titelseite lautet die Schlagzeile: „Überraschung an der Spree: Laus im Pelz" und erläutert

---

1858 Ebd., S. 10.
1859 Ebd., S. 14.
1860 Vgl. ebd., S. 36-39.
1861 Vgl. ebd., S. 43-45.
1862 Vgl. ebd., S. 45-133.
1863 Vgl. ebd., S. 57-58.
1864 Vgl. ebd., S. 98.
1865 Vgl. ebd., S. 103-104.
1866 Vgl. ebd., S. 113-114.
1867 Vgl. Sebastian Bähr, Interview mit dem SPD-Spitzenkandidaten in Berlin, in Vorwärts, 14. Januar 1989.

eine Karikatur, in der der gekrönte Berliner Bär im Anzug angewidert und etwas ängstlich auf die eigene rechte Schulter schielt. Dort spitzt ein kleinerer Bär im Gartenzwerg-Format hervor, präsentiert sich mit Seitenscheitel sowie gestutztem Oberlippenbart („Hitler-Bärtchen") und hebt die rechte Pfote zum Hitlergruß.

Im Widerspruch zu dem hier vermittelten Eindruck steht die Analyse des Soziologen Arno Klönne, der im selben Heft zu Wort kommt. Klönne betont, es würde „zu kurz greifen, wollte man diese Partei [die REP] und ihre Anhängerschaft in die Rubrik ‚Neonazismus' einordnen"[1868]. Es sei „wirklichkeitsfremd und hilflos"[1869], die REP als „Hitlernachfolgepartei"[1870] darstellen zu wollen. Verfehlt wäre daher die Form des „antifaschistischen Kampfes"[1871], wie ihn die Kommunistische Partei zur Zeit der Weimarer Republik betrieben hätte. Richtig sei jedoch, dass die REP ein „deutsch-völkisches ‚Reinheitsdenken'" repräsentierten, dass sich zum „‚Ausländerraus'-Programm" verdichte.

Ebenfalls in der Ausgabe vom 4. Februar 1989 finden sich Empfehlungen des Bundestagsabgeordneten und Vorsitzenden des Parteirates der SPD, Norbert Gansel, zum Umgang mit den REP.[1872] Zunächst jedoch schiebt Gansel die Schuld für den Erfolg der REP Teilen der CDU zu, die selbst „auf dem schmalen Grat zwischen Rechtsradikalismus und Rechtsextremismus"[1873] gewandert seien und die „Weltstadt Berlin auf das Niveau bayerischer Wirtshäuser"[1874] gebracht hätten. Die REP hätten die bereits vorhandene Ausländerfeindlichkeit sichtbarer gemacht. Am eigentlichen Problem, der Ausländerfeindlichkeit, hätte sich nichts zum Positiven gewendet, wären „Rechtsradikale aus der CDU statt Rechtsextremisten von den ‚Republikanern' ins Parlament gewählt worden"[1875]. Gansel plädiert für eine „harte politische Auseinandersetzung und gegen Schikanen"[1876]. Die Verweigerung öffentlicher Versammlungsräume, der Ausschluss von Fernsehveranstaltungen und Podiumsdiskussionen sowie die Entfernung aus dem öffentlichen Dienst ohne Verstoß gegen Beamtenpflichten lehnt Gansel im Hinblick auf die REP ab. Den Vertretern der REP solle man „korrekt, aber mit menschlicher Kälte"[1877] begegnen.

In den folgenden Wochen dominiert die Auseinandersetzung mit den REP die redaktionelle Arbeit des *Vorwärts*. In einem Editorial der Ausgabe vom 18. Februar wirft Gode Japs Unionspolitikern vor, sich als Stichwortgeber deutscher Stammti-

1868 Arno Klönne, Republikaner raus aus Berlin?, in: Vorwärts, 4. Februar 1989.
1869 Ebd.
1870 Ebd.
1871 Ebd.
1872 Norbert Gansel, Vorwärts für unsere Republik, in Vorwärts, 4. Februar 1989.
1873 Ebd.
1874 Ebd.
1875 Ebd.
1876 Ebd.
1877 Ebd.

sche zu betätigen und „genau wie der feine Herr Schönhuber"[1878] den Ausländern die Schuld für soziale Herausforderungen in die Schuhe zu schieben. Der Parteienforscher Dieter Roth liefert der SPD in derselben Ausgabe Argumente für zukünftige Wahlkämpfe. Wahlerfolge rechtsextremistischer Parteien seien „wahrscheinlicher, wenn die Union im Bund regiert, weil sich gegen sie der eigentliche Unmut dieser Gruppen richtet."[1879] Roth sieht dennoch „kaum Chancen für die Republikaner"[1880] und bezweifelt „dass die Republikaner über eine begrenzte Mobilisierung bestimmter Wählergruppen hinaus sich im Parteiensystem der Bundesrepublik etablieren können"[1881].

Robert Fuss schildert in einem *Vorwärts*-Beitrag vom 4. März 1989 den Wettstreit zwischen REP und DVU um die Meinungsführerschaft im rechten Lager.[1882] Ohne diese Differenzierung bewerten zu wollen, beobachtet Fuss, dass die REP als CSU-Abspaltung in der Öffentlichkeit eher als rechtskonservativ gesehen würden als NPD und DVU, welche „im Wählerurteil stärker in das Braunstichige"[1883] changierten. Einen eindeutigen Bezug zum Nationalsozialismus stellt die begleitend abgedruckte Karikatur her. Abgebildet sind zwei ältere Paare, die einander den Rücken zuwenden. Das eine Paar blickt auf eine zerfranste Hakenkreuzflagge, die über einem Haufen aus Stacheldraht, Totenschädeln und den Ortsschildern „Auschwitz", „Majdanek" und „Buchenwald" vor sich hin modert. Der Betrachter wendet seinen Blick ab, schließt die Augen und winkt ab, während er seine offensichtlich entsetzte Begleiterin mit den Worten beruhigt: „Lassen wir doch endlich die Vergangenheit ruhen...". Den Satz vervollständigt der Herr am anderen Ende der Szene: „...und wenden wir uns lieber der Zukunft zu!", ermutigt er die Dame zu seiner Rechten, während beide anscheinend mit großem Interesse ein Großflächenplakat mit folgender Aufschrift lesen: „Die Republikaner – Deutschland zuerst – Ausländer raus!"

Günter Verheugen erhebt in einem *Vorwärts*-Editorial vom 18. März schwere Vorwürfe gegenüber den Unionsparteien.[1884] Der rheinland-pfälzische Ministerpräsident Claus-Ludwig Wagner habe die REP – eine „rechtsradikale Partei"[1885] – zum „möglichen Koalitionspartner der CDU"[1886] erkoren. Verheugen geht von „einer breiten Strömung innerhalb der Unionsparteien"[1887] aus, welche die Einschätzung Wagners teile. Wagners Argumentation sei simpel und durchschaubar: „Die Grünen

1878 Gode Japs, Der Unions-Tau vor den Republikanern, in: Vorwärts, 18. Februar 1989.
1879 Dieter Roth, Auf dem Weg zum Fünf-Parteien-System, in: Vorwärts, 18. Februar 1989.
1880 Ebd.
1881 Ebd.
1882 Vgl. Robert Fuss, Wettlauf am rechten Rand, in: Vorwärts, 4. März 1989.
1883 Ebd.
1884 Günter Verheugen, Die Unionsparteien haben rechtsradikale Renaissance allein zu verantworten, in: Vorwärts, 18. März 1989.
1885 Ebd.
1886 Ebd.
1887 Ebd.

sind linker Rand, die Republikaner sind rechter Rand. Und wenn die SPD mit den Grünen kann, [...] dann ist es doch nur recht und billig, dass die CDU mit den Republikanern darf." Die Schuldzuweisungen der Union, die SPD grenze sich nicht konsequent gegenüber radikalen Kräften ab und seien daher auch für den Erfolg bedenklicher Gruppierungen wie der REP verantwortlich, lässt Verheugen nicht gelten und nennt als Ursachen für den politischen Durchbruch der REP „die deutschnationalen Phrasendreschereien der Dregger und Co., die antisemitischen Ausfälle der Fellners und Konsorten, die Verkitschung und Verfälschung der deutschen Geschichte durch den Bitburg-Darsteller Kohl und natürlich die ausländerfeindliche Welle der gesamten CSU, der hessischen CDU und weiter Teile der CDU im übrigen Bundesgebiet"[1888]. Die Unionsparteien hätten „die Mitte verlassen und ein ideologisches Großklima entstehen lassen, das die Wahlerfolge der Rechten möglich gemacht hat"[1889]. Die REP selbst bringt Verheugen in direkten Zusammenhang mit dem Dritten Reich. Die Partei folge einem „Traditionsstrang bis weit zurück zu den geistigen Wurzeln des Nationalsozialismus"[1890]. Schönhuber rühre „das gleiche Gebräu von Vorurteilen, dumpfen Gefühlen, nationalistische Phrasen und Angst"[1891] wie „die früheren Nazis"[1892]. Der REP-Vorsitzende sei „mehr als ein gefährlicher Narr"[1893], denn er sei stolz darauf, „,dabei' gewesen zu sein, nämlich bei einem organisierten Mordunternehmen"[1894].

Für ihre Ausgabe vom 1. April bemüht die *Vorwärts*-Redaktion erneut einen Wissenschaftler, der Ursachenforschung hinsichtlich des Aufkommens der REP betreiben soll.[1895] Der Politologe Ulrich Lohmar, ehemals Mitglied der SPD-Bundestagsfraktion, beobachtet keine „Renaissance faschistischer Meinungen und Überzeugungen"[1896], sondern wertet die Stimmengewinne der REP als Protestverhalten „benachteiligter Gruppen oder solcher, die sich so fühlen"[1897]. Die Volksparteien dürften die Wähler von NPD und REP nicht „einfach in die rechte Ecke schieben und sie dort sich selber [...] überlassen". Stattdessen solle die Vermittlung politischer Inhalte sprachlich verständlicher gestaltet und Glaubwürdigkeit im politischen Handeln wiederhergestellt werden.

Immer wieder berichtet der *Vorwärts* in kleinen Notizen über Verknüpfungen zwischen Unionspolitikern und REP sowie Übertritten auf kommunaler Ebene, bei-

---

1888 Ebd.
1889 Ebd.
1890 Ebd.
1891 Ebd.
1892 Ebd.
1893 Ebd.
1894 Ebd.
1895 Ulrich Lohmar, Die neue Rechte: Unmut gegen „die da oben", in: Vorwärts, 1. April 1989.
1896 Ebd.
1897 Ebd.

spielsweise am 8. April 1989 über den Wechsel zweier JU-Funktionäre in Aubing-Neuaubing bei München.[1898]

Aus dem Rahmen der bisherigen *Vorwärts*-Berichterstattung über die REP fallen die Formulierungen eines Beitrags von Jochen Loreck in einem Beitrag vom 15. April.[1899] Loreck zitiert zwar die Ergebnisse einer *infratest*-Umfrage, derzufolge 51 Prozent der Wähler die REP zur „neuen Nazi-Partei"[1900] stempeln. Er selbst unterlässt hingegen jegliche Etikettierung der Partei als „rechtsradikal" oder „rechtsextremistisch". In Lorecks Analyse erscheinen die REP als „rechtskonservative Vereinigung"[1901] und „Rechtspartei"[1902], der es gelingen mag, den „Extremismus-Verdacht möglicherweise zu relativieren"[1903].

In der Juni-Ausgabe 1989, im Monat der Europawahl, findet sich ein Gastkommentar des Erfolgsautoren Johannes Mario Simmel, der mit dem Tucholsky-Zitat „Küsst die Faschisten, wo ihr sie trefft" überschrieben ist.[1904] Simmel stellt die REP in eine Reihe mit den Nationalsozialisten und wirft den Unionsparteien vor, sie wären bereit, mal „eben ganz schnell aus Massenmördern Ehrenmänner und Kämpfer für das leidgeprüfte deutsche Vaterland"[1905] zu machen, um Stimmen im rechten Lager zu fangen. Simmels Überlegungen gipfeln in einem Vorausblick mit Aufrufcharakter: „Wenn wir die Neu- und Altnazis nicht zurückjagen in ihre Rattenlöcher, wenn wir uns über die Bundestagswahl hinaus eine Regierung gefallen lassen, die diesen Verbrechern nachhechelt, dann gute Nacht, und es ist dann schade um uns."[1906]

Im September 1989 äußert sich Entertainer Ron Williams folgendermaßen: „Ich finde, dass diese Entwicklung auf das Konto der christlichen Parteien geht. Sie haben die Republikaner über die Jahre hinweg erst möglich gemacht."[1907]

Der stellvertretende Parteivorsitzende Johannes Rau wird für die November-Ausgabe 1989 zu den REP befragt.[1908] Für wichtig hält Rau, „dass wir uns mit den Inhalten ihrer Politik und ihren Methoden stärker auseinandersetzen, als das bisher geschehen ist"[1909]. Man müsse mit den Menschen vor Ort reden, „in den Vereinen,

1898 Vgl. n.n., JU-Duo: Übertritt zu „Republikanern", in: Vorwärts, 8. April 1989.
1899 Vgl. Jochen Loreck, Republikaner: Eher stärker als schwächer, in: Vorwärts, Nr. 15, 15. April 1989.
1900 Ebd.
1901 Ebd.
1902 Ebd.
1903 Ebd.
1904 Johannes Mario Simmel, „Küsst die Faschisten, wo ihr sie trefft", in: Vorwärts, Juni 1989.
1905 Ebd.
1906 Ebd.
1907 Stephan Gorol, „Ich vermisse die Wut gegen Leute wie Schönhuber", Interview mit Entertainer Ron Williams, in: Vorwärts, September 1989.
1908 Vgl. Ulla Lessmann, „...die Differenz zwischen Reden und Tun beheben", Interview mit dem stellvertretenden Parteivorsitzenden Johannes Rau, in: Vorwärts, November 1989.
1909 Ebd.

in den Kneipen"[1910]. Gegen die REP gäbe es keine natürliche Immunisierung, „so wie es keine natürlich Immunisierung gegen Vorurteile gibt. Und die politische Taktik der Republikaner besteht darin, Vorurteile zu schüren und damit Stimmen zu fangen."[1911]

In der November-Ausgabe 1989 des *Vorwärts* werden die Ergebnisse einer vom SPD-Parteivorstand in Auftrag gegebenen nicht-repräsentativen Untersuchung des Heidelberger Sinus-Instituts über die REP-Anhängerschaft dokumentiert und gedeutet.[1912] Hervorgehoben wird die Fähigkeit der REP, ihre politischen Inhalte sprachlich einfacher und verständlicher zu artikulieren, was zu den Wahlerfolgen beigetragen habe. Die *Vorwärts*-Autoren sehen die REP als Wahlalternative für die „angepassten Neo-Nazis"[1913], deren Herz eigentlich für die „erfolglosen rechtsextremen Szene-Parteien, z.B. NPD, DVU"[1914] schlage, die aber bisher als „kleineres Übel"[1915] die Unionsparteien gewählt hätten. Die REP gälten da als „annehmbarer Kompromiss"[1916].

In einem Interview mit der SPD-Geschäftsführerin Anke Fuchs kommen auch die REP zur Sprache.[1917] Darin empfiehlt Fuchs SPD-Ortsvorsitzenden in REP-Hochburgen: „Hingehen in die Wohngebiete, mit den Menschen reden, Hausbesuche machen, sich inhaltlich mit dem Programm der Republikaner auseinandersetzen."[1918] Den REP wirft sie vor:

„Die Republikaner verharmlosen die Nazidiktatur. Sie verharmlosen den Völkermord. Das ist Nazi-Gedankengut [...] wir werden nicht zulassen, dass alte Hitleragitatoren wieder eine Chance haben. Wehret den Anfängen und passt auf, dass diese Demokratie stabil bleibt"[1919].

Auf die Frage, wie man sich potenzielle REP-Wähler vorzustellen habe, bemerkt Fuchs: „Das sind oft ideologisch festgelegte, die die Nazi-Herrschaft und den Judenmord verharmlosen, die ‚Ausländer raus!' sagen."[1920]

Zwei Mal hintereinander kommentiert der SPD-Vorsitzende Björn Engholm in Editorials die Wahlerfolge von REP und DVU, in den Ausgaben Mai und Juni 1992 des *Vorwärts*.[1921] Er wertet den Einzug der DVU in den Landtag von Schleswig-Holstein und den der REP in den baden-württembergischen weniger als einen

---

1910 Ebd.
1911 Ebd.
1912 N.n., Reps – keine unbekannten Wesen, in: Vorwärts, November 1989.
1913 Ebd.
1914 Ebd.
1915 Ebd.
1916 Ebd.
1917 Vgl. Ulla Lessmann/Klaus-Dieter Schmuck, „Mutiger und selbstbewusst", Interview mit Anke Fuchs, in: Vorwärts, Dezember 1989.
1918 Ebd.
1919 Ebd.
1920 Ebd.
1921 Vgl. Björn Engholm, Signal des Protestes, in: Vorwärts, Mai 1992; ders., Unser Land braucht Klarheit und Wahrheit, in: Vorwärts, Juni 1992.

„Rechtsruck"[1922] als ein „Signal des Protestes"[1923]. Zum Ausdruck komme ein „Vertrauensverlust in die Bonner Regierenden"[1924]. Die REP selbst greift Engholm nicht an.

Im November 1992 äußern sich der Historiker Dan Diner und der Politologe Claus Leggewie im Vorwärts u.a. zu den REP.[1925] Die CDU müsse sich auf die „Folgen des politischen Wandels"[1926] in der Bundesrepublik einrichten. Mit prophetischer Sicherheit sagen Diner und Leggewie voraus, rechts von der CDU werde sich „eine nationalkonservative Partei, gleich ob sie nun auf den Namen ‚Republikaner' oder CSU oder noch einen anderen hören wird"[1927], bilden. Bemerkenswert ist hierbei der Umstand, dass die Autoren die REP als *nationalkonservativ* bezeichnen und nicht etwa als extremistisch.

Der brandenburgische Ministerpräsident Manfred Stolpe bringt in der Ausgabe Mai 1996 seine Sorge darüber zum Ausdruck, dass konservative Teile der CDU, aber auch REP und PDS die Länderfusion von Berlin und Brandenburg aktiv zu verhindern suchen.[1928]

Sobald die REP durch den Einzug in das Berliner Abgeordnetenhaus 1989 als ernst zu nehmende Mitbewerber die politische Bühne betreten, finden sie auch in den *Wahlwerbemitteln* der SPD Erwähnung. Zur Europawahl 1989 verbreitet der SPD-Bundesvorstand einen Wahlwerbe-Flyer mit dem Titel „CDU/CSU sind zu allem fähig, aber zu nichts zu gebrauchen".[1929] Darin macht die SPD die Unionsparteien für den Erfolg der REP verantwortlich. Die Politik der Union bedeute „soziale Not für viele Menschen"[1930], die wiederum den „Nährboden für rechte Verführer"[1931] bilde. Zudem setze die Union auf „Anbiederung nach rechtsaußen". Als Beleg berufen sich die SPD-Autoren auf die fehlende Bereitschaft des rheinland-pfälzischen Ministerpräsidenten Claus-Ludwig Wagner, eine Zusammenarbeit mit den REP auszuschließen sowie die Bemerkung des bayerischen Ministerpräsidenten Max Streibl, Schönhuber vertrete „weithin CSU-Position [sic] gerade in der Ausländerpolitik"[1932].

1922 Björn Engholm, Signal des Protestes, in: Vorwärts, Mai 1992.
1923 Ebd.
1924 Björn Engholm, Unser Land braucht Klarheit und Wahrheit, in: Vorwärts, Juni 1992.
1925 Dan Diner/Claus Leggewie, Die Rechte profitiert von falschen Fronten, in: Vorwärts, November 1992.
1926 Ebd.
1927 Ebd.
1928 Manfred Stolpe, Die Extremen dürfen ein gemeinsames Berlin-Brandenburg nicht verhindern!, in: Vorwärts, Mai 1996.
1929 Sozialdemokratische Partei Deutschlands/Bundesvorstand/Referat Öffentlichkeitsarbeit, CDU/CSU sind zu allem fähig, aber zu nichts zu gebrauchen, [ca. Mai 1989].
1930 Ebd.
1931 Ebd.
1932 Ebd.

Rechtzeitig vor der Europawahl startet die SPD Baden-Württembergs eine umfangreiche Kampagne unter dem Motto „Offensive gegen Rechts"[1933]. Mit 60.000 Plakaten sowie Kinospots, Aufklebern, Wanderausstellungen und parlamentarischen Anträgen wolle die SPD dem „Zulauf rechtsradikaler Parteien"[1934] entgegenwirken. Gemeint sind sicherlich die REP, zum Teil auch die DVU.

Zur Kommunalwahl am 22. Oktober 1989 gibt der baden-württembergische Landesverband der SPD ein Flugblatt mit der Überschrift „Das hat die Geschichte uns deutlich gelehrt: Rechtsradikale sind die falschen Leute, um Wohlstand und Fortschritt zu sichern." heraus.[1935] Hierin heißt es, die REP gefährdeten mit ihren „dumpfen Parolen"[1936] das hohe Ansehen Baden-Württembergs in der Welt. Die SPD-Landespartei artikuliert in dem Flyer drei wesentliche Kritikpunkte. Zunächst wird die mangelnde Seriosität der REP-Funktionäre betont. Kriminalpolizei und Staatsanwälte hätten „in den Reihen der REPs immer wieder alle Hände voll zu tun – mit Betrügereien, Fälschungen und Gewaltdelikten"[1937]. Beispiele sind aufgeführt. Zweitens versammelten die REP Unverbesserliche und „alte Radikale"[1938]. Ohne Quellenangabe führen die Autoren des Flugblattes den Kommentar „Hitler war das siebte Parteimitglied."[1939] an, der im Rahmen einer REP-Nominierungsversammlung in Horb, bei der nur vier Mitglieder anwesend waren, geäußert worden sein soll. Mit den REP-Aktiven Harald Neubauer, Karl Denkewitz, Wolfgang Rau, Manfred Rauhs, Rudolf Kendzlo und Norbert Markgraf nennt der Flyer fünf ehemalige NPD-Mitglieder als Beleg für die These, bei den REP tummelten sich „jede Menge früherer NPD- und DVU-Extremisten"[1940]. Drittens hält die baden-württembergische SPD den REP vor, sie schürten Ängste in der Bevölkerung, böten aber keine politischen Lösungen an.

Pressemitteilungen der SPD mit Bezug auf die REP sind ganz überwiegend für das Jahr 1989 zu finden. Wenige Tage nach der Berliner Wahl 1989, am 3. Februar, veröffentlicht der SPD-Parteivorstand eine Stellungnahme seiner Bundesgeschäftsführerin Anke Fuchs.[1941] Fuchs bezeichnet das Abschneiden der REP als „ernstes politisches Signalzeichen"[1942]. Die REP seien dem *Rechtsextremismus* zugehörig

---

1933 DDP-Meldung, Baden-Württembergs SPD startet „Offensive gegen Rechts", 3. Mai 1989.
1934 Ebd.
1935 Sozialdemokratische Partei Deutschlands/Landesverband Baden-Württemberg, Das hat die Geschichte uns deutlich gelehrt: Rechtsradikale sind die falschen Leute, um Wohlstand und Fortschritt zu sicher., Werbe-Flyer zur Kommunalwahl am 22. Oktober 1989, zitiert nach: Sozialdemokratischer Pressedienst, 13. Oktober 1989.
1936 Ebd.
1937 Ebd.
1938 Ebd.
1939 Ebd.
1940 Ebd.
1941 Vgl. Sozialdemokratische Partei Deutschlands/Parteivorstand, Dem Rechtsextremismus mit aktiver Politik begegnen, Pressemitteilung vom 3. Februar 1989.
1942 Ebd.

und hätten mit „fremdenfeindlichen und populistischen Parolen"[1943] Protestwähler mobilisiert. Nur durch Lösung sozialer Probleme könne man dem Rechtsextremismus den Nährboden entziehen.

Die bayerische *Sozialdemokratische Pressekorrespondenz* vom 14. Februar beklagt das Erstarken der REP.[1944] Die REP seien „eine rechtsradikale Partei, die von allen Demokraten energisch bekämpft werden muss"[1945]. Allerdings seien die Wähler der REP „zum größten Teil keine ‚alten Nazis'"[1946], sondern „bedrängte und verängstigte Menschen"[1947]. Es sei nicht hilfreich, wie die CSU die REP „mit einem wortradikalen Rechtsruck, mit nationalen Tönen und mit vordergründigen Scheinlösungen"[1948] übertrumpfen zu wollen.

Der Wortlaut eines Interviews des stellvertretenden Parteivorsitzenden Oskar Lafontaine mit dem hessischen Rundfunk erscheint in einer Pressemitteilung der Bundes-SPD vom 15. Februar 1989.[1949] Der saarländische Ministerpräsident verlautbart, die „so genannten Republikaner"[1950] seien „in Wirklichkeit Rechtsradikale"[1951]. Eine Gleichsetzung von *Alternativer Liste* und Grünen mit REP und NPD hält Lafontaine für „nicht begründbar"[1952] und widerspricht so dem CDU-Generalsekretär Heiner Geißler.

Sarkastisch äußert sich der SPD-Vorstandssprecher Eduard Heußen am 1. März bezüglich Beschwerden der NPD, die CDU kopiere ihren Wahlkampfstil, indem er einen „Parolen-Gipfel von CDU/CSU, Republikanern und NPD"[1953] vorschlägt. Dort solle man dann klären, dass schwarzbraun die Haselnuss sei – „und zwar nur die"[1954].

Am 2. März leitet der Parteivorstand erneut den Wortlaut eines Interviews mit Oskar Lafontaine (diesmal mit dem Saarländischen Rundfunk) an die Medien weiter.[1955] Er folge gespannt der Diskussion innerhalb der Union um mögliche Bündnis-

1943 Ebd.
1944 Vgl. Sozialdemokratische Partei Deutschlands/Landesverband Bayern, SPD bekämpft offensiv rechtsradikale Republikaner, Sozialdemokratische PresseKorrepondenz Nr. 11, 14. Februar 1989.
1945 Ebd.
1946 Ebd.
1947 Ebd.
1948 Ebd.
1949 Vgl. Sozialdemokratische Partei Deutschlands/Parteivorstand, Pressemitteilung zum Interview Oskar Lafontaines mit dem Hessischen Rundfunk vom 15. Februar 1989.
1950 Ebd.
1951 Ebd.
1952 Ebd.
1953 Sozialdemokratische Partei Deutschlands/Parteivorstand, Pressemitteilung zur Ausländerpolitik bei CDU/CSU, Republikanern und NPD vom 1. März 1989.
1954 Ebd.
1955 Sozialdemokratische Partei Deutschlands/Parteivorstand, Pressemitteilung zum Interview Oskar Lafontaines mit dem Saarländischen Rundfunk vom 2. März 1989.

se der Farbnote „braun-schwarz"[1956], wolle aber selbst wie der CDU-Generalsekretär Heiner Geißler die REP „aus den Parlamenten herausdiskutieren"[1957]. Es solle nicht vergessen werden, dass die REP demokratisch gewählt worden seien. Nötig sei eine *inhaltliche* Auseinandersetzung, die verdeutliche, dass das REP-Gedankengut „absolut unzeitgemäß"[1958] sei und „schon einmal großes Unglück für unser Volk war"[1959]. Noch wichtiger sei es, soziale Probleme wie Arbeitslosigkeit und Wohnungsnot zu lösen.

Der Vorsitzende der *Arbeitsgemeinschaft verfolgter Sozialdemokraten* (AvS), Heinz Putzrath, ist bestürzt über einen Kommentar des rheinland-pfälzischen Ministerpräsidenten Carl-Ludwig Wagner im Südwest 3-Fernsehen. Solange sich herausstelle, dass die REP verfassungstreu seien, könnten sie „Koalitionspartner von wem auch immer sein"[1960], hatte Wagner am 16. März geäußert. In einer Pressemitteilung noch am selben Tag erklärt Putzrath, Wagner lasse „einen erschreckenden Mangel eines demokratischen Bewusstseins"[1961] erkennen. Die REP hätten „mit der Vergangenheit nicht gebrochen"[1962]. Es sei „schlimm genug", dass Unionsparteien den REP die Verfassungstreue bescheinigten, obgleich die Partei Schönhubers eine „nationale Selbstbesinnung"[1963] im Sinne einer Neudeutung der nationalsozialistischen Herrschaft verlange.

Auf vier Seiten präsentiert Eduard Heußen am 19. März Zitate aus verschiedenen Medien, die Koalitionsüberlegungen der Unionsparteien bezüglich der REP dokumentieren sollen.[1964] Heinrich Lummer habe die REP für koalitionsfähig erklärt und so „schwarz-braune Bündnisse"[1965] ins Gespräch gebracht. Weitere Unionspolitiker hätten erklärt, die REP hätten bei ihren Forderungen aus den Programmen von CDU und CSU abgeschrieben. Heußen prognostiziert spätestens nach der bayerischen Landtagswahl 1990 eine Kooperation von CSU und REP, da taktische Distanzierungen „Schnee von gestern"[1966] würden, wenn die CSU ihre Parlamentsmehrheit verliert.

1956 Ebd.
1957 Ebd.
1958 Ebd.
1959 Ebd.
1960 Vgl. Südwestrundfunk, Eintragung in der Hörfunk-Datenbank (Standort Mainz), Fernsehbestände, zu „Ausgefragt: Carl-Ludwig Wagner", Erstsendung: 16. März 1989.
1961 Sozialdemokratische Partei Deutschlands/Parteivorstand, Brücken nach rechts: Wagner ist keineswegs allein in der CDU/CSU, Pressemitteilung vom 16. März 1989.
1962 Ebd.
1963 Ebd.
1964 Sozialdemokratische Partei Deutschlands/Parteivorstand, Pressemitteilung zu Koalitionsüberlegungen der Union mit den Republikanern vom 19. März 1989.
1965 Ebd.
1966 Ebd.

In einer Pressemitteilung vom 11. Mai kommt der stellvertretende Vorsitzende der SPD-Bundestagsfraktion, Wilfried Penner, zu Wort.[1967] Penner befürchtet, rhetorische Etikettierungen ersetzten häufig eine tatsächliche Auseinandersetzung mit dem Rechtsextremismus. Viele hätten sich „daran gewöhnt, politische Gruppierungen, Vereinigungen und Parteien rechts von CDU/CSU als faschistisch, faschistoid oder neonazistisch zu bezeichnen"[1968]. Penner halte dies in vielen Fällen für berechtigt, aber „eine Gleichsetzung der Altnazi-Parteien DVU und NPD mit den Republikanern für falsch und gefährlich"[1969]. Das Programm der REP sei ein „Sammelsurium gängiger Floskeln unterschiedlicher, meist einseitiger Gewichtung mit stark eingefärbten rechtsextremistischen Tendenzen"[1970], doch trotz aller Nähe zum Rechtsextremismus „auch nazistischer Prägung"[1971] seien die REP ebenfalls eine „Partei allgemeinen Bürgerprotestes"[1972]. Mit Verboten und „bürokratischen Schlaumeiereien"[1973] könne man den Erfolg der REP nicht eindämmen, gefragt sei eine kämpferische, aber gewaltfreie Auseinandersetzung.

Der Begriff „schwarz-braune Koalitionen" taucht in den Pressemitteilungen der SPD immer wieder auf, so auch am 18. Mai, als Anke Fuchs die Abgrenzungserklärungen des CDU-Generalsekretärs Heiner Geißler für nicht verlässlich einstuft.[1974] Bei den REP habe man es mit *Rechtsradikalen* zu tun, von denen Geißler sich distanziere während andere Unionspolitiker Bündnisse mit der Partei Schönhubers nicht grundsätzlich ausschließen wollten.

Ein Auszug aus einer Wahlkampfrede des Parteivorsitzenden Hans-Jochen Vogel in Dortmund-Wischlingen wird am 21. Mai als Pressemitteilung präsentiert.[1975] Die Entsendung von REP-Vertretern in das Europäische Parlament wäre eine „Schande für unser Land"[1976]. Die REP seien eine *rechtsextremistische* Partei und verdienten ihren Namen nicht: „Wir sind die Republikaner – nicht die, die sich diesen Namen angemaßt und ihn mit ihren schlimmen Parolen entehrt haben"[1977].

1967 Sozialdemokratische Partei Deutschlands/Bundestagsfraktion, Penner: Kämperischer Auseinandersetzung mit Rechtsextremismus nicht ausweichen, Pressemitteilung vom 11. Mai 1989.
1968 Ebd.
1969 Ebd.
1970 Ebd.
1971 Ebd.
1972 Ebd.
1973 Ebd.
1974 Vgl. Sozialdemokratische Partei Deutschlands/Parteivorstand, Pressemitteilung zu Koalitionsüberlegungen der Union mit den Republikanern vom 18. Mai 1989.
1975 Vgl. Sozialdemokratische Partei Deutschlands/Parteivorstand, Pressemitteilung zur Kundgebung im Rahmen des Europafestivals der SPD in Dortmund-Wischlingen mit Hans-Jochen Vogel vom 21. Mai 1989.
1976 Ebd.
1977 Ebd.

Mit wenigen Zeilen weist die SPD am 8. Juni auf eine bundesweite Flugblattaktion der SPD-Betriebsorganisation Polizei hin.[1978] 70.000 Flugblätter zur Abgrenzung rechten Parteien gegenüber wollten sozialdemokratische Polizisten an ihre Kollegen verteilen.

Die Äußerungen Heinrich Lummers in der Zeitschrift *Bunte*[1979] empfindet Anke Fuchs laut einer Pressemitteilung vom 16. Juni als „beschämend und erschreckend"[1980]. Lummer hatte die grundsätzliche Verneinung von Koalitionen mit den REP als „vorschnelle Behauptung"[1981] und „unüberlegt"[1982] bezeichnet. Für die Unionsparteien mag sich die Frage nach einem Koalitionspartner „in einer Deutlichkeit ergeben, die manche gar nicht wahrhaben wollen"[1983]. Lummer ist sich sicher: „Die Republikaner sind ebenso koalitionsfähig wie die Alternative Liste."[1984] Fuchs wirft Lummer vor, er betreibe mit seinen Kommentaren zwei Tage vor der Europawahl „direkte Wahlhilfe"[1985] für die REP und trage zur „Etablierung der Partei"[1986] bei. Wenn der CDU-Generalsekretär Heiner Geißler mit seinen Abgrenzungsversicherungen gegenüber den REP glaubwürdig bleiben wolle, müsse er „Lummer jetzt rausschmeißen"[1987].

Im Zusammenhang mit der Kontroverse um die Billigung von Stimmen der REP zwecks Herbeiführung von Personalentscheidungen zugunsten von SPD, Grünen und FDP im Rheingau-Taunus-Kreistag stellt SPD-Sprecher Eduard Heußen am 29. Juni fest, der Parteivorsitzende Hans-Jochen Vogel habe „wiederholt jede Zusammenarbeit der SPD mit den sog. Republikanern ausgeschlossen"[1988]. Das SPD-Präsidium habe das Verhalten der örtlichen Parteigliederung bereits sanktioniert.

Die niedersächsische SPD-Landtagsfraktion unter ihrem Vorsitzenden Gerhard Schröder meldet sich am 17. Juli mit einer ausführlichen Pressemitteilung zu

1978 Sozialdemokratische Partei Deutschlands/Parteivorstand, Polizisten gegen Rechtsextremismus, Pressemitteilung vom 8. Juni 1989.
1979 Vgl. Kai Diekmann, Das Lummer-Papier. Braucht die CDU bald Schönhuber?, in: Die BUNTE, 26/1989.
1980 Sozialdemokratische Partei Deutschlands/Parteivorstand, Pressemitteilung zu den Äußerungen von Heinrich Lummer in der Zeitschrift „Bunte" vom 16. Juni 1989.
1981 Kai Diekmann, Das Lummer-Papier. Braucht die CDU bald Schönhuber?, in: Die BUNTE, 26/1989.
1982 Ebd.
1983 Ebd.
1984 Ebd.
1985 Sozialdemokratische Partei Deutschlands/Parteivorstand, Pressemitteilung zu den Äußerungen von Heinrich Lummer in der Zeitschrift „Bunte" vom 16. Juni 1989.
1986 Ebd.
1987 Ebd.
1988 Sozialdemokratische Partei Deutschlands/Parteivorstand, Pressemitteilung zur Forderung Graf Lambsdorffs an Jochen Vogel, eine Koalition aus SPD und Republikanern im Rheingau-Taunus-Kreis zu verhindern vom 29. Juni 1989.

Wort.[1989] Der Erfolg rechtsextremer Parteien, zu denen die Verfasser der Fraktions-mitteilung REP, DVU und NPD zählen, signalisiert „massive gesellschaftliche Probleme und unterlassene Problemlösungen"[1990]. Als sofortige Maßnahme werden dreizehn Anregungen zur Verbesserung der politischen Bildung artikuliert, so dass Kinder und Jugendliche nicht länger „argumentativ den rechten Rattenfängern ausgeliefert"[1991] sein müssten.

Ein Interview des Bonner *General-Anzeigers* mit der stellvertretenden Parteivorsitzenden Herta Däubler-Gmelin wird im Wortlaut für eine Pressemitteilung am 26. Juli übernommen.[1992] Die REP seien *Rechtsextremisten* und entgegen den Bekundungen von Helmut Kohl und Heiner Geißler keineswegs mit den Grünen vergleichbar, attestiert Däubler-Gmelin. Gegen den Zuwachs der REP helfe nur eine „bessere Politik"[1993].

Aus der Rede des Parteivorsitzenden Hans-Jochen Vogel anlässlich des 25-jährigen Jubiläums des Bürgerfestes am Hasenbergl zitiert der Parteivorstand am 29. Juli.[1994] Vogel beobachtet, die Wähler der REP seien „in ihrer erdrückenden Mehrheit keine Neonazis [...], sondern ganz normale Menschen"[1995]. Unter den REP-Funktionären gäbe es jedoch „durchaus Neonazis"[1996], deren „schlimme Parolen"[1997] ältere Menschen „an die Anfänge der Nazipartei"[1998] erinnern: „Damals hieß es ‚Juden raus' jetzt heißt es, kaum verhüllt,: [sic] ‚Ausländer raus'. Solchen Anfängen muss man wehren."[1999] Den Vergleich der REP mit der NSDAP weitet Vogel aus. Es solle niemand vergessen, bei „den Nazis fing es auch scheinbar harmlos an"[2000]. Die SPD werde alles tun, damit die REP wieder aus der Politik verschwänden, denn sie habe „Nazis, Faschisten und Rechtsextremismus"[2001] von Anfang an bekämpft.

Der Vorsitzende der niedersächsischen SPD-Landtagsfraktion, Gerhard Schröder distanziert sich am 8. August von der Einschätzung des CDU-Vorsitzenden Nieder-

---

1989 Sozialdemokratische Partei Deutschlands/Landtagsfraktion Niedersachsen, Rechtsradikalismus ist Härtetest für die demokratischen Institutionen und Probe für die demokratische Widerstandsfähigkeit der Köpfe, Pressemitteilung vom 17. Juli 1989.
1990 Ebd.
1991 Ebd.
1992 Sozialdemokratische Partei Deutschlands/Parteivorstand, Pressemitteilung zum Interview Herta Däubler-Gmelins im Bonner General-Anzeiger vom 26. Juli 1989.
1993 Ebd.
1994 Sozialdemokratische Partei Deutschlands/Parteivorstand, Pressemitteilung zur Rede von Hans-Jochen Vogel beim 25-jährigen Jubiläum des Bürgerfestes am Hasenbergl vom 29. Juli 1989.
1995 Ebd.
1996 Ebd.
1997 Ebd.
1998 Ebd.
1999 Ebd.
2000 Ebd.
2001 Ebd.

sachsens, Wilfried Hasselmann, den REP gegenüber.[2002] Hasselmann hatte sich als „leidenschaftlicher Streiter"[2003] gegen eine Koalitionsabsage den REP gegenüber geoutet, weil er eine solche Entscheidung für „möglicherweise nicht durchhaltbar"[2004] hält. Schröder bemerkt, dass im „Getümmel der unionsinternen Positionskämpfe"[2005] die „Lummers, Wagners und Hasselmanns in der CDU von Unvereinbarkeit der Zusammenarbeit von CDU und so genannten Republikanern nichts wissen"[2006] wollten. Die REP gehörten dem *Rechtsextremismus* an, eine „klare Grenzziehung"[2007] der Union sei dringend geboten.

Die SPD wirft den Unionsparteien fortlaufend eine mangelnde Abgrenzung gegenüber den REP vor. Das Ausscheiden Heiner Geißlers als Generalsekretär der CDU hinge mit dessen kompromissloser Distanzierung von den REP zusammen, deutet Anke Fuchs in einer Pressemitteilung vom 21. August.[2008] Geißler sei „den so genannten Republikanern geopfert"[2009] worden. Dieselbe Interpretation der Sachlage teilt der SPD-Vorsitzende Vogel in einer Stellungnahme tags darauf.[2010]

Auch im Falle des niedersächsischen Landtagsabgeordneten Kurt Vajen, der nach einem Gespräch mit Schönhuber im August erklärt, er bejahe „weitestgehend die politischen Zielvorstellungen der Republikaner"[2011]und halte sie für „koalitionsfähig"[2012], vermisst Anke Fuchs laut einer Mitteilung vom 28. August eine verlässliche Distanzierung der Unionsführung.[2013] Politisch regierten die REP in Niedersachsen mit.

Anlass für die Beendigung der „mutwillig begonnene[n] Grenzdiskussion"[2014] in der Union müsse spätestens die Reaktion der REP auf die Botschaft von Bundespräsident Richard von Weizsäcker anlässlich des 50. Jahrestages des Überfalls auf Po-

2002 Sozialdemokratische Partei Deutschlands/Parteivorstand, Pressemitteilung zur Äußerung des niedersächsischen CDU-Vorsitzenden Wilfried Hasselmann vom 8. August 1989.
2003 N.n., CDU: Pfeifen im Walde, in: Der SPIEGEL, Nr. 34/1989, 21. August 1989.
2004 Ebd.
2005 Sozialdemokratische Partei Deutschlands/Parteivorstand, Pressemitteilung Äußerung des niedersächsischen CDU-Vorsitzenden Wilfried Hasselmann vom 8. August 1989.
2006 Ebd.
2007 Ebd.
2008 Sozialdemokratische Partei Deutschlands/Parteivorstand, Pressemitteilung zum Ausscheiden Heiner Geißlers als CDU-Generalsekretär vom 21. August 1989.
2009 Ebd.
2010 Sozialdemokratische Partei Deutschlands/Parteivorstand, Pressemitteilung zur Pressekonferenz des CDU-Vorsitzenden Helmut Kohl vom 22. August 1989.
2011 N.n., CDU-Abgeordneter billigt Ziele der Republikaner, in: Süddeutsche Zeitung, 22. August 1989.
2012 Ebd.
2013 Vgl. Sozialdemokratische Partei Deutschlands/Parteivorstand, Pressemitteilung zu den Äußerungen des niedersächsischen Landtagsabgeordneten Kurt Vajen vom 28. August 1989.
2014 Sozialdemokratische Partei Deutschlands/Parteivorstand, Pressemitteilung zur Botschaft des Bundespräsidenten Richard von Weizsäcker zum 1. September vom 30. August 1989.

len sein. Die Kommentare der REP seien „ebenso anmaßend wie verächtlich"[2015] und bewiesen, dass „die Clique um Herrn Schönhuber bedenkenlos Nazipositionen und -parolen, ja sogar die Sprache der Nazis übernimmt"[2016], verlautbart der SPD-Vorsitzende Vogel am 30. August.

Während die Kritik an „Rechtswackeleien"[2017] der Unionsparteien zum Refrain der SPD-Pressemeldungen im Sommer und Herbst 1989 wird, erntet der DGB am 7. September das Lob von Anke Fuchs. Die *rechtsradikalen* und *rechtsextremen* REP müssten mit „sachlicher Argumentation"[2018] bekämpft werden, da sie mit „simplen Rezepten und nationalsozialistischen Ladenhütern auf Stimmenfang"[2019] gingen. Parteivorsitzender Vogel erklärte am 8. Oktober, die SPD sei bereit zur Zusammenarbeit mit dem DGB.[2020]

In den Jahren nach 1989 werden die Pressemitteilungen der Partei zu den REP erheblich spärlicher, wohl weil die SPD einen Bedeutungsverlust der Rechtspartei wahrnimmt und diese keine weiteren Wahlerfolge auf Landes- oder Bundesebene verzeichnen kann.

Mehrere Thesen des südbayerischen SPD-Bezirksvorsitzenden Peter Glotz zum neuen Parteiprogramm der REP präsentiert der Parteivorstand am 12. Januar 1990 in einer Pressemitteilung.[2021] Erstens sei der Entwurfstext nach Säuberung von „wüstpopulistisch[en]"[2022] Forderungen zwar „im juristischen Sinn verfassungstreu"[2023], aber „im politischen Sinne verantwortungslos"[2024]. Ein reputierlicher Nationalismus im Parlament gefährde den Prozess der europäischen Einigung. Zweitens falle das Programm vorrangig durch dessen „anti-europäische"[2025] Tendenz auf und wolle die Bundesrepublik aus der EG „herausmanövrieren"[2026]. Drittens mangele es dem Manifest an Geschichtsbewusstsein und Politikfähigkeit. Viertens werde die Polemik der REP zum Stichwort für die SED-PDS, so dass es zu einer unerfreulichen „Aufschaukelung"[2027] der politischen Ränder komme. Fünftens erwache in Ost- wie

2015 Ebd.
2016 Ebd.
2017 Sozialdemokratische Partei Deutschlands/Parteivorstand, Pressemitteilung zum Aktionsbündnis des DGB gegen die Republikaner vom 7. September 1989.
2018 Ebd.
2019 Ebd.
2020 Sozialdemokratische Partei Deutschlands/Parteivorstand, Pressemitteilung zur Eröffnung des 13. Ordentlichen Gewerkschaftstages der Gewerkschaft Holz und Kunststoff in Würzburg vom 8. Oktober 1989.
2021 Vgl. Sozialdemokratische Partei Deutschlands/Parteivorstand, Pressemitteilung zum Programmparteitag der Republikaner in Rosenheim vom 12. Januar 1990.
2022 Ebd.
2023 Ebd.
2024 Ebd.
2025 Ebd.
2026 Ebd.
2027 Ebd.

Westdeutschland eine neue Rechte, im Osten begünstigt durch den Zerfall des Kommunismus, im Westen durch die Europäisierung. Die Lösung sei weder das Totschweigen Schönhubers und seiner Partei noch sei es nützlich, „ihn abzutun"[2028]. Notwendig sei vielmehr eine inhaltliche Auseinandersetzung mit den REP.

In einer *Sozialdemokratischen PresseKorrespondenz* vom 4. Mai 1990 äußert sich der sicherheitspolitische Sprecher der SPD-Fraktion im bayerischen Landtag, Peter Paul Gantzer, zum Thema *Rechtsextremismus*.[2029] Gantzer beklagt, dass die REP nicht vom Verfassungsschutz überwacht würden. Dieses Versäumnis dürfe nicht darüber hinwegtäuschen, dass „die Republikaner rechtsextrem denken und handeln"[2030].

In einer Pressemitteilung der SPD-Bundestagsfraktion warnt deren Vorsitzender Vogel am 29. Mai 1990 vor einer verfrühten Entwarnung im Hinblick auf die REP.[2031] Die Wahlniederlagen der REP in Nordrhein-Westfalen und Niedersachsen sowie der Führungsstreit in der Partei seien zwar begrüßenswert, der Rechtsextremismus dürfe jedoch nicht unterschätzt werden. Die kompromisslose „Ablehnung neonazistischer, rassistischer und autoritärer Tendenzen"[2032] werde seitens der SPD fortgesetzt.

Am 25. Mai 1993 kommentiert die SPD-Vorstandssprecherin Cornelie Sonntag in einer Pressemitteilung den Wechsel des Bundestagsabgeordneten Rudolf Karl Krause von der CDU zu den REP.[2033] Dieser Schritt sei angesichts der „rechtsradikalen Positionen und Äußerungen"[2034] Krauses folgerichtig. Der CDU wirft Sonntag vor, sie habe „viel zu lange gezögert, diesen Politiker aus ihren Reihen zu verbannen"[2035].

In einer Mitteilung vom 3. Dezember 1993 lehnt der innenpolitische Sprecher der SPD, Ulrich Maurer, neue Radikalenerlasse zur Entfernung von REP-Mitgliedern aus dem öffentlichen Dienst als „Gesinnungsschnüffelei"[2036] ab. Mit Mitteln des Beamtenrechts könne erst vorgegangen werden, wenn sich Beamte „*aktiv* für die Ziele

---

2028 Ebd.

2029 Sozialdemokratische Partei Deutschlands/Landesverband Bayern, SPD-Beirat „Polizei" fordert: „Republikaner" durch Verfassungsschutz überwachen, Sozialdemokratische PresseKorrepondenz Nr. 31, 4. Mai 1990.

2030 Ebd.

2031 Vgl. Sozialdemokratische Partei Deutschlands/Bundestagfraktion, Hans-Jochen Vogels politischer Bericht vor der Fraktion, Pressemitteilung vom 29. Mai 1990.

2032 Ebd.

2033 Sozialdemokratische Partei Deutschlands/Parteivorstand, Pressemitteilung zum Übertritt des bisherigen CDU-Abgeordneten Rudolf Karl Krause zu den Republikanern vom 25. Mai 1993.

2034 Ebd.

2035 Ebd.

2036 Sozialdemokratische Partei Deutschlands/Parteivorstand, Pressemitteilung zu den Äußerungen von Bundesinnenminister Kanther zur Mitgliedschaft von Beamten bei den Republikanern vom 3. Dezember 1993.

und Ideen der [...] Republikaner"[2037] einsetzten. Am 24. August 1994 meldet Maurer seine Forderung an, der Bundesinnenminister Manfred Kanther möge die REP „endlich als rechtsextremistische Partei einstufen"[2038].

Neben den Pressemitteilungen der verschiedenen SPD-Gliederungen publiziert die Partei weitere Pressedienste. Der *Sozialdemokratische Pressedienst* erwähnt die REP erstmals nach ihrem Achtungsergebnis bei der bayerischen Landtagswahl 1986 und spricht von einem „alarmierenden Erfolg"[2039]. Schönhuber wird als der „Ex-SS-Mann"[2040] etikettiert, lobe in seinem Buch „Ich war dabei" „die Kameradschaft und den Faschismus"[2041]. Im Wahlkampf habe er auf „Stammtischniveau"[2042] argumentiert, die „Ausländer raus"[2043]-Parole für sich entdeckt und die Grünen als „Fehlgeburt zwischen Leninismus und Marxismus"[2044] beschimpft.

Am 20. Juni 1988, ein halbes Jahr vor dem politischen Durchbruch der REP bei der Wahl zum Berliner Abgeordnetenhaus, warnt der *Sozialdemokratische Pressedienst* erneut vor den REP.[2045] Die Partei habe „trotz des irreführenden Namens nichts mit einer freiheitlichen, demokratischen Republik im Sinne"[2046], sondern vertrete ein „gefährliches Gebräu von antidemokratischer Gesinnung, Ausländerfeindlichkeit und schrillem Nationalismus"[2047]. Der Verfasser des Beitrags, der Bundestagsabgeordnete Albrecht Müller, zählt die REP zu den „rechtsextremen Kräften"[2048] und klagt einen Missbrauch eines Symbols der demokratischen Tradition Deutschlands an, weil die REP am 17. Juni 1988 im Hambacher Schloss ihren Bundesparteitag abhalten.

In der Ausgabe vom 9. Februar 1989 sind zwei Beiträge den REP gewidmet. Der Bundestagsabgeordnete Horst Niggemeier kritisiert den Umstand, dass die „rechtsradikalen Berliner Truppen unter Führung ihres bayerischen Vorturners Schönhuber"[2049] die Bezeichnung *Republikaner* missbräuchlich verwenden. Die „rechtsradi-

2037 Ebd. [Hervorhebung im Orginal]
2038   Sozialdemokratische Partei Deutschlands/Parteivorstand, Maurer: Kanther soll Reps endlich als rechtsextremistische Partei einstufen – Zögerliche Haltung des Bundesinnenministers stößt auf völliges Unverständnis, Pressemitteilung vom 24. August 1994.
2039 Klaus-Henning Rosen, Das Werben um die „Anständigen und Tapferen", in: Sozialdemokratischer Pressedienst, 14. Oktober 1986.
2040 Ebd.
2041 Ebd.
2042 Ebd.
2043 Ebd.
2044 Ebd.
2045 Albrecht Müller, Wo bleibt die Solidarität der Demokraten? Zum Einzug der „Republikaner" in das Hambacher Schloss, in: Sozialdemokratischer Pressedienst, 20. Juni 1988.
2046 Ebd.
2047 Ebd.
2048 Ebd.
2049 Horst Niggemeier, Politische Falschmünzerei ohne Beispiel, in: Sozialdemokratischer Pressedienst, 9. Februar 1989.

kale Polit-Gruppierung"[2050] oder „rechtsgestrickte Truppe"[2051] verdiente ihren Namen nicht, da ihr nichts daran gelegen sei, „unsere [sic] Republik und ihren Bürgerinnen und Bürgern im Geiste einer wahrhaften Demokratie zu dienen"[2052]. Der stellvertretende Vorsitzende der SPD-Fraktion im bayerischen Landtag, Karl Heinz Müller, begrüßt angesichts des Berliner Wahlergebnisses die Ankündigung Alois Glücks, die CSU werde darauf achten, dass „demagogische Rattenfänger"[2053] nicht Nutznießer komplexer politischer Probleme würden, bezweifelt jedoch angesichts der Äußerung des Ministerpräsidenten Max Streibl, Schönhuber vertrete „weithin CSU-Positionen"[2054], deren Verlässlichkeit.

Der bayerische SPD-Vorsitzende Rudolf Schöfberger stellt fest, die REP seien „nach Auffassung der SPD eine rechtsradikale Partei, die von allen Demokraten energisch bekämpft werden"[2055] müsse. Mehrheitlich seien die REP-Wähler keine „alten Nazis"[2056], sondern Protestwähler „gegen die Folgen rabenschwarzer Politik"[2057]. Nur soziale Politik entziehe den REP den „Nährboden"[2058].

Empfehlungen zum Umgang mit REP und NPD spricht der Bundestagsabgeordnete Rolf Niese im *Sozialdemokratischen Pressedienst* vom 15. März 1989 aus.[2059] Der „bloße moralische Appell ‚Seid lieb zueinander'"[2060] ersetze nicht eine sozial verantwortliche Politik mit Ziel einer Verbesserung der Lebensverhältnisse potenzieller Protestwähler – der „sozialen Unterschicht"[2061]. Die von Konservativen vorgenommene „feinsinnige Unterscheidung zwischen den nicht ganz ‚so bösen' Republikanern und der ‚schlimmen' NPD"[2062] sei für einen „nicht unbeachtlichen Teil der Bundesbürger vollkommen gleichgültig"[2063]. Mit Bedauern erwartet Niese Koalitionen der Unionsparteien mit den REP in Kommunalparlamenten, was wiederum zu Wahlerfolgen bei den Landtagswahlen im Jahr 1990 führen könne. Seiner eigenen Partei rät Niese, in den kommenden Wahlkämpfen auf verbindliche Koalitionsaussagen zu verzichten, um nach der Wahl für Koalitionsoptionen zur Verfügung zu

2050 Ebd.
2051 Ebd.
2052 Ebd.
2053 Karl Heinz Müller, Ein Ministerpräsident, der zum Bruch der Verfassung aufruft, in: Sozialdemokratischer Pressedienst, 9. Februar 1989.
2054 Ebd.
2055 Rudolf Schöfberger, Den Republikanern den Nährboden entziehen, in: Sozialdemokratischer Pressedienst, 15. Februar 1989.
2056 Ebd.
2057 Ebd.
2058 Ebd.
2059 Rolf Niese, Die rechten Ultras ausgrenzen: Zum zukünftigen Umgang mit den Republikanern und der NPD im politisch-parlamentarischen Bereich, in: Sozialdemokratischer Pressedienst, 15. März 1989.
2060 Ebd.
2061 Ebd.
2062 Ebd.
2063 Ebd.

stehen, „die jegliche Regierungsbeteiligung der Republikaner oder der NPD"[2064] verhinderten.

Der in den Medien erörterten Behauptung, 50 Prozent deutscher Polizeibeamter wähle die REP, widerspricht der Bundestagsabgeordnete Wilhelm Nöbel vehement.[2065] Dies sei ein verantwortungsloser Versuch, deutsche Polizisten zu diskreditieren. In Deutschland gäbe es „eine demokratisch gefestigte, verfassungstreue Polizei"[2066].

Die angekündigte Vor-Prüfung einer möglichen Verfassungswidrigkeit der REP durch den bayerischen Verfassungsschutz begrüßt der bayerische Landtagsabgeordnete Max von Heckel.[2067] Der offene Brief von Heckels an den bayerischen Innenminister Edmund Stoiber wird im *Sozialdemokratischen Pressedienst* vom 12. Juni 1989 abgedruckt. Der SPD-Politiker stimmt mit der Entscheidung Stoibers und deren Begründung überein, die REP demonstrierten „nationalistische Denkansätze"[2068], bedauert aber gleichzeitig Parallelen zwischen REP und CSU, die in den „unglaublichen Hetzkampagnen gegen Asylbewerber"[2069] im bayerischen Landtagswahlkampf 1986 sichtbar geworden wären.

Zwei Mal erwähnt der *Sozialdemokratische Pressedienst* vom 22. Juni 1989 die REP. Heinz Putzrath, Vorsitzender der *Arbeitsgemeinschaft verfolgter Sozialdemokraten* (AvS), differenziert seine Eindrücke bezüglich der REP.[2070] Deren Programm ließe sie einerseits als „eine konservative, deutschnationale Partei"[2071] erscheinen. Andererseits würden in REP-Veranstaltungen „rechtsextremistische Positionen"[2072] vertreten, die sich „nur in Nuancen von DVU und NPD unterscheiden"[2073]. Es sei jedoch „zur Zeit sekundär"[2074], ob die REP als „rechtsradikal oder rechtsextremistisch einzustufen sind"[2075], denn für Verfolgte des NS-Regimes wirkten deren Wahlerfolge in jedem Fall schockierend. In einem zweiten Beitrag kritisiert der Landtagsabgeordnete und Landesgeschäftsführer der rheinland-pfälzischen SPD, Kurt Beck, die anscheinende Bereitschaft der CDU in der Kreisstadt Germersheim, die Wahl

---

2064 Ebd.
2065 Vgl. Wilhelm Nöbel, Polizeibeamte sind verfassungstreue Bürger, in: Sozialdemokratischer Pressedienst, 18. Mai 1989.
2066 Ebd.
2067 Max von Heckel, Ein Brief an Edmund Stoiber: Parallelen zu den „Republikanern", in: Sozialdemokratischer Pressedienst, 12. Juni 1989.
2068 Ebd.
2069 Ebd.
2070 Vgl. Heinz Putzrath, Die Republikaner: Renaissance der Ultrarechten, in: Sozialdemokratischer Pressedienst, 22. Juni 1989.
2071 Ebd.
2072 Ebd.
2073 Ebd.
2074 Ebd.
2075 Ebd.

zum Bürgermeister gegebenenfalls mit Hilfe der Stimmen der REP-Ratsvertreter zu ihren Gunsten zu entscheiden.[2076]

Mit der Verfassungstreue bzw. -widrigkeit der REP befasst sich der Bundestagsabgeordnete Wolfgang Sieler in der Ausgabe vom 6. Juli 1989.[2077] Sieler fordert, das „Gerede, die ‚Republikaner' seien im Gegensatz zu anderen rechtsextremistischen Parteien verfassungstreu"[2078], müsse „endlich beendet werden"[2079]. Der ihnen aufgrund der früheren journalistischen Tätigkeit Schönhubers in einer öffentlich-rechtlichen Rundfunkanstalt zugestandene „Demokratie-Bonus"[2080] sei unverdient. Der Versuch, die „REPs auf den Boden des Grundgesetzes zu ziehen, auf dem sie nicht stehen"[2081], sei der „politische Eiertanz einiger Demokraten"[2082]. Die REP knüpften grundgesetzwidrig Lebens- und Menschenrechte an die deutsche Staatsangehörigkeit, förderten einen Obrigkeitsstaat mit eingeschränkten Freiheitsrechten, planten die Beschneidung der Pressefreiheit, wollten „nach Art der Nazis die Rechte der freien Gewerkschaften auf das Wohl der ‚Arbeitsstätten' und der ‚Leistungsgemeinschaft' einschränken"[2083] und die Zwangsarbeit einführen sowie ein „Großdeutsches Reich"[2084] schaffen. Unter Berufung auf den Vorsitzenden der Gewerkschaft der Polizei zitiert Sieler „ein REP-Bezirkstagsvorstandsmitglied aus Oberbayern"[2085] mit einer Aussage, die aus dem Jahr 1986 stamme und unter anderem die „Wiedererweckung des germanischen Blutes"[2086] fordere. Der zitierte Michael Krämer – wenn auch von Sieler nicht namentlich genannt – hat allerdings in diesem Sinne bereits 1985 Stellung bezogen, vor einem kurzen Intermezzo bei der ödp und dem Beitritt zu den REP.[2087] Laut Krämer sei er zum Zeitpunkt der Publikation des *Sozialdemokratischen Pressedienstes* vom 6. Juli 1989 kein Mitglied der REP mehr gewesen.[2088] Abschließend verweist Sieler auf teils identische, teils nahezu wortgleiche

---

2076 Vgl. Kurt Beck, Will die CDU den Bürgermeistersessel mit Hilfe der Schönhuber-Partei retten?, in: Sozialdemokratischer Pressedienst, 22. Juni 1989.
2077 Vgl. Wolfgang Sieler, Die „Republikaner" sind keine Partei des Grundgesetzes: Kein Streit um eine längst beantwortete Frage!, in: Sozialdemokratischer Pressedienst, 6. Juli 1989.
2078 Ebd.
2079 Ebd.
2080 Ebd.
2081 Ebd.
2082 Ebd.
2083 Ebd.
2084 Ebd.
2085 Ebd.
2086 Ebd.
2087 Vgl. Hans Holzhaider, Die Entstehungsgeschichte einer „Ungeheuerlichkeit", in: Süddeutsche Zeitung, 10. Juni 1989; vgl. Michael Krämer, Telefonat mit dem Autor vom 24. Mai 2005.
2088 Krämer bestätigt, unmittelbar nach der Europawahl 1989 auf den ausdrücklichen Wunsch des damaligen Generalsekretärs Harald Neubauer aus der Partei ausgetreten zu sein (vgl. Michael Krämer, Telefonat mit dem Autor vom 24. Mai 2005).

Formulierungen in Flugblättern von DVU und REP und schließt daraus, beide Parteien seien *rechtsextremistisch*.

Zum Umgang mit den REP äußert sich der SPD-Bundestagsabgeordnete Florian Gerster am 1. August 1989.[2089] Dies sei notwendig, da nach wiederholten Wahlerfolgen der REP „Verdrängen und Leugnen"[2090] untauglich seien. Gerster schickt voraus, die REP seien im Gegensatz zu NPD und DVU „keine eindeutig neonazistische Partei"[2091], obgleich sich in ihrem Programm „altbekanntes Gedankengut der bundesrepublikanischen äußersten Rechten"[2092] wiederfände. Seiner Partei rät der Abgeordnete zu einer „Renaissance der klassischen Sozialpolitik für Arbeiterfamilien und kleine Leute". Rot-grüne Regierungsbündnisse könnten nur eine „Notlösung"[2093] zur Verhinderung der Regierungsbeteiligung der REP sein, als „Liebesheirat"[2094] würden sie SPD-Stammwähler „verschrecken"[2095]. Ebenso wenig förderlich seien „Antifaschistische Bündnisse mit zweifelhaften Partnern aus dem linksalternativen Lager"[2096].

Gersters Parlamentskollege Horst Peter macht wenige Wochen später – am 21. August – seinerseits Vorschläge zur „Auseinandersetzung mit den ‚Republikanern'"[2097]. Die Wahlerfolge der REP betrachtet Peter als „ein Stück Normalisierung der Bundesrepublik"[2098]. Schließlich seien auch in anderen westlichen Demokratien „ultranationalistische, rechtskonservative, autoritäre, populistische, gegenreformerische, gegenrevolutionäre und faschistische Formationen die Begleiterscheinung krisenhafter ökonomischer und gesellschaftlicher Entwicklungen"[2099]. Die REP seien weder eine „Spielart des Altherren-Faschismus wie bei DVU/NPD"[2100] noch eine „politische und gesellschaftlich marginalisierte und diskriminierte Kopie des Hitler-Nazismus der damals Dabeigewesenen"[2101]. Daher empfiehlt Peter, „vorschnelle Etikettierungen"[2102] zu vermeiden. Gerade der „eifrige und inflationär-zügige Umgang mit dem ‚Faschismus'-Etikett"[2103] könne schlimmstenfalls zur „Banalisierung

---

2089 Florian Gerster, Gefahr für die SPD? Zum Umgang mit den „Republikanern", in: Sozialdemokratischer Pressedienst, 1. August 1989.
2090 Ebd.
2091 Ebd.
2092 Ebd.
2093 Ebd.
2094 Ebd.
2095 Ebd.
2096 Ebd.
2097 Horst Peter, Alternativen statt Rhetorik: Zur Auseinandersetzung mit den „Republikanern", in: Sozialdemokratischer Pressedienst, 21. August 1989.
2098 Ebd.
2099 Ebd.
2100 Ebd.
2101 Ebd.
2102 Ebd.
2103 Ebd.

und Relativierung von Auschwitz"[2104] führen. Unnütz seien auch „Strategiepapiere, in den [sic] falsche Schadenfreude politische Analyse ersetzt"[2105] oder Streitgespräche mit Schönhuber in der konservativen Tageszeitung *Die Welt*[2106]. Gefragt sei statt „ritualisierter Rhetorik"[2107] eine „Auseinandersetzung um gesellschaftliche Alternativen"[2108], welche Peter im Detail zu definieren schuldig bleibt.

Wie Wolfgang Sieler macht auch der Vorsitzende der nordrhein-westfälischen SPD-Landtagsfraktion, Friedhelm Farthmann, auf die Verfassungswidrigkeit der REP aufmerksam.[2109] Im *Sozialdemokratischen Pressedienst* vom 21. September 1989 fordert Farthmann die Aufnahme der REP in die Verfassungsschutzberichte. Die Überwachung der REP seitens des Bundesamtes für Verfassungsschutz sei nur deshalb noch nicht initiiert worden, weil Teile der Union Angst hätten, „einen möglichen Mehrheitsbeschaffer zu verlieren [sic]"[2110]. Farthmann meint, es gäbe genügend Anhaltspunkte „verfassungsfeindlicher Bestrebungen"[2111], führt dann aber als eines weniger Beispiele für einen übersteigerten Nationalismus ausgerechnet das berüchtigte Zitat Michael Krämers aus dessen politischer Wirkungszeit vor dem REP-Beitritt an[2112] und schreibt zudem dessen Familiennamen falsch. Dennoch erklärt der Fraktionsvorsitzende Krämers Äußerungen als für die REP repräsentativ und prangert diese als „Nazi-Jargon, wie es deutlicher nicht geht"[2113] an. Die REP relativierten die Verbrechen des Nationalsozialismus und machten sich dessen Argumentationslinien zu Eigen: „Aus der ‚Judenfrage' der Nazis wird die ‚Ausländerfrage' [...]

2104 Ebd.
2105 Ebd. Gemeint sind wohl die beiden geheimen Strategiepapiere der SPD-Parteizentrale aus dem Dezember 1988 und dem August 1989 (vgl. n.n., Die SPD-Führung distanziert sich von der Strategie-Studie, in: Frankfurter Allgemeine Zeitung, 15. Juli 1989; Peter Meier-Bergfeld, Sieg durch Demolieren der anderen Volkspartei, in: Rheinischer Merkur/Christ und Welt, 21. Juli 1989; Wilhelm Christbaum, Nicht mehr kalkulierbar, in: Münchner Merkur, 25. Juli 1989; n.n., Weiteres SPD-Papier zu Republikanern, in: Die Welt, 21. August 1989).
2106 Diese Kritik gilt dem konservativen SPD-Denker und Bundestagsabgeordneten Peter Glotz (vgl. Manfred Schell, Wohin treibt unser Land?, Gespräch mit Peter Glotz und Franz Schönhuber, in: Die Welt, 31. Juli 1989).
2107 Horst Peter, Alternativen statt Rhetorik: Zur Auseinandersetzung mit den „Republikanern", in: Sozialdemokratischer Pressedienst, 21. August 1989.
2108 Ebd.
2109 Vgl. Friedhelm Farthmann, Die „Republikaner" sind verfassungswidrig. Zur Notwendigkeit, der Schönhuber-Partei nach dem Prinzip der wehrhaften Demokratie zu begegnen, in: Sozialdemokratischer Pressedienst, 21. September 1989.
2110 Ebd.
2111 Ebd.
2112 Vgl. Hans Holzhaider, Die Entstehungsgeschichte einer „Ungeheuerlichkeit", in: Süddeutsche Zeitung, 10. Juni 1989; vgl. Michael Krämer, Telefonat mit dem Autor vom 24. Mai 2005.
2113 Friedhelm Farthmann, Die „Republikaner" sind verfassungswidrig. Zur Notwendigkeit, der Schönhuber-Partei nach dem Prinzip der wehrhaften Demokratie zu begegnen, in: Sozialdemokratischer Pressedienst, 21. September 1989.

der ‚Republikaner'"[2114]. Verfassungswidrig seien die Forderungen der REP nach Vorenthaltung von Transferleistungen aus der Steuerkasse an Nichtdeutsche, Schaffung von Kontrollorganen gegenüber den Medien und Abschaffung der Tarifautonomie. All dies rechtfertige die bundesweite Überwachung der REP. Es genüge nicht, „Zeitungsschnipsel zu sammeln, ich will wissen, was im Hinterstübchen dieser Partei tatsächlich geschieht"[2115].

Nach der Europawahl 1989 entwickelt sich der *Sozialdemokratische Pressedienst* allmählich zum nach außen transportierten SPD-Diskussionsforum über den zweckmäßigen Umgang mit den REP. Nach Florian Gerster und Horst Peter beteiligt sich mit einem Beitrag in der Ausgabe vom 3. Oktober auch der Bundesgeschäftsführer der *Sozialdemokratischen Gemeinschaft für Kommunalpolitik in der Bundesrepublik Deutschland* (SGK), Peter Klein, an diesem Diskurs.[2116] Klein nimmt Bezug auf das erfolgreiche Abschneiden der REP bei der nordrhein-westfälischen Kommunalwahl am 1. Oktober 1989, infolge der die Partei u.a. in die Stadtparlamente von Köln, Gelsenkirchen, Hagen und in zahlreiche Kreistage einzieht. Noch nie habe eine Kommunalwahl „eine über die Gemeindegrenzen hinausgehende Herausforderung an das ganze politische System BRD gestellt wie diese"[2117]. Dem könne die SPD nur mit „aktiver politischer Aufklärung und der politischen Tat"[2118] begegnen. Klein warnt, der zu erwartende Zuzug Hunderttausender DDR-Flüchtlinge, Aus- und Übersiedler könne den Sozialneid fördern, aus dem die REP ihre Stimmengewinne bezögen.

Der Entwurf eines neuen REP-Programms erntet die Kritik der Bundestagsabgeordneten Cornelie Sonntag-Wolgast in einem Beitrag vom 1. Dezember 1989.[2119] Der Wolf habe „Kreide gefressen"[2120], resümiert Sonntag-Wolgast. Aus „purem Opportunismus"[2121] heraus, nicht aus Einsicht, sei der alte Programmtext neu formuliert worden. Vorgelegt worden sei nun ein „Gedankensud, dessen Herkunft aus der Küche der ewig Gestrigen und des Revanchismus man nicht mehr ganz so leicht herausschmeckt"[2122]. Die Glättung kontroverser Passagen dokumentiert die Abgeordnete anhand weniger Beispiele und wittert, es schleiche „ein Rechtsradikalismus auf Samtpfoten heran"[2123]. Der von „entlarvenden Parolen"[2124] befreite Text dürfte nun

2114 Ebd.
2115 Ebd.
2116 Peter Klein, Den Kampf gegen rechts aufnehmen: Zur Auseinandersetzung mit den „Republikanern", in: Sozialdemokratischer Pressedienst, 3. Oktober 1989.
2117 Ebd.
2118 Ebd.
2119 Cornelie Sonntag-Wolgast, Ungebremster Chauvinismus: Zum neuen Programmentwurf der „Republikaner", in: Sozialdemokratischer Pressedienst, 1. Dezember 1989.
2120 Ebd.
2121 Ebd.
2122 Ebd.
2123 Ebd.
2124 Ebd.

auch „in Kreisen der CSU und ihrer Anhängerschaft auf verstohlenen Beifall treffen"[2125].

In der Ausgabe des 9. Januars 1990 betrachtet auch Wolfgang Sieler den neuen Programmentwurf und widerspricht dabei Sonntag-Wolgast entschieden.[2126] Niemand bei den REP habe „Kreide gefressen"[2127]. Sieler sieht in dem REP-Programmtext eine ideologische Fortsetzung nationalsozialistischen Gedankenguts und erkennt die „Sprache der NSDAP"[2128]. Mit der „NS-Rechtsphilosophie als Grundlage"[2129] propagierten die REP Vorstellungen, die „dem faschistischen Rechtsverständnis der Nazis zugrunde"[2130] lagen. Die Partei arbeite auf „Hitlers Großdeutschland"[2131] hin, die REP-Außenpolitikkonzeption sei „nur noch vergleichbar mit dem Verhalten der Nazis"[2132]. Zum Auflehnen der REP gegenüber den Siegermächten des Zweiten Weltkrieges weiß Sieler, einen solchen Anspruch habe „in Deutschland zuletzt Adolf Hitler vertreten"[2133]. Die Inhalte des Programmentwurfs machten die REP „vollends zu geistigen Nachfolgern der Nazi-Machtpolitik"[2134]. Dies lasse u.a. befürchten, dass die REP mit Ausländern ebenso verführen, „wie es die Nazis gegenüber jüdischen Mitbürgern taten"[2135]. Den REP-Vorsitzenden nennt Sieler den „Waffen-SS-Schönhuber"[2136]. Die Unionsparteien seien verpflichtet, sich nun deutlich von den REP zu distanzieren und Koalitionsgedanken aufzugeben. Über ein Verbot der REP müsse „verstärkt nachgedacht werden"[2137].

Auffällig sprachkreativ ist die Äußerung des bayerischen SPD-Vorsitzenden Rudolf Schöfberger im *Sozialdemokratischen Pressedienst* vom 15. Januar 1990.[2138] Darin erklärt Schöfberger, Schönhuber sei ein „demagogischer politischer ‚Drogenhändler'"[2139] – dieser wolle mit der „radikalen Droge ‚Wiedervereinigung jetzt!'"[2140] die Deutschen in einem „nationalistischen Rausch aufputschen"[2141].

2125 Ebd.
2126 Wolfgang Sieler, Die Unrechts-Partei: Anmerkungen zur Programmatik der „Republikaner", in: Sozialdemokratischer Pressedienst, 9. Januar 1990.
2127 Ebd.
2128 Ebd.
2129 Ebd.
2130 Ebd.
2131 Ebd.
2132 Ebd.
2133 Ebd.
2134 Ebd.
2135 Ebd.
2136 Ebd.
2137 Ebd.
2138 Rudolf Schöfberger, Hemmungslose Hetze: Zum „Republikaner"-Parteitag in Rosenheim, in: Sozialdemokratischer Pressedienst, 15. Januar 1990.
2139 Ebd.
2140 Ebd.
2141 Ebd.

Wenig Gehör mag die Stimme von Norbert Sprafke, Mitglied des SPD-Unterbezirks Kassel-Stadt, vom 1. April 1993 über den Umgang mit den REP in der Kommunalpolitik am Beispiel Kassel gefunden haben.[2142] Zu wenig offensichtlich ist die Ausstrahlung Kassels auf landes- und bundespolitische Überlegungen.

Am 2. Dezember 1993 meldet der *Sozialdemokratische Pressedienst* Wolfgang Bebbers Ablehnung eines neuen Radikalen-Erlasses die REP betreffend.[2143] Bebber, rechtspolitischer Sprecher der baden-württembergischen Landtagsfraktion, will „keine neue Phase der Gesinnungsschnüffelei gegen Mitglieder des öffentlichen Dienstes"[2144]. Daher dürfe die bloße Mitgliedschaft bei den REP niemandem zum Verhängnis werden. Sanktionen müsse ein Beamter erst dann befürchten, wenn er sich „aktiv für die Ziele und Ideen der Partei der Republikaner einsetzt"[2145], welche „tatsächlich verfassungsfeindliche beziehungsweise rechtsextremistische Züge tragen"[2146].

In den Pressearchiven der parteinahen Stiftungen finden sich einige Beiträge des vom *Sozialdemokratischen Pressedienst* herausgegebenen *Parlamentarisch-Politischen Pressedienstes* (PPP) mit Bezug zu den REP.

Am 20. Juli 1989 veröffentlicht der PPP ein Interview mit Hans-Gerd Jaschke.[2147] Jaschke stuft die REP zugleich als „rechtsextremistische Partei und rechtskonservativ-populistische Bewegung"[2148] ein und spricht von einer „Doppelstruktur"[2149] der Partei. Verbotsforderungen hält Jaschke für „aussichtslos gegenüber dem Bundesverfassungsgericht". Es sei vor allem Aufgabe der Unionsparteien, die REP-Wähler wieder an das demokratische Spektrum zu binden, da diejenigen, die den REP ihre Stimme gegeben hätten, „Fleisch vom Fleische der Union"[2150] seien.

Weniger als zwei Wochen später meldet sich die stellvertretende SPD-Partei- und Bundestagsfraktionsvorsitzende Herta Däubler-Gmelin im PPP zu Wort und fordert von der Union eine deutliche Abgrenzung gegenüber den REP.[2151] Däubler-Gmelin

---

2142 Norbert Sprafke, Zum Beispiel Kassel: Zum Umgang mit den „Republikanern" im kommunalen Bereich, in: Sozialdemokratischer Pressedienst, 1. April 1993.

2143 Wolfgang Bebber, Radikalen-Erlass kein Mittel gegen die „Reps", in: Sozialdemokratischer Pressedienst, 2. Dezember 1993.

2144 Ebd.

2145 Ebd.

2146 Ebd.

2147 Vgl. n.n., „Republikaner" sind „Fleisch vom Fleische" der Union, Interview mit Hans-Gerd Jaschke, in: Parlamentarisch-Politischer Pressedienst, 20. Juli 1989.

2148 Ebd.

2149 Ebd.

2150 Ebd.

2151 N.n., Däubler-Gmelin: „Republikaner" gegen „alles, was unsere Demokratie ausmacht", in: Parlamentarisch-Politischer Pressedienst, 31. Juli 1989.

erklärt, „die Töne"[2152], welche die REP von sich gäben, seien „eigentlich gegen alles, was unsere Demokratie ausmacht"[2153].

Der PPP bezweifelt die Glaubwürdigkeit der Abgrenzungserklärungen der Union den REP gegenüber. Das Ruder werde „sachte nach rechts gelegt"[2154], heißt es in einem Beitrag vom 17. August 1989. Das Bündnis zwischen CSU und REP sei bereits „perfekt"[2155], Schönhuber sitze schon „unsichtbar mit am Koalitionstisch"[2156].

Von „unübersehbaren braunen Flecken" bei den REP berichtet der PPP am 22. September 1989.[2157] Die Sprache mancher REP-Funktionäre erinnere „an die Jahre der braunen Diktatur"[2158]. In der Partei tummelten sich „braun gefärbte Trittbrettfahrer und militante Systemveränderer"[2159]. Schönhuber wolle „die braunen Flecken mit der Puderquaste [...] überdecken"[2160], was ihm aber nicht gelänge. Die „braunen Bataillone"[2161] bei den REP erwiesen sich als schlagkräftig. Forderungen der REP seien aus Adolf Hitlers „Mein Kampf" übernommen, und Michael Kühnen, „wohl der bekannteste Neonazi in der Bundesrepublik", mache „zugunsten der ‚Republikaner' mobil"[2162].

Im baden-württembergischen SPD-Magazin *Sozialdemokrat* stellt der Landesvorsitzende Ulrich Maurer eine Kampagne der Partei „gegen Rechts"[2163] im Vorfeld der Europa- und Kommunalwahlen vor. Maurer nennt keine Partei namentlich, kündigt aber einen entschiedenen Kampf gegen „rechtsradikale Parteien"[2164] an. Der Hinweis auf die „Stimmenergebnisse am rechten Rand"[2165] stellt den Bezug zu den REP her.

Das *Jahrbuch* der SPD gibt Aufschlüsse über die Beschäftigung der Partei mit dem Rechtsextremismus. Initiativen, Aktionen und Stellungnahmen sind hier in der Übersicht zusammengefasst. Trotz des Achtungserfolgs der REP bei der bayerischen Landtagswahl 1986 bleiben die REP bis zum Wahljahr 1989 im Jahrbuch ohne namentliche Nennung.[2166] Im SPD-Jahrbuch 1988-1990 findet sich erstmals das

2152 Ebd.
2153 Ebd.
2154 N.n., Probleme bei der Erweiterung der Rechtskoalition, in: Parlamentarisch-Politischer Pressedienst, 17. August 1989.
2155 Ebd.
2156 Ebd.
2157 N.n., „Republikaner" mit unübersehbaren braunen Flecken, in: Parlamentarisch-Politischer Pressedienst, 22. September 1989.
2158 Ebd.
2159 Ebd.
2160 Ebd.
2161 Ebd.
2162 Ebd.
2163 N.n., Für Gerechtigkeit – gegen Rechts!, in: Sozialdemokrat, Mai 1989.
2164 Ebd.
2165 Ebd.
2166 Nach dem Wahlerfolg der DVU 1987 in Bremen berichtet das Jahrbuch 1986/87 über die Forderung der *Arbeitsgemeinschaft sozialdemokratischer Juristen* (ASJ), die Bundesregie-

Stichwort „Republikaner" im Sachregister.[2167] Am 9. und 10. Oktober habe eine Konferenz der Arbeitsgemeinschaft verfolgter Sozialdemokraten im Ostseebad Weißenhäuser Strand stattgefunden, in deren Mittelpunkt die Auseinandersetzung mit den neuen rechtsextremen Gruppierungen gestanden habe. Das besondere Interesse habe den REP gegolten, „einem Sammelbecken rechtsextremer Strömungen, das nicht zu einer möglichen bundesweiten Bedrohung der Demokratie werden darf"[2168]. Die SPD-Bundesgeschäftsführerin Anke Fuchs habe am 24. Oktober 1989 eine vom Parteivorstand in Auftrag gegebene „Republikaner-Studie" vorgestellt.[2169] Nach dem Erringen der absoluten Mehrheit der SPD bei der Landtagswahl am 28. Januar 1990 im Saarland resümiert Oskar Lafontaine, er gewinne „zunehmende Klarheit über die Ziele der so genannten Republikaner"[2170]. Lafontaine freue sich „darüber, dass der Einzug der Republikaner in den Landtag verhindert werden konnte – möglicherweise ein historisches Ereignis"[2171]. Bei der bayerischen Kommunalwahl am 18. März 1990 gelte es, „mit einem bürgernahen Angebot eine Abwanderung von Wählerinnen und Wählern zu den rechtsextremistischen so genannten Republikanern zu verhindern."[2172] Die Wahlerfolge der REP hätten in der SPD „eine starke Gegenbewegung gegen nationalen Chauvinismus und Ausländerhass erzeugt"[2173].

Das Jahrbuch 1991/92 enthält Stimmen zum Einzug der REP in den Landtag von Baden-Württemberg. Das SPD-Präsidium wertet das Ereignis als „ein Zeichen des Protestes"[2174]. Im Juni 1992 kündigt die Vorsitzende der Jugendpolitischen Kommission der SPD, Ruth Winkler, an, mit Funktionären und Mitgliedern der REP eine „in der Sache harte Auseinandersetzung führen"[2175] zu wollen. Nur eine „selbstbewusste und offensive Konfrontation mit Republikanern, DVU und anderen bringe Punkte im Kampf um die demokratische Kultur"[2176]. Anlässlich der Gründung des *Deutschland-Forums* in der CDU im Dezember 1992 merkt der SPD-Bundesgeschäftsführer Karlheinz Blessing an, gut ein Drittel der Unionsanhänger

---

rung möge „die rechtlichen und arbeitsrechtlichen Voraussetzungen für ein Verbot von DVU, NPD und FAP [...] prüfen" [vgl. Sozialdemokratische Partei Deutschlands/Vorstand, Jahrbuch 86/87 SPD (ohne Datum), S. 240]. Die Unionsparteien müssten sich fragen lassen, „ob sie nicht in den letzten Jahren bei dem Versuch, auch noch die letzten Wähler am äußersten rechten politischen Spektrum anzusprechen, Stichworte für rechtsradikale Gruppen geliefert hat." (ebd.)

2167 Sozialdemokratische Partei Deutschlands/Vorstand, Jahrbuch 1988-1990 SPD [ohne Datum].
2168 Ebd., S. C 248
2169 Ebd., S. C 247
2170 Ebd., S. A 23.
2171 Ebd., S. A 27.
2172 Ebd., S. A 39
2173 Ebd., S. B 45
2174 Sozialdemokratische Partei Deutschlands/Vorstand, Jahrbuch der Sozialdemokratischen Partei Deutschlands 91/92, Bonn 1993, S. 84.
2175 Ebd., S. 98.
2176 Ebd.

„fühle sich durch Helmut Kohls Politik nicht mehr repräsentiert und liebäugele mit den Republikaner [sic]"[2177].

Die letzten Hinweise auf den Umgang mit den REP in einem SPD-Jahrbuch finden sich in der Ausgabe 1993/94.[2178] Nahezu alle Anmerkungen bringen eine Kritik an der vermeintlich unzulänglichen Abgrenzung der CDU gegenüber den REP zum Ausdruck. Der SPD-Vorsitzende Björn Engholm warnt vor der Aufgabe des demokratischen Konsenses, nachdem die hessische CDU erwäge, „mit Hilfe der Republikaner in Kommunal- und Kreisparlamenten SPD-mandatsträger abzulösen."[2179] SPD-Bundesgeschäftsführer Karlheinz Blessing meldet Bedenken im Hinblick auf die Benennung Manfred Kanthers für das Amt als Bundesinnenminister an: „Mit der Wahl Kanthers, der eine klare Distanzierung von Bündnissen mit den Republikanern verweigere, setze der Bundeskanzler zugleich ein deutliches Signal für einen Rechtsruck der CDU in Bonn."[2180] Nach der Hamburger Bürgerschaftswahl am 19. September 1993, bei der REP (4,8 Prozent) und DVU (2,8 Prozent) über fünf Prozent der Stimmen gewinnen, zeigt sich das SPD-Präsidium besorgt und fordert „zugleich alle demokratischen Parteien auf, die rechtsradikalen Organisationen unnachsichtig zu bekämpfen"[2181]. Mit dem Bundesverfassungsschutzbericht 1993 ist die stellvertretende SPD-Vorsitzende Herta Däumler-Gmelin unzufrieden, „weil darin die Republikaner nicht offen als rechtsextremistisch eingestuft werden"[2182]. Nach dem Treffen Schönhubers mit dem DVU-Vorsitzenden Frey fordert auch der innenpolitische Sprecher der SPD, Ulrich Maurer, Bundesinnenminister Kanther auf, „die Republikaner als rechtsextremistische Partei einzustufen"[2183].

Die *Äußerungen parteirepräsentativer Politiker* der SPD zu den REP stammen überwiegend aus dem Jahr 1989, sind also als Reaktion auf die Wahlerfolge der Rechtspartei in Berlin und bei der Europawahl zu werten. Die Äußerungen der SPD-Politiker sind teilweise schwer einer in sich schlüssigen, konsistenten Grundhaltung hinsichtlich des Umgangs mit den REP zuzuordnen. Hans-Jochen Vogel sowie Peter Glotz bilden eine Ausnahme und mahnen kontinuierlich zu einem wohl überlegten, begrifflich differenzierenden Vorgehen. Anke Fuchs pendelt zwischen Gleichsetzung der REP mit den Nationalsozialisten und Besetzung der REP-Protestthemen und -rhetorik. Herta Däubler-Gmelin, Günther Tietjen und Hans Gottfried Bernrath rufen nach strafrechtlichen und institutionellen Maßnahmen gegen Schönhubers Partei. Günter Verheugen, Hans-Ulrich Klose, Gerhard Schmid, Rudolf Dreßler und Cornelie Sonntag-Wolgast wünschen sich eine aktive Auseinandersetzung der

---

2177 Ebd., S. 122.
2178 Sozialdemokratische Partei Deutschlands/Vorstand, Jahrbuch der Sozialdemokratischen Partei Deutschlands 93/94, Bonn 1995.
2179 Ebd., S. 25.
2180 Ebd., S. 42.
2181 Ebd., S. 52.
2182 Ebd., S. 85.
2183 Ebd., S. 106.

SPD und anderer demokratischer Parteien mit den REP, meist jedoch ohne Nennung zweckmäßiger Schritte.

SPD-Bundesvorsitzender Hans-Jochen Vogel und der ehemalige Bundesgeschäftsführer Peter Glotz sind sich einig bezüglich der Notwendigkeit einer sachlichen Argumentation ohne pauschale Urteile gegenüber den REP. Vogel unterscheidet im Juni 1989 gar zwischen dem Umgang mit den REP auf der kommunalen Ebene einerseits und dem auf der Landes- und Bundespolitik andererseits. Solange es um spezifische Sachfragen ginge, könne man eine punktuelle Kooperation in der Kommunalpolitik nicht gänzlich ausschließen: „Man kann doch bei konkreten Projekten nichts Richtiges unterlassen, nur weil sich die Reps dranhängen."[2184] Vogel stuft die REP als *rechtsradikale* Partei ein, die entgegen den Hinweisen der Union nicht mit den Grünen gleichzusetzen seien. Bei entsprechenden Machtverhältnissen erwarte der SPD-Vorsitzende Bündnisse zwischen CDU/CSU und REP „aus Gründen des Machterhaltes"[2185].

Ende Juni 1989 kündigt Vogel an, seine Partei wolle „Strategien gegenüber dieser Erscheinung [den REP] konkretisieren"[2186]. Dazu gehöre eine politische Auseinandersetzung mit der Rechtspartei, ein Verbot würde nicht erwogen. Außerdem solle eine Beratungsgruppe bis Oktober eine Dokumentation mit besonderem „Augenmerk auf neonazistische Tendenzen"[2187] erarbeiten.[2188]

Vogel stellt sich einem Interview mit dem *Flensburger Tageblatt*, welches am 4. Juli 1989 erscheint.[2189] Der SPD-Vorsitzende erhofft sich das erfolgreiche Überwinden des Phänomens *Republikaner* ähnlich der Situation vor zwei Jahrzehnten hinsichtlich der NPD. Zwar seien die Führungspersonen von REP und NPD „nur eingeschränkt zu vergleichen"[2190]. Die REP stellten jedoch keine geringere Gefahr dar und verbreiteten ebenfalls „neonazistische Parolen und Assoziationen"[2191]. Zwischen der Rhetorik von Franz Josef Strauß und von Franz Schönhuber erkennt Vogel „Übereinstimmungen und Parallelen"[2192], weshalb die Union eine Mitverantwortung

2184 Andreas Fritzenkötter, Vogel schließt Zusammenarbeit auf Gemeindeebene nicht aus: Einig im Nein zu Republikanern, in: Rheinische Post, 28. Juni 1989.

2185 Ebd.

2186 DPA-Meldung, SPD will Strategien gegenüber Republikanern entwickeln, 30. Juni 1989; vgl. n.n., SPD: Härteste Auseinandersetzung mit den Anführern der Republikaner, in: Kieler Nachrichten, 1. Juli 1989.

2187 DPA-Meldung, SPD will Strategien gegenüber Republikanern entwickeln, 30. Juni 1989.

2188 Vgl. Sozialdemokratische Partei Deutschlands/Parteivorstand und Bundestagsfraktion (Hrsg.), Weder verharmlosen, noch dämonisieren, Abschlussbericht der Beratungsgruppe „Projekt R", in: intern [Oktober 1989]. Eine Analyse der erstellten Dokumentation findet sich in Kapitel 5.1.2.2.

2189 Erich Maletzke, Vogel: Bündnisse mit FDP und den Grünen laufen gut. Ein Gespräch mit dem Oppositionsführer und SPD-Parteichef, in: Flensburger Tageblatt, 4. Juli 1989.

2190 Ebd.

2191 Ebd.

2192 Ebd.

für das Erstarken der REP trage. Allerdings könne Strauß „nicht dem rechtsextremistischen Spektrum zugerechnet werden"[2193].

Bei der Auseinandersetzung mit den REP sucht Vogel den Schulterschluss mit den Gewerkschaften. Zusammen mit der *IG Medien – Druck und Papier, Publizistik und Kunst* ruft der Parteivorsitzende nach der Europawahl 1989 einen „gemeinsamen Kampf gegen Rechtsradikalismus und Ausländerfeindlichkeit, der gleichzeitig ein Kampf für die Erhaltung von Freiheit und Demokratie sei"[2194] aus. Die Stimmengewinne von REP und DVU stellten eine „Herausforderung für die demokratische, freiheitliche und sozialstaatliche Entwicklung in der Bundesrepublik"[2195] dar.

Immer wieder mahnt der Parteivorsitzende vor unüberlegter Rhetorik und spontanen Aktionen gegen die REP. Mit dem Streitgespräch zwischen Peter Glotz und Franz Schönhuber in der Tageszeitung *Die Welt*[2196] ist Vogel anscheinend nicht einverstanden.[2197] Seine Partei warnt er vor „zu schnellen Verallgemeinerungen"[2198] im Umgang mit den REP. Trotz der Meinungsunterschiede zwischen Vogel und Glotz bezüglich des Forums mit dem REP-Vorsitzenden in der *Welt* fallen die beiden SPD-Politiker durch parallele grundlegende Überzeugungen im Hinblick auf den Umgang mit der Rechtspartei auf.

Nach der Europawahl 1989 zeigt sich Glotz, zu diesem Zeitpunkt Bundestagsabgeordneter und SPD-Bezirksvorsitzender Südbayerns, über die hohen Verluste der SPD in seinem eigenen Bezirk nicht überrascht.[2199] Schließlich verzeichne hier eine „*populistisch-konservative Partei* wie die CSU"[2200] Ergebnisse über 50 Prozent der Wählerstimmen. Der Rechtspopulismus sei in Teilen der Region „die Stimmung vor Ort, die Atmosphäre der Kommunikation"[2201].

Für seine Entscheidung, sich im Juli 1989 einem von der Tageszeitung *Die Welt* moderierten Streitgespräch mit Schönhuber zu stellen[2202], erntet Glotz in den eigenen Reihen nicht nur Beifall.[2203] Glotz' Versuch, Schönhuber mit dem Vorwurf, die-

---

2193 Ebd.

2194 N.n., „Gemeinsam gegen Rechtsradikalismus", in: Kontrapunkt/IG Medien, 17. Juli 1989.

2195 Ebd.

2196 Vgl. Manfred Schell, Wohin treibt unser Land?, Gespräch mit Peter Glotz und Franz Schönhuber, in: Die Welt, 31. Juli 1989.

2197 Vgl. Helmut Lölhöffel, Kein Rezept gegen Rechts, in: Frankfurter Rundschau, 4. August 1989.

2198 Ebd.

2199 Vgl. n.n., Das Problem mit den Republikanern, in: Zürcher Zeitung, 1. Juli 1989.

2200 Ebd. (Hervorhebung im Orginal)

2201 Ebd.

2202 Vgl. Manfred Schell, Wohin treibt unser Land?, Gespräch mit Peter Glotz und Franz Schönhuber, in: Die Welt, 31. Juli 1989.

2203 Vgl. Helmut Lölhöffel, Kein Rezept gegen Rechts, in: Frankfurter Rundschau, 4. August 1989; Horst Peter, Alternativen statt Rhetorik: Zur Auseinandersetzung mit den „Republikanern", in: Sozialdemokratischer Pressedienst, 21. August 1989.

ser handhabe „plebejische Elemente in der Agitation"[2204] zu provozieren, läuft ins Leere, da der REP-Vorsitzende nicht widerspricht. Einen Frontalangriff auf die REP unterlässt Glotz. Die REP böten programmatisch „ein bisschen deutschnationale[n] Reichskonservatismus, und es ist ein bisschen Nationalneutralismus, wenn auch sehr vorsichtig hier vorgetragen"[2205]. Auch verzichtet Glotz darauf, die REP in die Nähe des Rechtsextremismus zu rücken – im Gegenteil: Er meint, es seien da einerseits „die Republikaner und die Rechtsradikalen, die es dann noch zusätzlich gibt"[2206]. Den REP traut Glotz bei der nächsten Bundestagswahl ein Ergebnis „über fünf Prozent"[2207] zu.

Auch nach Veröffentlichung des Diskussionsforums mit Schönhuber prognostiziert Glotz in den Medien einen fortlaufenden Höhenflug der REP.[2208] Bei den bayerischen Kommunal- und Landtagswahlen könnten die REP mit „mindestens zehn Prozent" der Stimmen rechnen und wahrscheinlich auch mit Mandaten im nächsten Bundestag. Die Grundlage für den Erfolg der REP sei bereits gelegt, da die „innenpolitische Dimension eines neuen Nationalismus"[2209] schon vor dem Erstarken der REP seitens des rechten Flügels der Union etabliert worden sei.

Seiner Rolle als sozialdemokratischer Vordenker wird der ehemalige SPD-Bundesgeschäftsführer[2210] im Oktober 1989 erneut gerecht, indem er einen 176-seitigen gut recherchierten und provokanten Diskussionsbeitrag vorlegt.[2211] Bescheidenerweise bezeichnet Glotz sein Buch als „Arbeitsnotizen"[2212]. Der Untertitel bezeichnet das Werk als „Streitschrift". Glotz erklärt, es solle daher als solche Streit auslösen.[2213] Glotz hält „diesen Trommler Schönhuber"[2214] für gefährlicher „als es diejenigen Strategen tun, die immer noch glauben, man könne ihn ignorieren"[2215]. Darum sucht und empfiehlt der SPD-Politiker die ausführliche Auseinandersetzung. Zweckmäßig sei ein sachlicher, rationaler Zugang zum Themenfeld rechter Bewegungen, gleich des Vorgehens eines Naturforschers: „Der kann auch nicht in Emoti-

2204 Manfred Schell, Wohin treibt unser Land?, Gespräch mit Peter Glotz und Franz Schönhuber, in: Die Welt, 31. Juli 1989.
2205 Ebd.
2206 Ebd.
2207 Ebd.
2208 Vgl. n.n., Wie Glotz die Chancen der Republikaner einschätzt, in: Süddeutsche Zeitung, 4. Oktober 1989.
2209 BPA-Meldung, MdB/SPD Peter Glotz zu Unions-Parteien gegenüber einem „neuen Nationalismus", 9. Oktober 1989.
2210 Die Amtszeit von Peter Glotz als Bundesgeschäftsführer währte von 1981 bis 1987.
2211 Vgl. Peter Glotz, Die deutsche Rechte: eine Streitschrift, Stuttgart 1989. Die zweite Auflage erscheint bereits im Folgemonat November (vgl. Peter Glotz, Die deutsche Rechte: eine Streitschrift, 2. Aufl., Stuttgart 1989).
2212 Ebd., S. 7.
2213 Vgl. ebd., S. 10.
2214 Ebd., S. 7.
2215 Ebd.

onen verfallen, wenn er ein hässliches Tier unter dem Mikroskop hat."[2216] In diesem Sinne differenziert Glotz klar zwischen den vorherig aufgetretenen rechtsextremistischen Parteien und dem politischen Profil der REP: „Die Absicht, eine *rechtspopulistische* Bewegung so zu behandeln, wie wir *rechtsextremistische* Bewegungen nach 1945 öfters behandelt haben (und wohl auch behandeln mussten) – verbieten oder totschweigen –, wird sich nicht verwirklichen lassen."[2217] Der Erfolg der REP lasse sich nicht einfach mit rechtsextremistischer Ideologieverwurzelung deren Wähler erklären. Zumindest ein Teil der REP-Wähler habe „auf Missstände reagiert, die wir – die großen Volksparteien der Bundesrepublik – entweder produziert oder zugelassen haben."[2218] Daher sei es wichtig, diesen Wählern vorzuführen, dass eine rechtspopulistische Protestbewegung deren Probleme nicht lösen könne.[2219] Das vorschnelle Schwingen rhetorischer Keulen sei nicht förderlich: „Schönhuber ist gefährlich; aber er ist weder ein Neonazi noch ein Neofaschist – und umgekehrt ist nicht alles, was nicht neonazistisch und neofaschistisch ist, vernünftig oder auch nur erträglich."[2220] Mit den REP drohe ein „reputierlicher parlamentarischer Nationalismus, der seine Gefahren hinter legitimierenden Vokabeln versteckt"[2221].

Grund zur Entwarnung gäbe es nicht, nur weil die REP nicht im Gewand der alten Rechten daherkämen. Glotz hält rechtspopulistische Bewegungen für gefährlicher als rechtsextremistische. Vor der aus seiner Sicht radikal falschen Politik des rechten Flügels der Union fürchte er sich mehr „als vor einem rechten oder linken Extremismus, den die Gesellschaft der Bundesrepublik in den notwendigen engen Grenzen halten kann und wird"[2222]. So bezeichnet Glotz auch Helmut Kohl – und nicht etwa Franz Schönhuber – als „Zentralfigur in der rechten Hälfte des politischen Spektrums"[2223]. Zudem propagierten Publikationen wie *Wir selbst*, *Mut*, *Aufbruch* und *Criticon* sowie den etablierten Parteien nahe stehende oder zugehörige Autoren wie Franz Alt, Gertrud Höhler, Ulrich Lohmar, Dieter Haack, Rudolf Wassermann und Rupert Scholz „eine gefährliche Ideologie, die konsequent, intelligent und in einer lebendigen Sprache von einer Vätergalerie der europäischen Rechten abgeleitet"[2224] werde. Bedenklich sei nicht nur Schönhubers Agitation, sondern ebenfalls das populistische Auftreten von Juan und Evita Perón, Petra Kelly, Boris Jelzin, Franz Josef Strauß, Oskar Lafontaine und anderen.[2225] Schönhuber insbesondere greife „die neurotischen Ängste, die Verunsicherungen, die Regressionsneigungen

---

2216 Ebd., S. 10.
2217 Ebd., S. 7-8.
2218 Ebd., S. 8.
2219 Vgl ebd., S. 8.
2220 Ebd., S. 9.
2221 Ebd.
2222 Ebd.
2223 Ebd., S. 13.
2224 Ebd., S. 37.
2225 Ebd., S. 40.

seines Publikums auf. Nur macht er es umgekehrt wie die Psychoanalytiker; seine Patienten werden nie mündig werden."[2226]

Die reflexartige Beschimpfung Schönhubers und seiner REP als Nazis sei zum einen verfehlt, zum anderen berge sie längerfristig eine Gefahr in sich: „Genau was aber würde geschehen, wenn die Demokraten ihr Unterscheidungsvermögen verlören. Wenn alle Neonazis wären; wenn wir das Wort ‚Faschismus' benutzten wie der betrunkene Kleinbürger das Wort Hure; als schärfste Form der Beschimpfung, abstrahierend von seinem Sinn. Es ist absurd, die eigene Sprache auf ein solch primitives Niveau herabzuwürdigen, dass man für ganz verschiedene Gegner nur noch einen Begriff hat: für den übergeschnappten, gewalttätigen Wirrkopf Michael Kühnen, einen der Führer der in der Tat neonazistischen ‚Bewegung', den gleichen wie für – sagen wir – Frey, Schönhuber, Gerd-Klaus Kaltenbrunner oder gar eine der Galionsfiguren des national-konservativen Flügels der Union."[2227] Alle demokratischen Kräfte mahnt Glotz, in der „Logik einer liberalen Demokratie"[2228] zu verbleiben. Die Behinderung von REP-Veranstaltungen etwa oder die Verbannung von REP-Mitgliedern aus dem öffentlichen Dienst blieben ohne positive Wirkung und schafften nur Märtyrer. Auch administrative Maßnahmen seien keine geeigneten Mittel im Umgang mit den REP, sondern letztes Aufgebot gegen den politischen Umsturz.[2229] Sinnlos sei ebenso eine Beobachtung durch den Verfassungsschutz. Die REP verfügten über „keine Waffenlager, keine Untergrundorganisation, keine paramilitärische Ordnergruppe".[2230] Es sei von einer Beobachtung kein relevanter Erkenntnisgewinn zu erwarten.

Einige der Probleme, die sich die REP als Wahlkampfthemen zu Eigen gemacht hätten, bezögen sich auf wirkliche soziale Herausforderungen: „Und die Konkurrenz zwischen deutschen Unterschichten und Ausländern ist keineswegs nur das Ergebnis von Hetze. Viele Ausländer leben in großen Familienverbänden, mehrere Personen erzielen Einkommen, sie haben große Beziehungsnetze aufgebaut und ziehen so an ihren deutschen Klassengenossen vorbei. Man kann den Neid, der da entsteht, natürlich moralisch verurteilen; aber das ist noch keine politische Reaktion."[2231] Über einen Wahlkampfauftritt Schönhubers im April 1989 in Bonn-Bad Godesberg sagt Glotz: „Der Themenkatalog ist fast noch ultrarechts; die Verarbeitung dagegen durchaus populistisch. Der Volkstümler kämpft mit zwei Attitüden: Volk gegen Machtblock und ehrlich gegen verlogen. Da sagt einer, was andere nur denken oder fühlen. Da riskiert einer was. Da kennt einer die ‚Volksmoral' sehr genau."[2232]

2226 Ebd., S. 41.
2227 Ebd., S. 42-43.
2228 Ebd., S. 43.
2229 Vgl. ebd.
2230 Ebd.
2231 Ebd., S. 55.
2232 Ebd., S. 69-70.

Glotz' Resümee über die politischen Anliegen der REP ist ein sachliches, nicht emotionalisierendes Urteil: „Diese Forderungen sind wie bei allen Populisten teils falsch, teils halbrichtig, teils richtig, aber schamlos übertrieben. Dieser ‚neue Nationalismus' ist noch gut bekämpfbar, aber schon gefährlich."[2233]

1992 erschien eine aktualisierte und erweiterte Ausgabe des Buches.[2234] Rückblickend bemängelt Glotz im Vorwort, nach dem Einzug der REP in das Berliner Abgeordnetenhaus sei „das Geschrei groß"[2235] gewesen. Den „Aufstieg rechtspopulistischer und rechtsradikaler Kräfte"[2236] habe man schnell mit der Analyse einer Protestwahl verharmlost. Bis auf die Aktualisierung eines Kapitels und wenigen sprachlichen Glättungen bleibt das Buch von Glotz im Vergleich zur Fassung von 1989 unverändert.

Die Pressemitteilung der SPD vom 12. Januar 1990[2237], in der Glotz den Entwurf eines neuen REP-Parteiprogramms als „im juristischen Sinn verfassungstreu, im politischen Sinn verantwortungslos"[2238] kritisiert, druckt die *Frankfurter Rundschau* tags darauf im Wortlaut ab.[2239]

Am 28. April 1989 berichtet die *Augsburger Allgemeine* über einen Kommentar der SPD-Bundesgeschäftsführerin Anke Fuchs.[2240] Fuchs habe die REP als „die Nazis von heute"[2241] und „Rechtsextremisten der plumpesten Art"[2242] bezeichnet. Nach der Kritik der oberbayerischen REP an der Führungspraxis der KZ-Gedenkstätte in Dachau könnte die Partei „nicht mehr für sich beanspruchen, demokratisch rechten Protest zu äußern"[2243]. Für die Billigung von Stimmen der REP zur Abwahl eines stellvertretenden Landrates der FDP durch SPD und Grüne im Rheingau-Taunus-Kreis hat Fuchs kein Verständnis.[2244]

Im *Spiegel* vom 9. Oktober 1989 wiederholt Fuchs ihre Vorwürfe gegenüber der Union, die hauptverantwortlich für das Erstarken der REP sei, weil sie sich nicht um die „Verlierer der Modernisierung"[2245] kümmere. Die REP-Wählerschaft zeige einen

---

2233 Ebd., S. 57.
2234 Peter Glotz, Die deutsche Rechte, 3. Aufl., München 1992.
2235 Ebd., S. 12.
2236 Ebd., S: 12f.
2237 Vgl. Sozialdemokratische Partei Deutschlands/Parteivorstand, Pressemitteilung zum Programmparteitag der Republikaner in Rosenheim vom 12. Januar 1990.
2238 Ebd. Eine ausführliche Darstellung der Inhalte findet sich in Kapitel 5.1.2.3.
2239 Peter Glotz, Im Wortlaut: Peter Glotz (SPD). Schönhuber nicht totschweigen, in: Frankfurter Rundschau, 13. Januar 1990. Auch die *Süddeutsche Zeitung* berichtet ausführlich (vgl. Michael Stiller, „Widerlegen statt totschweigen", in: Süddeutsche Zeitung, 13. Januar 1990).
2240 Vgl. n.n., „Republikaner Nazis von heute", in: Augsburger Allgemeine, 28. April 1989.
2241 Ebd.
2242 Ebd.
2243 Ebd.
2244 N.n., Anke Fuchs will den Genossen in Hessen die Leviten lesen, in: Die Welt, 9. August 1989.
2245 N.n., „Keine Sonderangebote": Spiegel-Interview mit der SPD-Bundesgeschäftsführerin Anke Fuchs, in: Der Spiegel 41/1989, 9. Oktober 1989. Die Schuldzuweisung von Fuchs

„rechtsextremen Kern"[2246] auf, die Partei selbst bezeichnet Fuchs als „braune Schmuddelkinder"[2247]. Die Sorgen der REP-Wähler könne sie teilweise nachvollziehen. Man dürfe nicht „die Einwanderung wildwüchsig so laufen lassen"[2248]. Arbeitsplätze, Wohnungen und Kindergartenplätze bräuchten nicht nur Zuwanderer, sondern auch Einheimische, die keineswegs als „Menschen zweiter Klasse"[2249] behandelt werden dürften.

Fuchs schaltet sich in die 1994 aufkommende REP-Verbotsdiskussion ein und bezeichnet (in ihrer Eigenschaft als stellvertretende Vorsitzende der SPD-Bundestagsfraktion) die Haltung des Bundesinnenministers Manfred Kanther den REP gegenüber als „Eiertanz"[2250].

Im August 1989 bringt die stellvertretende SPD-Vorsitzende Herta Däubler-Gmelin ihre Hoffnung zum Ausdruck, die REP würden sich als „Übergangserscheinung"[2251] erweisen. Ein Patentrezept zur Eindämmung der REP-Erfolge habe sie nicht parat, erwarte sich aber von der seitens der SPD in Auftrag gegebenen Studie, die im Oktober vorliegen soll[2252], nützliche Handlungsempfehlungen.

Däubler-Gmelin bedauert die fehlende Einstufung, ein Verbot der REP sei für sie „im Moment kein Diskussionsthema"[2253]. Allerdings nutze der Streit über die Einstufung der REP „niemandem außer den REP"[2254]. Sie verlangte eine „eindeutige und einheitliche Sprachregelung"[2255] aller demokratischen Parteien den REP gegenüber. Die REP müssten zur rechtsextremistischen Partei erklärt werden.[2256]

Herta Däubler-Gmelin will der Herausforderung mittels des Strafrechts Herr werden. Sie fordert, „die strafrechtlichen Möglichkeiten gegen Rechtsextreme zu

sorgt für Diskussionen in den Medien, da auch die SPD viele Wähler an die REP verliert (vgl. n.n., Eingeständnis, in: Frankfurter Allgemeine Zeitung, 25. Oktober 1989).

2246 Ebd.

2247 Ebd.

2248 Ebd.

2249 Ebd.

2250 DPA-Meldung, Kanther sieht Republikaner auf dem Weg zum Rechtsextremismus – SPD übt scharfe Kritik am Minister, 14. April 1994.

2251 Ulrich Kurz, Mit Mehrfachpolitik aus dem Stimmungstief, in: Reutlinger General-Anzeiger, 10. August 1989.

2252 Vgl. Sozialdemokratische Partei Deutschlands/Parteivorstand und Bundestagsfraktion (Hrsg.), Weder verharmlosen, noch dämonisieren, Abschlussbericht der Beratungsgruppe „Projekt R", in: intern [Oktober 1989].

2253 DPA-Meldung, Kanther sieht Republikaner auf dem Weg zum Rechtsextremismus – SPD übt scharfe Kritik am Minister, 14. April 1994.

2254 N.n., Niedersachsen verwahrt sich gegen Äußerung Kanthers: Ministerstreit über Republikaner, in: Süddeutsche Zeitung, 19. April 1994.

2255 Ebd.

2256 DPA-Meldung, Eichel greift Kanther an – Republikaner nicht hoffähig machen, 8. April 1994.

verbessern"[2257]. Die von der Einschätzung des Bundesamtes für Verfassungsschutz abweichenden Erkenntnisse der Landesbehörde Nordrhein-Westfalens müsse ernst genommen werden. Sollten die REP tatsächlich Gewalttaten decken oder fördern, seien „die Voraussetzungen für einen Verbotsantrag gegeben"[2258].

Wie Däubler-Gmelin erhofft sich der Bundestagsabgeordnete Günther Tietjen eine Eindämmung der REP-Erfolge durch institutionelle Maßnahmen. Tietjen artikuliert im April 1989 seine Befürchtungen, die REP könnten die Gewerkschaften „wie ehedem Hitlers Nazis"[2259] unterwandern. Eine Mitgliedschaft bei den REP, die „Ausländerhatz"[2260] betrieben, sei für Gewerkschaftler unvereinbar. Daher fordert Tietjen alle DGB-Einzelgewerkschaften auf, REP-Mitglieder aus ihren Reihen auszuschließen.

Für die Anwendung des Radikalenerlasses auf die REP plädiert der Bundestagsabgeordnete Hans Gottfried Bernrath im Oktober 1989.[2261] Zu bevorzugen sei zwar die Aufhebung des Erlasses, solange dieser aber in Kraft sei, müsse er „auch für rechte Extremisten gelten"[2262]. Er sei „für Konsequenz gerade gegen rechts"[2263]. Die Mitarbeit von Mitgliedern der REP beispielsweise bei Verfassungsschutzbehörden sei zu unterbinden.

SPD-Bundesgeschäftsführer Günter Verheugen regt gemeinsame Aktionsbündnisse von SPD, CDU, CSU, FDP und Bündnis 90/Die Grünen an. In einem Schreiben schlägt er seinen Amtskollegen in genannten Parteien gemeinsame Gegenkundgebungen zu REP-Wahlveranstaltungen vor. Die demokratischen Parteien müssten in dieser Sache zusammenstehen.[2264] Nach dem Abwinken Theo Waigels auf den SPD-Vorschlag hin, wirft Verheugen der CSU vor, diese halte sich „den Weg zu einer Zusammenarbeit mit den Republikanern bewusst"[2265] offen. Die CSU vermeide jede Maßnahme, welche die REP als gegen sich gerichtet deuten könnten.

Die Stimmenverluste der SPD an die REP bei der Europawahl 1989, die sich schon in Umfragen vor dem Wahltag andeuten, sind für den SPD-Schatzmeister Hans-Ulrich Klose Grund zur Sorge: „Ich glaube, dass man die Gefahr unterschätzt

2257 N.n., Politiker fordern härteres Vorgehen gegen Republikaner: Eylmann bringt Verbot der Partei in die Diskussion, General-Anzeiger, 11. April 1994.

2258 Ebd.

2259 N.n., Das SPD-Mitglied im Bundestags-Innenausschuss Günther Tietjen..., in: Allgemeine Jüdische Wochenzeitung,, 14. April 1989.

2260 Ebd.

2261 N.n., Radikalenerlass gegen Reps? Interview mit MdB Hans Gottfried Bernrath, SPD-Vorsitzender des Innenausschusses, in: Die Bunte, 19. Oktober 1989.

2262 Ebd.

2263 Ebd.

2264 N.n., Verheugen schreibt an Parteien: SPD für Aktionsbündnis gegen Republikaner, in: Süddeutsche Zeitung, 9. Mai 1994.

2265 DPA-Meldung, Verheugen: CSU offen für Zusammenarbeit mit Republikanern, 13. Mai 1994.

hat."[2266] Ein Viertel, in manchen Bereichen gar ein Drittel „dieser Rechts-Wähler"[2267] seien ehemalige SPD-Wähler. Auch der SPD-Europaparlamentarier Gerhard Schmid und der Bundesvorsitzende der *Arbeitsgemeinschaft für Arbeitnehmerfragen* (AFA) in der SPD, Rudolf Dreßler, setzen auf eine inhaltliche Auseinandersetzung mit den REP. Schmid erkennt diesbezüglich Versäumnisse auf Seiten der Union und wirft der CSU wenige Wochen vor dem Europawahltag 1989 vor, sie habe „ein ausländerfeindliches Klima geschürt"[2268] und so den REP Auftrieb verschafft. Im Europäischen Parlament kooperiere die CSU mit rechten Kräften, eine „schwarz-braune Koalition [sei] bei vielen Abstimmungen seit Jahren gang und gäbe"[2269]. Dreßler fordert seine Vereinigung zu einer „verstärkten Auseinandersetzung mit den Parolen der rechten Gruppen der Republikaner und DVU"[2270] auf. Bei der Europawahl habe die SPD gerade „in klassischen Arbeitervierteln" Stimmen an die REP verloren und könne daher nicht so tun als ginge sie der Aufwind der *rechtsradikalen* Partei nichts an.

Cornelie Sonntag-Wolgast, Bundestagsabgeordnete und SPD-Expertin für Innenpolitik, mischt sich in die Verbotsdiskussion aus dem Jahr 1994 ein und erteilt administrativen Maßnahmen eine Absage. Ein Verbot der REP sehe sie als „schwierigen, langwierigen und riskanten Weg"[2271]. Für viel „akuter und wirkungsvoller"[2272] halte Sonntag-Wolgast eine „schonungslose"[2273] politische Auseinandersetzung mit den REP. Die „offen fremdenfeindlichen und antisemitischen Parolen Schönhubers und seiner Truppe"[2274] gehörten in die Kategorie *Rechtsextremismus*.

Neben den Bundespolitikern tragen zahlreiche Landespolitiker der SPD zur Diskussion über das Auftreten der REP und den zweckmäßigen Umgang mit der Rechtspartei bei. Die Recherchen für diese Untersuchung förderten Äußerungen von sozialdemokratischen Amts- und Mandatsträgern aus Bremen, Niedersachsen, Nordrhein-Westfalen, Hessen, Rheinland-Pfalz, Saarland, Baden-Württemberg, Bayern, Berlin und Sachsen-Anhalt zu Tage.

Der Bremer Bürgerschaftsabgeordnete Horst Isala lanciert im April 1989 eine genaue Differenzierung im Umgang mit dem Rechtsextremismus. Der *neue* Rechtsextremismus orientiere „sich weniger an Hitler-Verherrlichung und NS-Symbolen, sondern vor allem an Fremdenfeindlichkeit und einem wiederaufkommenden Natio-

2266 N.n., Umfrage: SPD drohen hohe Verluste an Republikaner, in: Die Welt, 25. Juli 1989; vgl. Ulrich Rose, Die neue Furcht der SPD vor rechts, in: Badische Zeitung, 1. August 1989.
2267 N.n., Umfrage: SPD drohen hohe Verluste an Republikaner, in: Die Welt, 25. Juli 1989.
2268 Dieter Baur, „CSU-Koalition mit der Rechten", in: Süddeutsche Zeitung, 1. Juni 1989.
2269 Ebd.
2270 LNW-Meldung, Dreßler ruft zur Auseinandersetzung mit Rechten auf, 19. August 1989.
2271 DPA-Meldung, Eppelmann (CDU): Verfassungsschutz „mit allen Instrumenten" gegen Republikaner – Beckstein (CSU): Verbot noch nicht sinnvoll, 12. April 1994.
2272 Ebd.
2273 Ebd.
2274 Ebd.

nalismus"[2275]. Viele Wähler von REP und DVU hätten sich aufgrund von Existenz-ängsten zu ihrer unerfreulichen Wahlentscheidung hinreißen lassen. Darum soll ein Nachtragshaushalt mit zusätzlichen 24 Mio. Mark Fördermitteln zur Verbesserung der Lage auf dem Arbeits- und Wohnungsmarkt Abhilfe schaffen und die Chancen rechtsextremistischer Parteien schmälern.

Spekulationen über einen Erfolg der REP bei der nächsten Bundestagswahl brin-gen Bewegung in Koalitionsüberlegungen sowohl bei den Unionsparteien als auch bei der SPD. Der niedersächsische Landtagsabgeordnete Hermann Rappe will eine Machtbeteiligung der REP verhindern und verlangt im Juni 1989, „nach der Bundes-tagswahl 1990 sollten SPD und Union bereit zu einer Großen Koalition sein"[2276]. Rappes Fraktionsvorsitzender Gerhard Schröder schlägt einen „Pakt der politischen Vernunft gegen Rechtsradikale"[2277] aus CDU, FDP, SPD und Grünen vor, um dem Erfolg der REP entgegenzuwirken.

Aus Sicht des niedersächsischen Innenministers Gerhard Glogowski sind die REP im Jahr 1994 eine rechtsextremistische Partei. Somit widerspricht Glogowski ent-schieden der Aussage des Bundesinnenministers Manfred Kanther, es bestünden keine hinreichenden Erkenntnisse darüber, dass die REP rechtsextremistisch sei-en.[2278]

Führende Sozialdemokraten in Nordrhein-Westfalen begleiten das Erstarken der REP seit Anfang 1989 mit Kommentaren und verbalen Gegenangriffen. Kurz nach dem Einzug der REP in das Berliner Abgeordnetenhaus 1989 rät der nordrhein-westfälische Ministerpräsident und stellvertretende SPD-Bundesvorsitzende Johan-nes Rau von der „Behandlung deutschnationaler Empfindlichkeiten"[2279] ab. Man sol-le stattdessen „demokratisches Rückgrat"[2280] zeigen, um sich gegen die Anfänge von „Volksverhetzung und Volksverdummung"[2281] zu wehren. Als „Gefahr für die De-mokratie"[2282] bezeichnet Rau die REP nach der Europawahl 1989. Man könne und dürfe die REP deshalb zwar nicht totschweigen, ihnen aber auch keine übertrieben große Aufmerksamkeit schenken. Die demokratischen Parteien müssten aufhören, „sich an den Republikanern zu definieren"[2283]. Eine politische Weisung an die Ver-

2275 DDP-Meldung, Bremer SPD forderte stärkeres Handeln gegen Rechtsextremismus, 5. April 1989.

2276 N.n., Union erwägt Unvereinbarkeit, in: Neue Presse (Hannover), 22. Juni 1989.

2277 N.n., CDU: Aktion auch gegen Linksradikale und Grüne, in: Neue Presse (Hannover), 22. Juni 1989.

2278 N.n., Niedersachsen verwahrt sich gegen Äußerung Kanthers: Ministerstreit über Republika-ner, in: Süddeutsche Zeitung, 19. April 1994.

2279 DPA-Meldung, Rau: Den Anfängen von Volksverhetzung und –verdummung wehren, 13. Februar 1989.

2280 Ebd.

2281 Ebd.

2282 N.n., Rau: Republikaner Gefahr für die Demokratie, in: Süddeutsche Zeitung, 16. August 1989.

2283 Ebd.

fassungsschutzbehörden zur Beobachtung der REP lehnt Rau ab. Die Mitgliedschaft zweier REP-Ratsherren beim Heimatverein „Düsseldorfer Jonges" führt zu SPD-internen Diskussionen und der Empfehlung des Landesparteitages zum Austritt aus der Vereinigung.[2284] Rau lässt erklären, er als Ehrenmitglied der Jonges werde sich „nicht in die Diskussion einschalten"[2285], hoffe aber auf eine „ehrenvolle Lösung"[2286].

Im Oktober 1989 warnt NRW-Innenminister Herbert Schnoor vor einer Verharmlosung des Rechtsextremismus.[2287] Es gäbe eine Reihe von Anhaltspunkten dafür, dass die REP verfassungsfeindliche Ziele verfolgten. Schnoors Verdacht verhärtet sich aus seiner Sicht. Im April 1994 äußert Schnoor Kritik, weil die REP nicht eindeutig als rechtsextremistisch eingestuft seien. Der „Sonderstatus"[2288] der REP ließe sich nicht rechtfertigen. Der „verfassungsgemäße Anstrich"[2289] der REP sei immer mehr abgebröckelt, beobachtet Schnoor. Sichtbar geworden seien „Anti-Republikaner [...], die mit unserer Republik und der freiheitlich-demokratischen Grundordnung nichts im Sinn haben"[2290]. Ein Parteiverbot befürworte er nicht. Stattdessen hoffe er, dass die Wähler die REP ins Abseits stellen.

Der nordrhein-westfälische Arbeitsminister Hermann Heinemann ist im Oktober 1989 der Meinung, seine eigene Partei habe keine „klaren Strategien"[2291], wie „den Republikanern das Wasser abgegraben werden kann"[2292].

Nach der Europawahl 1989 rückt der Vorsitzende der nordrhein-westfälischen Landtagsfraktion, Friedhelm Fartmann, die REP in die geistige Nähe des Nationalsozialismus. Die REP forderten de facto die Abschaffung der freien Gewerkschaften, was auch „das Anfangstor der Nazis zur deutschen Arbeitsfront"[2293] gewesen sei. Eine „Nähe zu [dem] Gedankengut der Nazis"[2294] verdeutliche die Haltung der REP zu Ausländern. Die REP müssten daher vom Verfassungsschutz überwacht werden.

2284 Vgl. Bodo Fuhrmann, SPD-Parteitag: Beschluss gegen Jonges, in: Express (Düsseldorf), 31. Januar 1990.
2285 Ebd.
2286 Ebd.
2287 Karlegon Halbach, SPD will Konzepte gegen Rechtsradikale, in: Kölner Stadtanzeiger, 20. Oktober 1989.
2288 DPA-Meldung, Kanther sieht Republikaner auf dem Weg zum Rechtsextremismus – SPD übt scharfe Kritik am Minister, 14. April 1994.
2289 N.n., Republikaner verbieten?, in: Die Woche, 9. Juni 1994.
2290 Ebd.
2291 N.n., Rommel attackiert Späth wegen Republikanern, in: Die Welt, 30. Oktober 1989.
2292 Ebd.
2293 Michael Birnbaum, Farthmann sagt Republikanern den Kampf an, in: Süddeutsche Zeitung, 22. Juni 1989.
2294 Ebd.

Die Ergebnisse einer Forsa-Studie, die auf Stimmenverluste der SPD an die REP bei der Europawahl hinweisen, seien „überhaupt nichts Neues"[2295]. Dennoch veranlassen sie Farthmann, seine Partei zu einem Kurswechsel zu mahnen.[2296] Was die SPD als fortschrittliche Politik verstehe, decke sich „doch nicht mehr mit den Ordnungsvorstellungen des durchschnittlichen Facharbeiters"[2297]. Im Wettstreit um die Stimmen der untreuen SPD-Wähler müssten die Sozialdemokraten verstärkt „emotionale Gesichtspunkte"[2298] berücksichtigen und „Werte wie Heimat, Vaterland und den Wunsch nach Wiedervereinigung"[2299] betonen. So habe die SPD „vor 20 Jahren die NPD auch verhindert"[2300].

Nach dem Einzug der REP in das baden-württembergische Landesparlament 1992 ruft Farthmann die demokratischen Parteien auf, den Rechtsextremismus, wozu REP und DVU zählten, „zu stigmatisieren"[2301]. Er hege keinen Zweifel am „faschistischen Charakter"[2302] der REP.

Die Erkenntnis von Wahlumfragen, dass die SPD bei der Europawahl 1989 zahlreiche Stimmen an die REP verloren hätte, sei laut SPD-Landesgeschäftsführer Bodo Hombach „doch wirklich nichts Neues"[2303]. Dies decke sich „mit den bisherigen Annahmen"[2304] der SPD. Seine vermeintliche Erfolgsmeldung kurz nach der Wahl und vor der Publikation der Analysen, die nordrhein-westfälische SPD habe „die Rechten gestoppt"[2305], stünde hierzu nicht im Widerspruch.[2306] Man könne nicht so tun, als seien die REP „quasi eine Abspaltung von der SPD"[2307]. Die Wähler der REP dürften nicht „durchgängig als Opfer bezeichnet"[2308] werden, die Wählerschaft Schönhubers weise einen „Täteranteil"[2309] auf. Man müsse ein „krankes Hirn"[2310] haben, um sich über den Erfolg der REP zu freuen.

2295 N.n., Farthmann: Soziale Defizite bei der SPD, in: Nordrhein-Westfalen Presseschau, 26. Juli 1989.

2296 Ulrich Rose, Die neue Furcht der SPD vor rechts, in: Badische Zeitung, 1. August 1989.

2297 Ebd.

2298 Ebd.

2299 Ebd.

2300 N.n., „Unser Wunschpartner ist die absolute Mehrheit, in: Die Welt, 26. Juli 1989.

2301 N.n., Farthmann ruft Parteien zum Kampf gegen neue Rechte auf, in: Westfälische Rundschau, 5. Juni 1992.

2302 Ebd.

2303 J. Nitschmann, SPD: Arbeiter stehen unter „Kulturschock", in: Die Tageszeitung, 27. Juli 1989.

2304 Ebd.

2305 N.n., Wilderer im roten Revier, in: Der Stern 33/1989, 10. August 1989.

2306 Vgl. Walter Jakobs, „Die meisten Schäfchen sind Wölfe": Interview mit Bodo Hombach, Landesgeschäftsführer der SPD in Nordrhein-Westfalen, über die künftige Strategie gegen den „Republikanern", in: Die Tageszeitung, 25. August 1989.

2307 Ebd.

2308 Ebd.

2309 Ebd.

2310 Ebd.

Als hessischer Landesvorsitzender greift Hans Eichel im August 1989 in die Diskussion über die Kooperation der SPD mit DKP und REP in der Kommunalpolitik ein. Er stelle die DKP „nicht mit den Republikanern auf eine Stufe"[2311]. Die Entscheidung über kommunale Bündnisse mit der DKP solle vor Ort getroffen werden. Mit den REP hingegen käme grundsätzlich keine Zusammenarbeit in Frage, auch kein gemeinsames Abstimmungsverhalten.[2312]

Im April 1994 stuft Eichel, hessischer Ministerpräsident, die REP als eindeutig rechtsextremistische Partei ein.[2313] Dem Bundesinnenminister Manfred Kanther macht Eichel schwere Vorwürfe. Dieser mache die REP „hoffähig"[2314]. Sollte er es erneut versäumen, die REP im nächsten Verfassungsschutzbericht als rechtsextremistische Partei aufzuführen, arbeite Kanther „den Demokratiefeinden unmittelbar in die Hände"[2315]. Es gebe ausreichend Belege für die Beteiligung von REP-Mitgliedern an ausländerfeindlichen Gewalttaten.

Im Juli 1989 kündigt der hessische SPD-Landesgeschäftsführer Lothar Klemm an, engagiert kämpfen zu wollen, „um den Einzug der Republikaner in den Landtag im Frühjahr 1991 zu verhindern"[2316]. Die Präsenz rechter Parteien „führe zu Instabilität und gefährde die politische Handlungsfähigkeit der Parlamente"[2317]. Schuld am Erstarken der REP sei das Versagen der Unionsregierungen in Land und Bund.

Die Äußerung des rheinland-pfälzischen Ministerpräsidenten Claus-Ludwig Wagner in einem Fernsehinterview im März 1989, die REP könnten „Koalitionspartner für wen auch immer sein"[2318] solange sie Verfassungstreue demonstrierten, bringt den SPD-Landesvorsitzenden Rudolf Scharping auf den Plan. Wagners Aussage sei „eine unglaubliche Entgleisung"[2319] und „quasi eine Einladung an die Republikaner und an Rechtsradikale zur Kandidatur"[2320]. Man dürfe die REP auf diese Weise „nicht hoffähig machen"[2321]. Auch der parlamentarische Geschäftsführer der SPD-Landtagsfraktion Kurt Beck meldet sich zu Wagners Kommentar zu Wort und erklärt, der Ministerpräsident habe sich damit „auf dem äußersten rechten Rand"[2322]

2311 N.n., „Bündnisse mit DKP möglich", in: Frankfurter Rundschau, 9. August 1989.
2312 Vgl. ebd.
2313 Vgl. DPA-Meldung Eichel greift Kanther an – Republikaner nicht hoffähig machen, 8. April 1994.
2314 Ebd.
2315 Ebd.
2316 N.n., SPD will „Reps" bekämpfen, in: Frankfurter Allgemeine Zeitung, 22. Juli 1989.
2317 Ebd.
2318 Südwestrundfunk, Eintragung in der Hörfunk-Datenbank (Standort Mainz), Fernsehbestände, zu „Ausgefragt: Carl-Ludwig Wagner", Erstsendung: 16. März 1989.
2319 Südwestrundfunk, Eintragung in der Hörfunk-Datenbank (Standort Mainz), Fernsehbestände, zu „Landesschau", Erstsendung: 16. März 1989.
2320 Ebd.
2321 Ebd.
2322 Südwestrundfunk, Eintragung in der Hörfunk-Datenbank (Standort Mainz), Fernsehbestände, zu „Blick ins Land aus Studio A", Erstsendung: 16. März 1989.

der CDU eingeordnet. Beck hoffe, durch eine verbesserte Sozialpolitik, die Wähler der REP wieder in das demokratische Spektrum einzubinden. Nicht alle REP-Wähler seien „Nazis"[2323].

1994 mahnt Scharping als SPD-Bundesvorsitzender vor einem Parteienstreit über den Umgang mit rechtsextremistischen Parteien: „Wenn sich Parteien streiten nach der Methode, alles, was der andere sagt, ist Blödsinn, dann ist das eher desorientierend und gerade in den Wählerkreisen gefährlich, die starke Orientierung durch klare politische Positionen brauchen."[2324] Es sei Aufgabe der Politik, wirtschaftliche und soziale Perspektiven zu entwickeln und anzubieten.

Einerseits sieht Scharping derzeitig im Rechtsextremismus keine „richtige Gefahr"[2325], andererseits seien die REP nicht nur „eine offen verfassungsfeindliche rechtsradikale Partei"[2326], sondern auch „geistiger Wegbereiter für eine Reihe von schrecklichen Mord- und Brandanschlägen"[2327]. Der SPD-Vorsitzende führt aus, wer „anderer Leute Häuser oder ihre Kirchen oder Synagogen ansteckt, das Leben oder die Gesundheit anderer gefährdet, ist ein Lump und gehört ins Gefängnis, und seine geistigen Wegbereiter haben im deutschen Parlament nichts zu suchen"[2328].

Der stellvertretende SPD-Vorsitzende und saarländische Ministerpräsident Oskar Lafontaine betätigt sich als Gastkolumnist der *Abendzeitung*.[2329] In einem Beitrag über die REP vom 3. Juli 1989 bezeichnet er die Partei als „Produkt der Angst"[2330]. Der gesellschaftliche Wandel sei mit „Unsicherheiten und Irritationen"[2331] verbunden, von denen die REP profitierten. Daher müsse die politische Führung der Bundesrepublik zur geistigen Orientierung im Lande beitragen.

Friedel Läpple, saarländischer SPD-Innenminister, fügt im September 1989 die „menschenverachtenden und rassistischen Parolen"[2332] der REP an. Es sei „sonnenklar, dass eine Partei, die solche Parolen verbreitet, sich gegen das Grundgesetz, gegen die verfassungsgemäße Ordnung richtet"[2333]. Läpple wolle es nicht länger dulden, dass „Angehörige des öffentlichen Dienstes sich an der Verbreitung von ausländerfeindlichen Parolen beteiligen"[2334]. Außerdem werde er im Gespräch mit sei-

---

2323 Ebd.
2324 DPA-Meldung, CSU wirft Schönhuber Komplizenschaft mit Brandstiftern vor – Scharping: Rechtsextremismus im Augenblick keine „richtige Gefahr", 26. April 1994.
2325 Ebd.
2326 DPA-Meldung, Republikaner unter wachsendem Druck: Verbot erscheint möglich, 10. April 1994.
2327 Ebd.
2328 Ebd.
2329 Oskar Lafontaine, Das Bonner Kuddelmuddel hilft den Republikanern, in: Abendzeitung, 3. Juli 1989.
2330 Ebd.
2331 Ebd.
2332 N.n., Läpple warnt „Republikaner", in: Frankfurter Rundschau, 30. September 1989.
2333 Ebd.
2334 Ebd.

nen Innenministerkollegen aus den anderen Ländern auf eine rasche Entscheidung über die Beobachtung der REP durch den Verfassungsschutz drängen.

In Baden-Württemberg als einem der wenigen Bundesländer setzt sich die Diskussion über und in Richtung REP auch nach dem Jahr 1989 engagiert fort. Grund dafür ist der Einzug der REP in den Landtag. Schon 1989 empört den Fraktionsvorsitzenden der SPD im baden-württembergischen Landtag Dieter Spöri die „Agitation der ‚Republikaner'"[2335]. Von der Landesregierung fordert er im Mai 1989 eine „Aufklärungsaktion über Ziele und Argumentationsmuster des neuen Rechtsradikalismus"[2336]. Spöri spricht von den REP als „Scheinrepublikaner"[2337]. Wenige Monate nach dem parlamentarischen Erfolg der REP im Jahr 1992 erklärt der parlamentarische Geschäftsführer der SPD im baden-württembergischen Landtag, Gerd Weimer, die REP hätten sich „im Parlament als rechtsradikale bis faschistoide Ein-Punkt-Partei entlarvt"[2338].

Ulrich Maurer, SPD-Landesvorsitzender in Baden-Württemberg, meint 1994, Schönhubers Feindbild richte sich gegen Fremde, Juden sowie Ausländer und sei „dasselbe wie das der NSDAP"[2339]. Die Einstufung der REP als rechtsextrem sei „überfällig"[2340]. Da ein Parteiverbotsverfahren jedoch schwierig und dessen Ausgang ungewiss sei, befürworte er dessen sofortige Einleitung nicht.

Die bayerischen Genossen setzen sich mit scharfen Worten von den REP, aber auch dem als unzureichend empfundenen Abgrenzungskurs der CSU gegenüber der Rechtspartei ab. Der bayerische SPD-Landesvorsitzende Rudolf Schöfberger bezeichnet die REP im Februar 1989 als „braune Sumpfpflanzen"[2341]. Schuld an deren Wahlerfolg sei die „rabenschwarze Politik"[2342] der Bundesregierung. Nicht zufällig seien die REP als Abspaltung der CSU entstanden. Im Hinblick auf den zur Selbstdarstellung seitens der REP benutzten Begriff der „geläuterten Patrioten" meint der SPD-Politiker, seine Partei wolle „von jeder aufgewärmten braunen Soße verschont werden. Wir wollen nicht statt eines Schicklgruber einen geläuterten Schicklhuber"[2343]. Schöfberger erkennt nach dem erfolgreichen Abschneiden der REP bei der

---

2335 N.n., Spöri: Aufklärung über Republikaner, in: Stuttgarter Nachrichten, 29. Mai 1989.

2336 Ebd.

2337 Ebd.

2338 N.n., Republikaner verärgert über Mayer-Vorfelder, in: Frankfurter Allgemeine Zeitung, 23. September 1992.

2339 DPA-Meldung, Auch CDU-Experten für Neubewertung der Republikaner – SPD zieht NSDAP-Vergleich – Gewalttaten von Funktionären offiziell belegt, 1. Juni 1994.

2340 Ebd.

2341 Michael Stiller, Schöfbergers düstere Gemälde in Braun und Schwarz, in: Süddeutsche Zeitung, 4. Februar 1989.

2342 Ebd.

2343 Ebd.

Europawahl in Südbayern – in einigen Landkreisen mit höheren Stimmenanteilen als die SPD – „einen *braunen Alpenriegel* vom Bodensee bis zum Obersalzberg"[2344].

Durch ein Interview mit Max Streibl, in dem der bayerische Ministerpräsident betont, „gerade im Bereich der Ausländerpolitik"[2345] vertrete Schönhuber CSU-Positionen, sieht sich der SPD-Landtagsabgeordnete Max von Heckel veranlasst, auf die Absicht des bayerischen Innenministers Stoiber, die REP wegen vermeintlicher „Parallelen zur Argumentation rechtsextremer Organisationen"[2346] vom Verfassungsschutz beobachten zu lassen, einzugehen. In einem Schreiben an Stoiber erklärt von Heckel, „dass nach Äußerungen maßgeblicher Politiker Ihrer Partei auch Parallelen in der Argumentation zwischen den so genannten Republikanern und der CSU bestehen"[2347], was Stoiber empört zurückweist.

Nach dem persönlichen Treffen von Max Streibl mit Schönhuber im Februar 1994 wirft die bayerische SPD-Landesvorsitzende Renate Schmidt der CSU-Parteiführung vor, sie habe „der ‚Republikanisierung' der Partei fahrlässig Vorschub geleistet"[2348] und rutsche zunehmend „nach rechtsaußen"[2349] ab.

Außergewöhnlich ist der Fall des bayerischen SPD-Senators und ehemaligen Würzburger Oberbürgermeisters (1968-1990) Klaus Zeitler. Zeitler tritt im März 1992 aus der SPD aus und wird zwei Monate später bei den REP aufgenommen.[2350] Er ist der einzige Landes- oder Bundespolitiker der SPD, der zu den REP wechselt.

Der Regierende Bürgermeister von Berlin, Walter Momper, fordert im Vorfeld einer Demonstration gegen den Berliner Landesparteitag der REP eine „klare Unterscheidung zwischen der Führung der rechtsradikalen Republikaner und ihren Wählern"[2351]. Es wäre ein Fehler, die REP-Wähler generell zu „Faschisten oder Neonazis zu stempeln, die sie nach ihrem Bewusstsein überhaupt nicht sind"[2352]. Die Wähler der REP seien weder *rechtsradikal* noch *extremistisch*. Der Grundsatz mancher Alternativer und Jungsozialisten – „schlagt die Faschisten, wo ihr sie trefft" – habe sich „schon in der Weimarer Republik nicht bewährt"[2353]. Das Einhalten demokratischer Spielregeln sei auch beim Umgang mit REP-Parlamentariern geboten, denn

2344 N.n., Das Problem mit den Republikanern, in: Zürcher Zeitung, 1. Juli 1989 (Hervorhebung im Orginal).

2345 Hans Holzhaider, Wachstumsschwierigkeiten einer jungen Partei? Die Entstehungsgeschichte einer „Ungeheuerlichkeit", in: Süddeutsche Zeitung, 10. Juni 1989.

2346 Ebd.

2347 Ebd.

2348 DPA-Meldung, Kritik am Treffen Streibl-Schönhuber: „Saublöd" und „dämlich", 14. Februar 1994.

2349 Ebd.

2350 Vgl. Hans Holzhaider, Würzburger Ex-OB Zeitler geht zu den Republikanern, in: Süddeutsche Zeitung, 8. Mai 1992.

2351 N.n., Momper: Wähler sind keine Neonazis, in: Süddeutsche Zeitung, 8./9. Juli 1989.

2352 Ebd.

2353 Ebd.

„die haben ein Mandat der Wähler wie andere Parteien auch"[2354]. Man werde „auf mittlere Sicht mit einer solchen Rechtspartei leben müssen"[2355].

Cornelia Dömer, Mitglied des Landeswahlausschusses in Sachsen-Anhalt, kritisiert die innere Ordnung der REP: „Eine Partei, die bei der Kandidatenaufstellung zum Treff an den Hauptbahnhof lädt und die danach zu geheim gehaltenen Tagungsorten fährt, verhält sich konspirativ."[2356] Es sei an der Zeit zu prüfen, „ob nicht die ganze Partei [die REP] demokratischen Grundsätzen widerspricht".

Nicht erst seit Auftreten der REP verpflichtet sich die SPD-nahe Friedrich-Ebert-Stiftung zur Auseinandersetzung mit dem Rechtsextremismus. Auch die Wahlerfolge der NPD in den sechziger Jahren des vergangenen Jahrhunderts boten Gelegenheit für das Erstellen von *Dokumentationen.*[2357]

Die Friedrich-Ebert-Stiftung veröffentlicht während der Parteiführung Schönhubers Analysen und Dokumentationen zu den REP. In der Reihe *Praktische Demokratie* der Friedrich-Ebert-Stiftung erscheint im Jahr 1990 eine 131 Seiten starke Übersichtsarbeit von Hans-Gerd Jaschke.[2358] Jaschkes Untersuchung gliedert sich in sechs Abschnitte: eine historisch-politische Herleitung der Entstehungsumstände der Partei, eine Parteigeschichte seit der Gründung, eine Programmanalyse, eine Studie der REP-Wähler, eine Betrachtung des gesellschaftlichen Umgangs mit den REP sowie eine Auseinandersetzung mit der Frage, ob die REP als „Vorboten eines neuen rechten Fundamentalismus" fungierten. Jaschke hat den Anspruch, „nicht polemisierend in die Debatte"[2359] einzugreifen, noch sich „vorschnell und plakativ"[2360] zu den REP zu äußern. Jaschke weist darauf hin, dass trotz einiger Brüche eine ideologische und personelle Kontinuität in der Entwicklung des deutschen Rechtsextremismus nach 1945 zu beobachten sei. Viele Mitglieder und Kandidaten der REP hätten sich früher als Aktivisten bei NPD, Wiking-Jugend und FAP eingebracht.[2361] Ähnlich wie der französischen *Front National* sowie der NPD sei es den REP daran gelegen, sich als Partei „eines konsequent rechten Programms, einer rechten Gedankenwelt jenseits der öffentlich korrumpierten faschistischen Ideologie"[2362] zu etablieren. Zugleich sieht Jaschke die REP in der Tradition früherer konservativer Parteigründungen wie DP, BHE, WAV, Bayernpartei, ödp und den Weißen in Niedersachsen, die er allesamt als „Rechtsparteien"[2363] den REP als ideologisch vergleich-

---

2354 Ebd.
2355 Ebd.
2356 N.n., Republikaner verbieten?, in: Die Woche, 9. Juni 1994.
2357 Vgl. z.B. Christian Bockemühl, Gegen die NPD: Argumente für die Demokratie, Friedrich-Ebert-Stiftung, Bad Godesberg 1969.
2358 Hans-Gerd Jaschke, Die „Republikaner": Profile einer Rechtsaußen-Partei, Reihe Praktische Demokratie der Friedrich-Ebert-Stiftung, 1. Aufl., Bonn 1990.
2359 Ebd., S. 8.
2360 Ebd., S. 7.
2361 Vgl. ebd., S. 21.
2362 Ebd., S. 33.
2363 Ebd., S. 38, 125.

bar gegenüberstellt. Während der Phase vor dem Einzug in das Berliner Abgeordnetenhaus 1989 beobachtet Jaschke eine für den Rechtsextremismus kennzeichnende Doppelstrategie: „Kraftmeierei"[2364] nach außen und innerparteilich die schmerzliche Auseinandersetzung mit der eigenen „relative[n] Bedeutungslosigkeit"[2365]. Auch die internen Streitereien und Flügelkämpfe erinnerten an „die Erfahrungen mit der NPD Ende der sechziger Jahre"[2366]. Die autoritäre Vorgehensweise Schönhubers habe die REP zu einer „Führerpartei"[2367] gemacht. Dem Eindruck des Rechtsextremismus widersprechend, habe der Parteieintritt des ehemaligen CDU-Abgeordneten im hessischen Landtag, Emil Schlee, für „bürgerlich-rechtskonservative Reputierlichkeit"[2368] gesorgt. In den Programmtexten der REP fänden sich „zentrale Denkmuster, die in der Tradition des Nachkriegs-Rechtsextremismus stehen"[2369] sowie „NS-verwandte Sprachmuster"[2370], erklärt Jaschke. Das *Siegburger Manifest* aus dem Jahr 1985 knüpfe direkt an den alten Rechtsextremismus an und auch das REP-Programm von 1987 sei „ein antidemokratisches, rechtsextremes Programm"[2371]. Inhaltlich bestätigt werde das nationalistische Anliegen im Programm von 1990, lediglich die „Nähe zum NS-Sprachgebrauch"[2372] habe man vermieden. Die Wählerstruktur der REP, so stellt Jaschke fest, entspräche im Wesentlichen der anderer rechtsextremistischer Parteien: „Im Vergleich zum statistischen Durchschnitt haben sie eine bessere Meinung über Hitler, wünschen eine ‚Führerpersönlichkeit, die Deutschland zum Wohle aller mit starker Hand regiert'. Sie sind eher antisemitisch, nationalistisch und intolerant gegenüber Minderheiten."[2373] Der Autor der REP-Studie unterscheidet zwischen der Partei „Die Republikaner" und dem „Republikaner-Phänomen".[2374] Letzteres weise „weit über die Partei hinaus"[2375] und reiche „tief in die politische Kultur der Bundesrepublik hinein"[2376]. Prognosen über die Zukunft der *Partei* seien nur bedingt möglich, doch unabhängig von Wahlergebnissen sei das Phänomen einer „längerfristige[n] Veränderung des Meinungsklimas"[2377] in vielen Bereichen der Gesellschaft sichtbar. Im Gesamturteil Jaschkes sind die REP „keine Tarnfirma alter Nazis"[2378], sondern „‚Fleisch vom Fleische' der Union"[2379] sowie

---

2364 Ebd., S. 69.
2365 Ebd.
2366 Ebd., S. 75.
2367 Ebd., S. 80.
2368 Ebd., S. 70.
2369 Ebd., S. 97.
2370 Ebd,. S. 100.
2371 Ebd., S. 101.
2372 Ebd., S. 103.
2373 Ebd., S. 112.
2374 Ebd., S. 9.
2375 Ebd., S. 125.
2376 Ebd.
2377 Ebd., S. 126.
2378 Ebd., S. 8.

eine „Wiederbelebung nationalistisch-konservativer Strömungen, welche die Union bereits fest und dauerhaft integriert zu haben wähnte"[2380]. Sie fungierten als „Brückenpartei zwischen Konservatismus und Rechtsextremismus"[2381].

1993 wird eine zweite und erweiterte (157 Seiten) Auflage der Untersuchung Jaschkes veröffentlicht.[2382] Als Anlass dienen die Wahlerfolge der REP in Baden-Württemberg sowie der DVU in Schleswig-Holstein.[2383] Den ursprünglichen Text ergänzend beschreibt Jaschke eine Polarisierung innerhalb der Union zwischen Zirkeln, die Koalitionen mit den „Flügelparteien"[2384] REP und Grüne für gleichermaßen legitim halten, und beispielsweise der CDA, die solche Überlegungen strikt ablehnen. Erstaunlicherweise schreibt er das Teilkapitel „Die Entwicklung seit der bayerischen Landtagswahl 1986" – abgesehen von wenigen Ergänzungen – nicht fort. Im Folgeteilkapitel erwähnt Jaschke „monate- und jahrelange Grabenkämpfe"[2385] sowie die Gründung der „Deutschen Liga"[2386], die das Bild einer hoffnungslos zerstrittenen Partei vervollständigen. Im Ergebnis unterscheidet sich die Neuauflage der Studie kaum von der Erstauflage. Jaschke verortet die REP weiterhin als „Brückenpartei zwischen Konservatismus und Rechtsextremismus"[2387]. Eine dritte Auflage der Studie (nicht erweitert, aber durchgesehen) erscheint 1994 und umfasst 21.000-26.000 Exemplare.[2388] Schon aufgrund dieser hohen Auflage kann ein prägender Einfluss auf die Meinungsbildung innerhalb der Friedrich-Ebert-Stiftung sowie der nahe stehenden SPD vermutet werden.

Im Dezember 1993 erscheint eine Arbeitshilfe für Journalisten, Initiativen sowie für den politischen Bildungsbereich zum Thema *Vorurteile und Rechtsextremismus*, erstellt von Manfred Struck.[2389] Die REP finden erst nach knapp 100 Seiten Erwähnung, als ein Autorenteam auf die Wahlerfolge von DVU/Liste D, DVU und REP als Grund für die öffentliche Diskussion um den Rechtsextremismus hinweist.[2390] In der umfangreichen Materialsammlung wird der Bezug zu den REP mehrfach herge-

2379 Ebd., S. 23.
2380 Ebd.
2381 Ebd., S. 125.
2382 Hans-Gerd Jaschke, Die „Republikaner": Profile einer Rechtsaußen-Partei, Reihe Praktische Demokratie der Friedrich-Ebert-Stiftung, 2. Aufl., Bonn 1993.
2383 Vgl. ebd., S. 7.
2384 Ebd., S. 59
2385 Ebd., S. 86.
2386 Vgl. ebd., S. 89f.
2387 Ebd., S. 150.
2388 Hans-Gerd Jaschke, Die „Republikaner": Profile einer Rechtsaußen-Partei, Reihe Praktische Demokratie der Friedrich-Ebert-Stiftung, 3. Aufl., Bonn 1994.
2389 Manfred Struck (Hrsg.), Vorurteile und Rechtsextremismus. Hintergründe – Problemfelder – Argumente – Materialien, Friedrich-Ebert-Stiftung, Bonn 1993.
2390 Vgl. ebd., S. 98.

stellt.[2391] Diese Materialien umfassen Zitate Schönhubers, REP-Werbeschriften, Wahlanalyse, Diskussionsbeiträge zu den REP, gewerkschaftliche Positionspapiere, etc. Auch werden Programmpassagen von NPD, DVU und REP gegenübergestellt.[2392] Die Auswertung und Deutung der gesammelten Dokumente überlässt das Autorenteam der Friedrich-Ebert-Stiftung den Lesern. Darin liegen zugleich die Stärke und die Schwäche der Dokumentation. Sie lädt ein zu einer aktiven Auseinandersetzung mit dem Thema, ein erfreulicher Ansatz. Andererseits bietet sie kaum eine Orientierungshilfe zur differenzierten Betrachtung des Themenkomplexes, wenn FAP-Hetzschriften, ein REP-Flugblatt sowie ein *MUT*-Beitrag nebeneinander gestellt werden, ohne eine Einstufung oder Interpretation vorzunehmen.

5.1.3. Parteivorsitz Rolf Schlierer

Als Rolf Schlierer am 17. Dezember 1994 die Parteiführung der REP übernimmt, ist die parteioffizielle Auseinandersetzung der SPD mit der Rechtsgruppierung bereits fast völlig zum Erliegen gekommen. Im AdsD finden sich weder *formelle Beschlüsse* zur Abgrenzung gegenüber den REP noch themenrelevante *Dokumentationen* der SPD. Statt Beschlüssen erscheint in den Parteitagsprotokollen nur ein Vermerk zu den REP, nämlich Parteitagsprotokolle in einer Parteitagsrede Walter Mompers, dem Regierenden Bürgermeister Berlins: „Kohls Worte hören wir wohl, aber die CDU löst genau diesen vernünftigen Satz aus der Regierungserklärung des Bundeskanzlers nicht ein, weil sie die Oder-Neiße-Grenze immer noch nicht anerkennt, weil sie bei der Rüstung nicht kürzen will, weil sie nach den Republikanern schielt und weil sie auf die Stahlhelmer in ihren eigenen Reihen Rücksicht nimmt, die einen Anschluss der DDR durch ökonomischen Niedergang erzwingen wollen.“[2393] Darauf folgt „lebhafter Beifall“[2394].

Erwähnt werden die REP in nur einer *Pressemitteilung* der Sozialdemokraten. Die Stellungnahme der SPD-Schatzmeisterin Inge Wettig-Danielmeier gegenüber dem 2. Senat des Bundesverfassungsgerichts zu den Klagen von Bündnis 90/Die Grünen und den REP sowie der Verfassungsbeschwerde der Freien Wählervereinigung Weinheim wird als Pressemitteilung des SPD-Parteivorstands vom 5. Januar 1995 publiziert.[2395] Wettig-Danielmeier nimmt nur in der Sache Stellung und lehnt den Inhalt der Klage der REP, welcher die Entlohnung von ehrenamtlicher Mitarbeit in Parteien als geldwerte Arbeitszeit vorsieht, ab.

2391 Vgl. ebd., S. 123, 147-149, 151, 153-157, 172, 179-181, 183-189, 191f, 194, 281f, 283-287, 293f, 295-297.
2392 Vgl. ebd., S. 159-170.
2393 Protokoll vom Programm-Parteitag Berlin, 18.-20. Dezember 1989, S. 76.
2394 Ebd.
2395 Sozialdemokratische Partei Deutschlands/Parteivorstand, Pressemitteilung zur Parteienfinanzierung am 5. Januar 1995.

Nur sehr vereinzelt sind die REP während der Ägide Schlierers in den SPD-Jahrbüchern genannt. Mit Bezug auf den erneuten Einzug der REP in den Landtag von Baden-Württemberg 1996 bedauern die Jahrbuchautoren einen „Last-minute-Swing zugunsten von CDU, F.D.P. und REPs"[2396] (S. 237), ohne jedoch näher auf die REP einzugehen. Dieselbe Ausgabe des Jahrbuches berichtet von einer Mitgliederwerbekampagne, die neben den Slogans „Stillstand ist schwarz. Innovation ist rot" und „Reden ist grün. Handeln ist rot."[2397] auch erinnert: „Der Hass ist braun. Die Liebe ist rot."[2398] Zukünftigen Ausgaben des Jahrbuches fehlt ein Sachregister, der Umfang wird geringer, der Informationswert knapper. Selbst das Ausscheiden der REP aus dem baden-württembergischen Landesparlament 2001 ist den Autoren keine Erwähnung der Partei wert.

Zwei Themen beherrschen die *Äußerungen parteirepräsentativer Politiker* der SPD zu den REP während der Amtsführung Schlierers: die baden-württembergische Landtagswahl von 2001 sowie die Diskussion über die Verfassungsfeindlichkeit und das mögliche Verbot der Rechtspartei. Unter den Bundespolitikern melden sich Gerhard Schröder, Otto Schily, Peter Struck und Dieter Wiefelspütz zu Wort. Daneben bringen sich Landespolitiker aus Nordrhein-Westfalen, Rheinland-Pfalz und Baden-Württemberg in den Diskurs ein.

Bundeskanzler und Parteivorsitzender Gerhard Schröder appelliert an die baden-württembergischen Wähler, bei der Landtagswahl am 25. März 2001 den „rechtsextremen Parteien [...] eine klare Absage zu erteilen"[2399]. Der „braune Sumpf"[2400] dürfe nie wieder eine Chance haben. Die Vertretung rechtsextremer Parteien in Landesparlamenten verschlechtere „das Ansehen Deutschlands in der Welt nachhaltig"[2401]. Obgleich Schröder die REP nicht namentlich nennt, steht der Bezug auf die Partei außer Frage. Nach dem erstmaligen Einzug der REP in den Landtag 1992 waren politische Beobachter und Strategen etablierter Parteien vom Ausscheiden der REP aus dem Parlament ausgegangen. Die Bestätigung des REP-Ergebnisses von 1992 auf vergleichbarem Niveau gilt den Wahlkämpfern von 2001 als Warnung.

Bundesinnenminister Otto Schily sagt im Zusammenhang mit der Diskussion über ein mögliches Verbot von DVU und REP, „der Rechtsextremismus dürfe weder bagatellisiert noch überdramatisiert werden"[2402].

2396 Sozialdemokratische Partei Deutschlands/Vorstand, Jahrbuch der Sozialdemokratischen Partei Deutschlands 1995/96, [ohne Datum/Ortsangabe], S. 237.

2397 Vgl. ebd., S. 11.

2398 Vgl. ebd., n.n., Alte Parolen sind grau. Neues Denken ist rot., in: Vorwärts, März 1996.

2399 DPA-Meldung, Schröder in Republikaner-Hochburg: Keine Chance dem braunen Sumpf, 5. März 2001.

2400 Ebd.

2401 Ebd.

2402 N.n., Schily mahnt zur Besonnenheit: Clement bringt Verbot von DVU und Republikanern ins Gespräch, in: Frankfurter Allgemeine Zeitung, 11. Dezember 2000.

Der Parlamentarische Geschäftsführer der SPD-Bundestagsfraktion Peter Struck fordert Bundesinnenminister Manfred Kanther auf, die REP als verfassungsfeindlich einzustufen, nachdem im bayerischen Verfassungsschutzbericht 1994 die REP erstmals als rechtsextrem bewertet wurden.[2403] Gemäß dem innenpolitischen Sprecher der SPD-Bundestagsfraktion, Dieter Wiefelspütz komme ein Verbotsverfahren gegen die REP nicht in Frage.[2404]

Anders sehen das die Ministerpräsidenten von Nordrhein-Westfalen und Rheinland-Pfalz. NRW-Ministerpräsident Wolfgang Clement will Parteien wie DVU und REP verbieten lassen, wenn „ihnen vergleichbare Aktivitäten wie der NPD nachgewiesen werden können"[2405]. Der rheinland-pfälzische Ministerpräsident Beck fordert, „neben dem Verbot der NPD auch ein Verbot der rechtsextremistischen Parteien DVU und Republikaner in Erwägung zu ziehen"[2406].

Angesichts der Präsenz der REP im Landtag von Baden-Württemberg kommt es in diesem Bundesland zu wachen Diskussionen. Die SPD-Landesvorsitzende Ute Vogt betont, Schlierers Bemühungen, seiner Partei ein bürgerliches Image zu verleihen, seien bloße Taktik. Mehrheitlich unterschieden sich die Mitglieder der REP in Baden-Württemberg nicht von denen der NPD, schätzt Vogt.[2407] Darum sei es ein Fehler, die REP nun aufgrund moderaterer Töne zu verharmlosen.

Als SPD-Spitzenkandidatin für die Landtagswahl 2001 fordert Vogt einen gemeinsamen Kampf aller demokratischen Parteien gegen Rechtsextremismus. Ziel müsse es sein, „dass die Republikaner, die seit 1992 im Stuttgarter Landtag vertreten sind, dort verschwänden."[2408] Ein Verbot von NPD, DVU und REP solle sorgfältig geprüft werden. Vogt legt ein Aktionsprogramm gegen den Rechtsextremismus vor, in dem SPD, CDU, FDP und Bündnis 90/Die Grünen aufgefordert werden, „sich auf eine gemeinsame Strategie gegen rechtsextremistische, rassistische und ausländerfeindliche Bestrebungen zu verständigen"[2409]. Vogt sagt „den Republikanern in deren Hochburg Pforzheim den Kampf an" und hebt hervor: „Die rechtsextremen Parteien dürfen keine Chance bekommen, in den Landtag einzuziehen".[2410]

2403 Vgl. n.n., SPD : Republikaner bundesweit als extrem einstufen, in : Die Welt, 5. April 1995.

2404 N.n., Regierung plant kein Verbot von DVU und Republikanern, in: Frankfurter Allgemeine Zeitung, 31. Oktober 2000.

2405 N.n., Schily mahnt zur Besonnenheit: Clement bringt Verbot von DVU und Republikanern ins Gespräch, in: Frankfurter Allgemeine Zeitung, 11. Dezember 2000.

2406 N.n., Regierung plant kein Verbot von DVU und Republikanern, in: Frankfurter Allgemeine Zeitung, 31. Oktober 2000. Vgl. Claudia Roth, Becks Ruf nach weiteren Parteiverboten stößt auf Kritik, in: Die Welt, 31. Oktober 2000.

2407 Vgl. Peter Henkel, SPD will Republikaner abdrängen, in: Frankfurter Rundschau, 15. August 2000.

2408 N.n., Vogt: Republikaner müssen aus Landtag verschwinden, in: Frankfurter Allgemeine Zeitung, 15. August 2000.

2409 Ebd.

2410 DPA-Meldung, Schröder in Republikaner-Hochburg: Keine Chance dem braunen Sumpf, 5. März 2001.

Mehr Klarheit in der Kampfansage an die REP verlangt im Jahr 2000 der Vorsitzende der baden-württembergischen SPD-Landtagsfraktion Ulrich Maurer von Ministerpräsident Erwin Teufel und kritisiert dessen „merkwürdig unentschlossene Haltung"[2411]. Die REP nähmen in der rechtsextremistischen Szene eine gewichtige Bedeutung ein, weshalb eine entschiedenere Auseinandersetzung gefragt sei.

Die Beteuerung Schlierers im Landtag von Baden-Württemberg, die REP stünden eindeutig auf dem Boden des Grundgesetzes und pflegten keine Kontakte zur NPD nennt Wolfgang Drexler, stellvertretender Fraktionsvorsitzender der SPD, ein „verlogenes Manöver"[2412]. Die REP versuchten hierbei ungerechtfertigt, sich von rechtsextremistisch motivierten Gewalttaten zu distanzieren. Tatsächlich lieferten die REP „den rechtsradikalen Zirkeln gerade durch ihre parlamentarische Tätigkeit eine politisch-ideologische Rechtfertigung"[2413]. Die Partei Schlierers sei „ursächlich dafür verantwortlich, wenn ausländische Mitbürger mit Stahlstangen und Benzinflaschen angegriffen werden"[2414].

Studien zur ausschließlichen Auseinandersetzung mit den REP veröffentlicht die Friedrich-Ebert-Stiftung während der Parteiführung Schlierers nicht. Allerdings taucht die Rechtspartei in Publikationen zu übergeordneten Fragestellungen wiederholt auf.

Ein Autorenteam der Stiftung publiziert 1995 Empfehlungen an pädagogisch Wirkende über Rechtsextremismus und Jugendgewalt.[2415]

Richard Stöss zeichnet in seiner von der Friedrich-Ebert-Stiftung herausgegebenen Analyse des Rechtsextremismus aus dem Jahr 1999 den teilweise gerichtlich, teilweise behördlich und teilweise akademisch geführten Streit über die Frage nach, ob die REP „rechtsextremistisch oder ‚nur' rechtsradikal"[2416] seien. Stöss selbst sieht die REP in die ideologische Struktur des rechtsextremistischen Parteienspektrums eingebunden.[2417] Allerdings sei parteiintern ein „‚Hauen und Stechen' zwischen eher nationalkonservativen und eher rechtsextremistischen Kräften"[2418] zu beobachten. Eine von Schönhuber angekündigte „Säuberung [sei] nur halbherzig und zumeist

---

2411 N.n., SPD: Kampfansage gegen die Rep, in: Stuttgarter Zeitung, 6. September 2000.
2412 Klaus Fischer, Offene Kampfansage an die Partei der „Republikaner", in: Stuttgarter Zeitung, 18. August 2000.
2413 Ebd.
2414 Ebd.
2415 Ellen Esen u.a., Gewalt unter Jugendlichen, Rechtsextremismus und Fremdenfeindlichkeit, herausgegeben von der Friedrich-Ebert-Stiftung, Erfurt 1995.
2416 Richard Stöss, Rechtsextremismus im vereinten Deutschland, Friedrich-Ebert-Stiftung/Abteilung Dialog Ostdeutschland, 2. Aufl., Bonn 1999, S. 18. Diese unveränderte Zweitauflage wurde im Juli 1999 publiziert, die Erstauflage im Februar desselben Jahres (vgl. Richard Stöss, Rechtsextremismus im vereinten Deutschland, Friedrich-Ebert-Stiftung/Abteilung Dialog Ostdeutschland, 1. Aufl., Bonn 1999).
2417 Vgl. ebd., S. 49.
2418 Ebd., S. 61.

auch nur auf der Bundesebene durchgeführt worden"[2419]. Es seien danach „immer wieder rechtsextreme Kräfte eingesickert"[2420]. Die REP kennzeichne eine „rechtslastige Anhängerschaft"[2421], allerdings sei nicht jeder REP-Wähler *„ein Rechtsextremist, und erst recht kein Faschist"*[2422].

Eine dritte Auflage der Studie von Stöss aus dem Jahr 2000 ist um ein Teilkapitel zur Entwicklung des Rechtsextremismus nach der Bundestagswahl 1998 ergänzt.[2423] Stöss erwähnt hierin den im Vergleich zur DVU „größeren Wählerrückhalt"[2424] der REP sowie die Schwächen der REP in den neuen Bundesländern. Gerhard Paul gibt darin eine knappe Bewertung der REP ab und stuft diese als „moderateste und modernste Variante rechtsextremen Denkens"[2425] ein. Im Vergleich zu „rechtsextremen Konkurrenten"[2426] fasse sich Schönhuber (der Führungswechsel fand vermutlich nach Redaktionsschluss statt) „populistischer und moderater"[2427]. Paul unterscheidet zwischen dem „traditionellen"[2428] bzw. „älteren"[2429] rechtsextremen Lager und den REP als „neuer Brückenpartei hinein ins konservative Publikum"[2430]. Die Wählerschaft der REP sei „außerordentlich heterogen"[2431].

Im Jahr 2002 erscheint eine Analyse des Rechtsextremismus in Mecklenburg-Vorpommern, in der Mathias Brodkorb und Thomas Schmidt auch die REP knapp erwähnen.[2432] Die REP in Mecklenburg-Vorpommern sammelten als Wahlpartei „Stimmen im kleinbürgerlichen Milieu mit rechtskonservativer bis rechtsextremistischer Grundhaltung"[2433]. Nach innerparteilichen Streitigkeiten, erfolglosen Wahlteilnahmen und erheblichen Mitgliederverlusten seien die REP „als politisch inaktiv anzusehen"[2434]. Sie seien „eher ein Phantom als eine politische Partei"[2435].

Die Friedrich-Ebert-Stiftung, das Renner-Institut und die Wiardi Beckman Stichting – die nahe stehenden Stiftungen der sozialdemokratischen Parteien Deutsch-

---

2419 Ebd., S. 83.
2420 Ebd.
2421 Ebd., S. 131.
2422 Ebd. (Hervorhebung im Orginal)
2423 Vgl. Richard Stöss, Rechtsextremismus im vereinten Deutschland, Friedrich-Ebert-Stiftung/Abteilung Dialog Ostdeutschland, 3. Aufl., Bonn 2000, S. 120-129.
2424 Ebd., S. 121.
2425 Gerhard Paul, Rechtsextremismus im vereinten Deutschland, in: ebd., S. 36.
2426 Ebd.
2427 Ebd.
2428 Ebd., S. 38.
2429 Ebd.
2430 Ebd.
2431 Ebd., S. 39.
2432 Vgl. Mathias Brodkorb/Thomas Schmidt, Gibt es einen modernen Rechtsextremismus? Das Fallbeispiel Mecklenburg-Vorpommern, 2. Aufl., Friedrich-Ebert-Stiftung/Landesbüro Mecklenburg-Vorpommern, Rostock 2002.
2433 Ebd., S. 77.
2434 Ebd., S. 78.
2435 Ebd.

lands (SPD), Österreichs (Sozialdemokratische Partei Österreichs) und der Niederlande (Partij van de Arbeid) – publizieren im Jahr 2003 einen englischsprachigen Sammelband über Migration, Integration und multikulturelle Fragen mit einem Kapitel über Rechtspopulismus.[2436] Richard Stöss bemerkt in seinem Beitrag bei den REP einen Wandel hinsichtlich deren Nähe zum Rechtsextremismus, ohne jedoch vollzogene Änderungen näher zu beschreiben.[2437]

5.2. Zweck-Mittel-Analyse

5.2.1. Stigmatisierung

Der Weg der REP von einer demokratischen, rechtskonservativen Gruppierung unter Handlos zu einer extremistischen Partei unter Schönhuber bis schließlich zu einer zunächst weiterhin extremistischen, jedoch zunehmend glaubhaft rechtskonservativen Kraft mit starken extremistischem Flügel muss beim Umgang mit der Rechtspartei zur Kenntnis genommen werden. Weicht eine sachgemäße Darstellung ungerechtfertigten Verallgemeinerungen oder symbolhaften Verknüpfungen zu affektiv geladenen Negativklischees, handelt es sich um stigmatisierende Kommunikation.

Spärlich ist der Umfang des Umgangs der SPD mit den REP während der Führungsperiode von *Handlos*. Im Zusammenhang mit der Gründung der REP äußert sich die SPD jedoch sowohl zu den führenden Personen als auch den Inhalten der neuen Partei. Während die politische Ausrichtung der REP sachgerecht dargestellt wird, zielt die Darstellung von Handlos, Voigt und Schönhuber darauf ab, diese als lächerlich erscheinen zu lassen.

Handlos gilt als „Erststimmenkönig aus dem Bayerischen Wald"[2438]. Voigt bezeichnet der *Vorwärts* als „zackig-rechten CSU-Wehrpolitiker"[2439] und „wackeren Auf-Rechten[2440]. Als Handlos „getreuer Ekkehard"[2441] soll der „stramme Offizier a. D."[2442] erscheinen. Schönhuber wolle als „Späteinsteiger in die Politik [...] Wirts-

2436 René Cuperus/Karl A. Duffek/Johannes Kandel (Hrsg.), The Challenge of Diversity: European Social Democracy Facing Migration, Integration, and Multiculturalism, Innsbruck 2003, S. 251-299.
2437 Richard Stöss, The Extreme Right Wing in Europe: Does a „Euro Right" Exist?, in: René Cuperus/Karl A. Duffek/Johannes Kandel (Hrsg.), The Challenge of Diversity: European Social Democracy Facing Migration, Integration, and Multiculturalism, Innsbruck 2003, S. 253-271, hier S. 256.
2438 Jan-Anton Beckum, Die neue Anti-Strauß-Allerweltspartei, in: Vorwärts, Nr. 49, 1. Dezember 1983.
2439 Jan-Anton Beckum, In der CSU gärt es weiter, in: Vorwärts, Nr. 45, 3. November 1983.
2440 Ebd.
2441 Jan-Anton Beckum, Die neue Anti-Strauß-Allerweltspartei, in: Vorwärts, Nr. 49, 1. Dezember 1983.
2442 Ebd.

haussäle füllen"[2443]. Alle drei zeigten eine „Attitüde, als hätten sie die Politik überhaupt erst erfunden"[2444]. So zeichnet das SPD-Organ mit Hilfe klischeehafter Sprache das Bild dreier hinterwäldlerischer, bierseliger Kumpane mit wirklichkeitsfremder Selbstüberschätzung und veraltet-konservativer Lebensperspektive.

Beispiele für Stigmatisierung im Umgang der SPD mit den REP unter *Schönhuber* sind zahlreich und vielfältig. Die Ausnahme stellt ein klares Bekenntnis eines sozialdemokratischen Politikers zur Stigmatisierung der REP dar. Der nordrheinwestfälische Landtagsfraktionsvorsitzende Friedhelm Farthmann ruft nach dem Einzug der REP in den Landtag von Baden-Württemberg buchstäblich dazu auf, die REP „zu stigmatisieren"[2445]. Am „faschistischen Charakter"[2446] der REP bestehe schließlich kein Zweifel, begründet Farthmann seine Forderung. In der Regel jedoch äußert sich die Aufforderung zur Stigmatisierung der REP subtiler und verdeckter. Stigmatisierende Kommentare und Angriffe selbst werden dadurch nicht weniger eindeutig erkennbar.

Besonders frei- und großzügig greifen sozialdemokratische Publikationen und Entscheidungsträger auf sprachliche Assoziationen mit dem Nationalsozialismus zurück. Durch die Verwendung von nationalsozialistischer Symbolsprache im Zusammenhang mit den REP nehmen SPD-Autoren in Kauf, den Eindruck zu erwecken, bei den Republikanern handele es sich um eine nationalsozialistische oder neonazistische Partei. So wird die nationalsozialistische Symbolfarbe braun immer wieder auf die REP bezogen. Im Kontext mit den REP ist besonders häufig vom „braunen Sumpf"[2447] (auch: „braune Sumpfpflanzen"[2448]) die Rede, aber auch von einer „braunen Gefahr"[2449].

Im REP-Programm fände sich „das braune Gedankengut ohne längere Analysen"[2450]. REP-Politiker folgten einem „braune[n] Traum von der heilen Welt"[2451], befleißigten sich im Verkauf „braun gefärbter Literatur"[2452] und ließen „braune So-

2443 Ebd.
2444 Ebd.
2445 N.n., Farthmann ruft Parteien zum Kampf gegen neue Rechte auf, in: Westfälische Rundschau, 5. Juni 1992.
2446 Ebd.
2447 Sozialdemokratische Partei Deutschlands, Parteivorstand, Referat Öffentlichkeitsarbeit (Hrsg.), Die REP: eine rechtsextreme Chaospartei, Bonn 1994, S. 20; Sozialdemokratische Partei Deutschlands/Parteivorstand, Thema: Rechtsextremismus, [vermutl. Handreichung zur Europawahl 1989, ca. Mai 1989].
2448 Michael Stiller, Schöfbergers düstere Gemälde in Braun und Schwarz, in: Süddeutsche Zeitung, 4. Februar 1989.
2449 Sozialdemokratische Partei Deutschlands, Parteivorstand, Referat Öffentlichkeitsarbeit (Hrsg.), Die REP: eine rechtsextreme Chaospartei, Bonn 1994, S. 100.
2450 Ebd., S. 38.
2451 Ebd.
2452 Ebd.

ße"[2453] aus ihren Schreibfedern fließen. Die Hochburgen der REP in Bayern werden zum „*braunen Alpenriegel* vom Bodensee bis zum Obersalzberg"[2454]. Anke Fuchs nennt die REP „braune Schmuddelkinder"[2455]. Der bayerische Landesvorsitzende Rudolf Schöfberger meint, die SPD wolle „von jeder aufgewärmten braunen Soße verschont werden. Wir wollen nicht statt eines Schicklgruber einen geläuterten Schicklhuber"[2456]. Der *Parlamentarisch-Politische Pressedienst* der SPD warnt vor „unübersehbaren braunen Flecken"[2457] bei den REP, spricht von „braun gefärbte[n] Trittbrettfahrer[n]" sowie „braunen Bataillone[n]"[2458] und bemerkt, die Sprache gewisser REP-Funktionäre erinnere „an die Jahre der braunen Diktatur"[2459].

Den Unionsparteien werfen SPD-Politiker zwecks Beschreibung einer mangelnden Abgrenzung zu den REP ein Pendeln zwischen „schwarz und braun"[2460] vor. Mögliche Bündnisse und Koalitionen zwischen Union und REP ernten die Farbkennzeichnung „schwarz-braun"[2461]. Nicht zufällig dürfte die Farbgestaltung einer Handreichung der bayerischen SPD über die REP aus dem April 1989 sein – der Umschlag ist in braun gehalten.[2462] Der Inhalt warnt vor den REP als des „braunen Pudels Kern"[2463].

Gleichsetzungen der REP mit der NSDAP, der Vorwurf der geistigen Nachfolge des Nationalsozialismus sowie die Verwendung sprachlicher Verknüpfungen zwischen REP und NS-Regime seitens zahlreicher Politiker und Gremien der SPD be-

---

2453 Ebd.
2454 N.n., Das Problem mit den Republikanern, in: Zürcher Zeitung, 1. Juli 1989 (Hervorhebung im Orginal).
2455 N.n., „Keine Sonderangebote": Spiegel-Interview mit der SPD-Bundesgeschäftsführerin Anke Fuchs, in: Der Spiegel 41/1989, 9. Oktober 1989. Die Schuldzuweisung von Fuchs sorgt für Diskussionen in den Medien, da auch die SPD viele Wähler an die REP verliert (vgl. n.n., Eingeständnis, in: Frankfurter Allgemeine Zeitung, 25. Oktober 1989).
2456 Michael Stiller, Schöfbergers düstere Gemälde in Braun und Schwarz, in: Süddeutsche Zeitung, 4. Februar 1989.
2457 N.n., „Republikaner" mit unübersehbaren braunen Flecken, in: Parlamentarisch-Politischer Pressedienst, 22. September 1989.
2458 Ebd.
2459 Ebd.
2460 Sozialdemokratische Partei Deutschlands/Parteivorstand, Thema: Rechtsextremismus, [vermutl. Handreichung zur Europawahl 1989, ca. Mai 1989].
2461 Sozialdemokratische Partei Deutschlands/Landesverband Bayern, Die Republikaner – die falschen Patrioten, 1. Aufl., Bayreuth, April 1989, S. 33; Sozialdemokratische Partei Deutschlands/Parteivorstand, Pressemitteilung zum Interview Oskar Lafontaines mit dem Saarländischen Rundfunk vom 2. März 1989; Sozialdemokratische Partei Deutschlands/Parteivorstand, Pressemitteilung zu Koalitionsüberlegungen der Union mit den Republikanern vom 19. März 1989; Sozialdemokratische Partei Deutschlands/Parteivorstand, Pressemitteilung zu Koalitionsüberlegungen der Union mit den Republikanern vom 18. Mai 1989; Dieter Baur, „CSU-Koalition mit der Rechten", in: Süddeutsche Zeitung, 1. Juni 1989.
2462 Sozialdemokratische Partei Deutschlands/Landesverband Bayern, Die Republikaner – die falschen Patrioten, 1. Aufl., Bayreuth, April 1989.
2463 Ebd., S. 5.

schränken sich nicht auf die Nennung der Symbolfarbe *braun*. Zum Teil stellen Sozialdemokraten den direkten Vergleich von REP und NSDAP an. Beispielsweise erklärt der baden-württembergische SPD-Vorsitzende Ulrich Maurer, Schönhubers Feindbild gegen Fremde, Juden und Ausländer sei „dasselbe wie das der NSDAP"[2464]. Günther Tietjen, SPD-Abgeordneter im Bundestag, argwöhnt, die REP könnten die Gewerkschaften unterwandern „wie ehedem Hitlers Nazis"[2465]. Günter Verheugen meint, Schönhuber rühre „das gleiche Gebräu von Vorurteilen, dumpfen Gefühlen, nationalistischen Phrasen und Angst"[2466] wie „die früheren Nazis"[2467] und sei stolz, „‚dabei' gewesen zu sein, nämlich bei einem organisierten Mordunternehmen"[2468]. Seine Partei folge einem „Traditionsstrang bis weit zurück zu den geistigen Wurzeln des Nationalsozialismus"[2469]. Das Gedankengut der REP habe „schon einmal großes Unglück für unser Volk"[2470] bedeutet, erläutert Oskar Lafontaine und schafft so eine Gegenüberstellung von REP mit dem Nationalsozialismus. Im *Vorwärts* werden die REP als annehmbare Wahlalternative für die „angepassten Neo-Nazis"[2471] dargestellt.

Einige SPD-Politiker treiben diesen Vergleich auf die Spitze. Dazu gehört der Bundestagsabgeordnete Wolfgang Sieler, welcher moniert, die REP wollten „nach Art der Nazis die Rechte der freien Gewerkschaften auf das Wohl der ‚Arbeitsstätten' und der ‚Leistungsgemeinschaft' einschränken"[2472], die Zwangsarbeit einführen sowie ein „Großdeutsches Reich"[2473] schaffen. Ohne Michael Krämer namentlich zu nennen, zitiert Sieler das ehemalige REP-Mitglied aus seiner Zeit vor dem REP-Beitritt mit der Forderung nach der „Wiedererweckung des germanischen Blutes"[2474]. Weiter kritisiert Sieler, die REP verwendeten die „Sprache der NSDAP"[2475],

2464 DPA-Meldung, Auch CDU-Experten für Neubewertung der Republikaner – SPD zieht NSDAP-Vergleich – Gewalttaten von Funktionären offiziell belegt, 1. Juni 1994.

2465 N.n., Das SPD-Mitglied im Bundestags-Innenausschuss Günther Tietjen..., in: Allgemeine Jüdische Wochenzeitung,, 14. April 1989.

2466 Günter Verheugen, Die Unionsparteien haben rechtsradikale Renaissance allein zu verantworten, in: Vorwärts, 18. März 1989.

2467 Ebd.

2468 Ebd.

2469 Ebd.

2470 Sozialdemokratische Partei Deutschlands/Parteivorstand, Pressemitteilung zum Interview Oskar Lafontaines mit dem Saarländischen Rundfunk vom 2. März 1989.

2471 N.n., Reps – keine unbekannten Wesen, in: Vorwärts, Nr. 11, November 1989.

2472 Vgl. Wolfgang Sieler, Die „Republikaner" sind keine Partei des Grundgesetzes: Kein Streit um eine längst beantwortete Frage!, in: Sozialdemokratischer Pressedienst, 6. Juli 1989.

2473 Ebd.

2474 Ebd. Neben Sieler zitiert auch der SPD-Fraktionsvorsitzende im nordrhein-westfälischen Landtag, Friedhelm Farthmann, Michael Krämer, schreibt allerdings dessen Familiennamen falsch. Richtigerweise umschreibt Farthmann Krämers Aussagen als „Nazi-Jargon, wie es deutlicher nicht geht" (Friedhelm Farthmann, Die „Republikaner" sind verfassungswidrig. Zur Notwendigkeit, der Schönhuber-Partei nach dem Prinzip der wehrhaften Demokratie zu begegnen, in: Sozialdemokratischer Pressedienst, 21. September 1989), übersieht aber die

betrachteten die „NS-Rechtsphilosophie als Grundlage"[2476], träumten von „Hitlers Großdeutschland"[2477] und strebten eine Außenpolitik an, die „nur noch vergleichbar mit dem Verhalten der Nazis"[2478] sei. Ansprüche an die internationale Gemeinschaft wie die der REP habe „in Deutschland zuletzt Adolf Hitler vertreten"[2479]. Programmatisch seien die REP „vollends zu geistigen Nachfolgern der Nazi-Machtpolitik"[2480] geworden und hätten vermutlich vor, mit Ausländern ebenso zu verfahren, „wie es die Nazis gegenüber jüdischen Mitbürgern taten"[2481]. Den REP-Vorsitzenden etikettiert Sieler als „Waffen-SS-Schönhuber"[2482]. Wie Sieler widmet sich Anke Fuchs ausführlich einem Vergleich von REP und NSDAP. Die REP seien „die Nazis von heute"[2483] und „alte Hitleragitatoren"[2484], meint Fuchs. Sie propagierten „Nazi-Gedankengut"[2485] und verfügten über „oft ideologisch festgelegte [Wähler], die die Nazi-Herrschaft und den Judenmord verharmlosen, die ‚Ausländer raus!' sagen."[2486]. Fuchs warnt: „Wehret den Anfängen und passt auf, dass diese Demokratie stabil bleibt"[2487]. Nach Meinung von Fuchs gingen die REP mit „simplen Rezepten und nationalsozialistischen Ladenhütern auf Stimmenfang"[2488].

Obgleich Hans-Jochen Vogel als SPD-Vorsitzender bekräftigt, nicht alle REP-Aktivisten seien Neonazis, prangert er an, dass deren „schlimme Parolen"[2489] vor allem ältere Menschen „an die Anfänge der Nazipartei"[2490] erinnerten und ergänzt, dass es bei „den Nazis [...] auch scheinbar harmlos"[2491] angefangen habe. Schon im

Tatsache, dass Krämers Äußerungen aus der Zeit vor dem REP-Beitritt (vor dem Beitritt zu den REP schloss sich Krämer noch der ödp an) stammen, dass Krämer im Nachhinein seitens der REP-Parteiführung für seine Bemerkungen sanktioniert wurde und zum Zeitpunkt der Stellungnahme Farthmanns nicht mehr den REP angehörte.

2475 Wolfgang Sieler, Die Unrechts-Partei: Anmerkungen zur Programmatik der „Republikaner", in: Sozialdemokratischer Pressedienst, 9. Januar 1990.
2476 Ebd.
2477 Ebd.
2478 Ebd.
2479 Ebd.
2480 Ebd.
2481 Ebd.
2482 Ebd.
2483 Vgl. n.n., „Republikaner Nazis von heute", in: Augsburger Allgemeine, 28. April 1989.
2484 Ulla Lessmann/Klaus-Dieter Schmuck, „Mutiger und selbstbewusst", Interview mit Anke Fuchs, in: Vorwärts, Nr. 12., Dezember 1989.
2485 Vgl. ebd.
2486 Ebd.
2487 Ebd.
2488 Sozialdemokratische Partei Deutschlands/Parteivorstand, Pressemitteilung zum Aktionsbündnis des DGB gegen die Republikaner vom 7. September 1989.
2489 Sozialdemokratische Partei Deutschlands/Parteivorstand, Pressemitteilung zur Rede von Hans-Jochen Vogel beim 25-jährigen Jubiläum des Bürgerfestes am Hasenbergl vom 29. Juli 1989.
2490 Ebd.
2491 Ebd.

August 1989 sieht es Vogel als erwiesen an, dass „die Clique um Herrn Schönhuber bedenkenlos Nazipositionen und -parolen, ja sogar die Sprache der Nazis übernimmt"[2492]. Die SPD werde die REP wegen ihrer „Ablehnung neonazistischer, rassistischer und autoritärer Tendenzen"[2493] bekämpfen.

Der Vorsitzende der nordrhein-westfälischen Landtagsfraktion, Friedhelm Fartmann, verdeutlicht, als wessen Geistes Kind er die REP sieht. Sie verlangten die Abschaffung der freien Gewerkschaften, was einst „das Anfangstor der Nazis zur deutschen Arbeitsfront"[2494] gewesen sei. Die Rechtspartei demonstriere eine „Nähe zu [dem] Gedankengut der Nazis"[2495].

Auch parteiexterne Prominente bemüht die SPD in ihrem Bestreben, die REP als Nachfolge- oder Parallelorganisation der NSDAP zu präsentieren. Im Juni 1989 fordert der Bestseller-Autor Johannes Mario Simmel in einem Kommentar über den Erfolg der REP, man solle „die Neu- und Altnazis zurückjagen in ihre Rattenlöcher"[2496]. Simmel vergleicht die REP mit nationalsozialistischen „Massenmördern"[2497].

Die Besetzung der REP mit klischeehaften NS-Vokabeln sowie die Nahelegung der Vergleichbarkeit von REP und NSDAP finden sich nicht nur in persönlichen Meinungsbekundungen einzelner SPD-Politiker. In einem Abgrenzungsbeschluss des hessischen SPD-Landesvorstandes vom Juli 1989 ist von „den ausländerfeindlichen, antidemokratischen und *in der Tradition des Nationalsozialismus stehenden* Reps"[2498] die Rede. Eine Dokumentation der bayerischen SPD aus dem April 1989 betont, die REP seien „bayerischen Ursprungs [...], wie schon die Hitler-Partei eine Missgeburt Münchner Bierkeller war"[2499]. Die bayerischen Sozialdemokraten sprechen vom „Führer"[2500] der REP und einer „Wahlverwandtschaft"[2501] zwischen REP und Nationalsozialismus. Der REP-Wahlerfolg in Berlin erinnere an das Brecht-Zitat: „Der Schoß ist fruchtbar noch, aus dem dies kroch!"[2502] Die Entwicklung von NSDAP und REP verliefen parallel. Beide seien „mit Hilfe der bürgerlichen, kon-

2492 Sozialdemokratische Partei Deutschlands/Parteivorstand, Pressemitteilung zur Botschaft des Bundespräsidenten Richard von Weizsäcker zum 1. September vom 30. August 1989.
2493 Vgl. Sozialdemokratische Partei Deutschlands/Bundestagfraktion, Hans-Jochen Vogels politischer Bericht vor der Fraktion, Pressemitteilung vom 29. Mai 1990.
2494 Michael Birnbaum, Farthmann sagt Republikanern den Kampf an, in: Süddeutsche Zeitung, 22. Juni 1989.
2495 Ebd.
2496 Johannes Mario Simmel, „Küsst die Faschisten, wo ihr sie trefft", in: Vorwärts, Juni 1989.
2497 Ebd.
2498 Sozialdemokratische Partei Deutschlands/Landesvorstand Hessen, Abgrenzungsbeschluss gegenüber den Republikanern [ca. Juli 1989, Hervorhebung des Autors].
2499 Sozialdemokratische Partei Deutschlands/Landesverband Bayern, Die Republikaner – die falschen Patrioten, 1. Aufl., Bayreuth, April 1989.
2500 Ebd., S. 5.
2501 Ebd.
2502 Ebd.

servativen Parteien"[2503] zu Einfluss gelangt. Sowohl die Wähler der NSDAP als auch die der REP verbänden nicht ausnahmslos extremistische Tendenzen – sie seien „unterschiedlich motiviert"[2504]. Weder NSDAP noch REP könnten sich durch den Rückhalt in der Wählerschaft als demokratische Parteien legitimieren.[2505] Die REP wollten „Alt-Nazis"[2506] an sich binden und strebten dies durch eine entsprechende programmatische Ausrichtung an, will eine Handreichung des SPD-Parteivorstandes wissen. Im Parteiprogramm feiere die „NS-Gesinnung fröhliche Urstände"[2507].

Neben Sprachbildern nutzt die SPD Illustrationen und Karikaturen zur Verknüpfung von REP und Nationalsozialismus. Fünf Tage nach der Wahl zum Berliner Abgeordnetenhaus 1989 prangt auf der Titelseite des *Vorwärts* neben der Schlagzeile „Überraschung an der Spree: Laus im Pelz" ein gekrönter Berliner Bär im dunklen Anzug, welcher sich selbst angewidert und besorgt auf die rechte Schulter blickt. Dort zeigt sich ein kleinerer Berliner Bär mit typischem Seitenscheitel und „Hitler-Bärtchen", der die rechte Pfote zum Hitlergruß hebt. Deutlich werden die REP hier mit klischeehaften Assoziationen behaftet. Am 4. März erscheint im *Vorwärts* eine Karikatur, die eine direkte Verbindung zwischen den Morden und Misshandlungen in Auschwitz, Majdanek sowie Buchenwald und der xenophoben Politik der REP herstellt.

Die REP sind in der Phase des Schönhuber-Parteivorsitzes zwar eine rechtsextremistische Partei, sie aber generell als neonazistische Partei zu bezeichnen oder diesen Sachverhalt durch klischeehafte Assoziationen und Gegenüberstellungen nahe zu legen, wird dem politischen Profil der Gesamtpartei nicht gerecht. Dies wirkt unfraglich stigmatisierend. Gleichzeitig wäre es zweckmäßig und einer demokratischen Abgrenzung entsprechend, innerhalb des extremistischen Spektrums Unterscheidungen zu treffen und Grade des Extremismus nachzuzeichnen. Verallgemeinernde Gleichsetzungen der REP beispielsweise mit NPD und DVU müssen als eine Form der Stigmatisierung gesehen werden. Und auch hierfür finden sich Beispiele in der Kommunikation der SPD gegenüber den REP. Der SPD-Bundestagsabgeordnete Rolf Niese spricht einer genauen sachlichen Differenzierung zwischen verschieden stark extremistischen Gruppierungen gar grundsätzlich ihren Wert ab. Eine „feinsinnige Unterscheidung zwischen den nicht ganz ‚so bösen' Republikanern und der

---

2503 Ebd., S. 8.
2504 Ebd., S. 8.
2505 Vgl. ebd., S. 20.
2506 Sozialdemokratische Partei Deutschlands, Parteivorstand, Referat Öffentlichkeitsarbeit (Hrsg.), Die REP: eine rechtsextreme Chaospartei, Bonn 1994, S. 20.
2507 Ebd., S. 38.

‚schlimmen' NPD"[2508] sei für einen „nicht unbeachtlichen Teil der Bundesbürger vollkommen gleichgültig"[2509].

Häufig werden die REP in einem Atemzug mit NPD und DVU genannt, so dass der Eindruck einer vergleichbaren Distanz dieser Parteien zum demokratischen Verfassungsstaat entsteht.[2510] Der *Vorwärts* erklärt, das Herz der REP-Wähler schlage eigentlich für die „erfolglosen rechtsextremen Szene-Parteien, z.B. NPD, DVU"[2511]. Aus teils wortgleichen, teils ähnlichen Formulierungen in Flugschriften von REP und DVU schließt der Bundestagsabgeordnete Wolfgang Sieler eine identische Ausrichtung beider Parteien.[2512] Forderungen nach einem Verbot der REP gründen sich auf die Annahme einer vergleichbaren Bedrohung ausländischer Mitbürger und der freiheitlichen demokratischen Grundordnung durch REP, NPD und DVU.[2513].

Mehrfach weichen SPD-Gremien und -Autoren von einer sachlichen Abgrenzungsrhetorik ab und verfallen in einen verächtlichen, diskreditierenden Tonfall, der situationsbezogen unterschiedlich stigmatisieren soll. Hierzu gehören metaphorische Umschreibungen wie die Bezeichnung Schönhubers als „Drogenhändler"[2514] seitens des bayerischen SPD-Vorsitzenden Rudolf Schöfberger. Als „Droge" in diesem Sinne definiert Schöfberger die Forderung der REP nach einer schnellen Wiedervereinigung, mit der Schönhuber Deutsche in Ost und West in einen „nationalistischen Rausch"[2515] versetze. Stigmatisierend wirkt auch das Bild der „rechten Rattenfänger"[2516] als Bezeichnung für die REP. Dieses suggeriert ohne Differenzierung hinterlistige oder argwöhnische Beweggründe der Partei. Ein überzeugungsmotiviertes Handeln wird ausgeschlossen. Videomitschnitte von den Auftritten Schönhubers

2508 Rolf Niese, Die rechten Ultras ausgrenzen: Zum zukünftigen Umgang mit den Republikanern und der NPD im politisch-parlamentarischen Bereich, in: Sozialdemokratischer Pressedienst, 15. März 1989.

2509 Ebd.

2510 Vgl. u. a. Sozialdemokratische Partei Deutschlands/Bundestagsfraktion/Projektgruppe „Bekämpfung von Rechtsextremismus und Gewalt", Vernunft, Entschlossenheit, Toleranz. Unsere Vorschläge zur Bekämpfung von Rechtsextremismus, Fremdenfeindlichkeit, Antisemitismus und Gewalt, Bonn, 9. November 1993; Sozialdemokratische Partei Deutschlands/Vorstand, Jahrbuch der Sozialdemokratischen Partei Deutschlands 91/92, Bonn 1993, S. 98.

2511 N.n., Reps – keine unbekannten Wesen, in: Vorwärts, November 1989.

2512 Vgl. Wolfgang Sieler, Die „Republikaner" sind keine Partei des Grundgesetzes: Kein Streit um eine längst beantwortete Frage!, in: Sozialdemokratischer Pressedienst, 6. Juli 1989.

2513 Vgl. n.n., Politiker fordern härteres Vorgehen gegen Republikaner: Eylmann bringt Verbot der Partei in die Diskussion, General-Anzeiger, 11. April 1994.

2514 Rudolf Schöfberger, Hemmungslose Hetze: Zum „Republikaner"-Parteitag in Rosenheim, in: Sozialdemokratischer Pressedienst, 15. Januar 1990.

2515 Ebd.

2516 Sozialdemokratische Partei Deutschlands/Landtagsfraktion Niedersachsen, Rechtsradikalismus ist Härtetest für die demokratischen Institutionen und Probe für die demokratische Widerstandsfähigkeit der Köpfe, Pressemitteilung vom 17. Juli 1989.

würden im Parteiorgan *Der Republikaner* „feilgeboten"[2517], berichtet der SPD-Parteivorstand in einer Dokumentation. Die Verwendung des veralteten Begriffs „feilbieten" statt „zum Verkauf anbieten" mag den Eindruck veralteter, minderwertiger Ware oder den einer Marktplatzatmosphäre vermitteln. Rudolf Scharping attestiert im April 1994, die REP seien ein „geistiger Wegbereiter für eine Reihe von schrecklichen Mord- und Brandanschlägen"[2518] und fügt hinzu, wer „anderer Leute Häuser oder ihre Kirchen oder Synagogen ansteckt, das Leben oder die Gesundheit anderer gefährdet, ist ein Lump und gehört ins Gefängnis, und seine geistigen Wegbereiter haben im deutschen Parlament nichts zu suchen"[2519].

Bodo Hombach bringt Wähler der REP mit dem Täterbegriff in Verbindung und deutet so eine Vergleichbarkeit der Wahl der REP mit einer Straftat an. Die REP-Wähler dürften nicht „durchgängig als Opfer bezeichnet"[2520] werden. Unter ihnen gäbe es einen erheblichen „Täteranteil"[2521]. Auch rückt Hombach Sympathisanten der REP in die Nähe von Geisteskranken, wenn er kommentiert, man müsse ein „krankes Hirn"[2522] besitzen, um Erfolge der REP als erfreulich zu empfinden.

Der Umfang der Auseinandersetzung der SPD mit den REP nimmt nach der Amtsübernahme *Schlierers* deutlich ab. Stigmatisierende Elemente bleiben deutlich sichtbar. Weiterhin eine Rolle spielen dabei sprachliche Verknüpfungen der REP mit dem Nationalsozialismus, unter anderem die Symbolfarbe *braun*. Eine Mitgliederwerbekampagne im zeitlichen Umfeld der baden-württembergischen Landtagswahl 2001 verbreitet den Slogan: „Der Hass ist braun. Die Liebe ist rot."[2523] Im Rahmen desselben Wahlkampfes appelliert Gerhard Schröder an die Wähler, rechtsextremistischen Parteien ihre Stimme vorzuenthalten – der „braune Sumpf"[2524] dürfe keine Chance erhalten.

Sozialdemokraten vergleichen die REP unter Schlierer wiederholt undifferenziert mit den stärker extremistischen Parteien NPD und DVU. Der stellvertretende Fraktionsvorsitzende der SPD im Landtag von Baden-Württemberg, Wolfgang Drexler, hält die REP „ursächlich dafür verantwortlich, wenn ausländische Mitbürger mit Stahlstangen und Benzinflaschen angegriffen werden"[2525]. Die Rechtspartei stünde

---

2517 Sozialdemokratische Partei Deutschlands, Parteivorstand, Referat Öffentlichkeitsarbeit (Hrsg.), Die REP: eine rechtsextreme Chaospartei, Bonn 1994, S. 19.

2518 DPA-Meldung, CSU wirft Schönhuber Komplizenschaft mit Brandstiftern vor – Scharping: Rechtsextremismus im Augenblick keine „richtige Gefahr", 26. April 1994..

2519 Ebd.

2520 J. Nitschmann, SPD: Arbeiter stehen unter „Kulturschock", in: Die Tageszeitung, 27. Juli 1989.

2521 Ebd.

2522 Ebd.

2523 Vgl. ebd., n.n., Alte Parolen sind grau. Neues Denken ist rot., in: Vorwärts, März 1996.

2524 DPA-Meldung, Schröder in Republikaner-Hochburg: Keine Chance dem braunen Sumpf, 5. März 2001.

2525 Klaus Fischer, Offene Kampfansage an die Partei der „Republikaner", in: Stuttgarter Zeitung, 18. August 2000.

wie die NPD nicht auf dem Boden des Grundgesetzes und hielte zu dieser Kontakt.[2526] Aktive parlamentarische Arbeit (im Gegensatz zu einer sich verweigernden Protesthaltung) sei kein Zeichen eines Gesinnungswandels, die REP lieferten „den rechtsradikalen Zirkeln gerade durch ihre parlamentarische Tätigkeit eine politisch-ideologische Rechtfertigung"[2527]. Welche Art von Verhalten im Parlament Drexler als Zeichen einer Hinwendung zur Demokratie hätte gelten lassen, führt er nicht aus. Wenn der SPD-Parlamentarier eine Beteiligung am parlamentarischen Prozess seitens der REP als verwerfliche Legitimierung außerparlamentarischer extremistischer Kräfte kritisiert, kann er eine grundsätzliche Verweigerungshaltung im Sinne einer plumpen Protestartikulation kaum gutheißen. Das Erstarken eines gemäßigten, rechtskonservativen Flügels innerhalb der REP verwirft die baden-württembergische Landesvorsitzende Ute Vogt. Die Mitglieder der REP unterschieden sich mehrheitlich nicht von denen der NPD.[2528]

Die Gleichsetzung von REP mit NPD und DVU führt zu Überlegungen zu und Forderungen nach einem Verbot der Partei Schlierers, geäußert unter anderen vom nordrhein-westfälischen Ministerpräsidenten Wolfgang Clement[2529], dem rheinland-pfälzischen Amtskollegen Kurt Beck[2530]und Ute Vogt[2531].

5.2.2. Demokratische Abgrenzung

Eine *demokratische Abgrenzung* gegenüber den REP muss die ideologische Entwicklung der REP berücksichtigen, folglich in der Phase Handlos programmatische Unterschiede zu einer rechtskonservativen Partei herausstellen und während der Amtsführung Schönhubers die extremistische Ausrichtung der Rechtspartei – unter Schlierer die zuletzt extremistischen Mitglieder- und Ideologieanteile – warnend hervorheben.

Nur sehr begrenzt setzt sich die SPD mit den REP unter *Handlos* auseinander. In einem Beitrag im Parteiorgan *Vorwärts* berichten die Sozialdemokraten über die Gründung der REP als „neue Anti-Strauß-Allerweltspartei"[2532]. Schwierig sei es, die

2526 Ebd.
2527 Ebd.
2528 Vgl. Peter Henkel, SPD will Republikaner abdrängen, in: Frankfurter Rundschau, 15. August 2000.
2529 Vgl. n.n., Schily mahnt zur Besonnenheit: Clement bringt Verbot von DVU und Republikanern ins Gespräch, in: Frankfurter Allgemeine Zeitung, 11. Dezember 2000.
2530 Vgl. n.n., Regierung plant kein Verbot von DVU und Republikanern, in: Frankfurter Allgemeine Zeitung, 31. Oktober 2000. Vgl. Claudia Roth, Becks Ruf nach weiteren Parteiverboten stößt auf Kritik, in: Die Welt, 31. Oktober 2000.
2531 Vgl. n.n., Vogt: Republikaner müssen aus Landtag verschwinden, in: Frankfurter Allgemeine Zeitung, 15. August 2000.
2532 Jan-Anton Beckum, Die neue Anti-Strauß-Allerweltspartei, in: Vorwärts, Nr. 49, 1. Dezember 1983.

Neugründung politisch einzuordnen, da diese „ein paar linke, hauptsächlich aber rechte und ganz rechte Anleihen"[2533] mache – das Programm sei „so umfangreich wie ein Warenhauskatalog"[2534]. Alles in allem seien die REP jedoch eine „ziemlich weit rechts stehende"[2535] Partei.

Verstärkt widmet sich die SPD einer demokratischen Abgrenzung unter der REP-Parteiführung *Schönhubers*. Deutlich wird hierbei eine Differenzierung zwischen den REP einerseits und stärker extremistischen Gruppierungen sowie dem Nationalsozialismus andererseits. Ein besonderes Anliegen ist diese Unterscheidung Peter Glotz. Nur etwa „zwischen eintausendneunhundert und dreitausend unter sechzig Millionen"[2536] seien in neonazistischen Organisationen wie FAP, *Nationalistischer Front* oder NSDAP/AO organisiert, wozu die REP ausdrücklich nicht gehörten. Schönhuber sei „gefährlich; aber [...] weder ein Neonazi noch ein Neofaschist – und umgekehrt ist nicht alles, was nicht neonazistisch und neofaschistisch ist, vernünftig oder auch nur erträglich."[2537] Die vorschnelle Etikettierung Schönhubers oder der REP als neonazistisch hält Glotz für sehr problematisch, weil „die Demokraten ihr Unterscheidungsvermögen verlören. Wenn alle Neonazis wären, wenn wir das Wort ‚Faschismus' benutzten wie der betrunkene Kleinbürger das Wort Hure; als schärfste Form der Beschimpfung, abstrahierend von seinem Sinn. Es ist absurd, die eigene Sprache auf ein solch primitives Niveau herabzuwürdigen, dass man für ganz verschiedene Gegner nur noch einen Begriff hat: für den übergeschnappten, gewalttätigen Wirrkopf Michael Kühnen, einen der Führer der in der Tat neonazistischen ‚Bewegung', den gleichen wie für – sagen wir – Frey, Schönhuber, Gerd-Klaus Kaltenbrunner oder gar eine der Galionsfiguren des national-konservativen Flügels der Union."[2538] Eine Beobachtung der REP durch den Verfassungsschutz lehnt Glotz als unnütz ab, die Rechtspartei verfüge über „keine Waffenlager, keine Untergrundorganisation, keine paramilitärische Ordnergruppe".[2539] Als abwegig ordnet er die Gleichstellung von REP und dem Nationalsozialismus ein, aber auch den Vergleich der REP mit anderen rechtsextremistischen Parteien: „Die Absicht, eine *rechtspopulistische* Bewegung so zu behandeln, wie wir *rechtsextremistische* Bewegungen nach 1945 öfters behandelt haben (und wohl auch behandeln mussten) – verbieten oder totschweigen –, wird sich nicht verwirklichen lassen."[2540]

Ähnlich argumentiert der Juso-Autor Martin Stadelmaier, der „ein facettenreiches Bild: alte und neue Nazis, nationaldemokratische, -freiheitliche und neonazistische Kräfte, mitlaufende Jugendliche ohne Bezug zum historischen Nationalsozialismus,

---

2533 Ebd.
2534 Ebd.
2535 Ebd.
2536 Peter Glotz, Die deutsche Rechte: eine Streitschrift, 2. Aufl., Stuttgart 1989, S. 34.
2537 Ebd., S. 9.
2538 Ebd., S. 42-43.
2539 Ebd.
2540 Ebd., S. 7-8.

terroristische Aktionsgruppen bis hin zu Parteien wie den ‚Republikanern' oder bestimmten Teilen der JU/SU, aber auch der CSU/CDU"[2541] sieht. Sie alle „pauschal als Neonazis zu charakterisieren"[2542] sei falsch. Co-Autorin Franziska Hundseder erklärt noch vor dem ersten parlamentarischen Erfolg in Berlin 1989, die REP präsentierten sich „im modernistischen Gewand, frei vom Stallgeruch der ‚Ewiggestrigen'"[2543] und kooperierten nicht mit NPD und DVU. Der Arbeitskreis Inneres der SPD-Bundestagsfraktion beschreibt die Abgrenzung der REP gegenüber NPD und DVU als „außerordentlich scharf und persönlich beleidigend"[2544]. Während im Hinblick auf FAP und NPD ein Parteiverbotsverfahren erwägt wird, wird diese Option bezüglich der REP nicht angesprochen.

Anke Fuchs warnt ihre Genossen davor, sich hinsichtlich der REP von Ähnlichkeiten und nahe liegenden Vergleichen geistig gefangen nehmen"[2545] zu lassen. Die REP seien: „mehr von heute als von gestern, programmatisch und personell erbärmlich, doch bedrohlich durch ihren antidemokratischen Kern"[2546]. Übereinstimmend empfiehlt eine SPD-Dokumentation aus dem Jahr 1994 eine sprachliche Differenzierung im Umgang mit dem rechten Lager.[2547] Einerseits nennen die vier Autoren die REP zwar in einem Sinnzusammenhang mit Wehrsportgruppen, terroristischen Aktionsgruppen und Skinheads, andererseits betonen sie: „Sie [die REP] pauschal als Neonazis zu charakterisieren wäre falsch. Wichtig ist, sie weder zu verharmlosen, noch zu dämonisieren!"[2548] Es gelte folgender Grundsatz: „Nicht jeder Mensch, der sich rechtsextrem artikuliert, ist ein Nazi."[2549] Ein *Vorwärts*-Beitrag des Soziologen Arno Klönne nennt es gar „wirklichkeitsfremd und hilflos"[2550], die REP als „Hitlernachfolgepartei"[2551] begreifen zu wollen. Es griffe zu kurz, „wollte man diese Partei und ihre Anhängerschaft in die Rubrik ‚Neonazismus' einordnen"[2552]. Dass die REP eher als CSU-Abspaltung wahrgenommen würden, während NPD und DVU „im Wählerurteil stärker in das Braunstichige"[2553] changierten, bestätigt Robert Fuss.

2541 Bundesvorstand der JungsozialistInnen in der SPD, Freiheit, Gleichheit, Solidarität! Den rechten Rattenfängern keine Chance!, juso magazin extra, 2. Aufl., Bonn [ca. 1988].
2542 Ebd.
2543 Ebd.
2544 Sozialdemokratische Partei Deutschlands/Arbeitskreis Inneres der Bundestagsfraktion, Rechtsextremismus in der Bundesrepublik: Droht eine neue Gefahr von rechts?, in: intern, 26. Mai 1989.
2545 Ansgar Burghof (Hrsg.), Weder verharmlosen, noch dämonisieren, Reihe Das Mandat/Demokratische Gemeinde, Bonn 1989, S. 65.
2546 Ebd., S. 65f.
2547 Vgl. Anja Weusthoff/Rainer Zeimentz (Hrsg.), Aufsteh'n. Aktionen gegen Rechts: ein Handbuch, Vorwärts Verlag/SPD-Parteivorstand, 2. Auflage, Bonn 1994.
2548 Ebd., S. 14.
2549 Ebd., S. 18.
2550 Arno Klönne, Republikaner raus aus Berlin?, in: Vorwärts, 4. Februar 1989.
2551 Ebd.
2552 Arno Klönne, Republikaner raus aus Berlin?, in: Vorwärts, 4. Februar 1989.
2553 Robert Fuss, Wettlauf am rechten Rand, in: Vorwärts, 4. März 1989.

Der stellvertretende Vorsitzende der SPD-Bundestagsfraktion, Wilfried Penner, hält „eine Gleichsetzung der Altnazi-Parteien DVU und NPD mit den Republikanern für falsch und gefährlich"[2554]. Dies geschehe oft aus Gewohnheit, „politische Gruppierungen, Vereinigungen und Parteien rechts von CDU/CSU als faschistisch, faschistoid oder neonazistisch zu bezeichnen"[2555].

Hans-Jochen Vogel erklärt, Führungspersonen von REP und NPD „nur eingeschränkt zu vergleichen"[2556]. Im Gegensatz zu NPD und DVU seien die REP „keine eindeutig neonazistische Partei"[2557], erklärt der Bundestagsabgeordnete Florian Gerster, obgleich sich im REP-Programm „altbekanntes Gedankengut der bundesrepublikanischen äußersten Rechten"[2558] fände. Horst Peter, ebenfalls Mitglied des Bundestages, ist der Meinung, die REP seien weder eine „Spielart des Altherren-Faschismus wie bei DVU/NPD"[2559] noch eine „politische und gesellschaftlich marginalisierte und diskriminierte Kopie des Hitler-Nazismus der damals Dabeigewesenen"[2560], weshalb „vorschnelle Etikettierungen"[2561] zu vermeiden seien. Insbesondere der „eifrige und inflationär-zügige Umgang mit dem ‚Faschismus'-Etikett"[2562] könne gegebenenfalls zur „Banalisierung und Relativierung von Auschwitz"[2563] führen. Laut dem Bremer Bürgerschaftsabgeordneten Horst Isala orientiere sich der neue Rechtsextremismus, wie er unter anderen von den REP vertreten werde, „weniger an Hitler-Verherrlichung und NS-Symbolen, sondern vor allem an Fremdenfeindlichkeit und einem wiederaufkommenden Nationalismus"[2564]. In einer Studie der Friedrich-Ebert-Stiftung attestiert Hans-Gerd Jaschke den REP, sie seien „keine

---

2554 Sozialdemokratische Partei Deutschlands/Bundestagsfraktion, Penner: Kämperischer Auseinandersetzung mit Rechtsextremismus nicht ausweichen, Pressemitteilung vom 11. Mai 1989.
2555 Ebd.
2556 Erich Maletzke, Vogel: Bündnisse mit FDP und den Grünen laufen gut. Ein Gespräch mit dem Oppositionsführer und SPD-Parteichef, in: Flensburger Tageblatt, 4. Juli 1989.
2557 Florian Gerster, Gefahr für die SPD? Zum Umgang mit den „Republikanern", in: Sozialdemokratischer Pressedienst, 1. August 1989.
2558 Ebd.
2559 Horst Peter, Alternativen statt Rhetorik: Zur Auseinandersetzung mit den „Republikanern", in: Sozialdemokratischer Pressedienst, 21. August 1989.
2560 Ebd.
2561 Ebd.
2562 Ebd.
2563 Ebd.
2564 DDP-Meldung, Bremer SPD forderte stärkeres Handeln gegen Rechtsextremismus, 5. April 1989.

Tarnfirma alter Nazis"[2565], sondern „„Fleisch vom Fleische' der Union"[2566] und fungierten als „Brückenpartei zwischen Konservatismus und Rechtsextremismus"[2567].

Die SPD ist bemüht, insbesondere die Wähler der REP – im Gegensatz zu deren Funktionären – nicht generell als Neonazis zu verteufeln.[2568] Die REP-Wähler seien „zum größten Teil keine ‚alten Nazis'"[2569], sondern „bedrängte und verängstigte Menschen"[2570].

Sachlich einwandfrei ist die Unterscheidung des AvS-Vorsitzenden Heinz Putzrath, der die REP einerseits als „eine konservative, deutschnationale Partei"[2571] einstuft, andererseits aber „rechtsextremistische Positionen"[2572] bei den REP ausfindig macht, die sich „nur in Nuancen von DVU und NPD unterscheiden"[2573].

Die zweckmäßige Kennzeichnung der REP als *extremistisch* ist in den Mitteln des Umgangs der SPD mit den REP unter der Ägide Schönhubers der Regelfall.[2574] Im Gegensatz zu einem früheren Beschluss verzichtet die hessische SPD im April 1993 auf die Unterstellung, die REP befänden sich in der Nachfolge des Nationalsozia-

2565 Hans-Gerd Jaschke, Die „Republikaner": Profile einer Rechtsaußen-Partei, Reihe Praktische Demokratie der Friedrich-Ebert-Stiftung, 1. Aufl., Bonn 1990, S. 8.
2566 Ebd., S. 23.
2567 Ebd., S. 125; vgl. Hans-Gerd Jaschke, Die „Republikaner": Profile einer Rechtsaußen-Partei, Reihe Praktische Demokratie der Friedrich-Ebert-Stiftung, 2. Aufl., Bonn 1993, S. 150.
2568 Vgl. Südwestrundfunk, Eintragung in der Hörfunk-Datenbank (Standort Mainz), Fernsehbestände, zu „Blick ins Land aus Studio A", Erstsendung: 16. März 1989; n.n., Momper: Wähler sind keine Neonazis, in: Süddeutsche Zeitung, 8./.9. Juli 1989; DDP-Meldung, Bremer SPD forderte stärkeres Handeln gegen Rechtsextremismus, 5. April 1989.
2569 Sozialdemokratische Partei Deutschlands/Landesverband Bayern, SPD bekämpft offensiv rechtsradikale Republikaner, Sozialdemokratische PresseKorrepondenz Nr. 11, 14. Februar 1989.
2570 Ebd.
2571 Vgl. Heinz Putzrath, Die Republikaner: Renaissance der Ultrarechten, in: Sozialdemokratischer Pressedienst, 22. Juni 1989.
2572 Ebd.
2573 Ebd.
2574 Vgl. u.a. Sozialdemokratische Partei Deutschlands/Parteivorstand, Dem Rechtsextremismus mit aktiver Politik begegnen, Pressemitteilung vom 3. Februar 1989; Sozialdemokratische Partei Deutschlands/Parteivorstand, Pressemitteilung zur Kundgebung im Rahmen des Europafestivals der SPD in Dortmund-Wischlingen mit Hans-Jochen Vogel vom 21. Mai 1989; Sozialdemokratische Partei Deutschlands/Landtagsfraktion Niedersachsen, Rechtsradikalismus ist Härtetest für die demokratischen Institutionen und Probe für die demokratische Widerstandsfähigkeit der Köpfe, Pressemitteilung vom 17. Juli 1989; Sozialdemokratische Partei Deutschlands/Parteivorstand, Pressemitteilung zum Interview Herta Däubler-Gmelins im Bonner General-Anzeiger vom 26. Juli 1989; Sozialdemokratische Partei Deutschlands/Parteivorstand, Pressemitteilung zur Äußerung des niedersächsischen CDU-Vorsitzenden Wilfried Hasselmann vom 8. August 1989; Sozialdemokratische Partei Deutschlands/Vorstand, Jahrbuch 1988-1990 SPD [ohne Datum], S. C 248; DPA-Meldung, Eppelmann (CDU): Verfassungsschutz „mit allen Instrumenten" gegen Republikaner – Beckstein (CSU): Verbot noch nicht sinnvoll, 12. April 1994.

lismus und erklärt treffend, die Partei sei rechtsextremistisch.[2575] Daher komme für die SPD „auf keiner Ebene eine Zusammenarbeit – in welcher Form auch immer – mit den rechtsextremen Republikanern in Frage"[2576]. In einer Analyse zur Wahl des Berliner Abgeordnetenhauses 1989 wirft der Bundestagsabgeordnete Norbert Gansel der Union vor, den Boden für den Erfolg der REP bereitet zu haben. An der Ausländerfeindlichkeit in Berlin hätte sich insgesamt nichts geändert, wären „Rechtsradikale aus der CDU statt Rechtsextremisten von den ‚Republikanern' ins Parlament gewählt worden"[2577]. Den extremistischen REP solle man „korrekt, aber mit menschlicher Kälte"[2578] begegnen. Die Dokumentation der Bundes-SPD vom Oktober 1989 weist auf die „rechtsextreme Ideologie" [2579] der REP hin. Den REP wirft die SPD eine „Diffamierung der demokratischen Kultur"[2580] vor und kritisiert die „demokratiefeindlichen Vorstellungen"[2581] der Partei Schönhubers. Im Juli 1989 zitiert die SPD im PPP Hans-Gerd Jaschke, der von einer „Doppelstruktur"[2582] der REP spricht, da diese gleichzeitig „rechtsextremistische Partei und rechtskonservativ-populistische Bewegung"[2583] seien.

Auch wenn teilweise bei der Beschreibung der REP der Extremismusbegriff nicht explizit genannt wird, verdeutlichen SPD-Autoren diese Einordnung durch Betonung der Gegensätzlichkeit von REP-Ausrichtung und demokratischem Verfassungsstaat. Im *sozialdemokratischen Pressedienst* mahnt die SPD schon im Juni 1988 zu Vorsicht bei der Beurteilung der REP, welche „trotz des irreführenden Namens nichts mit einer freiheitlichen, demokratischen Republik im Sinne"[2584] hätten, sondern „gefährliches Gebräu von antidemokratischer Gesinnung, Ausländerfeindlichkeit und schrillem Nationalismus"[2585] anrührten. Ähnlich äußert sich der SPD-Bundestagsabgeordnete Horst Niggemeier im Februar 1989, wenn er bemerkt, die „rechtsgestrickte Truppe"[2586] verdiene ihren Namen nicht, da es ihr nicht daran gelegen sein, „unsere [sic] Republik und ihren Bürgerinnen und Bürgern im Geiste einer

---

2575 Vgl. Sozialdemokratische Partei Deutschlands/Landesverband Hessen, SPD: Offensive Auseinandersetzung mit den Republikaner notwendig, Wiesbaden, 5. April 1993.
2576 Ebd.
2577 Norbert Gansel, Vorwärts für unsere Republik, in Vorwärts, 4. Februar 1989.
2578 Ebd.
2579 Sozialdemokratische Partei Deutschlands/Parteivorstand und Bundestagsfraktion (Hrsg.), Weder verharmlosen, noch dämonisieren, Abschlussbericht der Beratungsgruppe „Projekt R", in: intern [Oktober 1989].
2580 Ebd., S. 3.
2581 Ebd., S. 25.
2582 Vgl. n.n., „Republikaner" sind „Fleisch vom Fleische" der Union, Interview mit Hans-Gerd Jaschke, in: Parlamentarisch-Politischer Pressedienst, 20. Juli 1989.
2583 Ebd.
2584 Albrecht Müller, Wo bleibt die Solidarität der Demokraten? Zum Einzug der „Republikaner" in das Hambacher Schloss, in: Sozialdemokratischer Pressedienst, 20. Juni 1988.
2585 Ebd.
2586 Horst Niggemeier, Politische Falschmünzerei ohne Beispiel, in: Sozialdemokratischer Pressedienst, 9. Februar 1989.

wahrhaften Demokratie zu dienen"[2587]. Im September 1989 ergänzt der saarländische Innenminister Friedel Läpple, es sei „sonnenklar, dass eine Partei, die solche Parolen verbreitet, sich gegen das Grundgesetz, gegen die verfassungsgemäße Ordnung richtet" [2588]. Die stellvertretende SPD-Partei- und Bundestagsfraktionsvorsitzende Herta Däubler-Gmelin erklärt, die REP seien „eigentlich gegen alles, was unsere Demokratie ausmacht"[2589].

Auf die extremistische Ausrichtung der REP weisen Sozialdemokraten insbesondere im Zusammenhang mit der fehlenden Einstufung der REP als extremistische Partei im Bericht des Bundesamtes für Verfassungsschutz hin.[2590].

Der sachliche Umgang mit den REP erfährt Förderung durch vereinzelte Aufrufe, auf Überreaktionen und emotionale Ausbrüche zu verzichten. Peter Glotz legt für die Auseinandersetzung mit den REP und anderen rechten Gruppierungen dieselben Maßstäbe nahe, wie sie sich ein Naturforscher zu Eigen macht: „Der kann auch nicht in Emotionen verfallen, wenn er ein hässliches Tier unter dem Mikroskop hat."[2591] Anke Fuchs mahnt zu „sachlicher Argumentation"[2592]. Äußerungen gegenüber den REP und sonstigen Rechtsparteien, so eine Dokumentation der Bundes-SPD, müssten „bestimmt, aber aggressionslos vorgetragen werden"[2593]. Um emotionale Überreaktionen zu vermeiden, könne die Hilfe von „Genossinnen und Genossen, die Er-

2587 Ebd.

2588 N.n., Läpple warnt „Republikaner", in: Frankfurter Rundschau, 30. September 1989.

2589 N.n., Däubler-Gmelin: „Republikaner" gegen „alles, was unsere Demokratie ausmacht", in: Parlamentarisch-Politischer Pressedienst, 31. Juli 1989.

2590 Vgl. DPA-Meldung, Kanther sieht Republikaner auf dem Weg zum Rechtsextremismus – SPD übt scharfe Kritik am Minister, 14. April 1994; n.n., Niedersachsen verwahrt sich gegen Äußerung Kanthers: Ministerstreit über Republikaner, in: Süddeutsche Zeitung, 19. April 1994; DPA-Meldung, Eichel greift Kanther an – Republikaner nicht hoffähig machen, 8. April 1994; Sozialdemokratische Partei Deutschlands/Landesverband Bayern, SPD-Beirat „Polizei" fordert: „Republikaner" durch Verfassungsschutz überwachen, Sozialdemokratische PresseKorrepondenz Nr. 31, 4. Mai 1990; Sozialdemokratische Partei Deutschlands/Parteivorstand, Maurer: Kanther soll Reps endlich als rechtsextremistische Partei einstufen – Zögerliche Haltung des Bundesinnenministers stößt auf völliges Unverständnis, Pressemitteilung vom 24. August 1994; Sozialdemokratische Partei Deutschlands/Vorstand, Jahrbuch der Sozialdemokratischen Partei Deutschlands 93/94, Bonn 1995, S. 85; n.n., Niedersachsen verwahrt sich gegen Äußerung Kanthers: Ministerstreit über Republikaner, in: Süddeutsche Zeitung, 19. April 1994; Karlegon Halbach, SPD will Konzepte gegen Rechtsradikale, in: Kölner Stadtanzeiger, 20. Oktober 1989; DPA-Meldung, Kanther sieht Republikaner auf dem Weg zum Rechtsextremismus – SPD übt scharfe Kritik am Minister, 14. April 1994; DPA-Meldung Eichel greift Kanther an – Republikaner nicht hoffähig machen, 8. April 1994.

2591 Peter Glotz, Die deutsche Rechte: eine Streitschrift, 2. Aufl., Stuttgart 1989, S. 10.

2592 Sozialdemokratische Partei Deutschlands/Parteivorstand, Pressemitteilung zum Aktionsbündnis des DGB gegen die Republikaner vom 7. September 1989.

2593 Sozialdemokratische Partei Deutschlands/Parteivorstand, Die REP: eine rechtsextreme Chaospartei, Bonn 1994, S. 104.

fahrung in der Auseinandersetzung mit Rechtsextremisten haben"[2594], in Anspruch genommen werden.

Nach der anfänglichen Aufregung über das Auftreten der REP und die Wahlerfolge der Partei im Jahr 1989 setzen sich die Befürworter einer demokratischen Abgrenzung innerhalb der SPD als Wortführer zunehmend durch, was besonders für die Zeit der Amtsführung *Schlierers* gilt. Unstrittig ist in der SPD mehrheitlich inzwischen die Einstufung der REP als extremistisch bzw. rechtsextrem.[2595] Bundesinnenminister Otto Schily betont vor dem Hintergrund der Diskussion über ein mögliches Verbot der REP, „der Rechtsextremismus dürfe weder bagatellisiert noch überdramatisiert werden"[2596].

In späteren Veröffentlichungen der Friedrich-Ebert-Stiftung lässt sich das zunehmende Schwanken der REP zwischen Rechtskonservatismus und Rechtsextremismus ablesen. Richard Stöss sieht die REP 1999 zwar in das rechtsextremistische Parteienspektrum eingebunden[2597], innerparteilich sei jedoch ein „'Hauen und Stechen' zwischen eher nationalkonservativen und eher rechtsextremistischen Kräften"[2598] zu beobachten. Im Jahr 2000 bezeichnet Stöss die REP als „Brückenpartei hinein ins konservative Publikum"[2599]. Die REP-Wählerschaft sei „außerordentlich heterogen"[2600]. Im Jahr 2002 erläutern Mathias Brodkorb und Thomas Schmidt, die REP sammelten „Stimmen im kleinbürgerlichen Milieu mit rechtskonservativer bis rechtsextremistischer Grundhaltung"[2601]

5.2.3. Verharmlosung

Verharmlosend wäre das Verschweigen extremistischer Konturen der REP unter Schönhuber und Schlierer oder eine unangemessen schwache oder verniedlichende Darstellung der sich daraus ergebenden negativen Bedrohung des demokratischen

---

2594 Ebd.

2595 Vgl. n.n., SPD : Republikaner bundesweit als extrem einstufen, in : Die Welt, 5. April 1995; n.n., Regierung plant kein Verbot von DVU und Republikanern, in: Frankfurter Allgemeine Zeitung, 31. Oktober 2000; N.n., SPD: Kampfansage gegen die Rep, in: Stuttgarter Zeitung, 6. September 2000.

2596 N.n., Schily mahnt zur Besonnenheit: Clement bringt Verbot von DVU und Republikanern ins Gespräch, in: Frankfurter Allgemeine Zeitung, 11. Dezember 2000.

2597 Vgl. Richard Stöss, Rechtsextremismus im vereinten Deutschland, Friedrich-Ebert-Stiftung/Abteilung Dialog Ostdeutschland, 2. Aufl., Bonn 1999, S. 49.

2598 Ebd., S. 61.

2599 Richard Stöss, Rechtsextremismus im vereinten Deutschland, Friedrich-Ebert-Stiftung/Abteilung Dialog Ostdeutschland, 3. Aufl., Bonn 2000, S. 38.

2600 Ebd., S. 39.

2601 Vgl. Mathias Brodkorb/Thomas Schmidt, Gibt es einen modernen Rechtsextremismus? Das Fallbeispiel Mecklenburg-Vorpommern, 2. Aufl., Friedrich-Ebert-Stiftung/Landesbüro Mecklenburg-Vorpommern, Rostock 2002, S. 77.

Verfassungsstaates. Im Zusammenhang mit den REP während der Amtsführung von Handlos ergibt der Begriff der Verharmlosung keinen Sinn, da eine nicht existente Gefahr auch nicht verharmlost werden kann.

Die Kommunikation der SPD gegenüber den REP während der Parteiführung *Schönhubers* ist keineswegs frei von Verharmlosung. Die Ausnahme ist hierbei der Ansatz von Bewunderung, der aus der Äußerung von Peter Glotz über die Ehrlichkeit des REP-Vorsitzenden spricht: „Franz Schönhuber täuscht nicht vor, als ob er die gleichen Gefühle habe wie sein Publikum; er hat die gleichen."[2602] Glotz vermeidet es in der Regel, die REP mit dem Extremismusbegriff in Verbindung zu bringen. Er wirft den REP vor, ihr Programm sei „im politischen Sinne verantwortungslos"[2603]. Was die REP programmatisch böten, sei „so ein bisschen deutschnationaler Reichskonservatismus, und es ist ein bisschen Nationalneutralismus, wenn auch sehr vorsichtig hier vorgetragen"[2604]. Als extremistisch oder rechtsradikal will Glotz die REP nicht einstufen und erklärt, man kenne „die Republikaner und die Rechtsradikalen, die es dann noch zusätzlich gibt"[2605].

Wiederholt versäumt es die SPD, in der Auseinandersetzung mit den REP deren extremistische Ausrichtung deutlich zu benennen. Als beispielsweise Jochen Loreck im April 1989 im Parteiorgan *Vorwärts* die REP analysiert, sieht er über deren bereits durch Programm und Auftreten demonstrierte Extremismusbehaftung hinweg und etikettiert sie lediglich als „rechtskonservative Vereinigung"[2606] und „Rechtspartei"[2607]. Den Extremismusverdacht, vermutet Loreck, könnten die REP abschütteln. Oskar Lafontaine nennt die REP „Produkt der Angst"[2608], gefördert von mit dem gesellschaftlichen Wandel einhergehenden „Unsicherheiten und Irritationen"[2609]. Die Gefahr des Extremismus spricht Lafontaine in diesem Zusammenhang nicht an. Schon nach dem Achtungserfolg bei der bayerischen Landtagswahl 1986 hatte die SPD davon abgesehen, die REP als extremistisch einzustufen und kritisierten stattdessen das „Stammtischniveau"[2610] des REP-Wahlkampfes sowie Schönhubers Buchveröffentlichung *Ich war dabei*.

2602 Peter Glotz, Die deutsche Rechte: eine Streitschrift, 2. Aufl., Stuttgart 1989, S. 71.
2603 Sozialdemokratische Partei Deutschlands/Parteivorstand, Pressemitteilung zum Programmparteitag der Republikaner in Rosenheim vom 12. Januar 1990.
2604 Vgl. Manfred Schell, Wohin treibt unser Land?, Gespräch mit Peter Glotz und Franz Schönhuber, in: Die Welt, 31. Juli 1989.
2605 Ebd.
2606 Jochen Loreck, Republikaner: Eher stärker als schwächer, in: Vorwärts, Nr. 15, 15. April 1989.
2607 Ebd.
2608 Oskar Lafontaine, Das Bonner Kuddelmuddel hilft den Republikanern, in: Abendzeitung, 3. Juli 1989.
2609 Ebd.
2610 Klaus-Henning Rosen, Das Werben um die „Anständigen und Tapferen", in: Sozialdemokratischer Pressedienst, 14. Oktober 1986.

Die mangelnde Abgrenzung und Benennung der REP als extremistische Partei ist häufig dann zu beobachten, wenn es bei einem knappen Hinweis auf einen Wahlerfolg der Rechtspartei bleibt, Kritik und Schelte aber nur dem entgegengesetzten demokratischen Lager zuteil wird. Den Einzug der REP in den Landtag von Baden-Württemberg beispielsweise wertet Björn Engholm als Parteivorsitzender in zwei briefformatig verfassten Editorials im *Vorwärts* als Folge einer Protestwahl, enthält sich aber im Anschluss gänzlich eines Angriffs auf die extremistische Gruppierung.[2611] Als Adressaten seiner scharfen Kritik dienen Engholm ausschließlich die „wahren Versager [...] Und die sitzen auf den Bonner Regierungsbänken"[2612]. Nicht die verfassungsfeindlichen Kampfparolen der REP ernten Engholms Zorn, sondern „Sozialabbau und Finanzchaos der Kohl-Regierung"[2613].

Die beiden *Vorwärts*-Gastautoren Dan Diner und Claus Leggewie sagen im November 1992 voraus, es werde sich rechts von der CDU „eine nationalkonservative Partei [bilden], gleich ob sie nun auf den Namen ‚Republikaner‘ oder CSU oder noch einen anderen hören wird"[2614]. Die REP werden also wie die CSU als potenziell *nationalkonservative* Partei bezeichnet, nicht als extremistische. Auch wird hinsichtlich des Grades der Rechtslastigkeit zwischen REP und CSU nicht unterschieden. Die beiden Wissenschaftler sind nicht die einzigen SPD-Gastautoren, welche die REP dadurch verharmlosen, dass sie die extremistische Rechtspartei gefestigt demokratischen, gemäßigten Parteien gleichstellen. Dabei dienen neben den Unionsparteien eine Reihe demokratischer Kleinparteien als Vergleichsobjekte. Die SPD bezweckt hiermit die Diskreditierung der für die Gegenüberstellung mit den REP herangezogenen Parteien, erreicht aber vorrangig eine unerwünschte Wirkung. Wenn die REP tatsächlich hinsichtlich ihrer Programmatik oder ihres Auftretens demokratischen Parteien glichen, wie SPD-Vertreter es der Öffentlichkeit glauben machen, entsteht leicht der Eindruck, der Extremismusvorwurf an die REP sei unbegründet.

Wenn Peter Glotz die CDU als „die größte Partei der Rechten in der Bundesrepublik"[2615] etikettiert, die Ideologie von Union und der extremen Rechten als einander nahe geistige Strömungen erfasst[2616] und fragt, ob der Nachfolger von Franz Josef Strauß weder Streibl noch Waigel heiße, sondern Schönhuber[2617], verniedlicht und verwischt er den qualitativen Unterschied zwischen den konservativen Volksparteien sowie rechtsextremen Gruppierungen. Zwar beteuert Glotz, er wolle die Unions-

2611 Vgl. Björn Engholm, Signal des Protestes, in: Vorwärts, Mai 1992; ders., Unser Land braucht Klarheit und Wahrheit, in: Vorwärts, Juni 1992.
2612 Björn Engholm, Signal des Protestes, in: Vorwärts, Mai 1992.
2613 Björn Engholm, Unser Land braucht Klarheit und Wahrheit, in: Vorwärts, Juni 1992.
2614 Dan Diner/Claus Leggewie, Die Rechte profitiert von falschen Fronten, in: Vorwärts, November 1992.
2615 Peter Glotz, Die deutsche Rechte: eine Streitschrift, 2. Aufl., Stuttgart 1989, S. 13.
2616 Ebd., S. 14.
2617 Ebd., S. 7.

parteien keineswegs „in einen diffamierenden Zusammenhang mit der extremen Rechten"[2618] bringen, beharrt aber darauf, den Rechtsbegriff gleichermaßen auf Union und REP anwenden zu können: „Aber wer herausfinden möchte, wie groß die Gefahr ist, dass jenseits der Union eine autonome Rechte entsteht, der muss die komplizierten Zusammenhänge zwischen den unterschiedlichen geistigen Strömungen in der rechten Hälfte der Gesellschaft der Bundesrepublik analysieren und darf nicht immer nur von der ‚Mitte' faseln."[2619] Die *Mitte* sei eine „dünne, imaginäre Linie, wie der Äquator, oder auch ein Punkt auf einer Achse – aber kein riesiger Fußballplatz, auf dem mehrere Volksparteien Platz hätten"[2620]. Durch die durchgängige Zuordnung von CDU, CSU und REP in das rechte Lager werden weniger die Unionsparteien diskreditiert als die REP unbegründet in einen demokratiegefestigten Rahmen gehoben.

Parallelen zwischen Union und REP heben auch der bayerische Landtagsabgeordnete Max von Heckel und der SPD-Vorstandssprecher Eduard Heußen hervor. Ähnlichkeiten von REP und CSU seien bei der „unglaublichen Hetzkampagne gegen Asylbewerber"[2621] der Christsozialen im bayerischen Landtagswahlkampf 1986 erkennbar gewesen. Nach Kommentaren der NPD, die CDU ahme ihren Wahlkampfstil nach, schlägt Heußen im sarkastischen Ton einen „Parolen-Gipfel von CDU/CSU, Republikanern und NPD"[2622] vor. Dort solle geklärt werden, dass schwarzbraun die Haselnuss sei – „und zwar nur die"[2623].

Eine Dokumentation der bayerischen SPD nennt als Parteien rechts der Union nicht nur die extremistischen REP und stärker extremistischen Gruppierungen NPD und DVU, sondern auch die demokratischen Kleinparteien BP, FVP und ödp.[2624] Hans-Gerd Jaschke sieht die REP in der Tradition früherer konservativer Parteigründungen und nennt als Beispiele DP, BHE, WAV, Bayernpartei, ödp und den Weißen in Niedersachsen. Diese seien – ebenso wie die REP – allesamt „Rechtsparteien"[2625].

Während SPD-Autoren und -gremien mehrfach freizügig Vergleiche der REP mit demokratischen konservativen Volks- und Kleinparteien anstellen, verbitten sie sich grundsätzlich eine Gegenüberstellung von REP und DKP. Kritik an kommunalpolitischen Bündnissen zwischen SPD und DKP in Hessen weist der hessische SPD-

---

2618 Ebd., S. 14.
2619 Ebd.
2620 Ebd., S. 15.
2621 Max von Heckel, Ein Brief an Edmund Stoiber: Parallelen zu den „Republikanern", in: Sozialdemokratischer Pressedienst, 12. Juni 1989.
2622 Sozialdemokratische Partei Deutschlands/Parteivorstand, Pressemitteilung zur Ausländerpolitik bei CDU/CSU, Republikanern und NPD vom 1. März 1989.
2623 Ebd.
2624 Vgl. Sozialdemokratische Partei Deutschlands/Landesverband Bayern, Die Republikaner – die falschen Patrioten, 2. Aufl., Bayreuth, April 1989.
2625 Hans-Gerd Jaschke, Die „Republikaner": Profile einer Rechtsaußen-Partei, Reihe Praktische Demokratie der Friedrich-Ebert-Stiftung, 1. Aufl., Bonn 1990, S. 38, 125.

Vorsitzende Hans Eichel vehement zurück. Man könne die kommunistische DKP „nicht mit den Republikanern auf eine Stufe"[2626] stellen. Kommunale Bündnisse mit der DKP seien im Gegensatz zu Kooperationen mit den REP zulässig. Die Entscheidung darüber müsse vor Ort getroffen werden. Dadurch erscheint der Umgang der SPD mit extremistischen Parteien – hierzu zählen im betreffenden Zeitraum sowohl DKP als auch REP – uneinheitlich und unglaubwürdig. Wenn der Eindruck entsteht, etablierte Volksparteien könnten nach Belieben und zwecks Erhalt von Machtvorteilen auf kommunalpolitischer Ebene die eine extremistische Partei als koscher, die andere als verwerflich darstellen, wird die von extremistischen Parteien für die freiheitliche demokratische Grundordnung ausgehende Gefahr grundsätzlich verniedlicht.

Überwiegend bestreiten SPD-Politiker den Wettbewerb um an die REP verloren gegangenen Wählerstimmen mit einer emotionalisierten Wahlkampfführung und der Betonung patriotischer Appelle. Eine Ausnahme stellt der nordrhein-westfälische Landtagsfraktionsvorsitzende Friedhelm Farthmann dar, der seiner Partei nach erheblichen Verlusten der SPD an die REP bei der Europawahl aufträgt, verstärkt „emotionale Gesichtspunkte"[2627] und „Werte wie Heimat, Vaterland und den Wunsch nach Wiedervereinigung"[2628] zu betonen. Auf diese Weise gelingt es Farthmann nicht, die nationalistische Stimmung unter wechselbereiten Protestwählern zu dämpfen oder auf die Gefahren einer Übersteigerung von Nationalbewusstsein und Vaterlandsliebe hinzuweisen. Er kanalisiert diese Gefühlsverirrungen bestenfalls zurück auf das eigene Parteistimmenkonto. Seiner Verantwortung, eine demokratische Grundhaltung von einem pompösen Nationalismus abzugrenzen, kommt der SPD-Politiker so nicht nach und verharmlost stattdessen diese Differenz.

Geht die Verharmlosung der REP seitens der SPD in der Regel eher verdeckt und subtil vor sich, sind beispielsweise die in den beiden geheimen Strategie-Papiere aus den Jahren 1988 und 1989 zum Ausdruck kommenden Überlegungen[2629] in verwerflicher, beschämender Direktheit verharmlosend. Die zufriedene Einschätzung der Strategen in der SPD-Parteizentrale, „die Unionsparteien durch ein Anwachsen der Rechten geschwächt zu sehen"[2630] (im ersten Papier) sowie die Empfehlung, den „Linienkampf in der Union"[2631] zum Nutzen der SPD „in Gang zu halten"[2632], ent-

2626 N.n., „Bündnisse mit DKP möglich", in: Frankfurter Rundschau, 9. August 1989.
2627 Ulrich Rose, Die neue Furcht der SPD vor rechts, in: Badische Zeitung, 1. August 1989.
2628 Ebd.
2629 Vgl. n.n., Die SPD-Führung distanziert sich von der Strategie-Studie, in: Frankfurter Allgemeine Zeitung, 15. Juli 1989; Peter Meier-Bergfeld, Sieg durch Demolieren der anderen Volkspartei, in: Rheinischer Merkur/Christ und Welt, 21. Juli 1989; Wilhelm Christbaum, Nicht mehr kalkulierbar, in: Münchner Merkur, 25. Juli 1989; n.n., Weiteres SPD-Papier zu Republikanern, in: Die Welt, 21. August 1989.
2630 Ebd.
2631 Ebd.
2632 Ebd.

sprechen nicht den verfassungsverankerten Erwartungen an eine politische Partei, sondern illustrieren ausschließlich den kurzfristigen Ausbau der eigenen Machtposition fördern wollende Handlungsmotive. Aus Sicht der verfassungsgegebenen Erwartungen an etablierte Volksparteien bezüglich des Umgangs mit extremistischen Parteien zu beachten ist auch die Billigung von Stimmen der REP zum Zwecke der Ermöglichung begünstigender Personalentscheidungen in der hessischen Kommunalpolitik, zum Beispiel im Rheingau-Taunus-Kreistag.[2633] Übertritte relevanter Amts- und Mandatsträger von der SPD zu den REP sind selten, eine Ausnahme bildet der bayerische SPD-Senator und ehemalige Würzburger Oberbürgermeister Klaus Zeitler. Zeitler tritt im März 1992 aus der SPD aus und wird zwei Monate später bei den REP aufgenommen.[2634]

Eine Verharmlosung der REP während der Führungsperiode *Schlierers* ist kaum zu beobachten. Während der Präsenz der REP im baden-württembergischen Landtag versäumen es Sozialdemokraten in wenigen Fällen, die REP immer auch im Lichte der Kritik am Extremismus darzustellen.[2635]

5.3. Zusammenfassung

Eine einheitliche Linie ist beim Umgang der SPD mit den REP nicht erkennbar. Unterschiedliche Vorgehensweisen, Strategien und Handlungsmotive im Hinblick auf die Auseinandersetzung mit der Rechtspartei kennzeichnen alle untersuchten Zeitphasen.

Nur sehr vereinzelt äußern sich SPD-Autoren zu den REP während der Ägide von Handlos. Stigmatisierende Kommentare sind vor allem darauf ausgerichtet, die Führungsfiguren Handlos, Voigt und Schönhuber als lächerlich, verschroben und hinterwäldlerisch zu charakterisieren. Die inhaltliche Einordnung der REP folgt einer sachlichen, rational nachvollziehbaren Intention.

Nach der Amtsübernahme Schönhubers verlassen sich Sozialdemokraten in großem Maße auf stigmatisierende Mittel des Umgangs mit den REP als Gegenstrategie. Kaum ein SPD-Politiker, kaum eine Parteipublikation, die nicht mittels sprachlicher Verknüpfungen, Umschreibungen und klischeehafter Bilder den REP die geistige Nachfolge der NSDAP unterstellt. Die Ausprägung und Stärke des Extremismus von REP, NPD und DVU wird häufig nicht unterschieden. Zum Einsatz kommt wiederholt eine verächtliche Sprache, die beispielsweise Schönhuber im übertrage-

---

2633 Vgl. Sozialdemokratische Partei Deutschlands/Parteivorstand, Pressemitteilung zur Forderung Graf Lambsdorffs an Jochen Vogel, eine Koalition aus SPD und Republikanern im Rheingau-Taunus-Kreis zu verhindern vom 29. Juni 1989.

2634 Vgl. Hans Holzhaider, Würzburger Ex-OB Zeitler geht zu den Republikanern, in: Süddeutsche Zeitung, 8. Mai 1992.

2635 Vgl. Sozialdemokratische Partei Deutschlands/Parteivorstand, Pressemitteilung zur Parteienfinanzierung am 5. Januar 1995.

nen Sinne als „Drogenhändler"[2636] und Sympathisanten der REP als geisteskrank[2637] bezeichnet. Als Mahner für eine deutliche sprachliche Differenzierung zwischen REP, Neonazis und der alten Rechten aus NPD und DVU plädiert vor allem Peter Glotz. Gleichzeitig etikettiert Glotz Unionsparteien und REP gleichermaßen als *rechts*, verwirft also feine begriffliche Unterscheidungen. Auch weigert sich der sozialdemokratische Vordenker, die REP in Verbindung mit dem Extremismusbegriff zu bringen – eine Minderheitenposition innerhalb der SPD. Die Einstufung der REP als *extremistisch* ist mit wenigen Ausnahmen rhetorisches Allgemeingut der SPD. In einigen Fällen führen SPD-Autoren die Haltungen Glotz fort, indem sie die REP hinsichtlich ihrer politischen Ausrichtung und ihres Auftretens demokratischen Volks- und Kleinparteien gleichsetzen.

Nach der Amtsübernahme Schlierers erfahren die REP erheblich weniger Beachtung seitens der SPD, sind jedoch nach wie vor Ziel verschiedener Formen der Stigmatisierung. Als eine Welle von Gewalttaten gegen Ausländer Anfang der neunziger Jahre die Bundesrepublik erschüttert, attestieren einige SPD-Politiker den REP eine unmittelbare Verantwortlichkeit und verlangen ein Verbotsverfahren. Weiterhin ordnet die SPD die REP dem Extremismus zu. Während der Hochphase der REP erkennt die SPD im verbalen Kampf gegen die REP anscheinend eine Erfolg versprechende Strategie zur Motivation des eigenen Wählerpotenzials. Nachdem die Rechtspartei aus dem Tagesgespräch verschwindet und die Medien nicht länger thematisch beschäftigt, läuft dieser Ansatz ins Leere. Auffällig sachlich und ideologiebefreit sind einzelne Veröffentlichungen der Friedrich-Ebert-Stiftung, welche innerparteiliche Zerwürfnisse zwischen dem rechtskonservativen und dem rechtsextremistischen Flügel der REP nachzeichnen.

Auffälligerweise richten sie die sozialdemokratischen Abgrenzungsbemühungen nicht nur unmittelbar an die REP. Wiederholt ist der Versuch seitens führender Sozialdemokraten zu beobachten, die Union in die geistige Nähe des REP zu rücken und Grenzen zwischen CDU und CSU einerseits und den REP andererseits zu verwischen.

Vor allem unmittelbar nach den ersten Wahlerfolgen der REP im Jahr 1989 neigen viele Sozialdemokraten zu emotionalen Überreaktionen und rhetorischen Fehlschlägen in Richtung der REP. Im Laufe der Zeit nimmt der Umfang der Auseinandersetzung mit der Rechtspartei ab. Zudem ist eine Verschiebung der Mittel des Umgangs zugunsten einer demokratischen Abgrenzung zu erkennen, obgleich bis zuletzt stigmatisierende Äußerungen einen wesentlichen Anteil an der Kommunikation der SPD gegenüber den REP haben.

2636 Rudolf Schöfberger, Hemmungslose Hetze: Zum „Republikaner"-Parteitag in Rosenheim, in: Sozialdemokratischer Pressedienst, 15. Januar 1990.
2637 Vgl. J. Nitschmann, SPD: Arbeiter stehen unter „Kulturschock", in: Die Tageszeitung, 27. Juli 1989.

6. Vergleichende Zweck-Mittel-Analyse des Umgangs von CDU und CSU sowie SPD mit den Republikanern

6.1. Stigmatisierung

Alle untersuchten Volksparteien wenden stigmatisierende Mittel im Umgang mit den REP an. Weder die Union noch die SPD will die REP während der Parteiführung von *Handlos* als Mitbewerber im Parteienwettstreit ernst nehmen. Beide politischen Lager entsagen einer umfassenden inhaltlichen Auseinandersetzung mit der REP-Programmatik, belegen die Führungspersonen der REP aber mit negativ besetzten Klischees, die diskreditierend wirken sollen. Die REP seien „Querulanten"[2638], denen sich „kein ernstzunehmendes CDU-Mitglied"[2639] anschließen werde, tönt es aus der Bremer CDU. Franz Josef Strauß zählt Handlos und Voigt zu „politisch nicht sonderlich erhabenen Größen"[2640], sein Generalsekretär Otto Wiesheu beschimpft Voigt: „Du Hund, du verlogener, du Sauhund."[2641] Das SPD-Parteiorgan *Vorwärts* belächelt Handlos als „Erstimmenkönig aus dem Bayerischen Wald"[2642], Voigt als „zackig-rechten CSU-Wehrpolitiker"[2643] und „wackeren Auf-Rechten[2644]. Schönhuber wolle vor allem „Wirtssäle füllen"[2645], mokieren sich die SPD-Autoren. CDU, CSU und SPD eint während der Amtsperiode von Handlos die Intention, die Neugründung als obskuren, bayerischen Parteisplitter zu verniedlichen, den zu beachten keinen Wert hat.

Dies ändert sich völlig nach dem Führungswechsel und der Amtsübernahme *Schönhubers*. Insbesondere in der Folgezeit der Wahlen zum Berliner Abgeordnetenhaus und dem Europäischen Parlament im Jahr 1989 geht es den Unionsparteien und der SPD nicht mehr darum, die REP als hinterwäldlerisch und absurd zu etikettieren. Die Stigmatisierung der REP setzt sich nun gepaart mit Alarmismus fort. Beliebt sowohl bei CDU und CSU als auch bei SPD sind sprachliche Assoziationen mit

2638 DPA-Meldung, CDU über Parteiwechsel ihrer „Ehemaligen" gelassen, 18. März 1985.
2639 N.n., Neumann: Nehmen Republikaner nicht ernst, in: Weser-Kurier, 19. Januar 1984.
2640 N.n., Die neue Partei, in: General-Anzeiger, 28. November 1983.
2641 DPA-Meldung, CSU-Bundestagsabgeordneter Voigt verließ die Partei, 28. Oktober 1983; vgl. N.n., Im Wortlaut: Du Lump, du verlogener, in: Frankfurter Rundschau, 29. Oktober 1983.
2642 Jan-Anton Beckum, Die neue Anti-Strauß-Allerweltspartei, in: Vorwärts, Nr. 49, 1. Dezember 1983.
2643 Jan-Anton Beckum, In der CSU gärt es weiter, in: Vorwärts, Nr. 45, 3. November 1983.
2644 Ebd.
2645 Jan-Anton Beckum, Die neue Anti-Strauß-Allerweltspartei, in: Vorwärts, Nr. 49, 1. Dezember 1983.

dem Nationalsozialismus, die den REP mehr oder minder deutlich die geistige Nachfolge der NSDAP unterstellen. Heiner Geißler kennzeichnet die REP als „Malzkaffeepartei"[2646]: „Braun, billig und von vorgestern"[2647], Peter Hintze kritisiert an den REP deren „braunen Ungeist"[2648]. Max Streibl bringt die zum Ausdruck kommende These zur Charakterisierung der REP auf den Punkt: „Sozialistisch auf der einen Seite, national auf der anderen, jetzt brauchen s' nur noch den Bindestrich zu ziehen – aber das Gebräu ist das gleiche."[2649]

Was in der Union als warnendes Sirenengeheul einzelner Politiker ertönt, hat in der SPD anscheinend System. Dass im Farbspektrum der politischen Parteien den REP die NS-Symbolfarbe *braun* zuzukommen habe, zieht sich als roter Faden durch die Äußerungen sozialdemokratischer Entscheidungsträger und Gremien bezüglich der Rechtspartei. Im Zusammenhang mit den REP ist vom „braunen Sumpf"[2650] die Rede, aber auch von „braune[n] Sumpfpflanzen"[2651], einer „braunen Gefahr"[2652], dem „braune[n] Gedankengut"[2653], dem „braune[n] Traum"[2654], „braun gefärbter Literatur"[2655], „braune[r] Soße"[2656], dem „braunen Alpenriegel"[2657], von „braune[n] Schmuddelkinder[n]"[2658], „braunen Flecken"[2659], „braun gefärbte[n] Trittbrettfah-

2646 N.n., Lothar Späth und Heiner Geißler in Ludwigsburg: Im Europawahlkampf geht es um mehr als den Binnenmarkt, in: Union in Deutschland, Nr. 9, 16. März 1989, S. 38.
2647 Ebd.
2648 Vgl. DPA-Meldung, CDU gegen „braunen Ungeist" – Kampfansage an Republikaner, 19. Oktober 1992.
2649 Erik Spemann, Max Streibl: Wenn die Deutschen wieder marschieren wollen – bitte. Beim CSU-Bezirksparteitag die Republikaner vorgeführt – Guter Rat für den Kanzler, Münchner Merkur, 10. Juli 1989.
2650 Sozialdemokratische Partei Deutschlands, Parteivorstand, Referat Öffentlichkeitsarbeit (Hrsg.), Die REP: eine rechtsextreme Chaospartei, Bonn 1994, S. 20; Sozialdemokratische Partei Deutschlands/Parteivorstand, Thema: Rechtsextremismus, [vermutl. Handreichung zur Europawahl 1989, ca. Mai 1989].
2651 Michael Stiller, Schöfbergers düstere Gemälde in Braun und Schwarz, in: Süddeutsche Zeitung, 4. Februar 1989.
2652 Sozialdemokratische Partei Deutschlands, Parteivorstand, Referat Öffentlichkeitsarbeit (Hrsg.), Die REP: eine rechtsextreme Chaospartei, Bonn 1994, S. 100.
2653 Ebd., S. 38.
2654 Ebd.
2655 Ebd.
2656 Ebd.; vgl. Michael Stiller, Schöfbergers düstere Gemälde in Braun und Schwarz, in: Süddeutsche Zeitung, 4. Februar 1989.
2657 N.n., Das Problem mit den Republikanern, in: Neue Zürcher Zeitung, 1. Juli 1989.
2658 N.n., „Keine Sonderangebote": Spiegel-Interview mit der SPD-Bundesgeschäftsführerin Anke Fuchs, in: Der Spiegel 41/1989, 9. Oktober 1989. Die Schuldzuweisung von Fuchs sorgt für Diskussionen in den Medien, da auch die SPD viele Wähler an die REP verliert (vgl. n.n., Eingeständnis, in: Frankfurter Allgemeine Zeitung, 25. Oktober 1989).
2659 N.n., „Republikaner" mit unübersehbaren braunen Flecken, in: Parlamentarisch-Politischer Pressedienst, 22. September 1989.

rer[n]"[2660], „braunen Bataillone[n]"[2661], den Jahren „der braunen Diktatur"[2662], des „braunen Pudels Kern"[2663] und schließlich von „schwarz-braunen"[2664] Bündnissen zur Beschreibung möglicher Koalitionen aus Union und REP. Anke Fuchs formuliert schlicht, die REP seien „die Nazis von heute"[2665] und „alte Hitleragitatoren"[2666]. Eindeutig ist die Absicht vieler sozialdemokratischer, die REP im Lichte der nationalsozialistischen Vergangenheit Deutschland darzustellen und sie ausschließlich in diesem historischen Kontext zu diskutieren. Die REP erscheinen in der Kommunikation der SPD mehrheitlich zweifellos zumindest ideologisch als Nachfolgeorganisation der NSDAP.

Die Stigmatisierung der REP nimmt während der Ägide Schönhubers in der Kommunikation der SPD einen erheblich breiteren Raum ein als in den Äußerungen der Unionsparteien. Stigmatisierende Begriffe und Bilder zur Kennzeichnung der REP finden sich unter den Mitteln des Umgangs der SPD mit den REP häufiger, konsistenter und selbstverständlicher als in der Auseinandersetzung von CDU und CSU mit der Rechtspartei. Sie verknüpfen sich zu einem engmaschigen Webwerk, welches die REP zu stigmatisieren versucht.

Unter *Schlierer* kehren die REP allmählich zu ihrem prä-Schönhuberschen Schattendasein zurück. Der Umfang der Auseinandersetzung mit den REP schrumpft bei allen untersuchten Volksparteien. Auch ist die Aufregung, die in Spontanreaktionen unmittelbar nach den REP-Wahlerfolgen im Jahr 1989 zum Ausdruck kam, bis zur Amtsübernahme Schlierers einer insgesamt nüchterneren, sachlicheren Beschäftigung mit den REP größtenteils gewichen. Auf Seiten der Unionsparteien sind für diesen Zeitraum keine stigmatisierenden Äußerungen festzustellen, die Stigmatisierung aus der Richtung der SPD findet in kleinerem Rahmen statt. Nur vereinzelt

2660 Ebd.
2661 Ebd.
2662 Ebd.
2663 Sozialdemokratische Partei Deutschlands/Landesverband Bayern, Die Republikaner – die falschen Patrioten, 1. Aufl., Bayreuth, April 1989, S. 5.
2664 Sozialdemokratische Partei Deutschlands/Landesverband Bayern, Die Republikaner – die falschen Patrioten, 1. Aufl., Bayreuth, April 1989, S. 33; Sozialdemokratische Partei Deutschlands/Parteivorstand, Pressemitteilung zum Interview Oskar Lafontaines mit dem Saarländischen Rundfunk vom 2. März 1989; Sozialdemokratische Partei Deutschlands/Parteivorstand, Pressemitteilung zu Koalitionsüberlegungen der Union mit den Republikanern vom 19. März 1989; Sozialdemokratische Partei Deutschlands/Parteivorstand, Pressemitteilung zu Koalitionsüberlegungen der Union mit den Republikanern vom 18. Mai 1989; Dieter Baur, „CSU-Koalition mit der Rechten", in: Süddeutsche Zeitung, 1. Juni 1989.
2664 Sozialdemokratische Partei Deutschlands/Landesverband Bayern, Die Republikaner – die falschen Patrioten, 1. Aufl., Bayreuth, April 1989.
2665 Vgl. n.n., „Republikaner Nazis von heute", in: Augsburger Allgemeine, 28. April 1989.
2666 Ulla Lessmann/Klaus-Dieter Schmuck, „Mutiger und selbstbewusst", Interview mit Anke Fuchs, in: Vorwärts, Nr. 12., Dezember 1989.

wird der „braune Sumpf" [2667] als Sprachbild zur Kennzeichnung der REP bemüht und betont, der Hass sei *braun*, die Liebe hingegen *rot*. [2668] Vor dem Hintergrund einer Welle von Gewalttaten gegen Ausländer Anfang der neunziger Jahre macht der baden-württembergische SPD-Landtagsparlamentarier Wolfgang Drexler die REP „ursächlich dafür verantwortlich, wenn ausländische Mitbürger mit Stahlstangen und Benzinflaschen angegriffen werden" [2669]. Darauf folgend Forderungen nach einem Verbotsverfahren. [2670] Somit tritt seit der Amtsübernahme des derzeitigen REP-Vorsitzenden von allen etablierten Volksparteien lediglich die SPD stigmatisierend auf.

6.2. Demokratische Abgrenzung

Die Unionsparteien verweigern sich während der Führungsphase von *Handlos* einer Auseinandersetzung mit programmatischen Forderungen der CSU-Abspaltung. Der Bremer CDU-Vorsitzende Bernd Neumann erklärt, die Union nähme „den Verein nicht ernst" [2671], fühle sich also einer Beschäftigung mit der Splittergruppe nicht verpflichtet. Die SPD grenzt sich durchaus von den REP inhaltlich ab, wenn auch nur in Form zweier knapper Stellungnahmen im Parteiorgan. Die REP seien insgesamt eine „ziemlich weit rechts stehende" [2672] Partei, die „ein paar linke, hauptsächlich aber rechte und ganz rechte Anleihen" [2673] mache. CDU, CSU und SPD begreifen die REP in den Gründungsjahren nicht als extremistische Gefahr und sehen keine Notwendigkeit einer aktiven, kontinuierlichen Abgrenzung.

Die meiste Aufmerksamkeit erfahren die REP unter ihrem Parteivorsitzenden *Schönhuber*. Auffällig während dieser Phase ist ein wesentlicher Unterschied hinsichtlich der thematischen Ausrichtung von inhaltlich relevanten Veröffentlichungen der Unionsparteien und der SPD. Während CDU und CSU, ebenso wie deren nahe stehenden Stiftungen, häufig Extremismus von links *und* rechts thematisieren, be-

---

2667 DPA-Meldung, Schröder in Republikaner-Hochburg: Keine Chance dem braunen Sumpf, 5. März 2001.
2668 Vgl. ebd., n.n., Alte Parolen sind grau. Neues Denken ist rot., in: Vorwärts, März 1996.
2669 Klaus Fischer, Offene Kampfansage an die Partei der „Republikaner", in: Stuttgarter Zeitung, 18. August 2000.
2670 Vgl. n.n., Schily mahnt zur Besonnenheit: Clement bringt Verbot von DVU und Republikanern ins Gespräch, in: Frankfurter Allgemeine Zeitung, 11. Dezember 2000; n.n., Regierung plant kein Verbot von DVU und Republikanern, in: Frankfurter Allgemeine Zeitung, 31. Oktober 2000; Claudia Roth, Becks Ruf nach weiteren Parteiverboten stößt auf Kritik, in: Die Welt, 31. Oktober 2000; n.n., Vogt: Republikaner müssen aus Landtag verschwinden, in: Frankfurter Allgemeine Zeitung, 15. August 2000.
2671 N.n., Neumann: Nehmen Republikaner nicht ernst, in: Weser-Kurier, 19. Januar 1984.
2672 Jan-Anton Beckum, Die neue Anti-Strauß-Allerweltspartei, in: Vorwärts, Nr. 49, 1. Dezember 1983.
2673 Ebd.

schränkt sich die SPD meist auf Abgrenzungen gegenüber und Warnungen vor dem *Rechtsextremismus*. Beide politischen Lager demonstrieren zu einem hohen Maß eine demokratische Abgrenzung gegenüber den REP. Der größte Anteil der Mittel des Umgangs der Union mit den REP fällt in diese Kategorie. Die CDU grenzt sich mehrfach in formellen Beschlüssen von den REP ab, Koalitionen oder sonstige Kooperationen lehnt sie kategorisch ab. Helmut Kohl drängt auf eine klare Distanzierung, warnt aber vor einer übertrieben intensiven Beschäftigung mit der Rechtspartei, weil er eine unnötige Aufwertung befürchtet. Eine Mehrheit der Unionspolitiker trägt den Kurs des Parteivorsitzenden mit. Norbert Blüm will auch dann auf Bündnisse mit den REP verzichten, wenn dies einen Verlust der Regierungsmehrheit zur Folge hätte, denn es sei nicht „die größte Seligkeit, in der Regierung zu sein. Opposition ist auch eine anständige Rolle" [2674]. Der hessische Ministerpräsident Wallmann ergänzt, man dürfe „nicht nur auf die nächste Wahl schauen"[2675]. Sozialdemokraten mit Ausnahme vor allem des früheren Generalsekretärs Peter Glotz finden sich schnell und geschlossen bereit, sich mittels Etikettierung der REP als *extremistisch* von den REP zu distanzieren.[2676] Der Extremismusbegriff taucht hierbei stets verkettet mit dem Richtungshinweis als der Terminus *Rechtsextremismus* auf. Glotz macht sich hingegen durch eine genaue sprachliche Differenzierung zwischen Neonazis und Faschisten einerseits und den REP andererseits verdient. Er warnt davor, „das Wort ‚Faschismus' [zu] benutzten wie der betrunkene Kleinbürger das Wort Hure, als schärfste Form der Beschimpfung, abstrahierend von seinem Sinn"[2677]. Insgesamt gelingt es in dieser Phase den Unionsparteien, sich konsistenter und weniger von den Ausnahmen einzelner Vertreter demokratisch von den REP abzugrenzen als der SPD.

2674 Vgl. DPA-Meldung, Blüm: Keine Koalition mit den Republikanern, 11. Februar 1989.
2675 N.n., Wallmann: Auch die deutsche Frage stellt sich wieder neu. Es gibt kein Zusammenwirken mit den Republikanern, in: Die WELT, 5. September 1989.
2676 Vgl. u.a. Sozialdemokratische Partei Deutschlands/Parteivorstand, Dem Rechtsextremismus mit aktiver Politik begegnen, Pressemitteilung vom 3. Februar 1989; Sozialdemokratische Partei Deutschlands/Parteivorstand, Pressemitteilung zur Kundgebung im Rahmen des Europafestivals der SPD in Dortmund-Wischlingen mit Hans-Jochen Vogel vom 21. Mai 1989; Sozialdemokratische Partei Deutschlands/Landtagsfraktion Niedersachsen, Rechtsradikalismus ist Härtetest für die demokratischen Institutionen und Probe für die demokratische Widerstandsfähigkeit der Köpfe, Pressemitteilung vom 17. Juli 1989; Sozialdemokratische Partei Deutschlands/Parteivorstand, Pressemitteilung zum Interview Herta Däubler-Gmelins im Bonner General-Anzeiger vom 26. Juli 1989; Sozialdemokratische Partei Deutschlands/Parteivorstand, Pressemitteilung zur Äußerung des niedersächsischen CDU-Vorsitzenden Wilfried Hasselmann vom 8. August 1989; Sozialdemokratische Partei Deutschlands/Vorstand, Jahrbuch 1988-1990 SPD [ohne Datum], S. C 248; DPA-Meldung, Eppelmann (CDU): Verfassungsschutz „mit allen Instrumenten" gegen Republikaner – Beckstein (CSU): Verbot noch nicht sinnvoll, 12. April 1994.
2676 Vgl. Sozialdemokratische Partei Deutschlands/Landesverband Hessen, SPD: Offensive Auseinandersetzung mit den Republikaner notwendig, Wiesbaden, 5. April 1993.
2677 Peter Glotz, Die deutsche Rechte: eine Streitschrift, 2. Aufl., Stuttgart 1989, S. 42-43.

Nahezu einheitlich sprechen CDU, CSU und SPD nach der Amtsübernahme *Schlierers* von den „rechtsextremen Republikanern"[2678]. Heiner Geißler, der als einer der wenigen Unionspolitiker die REP unter dem Vorsitz Schönhubers sprachlich mit dem Nationalsozialismus verknüpfte, verzichtet inzwischen auf stigmatisierende Zuschreibungen, warnt aber demokratische Parteien vor „Verbeugungen nach rechts"[2679]. Die SPD weist die REP geschlossen als rechtsextremistische Partei zurück und grenzt sich deutlich ab.[2680] Im Gegensatz zu den Parteien, die – aktuelle Entwicklungen unberücksichtigt – die REP sprachlich undifferenziert in den Extremismusbereich verbannen, weisen Konrad-Adenauer-Stiftung und Friedrich-Ebert-Stiftung auf das allmählich zunehmende Pendeln zwischen den durch entsprechende innerparteiliche Flügel repräsentierten Polen des Rechtskonservatismus und Rechtsextremismus unter Schlierer hin. Die Konrad-Adenauer-Stiftung kennzeichnet die REP als „rechtsradikal-populistische Partei mit fließenden Übergängen zum Rechtsextremismus"[2681], die Friedrich-Ebert-Stiftung beobachtet ein „„Hauen und Stechen' zwischen eher nationalkonservativen und eher rechtsextremistischen Kräften"[2682] innerhalb der REP.

6.3. Verharmlosung

Da die REP unter *Handlos* als demokratisch gefestigte, rechtskonservative Partei agierten, ist es mangels Gefahr nicht sinnvoll, in Bezug auf die Phase vor der Amtsübernahme Schönhubers von *Verharmlosung* zu sprechen.

Zwar lassen sich sowohl auf Seiten der Union als auch der SPD nicht wenige Fälle von Verharmlosung während der Amtsführung *Schönhubers* präsentieren, trotzdem bestehen gravierende Unterschiede zwischen den Vorgehensweisen der beiden Lager. Auffällig ist zum einen die unterschiedliche Wortwahl von Unions- und SPD-Autoren bei der Beschreibung der programmatischen Ausrichtung der REP. Allgemein anerkannt ist die Tatsache, dass die Themenfelder Asyl und Ausländer die REP-Wahlkämpfe thematisch bestimmen. Bei der Auseinandersetzung mit diesem

2678 Harald Bergsdorf, Gegensätzliche Geschwister mit viel Gemeinsamkeit, in: Bayernkurier, 5. Juli 2001.
2679 Heiner Geißler, Der Irrweg des Nationalismus, Weinheim 1995, S. 18.
2680 Vgl. n.n., SPD: Republikaner bundesweit als extrem einstufen, in : Die Welt, 5. April 1995; n.n., Regierung plant kein Verbot von DVU und Republikanern, in: Frankfurter Allgemeine Zeitung, 31. Oktober 2000; N.n., SPD: Kampfansage gegen die Rep, in: Stuttgarter Zeitung, 6. September 2000.
2681 Norbert Lepszy, Die Republikaner im Abwind, Aktuelle Fragen der Politik Nr. 17, Konrad-Adenauer-Stiftung, Sankt Augustin 1994.
2682 Richard Stöss, Rechtsextremismus im vereinten Deutschland, Friedrich-Ebert-Stiftung/Abteilung Dialog Ostdeutschland, 2. Aufl., Bonn 1999, S. 61.

Umstand sprechen SPD-Verfasser in der Regel von „Fremdenfeindlichkeit“[2683], während Unionsvertreter ein „Ausländerproblem“ oder auch ein „Asylantenproblem“ benennen. Die Formulierung der Unionsparteien vermitteln den Eindruck, es ginge den REP vorrangig um die Lösung eines Problems, nicht um die Vermittlung irrationaler Ängste und Vorbehalte – letzteres wäre zutreffender.

Zum anderen finden sich in den Reihen der Union wesentlich mehr – auch führende – Politiker, die vergleichsweise offen eine Annäherung an die REP suchen, die REP vor Angriffen verteidigen oder mit Koalitionen mit den REP liebäugeln. Alfred Dregger konzentriert sich auf SPD und Grüne als „Hauptgegner“[2684] und hält es für falsch, die REP „nur zu diskriminieren“[2685]. Wilfried Hasselmann meint, generelle Koalitionsabsagen an die REP seien „möglicherweise nicht durchhaltbar“[2686], sein Parlamentskollege aus dem niedersächsischen Landtag Kurt Vajen verkündet erst, dass er „weitestgehend die politischen Zielvorstellungen der Republikaner bejahe und die Partei für koalitionsfähig halte“[2687] und wechselt kurze Zeit später zur Rechtspartei.[2688] Auch der sachsen-anhaltinische Bundestagsabgeordnete Rudolf Krause tritt zu den REP über[2689], nachdem er noch als CDU-Parlamentarier den REP ihre Verfassungskonformität bestätigt.[2690] Der rheinland-pfälzische Ministerpräsident Carl-Ludwig Wagner will die Möglichkeit von Koalitionen mit den REP ebenso offen halten[2691] wie der Bundesernährungsminister Ignaz Kiechle[2692] und der Ber-

2683 Siehe z.B. Sozialdemokratische Partei Deutschlands/Bundesgeschäftsstelle (Hrsg.), Weder verharmlosen, noch dämonisieren, Abschlussbericht der Beratungsgruppe „Projekt R“, in: intern [Oktober 1989], S. 3.
2684 Vgl. Alfred Dregger, „Unsere Hauptgegner sind Rot-Grün“: Strategie zur Auseinandersetzung mit Republikanern, in: Deutschland-Union-Dienst, 21. Juni 1989; vgl. Alfred Dregger, Steht die SPD noch zum Unvereinbarkeitsbeschluss?, in: Nordsee-Zeitung, 12. August 1989.
2685 Ebd.
2686 N.n., CDU: Pfeifen im Walde, in: Der SPIEGEL, Nr. 34/1989, 21. August 1989.
2687 N.n., CDU-Abgeordneter billigt Ziele der Republikaner, in: Süddeutsche Zeitung, 22. August 1989.
2688 Vgl. n.n., Vajen kommt Ausschluss zuvor, in: Die Welt, 7. September 1989; n.n., Vajen kandidiert als Republikaner, in: Frankfurter Allgemeine Zeitung, 25. November 1989. Jürgen Gansäuer, CDU-Fraktionsvorsitzender im niedersächsischen Landtag, widerspricht der Haltung von Hasselmann und Vajen (vgl. n.n., Gansäuer grenzt die CDU ab: Klare Absage an jede Zusammenarbeit mit Republikanern, in: Hannoversche Allgemeine Zeitung, 27. April 1989).
2689 Vgl. DPA-Meldung, Rudolf Krause Landesvorsitzender der Republikaner in Sachsen-Anhalt, 4. Juli 1993.
2690 Vgl. Rudolf Krause, Ende der Volksparteien. Denkschrift zu nationalen deutschen Fragen, 2. Aufl., Essen 1993, S. 113.
2691 Vgl. Südwestrundfunk, Eintragung in der Hörfunk-Datenbank (Standort Mainz), Fernsehbestände, zu „Ausgefragt: Carl-Ludwig Wagner“, Erstsendung: 16. März 1989.
2692 N.n., Kiechle schließt Koalition mit Republikanern nicht aus, Süddeutsche Zeitung, 28. April 1989.

liner Innensenator Heinrich Lummer[2693]. Lummer gesteht zudem zwei Treffen mit Schönhuber ein[2694] und erklärt, gegebenenfalls müsse sich die Union „zwangsläufig die Koalitionsfrage mit den Republikanern stellen"[2695]. Es bliebe der CDU „unter gewissen Voraussetzungen einmal nichts anderes [übrig], als mit der Schönhuber-Partei zusammenzuarbeiten"[2696]. Max Streibl meint, Schönhuber vertrete „weithin CSU-Positionen, gerade im Bereich der Ausländerpolitik"[2697] und trifft sich nach seinem Rücktritt als Ministerpräsident persönlich mit Schönhuber.[2698] Führende CSU-Politiker wie Theo Waigel[2699], Alois Glück[2700] und Erwin Huber[2701] wollen Bündnisse ihrer Partei mit den REP auf *kommunaler* Ebene nicht grundsätzlich ausschließen. Auch wenn Koalitionsüberlegungen seitens Unionspolitikern diversen Abgrenzungsbeschlüssen der CDU-Bundespartei sowie mehreren Untergliederungen widersprechen, prägen diese Äußerungen aufgrund der prominenten Stellung deren Urheber die Gesamtbotschaft der Union den REP gegenüber entscheidend.

Zuweilen können sich Unionspolitiker nicht dazu durchringen, die REP eindeutig als extremistisch einzustufen. Stattdessen stellen sie fest, die REP seien „nicht von vornherein rechtsextremistisch"[2702], stünden „an der Schwelle zum Rechtsextremismus"[2703], befänden sich „auf dem Weg zum rechten Rand"[2704] und wiesen eine „populistische Vielfalt"[2705] auf. Die Wege der Verharmlosung der REP seitens Union auf der einen und SPD auf der anderen Seite kreuzen sich beim Versuch, die extre-

2693 Vgl. DPA-Meldung, Lummer: „Schönhuber bot mir Vorsitz der Republikaner an", 8. Februar 1989; BUNTE, 16. Juni 1989, zitiert nach: Müller, Leo A., Republikaner, NPD, DVU, Liste D, ..., 2. Auflage, Göttingen 1989, S. 45; N.n., CDU: Pfeifen im Walde, in: Der Spiegel, Nr. 34/1989, 21. August 1989.

2694 Vgl. DPA-Meldung, Lummer: „Schönhuber bot mir Vorsitz der Republikaner an", 8. Februar 1989, DPA-Meldung, Lummer geht auf Distanz zu den Republikanern, 30. Januar 1989.

2695 N.n., Lummer nennt Koalition mit Republikanern „zwangsläufig", in: Neue Ruhr-Zeitung, 20. Juni 1989.

2696 Ebd.; vgl. Kai Diekmann, Das Lummer-Papier. Braucht die CDU bald Schönhuber?, in: Die BUNTE, 26/1989.

2697 N.n., Streibl: Die CSU wird sich von den Problemen der CDU nicht anstecken lassen, Die Welt, 1. Februar 1989.

2698 Vgl. DPA-Meldung, Kritik am Treffen Streibl-Schönhuber: „Saublöd" und „dämlich", 14. Februar 1994.

2699 Vgl. n.n., Waigel stiftet Verwirrung, Abendzeitung, 24./25. Juni 1989.

2700 Vgl. ebd; n.n., Die CSU unter republikanischem Konkurrenzdruck. Differenzierte Analysen, Neue Zürcher Zeitung, 26. August 1989.

2701 Vgl. Einar Koch, CSU-General Huber denkt laut: Neuer Kinderspielplatz, neuer Radfahrweg. Warum nicht mit den Republikanern?, Die Bunte, 6. Juli 1989.

2702 CDU/CSU-Bundestagsfraktion, Pressemitteilung zur Sitzung des Innenausschusses am 15. Februar 1989 vom 15. Februar 1989.

2703 Christlich Demokratische Union/Bundesgeschäftsstelle, Die REP: Analyse und politische Bewertung einer rechtsradikalen Partei, Bonn, Juli 1989, S. 6.

2704 Christlich-Soziale Union/Landesleitung, Die Wandlungen des Franz Schönhuber, 10. Oktober 1989, S. 24.

2705 Christlich-Soziale Union, Landesleitung, Die Republikaner und Europa, ohne Datum, S. 23.

mistische Partei Schönhubers mit demokratischen Parteien gleichzusetzen. Während die Union insbesondere im Europawahlkampf 1989 kontinuierlich REP und Grüne als radikale Parteien betitelt und ihnen eine vergleichbare Distanz zum demokratischen Verfassungsstaat unterstellt, stellt die SPD wiederholt demokratische Parteien wie CDU, CSU, BP oder ödp zusammen mit den REP verbal in die rechte Ecke. Markant sind die beiden geheimen Strategie-Papiere der SPD aus den Jahren 1988 und 1989.[2706] Hierin äußert sich Zufriedenheit darüber, dass „die Unionsparteien durch ein Anwachsen der Rechten geschwächt"[2707] würden, die Besorgnis über die extremistische Ausrichtung der REP treten in den Hintergrund.

Als *Schlierer* die Parteiführung übernimmt, haben die etablierten Volksparteien mehr oder weniger zu einer schlüssigen Linie bezüglich des Umgangs mit den REP gefunden. Zu verharmlosenden Mitteln greifen nach dem Ausscheiden Schönhubers aus der Partei weder Union noch SPD.

Insgesamt neigt die Union in viel stärkerem Umfang dazu, die REP zu verharmlosen als die SPD dies tut. Annäherungen und Anbiederungen seitens der Sozialdemokraten sind abgesehen von einer geduldeten Unterstützung im kommunalen Bereich[2708] und den Übertritt eines bayerischen Senatoren[2709] nicht sichtbar. In den Reihen der Unionsparteien hingegen finden sich namhafte Vertreter, die eine Annäherung an die REP fördern oder tolerieren wollen.

6.4. Zusammenfassung

CDU und CSU sowie SPD zeigen im Umgang mit den REP den ihnen gestellten, verfassungsgegebenen Aufgabe gegenüber deutliche Defizite, insbesondere während Schönhuber den Parteivorsitz der REP innehält. Solange Handlos an der Spitze der REP steht, haken die untersuchten Volksparteien die REP als eigentümliche, rechte Splittergruppe ab.

Als Schönhuber das Zepter übernimmt und die REP 1989 zunächst in das Berliner Abgeordnetenhaus und dann in das Europäische Parlament einziehen, wird deutlich, dass CDU, CSU und SPD überrascht und unvorbereitet der neuen Situation be-

---

2706 Vgl. n.n., Die SPD-Führung distanziert sich von der Strategie-Studie, in: Frankfurter Allgemeine Zeitung, 15. Juli 1989; Peter Meier-Bergfeld, Sieg durch Demolieren der anderen Volkspartei, in: Rheinischer Merkur/Christ und Welt, 21. Juli 1989; Wilhelm Christbaum, Nicht mehr kalkulierbar, in: Münchner Merkur, 25. Juli 1989; n.n., Weiteres SPD-Papier zu Republikanern, in: Die Welt, 21. August 1989.

2707 Ebd.

2708 Vgl. Sozialdemokratische Partei Deutschlands/Parteivorstand, Pressemitteilung zur Forderung Graf Lambsdorffs an Jochen Vogel, eine Koalition aus SPD und Republikanern im Rheingau-Taunus-Kreis zu verhindern vom 29. Juni 1989.

2709 Vgl. Hans Holzhaider, Würzburger Ex-OB Zeitler geht zu den Republikanern, in: Süddeutsche Zeitung, 8. Mai 1992.

gegnen. Politiker und Gremien einigen sich nicht unmittelbar auf einem einheitlichen Kurs und lassen sich trotz formeller Beschlüsse teilweise nicht dazu verpflichten. In der Union regen sich schnell teilweise führende Politiker, die aus Machtkalkül oder ehrlicher Sympathie die Nähe der REP suchen oder zumindest eine Kooperation bis hin zu Regierungskoalitionen nicht von vornherein ausschließen wollen. Während der CDU-Vorsitzende Helmut Kohl auf einen Kurs drängt, der zwar verhalten, aber auf demokratische Weise die Union von den REP abgrenzen soll, trübt ein bedeutender Anteil verharmlosender Mittel des Umgangs mit der Rechtsabspaltung das Bild. In der SPD will nur Peter Glotz die REP nicht seit deren Erstarken als extremistische Partei einstufen. Andere sozialdemokratische Amts- und Mandatsträger sowie Parteigremien etikettieren die REP wie selbstverständlich als extremistisch, neigen aber in hohem Maße dazu, die Partei Schönhubers insbesondere durch sprachliche Assoziationen mit dem Nationalsozialismus zu stigmatisieren.

Nachdem die erste Aufregung wegen des Auftretens der REP verflogen ist, lösen sich die starken Neigungen von Teilen der Union zur Verharmlosung und von Teilen der SPD zur Stigmatisierung der REP zunehmend auf. Als Schönhuber aus der Partei ausscheidet und Schlierer den Posten als Bundesvorsitzender übernimmt, können sich die REP immer weniger über einen unzweckmäßigen Umgang seitens der etablierten Volksparteien beklagen.

Weder den Unionsparteien noch der SPD lässt sich ein Zeugnis mit dem Prädikat *sehr gut* für den Umgang mit den REP ausstellen. Auch sticht das eine politische Lager bei der Bewertung der Zweckmäßigkeit dieses Umgangs das andere nicht aus. Beide haben im Laufe der Zeit zu einem stets von Ausnahmen durchsetzten Kurs der demokratischen Abgrenzung gefunden, aber erst nachdem einflussreiche Unionskreise ihre verharmlosenden Äußerungen und Sozialdemokraten ihre stigmatisierende Kommunikation aufgaben.

7. Schluss

7.1. Zusammenfassung

Diese Untersuchung widmete sich der Leitfrage, inwieweit CDU, CSU und SPD hinsichtlich ihrer Wahl von Mitteln des Umgangs mit den REP als einer dem Extremismusverdacht ausgesetzten Partei ihrer verfassungsgegebenen, wertebehafteten Zweck- und Rollenzuteilung gerecht werden. Der Wertekohärenz zwischen dem Zweck politischer Parteien und deren Mitteln in dieser besonderen Situation galt dabei besonderes Augenmerk.

Die Beantwortung der Leitfrage setzt Antworten auf eine Reihe von Teilfragen voraus. Zunächst wurde geklärt, welche Werte für das Handeln von Parteien im demokratischen Staatswesen der Bundesrepublik Deutschland laut Grund- und Parteiengesetz anzustreben sind und welcher Zweck im politischen System der Bundesrepublik Deutschland für die Parteien vorgesehen ist. Politische Parteien tragen laut Art. 21 Abs. 1 GG zur „politischen Willensbildung des Volkes" bei. Sie sind zwar nicht selbst Staatsorgane, jedoch kommt ihnen aufgrund ihrer in der Verfassung verankerten Rolle eine besondere Verantwortung zu. Dies zeigt sich in vier grundlegenden normativen Verpflichtungen der politischen Parteien. Parteien sollen sich der *Mediation* widmen, nämlich zwischen dem Bereich institutionalisierter Staatlichkeit und den Interessen der Bürger vermitteln. Zweitens muss im Handeln der Parteien eine *Gemeinwohlorientierung* erkennbar sein, die das Interesse der Gesellschaft sowie der demokratischen Grundordnung über den Willen zum kurzfristigen Erhalt oder Ausbau von Macht stellt. Drittens hat sich das Agieren von Parteien an einer verantwortlichen *Dauerhaftigkeit* auszurichten. Aktionismus ohne Berücksichtigung langfristig geltender Verfassungswerte steht den Parteien nicht zu. Schließlich sollen Parteien bei ihrer Argumentation *Sachlichkeit und Fairness* an den Tag legen, was für die Kommunikation mit dem Wähler wie für den Umgang untereinander gilt.

Daraus ergibt sich die Frage, welche Werte verschiedenen möglichen Mitteln des Umgangs mit einer dem Extremismusverdacht ausgesetzten Partei zugrunde liegen. Zur Kategorisierung der Mittel dienen in dieser Studie die Vergleichsbegriffe *Stigmatisierung, demokratische Abgrenzung* und *Verharmlosung*. Zwar mag die Stigmatisierung der Systemstabilität dienen, weil Gruppierungen, die den gesellschaftlichen Wertekonsens in Frage stellen, in der Schaffung von Akzeptanz gehindert werden können, die Werteforderung des Grundgesetzes bleiben jedoch außer Acht. Die Stabilisierung des demokratischen Macht- und Prozessapparates um seiner selbst willen steht nicht über den erörterten Verfassungswerten. Dies gilt auch für die Intention einer Stigmatisierung vermeintlicher oder tatsächlicher Verfassungsgegner. Weder kann eine stigmatisierende Kommunikation eine verantwortliche *Mediation* bewerkstelligen, noch erfüllt sie die Forderung von *Sachlichkeit und Fairness*. Stigmatisierung geht von Gruppenegoismen aus und verwirft so die *Gemeinwohlorientierung*.

324

Da die Pflege eines verfälschten Wirklichkeitsbildes sich kaum langfristig aufrechterhalten lässt, fehlt auch eine Förderung der *Dauerhaftigkeit*.

Eine sachliche, zielgerichtete *demokratische Abgrenzung* entspricht in vollem Maße den verfassungsdefinierten Werteerwartungen der freiheitlichen demokratischen Grundordnung an politische Parteien. Sie fördert die *Mediation* und kommt durch die Ausstattung der Teilnehmer am politischen Prozess mit intersubjektiv nachvollziehbaren Informationen dem *Gemeinwohl* entgegen. Da sie keine verzerrten, übertriebenen oder irreführenden Wahrnehmungen gegenüber einer sich langfristig stets aufdrängenden Wirklichkeit aufrecht zu erhalten bemüht ist, ist durch eine demokratische Abgrenzung auch die *Dauerhaftigkeit* gewährt. Sie zeichnet sich insbesondere durch *Sachlichkeit und Fairness* aus.

Der Begriff der *Verharmlosung* beschreibt das unzulängliche Bemühen der Eindämmung oder Beseitigung einer Gefahr, was *Gemeinwohlorientierung* ebenso ausschließt wie *Dauerhaftigkeit* und eine glaubhafte *Mediation*. Sie ist auch nicht *sachlich und fair*, sondern unbegründet nachlässig und vertrauensvoll.

In der Literatur hat sich bislang keine generell verpflichtende, operationalisierte Begriffsdeutung des Terminus *Extremismus* durchgesetzt. Für den Zweck dieser Arbeit erschien die Anwendung eines möglichst konsensfähigen Kriterienkatalogs sinnvoll. Wie sich eine tatsächliche Nähe einer politischen Partei zum Extremismus manifestiert, umschreiben hier sechs Kriterien: *offensive und defensive Absolutheitsansprüche, Dogmatismus, Utopismus und kategorischer Utopismus-Verzicht, Freund-Feind-Stereotype, Verschwörungstheorien* sowie *Fanatismus und Aktivismus*. Der häufig geäußerte Extremismusvorwurf an die REP ist – gemessen an den Kriterien – nicht zu jeder Entwicklungsphase der Partei in gleichem Maße gerechtfertigt. Unter der Parteiführung von Franz Handlos entsprechen die REP nicht dem zugrunde gelegten Extremismusprofil und stellen sich als kleinbürgerliche, rechtskonservative Partei dar. Diese Selbstdarstellung wird von den etablierten Volksparteien wie der Wissenschaft nahezu widerspruchslos bestätigt. Nach dem Ausscheiden von Handlos aus dem REP-Bundesvorstand sowie der Partei deuten sich gravierende Veränderungen an. Schönhuber führt die REP dem Extremismus zu. Unter seiner Ägide verdienen die REP die Etikettierung *extremistisch*, wobei hiermit die Gesamtpartei gemeint ist, nicht jedes einzelne Mitglied. Am schwierigsten ist eine generelle Aussage für die REP nach der Amtsübernahme Schlierers zu treffen. Während Schlierer die Partei auf einen rechtskonservativen Kurs zu bringen bemüht ist, steht er einer starken innerparteilichen Opposition gegenüber, welche die Einigung mit dem alten Rechtsextremismus herbeizuführen anstrebt. Spätestens nach 2002 gewinnen die Anhänger Schlierers die Mehrheit und Entscheidungshoheit, so dass im Hinblick auf die REP von einer konservativen Partei mit relevantem extremistischem Flügel gesprochen werden muss. Nur eine differenzierte Prüfung der Anwendbarkeit des Extremismusbegriffs auf die REP ermöglicht eine verlässliche weitere Analyse.

Im Kern der Arbeit steht die Frage, welche Mittel des Umgangs mit den REP, CDU, CSU und SPD zur Anwendung gebracht haben und inwiefern die diesen Mitteln zugrunde liegenden Werte mit dem verfassungsgemäß vorgegebenen Zweck politischer Parteien und dessen Werten vereinbar sind. Bei der Beantwortung gilt es auch hier zwischen den Phasen der Parteiführung von Handlos, Schönhuber und Schlierer zu unterscheiden. Unter Handlos ist den REP öffentliche Aufmerksamkeit kaum beschieden. Auch die etablierten Volksparteien ignorieren die rechtskonservative CSU-Abspaltung überwiegend. Wenige Äußerungen seitens der Union wie seitens der SPD sollen dazu dienen, die Führungspersönlichkeiten der REP, Handlos, Schönhuber und Voigt, persönlich zu diskreditieren.

Nach dem Führungswechsel bei den REP und den ersten Aufsehen erregenden Wahlerfolgen im Jahr 1989 findet keine der untersuchten Volksparteien zu einer einheitlichen Linie im Umgang mit der neuen Rechtsgruppierung. Während die CDU-Parteiführung auf eine zurückhaltende Distanzierung drängt, spielen einzelne führende Unionspolitiker lauthals mit dem Gedanken von Bündnissen und Koalitionen mit den REP. Extremistische Merkmale der REP werden zu diesem Zweck verniedlicht oder in Abrede gestellt. Mittel der *Verharmlosung* nehmen einen erheblichen Anteil am gesamten Umgang mit den REP ein. Bei den Unionsparteien überwiegen allerdings Mittel der *demokratischen Abgrenzung*. Hierfür sorgt insbesondere die bedachte, kontinuierliche Linie der CDU-Bundespartei unter der Führung von Helmut Kohl. Weniger stark ausgeprägt bei den Unionsparteien sind *stigmatisierende* Formen der Auseinandersetzung im Unterschied zur SPD.

Die Zuschreibung klischeehafter, emotional geladener Merkmale, unsachgerechte Verallgemeinerungen und sprachliche Verknüpfungen, insbesondere zwecks Unterstützung der *stigmatisierenden* These, die REP stünden in der geistigen Nachfolge der NSDAP, dient den Mitteln des Umgangs der SPD mit den REP als roter Faden und schafft einen hohen Grad an Motivation des sozialdemokratischen Wählerpotenzials. Allerdings verharmlosen einzelne Sozialdemokraten die REP und verweigern (wie beispielsweise Peter Glotz) die Einstufung der REP als *extremistisch*. Mittel der *demokratischen Abgrenzung* sind in der SPD während der Amtsperiode Schönhubers weniger häufig zu finden als in den Unionsparteien. Diese gehen zudem unter, da stigmatisierende Vergleiche von REP und nationalsozialistischen Symbolen sowie Geschichtselementen im Vordergrund stehen.

Als Schlierer den Parteivorsitz der REP übernimmt, hat sich die Aufregung nach dem Erstarken der Rechtspartei 1989 gelegt, Reaktionen lassen sich weniger stark von spontanen Emotionen und Aktionen lenken. Die Beispiele von *Verharmlosung* in der Union und *Stigmatisierung* in der SPD werden spärlicher, die *demokratische Abgrenzung* überwiegt eindeutig. Den REP werden keine Erfolgsaussichten zugeschrieben. Daher stellt sich für vormals hierfür offene Unionspolitiker die Frage nach möglichen Koalitionen mit den REP nicht. Die SPD kann sich nicht länger an die Spitze einer emotionalen gesellschaftlichen Debatte setzen.

Keine der Volksparteien kann mit ihrem Umgang rückblickend insgesamt zufrieden sein. Als den REP aufgrund unerwarteter Wahlerfolge im Jahr 1989 die Aufmerksamkeit der Medien auf Monate hin sicher war, demonstrierten sie ein heilloses Durcheinander, stark durchsetzt von den Erwartungen der Verfassung widersprüchlichen Mitteln des Umgangs. Der Titel dieser Arbeit fragt nach den *geheiligten Mitteln* im Umgang mit den REP. Inwiefern waren die Mittel des Umgangs der etablier-

326

ten Volksparteien mit den REP aufgrund der Verfassungsgebundenheit ihrer Werte-behaftung „heilig" oder auch „geheiligt"? Die Antwort lautet: Nur sehr bedingt. Starke Kräfte in der Union lösen sich phasenweise von ihrer Verpflichtung, sich von einer extremistischen Gruppierung eindeutig abzugrenzen, wirken also *verharmlo-send*, während zahlreiche Sozialdemokraten die REP generell, undifferenziert und folglich *stigmatisierend* als „Nazi-Partei" beschimpfen. Die SPD sieht während der Ägide Schönhubers in den REP eine Gefahr für die demokratische Kultur, aber wohl auch einen willkommenen Anlass, sich selbst zu profilieren und gegenüber den Uni-onsparteien abzugrenzen. Sie suggeriert, der Rechtsextremismus sei ein hausge-machtes Problem konservativer Parteien und Politiker. Diverse Unionspolitiker las-sen sich in dieser Phase eine Tür offen für Macht erhaltende Kooperationen und Ko-alitionen mit den REP.

Vieles, was von Seiten der etablierten Volksparteien unmittelbar nach den Wah-len zum Berliner Abgeordnetenhaus und zum Europäischen Parlament 1989 inhalt-lich den REP gegenüber kritisch vorgebracht wurde, geht über ein oberflächliches Tralala nicht hinaus. Aus dem Engagement, mit dem insbesondere sozialdemokrati-sche Mahner und Aktivisten im Kampf gegen die REP am Werke waren, lässt schließen, dass diese oft voll gutem Willen und Unkenntnis der Dinge waren, manchmal auch getrieben vom Wunsch, sich im Kampf um Wählerstimmen als Hü-ter der Demokratie zu profilieren.

7.2. Offene Fragen

Zu Beginn der Forschungsrecherchen schien es, als sei dieser Untersuchung ver-gönnt, ausschließlich im akademischen Elfenbeinturm – im Kreise weniger Extre-mismusforscher – auf interessierte Leser zu stoßen. Durch die bemerkenswerten Wahlerfolge von NPD und DVU in den neuen Bundesländern im Jahr 2004 gewinnt diese Studie an Brisanz. Die Frage nach dem zweckmäßigen Umgang steht plötzlich wieder im Mittelpunkt der öffentlichen Diskussion. Obgleich das Auftreten jeder einzelnen extremismusnahen bzw. extremistischen Partei auf jeweils unterschiedli-che begünstigende Faktoren zurückzuführen ist, kann auf die wertebezogenen Er-kenntnisse dieser Arbeit nicht nur für den Fall der Republikaner zurückgegriffen werden. Der Autor begrüßt die Aufmerksamkeit, die seine Fragestellung derzeit in Medien und Wissenschaft genießt, bedauert hingegen die dazu führenden Umstände. Wie ein Zahnarzt, der von zunehmendem Süßwarengenuss mehr Beschäftigung und Gewinn erwarten kann, trotzdem jedoch mit aller Vehemenz vor dem zu befürchte-ten kariösen Befall warnt, wird der Extremismusforscher den Erfolg extremistischer

Parteien keinesfalls begrüßen, auch wenn seine ansonsten randständige[2710] Disziplin hierdurch plötzlich gefragt ist.

Nicht nur NPD und DVU selbst lenken derzeit verstärkt die wissenschaftliche und mediale Aufmerksamkeit auf sich, auch anderen tatsächlich extremistischen Gruppierungen gilt ein verstärktes Interesse. Vor der Landtagswahl in Nordrhein-Westfalen am 22. Mai 2005 blickten Spitzenpolitiker der etablierten Volksparteien mit Sorge auf die Landtagskandidatur der REP. Jürgen Rüttgers warnte: „Bisher heißt es immer, die Nordrhein-Westfalen wählen nicht rechtsextrem, die Extremisten sind keine Gefahr. Aber man weiß nie, was passiert, wenn die auf der populistischen Klaviatur spielen und etwa die sozialen Nöte in den schwierigen Ruhrgebiets-Vierteln ausnutzen."[2711] Die REP hatten bei den Kommunalwahlen im Herbst 2004 41.600 Stimmen erhalten. Der nordrhein-westfälische SPD-Vorsitzende Harald Schartau ergänzte: „Wir dürfen nicht nur nach Sachsen schauen, sondern alle demokratischen Parteien müssen in NRW zusammenstehen und für eine hohe Wahlbeteiligung sorgen." Dies sei der „beste Schutz gegen Rechtsextremismus".[2712] Neben den Parteien befasst sich die Konrad-Adenauer-Stiftung weiterhin mit den REP und publizierte im April 2005 aus der Feder von Steffen Kailitz eine Bestandsaufnahme des Rechtsextremismus (einschließlich der REP) in Deutschland.[2713]

Das wieder erwachte Interesse von Forschung und Medien an extremistischen Parteien, einschließlich der REP, wirft eine Reihe von Fragen auf, allen voran diese: Wie sieht die weitere Entwicklung der REP. Anfang 2005 berichtet die Presse über die Auflösung des Hamburger Landesverbandes.[2714] Im Zeitfenster des sächsischen Landtagswahlkampfes 2004 und dessen Nachbereitung traten mehrere Landesvorstandsmitglieder aus der Partei aus, die Landesvorsitzende schloss sich unmittelbar darauf der NPD an. Es dürfte schwer für die REP sein, sich unter den gegenwärtigen Bedingungen im deutschen Parteienspektrum zu verankern. Den Unionsparteien ge-

---

2710 „Die Extremismusforschung steckt noch in den Kinderschuhen." (Uwe Backes/Eckhard Jesse, Vergleichende Extremismusforschung, Baden-Baden 2005, S. 35.), stellen Backes und Jesse fest. Sie sei ein „Stiefkind der Politikwissenschaft" (ebd.), die mangelnde theoretische Durchdringung des Problemfeldes *Extremismus* auf zahlreichen Feldern der Forschung habe zu einem „desolaten Zustand" (ebd., S. 55) beigetragen.

2711 Zitiert nach Peter Szymaniak, NRW-Parteien alarmiert über Extremisten, in: Westdeutsche Allgemeine Zeitung, 1. Februar 2005.

2712 Ebd.

2713 Steffen Kailitz, Rechtsextremismus in der Bundesrepublik Deutschland: Auf dem Weg zur „Volksfront?", Zukunftsforum Politik, Nr. 65/2005, Sankt Augustin, April 2005.

2714 Vgl. Graudin, Andreas, Zwischen Hoffnung und Stagnation. Die Republikaner: Das Süd-Nord-Gefälle in der Partei verschärft sich/Auflösungserscheinungen in Hamburg und Sachsen, *Junge Freiheit*, 21. Januar 2005; Annette Ramelsberger, Verlockend radikal. Erfolgreiche Sammelbewegung am rechten Rand: Seit Udo Voigt zum Chef der NPD aufstieg, holt er zahlreiche Kriminelle in die Partei, in: Süddeutsche Zeitung, 1. Februar 2005; Ralf Wiegand, Spätes Bündnis: Kurz vor der Kieler Landtagswahl trifft die NPD auf Widerstand, in: Süddeutsche Zeitung, 29. Januar 2005..

lingt es zunehmend, rechtskonservative Wähler an sich zu binden. Rechtsextremistisch gesinnte Wähler werden durch die zunehmend eindeutige Abgrenzung der REP gegenüber NPD und DVU verprellt und entscheiden sich für die als Wahlparteien in den letzten Jahren erfolgreicheren Alternativen. Protestwähler neigen von jeher dazu, auf den fahrenden Zug aufzuspringen und schenken ihre Gunst jeweils der sichtbarsten Protestbewegung, derzeit wahrlich nicht der REP. Insbesondere in den neuen Bundesländern, in denen aufgrund des vergleichsweise höheren Ausmaßes wirtschaftlicher und sozialer Probleme der Nährboden für den Rechtsextremismus stärker ausgeprägt ist[2715], werden die REP die Führungsposition von NPD und DVU bei der Rekrutierung von Protestwählern kaum in absehbarer Zeit ins Wanken bringen können.[2716] Die Stellung der REP innerhalb des Lagers rechter Protestparteien sollte auch zukünftig Gegenstand wissenschaftlicher Forschung sein.

Fraglich ist nicht nur der zukünftige Grad des Erfolgs der Partei. Eine weitere Frage lautet: Wie positionieren sich die REP von nun an im politischen Spektrum? Noch verkündet der stellvertretende nordrhein-westfälische REP-Landesvorsitzende Reinhard Rupsch auf der Internetseite der Partei zum Thema NPD: „Wenn andere von Deutschland sprechen, dann meinen sie nicht diese Republik. Das ist aber der entscheidende Punkt: eine andere Republik ist mit uns nicht zu machen! [...] Es gibt keine Gemeinsamkeiten mit den Feinden dieser Republik."[2717] Selbst wenn sich dieser strikte Kurs der Distanzierung zu den Vertretern des alten Rechtsextremismus durchsetzten und extremistische Denkbausteine verworfen würden, mag es den REP aufgrund ihrer extremistischen Vergangenheit kaum gelingen, sich als vertrauenswürdige rechtskonservative Parteialternative zu etablieren. Fragen des strategischen Vorgehens scheinen innerparteilich nicht geklärt zu sein. Im Wahlkampf zur bayerischen Landtagswahl 2003 beispielsweise präsentierte sich die Partei eindeutig als Protestpartei. Auf der Titelseite eines Wahlkampf-Flyers zur bayerischen Landtagswahl 2003 stand in großen Lettern der Slogan „Protest jetzt!"[2718], auf einem anderen: „Stimmzettel für die etablierten Polit-Bonzen zum Denkzettel machen! Wehrt euch am Wahltag!"[2719] Auf flächendeckend aufgestellten Plakatwänden war zu lesen:

2715 Vgl. Armin Pfahl-Traughber, Die Entwicklung des Rechtsextremismus in Ost- und Westdeutschland, in: Aus Politik und Zeitgeschichte, B 39/2000, 22. September 2000, S. 3.

2716 Erschwerend hinzu kommt die „organisatorische Unterentwicklung" (Armin Pfahl-Traughber, Die Entwicklung des Rechtsextremismus in Ost- und Westdeutschland, in: Aus Politik und Zeitgeschichte, B 39/2000, 22. September 2000, S. 12) in den neuen Bundesländern.

2717 Reinhard Rupsch, Keine Gemeinsamkeiten zwischen Republikanern und NPD, ohne Datum, www2.rep.de/index.aspx?ArticleID=2f67b=a=-78dd-4a44-9277-ff8c33632031, abgerufen am 31. August 2004.

2718 Die Republikaner/Landesverband Bayern, Protest jetzt!, Flyer zur bayerischen Landtagswahl 2003.

2719 Die Republikaner/Landesverband Bayern, Stimmzettel für die etablierten Polit-Bonzen zum Denkzettel machen! Wehrt euch am Wahltag!, Flyer zur bayerischen Landtagswahl 2003.

„Goldzähne für Asylbewerber? Zahnlücken für Deutsche!? nicht mit uns"[2720]. Neben Fragen der Handhabung von Asylanträgen greifen die REP in den letzten Jahren den islamistischen Terrorismus und vermeintliche oder tatsächliche Versäumnisse der Bundesregierung als Protestthema auf.[2721] Die Parteizeitung wurde umbenannt und heißt nicht mehr „Der Republikaner", sondern „Zeit für Protest!". Zur Bundestagswahl wurde zudem eine gleichnamige Internetseite *www.zeitfuerprotest.de* publiziert und mit dem Slogan „Wir geben Ihrem Protest eine Stimme!"[2722] geworben. Andere Parteipublikationen deuten auf eine Doppelstrategie hin. Zum einen gehen die REP als erklärte Protestpartei auf Protestwähler zu, zum anderen distanzieren sie sich von plumpem Protest. In einem Wahlkampf-Flyer des Bundesverbands zur Bundestagswahl 2002 heißt es: „Parolen und nichts dahinter? Nein! Wir Republikaner sind die personelle und inhaltliche Alternative zur bisherigen Politik der Alt-Parteien."[2723] Und: „Nicht resignieren, sondern sich einmischen. Wir müssen unsere Zukunft selbst gestalten und dürfen dieses Land nicht denen überlassen, die ihre Versprechen nicht halten." Im Vorwort zu einer Selbstdarstellung der baden-württembergischen Landtagsfraktion nach dem Wiedereinzug der Partei ins Landesparlament feiert Schlierer gar, dass „der Wandel der Republikaner von einer angeblichen ‚Protestpartei' hin zu einer ‚Programmpartei' bundesweit augenfällig"[2724] sei. Auf seiner Internetseite erklärt der Vorsitzende: „Die Republikaner sehen sich damit nicht als außerparlamentarische Oppositions- oder Widerstandsbewegung, sondern als eine Partei, die in Gesetzgebung und Exekutive Verantwortung übernehmen will."[2725]

Diese offenen Fragen bezüglich des zukünftigen Werdeganges der REP verlangen eine fundiert wissenschaftliche Begleitung und immer wieder aktualisierte Aufarbeitung. Sollte die NPD ihren Auftrieb fortsetzen können, wird es dringend notwendig sein, die Fragestellung des wertrational zweckmäßigen Umgangs in politologischen Untersuchungen auf diese extremistische Gruppierung auszurichten.

Die Fragestellung dieser Arbeit ließ keine Wirksamkeitsstudie für Maßnahmen gegen den politischen Extremismus zu. Ein verlässliches methodisches Rahmenwerk vorausgesetzt, gilt es die Frage zu beantworten: Welche Mittel des Umgangs mit extremistischen Gruppierungen dämmen deren Erfolg ein, welche zeigen keine Wirkung und welche führen zum Gegenteil des intendierten Effekts? Gerade vor dem

---

2720 Die Republikaner/Landesverband Bayern, Wahlplakat „Goldzähne für Asylbewerber? Zahnlücken für Deutsche!?" zur bayerischen Landtagswahl 2003.

2721 Die Republikaner, Aktuell. Informationen zu politischen Themen. Kampf dem Terror – kein Platz für Islamisten in Deutschland, Flyer, ohne Datum.

2722 Der Republikaner, Wahlkampfausgabe, Nr. 7-8/2002.

2723 Die Republikaner, Werfen Sie dieses Blatt nicht weg – sonst versäumen Sie die große Chance, dieses Land endlich in Ordnung zu bringen!, Wahlkampf-Flyer zur Bundestagswahl 2002, ohne Datum.

2724 Die Republikaner/Fraktion im Landtag von Baden-Württemberg, 14 für unser Land. Die Republikaner im Landtag von Baden-Württemberg, ohne Datum.

2725 Rolf Schlierer, Politik, www.rolfschlierer.de/politik.htm, abgerufen am 4. Mai 2005.

Hintergrund der inzwischen unter der Bezeichnung „Linkspartei" firmierenden PDS, deren Verhältnis zum Extremismus noch lange nicht abschließend geklärt ist, bieten sich weiterführende Studien in dieser Richtung an.

Offen bleibt schließlich, welche Beweggründe Politiker und Parteigremien zum Ergreifen bestimmter Mittel des Umgangs treiben. Während diese Arbeit erklärt, welche Maßnahmen den Werteforderungen der Verfassung mehr und welche weniger entsprechen, könnte eine Studie mit einem Ansatz aus der politischen Psychologie für die Klärung der Motivation von Politikern für die Regelung ihres Verhältnisses zu extremistischen Parteien gewinnbringend sein.

8. Quellen- und Literaturverzeichnis

8.1. Quellenverzeichnis

8.1.1. Unveröffentlichte Quellen

Manuskripte

Stoiber, Edmund, Grußwort bei der Eröffnungsfeier für die Woche der Brüderlichkeit am 6. März 1994 im Rathaus München. Manuskript im Archiv für Christlich-Soziale Politik, München.

Stoiber, Edmund, Regierungserklärung vor dem Bayerischen Landtag am 8. Januar 1994. Manuskript im Archiv für Christlich-Soziale Politik, München.

Stoiber, Edmund, Gemeinsam zum Erfolg!, Rede bei der Wahlkampf-Konferenz/Ortsvorsitzenden-Konferenz am 19. März 1994 in der Reichswaldhalle in Feucht bei Nürnberg. Manuskript im Archiv für Christlich-Soziale Politik, München.

Stoiber, Edmund, Wir machen das Beste aus Europa: Für Bayern, Rede beim Europafest der CSU am 30. April 1994 in Würzburg. Manuskript im Archiv für Christlich-Soziale Politik, München.

Stoiber, Edmund, Rede des Ministerpräsidenten beim 9. Niederbayerntag der CSU am 14. Mai 1994 am Pilgramsberg in der Gemeinde Rattiszell, Landkreis Straubing-Bogen. Manuskript im Archiv für Christlich-Soziale Politik, München.

Stoiber, Edmund, Mit Mut zur Veränderung: Bayern an der Spitze des Aufschwungs, Regierungserklärung vor dem Bayerischen Landtag am 14. Juni 1994. Manuskript im Archiv für Christlich-Soziale Politik, München.

Stoiber, Edmund, Rede bei der Sitzung der CSU-Landtagsfraktion am 19. Juli 1994. Manuskript im Archiv für Christlich-Soziale Politik, München.

Stoiber, Edmund, Rede auf dem CSU-Parteitag am 3. September 1994 in München. Manuskript im Archiv für Christlich-Soziale Politik, München.

Stoiber, Edmund, Rede an die Bediensteten der Bayerischen Staatskanzlei am 27. September 1994. Manuskript im Archiv für Christlich-Soziale Politik, München.

Stoiber, Edmund, Rede vor der CSU-Landtagsfraktion am 29. September 1994. Manuskript im Archiv für Christlich-Soziale Politik, München.

Stoiber, Edmund, Rede bei einer Kundgebung am 3. Oktober 1994 in Rott am Inn. Manuskript im Archiv für Christlich-Soziale Politik, München.

Stoiber, Edmund, Rede bei Kundgebung am 6. Oktober 1994 in Sigmaringen , am 11. Oktober 1994 in der Gemeinde Mindelstetten, am 14. Oktober 1994 in Rothenburg ob der Tauber und am 14. Oktober 1994 in der Orangerie in Ansbach. Text jeweils identisch. Alle Manuskripte im Archiv für Christlich-Soziale Politik, München.

Stoiber, Edmund, Regierungserklärung vor dem Bayerischen Landtag. 1. April 1998. Manuskript im Archiv für Christlich-Soziale Politik, München.

Stoiber, Edmund, Rede des Ministerpräsidenten zum Entwurf des Doppelhaushaltes 2001/2002 für den Geschäftsbereich des Ministerpräsidenten und der Staatskanzlei (Einzelplan 02) am 9. November 2000. Manuskript im Archiv für Christlich-Soziale Politik, München.

E-Post-Nachrichten & Telefonate
Eberle, Hans, Telefonat mit dem Autor vom 24. Mai 2005.
Frößl, Emmerich, E-Post an den Autor vom 24. Juni 2003.
Goertz, Ralf, E-Post an den Autor vom 5. Mai 2005.
Handlos, Helga, Telefonat mit dem Autor am 24. Mai 2005.
Holzmayr, Elvira, E-Post an den Autor vom 21. Oktober 2003.
Hotz, Lea, E-Post an den Autor vom 2. Dezember 2003.
Jung, Annette, E-Post an den Autor vom 24. Juli 2003.
Käs, Christian, E-Post an den Autor vom 14. September 2004.
Krämer, Michael, Telefonat mit dem Autor, 24. Mai 2005.
Kratzenstein, Joka, E-Post an den Autor vom 31. August 2004.
Lorenz, Kerstin, E-Post an den Autor vom 18. Mai 2003.
Lorenz, Kerstin, E-Post an den Autor vom 19. Mai 2003.
Paulwitz, Michael, E-Post an den Autor vom 4. Februar 2005.
Pricelius, Peter, E-Post an den Autor vom 20. Mai 2003.
Richter, Frithjof, E-Post an den Autor vom 17. Mai 2003 (9.46 Uhr).
ders., E-Post an den Autor vom 17. Mai 2003 (11.40 Uhr).
ders., E-Post an den Autor vom 18. Mai 2003.
ders., E-Post an den Autor vom 19. Mai 2003 (18.05 Uhr).
ders., E-Post an den Autor vom 19. Mai 2003 (19.13 Uhr).
ders., E-Post an den Autor vom 19. Mai 2003 (23.00 Uhr).
ders., E-Post an den Autor vom 20. Mai 2003.
ders., E-Post an den Autor vom 7. Oktober 2003.
ders., E-Post an den Autor vom 22. April 2004.
ders., E-Post an den Autor vom 23. April 2004.
Schlierer, Rolf, E-Post an den Autor vom 10. Mai 2005.
ders., Telefonat mit dem Autor vom 24. Mai 2005.
Schönhuber, Franz, E-Post an den Autor vom 5. Mai 2005.
Stender, Carsten, E-Post an den Autor vom 11. September 2003.
Tempel, Gerhard, E-Post an den Autor vom 26. April 2004.
Voigt, Ekkehard, Telefonat mit dem Autor vom 24. Mai 2005.
Winkelsett, Ursula, E-Post an den Autor vom 10. Oktober 2003.
Winkelsett, Ursula, Telefonat mit dem Autor vom 18. Januar 2005.
Winkelsett, Ursula, E-Post an den Autor vom 5. Mai 2005.

Persönliche Gespräche
Schwarz, Erich, persönliches Gespräch mit dem Autor vom 12. Mai 2005

8.1.2. Veröffentlichte Quellen

CDU
Christlich-Demokratische Arbeitnehmerschaft/Arbeitsgemeinschaft der DAG-Gewerkschaftler, Gewerkschaft gegen Radikale, Pressemitteilung vom 27. September 1989.

Christlich-Demokratische Arbeitnehmerschaft/Bundesverband, Die Republikaner – Brandstifter gegen Deutschland, 8. Juli 1992.

CDU/CSU-Bundestagsfraktion, Pressemitteilung zur Sitzung des Innenausschusses am 15. Februar 1989 vom 15. Februar 1989.

CDU/CSU-Bundestagsfraktion, Die Republikaner: Widersprüchliches Programm und dubiose Figuren, in: Stichworte der Woche, 28. April 1989.

CDU/CSU-Fraktion im Deutschen Bundestag, Mit Republikanern ist kein Staat zu machen, Pressemitteilung vom 11. Mai 1994.

Christlich Demokratische Union/Landesverband Niedersachsen, CDU-Hasselmann: Radikale Lösungen sind nicht verantwortbar, Pressemitteilung vom 23. März 1989.

Christlich Demokratische Union/Bundesgeschäftsstelle, Pressemitteilung vom 17. April 1989.

Christlich-Demokratische Union/Bundesvorstand, Empfehlungen an die Bundesregierung und die CDU/CSU-Bundestagsfraktion, beschlossen während der Klausurtagung am 16./17. April 1989 in Königswinter, zitiert nach: n.n., CDU begrüßt Kabinettsumbildung: Eine gute Grundlage für einen neuen Aufbruch, in: Union in Deutschland, Nr. 13, 20. April 1989, S. 3.

Christlich Demokratische Union/Bundesgeschäftsstelle, Die REP: Analyse und politische Bewertung einer rechtsradikalen Partei, Bonn, 18. Mai 1989.

Christlich Demokratische Union/Bundesverband, Wandzeitung „Radikale und SPD, Zukunft und Wohlstand ade.", abgedruckt in: Union in Deutschland, 18. Mai 1989.

Christlich Demokratische Union/Bundesgeschäftsstelle, Radikale und SPD, Zukunft und Wohlstand ade., Werbeanzeige zur Europawahl 1989 in: Union in Deutschland, Nr. 16., 18. Mai 1989.

Christlich Demokratische Union/Bundesgeschäftsstelle, Die REP: Analyse und politische Bewertung einer rechtsradikalen Partei, in: Union in Deutschland, Nr. 17, 26. Mai 1989.

Christlich Demokratische Union/Bundesgeschäftsstelle, Krawalle in Berlin zeigen: Wer rechtsradikal wählt, wird links regiert, Flugblatt zur Europawahl 1989, [ca. Mai 1989].

Christlich Demokratische Union/Bundesgeschäftsstelle, Keine Experimente! Wählen gehen!, Werbeanzeige zur Europawahl 1989 in: Die Welt, 7. Juni 1989.

Christlich Demokratische Union/Bundesgeschäftsstelle, Uns Deutschen ging's noch nie so gut, Flugblatt zur Europawahl 1989, Juni 1989.

Christlich Demokratische Union/Parteipräsidium, Beschluss über Abgrenzung gegenüber radikalen Parteien, 3. Juli 1989, zitiert nach Christlich Demokratische Union/Bundesgeschäftstelle, Pressemitteilung vom 4. Juli 1989.

Christlich Demokratische Union/Bundesgeschäftsstelle, Die REP: Analyse und politische Bewertung einer rechtsradikalen Partei, Bonn, Juli 1989.

Christlich-Demokratische Arbeitnehmerschaft/Arbeitsgemeinschaft der DAG-Gewerkschaftler, Gewerkschaft gegen Radikale, Pressemitteilung vom 27. September 1989.

Christlich Demokratische Union/Bundesverband, Pressemitteilung zur „Republikaner-Studie" der SPD vom 24. Oktober 1989.

Christlich Demokratische Union/Bundesverband, Pressemitteilung zum neuen Programmentwurf der REP vom 27. November 1989.

Christlich-Demokratische Union, Wahlanzeige der CDU zur Europawahl 1989, zitiert aus: Eike Hennig/Manfred Kieserling/Rolf Kirchner, Die Republikaner im Schatten Deutschlands. Zur Organisation der mentalen Provinz, Frankfurt am Main 1991, S. 239.

Christlich-Demokratische Union im Landtag von Baden-Württemberg, Zusammenarbeit der Republikaner mit anderen rechtsextremen Parteien, insbesondere mit der NPD, Antrag vom 22. August 2000.

Christlich-Demokratische Union, Beschluss des Präsidiums, zitiert nach: n.n., CDU verschärft Abgrenzungskurs gegen Republikaner auf allen Ebenen. Vorstand beschließt Ablehnung der Zusammenarbeit mit „links- und rechtsradikalen Parteien", Die WELT, 5. Juli 1989.

Christlich Demokratische Union, Moderne Parteiarbeit in den 90er Jahren, Parteitagsbeschluss, Niederschrift des 37. Bundesparteitages am 11.-13. September 1989 in Bremen.

Christlich Demokratische Union/Fraktion im Landtag von Baden-Württemberg, Die Funktionsträger der Republikaner oder: Wölfe im Schafspelz, 11. Mai 1992.

Christlich Demokratische Union/Landesverband Baden-Württemberg, CDU: Keine Basis für eine Zusammenarbeit mit den REP, CDU-Baden-Württemberg Extra, [ca. Mai/Juni 1992].

Christlich Demokratische Union, Die REP: Gefahr von rechts, 19. Oktober 1992.

Christlich Demokratische Union, Beschluss Nr. H81, Niederschrift des 3. Parteitages am 26.-28. Oktober 1992 in Düsseldorf.

Christlich Demokratische Union, Den Radikalen keine Chance!, Beschluss D40, Niederschrift des 4. Parteitages am 13.-14. September 1993 in Berlin.

Christlich Demokratische Union/Fraktion im Landtag von Hessen, Mit den Republikanern ist kein Staat zu machen, 9. Mai 1994.

Christlich Demokratische Union/Bundesgeschäftsstelle, Auf gegen rechts und links: Gebt Radikalen keine Chance!, September 1994.

Christlich Demokratische Union, Beschluss 17, Protokoll des 10. Parteitages am 18.-19. Mai 1998 in Bremen.

Christlich-Demokratische Union im Landtag von Baden-Württemberg, Zusammenarbeit der Republikaner mit anderen rechtsextremen Parteien, insbesondere mit der NPD, Antrag vom 22. August 2000.

Christlich Demokratische Union/Landesverband Niedersachsen, CDU-Hasselmann: Radikale Lösungen sind nicht verantwortbar, Pressemitteilung vom 23. März 1989.

N.n., Lothar Späth und Heiner Geißler in Ludwigsburg: Im Europawahlkampf geht es um mehr als den Binnenmarkt, in: Union in Deutschland, 16. März 1989.

N.n., Radikalen keine Chance, in: Union in Deutschland, 27. Juli 1989.

N.n., Bundeskanzler Kohl, Wir nehmen das Ergebnis dieser Wahlen sehr ernst, in: Union in Deutschland, 9. April 1992.

N.n., Außer Spesen nichts gewesen: 5 Jahre Republikaner im Europäischen Parlament, in: Union in Deutschland, 11. Mai 1994.

Politiker der CDU

Biedenkopf, Kurt, Augen zu und durch? Republikaner: Die Volksparteien reagieren hilflos, in: Die Zeit, 7. Juli 1989.

Dregger, Alfred, „Unsere Hauptgegner sind Rot-Grün": Strategie zur Auseinandersetzung mit Republikanern, in: Deutschland-Union-Dienst, 21. Juni 1989.

ders., Steht die SPD noch zum Unvereinbarkeitsbeschluss?, in: Nordsee-Zeitung, 12. August 1989.

Geißler, Heiner, Wer rechtsradikal wählt – wird links regiert: Radikale und SPD, Zukunft und Wohlstand ade, in: Union in Deutschland, 2. Mai 1989.

ders., Heiner Geißler: Informieren, motivieren und mobilisieren, in: Union in Deutschland, 11. Mai 1989.

ders., Keine Koalition mit den Republikanern, in: Union in Deutschland, 26. Mai 1989.

ders., Der Irrweg des Nationalismus, Weinheim 1995.

Koch, Roland, Mit Republikanern ist kein Staat zu machen, Pressemitteilung der CDU/CSU-Fraktion im Deutschen Bundestag, 11. Mai 1994.

Kohl, Helmut, Wir müssen die notwendige Überzeugungsarbeit leisten, in: Union in Deutschland, 2. Februar 1989.

ders., Bundeskanzler Helmut Kohl: Keine Gemeinsamkeiten mit den Radikalen, in: Union in Deutschland, Nr. 20/89, Bonn, 22. Juni 1989.

ders., Die Bonner Koalition ist ausdrücklich vom Wähler bestätigt worden, in: Union in Deutschland, 28. März 1996.

ders., PlPr 12/103, S. 8743 C/D, zitiert nach Heinz Lynen von Berg, Politische Mitte und Rechtsextremismus. Diskurse zu fremdenfeindlicher Gewalt im 12. Deutschen Bundestag (1990-1994), Opladen 2000, S. 106.

Krause, Rudolf, Ende der Volksparteien. Denkschrift zu nationalen deutschen Fragen, 2. Aufl., Essen 1993.

Rüttgers, Jürgen, Doppelstrategie der SPD gegenüber Extremisten, in: Deutschland-Union-Dienst, 21. August 1989.

ders. DUD zum Tage, in: Deutschland-Union-Dienst, 22. August 1989.

Späth, Lothar, Die Republikaner sind Volksverführer, in: Abendzeitung, 26. Juni 1989.

Süssmuth, Rita, Wer Schönhuber wählt, muss mit allem rechnen, in: Quick, 19. Juli 1989.

Teufel, Erwin, Jetzt muss das Wohl unseres Landes im Vordergrund stehen, in: Union in Deutschland, 9. April 1992.

ders., Ich werde auf die FDP zugehen und ihre Koalitionsgespräche anbieten, in: Union in Deutschland, 28. März 1996.

Konrad-Adenauer-Stiftung

Kailitz, Steffen, Aktuelle Entwicklungen im deutschen Rechtsextremismus, Zukunftsforum Politik Nr. 17, Konrad-Adenauer-Stiftung, Sankt Augustin 2000.

ders., Rechtsextremismus in der Bundesrepublik Deutschland: Auf dem Weg zur „Volksfront?", Zukunftsforum Politik, Nr. 65/2005, Sankt Augustin, April 2005.

Lepszy, Norbert, Die Republikaner: Ideologie – Programm – Organisation und Wahlergebnisse, Interne Studien, Nr. 13/1989 des Forschungsinstituts der Konrad-Adenauer-Stiftung, Sankt Augustin, 20. Juni 1989.

ders., Die Republikaner im Abwind, Aktuelle Fragen der Politik Nr. 17, Konrad-Adenauer-Stiftung, Sankt Augustin 1994.

Lepszy, Norbert/Veen, Hans-Joachim, „Republikaner" und DVU in kommunalen und Landesparlamenten sowie im Europaparlament, St. Augustin 1994.

Neu, Viola, Die Potenziale der PDS und der REP im Winter 1997/98, Arbeitspapier der Konrad-Adenauer-Stiftung, Sankt Augustin, März 1998.

Veen, Hans-Joachim, „Programm" und „Wähler" der Republikaner – Etablierung noch offen, in: Zeitschrift zur politischen Bildung und Information, Eichholzbrief 4/89, Konrad-Adenauer-Stiftung, S. 53-65.

CSU

Bergsdorf, Harald, Gegensätzliche Geschwister mit viel Gemeinsamkeit, in: Bayernkurier, 5. Juli 2001.

Christlich-Soziale Union/Landesgruppe im Deutschen Bundestag, Pressemitteilung zum Austritt des Bundestagsabgeordneten Franz Handlos aus der CSU, 9. Juli 1983.

Christlich-Soziale Union/Landesgruppe im Deutschen Bundestag, Pressemitteilung Nr. 172/1989, 23. Juni 1989.

Christlich-Soziale Union/Landesgruppe im Deutschen Bundestag, Pressemitteilung Nr. 179/1989, 4. Juli 1989.

Christlich-Soziale Union/Landesgruppe im Deutschen Bundestag, Pressemitteilung Nr. 208/1989, 20. Juli 1989.

Christlich-Soziale Union/Landesgruppe im Deutschen Bundestag, Pressemitteilung Nr. 250/1989, 17. August 1989.

Christlich-Soziale Union/Landesgruppe im Deutschen Bundestag, Pressemitteilung Nr. 308/1989, 9. Oktober 1989.

Christlich-Soziale Union/Landesgruppe im Deutschen Bundestag, Pressemitteilung Nr. 343/1989, 25. Oktober 1989.

Christlich-Soziale Union/Landesgruppe im Deutschen Bundestag, Pressemitteilung Nr. 414/1989, 12. Dezember 1989.

Christlich-Soziale Union/Landesgruppe im Deutschen Bundestag, Pressemitteilung Nr. 343/1990, 19. September 1990.

Christlich-Soziale Union/Landesleitung, Die Republikaner und Europa, ohne Datum.

Christlich-Soziale Union/Landesleitung, Die Wandlungen des Franz Schönhuber, 10. Oktober 1989.

Christlich-Soziale Union/Landesleitung, ÖDP – Irreale Vorstellungen gefährden Aufschwung, Wohlstand und soziale Sicherheit, September 1994.

Christlich-Soziale Union/Landesleitung, Republikaner auf Radikalkurs, 1. Juni 1989.

Christlich-Soziale Union/Landesleitung, Republikaner-Politik: Schaden für Deutschland. Chronologie des Versagens, Mai 1994.

Christlich Soziale Union, Deutschland unser Vaterland, Wahlanzeige zur Europawahl 1989, in: Süddeutsche Zeitung, 10. Juni 1989.

Christlich Soziale Union, Asyl ja – Missbrauch nein, Wahlanzeige zur Europawahl 1989, in: Münchner Merkur, 12. Juni 1989.

Christlich Soziale Union, Informationen der CSU zur bayerischen Landtagswahl 1990.

Christlich-Soziale Union, Informationen der CSU zur Bundestagswahl 1990.

Christlich-Soziale Union, Satzung vom 23. November 2002.

Jesse, Eckhard, Renaissance der SED-Erben, in: Bayernkurier, 2. Oktober 2004. Jesse, Eckhard, Renaissance der SED-Erben, in: Bayernkurier, 2. Oktober 2004.

N.n., Die Republikaner: Unrecht und Unordnung. Von Recht und Ordnung wird nur geredet, in: Bayernkurier, 16. September 1989.

N.n., Partei-Austritt: Voigts Beweislast, in: Bayernkurier, Jahrgang 34, Nr. 44, 5. November 1983, S. 1.

CSU-Kreisverbands Bad Tölz-Wolfratshausen/Arbeitskreis Bildungs- und Kulturpolitik, „Die Republikaner: eine Partei ‚rechts der Mitte' und ‚diesseits der NPD'?", [ca. Juni 1989].

N.n., Partei-Austritt: Voigts Beweislast, in: Bayernkurier, 5. November 1983.

Politiker der CSU

Stoiber, Edmund, offener Brief an Franz Schönhuber, 16. Februar 1990.

Waigel, Theo: Treu der Verantwortung! Der CSU-Vorsitzende beim Politischen Aschermittwoch: Eine große Tradition lebt, in: Bayernkurier, 18. Februar 1989.

Hanns-Seidel-Stiftung

Akademie für Politik und Zeitgeschehen der Hanns-Seidel-Stiftung e.V., Die Republikaner: Auseinandersetzung mit einer Protestpartei zwischen Rechtspopulismus und Rechtsextremismus, München August 1990.

Hanns-Seidel-Stiftung (Hrsg.), „Die ‚Republikaner' – Gefahr für die Demokratie? Zur Entwicklung der Partei unter besonderer Berücksichtigung der Ereignisse seit der Berliner Wahl vom Januar 1989", unveröffentlichte Zeitungsausschnittsammlung, konzipiert von Monica H. Forbes, Bd. I und II, München, 10. April 1990.

Hirscher, Gerhard, Die Republikaner: Auseinandersetzung mit einer Protestpartei zwischen Rechtspopulismus und Rechtsextremismus, Akademie für Politik und Zeitgeschehen der Hanns-Seidel-Stiftung e.V., München, August 1990.

Junge Union

Junge Union Deutschlands, Chaos und Zerstrittenheit kennzeichnen die SPD – Aussiedlerfeindlichkeit eint Lafontaine und Schönhuber, Pressemitteilung 24/89, Bonn, 3. April 1989.

Becker, Monika, Junge Union Deutschlands: Auf keinen Fall Verhandlungen mit den Republikanern, in: Kommunalpolitische Blätter, Nr. 8/1989.

Junge Union Deutschlands, Radikalen keine Chance, Themenplakat, kein Datum.

Junge Union/Bundesgeschäftsstelle, Die Republikaner, Juni 1992.

SPD

Bähr, Sebastian, Interview mit dem SPD-Spitzenkandidaten in Berlin, in Vorwärts, 14. Januar 1989.

Beckum, Jan-Anton, In der CSU gärt es weiter, in: Vorwärts, Nr. 45, 3. November 1983.

ders., Die neue Anti-Strauß-Allerweltspartei, in: Vorwärts, Nr. 49, 1. Dezember 1983.

Burghof, Ansgar (Hrsg.), Weder verharmlosen, noch dämonisieren, Reihe Das Mandat/Demokratische Gemeinde, Bonn 1989.

Diner, Dan/Leggewie, Claus, Die Rechte profitiert von falschen Fronten, in: Vorwärts, November 1992.

Fuss, Robert, Wettlauf am rechten Rand, in: Vorwärts, 4. März 1989.

Gorol, Stephan, „Ich vermisse die Wut gegen Leute wie Schönhuber", Interview mit Entertainer Ron Williams, in: Vorwärts, September 1989.

Japs, Gode, Helfer aus dem rechten Sumpf. Im Wahlkampf gibt es für die Union keine Abgrenzung zu Rechtsradikalen, in: Vorwärts vom 4. September 1980.

ders., Der Unions-Tau vor den Republikanern, in: Vorwärts, 18. Februar 1989.

JungsozialistInnen in der SPD/Bundesvorstand, Freiheit, Gleichheit, Solidarität! Den rechten Rattenfängern keine Chance!, juso magazin extra, 2. Aufl., Bonn [ca. 1988].

Klönne, Arno, Republikaner raus aus Berlin?, in: Vorwärts, 4. Februar 1989.

Lessmann, Ulla, „...die Differenz zwischen Reden und Tun beheben", Interview mit dem stellvertretenden Parteivorsitzenden Johannes Rau, in: Vorwärts, November 1989.

Lessmann, Ulla/Schmuck, Klaus-Dieter, „Mutiger und selbstbewusst", Interview mit Anke Fuchs, in: Vorwärts, Dezember 1989.

Lohmar, Ulrich, Die neue Rechte: Unmut gegen „die da oben", in: Vorwärts, 1. April 1989.

Loreck, Jochen, Republikaner: Eher stärker als schwächer, in: Vorwärts, Nr. 15, 15. April 1989.

N.n., JU-Duo: Übertritt zu „Republikanern", in: Vorwärts, 8. April 1989.

N.n., Für Gerechtigkeit – gegen Rechts!, in: Sozialdemokrat, Mai 1989.

N.n., „Republikaner" sind „Fleisch vom Fleische" der Union, Interview mit Hans-Gerd Jaschke, in: Parlamentarisch-Politischer Pressedienst, 20. Juli 1989.

N.n., Däubler-Gmelin: „Republikaner" gegen „alles, was unsere Demokratie ausmacht", in: Parlamentarisch-Politischer Pressedienst, 31. Juli 1989.

N.n., Probleme bei der Erweiterung der Rechtskoalition, in: Parlamentarisch-Politischer Pressedienst, 17. August 1989.

N.n., „Republikaner" mit unübersehbaren braunen Flecken, in: Parlamentarisch-Politischer Pressedienst, 22. September 1989.

N.n., Reps – keine unbekannten Wesen, in: Vorwärts, November 1989.

N.n., Alte Parolen sind grau. Neues Denken ist rot., in: Vorwärts, März 1996.

Roth, Dieter, Auf dem Weg zum Fünf-Parteien-System, in: Vorwärts, 18. Februar 1989.

Simmel, Johannes Mario, „Küsst die Faschisten, wo ihr sie trefft", in: Vorwärts, Juni 1989.

Sozialdemokratische Partei Deutschlands, Organisationsstatut vom 19. November 2001.

Sozialdemokratische Partei Deutschlands, Protokoll vom Programm-Parteitag Berlin, 18.-20. Dezember 1989.

Sozialdemokratische Partei Deutschlands, Resolutionstext „Gegen Rechtsextremismus, Gewalt und Ausländerfeindlichkeit. Sich einmischen statt wegschauen: Demokratie und Menschenrechte schützen, Gewalt widerstehen.", Protokoll vom Außerordentlichen Parteitag Bonn 16.-17. November 1992, Vorstand der SPD, Bonn, ohne Datum.

Sozialdemokratische Partei Deutschlands/Arbeitskreis Inneres der Bundestagsfraktion, Rechtsextremismus in der Bundesrepublik: Droht eine neue Gefahr von rechts?, in: intern, 26. Mai 1989.

Sozialdemokratische Partei Deutschlands/Bundesgeschäftsstelle (Hrsg.), Weder verharmlosen, noch dämonisieren, Abschlussbericht der Beratungsgruppe „Projekt R", in: intern [Oktober 1989].

Sozialdemokratische Partei Deutschlands/Bundestagsfraktion, Penner: Kämperischer Auseinandersetzung mit Rechtsextremismus nicht ausweichen, Pressemitteilung vom 11. Mai 1989.

Sozialdemokratische Partei Deutschlands/Bundestagsfraktion/Projektgruppe „Bekämpfung von Rechtsextremismus und Gewalt", Vernunft, Entschlossenheit, Toleranz. Unsere Vorschläge zur Bekämpfung von Rechtsextremismus, Fremdenfeindlichkeit, Antisemitismus und Gewalt, Bonn, 9. November 1993.

Sozialdemokratische Partei Deutschlands/Bundesvorstand/Referat Öffentlichkeitsarbeit, CDU/CSU sind zu allem fähig, aber zu nichts zu gebrauchen, [ca. Mai 1989].

Sozialdemokratische Partei Deutschlands/Parteivorstand, Thema: Rechtsextremismus, [vermutl. Handreichung zur Europawahl 1989, ca. Mai 1989].

Sozialdemokratische Partei Deutschlands/Parteivorstand, Dem Rechtsextremismus mit aktiver Politik begegnen, Pressemitteilung vom 3. Februar 1989.

Sozialdemokratische Partei Deutschlands/Parteivorstand, Pressemitteilung zum Interview Oskar Lafontaines mit dem Hessischen Rundfunk vom 15. Februar 1989.

Sozialdemokratische Partei Deutschlands/Parteivorstand, Pressemitteilung zur Ausländerpolitik bei CDU/CSU, Republikanern und NPD vom 1. März 1989.

Sozialdemokratische Partei Deutschlands/Parteivorstand, Pressemitteilung zum Interview Oskar Lafontaines mit dem Saarländischen Rundfunk vom 2. März 1989.

Sozialdemokratische Partei Deutschlands/Parteivorstand, Brücken nach rechts: Wagner ist keineswegs allein in der CDU/CSU, Pressemitteilung vom 16. März 1989.

Sozialdemokratische Partei Deutschlands/Parteivorstand, Pressemitteilung zu Koalitionsüberlegungen der Union mit den Republikanern vom 19. März 1989.

Sozialdemokratische Partei Deutschlands/Parteivorstand, Pressemitteilung zu Koalitionsüberlegungen der Union mit den Republikanern vom 18. Mai 1989.

Sozialdemokratische Partei Deutschlands/Parteivorstand, Pressemitteilung zur Kundgebung im Rahmen des Europafestivals der SPD in Dortmund-Wischlingen mit Hans-Jochen Vogel vom 21. Mai 1989.

Sozialdemokratische Partei Deutschlands/Parteivorstand, Polizisten gegen Rechtsextremismus, Pressemitteilung vom 8. Juni 1989.

Sozialdemokratische Partei Deutschlands/Parteivorstand, Pressemitteilung zu den Äußerungen von Heinrich Lummer in der Zeitschrift „Bunte" vom 16. Juni 1989.

Sozialdemokratische Partei Deutschlands/Parteivorstand, Pressemitteilung zur Forderung Graf Lambsdorffs an Jochen Vogel, eine Koalition aus SPD und Republikanern im Rheingau-Taunus-Kreis zu verhindern vom 29. Juni 1989.

Sozialdemokratische Partei Deutschlands/Landtagsfraktion Niedersachsen, Rechtsradikalismus ist Härtetest für die demokratischen Institutionen und Probe für die demokratische Widerstandsfähigkeit der Köpfe, Pressemitteilung vom 17. Juli 1989.

Sozialdemokratische Partei Deutschlands/Parteivorstand, Pressemitteilung zum Interview Herta Däubler-Gmelins im Bonner General-Anzeiger vom 26. Juli 1989.

Sozialdemokratische Partei Deutschlands/Parteivorstand, Pressemitteilung zur Rede von Hans-Jochen Vogel beim 25-jährigen Jubiläum des Bürgerfestes am Hasenbergl vom 29. Juli 1989.

Sozialdemokratische Partei Deutschlands/Parteivorstand, Pressemitteilung zur Äußerung des niedersächsischen CDU-Vorsitzenden Wilfried Hasselmann vom 8. August 1989.

Sozialdemokratische Partei Deutschlands/Parteivorstand, Pressemitteilung zum Ausscheiden Heiner Geißlers als CDU-Generalsekretär vom 21. August 1989.

Sozialdemokratische Partei Deutschlands/Parteivorstand, Pressemitteilung zur Pressekonferenz des CDU-Vorsitzenden Helmut Kohl vom 22. August 1989.

Sozialdemokratische Partei Deutschlands/Parteivorstand, Pressemitteilung zu den Äußerungen des niedersächsischen Landtagsabgeordneten Kurt Vajen vom 28. August 1989.

Sozialdemokratische Partei Deutschlands/Parteivorstand, Pressemitteilung zur Botschaft des Bundespräsidenten Richard von Weizsäcker zum 1. September vom 30. August 1989.

Sozialdemokratische Partei Deutschlands/Parteivorstand, Pressemitteilung zum Aktionsbündnis des DGB gegen die Republikaner vom 7. September 1989.

Sozialdemokratische Partei Deutschlands/Parteivorstand, Pressemitteilung zur Eröffnung des 13. Ordentlichen Gewerkschaftstages der Gewerkschaft Holz und Kunststoff in Würzburg vom 8. Oktober 1989.

Sozialdemokratische Partei Deutschlands/Parteivorstand, Pressemitteilung zum Programmparteitag der Republikaner in Rosenheim vom 12. Januar 1990.

Sozialdemokratische Partei Deutschlands/Landesverband Bayern, SPD-Beirat „Polizei" fordert: „Republikaner" durch Verfassungsschutz überwachen, Sozialdemokratische PresseKorrepondenz Nr. 31, 4. Mai 1990.

Sozialdemokratische Partei Deutschlands/Bundestagfraktion, Hans-Jochen Vogels politischer Bericht vor der Fraktion, Pressemitteilung vom 29. Mai 1990.

Sozialdemokratische Partei Deutschlands/Parteivorstand, Pressemitteilung zum Übertritt des bisherigen CDU-Abgeordneten Rudolf Karl Krause zu den Republikanern vom 25. Mai 1993.

Sozialdemokratische Partei Deutschlands/Parteivorstand, Pressemitteilung zu den Äußerungen von Bundesinnenminister Kanther zur Mitgliedschaft von Beamten bei den Republikanern vom 3. Dezember 1993.

Sozialdemokratische Partei Deutschlands/Parteivorstand, Maurer: Kanther soll Reps endlich als rechtsextremistische Partei einstufen – Zögerliche Haltung des Bundesinnenministers stößt auf völliges Unverständnis, Pressemitteilung vom 24. August 1994.

Sozialdemokratische Partei Deutschlands/Parteivorstand, Pressemitteilung zur Parteienfinanzierung am 5. Januar 1995.

Sozialdemokratische Partei Deutschlands/Parteivorstand, Referat Öffentlichkeitsarbeit (Hrsg.), Die REP: eine rechtsextreme Chaospartei, Bonn 1994.

Sozialdemokratische Partei Deutschlands/Vorstand, Jahrbuch der Sozialdemokratischen Partei Deutschlands 1982-1983, Bonn 1984.

Sozialdemokratische Partei Deutschlands/Vorstand, Jahrbuch der Sozialdemokratischen Partei Deutschlands 1984-1985, Bonn 1986.

Sozialdemokratische Partei Deutschlands/Vorstand, Jahrbuch 86/87 SPD (ohne Datum).

Sozialdemokratische Partei Deutschlands/Vorstand, Jahrbuch 1988-1990 SPD [ohne Datum].

Sozialdemokratische Partei Deutschlands/Vorstand, Jahrbuch der Sozialdemokratischen Partei Deutschlands 91/92, Bonn 1993.

Sozialdemokratische Partei Deutschlands/Vorstand, Jahrbuch der Sozialdemokratischen Partei Deutschlands 93/94, Bonn 1995.

Sozialdemokratische Partei Deutschlands/Vorstand, Jahrbuch der Sozialdemokratischen Partei Deutschlands 1995/96, [ohne Datum/Ortsangabe].

Sozialdemokratische Partei Deutschlands/Landesverband Baden-Württemberg, Das hat die Geschichte uns deutlich gelehrt: Rechtsradikale sind die falschen Leute, um Wohlstand und Fortschritt zu sicher., Werbe-Flyer zur Kommunalwahl am 22. Oktober 1989, zitiert nach: Sozialdemokratischer Pressedienst, 13. Oktober 1989.

Sozialdemokratische Partei Deutschlands/Landesverband Bayern, Die Republikaner – die falschen Patrioten, 1. Aufl., Bayreuth, April 1989.

Sozialdemokratische Partei Deutschlands/Landesverband Bayern, Die Republikaner – die falschen Patrioten, 2. Aufl., Bayreuth, April 1989.

Sozialdemokratische Partei Deutschlands/Landesverband Bayern, SPD bekämpft offensiv rechtsradikale Republikaner, Sozialdemokratische PresseKorrepondenz Nr. 11, 14. Februar 1989.

Sozialdemokratische Partei Deutschlands/Landesvorstand Hessen, Abgrenzungsbeschluss gegenüber den Republikanern [ca. Juli 1989].

Sozialdemokratische Partei Deutschlands/Landesverband Hessen, SPD: Offensive Auseinandersetzung mit den Republikaner notwendig, Wiesbaden, 5. April 1993.

Weusthoff, Anja/Zeimentz, Rainer (Hrsg.), Aufsteh'n. Aktionen gegen Rechts: ein Handbuch, Vorwärts Verlag/SPD-Parteivorstand, 2. Auflage, Bonn 1994.

Politiker der SPD

Bebber, Wolfgang, Radikalen-Erlass kein Mittel gegen die „Reps", in: Sozialdemokratischer Pressedienst, 2. Dezember 1993.

Beck, Kurt, Will die CDU den Bürgermeistersessel mit Hilfe der Schönhuber-Partei retten?, in: Sozialdemokratischer Pressedienst, 22. Juni 1989.

Engholm, Björn, Signal des Protestes, in: Vorwärts, Mai 1992.

ders., Unser Land braucht Klarheit und Wahrheit, in: Vorwärts, Juni 1992.

Farthmann, Friedhelm, Die „Republikaner" sind verfassungswidrig. Zur Notwendigkeit, der Schönhuber-Partei nach dem Prinzip der wehrhaften Demokratie zu begegnen, in: Sozialdemokratischer Pressedienst, 21. September 1989.

Anke Fuchs, Offensives SPD-Profil, keine Sonderangebote!, in: Intern, 3. November 1989.

ders., Offensives SPD-Profil, keine Sonderangebote!, in: Sozialdemokratische Partei Deutschlands/Bundesverband, Jahrbuch 1988-1990 SPD, Bonn [ohne Datum], S. C247f.

Gansel, Norbert, Vorwärts für unsere Republik, in Vorwärts, 4. Februar 1989.

Gerster, Florian, Gefahr für die SPD? Zum Umgang mit den „Republikanern", in: Sozialdemokratischer Pressedienst, 1. August 1989.

Glotz, Peter, Die deutsche Rechte: eine Streitschrift, Stuttgart 1989.

ders., Die deutsche Rechte: eine Streitschrift, 2. Aufl., Stuttgart 1989.

ders., Die deutsche Rechte, 3. Aufl., München 1992.

ders., Im Wortlaut: Peter Glotz (SPD). Schönhuber nicht totschweigen, in: Frankfurter Rundschau, 13. Januar 1990.

Klein, Peter, Den Kampf gegen rechts aufnehmen: Zur Auseinandersetzung mit den „Republikanern", in: Sozialdemokratischer Pressedienst, 3. Oktober 1989.

Lafontaine, Oskar, Das Bonner Kuddelmuddel hilft den Republikanern, in: Abendzeitung, 3. Juli 1989.

Müller, Albrecht, Wo bleibt die Solidarität der Demokraten? Zum Einzug der „Republikaner" in das Hambacher Schloss, in: Sozialdemokratischer Pressedienst, 20. Juni 1988.

Müller, Karl Heinz, Ein Ministerpräsident, der zum Bruch der Verfassung aufruft, in: Sozialdemokratischer Pressedienst, 9. Februar 1989.

Niese, Rolf, Die rechten Ultras ausgrenzen: Zum zukünftigen Umgang mit den Republikanern und der NPD im politisch-parlamentarischen Bereich, in: Sozialdemokratischer Pressedienst, 15. März 1989.

Niggemeier, Horst, Politische Falschmünzerei ohne Beispiel, in: Sozialdemokratischer Pressedienst, 9. Februar 1989.

Nöbel, Wilhelm, Polizeibeamte sind verfassungstreue Bürger, in: Sozialdemokratischer Pressedienst, 18. Mai 1989.

Peter, Horst, Alternativen statt Rhetorik: Zur Auseinandersetzung mit den „Republikanern", in: Sozialdemokratischer Pressedienst, 21. August 1989.

Putzrath, Heinz, Die Republikaner: Renaissance der Ultrarechten, in: Sozialdemokratischer Pressedienst, 22. Juni 1989.

Rosen, Klaus-Henning, Das Werben um die „Anständigen und Tapferen", in: Sozialdemokratischer Pressedienst, 14. Oktober 1986.

Schöfberger, Rudolf, Den Republikanern den Nährboden entziehen, in: Sozialdemokratischer Pressedienst, 15. Februar 1989.

ders., Hemmungslose Hetze: Zum „Republikaner"-Parteitag in Rosenheim, in: Sozialdemokratischer Pressedienst, 15. Januar 1990.

Sieler, Wolfgang, Die „Republikaner" sind keine Partei des Grundgesetzes: Kein Streit um eine längst beantwortete Frage!, in: Sozialdemokratischer Pressedienst, 6. Juli 1989.

ders., Die Unrechts-Partei: Anmerkungen zur Programmatik der „Republikaner", in: Sozialdemokratischer Pressedienst, 9. Januar 1990.

Sonntag-Wolgast, Cornelie, Ungebremster Chauvinismus: Zum neuen Programmentwurf der „Republikaner", in: Sozialdemokratischer Pressedienst, 1. Dezember 1989.

Sprafke, Norbert ,Zum Beispiel Kassel: Zum Umgang mit den „Republikanern" im kommunalen Bereich, in: Sozialdemokratischer Pressedienst, 1. April 1993.

Stolpe, Manfred, Die Extremen dürfen ein gemeinsames Berlin-Brandenburg nicht verhindern!, in: Vorwärts, Mai 1996.

Verheugen, Günter, Die Unionsparteien haben rechtsradikale Renaissance allein zu verantworten, in: Vorwärts, 18. März 1989.

von Heckel, Max, Ein Brief an Edmund Stoiber: Parallelen zu den „Republikanern", in: Sozialdemokratischer Pressedienst, 12. Juni 1989.

Friedrich-Ebert-Stiftung

Bockemühl, Christian, Gegen die NPD: Argumente für die Demokratie, Friedrich-Ebert-Stiftung, Bad Godesberg 1969.

Brodkorb, Mathias/Schmidt, Thomas, Gibt es einen modernen Rechtsextremismus? Das Fallbeispiel Mecklenburg-Vorpommern, 2. Aufl., Friedrich-Ebert-Stiftung/Landesbüro Mecklenburg-Vorpommern, Rostock 2002.

Cuperus, René/Duffek, Karl A./Kandel, Johannes (Hrsg.), The Challenge of Diversity: European Social Democracy Facing Migration, Integration, and Multiculturalism, Innsbruck 2003.

Esen, Ellen u.a., Gewalt unter Jugendlichen, Rechtsextremismus und Fremdenfeindlichkeit, herausgegeben von der Friedrich-Ebert-Stiftung, Erfurt 1995.

Hans-Gerd Jaschke, Die „Republikaner": Profile einer Rechtsaußen-Partei, Reihe Praktische Demokratie der Friedrich-Ebert-Stiftung, 1. Aufl., Bonn 1990.

ders., Die „Republikaner": Profile einer Rechtsaußen-Partei, Reihe Praktische Demokratie der Friedrich-Ebert-Stiftung, 2. Aufl., Bonn 1993.

ders., Die „Republikaner": Profile einer Rechtsaußen-Partei, Reihe Praktische Demokratie der Friedrich-Ebert-Stiftung, 3. Aufl., Bonn 1994.

Paul, Gerhard, Rechtsextremismus im vereinten Deutschland, in: Richard Stöss, Rechtsextremismus im vereinten Deutschland, Friedrich-Ebert-Stiftung/Abteilung Dialog Ostdeutschland, 3. Aufl., Bonn 2000.

Stöss, Richard, Rechtsextremismus im vereinten Deutschland, Friedrich-Ebert-Stiftung/Abteilung Dialog Ostdeutschland, 2. Aufl., Bonn 1999.

ders., Rechtsextremismus im vereinten Deutschland, Friedrich-Ebert-Stiftung/Abteilung Dialog Ostdeutschland, 3. Aufl., Bonn 2000.

ders., The Extreme Right Wing in Europe: Does a „Euro Right" Exist?, in: René Cuperus/Karl A. Duffek/Johannes Kandel (Hrsg.), The Challenge of Diversity: European Social Democracy Facing Migration, Integration, and Multiculturalism, Innsbruck 2003, S. 253-271.

Struck, Manfred (Hrsg.), Vorurteile und Rechtsextremismus. Hintergründe – Problemfelder – Argumente – Materialien, Friedrich-Ebert-Stiftung, Bonn 1993.

Die Republikaner

Die Republikaner/Bundesverband, Parteiprogramm, verabschiedet auf dem Bundeskongress am 26. November 1983 in München.

Die Republikaner/Bundesverband, Parteiprogramm, verabschiedet auf dem Bundesparteitag im Mai 1987 in Bremerhaven.

Die Republikaner/Bundesverband, Parteiprogramm, verabschiedet auf dem Bundesparteitag am 13./14. Januar 1990 in Rosenheim.

Die Republikaner/Bundesverband, Parteiprogramm, verabschiedet auf dem Bundesparteitag am 26./27 Juni 1993 in Augsburg.

Die Republikaner/Bundesverband, Parteiprogramm, verabschiedet auf dem Bundesparteitag am 6. Oktober 1996 in Hannover.

Die Republikaner/Bundesverband, Parteiprogramm, verabschiedet auf dem Bundesparteitag am 12. Mai 2002 in Künzell.

Die Republikaner/Bundesverband, Siegburger Manifest, verabschiedet auf dem Bundesparteitag am 16. Juni 1985 in Siegburg.

Die Republikaner, Resolution des Bundesparteitages in Ruhstorf am 8. Juli 1990.

Die Republikaner, Aufnahmeantrag, Dokumentversion 2002.

Die Republikaner, Die Republikaner bekennen sich zur freiheitlich demokratischen Grundordnung und zur Demokratie, Resolution des Bundesparteitages in Veitshöchheim am 27./28. November 2004.

Die Republikaner/Landesverband Bayern, Republikaner behaupten sich in der Kommunalpolitik. Taufkirchen weiterhin Republikaner-Bastion in OBB, Pressemitteilung vom 11. März 2002, www.repbayern.de/politik/pm0202.html, abgerufen am 2. November 2002.

Die Republikaner/Landesverband Sachsen, Wir treten zur Bundestagswahl an!, www.repsachsen.de /lvsachsen/ btwahl.html, abgerufen am 19. Mai 2003.

Die Republikaner, Politik für Deutsche – Parteiprogramm, verabschiedet am 12. Mai 2002 in Künzel.

Die Republikaner, Identität in der Gemeinschaft – Das Wahlprogramm der Republikaner für die Europawahl 2004, verabschiedet durch den Europa-Parteitag am 15. November 2003 in Münster-Hiltrup.

Die Republikaner, Beschluss des Bundesvorstandes vom 18. Juni 1995.

Die Republikaner, Beschluss des Bundesvorstandes vom 25. März 1996.

Der Republikaner, Wahlkampfausgabe, Nr. 7-8/2002.

Die Republikaner/Landesverband Niedersachsen, Wofür wir stehen., Imagebroschüre, [ohne Datum].

Die Republikaner, Anti-Gewaltpolitik. Nein zur Gewalt egal von wem sie ausgeht!, Flyer-Serie „Eckdaten" [ohne Datum].

Die Republikaner, Verkehrspolitik. Sicher fahren auf Deutschlands Straßen!, Flyer-Serie „Eckdaten", [ohne Datum].

Die Republikaner, Aktuell. Informationen zu politischen Themen. Kampf dem Terror – kein Platz für Islamisten in Deutschland, Flyer, [ohne Datum].

Die Republikaner, Zeitungsanzeige zur Kommunalwahl 2004 in Dresden [Faksimile der Zeitungsanzeige, abgedruckt in Nation & Europa, Nr. 7-8/2004, S. 50].

Der Republikaner, Nr. 7-8 2003, S. Intern 1, zitiert nach Verfassungsschutzbericht 2003, Berlin 2004, S. 81.

Die Republikaner, Republikaner kündigen Rechtsmittel gegen die Entscheidung des Landeswahlleiters in Sachsen-Anhalt an, Pressemitteilung vom 25. März 1998, www.rep.de/presse/1pr02298.htm, abgerufen am 20. Januar 2005.

Die Republikaner, Werfen Sie dieses Blatt nicht weg – sonst versäumen Sie die große Chance, dieses Land endlich in Ordnung zu bringen!, Wahlkampf-Flyer zur Bundestagswahl 2002, [ohne Datum].

Die Republikaner/Fraktion im Landtag von Baden-Württemberg, 14 für unser Land. Die Republikaner im Landtag von Baden-Württemberg, [ohne Datum].

Die Republikaner/Landesverband Bayern, Wahlplakat „Goldzähne für Asylbewerber? Zahnlücken für Deutsche!?" zur bayerischen Landtagswahl 2003.

Die Republikaner/Landesverband Bayern, Stimmzettel für die etablierten Polit-Bonzen zum Denkzettel machen! Wehrt euch am Wahltag!, Flyer zur bayerischen Landtagswahl 2003.

Die Republikaner/Landesverband Bayern, Protest jetzt!, Flyer zur bayerischen Landtagswahl 2003.

Reinhard Rupsch, Keine Gemeinsamkeiten zwischen Republikanern und NPD, [ohne Datum], www2.rep.de/index.aspx?ArticleID=2f67b=a=-78dd-4a44-9277-ff8c33632031, abgerufen am 31. August 2004.

Politiker der Republikaner

Grund, Johanna Christina, Ich war Europa-Abgeordnete. Sieben Jahre Tanz auf dem Vulkan, München 1995.

Handlos, Franz, Macht und Melancholie, Grafenau 1988.

Schlierer, Rolf, Vermeidung unnötiger Konkurrenz, in: Der Neue Republikaner 12/1998, zitiert nach: Stephan Thomczyk, Der dritte Etablierungsversuch der Republikaner nach 1994, Konstanz 2001, S. 55.

ders., Klare Absage an die „braune Volksfront". Warum Republikaner und NPD nichts gemeinsam haben, in: Zeit für Protest!, Nr. 9-10/2004, S. 11.

ders., Antworten im Forum Herausforderungen und Zukunft der „streitbaren Demokratie", in: Uwe Backes/Eckhard Jesse (Hrsg.), Jahrbuch Extremismus & Demokratie, Bd. 15, Baden-Baden 2003.

ders., Politik, www.rolfschlierer.de/politik.htm, abgerufen am 4. Mai 2005.

Schönhuber, Franz, Ich war dabei, München/Wien 1981.

ders., Freunde in der Not, 2. Auflage, München/Wien 1983.

ders., Trotz allem Deutschland, München/Wien 1987.

ders., Welche Chance hat die Rechte?, Coburg 2002.

Sonstige

Antifa-Gruppe Freiburg/Volksfront gegen Reaktion, Faschismus und Krieg Freiburg (Hrsg.), Ideologie und Programmatik der ÖDP: Menschenverachtend, frauenfeindlich, gegen Arbeiterinteressen, Köln 1989

Deutscher Bundestag, Plenarprotokoll 10/18, Stenographischer Bericht 18. Sitzung, 7. September 1983.

Deutscher Bundestag, Plenarprotokoll 10/32, Stenographischer Bericht 32. Sitzung, 9. November 1983.

Deutscher Bundestag, Drucksache 13/10801, Das politische Bündnis der „Deutschen Sozialen Union", der „Demokratischen Erneuerung" und der „Republikaner", 26. Mai 1998.

Freie Universität Berlin, Neues Deutschland – alter Wahn?, Protokoll eines Podiumsgesprächs über Rechtsradikalismus und Antisemitismus mit Ignatz Bubis, Reinhard Rürup und Johann W. Gerlach am 13. November 1992 im Auditorium Maximum der Freien Universität, Dokumentationsreihe der Freien Universität Berlin, Heft 18, Berlin 1992.

Institut für Information und Dokumentation e.V. (Hrsg), Blick nach Rechts [1984-2004 Printausgabe, seit 2004 Internetportal www.bnr.de].

Landtag von Baden-Württemberg, Zusammenarbeit der Republikaner mit anderen rechtsextremen Parteien, insbesondere mit der NPD, Drucksache 12/5476, 22. August 2000.

Nationaldemokratische Partei Deutschlands/Bundesverband, Parteiprogramm verabschiedet auf dem Bundesparteitag am 12.-14. Oktober 1973.

Nationaldemokratische Partei Deutschlands/Landesverband Sachsen, Ehemalige Landesführung der Republikaner ruft zur Unterstützung der NPD am 19. September auf!, ohne Datum, www.sachsen.npd.de/npd_sa_info/aktuelle/2004/ liebe_sachsen.html, abgerufen am 14. September 2004).

Nationales Bündnis für Dresden, Erfolgreiches Auftreten der nationalen Opposition beim „Tag der Sachsen", www.nationales-buendnis-dresden.de, abgerufen am 8. Oktober 2003.

Nationales Bündnis für Dresden, Gemeinsam sind wir stark – Nationales Bündnis Dresden!, www.nationales-buendnis-dresden.de, abgerufen am 8. Oktober 2003.

Nationales Bündnis für Dresden, Signalwirkung von bundesweiter Bedeutung, www.nationales-buendnis-dresden.de, abgerufen am 8. Oktober 2003.

Nationales Bündnis für Dresden, Satzung vom 24. April 2003.

N.n., „Gemeinsam gegen Rechtsradikalismus", in: Kontrapunkt/IG Medien, 17. Juli 1989.

Ökologisch-Demokratische Partei, Grundsatzbeschluss zur Abgrenzung der ÖDP von den Rechtsparteien [ohne Datum].

Pressedienst Demokratische Initiative, Die Union und der Neonazismus. Verharmlosung als Methode, München 1980.

Rohleder, Frank, Bei den Kommunalwahlen am 13. Juni wurde ich als Kandidat der Nationaldemokraten in den Kreistag von Meißen-Radebeul gewählt, www.nationales-forum.de, abgerufen am 18. September 2004.

Schubert, Jörg, Kerstin Lorenz, ehem. Landeschefin der Republikaner in Sachsen, tritt in die NPD ein!, www.nationales-forum.de, abgerufen am 18. September 2004.

346

8.2. Literaturverzeichnis

8.2.1. Selbstständig erschienene Literatur

Abromeit, Heidrun, Interessenvermittlung zwischen Konkurrenz und Konkordanz, Opladen 1993.

Ahlheim, Klaus (Hrsg.), Intervenieren, nicht resignieren. Rechtsextremismus als Herausforderung für Bildung und Erziehung, Schwalbach i. Ts. 2003

Albes, Andreas, Die Behandlung der Republikaner in der Presse, Frankfurt am Main / Berlin/Bern/Bruxelles/New York/Wien, 1999, zugleich Hannover, Univ., Diss. 1998.

Amesberger, Helga/Halbmayr, Brigitte (Hrsg.), Rechtsextreme Parteien – eine mögliche Heimat für Frauen?, Opladen 2002.

Assheuer, Thomas/Sarkowicz, Hans, Rechtsradikale in Deutschland, München 1992.

Backes, Uwe (Hrsg.), Rechtsextreme Ideologien in Geschichte und Gegenwart, Köln 2003.

ders., Entwicklung und Elemente des Extremismuskonzepts, Vortrag anlässlich der Konstituierung der Ad-hoc-Gruppe „Politischer Extremismus" auf dem 22. Wissenschaftlichen Kongress der Deutschen Vereinigung für Politische Wissenschaft, 25. September 2003.

ders., Politischer Extremismus in demokratischen Verfassungsstaaten. Elemente einer normativen Rahmentheorie, Opladen 1989.

Backes, Uwe/Jesse, Eckhard, Politischer Extremismus in der Bundesrepublik Deutschland, Band II: Analyse, Köln 1989.

Backes, Uwe/Jesse, Eckhard, Politischer Extremismus in der Bundesrepublik Deutschland, Bonn 1993.

Backes, Uwe/Jesse, Eckhard, Politischer Extremismus in der Bundesrepublik Deutschland, 4. Aufl., Schriftenreihe der Bundeszentrale für politische Bildung, Bd. 272, Bonn 1996.

Backes, Uwe/Jesse, Eckhard, Vergleichende Extremismusforschung, Baden-Baden 2005.

Backes, Uwe/Jesse, Eckhard (Hrsg.), Jahrbuch Extremismus & Demokratie, Bonn (1989-1994), Baden-Baden (1995 ff.).

Backes, Uwe/Moreau, Patrick, Die extreme Rechte in Deutschland: Geschichte – gegenwärtige Gefahren – Ursachen – Gegenmaßnahmen, München 1993.

Becker, Howard S., Außenseiter – Zur Soziologie abweichenden Verhaltens, aus dem englischen Original übersetzt von Norbert Schultze, Frankfurt am Main 1973.

Behrend, Katharina, NPD – REP: Die Rolle nationalistischer Bewegungen im politischen System der Bundesrepublik Deutschland am Beispiel von NPD und Republikanern im historischen Vergleich, Regensburg 1996.

Bergsdorf, Harald, Ungleiche Geschwister: die deutschen Republikaner (REP) im Vergleich zum französischen Front National (FN), Frankfurt am Main 2000.

Bodewig, Kurt/Hesels, Rainer/Mahlberg, Dieter (Hrsg.), Die schleichende Gefahr. Rechtsextremismus heute, Essen 1990

Böddrich, Jürgen, Die Union und der Neonazismus. Verharmlosung als Methode, München 1980.

Brugger, Walter, Philosophisches Wörterbuch, 14. Aufl., Freiburg u. a. 1976.

Brusten, Manfred/Hohmeier, Jürgen (Hrsg.), Stigmatisierung 1. Zur Produktion gesellschaftlicher Randgruppen., Neuwied/Darmstadt 1975.

Brezinka, Wolfgang, Erziehungsziele, Erziehungsmittel, Erziehungserfolg: Beiträge zu einem System der Erziehungswissenschaft, 2. Auf., München/Basel 1981.

ders., Grundbegriffe der Erziehungswissenschaft. Analyse, Kritik, Vorschläge, 5. Aufl., München u. a. 1990.

Bundesministerium des Innern (Hrsg.), Extremismus in Deutschland. Erscheinungsformen und aktuelle Bestandsaufnahme, Berlin 2004.

Butterwegge, Christoph, Rechtsextremismus, Rassismus und Gewalt – Erklärungsmodelle in der Diskussion, Darmstadt 1996.

ders., Themen der Rechten – Themen der Mitte. Zuwanderung, demographischer Wandel und Nationalbewußtsein, Opladen 2002.

Butterwegge, Christoph/Isola, Horst (Hrsg.), Rechtsextremismus im vereinten Deutschland. Randerscheinung oder Gefahr für die Demokratie?, Bremen/Berlin 1991

Eberle, Thomas Samuel, Lebensweltanalyse und Handlungstheorie: Beiträge zur Verstehenden Soziologie, Konstanz 2000.

Everts, Carmen, Politischer Extremismus: Theorie und Analyse am Beispiel der Parteien REP und PDS, Berlin 2000.

Fascher, Eckhard, Modernisierter Rechtsextremismus: Ein Vergleich der Parteigründungen der NPD und der Republikaner in den sechziger und achtziger Jahren, Berlin 1994.

Feit, Margret, Die „Neue Rechte" in der Bundesrepublik. Organisation - Ideologie - Strategie, Frankfurt am Main 1987.

Flemming, Lars, Das NPD-Verbotsverfahren. Vom „Aufstand der Anständigen" zum „Aufstand der Unfähigen", Baden-Baden 2005.

Føllesdal, Dagfinn, Rationale Argumentation: ein Grundkurs in Argumentations- und Wissenschaftstheorie, Berlin/New York 1988.

Fromm, Rainer/Kernbach, Barbara, Rechtsextremismus im Internet: Die neue Gefahr, München 2001.

Gerth, Michael, Die PDS und die ostdeutsche Gesellschaft im Transformationsprozess: Wahlerfolge und politisch-kulturelle Kontinuitäten, Schriftenreihe Politica, Bd. 55, Hamburg 2003

Grünke, Ralf, Umweltlobby auf Stimmenfang. Grüner Verbandswahlkampf im Vorfeld der US-Kongresswahlen 1998 und 2000, Politica, Bd. 48, Hamburg 2002.

Grumke, Thomas/Wagner, Bernd (Hrsg.), Handbuch des Rechtsradikalismus. Personen – Organisationen – Netzwerke vom Neonazismus bis in die Mitte der Gesellschaft, Opladen 2002.

Halbe, Bernd, Analyse der verfassungsrechtlichen Stellung und Funktion der politischen Parteien in der Bundesrepublik Deutschland – unter besonderer Berücksichtigung des Verhältnisses von Art. 21 GG zu den Grundrechten, Dissertation an der Rechtswissenschaftlichen Fakultät der Westfälischen Wilhelms-Universität zu Münster 1991.

Hardmann, Clemens, Die Wahlkampfwerbung von Parteien in der Bundesrepublik Deutschland, Dissertation eingereicht an der Universität zu Köln, 1992.

Hefty, Georg Paul, Fünfzig Jahre Lufthoheit über den Stammtischen, in: Hanns-Seidel-Stiftung e.V. (Hrsg.), Geschichte einer Volkspartei. 50 Jahre CSU – 1945-1995, München 1995.

Hennig, Eike/Kieserling, Manfred/Kirchner, Rolf, Die Republikaner im Schatten Deutschlands. Zur Organisation der mentalen Provinz, Frankfurt am Main 1991.

Herzog, Roman, Verfassungsrechtliche Grundlagen des Parteienstaates, Heidelberg 1993.

Hesse, Heidrun, Ordnung und Kontingenz: Handlungstheorie versus Systemfunktionalismus, Freiburg i. Br. 1999.

Hirsch, Kurt/Sarkowicz, Hans, Schönhuber: der Politiker und seine Kreise, Frankfurt am Main 1989.

Hirscher, Gerhard, Zum Zustand des deutschen Parteiensystems – eine Bilanz des Jahres 2004, Aktuelle Analysen, Bd. 36, München 2005.

Jänisch, Holger, Der Aufstieg der NPD in den sechziger Jahren und der „Republikaner" unter besonderer Berücksichtigung der jeweiligen Rahmenbedingungen, Friedrich-Alexander-Universität Erlangen-Nürnberg, freie wissenschaftliche Arbeit zur Erlangung des akademischen Grades „Diplom-Handelslehrer" 1996.

Jahn, Thomas/Wehling, Peter, Ökologie von rechts: Nationalismus und Umweltschutz bei der Neuen Rechten und den „Republikanern", Frankfurt am Main/New York 1991

Jahnke, Michaela, Rolle und Funktion rechtsextremer Parteien im Parteiensystem der Bundesrepublik unter besonderer Berücksichtigung der NPD und der Republikaner, Friedrich-Alexander-Universität Erlangen-Nürnberg, Magisterarbeit 1992

Jaschke, Hans-Gerd, Die „Republikaner" – Profile einer Rechtsaußen-Partei, 2. Auflage, Bonn 1993.

ders., Die Republikaner. Profile einer Rechtsaußen-Partei, 3. Aufl., Bonn 1994.

ders., Rechtsextremismus und Fremdenfeindlichkeit. Begriffe, Positionen, Praxisfelder, Opladen 1994.

ders., Fundamentalismus in Deutschland, Hamburg 1998.

Jaschke, Hans-Gerd/Rätsch, Birgit/Winterberg, Yury, Nach Hitler. Radikale Rechte rüsten auf, München 2001.

Jesse, Eckhard, Die Demokratie der Bundesrepublik Deutschland, 8. Aufl., Baden-Baden 1997

ders. (Hrsg.), Politischer Extremismus in Deutschland und Europa, Bayerische Landeszentrale für politische Bildungsarbeit, München 1993.

John, Peter, Bedingungen und Grenzen politischer Partizipation in der Bundesrepublik Deutschland am Beispiel von Bürgerinitiativen. Eine historisch-deskriptive Analyse, München 1979.

Jung, Eberhard (Hrsg.), Rechtsextremismus als gesellschaftliches Problem. Arbeits- und Wirkungsfelder für die politische Bildung, Schwalbach i. Ts. 2003.

Kailitz, Steffen, Politischer Extremismus in der Bundesrepublik Deutschland. Eine Einführung, Wiesbaden 2004.

Klaus, Georg/Buhr, Manfred (Hrsg.), Philosophisches Wörterbuch, 14. Aufl., Berlin 1987.

Klein, Thomas, Zweckmäßigkeit staatlicher Regelungen der Arbeitsvermittlung, Baden-Baden 1993.

Klönne, Arno, Zurück zur Nation? Kontroversen zu deutschen Fragen, Köln 1984.

Landeszentrale für Politische Bildung Schleswig-Holstein (Hrsg.), Dem Rechtsextremismus begegnen, Reihe Gegenwartsfragen 77, Kiel 1995.

Lang, Jürgen P., Ist die PDS eine demokratische Partei? Eine extremismustheoretische Untersuchung, Baden-Baden 2003.

ders., Die Extremismustheorie zwischen Normativität und Empirie, ohne Datum, www.extremismus.com/texte/extrem.htm, abgerufen am 17. Mai 2003.

Leggewie, Claus, Die Republikaner. Phantombild der Neuen Rechten, Berlin 1989.

ders., Die Republikaner. Ein Phantom nimmt Gestalt an, Berlin 1990.

ders. (Hrsg.), Die Türkei und Europa: die Positionen, Frankfurt a. M. 2004.

ders., Amerikas Welt: Die USA in unseren Köpfen, Hamburg 2000.

ders., Die Globalisierung und ihre Gegner, München 2003.

Leggewie, Claus/Maar, Christa (Hrsg.), Internet und Politik: Von der Zuschauerdemokratie zur Beteiligungsdemokratie?, Köln 1998.

Leggewie, Claus/Meier, Horst (Hrsg.), Verbot der NPD oder mit Rechtsradikalen leben?, Frankfurt a. M. 2002

Leggewie, Claus/Mayer, Erik, Ein Ort, an den man gerne geht: das Holocaust-Mahnmal und die deutsche Geschichtspolitik nach 1989, München 2005.

Lipset, Seymour Martin/Raab, Earl, The politics of unreason: right-wing extremism in America, 1790-1970, London 1970.

Loos, Peter, Mitglieder und Sympathisanten rechtsextremer Parteien: das Selbstverständnis von Anhängern der Partei „Die Republikaner", Wiesbaden 1998.

Luhmann, Niklas, Zweckbegriff und Systemrationalität. Über die Funktion von Zwecken in sozialen Systemen, Tübingen 1968.

Lynen von Berg, Heinz, Politische Mitte und Rechtsextremismus, Diskurse zu fremdenfeindlicher Gewalt im 12. Deutschen Bundestag (1990-1994), Opladen 2000.

Lynen von Berg, Heinz/Tschiche, Hans-Jochen (Hrsg.), NPD – Herausforderung für die Demokratie, Berlin 2002.

McGowan, Lee, The Radical Right in Germany. 1870 to the Present, London u. a. 2002.

Menschik-Bendele, Jutta/Ottomeyer, Klaus, Sozialpsychologie des Rechtsextremismus. Entstehung und Veränderung eines Syndroms, 2. Aufl., Opladen 2002.

Miteinander e.V./Zentrum für Antisemitismusforschung (Hrsg.), Rechtsextreme Jugendkultur und Gewalt. Eine Herausforderung für die pädagogische Praxis, Berlin 2002.

Müller, Leo A., Republikaner, NPD, DVU, Liste D, ..., 2. Auflage, Göttingen 1989.

Munzinger-Archiv GmbH, Peter Glotz – deutscher Kommunikationswissenschaftler und Politiker, Internationales Biographisches Archiv, Infobase Personen, 2001.

Neu, Viola, Das Janusgesicht der PDS: Wähler und Partei zwischen Demokratie und Extremismus, Baden-Baden 2004.

Neubacher, Bernd, NPD, DVU-Liste D, Die Republikaner. Ein Vergleich ihrer Ziele, Organisation und Wirkungsfelder, Köln 1996.

Neubacher, Bernd, Die Republikaner im baden-württembergischen Landtag – von einer rechtsextremen zu einer rechtsradikalen, etablierten Partei?, Dissertation an der Universität Stuttgart, Publikationsdatum: 11. September 2002, einsehbar im Internet unter: http://elib.uni-stuttgart.de/opus/volltexte/2002/1139/pdf/Dissertation_Bernd_Neubacher.pdf, abgerufen am 26. April 2005.

Neugebauer, Gero/Stöss, Richard, Die PDS. Geschichte Organisation Wähler Konkurrenten, Opladen 1996.

Obszerninks, Britta, Nachbarn am rechten Rand: Republikaner und Freiheitliche Partei Österreichs im Vergleich; eine handlungsorientierte Analyse, München 1999.

Opitz, Reinhard, Faschismus und Neofaschismus, Frankfurt am Main 1984.

Patton, Michael Quinn, How to use qualitative methods in evaluation, Newbury Park 1991.

Pfahl-Traughber, Armin, Rechtsextremismus: eine kritische Bestandsaufnahme nach der Wiedervereinigung, Bonn 1993.

ders., Rechtsextremismus in der Bundesrepublik, 2. Auflage, München 2000.

Pfeiffer, Thomas, Für Volk und Vaterland. Das Mediennetzwerk der Rechten – Presse, Musik, Internet, Berlin 2002.

Pressedienst der Demokratischen Initiative (Hrsg.), „Die Union und der Neonazismus. Verharmlosung als Methode", München 1980.

Ronneberger, Franz, Public Relations der politischen Parteien, Nürnberger Forschungsberichte, Band 12, Nürnberg 1978.

Schomers, Michael, Deutschland ganz rechts. Sieben Monate als Republikaner in BRD & DDR, Köln 1990.

Schroeder, Klaus, Rechtsextremismus und Jugendgewalt in Deutschland: Ein Ost-West-Vergleich, Paderborn 2004.

Schubarth, Wilfried/Stöss, Richard, Rechtsextremismus in der Bundesrepublik Deutschland. Eine Bilanz, Bonn 2000.

Schulze, Andreas, Kleinparteien in Deutschland. Aufstieg und Fall nicht-etablierter politischer Vereinigungen, Wiesbaden 2004.

Stöss, Richard (Hrsg.), Parteienhandbuch. Die Parteien der Bundesrepublik Deutschland 1945-1980, Band 1: AUD-DSU, Opladen 1983.

ders. (Hrsg.), Parteienhandbuch. Die Parteien der Bundesrepublik Deutschland, Band 2: EAP-WAV, Opladen 1984.

ders., Die „Republikaner": woher sie kommen; was sie wollen; wer sie wählt; was zu tun ist, 2. Auflage, Köln 1990.

ders., Die Extreme Rechte in der Bundesrepublik. Entwicklungen – Ursachen – Gegenmaßnahmen, Opladen 1989

Storck, Christian, Nationale und europäische Beschäftigungssubventionen an Unternehmen: eine Untersuchung des Förderrechtsrahmens in den neuen Bundesländern am Maßstab der Zweck-Mittel-Analyse, Berlin 2001.

Thomczyk, Stephan, Der dritte Etablierungsversuch der Republikaner nach 1994, Konstanz 2001.

van den Boom, Dirk, Politik diesseits der Macht? Zu Einfluß, Funktion und Stellung von Kleinparteien im politischen System der Bundesrepublik Deutschland, Opladen 1999.

van Ooyen, Robert Chr./Möllers, Martin H.W. (Hrsg.), Die Öffentliche Sicherheit auf dem Prüfstand. 11. September und NPD-Verbot, Frankfurt a. M. 2002.

von Alemann, Ulrich, Das Parteiensystem der Bundesrepublik Deutschland, Bonn 2000.

von Beyme, Klaus, Die politische Klasse im Parteienstaat, Frankfurt am Main 1993

Verfassungsschutzbericht 1983, Bonn 1984.

Verfassungsschutzbericht 1984, Bonn 1985.

Verfassungsschutzbericht 1985, Bonn 1986.

Verfassungsschutzbericht 1986, Bonn 1987.

Verfassungsschutzbericht 1987, Bonn 1988.

Verfassungsschutzbericht 1988, Bonn 1989.

Verfassungsschutzbericht 1989, Bonn 1990.

Verfassungsschutzbericht 1990, Bonn 1991.

Verfassungsschutzbericht 1991, Bonn 1992.

Verfassungsschutzbericht 1992, Bonn 1993.

Verfassungsschutzbericht 1993, Bonn 1994.

Verfassungsschutzbericht 1994, Bonn 1995.

Verfassungsschutzbericht 1995, Bonn 1996.

Verfassungsschutzbericht 1996, Bonn 1997.

Verfassungsschutzbericht 1998, Bonn 1999.

Verfassungsschutzbericht 1999, Berlin/Bonn 2000.

Verfassungsschutzbericht 2000, Berlin/Bonn 2001.

Verfassungsschutzbericht 2001, Berlin 2002.

Verfassungsschutzbericht 2002, Berlin 2003.

Verfassungsschutzbericht 2003, Berlin 2004.

Verfassungsschutzbericht 2004, Berlin 2005.

von Beyme, Klaus, Die politische Klasse im Parteienstaat, Frankfurt am Main 1993.

Weber, Max, Wirtschaft und Gesellschaft, 1. Halbband, 5. Aufl., Tübingen 1976.

Weimann, Thomas, Die politisch-ideologische Prägung einiger Mitglieder der „Republikaner" im Spannungsfeld zwischen Konservatismus und Rechtsextremismus, unveröffentlichte Magisterarbeit an der Philosophischen Fakultät I der Friedrich-Alexander-Universität Erlangen-Nürnberg, 6. November 1990

Wippermann, Carsten/Zarcos-Lamolda, Astrid/Krafeld, Franz Josef, Auf der Suche nach Thrill und Geborgenheit. Lebenswelten rechtsradikaler Jugendlicher und neue pädagogische Perspektiven, Opladen 2002.

Wolbert, Werner, Vom Nutzen der Gerechtigkeit: Zur Diskussion um Utilitarismus und teleologische Theorie, Freiburg i. Br. 1992.

8.2.2. Unselbstständig erschienene Literatur

Sammelbände & Fachzeitschriften

Adcock, Robert/Collier, David, Measurement Validity: A Shared Standard for Qualitative and Quantitative Research, in: American Political Science Review, Jahrgang 95, September 2001, S. 529-546.

Arzheimer, Kai/Schoen, Harald/Falter, Jürgen W., Rechtsextreme Orientierungen und Wahlverhalten, in: Schubarth, Wilfried/Stöss, Richard, Rechtsextremismus in der Bundesrepublik Deutschland – Eine Bilanz, Bonn 2000, S. 220-245.

Backes, Uwe, Organisationen 2002, in: Uwe Backes/Eckhard Jesse (Hrsg.), Jahrbuch Extremismus & Demokratie, Bd. 15, Baden-Baden 2003, S. 133.

ders., Extremismus und politisch motivierte Gewalt, in: Eckhard Jesse/Roland Sturm (Hrsg.), Demokratien des 21. Jahrhunderts im Vergleich. Historische Zugänge – Gegenwartsprobleme – Reformperspektiven, Opladen 2003, S. 341-367.

ders., Le syndrome extrémiste, in: Stephane Courtois (Hrsg.), Quand tombe la nuit. Origines et émergence des régimes totalitaires en Europe 1900-1934, Lausanne 2001, S. 315-329.

Bendel, Petra, Extremismus, in: Nohlen, Dieter, Lexikon der Politik, Politische Begriffe, Bd. 7, München 1998, S. 172-174.

Bergsdorf, Harald, Extremismusbegriff im Praxistest: PDS und REP im Vergleich, in: Backes, Uwe/Jesse, Eckhard, Jahrbuch Extremismus & Demokratie, Bd. 14, Baden-Baden 2002, S. 61-80.

Butterwegge, Christoph, Ambivalenzen der politischen Kultur, intermediäre Institutionen und Rechtsextremismus, in: Schubarth, Wilfried/Stöss, Richard, Rechtsextremismus in der Bundesrepublik Deutschland. Eine Bilanz., Schriftenreihe Band 368, Bonn 2000, S. 292-313.

Danker, Uwe, Rechtsextreme im Schleswig-Holsteinischen Landesparlament – Erfahrungen, Gefahren und Perspektiven, in: Landeszentrale für Politische Bildung Schleswig-Holstein (Hrsg.), Dem Rechtsextremismus begegnen, Reihe Gegenwartsfragen 77, Kiel 1995, S. 103-124.

Flemming, Lars, Das gescheiterte NPD-Verbotsverfahren, in: Uwe Backes/Eckhard Jesse (Hrsg.), Jahrbuch Extremismus und Demokratie, Bd. 15, Baden-Baden 2003, S. 159-176.

Flemming, Lars, Die NPD nach dem gescheiterten Verbotsverfahren, in: Uwe Backes/Eckhard Jesse (Hrsg.), Jahrbuch Extremismus und Demokratie, Bd. 16, Baden-Baden 2004, S. 144-154.

Gruhl, Herbert, „Die Grünen haben ihre Chance verpasst", in: Schroeren, Michael, Die Grünen: 10 bewegte Jahre, Wien 1990, S. 146-154.

Hohmeier, Jürgen, Stigmatisierung als sozialer Definitionsprozess, in: Brusten, Manfred/Hohmeier, Jürgen (Hrsg.), Stigmatisierung 1. Zur Produktion gesellschaftlicher Randgruppen., Neuwied/Darmstadt 1975, S. 5-24.

Hopf, Christel, Qualitative Interviews – ein Überblick, in: Flick, Uwe/von Kardoff, Ernst/Steinke, Ines (Hrsg.), Qualitative Forschung. Ein Handbuch, Reinbeck bei Hamburg 2000, S. 349-360.

Holtmann, Everhard, Parteien in der lokalen Politik, in: Hellmuth Wollmann/Roland Roth (Hrsg.), Kommunalpolitik. Politisches Handeln in den Gemeinden, Opladen 1999, S. 209-210.

Jaschke, Hans-Gerd, Sehnsucht nach dem starken Staat – Was bewirkt Repression gegen rechts, in: Aus Politik und Zeitgeschichte, B 39/2000, 22.9.2000, S. 22-29.

Jaschke, Hans-Gerd, Rechtsstaat und Rechtsextremismus, in: Schubarth, Wilfried/Stöss, Richard, Rechtsextremismus in der Bundesrepublik Deutschland – Eine Bilanz, Bonn 2000, S. 314-332.

Jesse, Eckhard, Wahlen 2002, in: Backes, Uwe/Jesse, Eckhard (Hrsg), Jahrbuch Extremismus & Demokratie, Band 15, Baden-Baden 2003.

ders., Politischer Extremismus heute: Islamistischer Fundamentalismus, Rechts- und Linkextremismus, in: Aus Politik und Zeitgeschichte, B 46/2001, 9. November 2001.

ders., Die NPD – eine rechtsextreme Partei nach dem gescheiterten Verbotsverfahren im Höhenflug?, in: Politische Studien, Heft 400, 56. Jahrgang, März/April 2005, S. 69-81.

ders., Funktionen und Strukturen von Feindbildern im politischen Extremismus, in: Bundesamt für Verfassungsschutz (Hrsg.), Feindbilder im politischen Extremismus: Gegensätze, Gemeinsamkeiten und ihre Auswirkungen auf die innere Sicherheit, Symposium des Bundesamtes für Verfassungsschutz am 1. Oktober 2003, Köln 2004.

ders., Formen des politischen Extremismus, in: Bundesministerium des Innern (Hrsg.), Extremismus in Deutschland. Erscheinungsformen und aktuelle Bestandsaufnahme, Berlin 2004.

Kallscheuer, Otto, Jetzt hat Schönhuber das Heft in der Hand: Fragen an Heinrich Lummer, in: Claus Leggewie, Die Republikaner: Phantombild der Neuen Rechten, Berlin 1989, S. 138-140.

Kleinert, Corinna/de Rijke, Johann, Rechtsextreme Orientierungen bei Jugendlichen und jungen Erwachsenen, in: Schubarth, Wilfried/Stöss, Richard, Rechtsextremismus in der Bundesrepublik Deutschland – Eine Bilanz, Bonn 2000, S. 167-198.

Klopfer, Max, Der Gegenstand der Ethik: die menschliche Handlung, in: Klopfer, Max/Kolbe, Artur (Hrsg.), Grundfragen ethischer Verantwortung, 2. Auflage, München 2001, S. 39-42.

Krafeld, Franz Josef, Zur Praxis der pädagogischen Arbeit mit rechtsorientierten Jugendlichen, in: Schubarth, Wilfried/Stöss, Richard, Rechtsextremismus in der Bundesrepublik Deutschland. Eine Bilanz, Bonn 2000, S. 271-291.

Kriz, Jürgen, Beobachtung, in: Nohlen, Dieter, Lexikon der Politik, Politische Begriffe, Band 2, München 1998, S. 52-54.

Lüders, Christian, Beobachten in Feld und Ethnographie, in: Flick, Uwe/von Kardoff, Ernst/Steinke, Ines (Hrsg.), Qualitative Forschung. Ein Handbuch, Reinbeck bei Hamburg 2000, S. 384-401.

Neugebauer, Gero, Extremismus – Rechtsextremismus – Linksextremismus: Einige Anmerkungen zu Begriffen, Forschungskonzepten, Forschungsfragen und Forschungsergebnissen, in: Schubarth, Wilfried/Stöss, Richard, Rechtsextremismus in der Bundesrepublik Deutschland. Eine Bilanz, Schriftenreihe Band 368, Bonn 2000, S. 13-37.

N.n., Interview mit Bundestagspräsident a. D. Dr. h. c. Richard Stücklen, in: Hanns-Seidel-Stiftung e.V. (Hrsg.), Geschichte einer Volkspartei. 50 Jahre CSU – 1945-1995, München 1995.

Nohlen, Dieter, Zweck-Mittel-Analyse, in: Dieter Nohlen (Hrsg.), Lexikon der Politik, Bd. 2, Politikwissenschaftliche Methoden, München 1994, S. 548-550.

Plake, Klaus, Abweichendes Handeln und kollektive Sinnstiftung. Ein neuer Ansatz zur Devianztheorie, in: Hochstim, Paul/Plake, Klaus (Hrsg.), Anomie und Wertsystem. Nachträge zur Devianztheorie Robert K. Mertons, Hamburg 1997, S. 58-77.

Pfahl-Traughber, Armin, Die Entwicklung des Rechtsextremismus in Ost- und Westdeutschland, in: Aus Politik und Zeitgeschichte, B 39/2000, 22.9.2000, S. 3-14.

Pfahl-Traughber, Armin, Der organisierte Rechtsextremismus in Deutschland nach 1945: Zur Entwicklung auf den Handlungsfeldern „Aktion" – „Gewalt" – „Kultur" – Politik", in: Schubarth, Wilfried/Stöss, Richard, Rechtsextremismus in der Bundesrepublik Deutschland. Eine Bilanz, Bonn 2000, S. 71-100.

Roberts, Geoffrey K., Rechts- und Linksextremismus in der Bundesrepublik Deutschland nach der Wiedervereinigung, in: Jesse, Eckhard (Hrsg.), Politischer Extremismus in Deutschland und Europa, München 1993.

Roth, Roland, Eliten und Gegeneliten. Neue Soziale Bewegungen als Herausforderung „demokratischer Elitenherrschaft", in: Leif, Thomas/Legrand, Hans-Josef/Klein, Ansgar (Hrsg.), Die politische Klasse in Deutschland. Eliten auf dem Prüfstand, Bonn 1992, S. 364-390.

Schmid, Michael, Handlungstheorie, in: Horst Reimann/Bernhard Giesen/Dieter Goetze/Michael Schmid, Basale Soziologie: Theoretische Modelle, 4. Aufl., Opladen 1991.

Schröder, Peter, Der Saarbrücker Parteitag von 1989: Herbert Gruhl ein Opfer von Intrigen?, in: Raphael Mankau, 20 Jahre ödp – Anfänge, Gegenwart und Perspektiven ökologisch-demokratischer Politik, Rimpar 1999, S. 91-102

Schubarth, Wilfried, Pädagogische Strategien gegen Rechtsextremismus und fremdenfeindliche Gewalt – Möglichkeiten und Grenzen schulischer und außerschulischer Prävention, in: Schubarth, Wilfried/Stöss, Richard, Rechtsextremismus in der Bundesrepublik Deutschland. Eine Bilanz, Bonn 2000, S. 249-270.

Schubarth, Wilfried, Pädagogische Konzepte als Teil der Strategien gegen Rechtsextremismus, in: Aus Politik und Zeitgeschichte, B 39/2000, 22.9.2000, S. 40-48

Stöss, Richard, Ideologie und Strategie des Rechtsextremismus, in: Schubarth, Wilfried/Stöss, Richard, Rechtsextremismus in der Bundesrepublik Deutschland. Eine Bilanz, Bonn 2000, S. 101-130.

Stöss, Richard, Forschungs- und Erklärungsansätze – ein Überblick, in: Wolfgang Kowalsky/Wolfgang Schroeder, Rechtsextremismus: Einführung und Forschungsbilanz, Opladen 1994.

Sturzbecher, Dieter/Landua, Detlef, Rechtsextremismus und Ausländerfeindlichkeit unter ostdeutschen Jugendlichen, in: Aus Politik und Zeitgeschichte, B 46/2001, 9. November 2001, S. 6-15.

von Alemann, Ulrich/Tönnesmann, Wolfgang, Grundriß: Methoden in der Politikwissenschaft, in: von Alemann, Ulrich (Hrsg.), Politikwissenschaftliche Methoden: Grundriß für Studium und Forschung, Opladen 1995.

Wagner, Bernd, Zur Auseinandersetzung mit Rechtsextremismus und Rassismus in den neuen Bundesländern, in: Aus Politik und Zeitgeschichte, B 39/2000, 22.9.2000, S. 30-39.

Wagner, Bernd, Rechtsextremismus und Jugend, in: Schubarth, Wilfried / Stöss, Richard, Rechtsextremismus in der Bundesrepublik Deutschland. Eine Bilanz, Schriftenreihe Band 368, Bonn 2000, S. 155-166.

Weber, Matthias, Zeitschriftenporträt: Junge Freiheit, in: Uwe Backes/Eckhard Jesse (Hrsg.), Jahrbuch Extremismus & Demokratie, Bd. 14, Baden-Baden 2002, S. 204-205.

Weege, Wilhelm, Politische Klasse, Elite, Establishment, Führungsgruppen. Ein Überblick über die politik- und sozialwissenschaftliche Diskussion, in: Leif, Thomas/Legrand, Hans-Josef/Klein, Ansgar (Hrsg.), Die politische Klasse in Deutschland. Eliten auf dem Prüfstand, Bonn 1992, S. 35-64.

Winkler, Jürgen R., Rechtsextremismus. Gegenstand – Erklärungsansätze – Grundprobleme, in: Schubarth, Wilfried/Stöss, Richard, Rechtsextremismus in der Bundesrepublik Deutschland. Eine Bilanz, Schriftenreihe Band 368, Bonn 2000, S. 38-68.

Zeitungen & Illustrierte

Abendzeitung
Henkel, R./Petersen, S., Wird das weiß-blaue Bayern schwarz-braun?, 20. Juni 1989.

Henkel, Rolf, Kreuther Visionen, 11. Januar 1990.

N.n., Waigel stiftet Verwirrung, 24./25. Juni 1989.

N.n., Von CSU zu Rep, 14. März 1990.

Schulz, Christine, Auch rechts von der CSU ist noch CSU. Weder heimlich noch still, noch leise – so fischt Waigels Partei in braunen Brühen, 12. März 1990.

Allgemeine Jüdische Wochenzeitung
N.n., Das SPD-Mitglied im Bundestags-Innenausschuss Günther Tietjen..., 14. April 1989.

AP-Meldungen
N.n., SPD-Vorstand gegen Zusammenarbeit mit Republikanern in Kommunen, 12. Juli 1989.

Augsburger Allgemeine
N.n., „Republikaner Nazis von heute", 28. April 1989.

Badische Zeitung
Rose, Ulrich, Die neue Furcht der SPD vor rechts, 1. August 1989.

Berliner Zeitung
N.n., REP und DSU verbünden sich: rechte Parteien treten in Sachsen-Anhalt zur Wahl an, [Online-Version, www.berlinonline.de/berliner-zeitung/archiv/.bin/dump.fcgi/1998/0217/ politik/0118, abgerufen am 6. Mai 2005] 17. Februar 1998.

BILD
Brinkmann, Peter/Kuhlo, Karl-Ulrich/Tiedje, Hans-Hermann, Waigel: Wiedervereinigung im Kopf und Herzen, 27. Juli 1989.
N.n., Seltsam, seltsam: Republikaner und SPD gegen Grüne, in: BILD-Zeitung, 13. Juni 1991.

BPA-Meldungen
N.n., MdB/SPD Peter Glotz zu Unions-Parteien gegenüber einem „neuen Nationalismus", 9. Oktober 1989.

Das Parlament
Lücke, Detlev, Kein neuer Antrag auf NPD-Verbot. Aktuelle Stunde im Bundestag zur Gefahr rechtsextremer Parteien, in: Das Parlament, 27. September 2004.

DDP-Meldungen
N.n., Bremer SPD forderte stärkeres Handeln gegen Rechtsextremismus, 5. April 1989.
N.n., Baden-Württembergs SPD startet „Offensive gegen Rechts", 3. Mai 1989.

Die BUNTE
Diekmann, Kai, Das Lummer-Papier. Braucht die CDU bald Schönhuber?, 26/1989.
Koch, Einar, CSU-General Huber denkt laut: Neuer Kinderspielplatz, neuer Radweg. Warum nicht mit den Republikanern?, 6. Juli 1989.
N.n., Radikalenerlass gegen Reps? Interview mit MdB Hans Gottfried Bernrath, SPD-Vorsitzender des Innenausschusses, 19. Oktober 1989.

Der Spiegel
Koch, Dirk/Wirtgen, Klaus, „Eine große Koalition ist das Letzte", Spiegel-Gespräch mit dem CSU-Chef Theo Waigel über Wahlschlappe und Koalitionschancen seiner Partei, 26. Juni 1989.
N.n., „Lieber heute als morgen übertreten": In der bayerischen Provinz wächst die Zahl der Grenzgänger zwischen Republikanern und CSU, 10. Juli 1989.
N.n., CDU: Pfeifen im Walde, 21. August 1989.
N.n., „Keine Sonderangebote": Spiegel-Interview mit der SPD-Bundesgeschäftsführerin Anke Fuchs, 9. Oktober 1989.

Der Stern
N.n., Wilderer im roten Revier, 10. August 1989.

N.n., Eine Welle rechter Gewalt, [Online-Ausgabe, www.stern.de/politik/deutschland/ index.html?id=502532&eid=502536, abgerufen am 10. Januar 2003], 10. Januar 2003.

Der Tagesspiegel

N.n., Vizechef der JU sieht Republikaner als Opfer einer „üblen Hetzkampagne", 2. Februar 1989.

die tageszeitung

Jakobs, Walter, „Die meisten Schäfchen sind Wölfe": Interview mit Bodo Hombach, Landesgeschäftsführer der SPD in Nordrhein-Westfalen, über die künftige Strategie gegen den „Republikanern", 25. August 1989.

Nitschmann, J., SPD: Arbeiter stehen unter „Kulturschock", 27. Juli 1989.

Seidel, Eberhard, Debakel am Abend: ARD und ZDF reagierten vollkommen unvorbereitet auf den Wahlerfolg der NPD –und boten ein desaströses Bild, 21. September 2004.

Reimer, Nick/Kleffner, Heike, Nazis im Landtag: Cool bleiben?, 21. September 2004.

Die WELT

Bäumlisberger, Tina, In Kloster Banz bereitet sich die CSU auf den Wahlmarathon 1990 vor. Generalsekretär Huber zur WELT: Politische Führerschaft gefragt/Zielkonflikte lösen, 12. September 1989.

Burger, Hannes, CSU auf Abgrenzungskurs gegenüber Republikanern, 27. Juli 1992.

Günter, Harald, Schlee: Republikaner sind keine extremistische Partei, 15. Februar 1989.

ders., Späths Amts-Vorgänger Filbinger arbeitet mit Republikanern zusammen. Es geht um Schlierer/Liberal-konservative Denkfabrik soll auf Union einwirken, 13. Juli 1989.

ders., Späths Amts-Vorgänger Filbinger arbeitet mit Republikanern zusammen, 13. Juli 1989.

ders., Späth: Erfolge der Republikaner beunruhigend, 25. Oktober 1989.

Heinen, Guido, Zwölf Sekunden NPD, 21. September 2004

Kässner, Frank, Braune Nester, 21. September 2004.

Krump, Hans, „CDU-Politiker sollten besser von REP, nicht von Republikanern reden", 6. Mai 1989.

Nelles, Roland, Beck: Auch Republikaner und DVU verbieten, 30. Oktober 2000.

N.n., Streibl: Die CSU wird sich von den Problemen der CDU nicht anstecken lassen, 1. Februar 1989.

N.n., Schönhuber den Kampf angesagt, 7. März 1989.

N.n., „Den Republikanern nicht die Stichworte liefern", 6. Mai 1989.

N.n., Adenauer-Stiftung: Widersprüchliches Erscheinungsbild der Republikaner. Studie hält Partei für populistisch aber nicht extremistisch/„Entwicklung ungewiss", 6. Juli 1989.

N.n., JU macht gegen Extremisten mobil, 22. Juli 1989.

N.n., Umfrage: SPD drohen hohe Verluste an Republikaner, 25. Juli 1989.

N.n., „Unser Wunschpartner ist die absolute Mehrheit, 26. Juli 1989.

N.n., „Republikaner sind populistisch", 7. August 1989.

N.n., Republikaner loben Diepgen, 8. August 1989.

N.n., Anke Fuchs will den Genossen in Hessen die Leviten lesen, 9. August 1989.

N.n., „Aufstand gegen Republikaner", 18. August 1989.

N.n., Weiteres SPD-Papier zu Republikanern, 21. August 1989.

N.n., Wie die Zeitbombe Vajen plötzlich entschärft war, 4. September 1989.

N.n., Wallmann: Auch die deutsche Frage stellt sich wieder neu. Es gibt kein Zusammenwirken mit den Republikanern, 5. September 1989.

N.n., Vajen kommt Ausschluss zuvor, 7. September 1989.

N.n., Rommel attackiert Späth wegen Republikanern, 30. Oktober 1989.

N.n., CDU-Politiker zu Republikanern?, 9. November 1989.

N.n., SPD: Republikaner bundesweit als extrem einstufen, 5. April 1995.

Roth, Claudia, Becks Ruf nach weiteren Parteiverboten stößt auf Kritik, in: Die Welt, 31. Oktober 2000.

Schell, Manfred, Wohin treibt unser Land?, Gespräch mit Peter Glotz und Franz Schönhuber, 31. Juli 1989.

Schmalz, Peter, Nur Schönhuber trübt Streibls weiß-blauen Himmel, 22. Juli 1989.

Die Woche

N.n., Republikaner verbieten?, 9. Juni 1994.

Die ZEIT

Gaschke, Susanne, Nazis! Im Fernsehen? Als ARD und ZDF kritischen Journalismus simulierten, 23. September 2004.

DPA-Meldungen

Langer, Michael, „Das Kapitel CSU ist für mich abgeschlossen", 27. November 1983.

N.n., Waigel bedauert Austritt von Handlos, 9. Juli 1983.

N.n., CSU-Vorstand berät über DDR-Kredit – Reaktionen auf Handlos, 11. Juli 1983.

N.n., CSU/DDR-Kredit: Althammer rügt harte Kritik der CSU-Führung an Handlos, 13. Juli 1983.

N.n., Waigel: Voigt soll Bundestagsmandat niederlegen, 28. Oktober 1983.

N.n., CSU-Bundestagsabgeordneter Voigt verließ die Partei, 28. Oktober 1983

N.n., CDU über Parteiwechsel ihrer „Ehemaligen" gelassen, 18. März 1985.

N.n., Lummer geht auf Distanz zu den Republikanern, 30. Januar 1989.

N.n., Geißler: CDU muss Republikaner bekämpfen – Barzel: „Führen, führen, führen", 31. Januar 1989.

N.n., CSU: „Kein Mensch will Schönhuber imitieren", 31. Januar 1989.

N.n., Lummer: „Schönhuber bot mir Vorsitz der Republikaner an", 8. Februar 1989.

N.n., Geißler: Statt Annäherung Republikaner bekämpfen, 9. Februar 1989.

N.n., Blüm: Keine Koalition mit den Republikanern, 11. Februar 1989.

N.n., Rau: Den Anfängen von Volksverhetzung und –verdummung wehren, 13. Februar 1989.

N.n., Ost spricht von „üblen Vorwürfen" Schönhubers, 7. April 1989.

N.n., Republikaner, 22. Juni 1989.

N.n., SPD will Strategien gegenüber Republikanern entwickeln, 30. Juni 1989.

N.n., Filbinger trennt sich von Republikaner-Pressesprecher, 19. Juli 1989.

N.n., CDU gegen „braunen Ungeist" – Kampfansage an Republikaner, 19. Oktober 1992.

N.n., Rudolf Krause Landesvorsitzender der Republikaner in Sachsen-Anhalt, 4. Juli 1993.

N.n., Kritik am Treffen Streibl-Schönhuber: „Saublöd" und „dämlich", 14. Februar 1994.

N.n., Eichel greift Kanther an – Republikaner nicht hoffähig machen, 8. April 1994.

N.n., Republikaner unter wachsendem Druck: Verbot erscheint möglich, 10. April 1994.

N.n., Eppelmann (CDU): Verfassungsschutz „mit allen Instrumenten" gegen Republikaner – Beckstein (CSU): Verbot noch nicht sinnvoll, 12. April 1994.

N.n., Kohl bietet CSU Hilfe an, 14. April 1994.

N.n., Kanther sieht Republikaner auf dem Weg zum Rechtsextremismus – SPD übt scharfe Kritik am Minister, 14. April 1994.

N.n., CSU wirft Schönhuber Komplizenschaft mit Brandstiftern vor – Scharping: Rechtsextremismus im Augenblick keine „richtige Gefahr", 26. April 1994.

N.n., CDU will keine gemeinsamen Veranstaltungen gegen Rechtsradikale, 13. Mai 1994.

N.n., Verheugen: CSU offen für Zusammenarbeit mit Republikanern, 13. Mai 1994.

N.n., CDU Mecklenburg-Vorpommern: Verbot der Republikaner erwägen, 18. Mai 1994.

N.n., Auch CDU-Experten für Neubewertung der Republikaner – SPD zieht NSDAP-Vergleich – Gewalttaten von Funktionären offiziell belegt, 1. Juni 1994.

N.n., Schönhuber verlässt die Republikaner, 16. November 1995.

N.n., Hintze vergleicht PDS mit Republikanern – Kritik aus der CDU, 21. August 1996.

N.n., Schröder in Republikaner-Hochburg: Keine Chance dem braunen Sumpf, 5. März 2001.

Express (Düsseldorf)

Fuhrmann, Bodo, SPD-Parteitag: Beschluss gegen Jonges, 31. Januar 1990.

Flensburger Tageblatt

Erich Maletzke, Vogel: Bündnisse mit FDP und den Grünen laufen gut. Ein Gespräch mit dem Oppositionsführer und SPD-Parteichef, 4. Juli 1989.

Focus

Ulrich Reitz, Republikaner: Angst vor Richtern, 6. Juni 1994.

Frankfurter Allgemeine Zeitung

Finkenzeller, Roswin, Weiß-blau ist nicht mehr nur CSU: Absolute Mehrheiten sind auch in Bayern kaum noch zu halten, 23. März 1990.

Jesse, Eckhard, Mit links gegen rechts?, 26. Oktober 2000.

N.n., Scharfe Angriffe gegen Wagner. „Schwarz-braune Koalition bejaht"/Die Äußerung des Ministerpräsidenten, 17. März 1989.

N.n., Radikale Parteien: Die Befugnisse des Verfassungsschutzes, 10. Juni 1989.

N.n., Innenminister Schäuble nennt die Republikaner rechtsradikal. „Politische Hetze gegen Andersdenkende"/Verfassungsschutzbericht für das Jahr 1988 vorgestellt, 5. Juli 1989.

N.n., Die SPD-Führung distanziert sich von der Strategie-Studie, 15. Juli 1989.

N.n., SPD will „Reps" bekämpfen, 22. Juli 1989.

N.n., Erhebliche Verluste der CDU in Baden-Württemberg, 24. Oktober 1989.

N.n., „Keine Zusammenarbeit mit Republikanern": CSU schweigt sich über baden-württembergisches Ergebnis aus, 25. Oktober 1989.

N.n., Eingeständnis, 25. Oktober 1989.

N.n., Vajen kandidiert als Republikaner, 25. November 1989.

N.n., Republikaner verärgert über Mayer-Vorfelder, 23. September 1992.

N.n., „Auf gegen rechts und links". CDU-Kampage/Hintze: SPD auf gefährlicher Rutschbahn, 15. September 1994.

N.n., Vierteilung der SPD: Waigel wünscht sich klare Fronten/"Republikaner bekämpft", 21. November 1995.

N.n., Vogt: Republikaner müssen aus Landtag verschwinden, 15. August 2000.

N.n., Regierung plant kein Verbot von DVU und Republikanern, 31. Oktober 2000.

N.n., Schily mahnt zur Besonnenheit: Clement bringt Verbot von DVU und Republikanern ins Gespräch, 11. Dezember 2000.

N.n., CDU in Sachsen: „PDS ernst nehmen", 18. Juni 2004.

Philippsen, Cai, Die Bühne der Rechten, Online-Ausgabe (www.faz.net), 20. September 2004.

Frankfurter Rundschau

Arens, Roman, Die Abtrünnigen sehen sich auf dem Weg nach oben, 4. November 1983.

Henkel, Peter, SPD will Republikaner abdrängen, 15. August 2000.

Honnigfort, Bernhard, Biedermann und die Lüsterklemme, Online-Ausgabe (www.fr-aktuell.de), 22. September 2004.

Lölhöffel, Helmut, Wagner erhält Schützenhilfe, 29. März 1989.

N.n., Im Wortlaut: Du Lump, du verlogener, 29. Oktober 1983.

N.n., Austritt bei Republikanern wegen Neonazi-Unterwanderung, 24. April 1989.

N.n., CDU erwägt Kontakt-Verbote: Unvereinbarkeitsbeschluss gegenüber „Republikanern"?, 22. Juni 1989.

N.n., „Bündnisse mit DKP möglich", 9. August 1989.

N.n., Läpple warnt „Republikaner", 30. September 1989.

N.n., Manfred Kanther: Keine Zusammenarbeit mit „Republikanern", 3. Juli 1992.

Renz, Gabriele, „Republikaner" streiten über ihren Kurs: Bundesvorstand enthebt baden-württembergischen Landeschef Käs seiner Parteiämter, in: Frankfurter Rundschau, 12. Februar 2002.

Freie Presse Chemnitz

N.n., Im Plenum mit den Braunen, 20. September 2004.

General-Anzeiger (Bonn)

N.n., Die neue Partei, 28. November 1983.

N.n., Politiker fordern härteres Vorgehen gegen Republikaner: Eylmann bringt Verbot der Partei in die Diskussion, 11. April 1994.

Handelsblatt

Reinhardt, Peter, Mit gezielter Unterstützung Protestpotential beruhigen, 7. Juni 1989.

Hannoversche Allgemeine Zeitung

N.n., Kohl stellt klar: Keine Koalition mit Republikanern, 11. April 1989.

N.n., Gansäuer grenzt die CDU ab: Klare Absage an jede Zusammenarbeit mit Republikanern, 27. April 1989.

Junge Freiheit
Graudin, Andreas, Zwischen Hoffnung und Stagnation. Die Republikaner: Das Süd-Nord-Gefälle in der Partei verschärft sich/Auflösungserscheinungen in Hamburg und Sachsen, 21. Januar 2005.

Kieler Nachrichten
N.n., SPD: Härteste Auseinandersetzung mit den Anführern der Republikaner, 1. Juli 1989.

Kölnische Rundschau
N.n., Platzek: Neue Regierung bis Oktober, 20. September 2004.
N.n., Jubelstürme vor einem wahren Wahlkrimi, 27. September 2004.
N.n., „Bitter enttäuscht", 27. September 2004.

Kölner Stadt-Anzeiger
Halbach, Karlegon, SPD will Konzepte gegen Rechtsradikale, 20. Oktober 1989.
N.n, Handlos kündigt Gründung einer neuen Partei an, 27. Juli 1983.

LNW-Meldungen
N.n., Dreßler ruft zur Auseinandersetzung mit Rechten auf, 19. August 1989.

Münchner Merkur
Christbaum, Wilhelm, Nicht mehr kalkulierbar, 25. Juli 1989.
Kötting, Bernd, Wink mit dem Schönhuber-Zaunpfahl: Einmalige Torchance, 8./9. Juli 1989.
N.n., Jägerpräsident Frank in der CSU unter Beschuss: Heubl warnte vor Drohung mit Republikanern, 6. Juli 1989.
N.n., Kohl nicht für Beschluss gegen REP-Koalition, 21. Juli 1989.
N.n., Minister Stoiber widerlegt REP, 28. Juli 1989.
Spemann, Erik, Handlos: Ich bin kein Einzelkämpfer. Ex-Abgeordneter der CSU will 1986 mit einer eigenen Gruppierung antreten, in: Münchner Merkur, 27. Juli 1983.
ders., Max Streibl: Wenn die Deutschen wieder marschieren wollen – bitte. Beim CSU-Bezirksparteitag die Republikaner vorgeführt – Guter Rat für den Kanzler, 10. Juli 1989.
ders., Verhaltensregeln über den Umgang mit Republikanern: Unter Streibl alles klar, 10. Juli 1989.

Netzzeitung.de
Uhlmann, Stefan, „Demokratiefeindlichkeit der NPD herausstellen", Online-Ausgabe (www.netzzeitung.de), 20. September 2004.

Neue Presse (Hannover)
N.n., CDU: Aktion auch gegen Linksradikale und Grüne, 22. Juni 1989.
N.n., Union erwägt Unvereinbarkeit, 22. Juni 1989.

Neue Ruhr-Zeitung
N.n., Lummer nennt Koalition mit Republikanern „zwangsläufig", 20. Juni 1989.

Neue Zürcher Zeitung

N.n., Das Problem mit den Republikanern, 1. Juli 1989.

N.n., Koalitionsakrobatik im Banne Schönhubers: Bonner Ratlosigkeit über den Vormarsch der Republikaner, 15. Juli 1989.

N.n., Die CSU unter republikanischem Konkurrenzdruck. Differenzierte Analysen, 26. August 1989.

Nordrhein-Westfalen Presseschau

N.n., Farthmann: Soziale Defizite bei der SPD, 26. Juli 1989.

Reutlinger General-Anzeiger

Kurz, Ulrich, Mit Mehrfachpolitik aus dem Stimmungstief, 10. August 1989.

Rheinische Post

Fritzenkötter, Andreas, Vogel schließt Zusammenarbeit auf Gemeindeebene nicht aus: Einig im Nein zu Republikanern, 28. Juni 1989.

Rheinischer Merkur/Christ und Welt

Meier-Bergfeld, Peter, Sieg durch Demolieren der anderen Volkspartei, in: Rheinischer Merkur/Christ und Welt, 21. Juli 1989.

Rhein-Zeitung

Soomer, Hans Peter, Ministerpräsident Carl-Ludwig Wagner im Interview mit unserer Zeitung: Protest nach rechts schwächt die Mitte, 17. April 1989.

Sächsische Zeitung

Rössel, Stefan, Rechte Parteien treten gegeneinander an, 14. Juli 2004.

Schade, Thomas, Sachsens Demokratie hat einen braunen Flecken bekommen, 20. September 2004.

Stuttgarter Nachrichten

N.n., Spöri: Aufklärung über Republikaner, 29. Mai 1989.

Stuttgarter Zeitung

Fischer, Klaus, Offene Kampfansage an die Partei der „Republikaner", 18. August 2000.

ders., Oettinger will „Republikaner" entlarven, 24. August 2000.

Freudenreich, Josef-Otto, Duzen statt Distanz – die CDU und die Reps, 3. März 2001.

N.n., Späth: Keine Gefahr von „Republikanern", 2. September 1987.

N.n., Junge Union droht Mitgliedern mit Ausschluss, 10. Juli 1989.

N.n., SPD: Kampfansage gegen die Rep, 6. September 2000.

Süddeutsche Zeitung

Baur, Dieter, „CSU-Koalition mit der Rechten", 1. Juni 1989.

Birnbaum, Michael, Farthmann sagt Republikanern den Kampf an, 22. Juni 1989.

Heims, Hans-Jörg, Rechtsextreme im Rathaus: Ausländerfeindliche Sprüche bringen „Pro Köln" den Erfolg, 28. September 2004.

Höll, Susanne, Rechtsextremisten verüben die meisten Gewalttaten, 14. Mai 2003.

Holzhaider, Hans, Die Entstehungsgeschichte einer „Ungeheuerlichkeit", in: Süddeutsche Zeitung, 10. Juni 1989.

ders., Fraktionschef bezieht Position: CSU hält Distanz zu den Republikanern. Koalitionsgedanken würden nach Meinung von Glück 50-Prozent-Marke gefährden, 3. August 1989.

ders., Problemlösungen statt Stimmungsspekulation? In der CSU regt sich Nachdenklichkeit über die Strategie gegenüber den Republikanern, 4. August 1989.

ders., Würzburger Ex-OB Zeitler geht zu den Republikanern, in: Süddeutsche Zeitung, 8. Mai 1992.

Jauer, Marcus, Links der Elbe, rechts, 24. September 2004.

Käppner, Joachim, Die rote Versuchung: Stephan Hilsberg, Mitbegründer der Ost-SPD, warnt vor der PDS, 24. September 2004.

N.n., Schwere Vorwürfe aus der Jungen Union gegen Voigt, 27. Juli 1983.

N.n., Handlos schießt sich auf Strauß ein: Freiheitliche Volkspartei wettert gegen „politische Arroganz" des CSU-Chefs, 1. August 1986.

N.n., Kiechle schließt Koalition mit Republikanern nicht aus, 28. April 1989.

N.n., Momper: Wähler sind keine Neonazis, 8./.9. Juli 1989.

N.n., CDU Niedersachsen gegen Zusammengehen mit Reps, 11. Juli 1989.

N.n., Ekkehard Voigt wieder bei den Republikanern, 19. Juli 1989.

N.n., Republikaner: „Allmacht der CSU brechen", 4. August 1989.

N.n., Parteivorsitzender Waigel: CSU darf in Gemeinden mit Republikanern kooperieren. Koalitionen jedoch ausgeschlossen, 14./15. August 1989.

N.n., CDU in Düsseldorf gegen Koalition mit Republikanern, 16. August 1989.

N.n., Rau: Republikaner Gefahr für die Demokratie, 16. August 1989.

N.n., CDU-Abgeordneter billigt Ziele der Republikaner, 22. August 1989.

N.n., Wie Glotz die Chancen der Republikaner einschätzt, 4. Oktober 1989.

N.n., Republikaner rechnen mit CSU-Überläufern, 31. Oktober/1. November 1989.

N.n., Für Koalition mit den Republikanern? Schönhuber nennt Albert Meyers Namen, 18./19. November 1989.

N.n., Niedersachsen verwahrt sich gegen Äußerung Kanthers: Ministerstreit über Republikaner, 19. April 1994.

N.n., Verheugen schreibt an Parteien: SPD für Aktionsbündnis gegen Republikaner, 9. Mai 1994.

N.n., Diskussionen über Rot-Rot und eine härtere Gangart, Online-Ausgabe (www.sueddeutsche.de), 20. September 2004.

Ramelsberger, Annette, Verlockend radikal. Erfolgreiche Sammelbewegung am rechten Rand: Seit Udo Voigt zum Chef der NPD aufstieg, holt er zahlreiche Kriminelle in die Partei, 1. Februar 2005

Reimer, Wulf, Späth: Republikaner gnadenlos bekämpfen. Der Stuttgarter Regierungschef warnt Kommunalpolitiker vor einer Strategie der Toleranz, 3. Juli 1989.

Roß, Andreas, CSU-Bezirksparteitag in Augsburg: Kein Flic-Flac mit Republikanern. Klare Abgrenzung zur Schönhuber-Partei/Kränzl wird neuer Chef, 17. Juli 1989.

ders., Schwäbische CSU geht in sich: Waigel warnt vor Zweckbündnissen. Koalitionen mit den Republikanern in Kommunen abgelehnt, 26. März 1990.

Schmitt, Peter, Republikaner gegen SPD: Geplante Umbenennung sorgt für Eklat. Treitschle-Straße soll nach Nürnberger Jüdin heißen, 7. Oktober 1991.

Scotland, Egon, SZ-Interview mit dem CSU-Fraktionschef: Alois Glück attackiert Geißler und Fink, 1. Februar 1989.

Stiller, Michael, Schöfbergers düstere Gemälde in Braun und Schwarz, 4. Februar 1989.

ders., „Widerlegen statt totschweigen", 13. Januar 1990.

Wiegand, Ralf, Spätes Bündnis: Kurz vor der Kieler Landtagswahl trifft die NPD auf Widerstand, 29. Januar 2005.

SUPERillu

Eckhard Jesse, Wie sollen Medien mit Neonazis umgehen?, 30. September 2004

Tagesschau.de

N.n., Warnung vor Erstarken rechter Parteien: „Ein Grund, an der Vernunft zu zweifeln", Online-Ausgabe (www.tagesschau.de), 20. September 2004.

Thüringer Allgemeine

N.n., Aufregung über NPD und DVU, 20. September 2004.

N.n., Köhler sieht in Erfolg von NPD und DVU keinen Anlass zur Panik, 20. September 2004.

Weser-Kurier

N.n., Neumann: Nehmen Republikaner nicht ernst, 19. Januar 1984.

Westdeutsche Allgemeine Zeitung

Szymaniak, Peter, NRW-Parteien alarmiert über Extremisten, 1. Februar 2005.

Westfälische Rundschau

N.n., Farthmann ruft Parteien zum Kampf gegen neue Rechte auf, 5. Juni 1992.

Rundfunk

Südwestrundfunk, Eintragung in der Hörfunk-Datenbank (Standort Mainz), Fernsehbestände, zu „Ausgefragt: Carl-Ludwig Wagner", Erstsendung: 16. März 1989.

Südwestrundfunk, Eintragung in der Hörfunk-Datenbank (Standort Mainz), Fernsehbestände, zu „Blick ins Land aus Studio A", Erstsendung: 16. März 1989.

Südwestrundfunk, Eintragung in der Hörfunk-Datenbank (Standort Mainz), Fernsehbestände, zu „Landesschau", Erstsendung: 16. März 1989.

Extremismus und Demokratie

Totalitarismus und danach

Einführung in den Kommunismus und die post-kommunistische Systemtransformation

Von Prof. Dr. Jerzy Macków, Universität Regensburg

2005, Band 13, 168 S., brosch., 24,– €, ISBN 3-8329-1486-2

Der Band setzt seinen Schwerpunkt auf die Grundzüge des sowjetsozialistischen Totalitarismus und die Probleme der postkommunistischen Systemumwandlung. Dabei ist die Frage leitend, warum aus dem gleichen totalitären System in Zentral- und Nordosteuropa parlamentarische Demokratien, hingegen in Ost- und Südosteuropa quasi-demokratische Autoritarismen entstanden sind.

Das NPD-Verbotsverfahren

Vom „Aufstand der Anständigen" zum „Aufstand der Unfähigen"

Von Dr. Lars Flemming

2005, Band 12, 267 S., brosch., 34,– €, ISBN 3-8329-1344-0

Der Band analysiert die Vorgeschichte, den Verlauf und die Folgen des NPD-Verbotsverfahrens. Dabei werden die Haltungen von Politik, Presse, Wissenschaft und NPD in der Verbotsdebatte ebenso untersucht wie die Ursachen für das Scheitern des Verfahrens und die Auswirkungen auf die »Streitbare Demokratie« und die NPD.

Informieren Sie sich im Internet unter **www.nomos.de** über die früher erschienenen und noch verfügbaren Bände dieser Schriftenreihe.

Extremismus und Demokratie

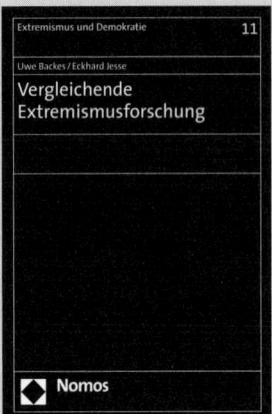

Vergleichende Extremismusforschung

Von Prof. Dr. Uwe Backes, stellv. Direktor an der
TU Dresden und Prof. Dr. Eckhard Jesse, TU Chemnitz

2005, Band 11, 413 S., brosch., 39,– €, ISBN 3-8329-0997-4

Der Band führt in die Problemfelder der vergleichenden
Extremismusforschung ein, diskutiert die zentralen Theo-
rien dieses Forschungsbereiches und diskutiert anhand
empirischer Bestandsaufnahmen zentrale Herausforderungen für die freiheitlichen Demokratien. Der Band dokumentiert den aktuellen Stand der Extremismusforschung.
Eine detaillierte Bibliographie rundet den Band ab.

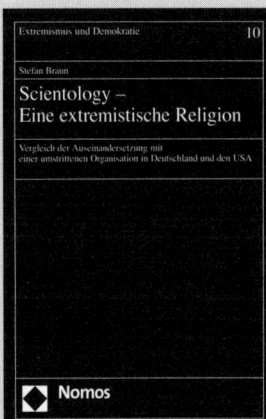

Scientology – Eine extremistische Religion

Vergleich der Auseinandersetzung mit einer umstrittenen Organisation in Deutschland und den USA

Von Dr. Stefan Braun

2004, Band 10, 367 S., brosch., 44,– €, ISBN 3-8329-0764-5

Die Studie untersucht »Scientology« sowohl historisch deskriptiv als auch unter extremismustheoretischen Gesichts-
punkten. Sie zeichnet wichtige Weigenstellungen der
Staat-Religionen-Beziehung nach, untersucht Scientology
anhand ihrer Schriften und bewertet sie unter Verwendung
extremismustheoretischer Kategorisierungssysteme.

Bitte bestellen Sie bei Ihrer Buchhandlung oder bei:

Nomos Verlagsgesellschaft | 76520 Baden-Baden
Tel. 0 72 21/21 04-37 | Fax -43 | vertrieb@nomos.de

 **Nomos**